Das Alte Ägypten

Arne Eggebrecht

DAS ALTE ÄGYPTEN

3000 Jahre Geschichte und Kultur
des Pharaonenreiches

Mit Beiträgen von Joachim Boessneck
Adalbert Brunner, Eva Eggebrecht
Josef Eiwanger, Ernst Fahmüller
Renate Germer, Reinhard Grieshammer
Manfred Gutgesell, Ingeborg Müller
Walter-Friedrich Reineke
und Wilfried Seipel

C. Bertelsmann

Dank

Der Verlag möchte seinen ganz besonderen Dank all jenen zum Ausdruck bringen, die wesentlich zum Zustandekommen dieses Werks beigetragen haben:
der Ägyptischen Altertümerverwaltung, die den Photographen die in ihrer Obhut stehenden Denkmäler und Kunstwerke zugänglich gemacht und den Autoren Rat und Unterstützung gewährt hat; den Leitern der ägyptischen Sammlungen für die Bereitstellung von Bildmaterial und Reproduktionserlaubnis; den Verlagshäusern, aus deren Publikationen zur altägyptischen Geschichte, Kultur und Literatur die Autoren der Beiträge dieses Buches zitieren; Herrn Eberhard Thiem, ohne dessen reichen Fundus an Bildmaterial dieses Werk nicht möglich gewesen wäre.

Der Band enthält 512 Farbabbildungen und 22 graphische Darstellungen

Frontispiz: Paschedu kniet unter einer Palme und trinkt aus einem Teich. Malerei im Grab des Paschedu, 19. Dynastie, Theben Nr. 3
Umschlag Vorderseite: Relief im Grab des Ramose, 18. Dynastie, Theben Nr. 55
Umschlag Rückseite: Anubis versorgt die Mumie. Malerei im Grab des Sennodjem, 19. Dynastie, Theben Nr. 1

Idee, Konzeption und Redaktion: topic GmbH, München-Karlsfeld
Buchgestaltung und Produktion: Wolfgang Mudrak, München
Ausführung des Layouts: Hubert K. Hepfinger, Freising
Graphische Darstellungen: Abdel Gaffar Shedid, München
(57, 96/97, 122, 250, 254, 264, 268, 275, 277, 281, 299, 300/302, 304, 307, 332, 374 o, u, 378, 458, 461, 468)
und Hubert K. Hepfinger, Freising (15, 32)

Zweite Auflage 1988
© 1984 C. Bertelsmann Verlag GmbH, München
Satz: Filmsatz Schröter GmbH, München
Reproduktionen: Artilitho, Trento
Papier: Cartiere del Garda, Riva
Druck + Bindung: Mohndruck Graphische Betriebe GmbH, Gütersloh
Printed in Germany · ISBN 3-570-04418-1

Vorwort

»... Und wenn mich diese Arbeit auch lockte, so konnte ich sie doch nicht in streng wissenschaftlicher Form durchführen, denn ich mußte dem Buche die geplante gemeinverständliche Form geben... Ich durfte die Begründung meiner Angaben nur in kurzen Zitaten geben, in der Hoffnung, daß, wer mir nachgehen wollte, die angeführten Stellen auch richtig verstehen würde...«

Mit diesen Sätzen, die der Altmeister im Bereich populärer ägyptischer Kulturgeschichte, Adolf Erman, 1923 im Vorwort der zweiten Auflage seines epochemachenden Werkes »Ägypten und ägyptisches Leben im Altertum« vorausschickte, läßt sich auch meine Position als Herausgeber und die meiner Mitautoren umreißen. Ja, die Fülle des seit Ermans Zeiten neu hinzugekommenen Wissens zwingt noch mehr als damals zu Auswahl und persönlicher Akzentuierung. Andererseits konnten auf diese Weise Schwerpunkte gesetzt, wesentliche Aspekte deutlicher herausgestellt und komplizierte Sachverhalte verständlicher gemacht werden. Wir hoffen, damit dem Leser entgegenzukommen, an den sich dieses Buch in erster Linie wendet: Es ist nicht der mit den »Mysterien« des Alten Ägypten Wohlvertraute, sondern der »interessierte Laie« im besten Sinne, der das einmalige Kulturphänomen Ägypten als Ganzes kennenlernen will.

Hier wird der Band eine Lücke schließen, ist er doch ausgesprochen als Kulturgeschichte konzipiert und breiter als alles Vergleichbare seit Ermans Werk angelegt.

Gerade, wer durch die zahlreichen Ausstellungen und Publikationen zum Thema Kunst an die faszinierende Welt Altägyptens herangeführt wurde, möchte mehr wissen: Wie lebten eigentlich die Ägypter, und zwar nicht nur die Oberschicht, sondern das »Volk«, in welcher Umwelt und unter welchen sozialen Bedingungen? Wie sah der Alltag aus, wie die Arbeit, und wie wurden die Feste gefeiert? Wie war die Gesellschaft organisiert, und wie funktionierte das Wirtschaftssystem? Welche Göttervorstellungen und welche Jenseitshoffnungen hatten die Menschen? Über welche technischen und wissenschaftlichen Errungenschaften verfügte das Alte Ägypten? Wie stand es um medizinische Kenntnisse? Gab es bereits eine Literatur im modernen Sinne?

In elf Kapiteln wird das gewaltige Kulturerbe Ägyptens vor dem Leser ausgebreitet. Auf die Darlegung der geo-ökologischen Grundvoraussetzungen unter Einbeziehung von Flora und Fauna des Landes folgt eine konzise historische Übersicht von der Vorgeschichte bis zur Eroberung durch Rom im Jahre 31 v. Chr. Vor dem Hintergrund des geschichtlichen Ablaufs wird dann auf die vielfältigen Aspekte von »Staat und Gesellschaft« eingegangen, während das Kapitel »Wirtschaft, Landwirtschaft und Handwerk« die Produktion der lebensnotwendigen wie der Luxusgüter und ihre Verteilung behandelt.

Wer an Ägypten denkt, meint zunächst wohl seine Pyramiden, Tempel und Gräber, die Zeugnis ablegen vom Eingebundensein des Individuums in ein festes Gefüge von Kult und Ritual, das auch das Leben im Jenseits einbezog. Götterwelt und Tempel bilden ebenso einen Schwerpunkt wie der Bereich der Gräber und der Totenversorgung.

Jeweils eigene Abschnitte sind zwei Themengruppen gewidmet, die gemeinhin nur beiläufig Erwähnung finden: »Schrift und Literatur« sowie »Technik und Wissenschaft«. Beide besaßen in der altägyptischen Kultur einen ebenso hohen Rang wie die bildende Kunst, deren Eigenart und Entwicklung im vorletzten Kapitel aufgezeigt werden. Den Abschluß bildet ein Überblick über die mehr als zweitausendjährige Ägyptenrezeption des Abendlandes.

Quellentexte begleiten die einzelnen Kapitel, und sie vermitteln nicht nur den »Originalton« von einst, sondern geben dem Leser eine authentische Informationsmöglichkeit. Diese bietet vor allem das opulente Bildmaterial. Mit Hilfe hervorragender Photographen wird auch optisch ein neues Ägyptenbild entworfen: Selten oder noch nie im Bild vorgestellte Schauplätze, neue Grabungsstätten und Funde, der Öffentlichkeit weithin unbekanntes Material und, wo es angebracht ist, auch berühmte Objekte und Denkmäler – diese aber in ungewöhnlichen Ansichten – geben dem Leser die Möglichkeit, Ägypten in einer anderen, intensiveren und stets attraktiven Perspektive zu erleben.

So hoffe ich, daß das vorliegende Werk nicht nur an das alte, sondern letztlich auch an das heutige Ägypten heranführen wird: Denn ihm, dem uralten Land am Nil, und der seine Schätze hütenden Antikenverwaltung muß in erster Linie unser Dank gelten. Ohne die gewohnte Atmosphäre des Vertrauens und der Freundschaft, zur Zeit vorbildlich in der Person ihres Präsidenten Dr. Ahmed Kadry und seinen Mitarbeitern verkörpert, hätte ein so anspruchsvolles Projekt wie dieses nicht realisiert werden können.

Hildesheim, im August 1984   *Arne Eggebrecht*

Inhaltsverzeichnis

Der Nil bei Sauijet el-Amwat

Stierkopfamulett, 4. Jahrtausend

Alabastersphinx, Memphis

Grab des Sennefer, Theben Nr. 96

Nilgott, Abydos, Tempel Ramses' II.

Osirispfeiler, Ramesseum

Grab und Jenseitsglaube 287
REINHARD GRIESHAMMER

Mumiensarg, London, British Museum

Schrift und Literatur 347
INGEBORG MÜLLER

Hand der Schreibergöttin Sechat

Technik und Wissenschaft 365
WALTER-FRIEDRICH REINEKE

Astronomische Decke, Grab Sethos' I.

Ostrakon, Turin, Ägyptisches Museum

Großer Sphinx von Gise, Stich von 1792

Götterliste, Grab Thutmosis' III.

Der Naturraum

ÄGYPTEN stellt sich auf der Landkarte als ungefähres Viereck dar, dessen Seiten grob gemessen je 1000 Kilometer lang sind. Die Nordflanke und die Ostgrenze sind durch die Küsten des Mittelmeeres und des Roten Meeres klar bestimmt, die Grenzen im Westen und im Süden führen durch kaum besiedelte und nicht nutzbare Wüstenlandschaft. Diesen riesigen Wüstenraum, der sich – auf Europa übertragen – von Königsberg nach Belgrad und von Amsterdam nach Genua erstrecken würde, trennt das schmale Bewässerungsband des Nil in zwei ungleich große Teile: die oft eintönige, ebene Westwüste und das ebenfalls wüstenhafte, aber in markanten Gipfeln und Kämmen bis über 2000 Meter ansteigende östliche Randgebirge, das sich jenseits des Grabenbruchs des Golfs von Suez auf der Sinaihalbinsel fortsetzt.

Es ist eine auf der Erde einmalige Situation, daß ein wasserreicher Fluß, ein aus dem äquatorialen Afrika kommender Fremdling, von Süden nach Norden den Trockengürtel in seiner ganzen Breite durchquert und dort eine meist nur wenige Kilometer breite, aber rund 1200 Kilometer lange Flußoase ermöglicht.

Die Klimabedingungen

Ägypten als ein Teil der Ostsahara gehört zu den trockensten Regionen der Erde. Das aride Klima ist typisch für die Randlagen des äquatorialen Großwetterablaufes. In der Tropenzone, wo die Sonne senkrecht einstrahlt, steigen mit viel Feuchtigkeit befrachtete Luftmassen unter der entstehenden Thermik weit nach oben, regnen sich dabei in den täglichen Nachmittagsgewittern ab und fließen als Höhenströmung polwärts. Dabei kühlen sie sich so ab, daß sie

Blick aus dem Fruchtland auf die am Rand der westlichen Wüste gelegene Pyramide von Medum. Auf dem Feld wachsen Hirse und Mais. Der Eukalyptusbaum (rechts) und die Kasuarine (links) wurden erst im 19. Jahrhundert eingeführt. Tamarisken (Mitte) und vor allem Palmen prägten jedoch bereits die Nillandschaft des Alten Ägypten.

nach einer Reise von rund 2000 Kilometern abzusinken beginnen. Dies findet in der Form kalter, trockener Fallwinde statt, die das Barometer als Hochdruck registriert. Sie fließen nun – vereinfacht dargestellt – zum Äquator zurück, weil dort durch das andauernde Aufsteigen der Luftmassen ein Gürtel niedrigen Druckes entstanden ist, in den die abgesunkenen trockenen Fallwinde hineinstoßen, sich dabei erwärmen, Feuchtigkeit aufnehmen und erneut den Kreislauf beginnen. Die Wüstengürtel auf der Nord- wie auch auf der Südhalbkugel werden durch die stark abtrocknende Wirkung dieser Vorgänge verursacht.

In dieses vereinfachte Modell muß jedoch der jahreszeitliche Wechsel des senkrechten Sonnenstandes eingeführt werden. Er wandert zwischen dem südlichen Wendekreis (im Dezember) und dem nördlichen (im Juni), wobei sich das gesamte System der Luftkreisläufe etwa 2000 Kilometer weit vom Äquator nach Süden bzw. nach Norden verschiebt. Ägypten liegt nun so, daß es weder im Sommer in die tropische Regenzone gerät, noch im Winter von dem nach Süden rückenden Westwindgürtel erfaßt wird, der sich dann auch über dem Mittelmeer durchsetzt. Lediglich im nördlichen Küstenstreifen werden die winterlichen Tiefdruckgebiete wirksam. Diese sind in den Monaten März und April so kräftig ausgeprägt, daß aus den Hochdruckzonen der mittleren Sahara Luftmassen, statt zum Äquator zu strömen, nach Norden dringen und als trockener Sandsturm in das Niltal einbrechen.

Eine weitere Besonderheit der ägyptischen Klimalage entsteht durch die Ablenkung, die jede Strömung – bedingt durch die Umdrehung der Erdkugel – erfährt. Auf der Nordhalbkugel erfolgt die Ablenkung stets nach rechts, wodurch die aus der Hochdruckzone zum Äquator zurückströmenden Winde nicht geradlinig von Norden nach Süden fließen, sondern – nach rechts abweichend – als Nordost- und Ostwinde erscheinen. Die in Ägypten ankommenden Luftmassen überqueren auf ihrem Weg dorthin nur wasserarmes Festland, so daß sie in vermehr-

tem Maß Feuchtigkeit aufnehmen können und Niederschläge verhindern. Hat Alexandria unter dem Einfluß seiner Küstenlage noch einen durchschnittlichen Jahresniederschlag von 190 Millimetern (zum Vergleich: Mitteleuropa 750), so geht die Niederschlagsmenge schon in Kairo auf 24 Millimeter zurück, in Luxor mißt sie noch 1 Millimeter, während Assuan vor der Erbauung des Nasser-Stausees praktisch regenlos war. Im Abstand von Jahren oder Jahrzehnten können allerdings kurzzeitig wolkenbruchartige Regenfälle auftreten, die – auf einen langjährigen Durchschnitt berechnet – die tatsächliche völlige Regenlosigkeit vieler Jahre statistisch verschleiern.

Solche seltenen heftigen Regengüsse füllen rasch die vorhandenen Trockenflußbette oder graben in die lockeren Sandschichten metertiefe Bäche mit steilen Wänden ein (Wadis). Sie verfrachten riesige Sandmassen, die beim Vertrocknen der Wasserläufe liegenbleiben und Talböden sowie abflußlose Becken völlig umzugestalten vermögen.

Das nach Regengüssen versickerte Wasser oder auch die in Senken über wasserundurchlässigen Schichten als Grundwasser vorhandene Feuchtigkeit steigt infolge der zwischen den Sandkörnern auftretenden Kapillarwirkung an die Oberfläche, trägt dabei die in der Tiefe gelösten Bodensalze mit nach oben und verdunstet unter der ungehinderten Sonneneinstrahlung sofort, wobei das Salz als verbackene Kruste an der Oberfläche verbleibt. Dieser Vorgang behindert häufig auch den Pflanzenwuchs auf bewässerten

Feldern. Wo sich das Wasser gegen die Austrocknung zu halten vermag, tritt es in Gestalt von Salzsümpfen oder flachen Salzseen auf, deren Ränder ein dichter Gürtel von salzverträglichen Pflanzen säumt. Auf vielen Salzböden sprießt nach den seltenen Regenfällen kurzfristig eine Regenflora, deren Kräuter und Gräser oft durch ihre intensive Farbigkeit auffallen. In den hügeligen und bergigen Teilen der Ostwüste halten sich punkthaft oder auch linienhaft Gräser, Zwergsträucher und Buschformen, die der Regenarmut angepaßt sind und sich ebenso wie Akaziengalerien auf Grundwasserzügen halten.

Dem Bild, das sich aus Trockenheit und ungehinderter Sonneneinstrahlung ergibt, entspricht jedoch nicht der Temperaturverlauf. Zwar verweisen die Jahresdurchschnittswerte von 21 °C für Kairo und 24 °C für Luxor auf die Nähe der afrikanischen Tropenzone. Jedoch korrigieren Unterschiede im Monatsdurchschnitt zwischen Januar und Juli von mehr als 20 °C den ersten Eindruck (zum Vergleich: Irland 5 °C, München 17 °C). Noch einschneidender ist jedoch der tägliche Temperaturverlauf, der gekennzeichnet ist durch hohe mittägliche Spitzenwerte und durch nächtliche Mindestwerte, die infolge der starken Abstrahlung über unbedecktem Boden bis nahe an 0 °C sinken können. In der Westwüste sind selbst Frostgrade keine Seltenheit. Auch hier sind wiederum die küstennahen Bereiche am Mittelmeer und am Roten Meer von extremen Schwankungen verschont.

Vorausgehende Doppelseite: Blick von den thebanischen Westbergen auf die Niloase. Am Ostufer liegt Luxor, am westlichen Rand des Fruchtlandes liegen die Ruinen des Ramesseum, rechts das Areal des Totentempels Amenophis' III. mit den Memnonskolossen, ganz rechts Medinet Habu.

Links: Weite Plateauflächen sind für die Westwüste charakteristisch.

Rechts: Die Ostwüste zeigt dagegen ein markantes Gebirgsrelief mit tief eingeschnittenen Wadis.

Unten: Schichtung der West- und Ostwüste und Niltaleinschnitt

Die Hochwasser

Die Kraft, diesen im Grunde lebensfeindlichen, an die 2000 Kilometer breiten Trockengürtel zu durchbrechen, ohne sich unterwegs zu verlieren, bezieht der Nil aus einem riesigen Einzugsgebiet im zentralafrikanischen Hochland. Die drei Hauptzubringer des Weißen Nil, Bahr el Gebel, Bahr el Gazal und Sobat, entwässern ein innertropisches Gebiet, das mehrere hundert Kilometer über den Äquator nach Süden reicht und somit nie außerhalb der Zone der täglichen Niederschläge liegt. Überdies stellen riesige Seen einen gleichmäßigen und starken Abfluß sicher.

Die für das Alte Ägypten lebenswichtige Flutwelle rollt über den Blauen Nil heran. Er und in geringerem Maße der Atbara entwässern das äthiopische Hochland. Dieses wird im Juli und August vom Süd-Nordstrom des Sommermonsuns erfaßt, der hauptsächlich ein indisches Phänomen ist, aber an seinem westlichen Rand auch noch in Äthiopien wochenlange schwere Regenfälle bringt. Außerhalb dieser Zeit liefert der Blaue Nil eine mäßige Menge von 120 m³/sec, im August schwillt er jedoch auf die vierzig- bis fünfzigfache Menge an, das heißt, auf 5000 bis 6000 m³/sec. Während von September bis Mai der Weiße Nil der stärkere Zubringer ist, bewirkt das Hochwasser zwischen Juni und August, daß, auf die jährliche Gesamtwassermenge umgerechnet, der Blaue Nil zu Dreivierteln der wichtigere Wasserbringer ist. Die heftigen Regenfälle in Äthiopien spülen große Mengen von Feinmaterial in die Flüsse. Dieses stammt weitgehend aus basisch vulkanischem Gestein, das wiederum zwei entscheidende Vorteile bietet: Es enthält sehr viele mineralische Nährstoffe, und es löst sich in so feine Teilchen auf, daß das fließende Wasser sie über mehr als tausend Kilometer bis in das ägyptische Niltal zu transportieren vermag. Erst dort, wo das Wasser in den zu flachen Becken gestalteten Feldern zum Stillstand gebracht wird, sinken die Schwebstoffe ab. So brachte der Nil jährlich 0,5–1 Millimeter düngenden Schlamm auf die Felder des Niltals. Die Vergangenheitsform ist angebracht, weil das neue System der Staudämme zwar die Überschwemmungen bändigt und eine Bewässerung das ganze Jahr hindurch ermöglicht, aber infolge der

Geologie Ägyptens

1 Sedimente des Alttertiärs (Kalke)
2 Sedimente der Kreidezeit (Kalke, Mergel und Sandstein)

5 Pliozäne Flußablagerungen (Paläo-Nil)
4 Sedimente der sogenannten »Nubischen Serie« (Sand-, Silt- und Tonsteine)
5 Pleistozäne Nilsedimente

6 Nil
7 Fruchtland, heutiger Flußverlauf und jüngste (holozäne) Nilschlammablagerungen
8 Wadi

9 Präkambrischer Sockel (Granite, Metamorphite, Vulkanite)

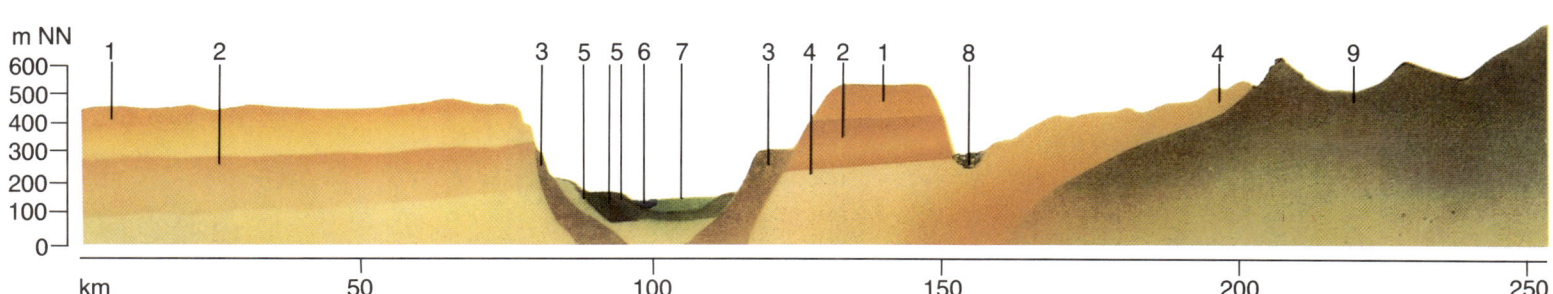

Abbremsung der Fließgeschwindigkeit oberhalb des Nasser-Staudammes die mineralienhaltigen Schwebstoffe an unerwünschter Stelle absinken.

Der Untergrund

Der heutige Nil fließt über mächtigen, seit Millionen von Jahren aufgeschütteten Schichtungen von Geröllen und Sedimenten. Sein Vorläufer hat in der Hauptsache die hochgehobenen Gebirge der heutigen Ostwüste ebenfalls schon in nördlicher Richtung entwässert. Dort erfolgte die Hebung im Alttertiär, vor etwa 40 Millionen Jahren, so kräftig, daß nach Abtragung der oberen Gesteinsschichten im Südsinai, in der Ostwüste und oberhalb von Assuan Gesteine des alten afrikanischen Sockels zum Vorschein kamen. Es handelt sich um präkambrische, hochmetamorphe kristalline Schichten, auch um eingedrungene Magmen (Granite, Granodiorite) und um Basalte als Zeugen eines sehr alten Vulkanismus. Sie lieferten dem Alten Ägypten die hochwertigen Materialien für seine Kunstwerke und auch Bunt- und Edelmetalle.

Im Gegensatz zur Ostwüste erfuhr die Westwüste nur eine schwache Hebung, so daß die dem Sockel aufliegenden jüngeren Schichten erhalten blieben und lediglich flach nach Norden absinken. Dort, wo harte Schichten unter der Verwitterung abbrachen, entstanden markante Steilstufen, harte Decken des Schichtpaketes bilden weite Plateauflächen. Es ist nicht ersichtlich, daß der Nil für diese Gebiete einen wesentlichen Entwässerungsanteil geleistet hat.

Im Obermiozän, vor 6 bis 7 Millionen Jahren, sägte sich ein Urnil ein riesiges, steiles Tal, das dem Grand Canyon in Nordamerika vergleichbar sein mochte und das in dem damals weitgehend ausgetrockneten Mittelmeerbecken mündete. Sein Talboden ist durch Bohrungen im heutigen

Nildelta in 4000 Meter Tiefe festgestellt worden. Bei Kairo liegt er 2700 Meter tief, bei Assiut 800 Meter und bei Assuan immer noch 170 Meter unter dem heutigen Niveau. Was darüber lagert, ist in den folgenden Perioden aufgeschüttet worden. Dabei wurde zwischenzeitlich durch Wiederansteigen des Meeresspiegels aus dem Flußtal ein bis nach Assuan hinaufreichender Fjord, dann wechselten infolge tektonischer Bewegungen, Schwankungen des Klimas und unterschiedlicher Meereshöhen vielfach Aufschüttungen und Eintiefungen. Vor 40000 Jahren, vielleicht auch schon früher, verlagerte sich das Quellgebiet über den Sudan hinaus nach Süden und nach Äthiopien. Die heftigen Klimaschwankungen des Quartär, die in kälteren Regionen die Eiszeiten und Zwischeneiszeiten verursachten, lassen sich auch in den Sedimentablagerungen des Niltales ablesen. Vor allem die Kaltperioden, in denen ein großer Teil des Wassers der Erdoberfläche als riesige Eiskappen über den Polargebieten und Hochgebirgen gebunden war, brachten jeweils ein Absinken des Meeresspiegels und damit ein verstärktes Eingraben des Flußlaufes in den aufgeschütteten Untergrund. Besonders in der letzten Kaltzeit, vor 20000 bis 17000 Jahren, wies die Wasserführung des Nil heftige Schwankungen auf. Gewaltige Hochwasser waren die Ursache für Geröllterrassen, die heute teilweise weit vom Fluß entfernt und hoch über diesem liegen. Feuchtperioden und Trockenzeiten wechselten und haben in den Geröllhalden der Ostwüste und in fossilen Seeablagerungen der Westwüste ihre Zeugnisse hinterlassen. Eine letzte Feuchtphase endete vor etwa 4500 Jahren. Die allmähliche Austrocknung forderte dem Menschen neue Techniken der Bewässerung ab, weiträumige Kooperation wurde notwendig, und die Abwehr gegen die Nomaden, die von den austrocknenden Randgebieten her in die Flußoase eindrangen, mußte organisiert werden. So gaben Fluß, das Klima und die Randlandschaften den Anstoß zur Entstehung einer der großen Kulturleistungen der Menschheit: des Alten Ägypten.

Die Pflanzen

Die Flora Ägyptens hat sich seit der Pharaonenzeit nicht grundlegend gewandelt. Freilich bauen die Bewohner des Niltales heute andere Kulturpflanzen an als vor 4000 Jahren. Wo sich jetzt Zuckerrohr- und Baumwollfelder oder Zitrusplantagen erstrecken, wuchsen damals überwiegend Getreide und Flachs. Auch die Ufer des Nil haben durch die Hand des Menschen ihr Gesicht verändert, und zwar durch die Ausrottung einer einzigen Pflanze: des Papyrus. Diese für die Nillandschaft des Alten Ägypten so bestimmende Pflanze bildete damals an den Uferzonen schwer durchdringbare Sumpfdickichte vom Nildelta bis zur südlichen Landesgrenze (Abb. S. 182, 353). Durch Raubbau für die Papierherstellung, aber auch durch Veränderungen des Nilverlaufes verschwand der Papyrus in Ägypten bis auf ein winziges Relikt.

Links: Die Memnonskolosse während einer Nilüberschwemmung. Die 18 m hohen Statuen standen vor einem der Pylonen des verschwundenen Totentempels Amenophis' III. Seit der Ptolemäerzeit galten sie als Bilder des äthiopischen Königs Memnon, der von Achill vor Troja getötet wurde.

Oben: Kanal und Taubentürme in der Oase Fayum

Mitte: Ein typisches Dorf in Oberägypten über dem aus Schlammablagerungen aufgebauten Nilufer

Unten: Granitklippen des 1. Katarakts und der alte Staudamm

Die Kultur- und Nutzpflanzen

Das Landschaftsbild der Niloase wird weitgehend durch die von Menschen genutzten und kultivierten Pflanzen geprägt. Grundlage für die Ernährung der Bevölkerung waren von frühgeschichtlicher Zeit an die beiden Getreidearten Emmer und Gerste. Emmer ist eine etwas primitivere Kulturart des Weizens als der erst von ptolemäischer Zeit an in Ägypten angebaute Saatweizen. Beide Getreidearten wurden zu Brot und Bier verarbeitet.

Als Unkräuter wuchsen damals in den Feldern die gleichen Pflanzen wie heute, zahlreiche Reste von ihnen fand man unter dem in die Gräber mitgegebenen Getreide. Es sind dies zum Beispiel Wicken, Platterbsen, mehrere Kleearten, Hundskamillen, Ampfer und verschiedene Grasarten. Auch Pflanzenkrankheiten, wie Rostpilze und Kernpilze, fand man an aus Gräbern stammenden Grashalmen.

Außer Getreide lieferten die gut bewässerten Felder ein reichhaltiges Gemüseangebot. Wir wissen von den Hülsenfrüchten Linse, Saubohne, Saatplatterbse, Langbohne, Straucherbse, Kichererbse, Ägyptische Lupine und dem Bockshornklee.

Wichtig für die Ernährung waren auch Knoblauch und Küchenzwiebel, der Ägyptische Porree, sowie die Kürbisgewächse Chate und Wassermelone. Daneben spielten noch Salat, die Erdmandel, vielleicht auch Rübenkohl und Gartenrettich eine Rolle.

Schwer abzuschätzen ist, welchen Anteil an der Ernährung gesammelte Gemüse hatten. Sicherlich waren sie in Notzeiten von größerer Bedeutung. Mit einer Reihe von wildwachsenden eßbaren Pflanzen versorgte der Nil die Ägypter. Man verzehrte die gerösteten Wurzelstöcke des Papyrus, die Wassernuß und etwa vom 9. Jahrhundert v. Chr. an den Indischen Lotus. Auf trockeneren Landstrichen konnten die Blätter des Sauburzel und der Malve sowie die Früchte des Kapernstrauches gesammelt werden.

Die Speisen wurden sicherlich mit zahlreichen Gewürzkräutern verfeinert, die man entweder anbaute, wie Küm-

mel, Koriander, Dill und Gartenkresse, oder importierte, wie den in südlich von Ägypten liegenden Gebieten wachsenden Ajowankümmel, oder sammelte, wie Minze und Sellerie. Viele uns heute vertraute Gewürze, wie Lorbeer, Majoran und Petersilie, kamen als Kulturpflanzen aber erst in griechisch-römischer Zeit nach Ägypten.

Ein weiterer wichtiger Bestandteil der Ernährung war Obst. Vom Alten Reich an aßen die Ägypter Sykomorenfeigen, Feigen, die Früchte des Christdorns und des Mimusops- und Balanitesbaumes. Auch die Dattel-, Dum- und Argunpalmen lieferten Früchte. Obstbäume wurden oftmals mit dem in Spalierform gezogenen Wein zusammen in Obstgärten angepflanzt. Im Neuen Reich kam als neue Obstart der aus Syrien eingeführte Granatapfel hinzu. Auch der Apfel wurde damals kultiviert, anscheinend aber ohne großen Erfolg.

Für die Zubereitung der Speisen, auch für die Körperpflege sowie zur Herstellung von Parfüms und Salben benutzte der Ägypter Pflanzenöle. Er gewann diese aus den einheimischen Pflanzenarten Rizinus, Benöl- und Balanitesbaum sowie Bockshornklee. Vom Neuen Reich an wurde die Kultur der Ölpflanzen Sesam, Saflor und des Ölbaumes eingeführt. Vermutlich nutzte man in geringerem Umfang auch die Samen wildwachsender Pflanzen wie der Koloquinthe oder des Ackerrettichs.

Bekleidung wurde nur aus Leinfasern hergestellt. Die hellblau blühenden Flachsfelder müssen also einen großen Teil der landwirtschaftlich genutzten Fläche ausgemacht haben. Baumwolle läßt sich als Kulturpflanze erst im 2. Jahrhundert v. Chr. in Ägypten nachweisen und spielte auch in den folgenden Jahrhunderten nur eine geringe Rolle. Der Aufschwung der Baumwollkultur begann in Ägypten erst mit der Einfuhr amerikanischer Baumwollarten.

Die Leinenbekleidung war fast ausschließlich weiß. Gefärbt wurden nur einzelne Fäden, die dann zu Bordüren verwoben wurden oder zum Sticken dienten. Blaue Farbe gewann man aus einheimischen Indigofera-Arten, rote

Links: Der Nilometer von Elephantine mit einer Skala der Kaiserzeit und einer weiteren auf Marmortafeln von 1870. Auf der Nilinsel nördlich des 1. Katarakts stand ein Tempel des Widdergottes Chnum, des »Herrn der Nilquellen«. Hier wurde die Höhe der Nilschwelle, von der das Gedeihen des Landes abhing, gemessen. 16 Ellen waren der Idealfall, weniger hatten eine Verringerung der Anbaufläche, mehr die Zerstörung der Siedlungen und Bewässerungsbauten zur Folge.

Rechts: Hungersnot, Relief vom Aufweg der Grabanlage des Unas

Rechte Seite: Bewässerte Felder

und gelbe aus dem Saflor. Außer Leinen färbte man Kosmetika, wofür Henna und Schminkwurz benutzt wurden. Auch die Duftstoffe für Kosmetika gewann man aus Pflanzenprodukten.

Ein großer Teil der Hausgerätschaften, wie Körbe, Taschen, Matten, Siebe, wurden ebenso wie Seile aus Ägyptischem Halfagras, verschiedenen Binsenarten, den Halmen des Korbblütlers Ceruana pratensis oder Palmblattstreifen hergestellt.

Die vom Nil bewässerten und durch den Nilschlamm fruchtbar erhaltenen Felder lieferten also dem Ägypter ein reichhaltiges Angebot an nutzbaren Pflanzen, nur an einem mangelte es: an qualitativ hochwertigem Holz. Zwar verwendete man die einheimischen Akazien, Tamarisken, die Sykomore, die Pappel, den Christdorn sowie die Dattel- und Dumpalme zur Herstellung von Holzobjekten und auch für Holzkohle. Jedoch liefern diese Bäume ein weiches, wenig haltbares Holz, das oft auch nur kleine Bretter ergibt. Der Holzhandel spielte daher schon seit der Frühzeit eine große wirtschaftliche Rolle. Aus dem Süden bezog man das dunkelbraune, manchmal fast violette Afrikanische Ebenholz und weißliches Aeschynomeneholz zur Möbelproduktion (Abb. S. 225). Der Haupthandel lief jedoch über Byblos, von wo die Koniferen Zeder, Tanne, Zypresse, Eibe, Wacholder und Kiefer eingeführt wurden. Diese Hölzer brauchten die Ägypter für den Schiffsbau, als Bauholz und zur Herstellung von Möbeln, Statuen und Särgen. Vom Neuen Reich an wurden zum Bau der leichten Streitwagen ganz spezielle Hölzer aus dem kleinasiatischen Raum importiert: Ulme, Ahorn, Esche und Birke.

Zusammen mit den Hölzern gelangten auch andere ausländische Pflanzenprodukte nach Ägypten, vor allem Harze. Aus dem palästinensischen Raum kamen Koniferenharze, aus Ländern südlich von Ägypten die Räucherharze Weihrauch und Myrrhe. Unter der Königin Hatschepsut und unter Ramses III. versuchte man Weihrauch und Myrrhe liefernde Sträucher auch in Ägypten selbst zu kultivieren, was aber nicht gelang. Die Harze waren als Räuchermittel im Kultus unentbehrlich, und die Tempel verbrauchten große Mengen davon. Außerdem waren sie ein Bestandteil von Kosmetika und gehörten zum Arzneimittelschatz der altägyptischen Ärzte.

Für den Ägypter waren nicht nur die nutzbaren Pflanzen wichtig, er hatte auch eine große Vorliebe für Blumen, die in den Gärten der Paläste, Wohnhäuser und Tempel angepflanzt wurden. Sehr farbenprächtig müssen diese Gärten ausgesehen haben, in denen Kornblumen, Mohn, Rittersporn, Kronwucherblumen, Stockrosen und Narzissen blühten. Angenehmen Duft verbreiteten die Hennasträucher. Viele der Gartenpflanzen gehörten nicht zur ursprünglichen Flora Ägyptens, sondern waren eingeführt worden, wie die Mandragora (Abb. S. 394) und die so schön in der sogenannten Botanischen Kammer im Karnaktempel (Abb. S. 388/89) abgebildeten Aronstabgewächse Drachenwurz und Italienischer Aron sowie die Iris und Kalan-

choe. In den Gärten befand sich meist ein Teich, in dem Papyrus und Seerosen und seit dem 9. Jahrhundert v. Chr. auch der Indische Lotus wuchsen (Abb. S. 167).

Zu den Festmählern schmückte man sich mit großen zusammengenähten Blütenhalskragen (Abb. S. 171). Damit der Tote sich auch im Jenseits an Blumen erfreuen konnte, gab man ihm gebundene Stabsträuße (Abb. S. 288) mit ins Grab und umwickelte die Mumie mit Blütengirlanden. In diese Gewinde wurden auch zahlreiche Blüten wildwachsender Pflanzen wie Levkoje und Weidenröschen eingeflochten. Der älteste erhaltene Blumenschmuck, der in ein Grab mitgegeben wurde, stammt aus prähistorischer Zeit und ist ein Strauß des gewellten Flohkrautes. Beliebt war die symbolische Darstellung der beiden Landeshälften Ober- und Unterägypten durch die Wappenpflanzen »Lilie des Südens« und Papyrus (Abb. S. 116, 125). Die botanische Bestimmung der »Lilie des Südens« ist bisher noch nicht gelungen. Schmuck und Gefäße zeigen oft die Form von Blüten oder Früchten.

Pflanzen und ihre Produkte waren im Alten Ägypten also nicht nur von großer wirtschaftlicher Bedeutung, sondern spielten auch sonst eine große Rolle. Deshalb ist es erstaunlich, daß es nur wenige Pflanzengottheiten gab. Göttinnen wie Hathor oder Nut konnten sich in Bäumen manifestieren, und auch heilige Haine sind belegt. Die Lotusblüte (Abb. S. 231), der dem Gott Min zugeordnete Salat und die keimende Gerste der Kornosiris-Gärten galten als Symbole der Regeneration. Verglichen jedoch mit den Tieren nahmen die Pflanzen in den religiösen Vorstellungen des Nillandes nur einen untergeordneten Platz ein.

Die Vegetationszonen

Für die natürliche Flora des Alten Ägypten haben wir nicht so zahlreiche Belege wie für die Nutzpflanzen. Aber das bisher Bekannte läßt erkennen, daß sie sich nicht entscheidend verändert hat und deshalb Rückschlüsse von der heutigen Flora auf die damalige erlaubt sind. Man kann Ägypten in drei Vegetationsregionen einteilen: den mediterranen Küstenstreifen, die Wüstengebiete und das Niltal. Der mediterrane Küstenstreifen reicht von der Küste aus etwa 30 Kilometer in das Innere des Landes. Charakteristisch für ihn sind die frühblühenden Blumen, wie der Wüstensafran, Mönchskapuzen-Aronstab und die Tazette. Etwas später folgen dann die Kronenanemone und der Klatschmohn.

In der Wüstenlandschaft, die auf einigen Jagdbildern in den Gräbern dargestellt ist (Abb. S. 186), finden wir die typischen, den besonderen Lebensbedingungen angepaßten Wüstenpflanzen. Sie sind oft dornig und tragen winzige oder dicke, behaarte Blätter, wie die Zilla spinosa, das Bitterkraut und die Rose von Jericho.

Für die Flora des Niltales haben wir eine Quelle ganz besonderer Art. Die Ägypter stellten nämlich ihre Wohn- und Wirtschaftsbauten meist aus ungebrannten Lehmziegeln her. Sie entnahmen dafür Schlamm vom Nilufer und ließen ihn trocknen. Solche Schlammziegel, in die zahlreiche Reste von Wasser- und Uferpflanzen eingeschlossen sind, erweisen sich als ein in Lehm erhaltenes Herbar.

Im Nil wuchsen neben der landschaftsbestimmenden Papyruspflanze Seerosen, die Wassernuß, Laichkraut und das Rauhe Hornblatt. Am Ufersaum standen Binsen, Zyperngräser, Schilfrohr, Gräser und der Rohrkolben. Im Neuen Reich wurde dann noch das Spanische Rohr eingeführt. Die Ufergebiete waren mit Tamarisken, Nilakazien, Rizinusstauden und Dattelpalmen bestanden.

Diese drei Vegetationsbereiche, die es in pharaonischer Zeit ebenso wie im heutigen Ägypten gab, beeinflußten die Herausbildung einiger typischer Bestandteile der altägyptischen Kultur. Die weite karge Wüste, in der die gefährlichen Tiere dominierten, war die Heimat vieler Tiergottheiten. Das fruchtbare Niltal erhielt und regenerierte das Leben jedes Jahr und prägte die Vorstellungen von der Wiedergeburt. Der mediterrane Küstenstreifen schließlich vermittelte Ägypten den Anschluß an die Welt der Mittelmeerländer in wirtschaftlicher und geistiger Hinsicht.

Die Tierwelt

Die Tierwelt des Alten Ägypten ist, gemessen an derjenigen anderer alter Hochkulturen, einzigartig in ihrem Artenreichtum. Allerdings sind auch die Untersuchungsbedingungen nirgends derart günstig. Die Tierdarstellungen der Wandbilder sind trotz Stilisierung und Idealisierung von außerordentlicher Natürlichkeit; außerdem gibt es eine Fülle von Tierplastiken. Mit der zoologischen Auswertung der unvorstellbaren Mengen an Tiermumien aus der Spätzeit – bzw. dessen, was von ihnen übriggeblieben ist – wird nach einem Ansatz zu Beginn unseres Jahrhunderts erst wieder begonnen. Tierknochenfunde aus Siedlungsplätzen und Tempeln, die im Zuge fortschrittlicher Grabungsmethoden nicht mehr unbeachtet bleiben, runden die Untersuchungsbasis ab. Erst seit all diese Quellen in einer Synthese fachmännisch herangezogen werden, offenbart sich die ganze Vielfalt. Laufend erweitert sich das nachgewiesene Artenspektrum. Andererseits werden Vorstellungen abgeschwächt, die sich aufgrund der Moden in den Wandbildszenen aufdrängen.

Die Wildfauna

Als Verbindungsglied zwischen Zentralafrika und dem Mittelmeer brachte der Nil auf seinem annähernd 2000 Kilometer langen Weg durch heutzutage regenlose Wüsten zahlreiche Arten aus der sogenannten äthiopischen Region bis nach Unterägypten. Die beiden auffällig-

Ein Olivenzweig, von der Hand Echnatons den Strahlenhänden Atons dargeboten, Weinrebe und Weizenähren. Amarna-Reliefs, in den Fundamenten ramessidischer Bauten von Hermopolis Magna aufgefunden. New York, Schimmel Collection

sten dieser Arten, Nilpferd und Nilkrokodil, behaupteten sich die ganze altägyptische Zeit hindurch. Sie beleben fast regelmäßig die Flußszenen in den Wandbildern.

Im anfänglich den Strom begleitenden Galeriewald erreichten der Anubispavian und die Grüne Meerkatze Ägypten. Wann ihre einheimischen Bestände erloschen, ist unbekannt. Die im Neuen Reich unter den Lieblingstieren der Vornehmen abgebildeten Meerkatzen kamen bereits aus dem Süden, und die in der Spätzeit in den Tempelanlagen für Thot anscheinend in größerer Zahl gehaltenen Paviane mußten alle eingeführt werden, die Anubispaviane aus Nubien (Abb. S. 225), die Mantelpaviane aus den Bergketten des Südostens (Abb. S. 241, 360). Ihre Hal-

tungsbedingungen können nur erbärmlich gewesen sein, denn die Skelette weisen hochgradige rachitische und arthrotische Veränderungen auf, von verheilten schweren Verletzungen ganz zu schweigen.

Als auffallende aus dem Süden kommende Elemente der Vogelwelt des ägyptischen Niltales werden in älterer Zeit der Schuhschnabel, ein Bewohner ausgedehnter Papyrusdickichte, und der Sattelstorch dargestellt, während der Nimmersatt und der Goliathreiher neuerdings in Elephantine bzw. in Tell Maskhuta im Wadi Tumilat durch Knochenfunde belegt sind. Mit der Intensivierung der Untersuchungen von Knochenfunden erwiesen sich auch der Schlangenhalsvogel und die Riedscharbe, eine Zwergkor-

moranart, als gewöhnliche Arten Altägyptens aus der Aethiopis, soweit sie ausgedehntere Gewässer vorfanden. Der anhand von Mumien nachgewiesene Seeadler des Alten Ägypten stellte sich überraschend als der an den afrikanischen Strömen und Seen weithin auffallende, prächtige Schreiseeadler heraus.

Für andere südliche Arten brachten die Kultivierung des Fruchtlandes und seine immer dichter werdende Besiedlung keine Nachteile. Sie wurden zu Kulturfolgern und überlebten bis heute. Der Spornkuckuck macht in den Dattelpalmen, Mangrovenplantagen und Dickichten durch die guttural flötende ab- und wieder aufsteigende Strophe auf sich aufmerksam. Auf allen frisch überschwemmten Äckern fällt der schwarzweiße, wachsame, aber nicht scheue Spornkiebitz durch seine ständigen Warnrufe auf. Die Palmtaube hat im ganzen Land die Gärten der Städte und Dörfer besiedelt. Wie der Spornkiebitz und der schwarzweiß gestreifte Graufischer, ein Stoßtaucher, dessen Gelege die Alten Ägypter auf eine Dolde im Papyrusdickicht verlegen, obwohl er in Erdhöhlen brütet, dehnt die Palmtaube ihr Verbreitungsgebiet fortschreitend nach Kleinasien und Südosteuropa aus. An das Häusermeer Kairos hat sich der Senegaltriel angepaßt, dessen charakteristische absteigende Ruffolge in der Dämmerung von Zamalek den Straßenlärm erträglicher macht.

Im kulturellen und religiösen Leben erlangten zwei dieser tropischen Vogelarten eine besondere Bedeutung, die Nilgans und der Heilige Ibis (Abb. S. 240). Allerdings stellte sich die lange Zeit allgemein verbreitete Behauptung, die Alten Ägypter hätten die Nilgans domestiziert und sie sei die gewöhnliche Hausgans Altägyptens gewesen, als Irrtum heraus. Man hielt sie zwar zusammen mit anderen Tieren, zum Beispiel Meerkatzen und Katzen, als Gesellschaftstier in Villen und nahm sie als Lockvogel auf die Vogeljagd mit dem Wurfholz in das Papyrusdickicht mit, aber zum echten Haustier wurde sie nie.

Der Heilige Ibis zog alljährlich im Sommer mit der Überschwemmung des Nil vom Süden her nach Ägypten, um hier zu nisten. Es lag nahe, ihn als Bringer der Fruchtbarkeit anzusehen, zu schonen und zu verehren. Im religiösen Kult stieg er neben dem Pavian zum heiligen Tier des Gottes der Wissenschaft und Weisheit Thot auf. Da man ihn nicht verfolgte, konnte er große Brutkolonien bilden. Sie lagen an Seen, die als »heilige Seen« Schutz genossen. In ihrer Nähe entwickelten sich Kultstätten und Tempelbezirke für Thot. Wandbilder bezeugen die Fütterung freilebender Ibisse. Nachdem in der spätesten Phase Altägyp-

Links: Die Tierwelt des Papyrusdickichts in Grabmalereien des Neuen Reiches: Spießenten aus dem Grab des Nacht, Theben Nr. 52 (rechts oben), Turteltauben (links oben), eine Heuschrecke (links unten) und ein Reiher (rechts unten) aus dem Grab des Haremhab, Theben Nr. 78.

Folgende Doppelseite: Blick über den Fruchtlandstreifen des Nilufers auf den Hatschepsut-Tempel vor Der el-Bahari vor den 300 m aufragenden Felswänden des Westgebirges, hinter denen das Tal der Könige liegt.
Links der Gräberberg von Schech Abd el-Kurna.

tens an den Nistplätzen aufgesammelte Ibisse jedes Jahr zu Tausenden anfielen, bergen die katakombenartigen Gänge der ausgedehnten Ibisfriedhöfe in Sakkara und Tuna el-Gebel Millionen von Ibismumien, mit deren Herstellung jeweils die Macht der Gottheit und des Pharaos erhalten und gestärkt wurde. Weshalb und wann die Ibismassen in Ägypten ausblieben, ist nicht bekannt. Aus dem 19. Jahrhundert n. Chr. liegen letzte spärliche Berichte vor. Im heutigen Ägypten hat der Kuhreiher im Landschaftsbild den Platz des Ibis eingenommen.

Selbstverständlich brachte der Nil zahlreiche tropische Fischarten bis nach Unterägypten. Als Beispiele seien der altertümliche Nilflösselhecht, die Nilhechte und von den zahlreichen Welsarten der Elektrische Wels aufgezählt. Der Bau des Assuandamms hat allerdings dafür gesorgt, daß die Fischfauna Ägyptens schnell verarmt. Aus der Fülle der in den Fischfangszenen auf den Grabwänden der Mastabas des Alten Reiches in Sakkara zu erkennenden Fische sind unter anderem die früher gewöhnlichen Scheibensalmler nicht mehr nachzuweisen. Die Darstellungen lassen jedoch keine Schlüsse auf die Häufigkeit einer Art in jener Zeit zu. So ist die in den Knochenfunden aus Elephantine häufigste Fischgattung, die der Stachelwelse, die auch in anderen altägyptischen Siedlungsabfällen nicht selten vorkommt, auf den Wandbildern nicht zu finden. Vielleicht wurde sie gerade deshalb nicht abgebildet, weil sie keine Besonderheit darstellte.

Auch in der Gegenrichtung, vom Mittelmeer nach Süden, diente der Nil als Wanderweg. Meeräschen zogen jährlich vom Mittelmeer bis zum 1. Katarakt oberhalb von Elephantine nilaufwärts. Heutzutage werden sie bereits durch die Staudämme im Delta daran gehindert.

Für die Zugvögel aus Europa bildete das Niltal eine der Hauptwanderstraßen. Enten und Kraniche zogen in weitaus größeren Scharen in Überwinterungsgebiete im Süden weiter. Andere Entenarten sowie Gänse, Schwäne, Bläßhühner und zahlreiche Watvögel fanden schon auf den Lagunen, in den Morasten und Marschen des Deltas die bevorzugten Winterstandplätze. Unter den Ankömmlingen gab es Arten, die man heutzutage in Ägypten vergeblich sucht, wie die Rothalsgans oder den weißen Nonnenkranich, der nur noch an vereinzelten Plätzen in Sibirien brütet und in Nordindien (Bharatpur) überwintert.

Die Zugvögel wurden von den Alten Ägyptern hinter Schilf- und Papyrusdickicht mit Schlagnetzen gefangen. Während man die Masse der Enten gewöhnlich gleich nach dem Fang schlachtete und einsalzte (Abb. S. 221), wählte man bevorzugt Gänse und Kraniche für Geflügelgehege aus, wo sie Körnerfutter vorgeworfen bekamen oder auch mit Brotnudeln gestopft wurden. Als wichtigste der Gänsearten seien Grau- und Bläßgans genannt. Unter den Enten herrschte, nach den Wandbildszenen zu schließen, die Spießente vor. Bei den gewöhnlichen Kranichen handelt es sich um den Grauen und den Jungfernkranich. Auch der Fang von Schwänen wird dargestellt. Weiße und

Graureiher füllen zur szenischen Abrundung die Ecken unter den Schlagnetzen. Die Suche nach Störchen auf den Wandbildern Unterägyptens muß so gut wie erfolglos bleiben, weil die Weißstörche auf ihrem Flug, von Ausnahmen abgesehen, über die Sinaihalbinsel fliegen und erst ab Kena das Niltal entlang ziehen. In Knochenfunden aus Oberägypten ist der Weißstorch demgemäß regelmäßig nachzuweisen.

Bei manchen Vogelarten ist wahrscheinlich, daß sie in alter Zeit nicht nur Durchzügler oder Wintergast, sondern auch Brutvogel in Ägypten waren. Dies gilt für den Rosa Flamingo, den Rosa Pelikan, den Löffler und den Braunen Sichler, der als »Schwarzer« oder »Brauner Ibis« einen Platz im Kult gehabt zu haben scheint. Unter den Mumienresten aus Tuna el-Gebel fand er sich neben dem Heiligen Ibis in größerer Menge.

Die Aufsammlungen von Vogelmumien, zum Beispiel in Kom Ombo und Tuna el-Gebel, enthalten auch die verschiedensten Greifvogelarten, darunter Brutvögel wie den Lanner- und den Turmfalken, den Schmarotzermilan und den Gleitaar oder auch den nordafrikanischen Adlerbussard, und andererseits Zugvögel, nämlich mehrere Adlerarten, Sperber und Kurzfangsperber, Weihen und den Würgfalken. Selbst Uhus und andere Eulen enthielten diese Mumiengalerien sowie die in den letzten Jahrzehnten in Ägypten so gut wie ausgestorbenen, früher als Gesundheitspolizei unentbehrlichen Geier.

Die Fauna der Aethiopis trug anfänglich, als die Austrocknung der Sahara noch längst nicht bis zur Vollwüste fortgeschritten war, auch in den das Nilfruchtland begleitenden Wüsten, der Arabischen im Osten und der Libyschen im Westen, zur Vielfalt der ägyptischen Tierwelt bei. Solange die Wadis Wasserlöcher und ausreichend Vegetation boten, hielten sich Elefanten, Nashörner und Giraffen. Aber bereits im frühen Alten Reich mußten sie infolge der Klimaverschlechterung nach Süden ausweichen. Kaum länger überdauerten im Alten Reich auf Wandbildern dargestellte weniger große Huftiere, wie die Pferdeantilope und die Soemmerringgazelle. Die Pharaonen des Neuen Reiches bezogen dann von Nubien her die Arten der äthiopischen Fauna (Abb. S. 225).

Typische Großtierarten der ägyptischen Wüsten, die erst in der Neuzeit erloschen oder unmittelbar vor dem Aussterben stehen, sind die Nordafrikanische Oryx- oder Säbelantilope (Abb. S. 56), die Mendesantilope und die Dünengazelle aus der Libyschen Wüste, der Nubische Steinbock und der Nubische Wildesel der Arabischen Wüste sowie beiderseits des Nil die Nordafrikanische Kuhantilope, die Dorcasgazelle, das Mähnenschaf und der Strauß (Abb. S. 56). Die Wandbilder stellen die Jagd und den Fang dieses »Wildes der Wüste«, seine Ablieferung, Haltung und Vorführung unter den Speiseopfertieren – Rindern und Geflügel – dar (Abb. S. 308). Ihr Mastzustand auf diesen Vorführszenen läßt auf Erfahrung in der Wildhal-

tung schließen. Die Alten Ägypter benannten dieses »Wild« mit denselben Hieroglyphen wie die echten Haustiere, trennten es aber als Gesamtheit durch den Zusatz »Wüste« von den eigentlichen Haustieren ab. Man könnte also anstatt »Wild der Wüste«, wie es üblich ist, auch »Haustiere der Wüste« übersetzen, wenn nicht auch das Jagdwild dieser Arten derart bezeichnet würde. Die Namengebung hebt jedenfalls die Eigenart dieser Gruppe hervor. In den Vorführszenen wird sie von der Oryx angeführt, aber die Knochenfunde bestätigen weder deren Vorrang noch die hohe Bedeutung der ganzen Gruppe. Sie rücken eher die Kuhantilope in den Vordergrund.

Am Ende der Liste der Speiseopfertiere steht im Alten Reich die Streifenhyäne. In Fütterungsszenen wird sie in gefesseltem Zustand mit Geflügel oder Koteletts und Keulen von Säugetieren gemästet (Abb. S. 211).

Während sich die Streifenhyäne als Aasfresser bis heute gehalten hat, waren die anderen Großraubtiere von den Wildbeständen abhängig und verloren sich mit ihnen. Der auf Paletten aus der Zeit um 3000 v. Chr. zu erkennende, in Meuten jagende Hyänenhund (Abb. S. 414) läßt sich danach nicht weiter verfolgen. Dem Löwen fiel wie überall so auch in Ägypten von Anfang an die Sonderstellung als König der Tiere und Symbol der Macht zu. Gleich mit dem Begründer der 1. Dynastie, Horus Aha, und seinem Hofstaat ist eine ganze Löwenfamilie bestattet worden (Abb. S. 42). Ramses II., Ramses III. und andere Pharaonen lassen auf den Wandreliefs ihrer Tempel allen Betrachtern vor Augen führen, wie der furchteinflößende königliche Löwe sie begleitete, wenn sie auf dem Streitwagen in die Schlacht zogen. In ihrem Palast in Pi-Ramesse hielten sie tatsächlich junge und erwachsene Löwen, wie Knochenfunde beweisen. Leopard und Gepard treten weniger in den Vordergrund, konnten sich im Gegensatz zum Löwen aber um die Kattarasenke bis in unsere Zeit behaupten. Geparde, die im Neuen Reich als Tribute aus dem Süden eingeführt werden, tragen Halsbänder und machen ganz den Eindruck, als seien sie gezähmt (Abb. S. 225). Aber nirgends ist für Altägypten die Abrichtung und Verwendung von Geparden zur Wildhetzjagd eindeutig nachzuweisen.

Mit der gleichen Akribie wie die Großtiere werden in den Szenen der Jagd in der Wüste Igel, Hasen mit besonders langen Löffeln (Abb. S. 186), die Wüstenspringmaus, Füchse, der Karakal, der Honigdachs, das Streifenwiesel und manch andere, kleinere Säugetiere dargestellt.

Nilpferdjagd auf dem Papyrusboot und Krokodil aus dem Grab des Vorstehers der Ärzte, Seanchuptah, das im Februar 1984 zusammen mit anderen Gräbern der 6. Dynastie von Dr. Mahmoud Abd el Raziq entdeckt wurde. Die außerordentlich gut erhaltene Bemalung der Reliefs mit ihren brillanten Farben und maltechnischen Raffinessen, den stufenlosen Farbverläufen und unendlich feinen Binnenzeichnungen gibt eine Vorstellung von der Qualität der Malerei des Alten Reiches. Eine wissenschaftliche Publikation des Grabes durch den Entdecker und Abdel Ghaffar Shedid ist in Vorbereitung.

Drei Großtierarten der paläarktischen Fauna hatten ihre Einstände eher in den Dickichten des Deltas als in den Wadis der Wüste: der Ur (Abb. S. 101), der Mesopotamische Damhirsch und das Wildschwein. Hier hielten sich auch der Sumpfluchs, der Otter und der Ichneumon auf. Mit zunehmender Genauigkeit bei der Bergung von Tierknochen im Zuge archäologischer Ausgrabungen dehnt sich das Spektrum auf Kleinsäuger aus. Die größere Olivieri-Spitzmaus ist in Bronzen nachgestaltet worden. Die vom Tell Maskhuta vorliegenden winzigen Knochen der Zwergspitzmaus sind nur unter der Lupe zu erkennen. Als häufigste Nager finden sich die Nilgrasratte und Sandratten, während noch nicht geklärt ist, seit wann es die Hausratte in Ägypten gibt. So viel ist gewiß: Ein Hauskater aus der Römerzeit, der in Koser am Roten Meer geborgen wurde, hatte als Henkersmahlzeit sechs junge Hausratten gefressen. In diesem Fall war die Datierung von vornherein gesichert, was bei Kleinsäugerfunden aus archäologischem Zusammenhang meist nicht der Fall ist.

Nutz- und Haustiere

Der faszinierenden, hier nur andeutungsweise wiedergegebenen Fülle der Wildfauna stehen die landwirtschaftlichen Nutztiere und die volldomestizierten Haustiere gegenüber, zwar alles in allem nur ein Dutzend Arten, aber großenteils unentbehrlich im täglichen Leben nicht nur der Landbevölkerung. Rind, Schaf, Ziege und Schwein, die Wirtschaftstiere im engeren Sinne, sowie der Hund sind unmittelbar mit der Neolithisierung Ägyptens verbunden, mindestens seit dem 5. Jahrtausend v. Chr. nachgewiesen und möglicherweise als geschlossenes Ensemble von Palästina aus mitgebracht worden.

Das wichtigste Haustier für die alten Ägypter war das Rind. Es beherrscht die Bildszenen mit Motiven des Landlebens (Abb. S. 200/01, 203, 210) und die Versorgungsabläufe der Toten mit Speiseopfern. Knochenfunde von Wirtschaftstieren aus der Küche schränken jedoch dahin gehend ein, daß die Wandbilder die Bedeutung des hochwertigen Rin-

des und des »Wildes der Wüsten« überbetonen. Ihr Besitz war erstrebenswert. Die weniger wertvollen landwirtschaftlichen Nutztiere Schaf und Ziege oder das lange Zeit mit religiösen Vorbehalten belastete Schwein werden nur im Zusammenhang mit landwirtschaftlicher Tätigkeit, wie dem Eintreten der Saat, dargestellt.

Die altägyptischen Rinder waren gewöhnlich stattliche langhörnige Tiere, andere nach Verlustmutation hornlos. Man zog sie als Arbeitstiere zum Ziehen und Dreschen heran, nutzte die Milch und das Fleisch. Schon im Alten Reich hatte man erkannt, daß die Mast nach Kastration besser anschlug.

Bei den Schafen handelte es sich anfänglich um hochbeinige, spätreife Haarschafe, die seit der späteren vorgeschichtlichen Zeit waagrecht seitwärts gerichtete Schraubenhörner trugen und das Vorbild für den Chnum-Widder waren. Im Mittleren Reich begann das wolletragende Amonschaf mit Schneckenhörnern sie zu verdrängen. Für die altägyptische Ziegenrasse waren V-förmig aufgerichtete, holzschraubenartig gedrehte Hörner kennzeichnend. Schweinehaltung spielte in vorgeschichtlicher Zeit in Unterägypten eine erhebliche Rolle, wobei der hohe Ferkelanteil auffällt. In Minshat Abu Omar weist die Ablage von Ferkelköpfen neben bestatteten Menschen auf die Bedeutung des Schweins im kultischen Brauchtum hin. Auf Wandbildern der 18. Dynastie erfahren wir, wie die Schweine aussahen. Sie waren, wie das Trockenklima erwarten läßt, schlankwüchsig und langschnäuzig, hatten aufrecht stehende Ohren und einen hohen Borstenkamm auf dem Rückgrat.

Das Lasttier Altägyptens schlechthin war der Esel. Wenn die Lehrmeinung stimmt, daß er in Ägypten domestiziert wurde, muß das bereits im 4. Jahrtausend v. Chr. geschehen sein, denn Ende des 4. Jahrtausends ist der Hausesel bereits in Mesopotamien nachgewiesen.

Am Beginn des Neuen Reiches oder bereits in der Hyksoszeit wurde das Pferd aus Vorderasien eingeführt. Lagerszenen stellen es zwar als Reittier vor, aber seine eigentliche Verwendung betraf das Ziehen von Streit- und Jagd-

Links: Knochenschnitzerei aus der ersten Hälfte des 5. Jahrtausends v. Chr. aus Merimde-Beni Salame, wohl ein Rind.

Rechts innen: Schminkpalette aus Schiefer in Form eines Nilpferdes; zweite Hälfte des 4. Jahrtausends v. Chr. Tiergestaltige Paletten sind ein Charakteristikum der Negade-Kultur.
Boston, Museum of Fine Arts

Rechts außen: Stierkopfamulett aus Elfenbein mit Fayenceaugen; Negade-Kultur, zweite Hälfte des 4. Jahrtausends.
New York, Brooklyn Museum

wagen (Abb. S. 86, 101, 190/91). Ein Pferd aus dem 15. Jahrhundert v. Chr., das im Grab des Senenmut gefunden wurde, besaß eine Widerristhöhe von 1,40 bis 1,45 Meter und war damit ebenso groß wie Hethiterpferde.

Belege von Dromedarknochen, des Lasttieres der Wüste, sammeln sich neuerdings in den perser- bis römerzeitlichen Funden vom Tell Maskhuta im Wadi Tumilat an.

Wenn man den Wandbildern glauben darf, bevorzugten die Vornehmen im Alten Reich als Modehund einen stehohrigen, ringelschwänzigen Windhund, den »tešem«. Tierzüchterisch ist es jedoch unmöglich, das abgebildete Idealbild auch nur annähernd zu erreichen, und niemals ist bisher ein Skelettfund gemacht worden, der ihm nahekommt. Im Mittleren Reich schwächt sich die Idealvorstellung ab, man findet auch Kipp- und Hängeohren dargestellt, die Rute ist oft kaum noch eingedreht. Im Neuen Reich werden dann in erster Linie kräftige, jagdhundartige Tiere mit kleinem Behang und mittellang behaarter, offen getragener Rute vorgeführt. Schon im Alten Reich gibt es zusätzlich Abbildungen von dicken, überfütterten Schoßhunden mit kürzeren Läufen, und im Mittleren Reich gipfelt die Entwicklung zur Brachymelie in Hunden mit extrem kurzen Beinen.

Bei der Katze, die im Gegensatz zu den anderen Haustieren Einzelgänger ist, zog sich der Domestikationsvorgang über einen langen Zeitraum hin, weil die Verbindung zur Wildform nicht abriß. Sogar in der Spätzeit scheint die Isolierung von der Wildkatze noch nicht abgeschlossen gewesen zu sein, denn die Skelettfunde zeigen kaum Domestikationserscheinungen. Den Ausgang nahm die Haustierwerdung der ägyptischen Falbkatze von Tieren, die als Lieblingstiere in den Villen der Vornehmen gehalten wurden, sich aber mehr an die Vorteile dieser Umgebung als an die Menschen banden (Abb. S. 271).

Was das Hausgeflügel betrifft, ist die Domestikation der Graugans hervorzuheben. Sie war eine Folge des nicht zu deckenden Bedarfs an Speiseopfergeflügel, obwohl doch jährlich Unsummen an Zugvögeln mit dem Schlagnetz gefangen wurden. Die ersten Domestikationserscheinungen traten in Form von großen weißen Gänsen bereits im Alten Reich auf. Eine Ablieferungsszene aus dem Neuen Reich mit alten und jungen Hausgänsen in bunten Haustierfarben kennzeichnet die abgeschlossene Haustierwerdung. Im Wadi Tumilat hielt man in persischer bis römischer Zeit Hausgänse, die in der Größe alles übertreffen, was bisher an vor- und frühgeschichtlichen Gänsen bekannt geworden ist. Sie standen den größten heutigen Zuchtgänsen in der Größe nicht nach.

Bei der Taube überrascht, daß in den Geflügelgehegen, die der Versorgung mit Speiseopfern dienten, meist auf dem Zug eingefangene Turteltauben gehalten wurden. Sie haben nichts mit den Haustauben zu tun, die heutzutage von den für sie erbauten Taubentürmen aus in die Saat einfallen und mehr schaden als nützen. Ihre Vorfahren, die Felsentauben, nisteten seit alters an Tempeln und anderen Gebäuden und trugen selbst mehr zu ihrer Domestikation bei als die Menschen.

Das Huhn lernten die Ägypter zunächst einmal im Neuen Reich kennen, wie Berichte und Abbildungen beweisen. Es bürgerte sich aber damals nicht ein, und wann das schließlich in der Spätzeit (im weiteren Sinne) geschah, ist noch nicht bekannt.

Heute prägen Hühner gemeinsam mit letztlich aus Amerika eingeführten Truthühnern und Moschusenten sowie gewöhnlichen Hausenten und Gänse, auch Höckergänse aus Ostasien, primär aus Indien kommende Wasserbüffel und magere Kurzhornrinder, die abwechselnd die Wasserräder drehen, Dromedare und Esel, die unter ihren Lasten verschwinden, mittelgroße edle Pferde vom orientalischen Typ, Fettschwanzschafe und Ziegen sowie ausgemergelte Hunde und räudige Katzen zusammen mit Scharen von Kindern die Dorfszenerie.

Die Vorgeschichte

ÄGYPTEN und das Zweistromland sind die Keimzellen der orientalischen Hochkulturen. In angrenzenden und weiter entfernten Gebieten der Alten Welt geht eine lange Reihe prähistorischer Kulturgruppen der geschichtlichen Zeit voran. Steinzeit, Kupfer-, Bronze- und Eisenzeit bezeichnen die technologischen Etappen, die in Mitteleuropa bis zur Zeitenwende durchmessen werden, ohne daß es zur Entfaltung von Kulturen städtischer Prägung gekommen ist. Ägypten steht im Zeitalter der beginnenden Metallurgie bereits an der Schwelle zur Hochkultur. Die vorgeschichtliche Epoche umfaßt hier nur die steinzeitlichen und kupferzeitlichen Entwicklungsstufen.

Jäger und Sammler
Die Altsteinzeit (Paläolithikum)

Die altsteinzeitliche Besiedlung Ägyptens ist nur schwer faßbar. Zwar liegen sehr viele Fundstücke aus dieser Epoche vor, jedoch stammen sie größtenteils aus Aufsammlungen an der Oberfläche. Stratigraphien, wie sie in angrenzenden Regionen des Ostmittelmeerraumes eine Gliederung des Paläolithikums in zahlreiche Entwicklungsstufen erlauben, sind in Ägypten unbekannt oder bisher weitgehend unbeachtet geblieben. Eine Synchronisation der verschiedenen, vor allem in Mittel- und Oberägypten sehr ausgeprägten Nilterrassen und ihrer jeweils charakteristischen Fundgruppen mit dem eiszeitlichen Klimageschehen Europas ist noch nicht überzeugend gelungen.
Ein unmittelbarer Vergleich der altsteinzeitlichen Funde Ägyptens mit jenen aus besser erforschten Gebieten vermag jedoch zu zeigen, daß das Paläolithikum des Niltales in groben Zügen den Entwicklungslinien des europäischen Kontinents folgt. So wurden vor allem in Nubien und in einigen der westlichen Oasen Faustkeilindustrien gefun-

Das Tonmodell eines breiten Kajütboots stammt aus der zweiten Hälfte des 4. Jahrtausends und gehört der Negade-Kultur an.
Berlin, Ägyptisches Museum

den, die der Acheul-Stufe des Altpaläolithikums (nach dem Fundplatz Saint-Acheul bei Amiens) angehören. Im Mittelpaläolithikum, und auch hier wieder vor allem an nubischen Fundorten, unterscheiden wir Moustérien, Atérien und Khormusan (nach den Fundplätzen Le Moustier in Südwestfrankreich, Bir el-Ater in Algerien und Khormus in Nubien). Das Jahrzehntausend vor der Neolithisierung Nordostafrikas ist aus zahlreichen Fundstellen Oberägyptens und Nubiens bekannt. Jungpaläolithische Kulturen in vielfältiger zeitlicher und regionaler Schichtung werden unterschieden. An der Grenze zur produzierenden Wirtschaftsweise der Jungsteinzeit beschlossen epipaläolithische Kulturen die Epoche der Jäger und Sammler. In Unternubien sind dies das Shamarkian und Abkan (nach den nubischen Fundorten Shamarki und Abka), in Oberägypten das Elkabian (nach Elkab) und im Fayum das Quarunien (nach dem Karunsee) bzw. die Fayum-B-Kultur. Zur gleichen Zeit entstand in Unterägypten bereits ein präkeramisches Neolithikum südwestasiatischer Prägung, das bisher nur von dem Fundplatz Heluan bei Kairo bekannt ist (Tab. S. 32).
Die Ernährungsbasis des nordafrikanischen Paläolithikums bildete in erster Linie das Wild der Steppen und Savannen: Antilopen- und Gazellenarten, Wildrind und Wildesel, auch heute nördlich der Sahara nicht mehr vertretene tropisch-afrikanische Arten wie Afrikanischer Elefant, Nashorn, Zebra und Kaffernbüffel sowie als Eindringling aus der Paläarktis der Riesenhirsch. Daneben wurden im Niltal auch schon die Jagd auf dem Wasser auf Nilpferd und Wasservögel und der Fischfang betrieben. In der jüngeren Altsteinzeit ist auch das Sammeln von Wildpflanzen nachweisbar.
Bisher wurden nur wenige Grabungen an altsteinzeitlichen Fundstellen des Niltales durchgeführt. Daher sind im Grunde nur die unvergänglichen Fundgattungen des ägyptischen Paläolithikums bekannt, vor allem Steingeräte, die sich auf den zahllosen Fundorten an der Oberflä-

Die Fauna großer Herdentiere bewahrte hier eine Vielfalt, die den Lebens- und Jagdgewohnheiten des altsteinzeitlichen Menschen entsprach.

So war Ägypten am Ende der Altsteinzeit von einer Reihe epipaläolithischer Kulturgruppen besiedelt. Bevorzugte Räume waren nach den bisher bekannten Fundstellen Nubien, der oberägyptische Nilabschnitt und die Fayumsenke. Im nordöstlich benachbarten Fruchtbaren Halbmond hat sich zur gleichen Zeit eine fortschrittliche Wirtschaftsform etabliert, die man als »präkeramisches Neolithikum« bezeichnet. Domestikation erster Tierarten, beginnender Anbau von Nutzpflanzen, Vorratswirtschaft und Bildung größerer seßhafter Gemeinschaften waren die Neuerungen dieser Kulturstufe und erhoben sie über die aneignende Lebensweise der endpaläolithischen Gruppen. Keramikherstellung war hingegen noch nicht bekannt.

In einem jüngeren Abschnitt dieses präkeramischen Neolithikums kam es zu Kontakten mit dem unterägyptischen Raum, sei es durch Berührung der beiden Kulturkreise auf der Sinaihalbinsel, sei es durch das Eindringen fremder Bevölkerungselemente in das Niltal. Fundaufsammlungen aus Heluan bei Kairo erweisen die Existenz des präkeramischen Neolithikums im nördlichen Teil Ägyptens.

Eine von diesem Prozeß völlig verschiedene Entwicklung zeichnet sich im sudanesisch-nilotischen Raum und dem daran angrenzenden Südsaharagürtel ab. Entlang der ausgedehnten einstigen Seenplatte der südlichen Sahararandzone entstanden Siedlungen seßhafter Bevölkerungsgruppen. Ihr Nahrungspotential bestand im Fischreichtum der flachen warmen Seen und Flüsse, von denen der heutige Tschadsee ein Relikt ist. Haustierhaltung und Ackerbau scheinen unbekannt gewesen zu sein. Jedoch sind diese Gruppen, begünstigt durch die seßhafte Lebensweise, zur Herstellung einer zunächst zwar ungebrannten, aber reich verzierten Keramik übergegangen. Man könnte diesen exakten Gegenpol des palästinensisch-unterägyptischen Geschehens, ohne dem Entwicklungsstand damit ganz gerecht zu werden, als »keramisches Endpaläolithikum«

che erhalten haben. Die vielfältige Kleinkunst, wie sie uns in den Knochen- und Elfenbeinschnitzereien des europäischen Jungpaläolithikums entgegentritt, ist im Niltal ebenso unbekannt geblieben wie die Höhlenmalerei. Anthropologische Funde blieben dem Zufall überlassen. Daß dennoch aufsehenerregende Entdeckungen möglich sind, zeigen die vor kurzem in der Umgebung von Kom Ombo gefundenen Relikte eines Neandertalers, die das weite Vordringen dieser Rasse auf den afrikanischen Kontinent belegen. Bisher galten die Karmel-Funde in Palästina als südlichste Vertreter. Nennenswerte Skelettserien sind danach erst wieder aus einem viel späteren Zeitabschnitt, dem nubischen Endpaläolithikum, bekannt.

Bauern und Fischer
Der Übergang zur Jungsteinzeit (Neolithikum)

Im Mesolithikum, der Mittleren Steinzeit, vollzog sich in Europa eine Anpassung der Jäger und Sammler an die gewandelten Klima- und Landschaftsverhältnisse der Nacheiszeit. Das Herdenwild der Altsteinzeit wich dem Standwild der entstehenden Waldgebiete, die Jagd wandte sich Kleintieren und dem Fischfang zu. Ähnlich drastische Veränderungen fanden im ägyptischen Raum nicht statt.

Unterägypten	Fayum	Oberägypten	Südlich des 1. Kataraktes
Negade III	?	Negade III	
Negade II spät		Negade II	Nubische A-Gruppe
Maadi/el-Omari B	?	Negade I	?
?		Späte Badarikultur	
el-Omari A			
?			
Merimde V	Fayum A	Frühe Badarikultur Der Tasa	Kadero Esh Shaheinab
Merimde IV			
Merimde III			
?			
Merimde II			
?	?	?	Khartoum
Merimde I			
?			
Heluan			
?	Fayum B/Quarunien	Epipaläolithikum	Epipaläolithikum Catfish Cave

Chronologie und Phaseologie der ägyptischen Vorgeschichte

- Beginnende Hochkultur
- Chalkolithikum
- Neolithikum
- Präkeramisches Neolithikum
- Keramisches Epipaläolithikum
- Epipaläolithikum

bezeichnen. Nach Süden war der saharosudanesische Kulturkreis bis in den Raum um den Rudolphsee verbreitet, nach Westen bis an den oberen Niger, nach Norden reichten Ausläufer bis in die Oase el-Charge.

Aus diesen beiden Wurzeln entstand die Wirtschaftsweise der ägyptischen Jungsteinzeit. Haustierhaltung und Ackerbau sind südwestasiatischen Ursprungs, das kontinentalafrikanische Erbe spiegelt sich in der großen Bedeutung der Jagd und vor allem des Fischfangs für die Ernährung.

Die Entfaltung der jungsteinzeitlichen Kulturen

Die voll entwickelte Jungsteinzeit nimmt in Ägypten einen verhältnismäßig langen Zeitraum ein. So ist bereits im 6. Jahrtausend mit einer Besiedlung zu rechnen, die alle jungsteinzeitlichen Merkmale aufweist: Seßhaftigkeit, Ackerbau, Viehzucht und Herstellung von Keramik.

Das Ende der Jungsteinzeit ist um die Mitte des 4. Jahrtausends anzusetzen. Zu diesem Zeitpunkt begann in Ägypten die Kupferverarbeitung. Dies bedeutet freilich nicht das Ende der Herstellung von Feuersteingeräten neolithischer Form und Technik, die in Ägypten bis tief in die dynastische Zeit und von der ländlichen Bevölkerung möglicherweise bis in die christliche Epoche angefertigt wurden.

Die ägyptische Jungsteinzeit läßt sich in eine Reihe zeitlicher und regionaler Gruppen unterteilen (Tab. S. 32). In Unterägypten zeigt die Fundstelle von Merimde-Beni Salame in fünf Schichten die allmähliche Entfaltung des Neolithikums von einer sehr frühen, wohl noch von Palästina her beeinflußten Stufe zu einer klassisch jungsteinzeitlichen Siedlung mit hochentwickelter Wirtschaftsweise und beträchtlicher Bewohnerzahl. Auf dieser Stufe wurde die Siedlung verlassen, wahrscheinlich in der Folge einer Flußbettverlagerung des angrenzenden Nilarmes. Die unmittelbar darauf folgende Zeitspanne ist in Funden nicht belegt, jedoch ging die kontinuierliche Entfaltung des unterägyptischen Neolithikums ohne einen kulturellen Bruch weiter, wie uns die Fundstelle von el-Omari südlich von Kairo lehrt. Ein bis zwei Jahrhunderte trennen sie wohl von der späten Merimde-Kultur, und so vereint sie klassisch-neolithische Traditionen mit progressiven Formen,

die bereits auf die spätvorgeschichtliche Kultur Unterägyptens hinweisen.

In der Fayumsenke entstanden in der Uferzone des zu neolithischer Zeit noch sehr viel größeren Sees Siedlungen einer Kultur, die als Fayum A bezeichnet wird. Vergleiche erweisen sie als zeitgleich mit spätem Merimde. Frühere Fundstellen im Fayum sind sämtlich dem Endpaläolithikum zuzurechnen, und auch Nachläufer wurden noch nicht entdeckt. Aus Oberägypten sind Funde des frühen Neolithikums bisher unbekannt. In dem Fundort Der Tasa setzte die Kulturentwicklung in einem Zeitabschnitt ein, der spätem Merimde in Unterägypten und der Fayum-A-Kultur entspricht. Es folgte die Badari-Kultur, die in ihrem älteren Abschnitt neolithisch ist. Die Spätstufe verfügte bereits über die Kenntnis der Metallurgie. Südlich des ersten Katarakts sind neben zahlreichen Fundstellen des Epipaläolithikums vorwiegend Siedlungen des saharosudanesischen Kulturkomplexes bekannt. Dessen Frühstufe, die noch als vorneolithisch zu gelten hat, ist vor allem durch eine Grabung bei Chartum nachgewiesen, dem Vollneolithikum gehören die Fundstellen von Esh Shaheinab und Kadero an.

Die Kupferzeit (Chalkolithikum, Kupfersteinzeit)

Das Auftreten erster Kupfergeräte ist im archäologischen Fundstoff ein eher unscheinbarer Einschnitt. Wie bereits betont, setzte sich die Steingeräteherstellung fort und übertraf die Produktion von Metallartefakten noch für einen langen Zeitraum. Ähnlich verhält es sich mit der Keramik, bei der erst im frühen Alten Reich der Formeneinfluß toreutischer Erzeugnisse spürbar wird. Dennoch darf die Verbreitung der neuen Technologie nicht unterbewertet werden. Strukturen, die im Zusammenhang mit der Erzbeschaffung der frühen Metallurgen vorauszusetzen sind, hoben die weitgehende Autarkie der jungsteinzeitlichen Gemeinwesen auf. Zusammen mit anderen Merkmalen, wie der Herausbildung zentraler Orte, bildeten sie das Fundament, auf dem der kurze Abschnitt bis zum Beginn der Hochkultur aufbaute. Man bezeichnet ihn nach der augenfälligsten technologischen Neuerung als Kupferzeit.

Im Verlauf der späten Vorgeschichte Ägyptens begann sich eine Entwicklung abzuzeichnen, die zu den politisch-geographischen Verhältnissen der Reichseinigungszeit führte. Während des Neolithikums war das Kulturgefüge Nordostafrikas in Zonen geographischer Breite gegliedert. Der unterägyptische Kulturkreis im Rahmen eines südostmediterranen Altneolithikums, die oberägyptischen Kulturen und der saharosudanesische Komplex zeigen Verbreitungstendenzen, die vorsaharanische Klima- und Lebenszonen spiegeln. Am Ende der Expansion der oberägyptischen reifen Negade-Kultur bestand erstmals eine kulturelle Einheit, die das gesamte Niltal bis tief in den nubischen Raum umfaßte. Die Verbreitung folgte nun dem durch die Desertifikation zur Stromoase eingeschnürten Talbereich.

In Unterägypten ist es in erster Linie der Fundort von Maadi bei Kairo, den wir als nachneolithisch ansprechen können. Das Aufkommen an Kupferartefakten ist in Maadi bereits erheblich und formenreich, ebenso die Spuren von Erzimport und -verarbeitung. So liegt es nahe, den Beginn der Metalltechnologie bereits in einem Zeitabschnitt zwischen dem Ende des spätneolithischen el-Omari A und dem Beginn der Siedlung von Maadi zu vermuten. Im Spätabschnitt der oberägyptischen Negade-II-Kultur brach die Besiedlung von Maadi ab. Zumindest im Ostdelta überwiegen nun Funde oberägyptischer Provenienz, wie wir aus dem Gräberfeld von Minshat Abu Omar wissen. Das Fayum hat bisher keine Funde dieses Zeitabschnittes erbracht, was jedoch durch den Mangel an Forschungen in diesem Gebiet bedingt sein kann. Im oberägyptischen Raum können wir eine kontinuierliche Entwicklung feststellen, die von der klassisch-neolithischen Badari-Kultur über die drei Negade-Stufen zur Frühzeit, der ersten historischen Phase der altägyptischen Hochkultur, führt. Im nubischen Raum ist zumindest zeitweise mit einer Randkultur der oberägyptischen Entwicklung zu rechnen.

Das Fundgut der ägyptischen Vorgeschichte

Am Beginn des Neolithikums bestanden Kontakte Unterägyptens zum palästinensischen Küstenraum. Keramik mit eingeritztem Fischgrätmuster kommt hier wie dort in einem Frühabschnitt der Keramikentwicklung vor. Bald danach aber war Ägypten vom südwestasiatischen Einfluß abgekoppelt und ging in der Entfaltung der materiellen Kultur andere Wege. Impulse kamen nun eher vom eigenen Kontinent. Dieser brachte zu jener Zeit eine Reihe eigenständiger neolithischer Kulturen hervor, die bis auf flüchtige Beziehungen des marokkanischen und algerischen Küstensaumes zum westmediterranen Altneolithikum keinen Anteil an der Entwicklung Außerafrikas nahmen.

Für eine lange Zeitspanne, die fast dem gesamten Neolithikum entspricht, blieb in Ägypten die Keramik unverziert, während sich in einem breiten Bogen vom Iran und Irak über die Levanteküste und Anatolien bis in den Balkanraum eine Kette neolithischer Regionalkulturen mit polychromer und vielfältig ornamentierter Keramik ausbildete. Im Vergleich damit erscheint die Keramik der ägyptischen Jungsteinzeit eigenartig streng und trotz hoher handwerklicher Qualität wenig kunstvoll. Auch der Formenkanon ist beschränkt. So entfallen Henkelgefäße mit ihrem großen Formenpotential in der ägyptischen Jungsteinzeit außer in der Fremdeinflüssen ausgesetzten Anfangsphase fast völlig. Konstanz und Strenge der dynastischen Zeit scheinen bereits hier ihre Wurzeln zu haben. Dieser Zug erschwert eine Gliederung der jungsteinzeitlichen Keramik in Ägypten natürlich sehr. Während in anderen Teilen der Alten Welt neolithische Kulturen in der Regel aufgrund ihrer Malstile und Dekorschemata abgegrenzt und untergliedert werden können, müssen wir in Ägypten häufig auf andere Fundgattungen wie Steingeräte und sonstige Kleinfunde zurückgreifen. Diese zeigen jedoch als typische Gebrauchsgüter häufig lange Lebens-

Keramik und Steingefäße der Negade-Kultur, zweite Hälfte des 4. Jahrtausends v. Chr. In der Stufe Negade I beschränkt sich die Bemalung auf einen gelbweißen Farbauftrag auf rötlichbraun polierten Gefäßen (links innen). Negade II entfaltet ein reiches Spektrum rot bis braun auf beigefarbenem Grund bemalter Keramik (rechts oben und Mitte). Die Motive entwickeln sich aus der vorangehenden Stufe, sind jedoch bewegter und flüssiger als die streng geometrischen der hell bemalten Gefäße. Neben ornamentalem Dekor wie Wellenlinien, Spiralen und Schachbrettmustern sind vor allem Tiere, häufig zu Friesen aufgereiht, und szenische Darstellungen von Bedeutung. Bei den Tieren überwiegt das Wild der Wüste, aber *auch Krokodile und Nilpferde kommen vor. In den Szenen erscheinen neben Jagd-, Tanz- und Prozessionsdarstellungen häufig barkenförmige Motive mit Standarten, Aufbauten und ruderartigen Beizeichen, die als Wiedergabe umzäunter Siedlungen gedeutet werden (rechts oben). Außerdem gibt es Schwarzrandware in der Tradition des oberägyptischen Neolithikums (links), rot polierte Ware (rechts oben) und schließlich, in der Stufe Negade III, helltonige unbemalte Keramik in zylindrischen Formen (rechts unten). Die späte Vorgeschichte Ägyptens ist die Blütezeit der Steingefäßherstellung. Meist aus bunten Hartgesteinen gefertigt, bilden sie einen wesentlichen Bestandteil der Ausstattung reicher Gräber (links außen).*

dauer, so daß eine Schichtung der neolithischen Kulturerscheinungen sich in Ägypten auf einer Zusammenschau all dieser Elemente begründen muß.

In der unterägyptischen Keramik erscheinen im fortgeschrittenen Stadium der Jungsteinzeit einfache Ritzverzierungen und plastische Aufsätze. In Oberägypten steht am Anfang der Entwicklung rotpolierte Keramik mit schwarzem Rand. Verzierte Gefäße sind recht selten.

In der Kupferzeit dagegen wurde die Keramik vielfältig verziert. Die Bemalung ist mehr szenisch als ornamental, der Vorgriff auf kompositorische Elemente der Kunst des Alten Reiches wird spürbar. Reihung von stilisierten Menschen und Tieren in Friesen, Jagdszenen, schließlich auch Schiffs- und Architekturdarstellungen stehen im Vordergrund, daneben treten als Ornamente Spirale und Wellenlinie sowie ein Malstil, der Buntsteingefäße imitiert.

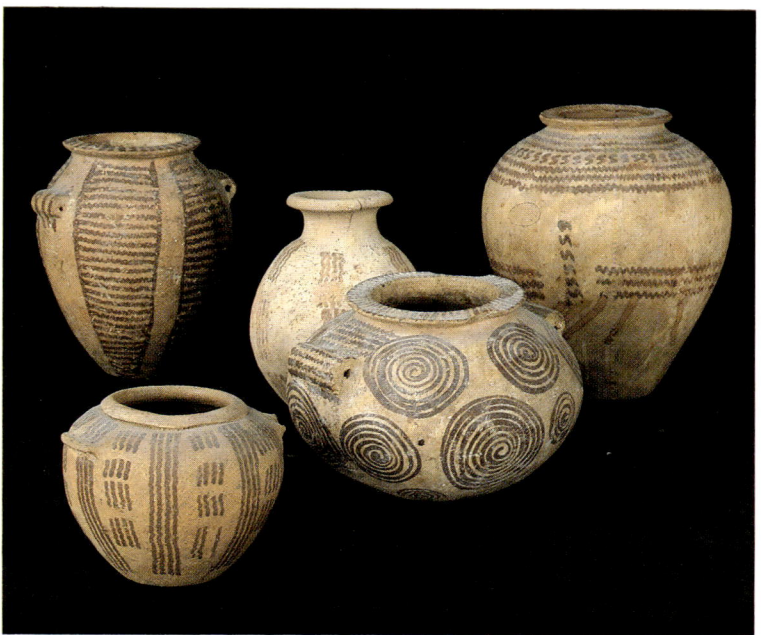

Durch Importe und einheimische Nachahmungen gelangten diese stilistischen Neuerungen auch in das Verbreitungsgebiet der unterägyptischen Kupferzeit, und zwar schon bevor es dort zu einer Überlagerung durch Negade II kam. In Negade III blieb die Keramik unverziert. Die Formen und die durchgehende rote Politur sind nun schon jene der Frühzeit. Parallel zur Keramikherstellung setzte in Ägypten bereits sehr früh die Produktion von Steingefäßen ein. Die ältesten Beispiele kennen wir aus jungsteinzeitlichen Fundstellen. Die eigentliche Blütezeit, besonders in der Verarbeitung von allerlei Hartgesteinen, war jedoch die Kupferzeit. Basalte, Schiefer, Kalzite und bunte Konglomerate waren die bevorzugten Werkstoffe dieser sicherlich nicht zum täglichen Gebrauch bestimmten Gefäße. Sie wurden bis ins Alte Reich hergestellt, wichen aber allmählich Gefäßen aus Alabaster.

Eine weitere wichtige Fundgattung der ägyptischen Vorgeschichte sind die Steingeräte. Ihre Vielfalt und Häufigkeit zeigt die zentrale Rolle, die Flint als Werkstoff bis tief in die dynastische Zeit einnahm. Neben zahlreichen Typen von

Bearbeitungsgeräten wie Beilen, Bohrern, Sägen, Sticheln und Schabern wurden Erntegeräte wie Sicheln und Jagdwaffen wie Pfeil- und Lanzenspitzen gefertigt. Besonders in der späteren Vorgeschichte kamen Prunkwaffen und Opfermesser hinzu. Die Feuersteinindustrie Ägyptens entwickelte sich von der Klingenherstellung am Beginn des Neolithikums über die Kerngerätkulturen der klassischen Jungsteinzeit zu den wieder vorwiegend auf Klingen basierenden Geräten der späten Vorgeschichte.

Weit weniger umfangreich als der Fundanfall an Steingeräten ist der an Artefakten aus Knochen, Elfenbein und Metall. Da Metallerzeugnisse im Falle von Beschädigungen oder bei starker Abnutzung wegen ihres Materialwertes immer wieder eingeschmolzen wurden, sind sie gegenüber ihrer tatsächlichen Bedeutung im Fundgut unterrepräsentiert. Im Grunde ersetzten die kupferzeitlichen Metallgeräte Ägyptens in erster Linie die Knochengeräte des Neolithikums, also Formen, die in der Steintechnologie nicht realisierbar sind. Aus Knochen und Elfenbein wie später auch aus Kupfer wurden Ahlen, Nadeln, Harpunenspitzen und allerlei Schmuck gefertigt.

Die Überlieferung von Schmuck ist in hohem Maße abhängig von der Beigabensitte im Totenkult. So erklärt es sich, daß aus den beigabenlos bestattenden unterägyptischen Kulturen und aus dem Fayum nur vereinzelt Schmuckgegenstände aus den Siedlungsabfällen zutage getreten sind, während aus den reich ausgestatteten Grä-

bern Oberägyptens ein zahl- und formenreicher Bestand bekannt ist. In erster Linie sind es Halsketten aus Meeresmuscheln und Perlen aus Straußeneischale, Karneol und anderen Materialien. Häufig finden sich auch Nadeln, Anhänger und Kämme aus Knochen, Elfenbein und Schildpatt. Als Schmuck im Sinne von Insignien sind künstlerisch umgestaltete Gebrauchsgegenstände zu betrachten, Keulenköpfe und Elfenbein- oder Goldgriffe von Flintmessern mit szenischen Reliefs.

Zeugen des Schmuckbedürfnisses sind auch die Paletten aus Schiefer, die sich von einfachen rhombischen Formen über tiergestaltige Stücke (Abb. S. 29) zu den szenisch reliefierten Paletten der Reichseinigungszeit entwickelten (Abb. S. 44, 414). Ihre ursprüngliche Funktion als Farbreibsteine wird durch den neolithischen Grabbefund belegt, der in einigen Fällen an Oberarmen und Kopf der Bestatteten Bemalung mit Rötelpaste erkennen läßt.

Außerhalb des praktischen alltäglichen Gebrauchs anzusiedelnde Artefakte finden sich in der ägyptischen Vorgeschichte vor allem in Form von menschen- und tierförmigen Kleinplastiken. Für einige ergeben sich aus der Fundsituation oder aus Eigenheiten der Darstellung Hinweise auf einen kultischen Gebrauch. So ist figürliche Plastik gelegentlich ins Grab mitgegeben worden und stand demnach mit dem Totenkult in Zusammenhang. Die vorgeschichtliche Kleinplastik Ägyptens in Menschenform läßt eine andere Tendenz erkennen als die der neolithischen

Kulturen des Fruchtbaren Halbmondes. Dort beherrscht die Darstellung fettleibiger Frauen das Bild und legt die Annahme agrikultureller Fruchtbarkeitskulte nahe. Weiter südlich, im palästinensischen Raum, vor allem aber in Ägypten sind dagegen Idolfiguren meist bärtiger Männer nicht selten. Man kann vermuten, daß sie mit kultischen Vorstellungen der Jäger und Hirten in Verbindung standen, ein schlüssiger Beweis ist jedoch nicht möglich. Die frühen innersaharanischen Felsbilder führen die Bedeutung der Jäger und Hirten im alltäglichen wie im kultischen Leben außerordentlich eindrucksvoll vor Augen, dort freilich unvermischt mit der agrikulturellen Vorstellungswelt.

Auch die Tierfiguren können kultischen Charakter haben. Dies geht vor allem aus der Bevorzugung bestimmter Tierarten hervor. So wurden in der Jungsteinzeit fast ausschließlich domestizierte Rinder dargestellt, was ihrer praktischen Bedeutung in der breiten Palette von Zucht- und Wildtieren keineswegs entsprach.

Wirtschaft und Lebensweise

Ackerbau und Viehzucht waren die beiden entscheidenden Neuerungen der Jungsteinzeit. Sie gewährten eine kontrollierte Reproduzierbarkeit der Hauptnahrungsmittel. Die wichtigsten Veränderungen der Lebensweise, die sich in diesem Entwicklungsstadium abzeichnen, waren die Seßhaftigkeit und das zahlenmäßige Anwachsen der Bevölkerungsgruppen. Die neu gewonnene Unabhängigkeit von natürlichen Ressourcen führte zur Bildung größerer dorfartiger Ansiedlungen, zur Vorratswirtschaft, zur Entfaltung der Arbeitsteilung und zu einem Wandel der kultischen Vorstellungen.

Haustiere und Nutzpflanzen im neolithischen Ägypten sind teilweise südwestasiatischen Ursprungs. Bereichert um afrikanische Arten, bildeten sie bald einen ganz wesentlichen Teil der Ernährung. Gehalten wurden Schafe, Ziegen, Rinder und Schweine, zur Aussaat gebracht wurde in erster Linie Emmer. Der Ackerbau wurde gewiß auf Flächen betrieben, die dem jährlichen Überschwemmungsfächer des Nil ausgesetzt waren. Der Niederschlag reichte in Ägypten schon zu dieser Zeit schwerlich aus, um einen Regenfeldbau in der Art der Regionen des Fruchtbaren Halbmondes zu gewährleisten. Eine entscheidende Neuerung der landwirtschaftlichen Technik war die künstliche Bewässerung. Die Anbaufläche, die Zahl der jährlichen Ernten und der Ertrag der Saaten ließen sich dadurch beträchtlich steigern. Da uns im stark umgestalteten Kulturland die Möglichkeit des direkten archäologischen Beweises kaum zur Verfügung steht, sind die Anfänge der Bewässerungstechnik mit unserem heutigen Wissensstand nicht auszumachen. Es ist jedoch anzunehmen, daß der groß angelegte Bewässerungsbau des Alten Reiches auf Kenntnissen und Erfahrungen der vorgeschichtlichen Zeit fußt.

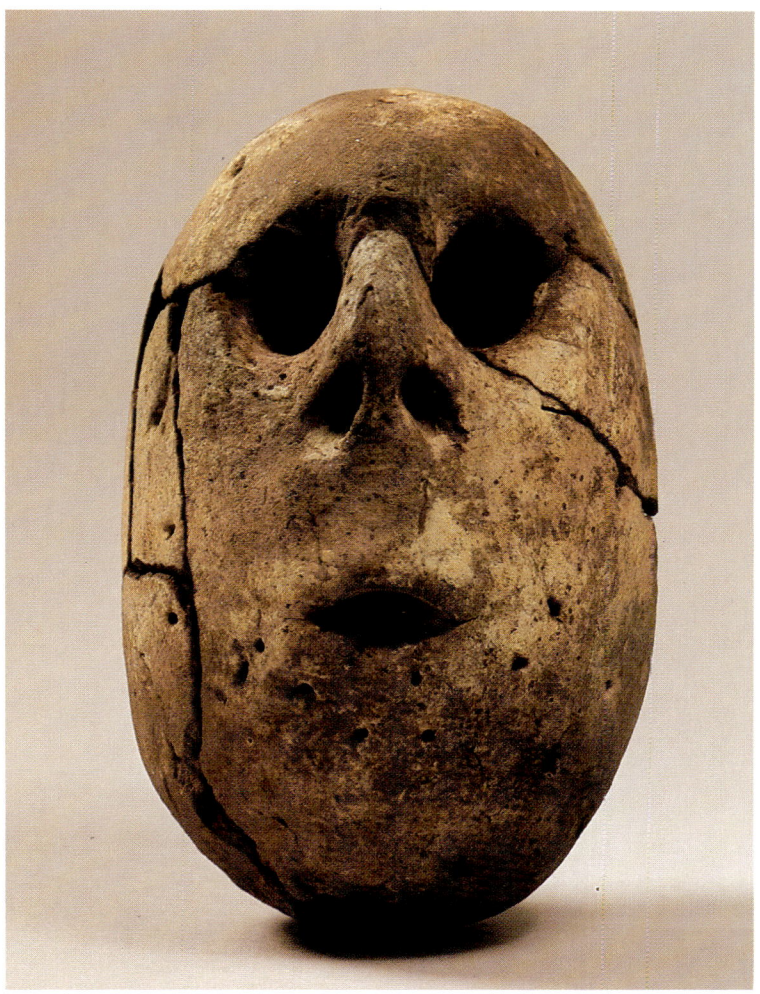

Einen nicht zu unterschätzenden Beitrag zur Ernährung lieferten in Ägypten daneben weiterhin die ererbten Fähigkeiten der Jagd und des Fischfangs. Das Wild der Steppen und Savannen wurde auf größeren Jagdausflügen oder beim Aufsuchen der Tränke in der Talniederung erbeutet. An erster Stelle stand die Jagd auf Antilopen- und Gazellenarten, die, teils bis in neuere Zeit, die Randlagen der Stromoase bewohnten. Umfangreichere Beute und vor allem einen von Klima- und Vegetationsschwankungen fast unabhängigen Ertrag erbrachte die Jagd auf dem Wasser. Ein ergiebiger Fleischlieferant war das Nilpferd. Hinzu kamen allerlei Wasservögel, und der Fischfang in dem warmen, nährstoffreichen und träge fließenden Wasser des Stromes lieferte eine Vielzahl von Arten beträchtlicher Größe. Fangmethoden, wie sie auf den Reliefs des Alten Reiches überliefert sind, lassen sich nach Ausweis der archäologischen Funde, die Angelhaken, Netzsenker und Harpunen erbrachten, ohne weiteres auf vorgeschichtliche Verhältnisse übertragen. Sie zählen zu den Techniken, die, bedingt durch das unveränderliche Regime des Flusses, in Ägypten fast zeitlos erscheinen.

Bauweise

Die Bauten der ägyptischen Vorgeschichte sind vergleichsweise bescheiden. Ägypten zählt nicht zu den Regionen, in denen sich schon früh eine dichte agglutinierende Sied-

lungsstruktur entwickelte, wie sie uns aus den Kulturen der orientalischen Buntkeramiker vertraut ist und dort als architektonische Wurzel rechtlicher und gesellschaftlicher Strukturen städtischer Prägung angesehen werden könnte. Die vorgeschichtlichen Siedlungen Ägyptens waren meist großflächig und locker bebaut. Der ovale Grundriß der Hütten verrät Einflüsse aus Südwestasien, wo diese Bauform bereits am Ende der Altsteinzeit nachweisbar ist. Angesichts des geringen Bauvolumens und der offenen Siedlungsweise kam es in Ägypten kaum zu nennenswerten neolithischen Tellbildungen. Die Siedlungen erstreckten sich meist auf niederen Terrassen und Spornen des Niltales. Da die nachlassenden periodischen Niederschläge des Neolithikums kaum eine Wasserversorgung aus Quellen zuließen, suchten sie einerseits die Nähe des lebensspendenden Stromes, andererseits aber auch die sichere Lage über dem jährlichen Hochwasserstand. Die Anpassung an diese Verhältnisse durch ständige Verlagerung der Siedlungszentren erklärt die zum Teil ungewöhnliche Ausdehnung der vorgeschichtlichen Fundstellen in Ägypten.

Nach Ausweis der Grabungsbefunde war die charakteristische Wirtschaftseinheit der ägyptischen Vorgeschichte ein kleiner hüttenartiger Bau aus Pfostensetzungen und Schilfflechtwerk und einigen rundum gruppierten Anlagen zur Speicherung der Feldfrucht. Die Feuerstellen befanden sich meist außerhalb der Hütten. Die klimatischen Verhältnisse ließen es offenbar zu, daß sich das tägliche Leben weitgehend im Freien abspielte.

Größerer Aufwand als bei den Wohnbauten zeigt sich bei der Vorratshaltung, die in Speicherbauten verschiedener Art ihren Ausdruck fand. Neben stabilen kellerartig angelegten Ovalbauten aus Nilschlamm dienten vor allem große, zur Abdichtung und Versteifung mit Schilfkörben ausgekleidete Gruben zur Lagerung der Feldfrucht, während andere Kulturkreise des Vorderen Orients und des Mittleren Ostens zum Schutz vor den höheren Niederschlagsmengen ihre Vorräte in großen Pithosgefäßen zu speichern pflegten. In ländlichen Gebieten Ägyptens findet sich bis auf den heutigen Tag die Sitte, bestimmte Feldfruchtvorräte in ungebrannten, ortsfest aus Nilschlamm hochgewulsteten Behältern vor Tierfraß und Fäulnis zu bewahren.

Handel

Den jungsteinzeitlichen Handel darf man sich in Ägypten wohl in Form von Tauschketten vorstellen. Gezielten Fernhandel gab es kaum, wie wir aus dem Fehlen von Rohmaterial- und Fertigproduktdepots in den Siedlungen schließen können. Am Ort nicht verfügbare Geräte und Materialien wurden einzeln oder in kleinen Stückzahlen eingetauscht. Doch auch in dieser verhältnismäßig primitiven Form des Warenaustausches gab es zeitliche und regionale Schwankungen, die von sich wandelnden Moden und Gebräuchen bestimmt wurden.

So gelangten in der Frühphase der Jungsteinzeit oberägyptische Schiefergesteine bis weit nach Unterägypten und dienten dort zur Herstellung von Beilen und Keulenköpfen.

In Oberägypten, um ein weiteres Beispiel zu nennen, wurden häufig Meeresmuscheln in Ketten getragen und auch ins Grab beigegeben; sie wurden durch die größeren Wadis ins Hauptverbreitungsgebiet der Tasa- und Badari-Kultur verhandelt. Einen nicht geringen Anteil an der Beschaffung dieser Güter hatte wohl der weit über das Niltal hinaus aktive jägerische Teil der Bevölkerung. Doch nahm keine der Routen den Charakter einer regelrechten Handelsstraße an, denn die Importe in der Jungsteinzeit blieben auf Güter zweitrangiger Bedeutung beschränkt, und der zwischenzeitlich aufkommende Bedarf ebbte kurzfristig wieder ab.

Dies änderte sich sehr schnell mit dem Beginn der Metallverarbeitung, die auf einen dauerhaften und umfänglichen Zustrom an Rohstoffen angewiesen war. In der Kupferzeit muß von organisierten Expeditionen ausgegangen werden, die der Herbeischaffung des begehrten Roherzes aus entfernteren Regionen wie der Sinaihalbinsel dienten. Belege dieser gezielten Unternehmungen sind große Rohmaterialdepots, wie sie aus Maadi bekannt sind. Der beginnende Fernhandel ließ auch die lange unterbrochenen Beziehungen zu Südwestasien wieder aufleben, von wo zahlreiche Importe kamen, und auch Kontakte zu den aufkeimenden Stadtkulturen Mesopotamiens bahnten sich damals an.

Beredte Zeugen dieser Zeit des Aufbruchs sind Ton- und Steinmodelle vielrudriger Schiffe, die erstmals in der Maadi- und Negade-Kultur auftreten. Ihre Vorbilder waren zweifellos nicht nur zur Flußschiffahrt, sondern auch zum Küstenhandel tüchtig. Die geographischen Kenntnisse des Alten Reiches sind in ihren Grundlinien bereits in dieser Epoche entstanden.

Totenkult

In neolithischen Kulturen ist der Totenkult im allgemeinen nicht aufwendig. Zumindest trifft dies für den materiellen, archäologisch erschließbaren Niederschlag zu, für den Grabbau und die Beigabensitte. Diese Beobachtung gilt uneingeschränkt auch für Ägypten. Jedoch zeigen sich deutliche Unterschiede zwischen den beiden Landesteilen. Die jungsteinzeitliche Bevölkerung Unterägyptens bestattete ihre Toten am Rande der Siedlungen oder in freigelassenen Arealen, in Oberägypten liegen die Nekropolen in größerer Entfernung und deutlicher Trennung vom Bereich der Lebenden. Im unterägyptischen Brauch muß älteres und eingeführtes Gedankengut vermutet werden. Die Toten sind überwiegend mit Blickrichtung auf den Nil niedergelegt. In Oberägypten erfolgte in der strengen Trennung der Bereiche schon die Hinwendung zur Gesittung dynastischer Zeit. Der Grabbau des Neolithikums ist dagegen in ganz Ägypten einheitlich. Bestattet wurde in einfachen Erdgruben in Hockerlage, teils mit einer Matenumhüllung des Toten, teils auch, wie sich aus der Orientierung und Reihung erschließen läßt, mit einer oberirdischen Kennzeichnung der Grablegen. Beigaben sind in Unterägypten sehr selten, im oberägyptischen Neolithikum dagegen ganz geläufig. Badari-Gräber enthalten häufig nebst einem Satz von Gefäßen eine Auswahl von Gerätschaften des täglichen Bedarfs, Schmuck und auch figürlichen Arbeiten.

An der Wende zur Metallzeit erfuhr der Totenkult in Ägypten wie in weiten Teilen der Alten Welt bedeutende Veränderungen. Die Beigaben wurden reicher, der einfache Grabbau der Jungsteinzeit entfaltete sich zur Grabarchitektur. Gesteigerter Aufwand und zunehmende Differenzierung im Totenkult waren eine Folge der breiter gefächerten Sozialstruktur, die sich mit der Herausbildung von Zentralorten entwickelte.

Links: Flintmesser mit Elfenbeingriff aus Gebel el-Arak bei Nag Hamadi, zweite Hälfte des 4. Jahrtausends v. Chr. Das wohl bekannteste einer Gruppe von Ritualmessern der späten Vorgeschichte zeigt auf der einen Griffseite Kampfszenen zu Wasser und zu Lande. Die Klinge repräsentiert einen Höhepunkt der Flinttechnologie. Paris, Louvre

Rechts: Flintmesser mit Elfenbeingriff, spätes 4. Jahrtausend v. Chr. Der Griff zeigt beidseitig in Zeilen angeordnete Tierfriese in sehr feiner Reliefschnitzerei. Dargestellt sind Wildtiere der Wüste, Mähnenschaf, Steinbock, Löwe und Wildesel, in einigen Reihen auch die Vogelwelt des Niltales. New York, Brooklyn Museum

Die Geschichte des Pharaonenreiches

D AS WISSEN um die weit zurückreichende Vergangenheit Ägyptens ist Teil der Anziehungskraft, die seine Kultur auf alle jüngeren Zivilisationen ausübte. Bereits die Griechen und Römer waren davon überzeugt, daß das hohe Alter der ägyptischen Geschichte einen besonderen Schatz an Erfahrungen berge. Aus älteren Schriften schöpfend, aber auch aus eigener Anschauung haben Geschichtsschreiber wie Herodot (um 450 v. Chr.) und Diodor (um 50 v. Chr.) viel Glaub- und Unglaubwürdiges über das Land am Nil berichtet. Leider nur in Auszügen überliefert sind die Bücher des ägyptischen Priesters Manetho, der im frühen 3. Jahrhundert v. Chr. mehrere theologische und historische Schriften in griechischer Sprache, aber unter Verwendung ägyptischer Quellen verfaßt hat. Zitate aus seinen »Aufzeichnungen über Ägypten« (Aigyptiaca) finden sich bei dem jüdischen Historiker Josephus, dem im 1. Jahrhundert n. Chr. offenbar bereits eine geänderte Textfassung vorlag.

Die antiken Autoren interessierte an Manethos Geschichtswerk besonders die Abfolge der ägyptischen Könige. Schon bald nach seinem Erscheinen wurden Königslisten herausgezogen, wobei den Angaben über die Dauer der Regierungen und Dynastien manchmal kurze Erläuterungen zur Person eines Herrschers oder zu den Ereignissen einer Epoche beigefügt wurden. Auf solche Listen stützten sich auch frühchristliche Chronographen wie Julius Africanus und Eusebius von Cäsarea, deren Anliegen eine vergleichende Geschichte des Vorderen Orients unter Einbeziehung der biblischen Tradition war. Aber auch diese Werke sind nur bruchstückhaft oder in bearbeiteter Form überliefert, bis hin zu der Kompilation des Georgios Synkellos, der um 800 n. Chr. eine mit Adam beginnende Weltchronik verfaßte. Die erhaltenen Abrisse aus Manetho weisen jedenfalls erhebliche Abweichungen voneinander auf, die teils auf Abschreibfehler, teils auf mehrfache Eingriffe in den Text und vor allem in die Datierungen zurückzuführen sind.

Griechische und lateinische Schriften blieben bis in das erste Drittel des vorigen Jahrhunderts hinein die einzigen Quellen über das Alte Ägypten; denn dessen umfangreiche Hinterlassenschaft aus drei Jahrtausenden, über und über bebilderte und beschriftete Tempel, Paläste, Häuser, Gräber, Statuen und Papyri, die nicht nur Chronologie und Geschichte, sondern alle Lebensbereiche der altägyptischen Kultur hätte erhellen können, war dem Verständnis der Nachwelt entzogen oder zumindest Fehldeutungen ausgeliefert. Das meiste war mit der Ausbreitung des Christentums der Verfemung, häufig auch der Vernichtung anheimgefallen und dann der Vergessenheit überlassen worden. Nur weniges wurde in anderem Gewande in den neuen Glauben übernommen. Dieses Schicksal war zwar allen Zeugnissen des Heidentums zwischen Syrien und England, Marokko und Armenien widerfahren, aber in Ägypten wurde mit der alten Religion auch die tradierte Schrift aufgegeben. Der neue Glaube bediente sich des Griechischen und Lateinischen, der im Römischen Reich am weitesten verbreiteten Sprachen und Schriften. Den christlichen Ägyptern aber müssen ihre bis dahin »heiligen Zeichen« (Hieroglyphen) so heidnisch-zauberkräftig vorgekommen sein, daß sie hinfort nicht nur die neue Lehre, sondern auch ihre Sprache griechischen Buchstaben anvertrauten, indem sie lediglich einige Zeichen für typische Laute des Ägyptischen hinzufügten. Schließlich konnte niemand mehr die Hieroglyphen und die daraus abgeleiteten Alltagsschriften lesen.

Erst die Entzifferung der Hieroglyphen durch François Champollion im Jahre 1822 ermöglichte es, die Alten Ägypter selbst wieder zu verstehen. Doch die Auswertung

Aus der frühzeitlichen Residenzstadt Nechen (Hierakonpolis) stammt der goldene Falkenkopf mit Federkrone und Obsidianaugen. Die Datierung des Meisterwerkes schwankt zwischen der 6., 12. und 18. Dynastie. Höhe mit Federkrone 35,3 cm. Kairo, Ägyptisches Museum

Links: Wie sich der König im Leben umsorgen und unterhalten ließ, so sollte es auch im Jenseits geschehen: Hofgesinde, Haremsdamen und Tanzzwerge hatten dem Herrscher ins Grab zu folgen. In der 1. Dynastie schließen sich ihre ausgemauerten, rechteckigen Grabkammern in Abydos zu Reihen geordnet dem Königsgrab an.

Unten: Zeugnis von Luxus und ausgefeilter Kunstfertigkeit sind die Spielfiguren in Löwen- und Löwinnengestalt aus Elfenbein, die verschiedentlich in Frühzeitgräbern gefunden wurden. Kairo, Ägyptisches Museum

Rechts: Ausgedehnte Zeremonialbezirke, wie sie im Alten Reich für Bestattungsriten und Totenkult bei den Pyramidenanlagen vorkommen, sind bereits wesentlicher Bestandteil der frühzeitlichen Königsgräber in Abydos.

des nun auch durch Grabungen zutage gekommenen Materials führte keine schnellen und endgültigen Ergebnisse herbei. Ein Dokument allerersten Ranges zum Beispiel, ein hieratisch geschriebener Papyrus aus dem 13. Jahrhundert v. Chr. mit einer Auflistung von Königsnamen und der jeweiligen Regierungsdauer, nach seinem Aufbewahrungsort »Turiner Königspapyrus« genannt, ist in viele kleine Fragmente zerfallen und unvollständig. Ähnlich verhält es sich mit den Bruchstücken schwarzen Gesteins in den Museen von Palermo und Kairo, in die Königsnamen und für deren Träger bedeutsame Ereignisse eingeritzt sind. In Stein reliefierte Listen von Königsnamen fanden sich im Tempel Sethos' I. in Abydos, im Tempelareal von Karnak und einem Privatgrab in Sakkara. Doch enthalten diese Namenslisten keine Regierungsjahre, denn sie dienten der königlichen Ahnenverehrung und hatten nicht die Aufgabe, die Herrscherfolge in ihrem zeitlichen Ablauf festzuhalten. Ergänzt werden diese für

die Chronologie aussagekräftigen Quellen von einer Fülle »datierten« Materials, angefangen bei Bauwerken bis hin zu Siegelabdrücken auf Krugverschlüsse.

Und doch sollte es nach anderthalb Jahrhunderten intensivster Beschäftigung mit diesen Denkmälern noch nicht möglich sein, auf das Jahr genau zu sagen, wann was stattgefunden hat? Die Alten Ägypter kannten keinen für uns heute in absoluten Zahlen faßbaren »Beginn« als zeitlichen Bezugspunkt, wie ihn die Griechen mit der ersten Olympiade, die Römer mit der Gründung Roms und die christliche Welt mit dem Jahr der Geburt Christi besitzen. Die ägyptische Methode der Jahreszählung hat sich mehrfach geändert. Anfangs genügte ein herausragendes Ereignis, meist kultisch-religiöser Art, um in Verbindung mit dem Namen des regierenden Königs das jeweilige Jahr zu bezeichnen. Später wurde eine im Abstand von zwei Jahren durchgeführte »Zählung«, die Steuererhebung, zur Richtschnur.

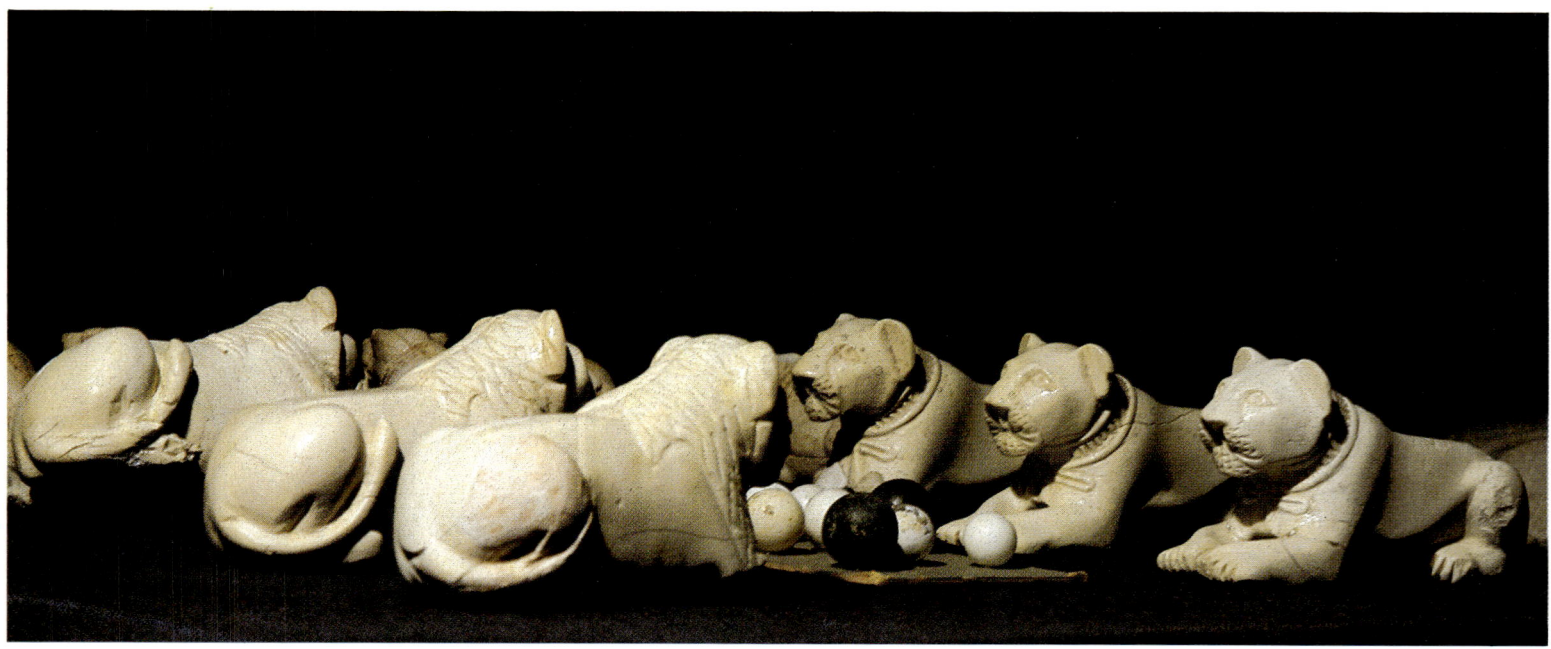

Doch all diese Einzelangaben ließen sich nicht zur heute gebräuchlichen Chronologie in Beziehung setzen, wenn die Ägypter nicht einige Gestirnsbeobachtungen mit einem Datum ihres Kalenders festgehalten hätten. Es handelt sich dabei um Angaben über den Mondzyklus und den Fixstern Sirius. Durch astronomische Berechnungen war es daher möglich, die Regierungszeiten bestimmter Herrscher zwar nicht auf das Jahr genau, aber doch mit nur geringem Spielraum festzulegen. Durch das Einpassen aller übrigen ermittelten Daten, auch solcher, die sich aus Verbindungen zu den Babyloniern, Hethitern, Assyrern, Persern und Griechen ergeben, in das durch die astronomischen Daten fixierte Gerüst der Königslisten hat sich allmählich ein immer dichteres Netz des Zeitablaufs der ägyptischen Geschichte knüpfen lassen. Auf die noch bestehenden Lücken und Unstimmigkeiten sind die Abweichungen in den Zeittafeln zurückzuführen.

Die Frühzeit

1. und 2. Dynastie (um 3000–2635 v. Chr.)
»Der älteste menschliche König von Ägypten war Min«

Folgte man der Überlieferung antiker Autoren, so ließe sich der erste König der 1. Dynastie nicht nur benennen, sondern auch mit einigen herausragenden Eigenschaften und großen Taten charakterisieren. In unterschiedlichen Schreibungen, die jedoch miteinander in Einklang zu bringen sind, wird von Menes, dem Thiniten, berichtet, der trotz seiner Neigung zu verschwenderischer Lebensweise hohes Ansehen genossen habe. Militärische Unternehmungen über die Grenzen des Landes hinaus habe er geleitet, seine Staatsführung insgesamt sei rühmenswert gewesen. Die Umleitung des Nil südlich von Memphis, die Gründung einer Residenz und die Errichtung eines Tempels an diesem Ort werden ihm ebenso zugeschrieben wie

jekte – Siegelabrollungen, Topfaufschriften (Abb. S. 348), Warenetiketten in Form kleiner Täfelchen und zylinderförmige Siegel – zutage kamen, die vor das Pyramidenzeitalter zu datieren waren, schien eine Verknüpfung dieses Materials mit der späteren ägyptischen, griechischen und römischen Überlieferung auch die Identifizierung des Menes zu ermöglichen. Die Entzifferung der frühzeitlichen Königsnamen erbrachte jedoch keine mit Meni bzw. Menes übereinstimmende Zeichenfolge. Der Grund ist darin zu suchen, daß die Inschriften der Frühzeit zunächst nur einen von mehreren Namen des Königs nennen, und zwar den Horusnamen, während die späteren Listen den Thron- oder den Geburtsnamen anführen.

Solange an der Vorstellung festgehalten wurde, daß die »Reichseinigung«, die von den Ägyptern allerdings stets als eine »Vereinigung der beiden Länder« unter stärkerer Betonung der Zweiheit von Ober- und Unterägypten verstanden wurde, eng mit dem Beginn der 1. Dynastie verbunden war, bot sich die Prunkpalette des Königs Narmer der Deutung als Siegesmal an: Der König mit oberägyptischer Krone und im Triumphgestus des »Feinderschlagens« habe in diesen Szenen den Sieg über das Papyrusland Unterägypten und seine Bewohner darstellen lassen. So schien es naheliegend, den siegreichen oberägyptischen Narmer mit Menes, dem oberägyptischen Thiniten, gleichzusetzen.

die Erfindung der Schrift. Auch die Verehrung der Götter und den Opferdienst für sie habe er festgesetzt. Daß er von einem Nilpferd »fortgetragen« worden sei, hört sich wie die Umschreibung eines Jagdunfalls an.

Die Gestalt des von Legenden umwobenen Kulturbringers Menes schien sich schärfer als geschichtliche Figur abzuzeichnen, als man in den Königslisten der Ägypter einen König »Meni« entdeckte. Seine Stellung am Beginn und als »Reichsgründer« legte besonders eine Szenenfolge Ramses' II. nahe, die auch Ramses III. in Medinet Habu anbringen ließ. Sie stellt ein Fest zu Ehren des Gottes Min dar, bei dem Statuen voraufgegangener Könige anwesend sind. Während die unmittelbaren Vorgänger Ramses' II. unter Auslassung der Verfemten vollzählig aufgeführt sind bis hin zum ersten König der 18. Dynastie, stehen Nebhepetre und Meni jeweils stellvertretend für ein ganzes Zeitalter. Mentuhotep-Nebhepetre hat nach der Ersten Zwischenzeit Ägypten wieder als Alleinherrscher regiert. Nichts schien plausibler, als in dem mit Menes identifizierten Meni entsprechend den »Reichseiniger« am Beginn der dynastischen Zeit zu sehen.

Als dann gegen Ende des vorigen Jahrhunderts bei Ausgrabungen in Abydos eine große Anzahl beschrifteter Ob-

»Danach führt er die Könige auf, die Seelen der Verstorbenen waren«

Nach neuesten Forschungsergebnissen ist dieses Bild vom »Geschichtsbeginn« erheblich zu modifizieren. Danach wäre Horus Aha, vermutlich ein Sohn des Narmer, mit Menes zu identifizieren. Er sei allerdings nicht der erste Herrscher über Gesamtägypten gewesen, sondern allenfalls derjenige, unter dem die Jahresrechnung nach 365 Tagen und die Jahresbenennung nach einem speziellen Ereignis eingeführt wurde. Daher habe ihn die spätere ägyptische Überlieferung an erster Stelle genannt (Wolfgang Helck). Aber nicht nur Narmer und seine unmittelbaren Vorgänger Ka und Skorpion seien bereits als Könige der »beiden Länder« zu betrachten, sondern eine Folge von sechs bis acht, möglicherweise sogar von zehn bis zwölf Herrschern. Die »Reichseinigung« wäre dann schon 150 bis 200 Jahre vor Aha-Menes erfolgt, und die Triumphbilder der Narmer-Palette hätten lediglich die Niederschlagung einer unterägyptischen Rebellion zum Gegen-

Oben und rechts: Die in Stein gefaßte »Residenz der Ewigkeit« des Djoser in Sakkara gilt als erster monumentaler Steinbau der Welt. Der Entwurf und die technische Realisierung der 550 × 300 m großen Anlage werden sowohl König Djoser wie seinem Wesir Imhotep zugeschrieben. Lehrer und Schüler pilgerten zum Grabbezirk des Djoser und fanden ihn laut erhaltener Besucherinschriften »als ob der Himmel in seinem Inneren wäre, wenn Re an ihm aufgeht«, und sie baten, daß der Himmel »frische Myrrhen regnen und von Weihrauch tropfen möge … für den Ka des seligen Djoser«.

Links: Imhotep wurde in der Spätzeit mit bronzenen Weihfiguren als Schutzgott namentlich des Schreiberstandes geehrt. Hildesheim, Pelizaeus-Museum

stand, sofern sie überhaupt einen Sieg über Unterägypten und nicht etwa einen Feldzug zur Sicherung der Westdeltaregion verherrlichen. Die »prämenitischen« Herrscher könnten mit den Königen mit Doppelkrone gemeint sein, die in späteren Quellen ohne Namen der ersten namentlich tradierten, mit »Menes« beginnenden Dynastie vorangehen und »Verklärte«, »Seelen von Verstorbenen« genannt werden.

Die Organisation der Produktion und Güterverteilung, das damit verbundene Besteuerungssystem und die dazu notwendige Ausbildung der Verwaltungshierarchie mit dem König als Inkarnation der falkengestaltigen Himmelsgottheit Horus an der Spitze, hätte sich demnach kontinuierlicher und über einen längeren Zeitraum hinweg vollzogen, als bisher angenommen wurde (Werner Kaiser).

Aber auch die Kenntnis der Königsabfolge der ersten beiden Dynastien vermittelt noch keineswegs tiefere Einblicke in die geschichtlichen Vorgänge der Zeit. Änderungen von Königstitulaturen und Königsnamen lassen auf Machtkämpfe schließen, die in der 2. Dynastie zum Aus-

einanderbrechen der »Vereinigten Länder« führten, bis
König Chasechem Unterägypten erneut unterwarf. Nach
dem »Jahr des Schlagens von Unterägypten«, wie er eines
seiner Regierungsjahre benannte, änderte er im Zeichen
der erneuten Befriedung seinen Namen mit der Bedeutung
»Erscheinen der Macht« in »Erscheinen der beiden
Mächte« um.

Die dynastischen Auseinandersetzungen beeinträchtigten
weder den territorialen noch den kulturellen Besitzstand.
Die Grabbeigaben aus Nekropolen in Oberägypten und vor
allem nun im Einzugsgebiet der Residenz Memphis zeugen von einer breiten Auffächerung in der Versorgung
nicht nur mit lebensnotwendigen Gütern, sondern auch
mit Luxuswaren. Wohlverwahrt in Stein- und Tongefäßen,
gebündelt und korbverpackt, durch angehängte Täfelchen,
in Ritzung oder Tintenaufschrift nach Inhalt und Herkunft
gekennzeichnet, bisweilen als Totenmahl angerichtet,
standen mancherlei Fleischsorten von Haustieren, Wild-
bret und Geflügel zur Verfügung, ferner Bier und Wein in
unterschiedlicher Zubereitung, Gemüse und Früchte. Lei-

nengewebe in abgestuften Qualitäten, Duftessenzen,
elfenbeinverzierte Möbel, Werkzeug und Waffen aus Feuerstein und Kupfer sowie Spielgerät und kostbarer
Schmuck geben nach Material und Ausführung zu erkennen, daß die Umwelt im weitesten Sinne zunehmend sou-
veräner beherrscht wurde.

Der Warenaustausch mit Vorderasien galt vor allem dem
Import von Bauholz und Öl, während aus Innerafrika
Elfenbein und Ebenholz kamen. Beobachtung und Erkundung der natürlichen Ressourcen führten nicht nur zur
Aufzeichnung der Nilfluthöhen, die unmittelbar die Ernteerträge beeinflußten und vielleicht schon als Besteue-
rungsgrundlage dienten, sondern setzten auch Expeditionen in Gang, die weit über das Niltal hinaus in die Ostwüste
und nach Nubien vordrangen, dessen Bevölkerung zunehmend unter dem Druck der ägyptischen Expansion zu
leiden hatte. In den Gebirgen der Wüstenregionen entdeckten die Expeditionen jene besonders gefärbten oder
gemaserten Gesteinsarten wie Schiefer, Breccie, Diorit,
Porphyr, Serpentin, Basalt und Alabaster (Kalzit), die in

Jahr 18 des Horus Neterichet, des Königs Neterichet, der beiden Herrinnen Neterichet, des Goldhorus Djoser (er spricht) »Trauer hatte mich ergriffen auf meinem Thron und meine Umgebung war betrübt. Mein Herz war schwer, weil der Nil zu meiner Zeit schon während sieben Jahren nicht rechtzeitig gekommen war. Das Getreide gedieh spärlich, der Samen verdorrte in der Erde und es gab nicht genug zu essen . . . Die Kinder weinten, die jungen Leute waren ermattet und die Alten hockten mit untergeschlagenen Beinen auf dem Boden . . . Doch da wandte ich mich ab vom Kummer und ließ den Obersten Vorlesepriester Imhotep rufen.

Wo wird der Nil geboren, fragte ich ihn, welche Gottheit wohnt dort, daß ich sie mir verbinde?« (Imhotep antwortet) »Es gibt eine Stadt inmitten des Wasser, vom Nil umflossen, Elephantine ist ihr Name, Chnum ist dort als Gott.«

(Mit Freuden vernimmt der König nun die Schilderung von den Reich-tümern, über die Chnum gebietet. Er ordnet ein großes Opfer für Chnum und die ihm zugesellten Göttinnen Satet und Anuket an. Darauf erscheint ihm Chnum im Traum und spricht zu ihm.)

»Ich bin Chnum, der dich geschaffen hat. Meine Arme umfassen dich, um deinen Körper zu beschützen . . . Ich bin der Herr der Schöpfung, der sich selbst geschaffen hat, das große Wasser, der von Anbeginn der Zeiten da war, der Nil, der nach eigenem Gutdünken fließt . . . Ich werde den Nil für dich steigen lassen . . . Der Mangel wird beendet sein . . . Die Herzen der Ägypter werden mehr als je zuvor vor Freude jubeln.«

(Der König fährt fort) »Darauf erwachte ich. Sobald ich meine Gedanken gesammelt und mich aus der Erstarrung gelöst hatte, erließ ich ein Dekret zugunsten meines Vaters Chnum . . . in Erwiderung dessen, was er für mich getan hatte.«

Aus der »Hungersnotstele« (nach Paul Barguet)

großen Mengen zu vielgestaltigen Gefäßen verarbeitet wurden. Dabei sammelten die Handwerker Erfahrungen im Umgang mit dem Stein, die in der folgenden Pyramidenzeit zur Auswertung gelangten.

Das Alte Reich
3. bis 6. Dynastie (um 2635–2154 v. Chr.)
»Tosorthros, der das Bauen mit geglätteten Steinen erfand«

Aus den ägyptischen Quellen, die gerade für die Königsabfolge der 3. Dynastie noch manches Rätsel aufgeben, wird deutlich, daß die Persönlichkeit *eines* Herrschers die nur wenig mehr als ein halbes Jahrhundert während Epoche dieser Dynastie geprägt hat. Im Turiner Königspapyrus ist der Name des Djoser mit roter Tusche hervorgehoben, ähnlich wie bei Papyri mit literarischem oder religiösem Inhalt »Überschriften« oder Kapitelanfänge vom ansonsten mit schwarzer Tusche geschriebenen Text abgesetzt werden. Damit sollte König Djoser offenbar als Protagonist einer neuen Ära bezeichnet werden. Diese Sonderstellung präzisierte Manetho mehr als zweitausend Jahre später durch den Hinweis, die Ägypter hätten König Tosorthros – wie er Djoser nennt – wegen seiner Kenntnisse in der ärztlichen Kunst, als Erfinder des Bauens mit behauenen Steinen und als Förderer der Literatur verehrt.

In dieser Aussage laufen zwei Überlieferungsstränge zusammen; denn zu Lebzeiten des Manetho genoß längst ein Mann nichtköniglicher Herkunft göttliche Verehrung, dem man genau diese Fähigkeiten und Leistungen in den Bereichen von Kunst und Wissenschaft zuschrieb und dem als Verkörperung des Wissens und der Weisheit schlechthin Weihfiguren gestiftet wurden: Griechisch lautet sein Name Imuthes, ägyptisch Imhotep. Beide, der König und der Gelehrte, gehörten aus der Sicht der spätesten Periode der ägyptischen Geschichte einer fernen Vergangenheit an. Daß sie Zeitgenossen waren und daß der später göttlich verehrte Imhotep unter der Regierung des Djoser so außerordentlich Rühmenswertes vollbracht hatte, blieb zunächst Legende.

Wie so häufig bei der Rekonstruktion historischer Abläufe half der Zufall der Erhaltung eines Dokuments weiter: eine Inschrift auf einem Granitblock der Kataraktinsel Sehel bei Assuan. In das 18. Regierungsjahr des Königs Djoser datiert, schildert der Text die Sorge des Herrschers um sein Land, das aufgrund jahrelangen Ausbleibens der Nilschwelle unter einer Hungersnot leidet. Der König läßt Imhotep rufen und fragt ihn nach den Ursachen der Katastrophe. Dieser rät, sich an den Herrn der Nilquellen, den Schöpfergott Chnum, zu wenden (Text S. 48).

Mit ihren vielfältigen Informationen könnte die sogenannte Hungersnotstele eine Quelle allerersten Ranges für die Geschichte der 3. Dynastie sein, wenn nicht stichhaltige Indizien dafür sprächen, daß sie erst aus der Ptolemäerzeit stammt. Die Inschrift wurde sogar als Fälschung der damaligen Chnum-Priesterschaft bezeichnet, die sich durch die Berufung auf einen König der grauen Vorzeit Einkünfte sichern wollte. Doch wird auch die Ansicht vertreten, daß der Schilderung ein historischer Kern zugrunde liegt.

Auch wenn die Hungersnotstele als Quelle für Ereignisse, die sich im 27. Jahrhundert v. Chr. abgespielt haben sollen, fragwürdig bleibt, so lieferte sie dennoch den Schlüssel zur Lösung des Djoser-Problems: Der König wird nämlich nicht nur mit dem aus Königslisten bekannten Namen Djoser, sondern auch mit seinem Horusnamen »Neterichet« genannt, so daß ausschließlich mit Neterichet beschriftete Denkmäler mit Djoser in Verbindung gebracht werden konnten. Nachdem im Verlauf der jahrzehntelangen Ausgrabungs- und Rekonstruktionsarbeiten an der Stufenpyramide von Sakkara eine Statuenbasis mit Titeln und Namen des Imhotep gefunden wurde, darf nunmehr als gesichert gelten, daß unter der Leitung dieses Mannes die Grabanlage des Königs Djoser erbaut worden ist. Es handelt sich in der Tat um den frühesten nachweisbaren monumentalen Steinbau, der sowohl historisch als auch von den Architekturformen und der Bautechnik her an der Nahtstelle zwischen der Frühzeit und der Pyramidenzeit liegt, wie man das Alte Reich oft nennt. In diesen von einer nischengegliederten hohen Mauer umschlossenen Komplex gingen alle Erfahrungen ein, die die Ägypter beim königlichen Grabbau der Vergangenheit gesammelt hatten, und sie wurden zugleich in zukunftsweisende Neuerungen umgewandelt. Aus Bauformen, wie vergängliches Material – luftgetrocknete Ziegel, Holz, Matten, Teppiche – sie bedingt, und Elementen früherer Grabbauten

Links: Die Inschrift der »Hungersnotstele« auf einem gewaltigen Granitblock der Kataraktinsel Sehel bei Assuan aus der Ptolemäerzeit.

Rechts: Das vor seiner Mastaba in Gise gefundene Reliefbruchstück wird dem Wesir Hemiunu aus der 4. Dynastie zugewiesen. Aus seinen Titeln (Abb. S. 348) geht hervor, daß er den Bau der größten der Gise-Pyramiden organisiert hat. Boston, Museum of Fine Arts

Bis zur Regierungszeit des Rhampsinitos hat in Ägypten, so erzählen sie weiter, die vollkommenste Ordnung und großer Reichtum geherrscht. Aber sein Nachfolger Cheops hat das Land ins tiefste Unglück gestürzt. Zunächst hat er alle Heiligtümer zuschließen lassen und das Opfern verhindert. Weiter hat er alle Ägypter gezwungen, für ihn zu arbeiten. Die einen mußten aus den Steinbrüchen im arabischen Gebirge Steinblöcke bis an den Nil schleifen. Über den Strom wurden sie auf Schiffe gesetzt, und andere mußten die Steine weiterziehen bis hin zu den sogenannten libyschen Bergen. Hunderttausend Menschen waren es, die daran arbeiteten und alle drei Monate abgelöst wurden. So wurde das Volk bedrückt, und es dauerte zehn Jahre, ehe nur die Straße gebaut war, auf der die Steine dahergeschleift wurden, ein Werk, das mir fast ebenso gewaltig scheint, wie der Bau der Pyramide selber. Denn die Straße ist fünf Stadien lang, zehn Klafter breit, an der höchsten Stelle acht Klafter hoch und aus geglätteten Steinen hergestellt, in die Tiergestalten eingemeißelt sind. Zehn Jahre vergingen also, bis diese Straße und die unterirdischen Kammern auf jener Höhe, auf der die Pyramiden stehen, gebaut waren. Die Kammern sollten seine Grabkammern sein, und er baute sie als Inseln, indem er einen Nilkanal in den Berg hineinleitete. An der Pyramide selber wurde zwanzig Jahre gearbeitet. Sie ist vierseitig und jede Seite acht Plethren breit und ebenso hoch. Sie besteht aus geglätteten, aufs genaueste ineinander gefügten Steinen, jeder mindestens dreißig Fuß lang. Bei ihrem Bau verfuhr man folgendermaßen. Zunächst ist sie stufenförmig, treppenförmig oder wie man es nennen will, gebaut worden; die zur Ausfüllung des Treppendreiecks bestimmten Steine wurden mittels eines kurzen Holzgerüstes hinaufgewunden. So hoben sie sie von der Erde auf den ersten Treppenabsatz; dort legten sie sie auf ein anderes Gerüst, durch das sie auf den zweiten Treppenabsatz hinaufgewunden wurden. Soviel Stufen, soviel solcher Hebevorrichtungen waren vorhanden, falls diese Hebevorrichtungen nicht so leicht tragbar waren, daß man ein und dieselbe von Stufe zu Stufe hob, nachdem man den betreffenden Stein herabgenommen hatte.
Zwanzig Jahre lang dauerte der Bau, und die Zeit, in der sie die Steine brachen, herbeischleppten und die unterirdischen Gemächer gruben, war doch auch nicht kurz ...
Fünfzig Jahre lang war dieser Cheops König, und als er starb, folgte ihm sein Bruder Chephren auf dem Thron. Der war jenem in allen Stücken gleich und baute auch eine Pyramide, die aber nicht so groß ist. Ich habe sie selber gemessen ...
Im ganzen waren es also hundertsechs Jahre, wo die Ägypter soviel zu leiden hatten und die Tempel geschlossen blieben. Die Ägypter hassen diese Könige so, daß sie ihre Namen nur ungern nennen ...
Herodot, Historien, 2. Buch, 124–128 (nach H. W. Haussig)

Vorausgehende Doppelseite: Das Pyramidenfeld von Gise mit den Pyramiden des Mykerinos, Chephren und Cheops (von links nach rechts), im Vordergrund Königinnen- und Prinzessinnenpyramiden aus der Zeit des Mykerinos.

Links: Eine 9 cm hohe Elfenbeinstatuette ist das einzige bekannte Bildnis von Cheops, dem Erbauer der größten Pyramide von Gise. Kairo, Ägyptisches Museum

Rechts: Cheops' Sohn und Nachfolger Chephren ließ seine Züge dem aus dem anstehenden Fels herausgearbeiteten Sphinx von Gise aufprägen. Die Stele zwischen den Pranken erinnert an die Thronbesteigung Thutmosis' IV.

entstand ein vielgestaltiges, in Stein umgesetztes Szenarium im Dienste des Königs, eine ewige Residenz im umfassenden Sinne, die im Neuen Reich vor allem von Beamten aus Memphis als Pilgerstätte aufgesucht wurde. Das Wissen um die Innovation, nämlich das »Bauen mit geglätteten Steinen«, blieb über Jahrtausende erhalten.
Ägyptische Karawanen zogen zur Zeit des Djoser nicht nur nach Nubien, sondern auch in die Türkisminen des Wadi Maghara im Sinai. In den Fels gemeißelte Siegesbilder zeigen den König neben seinem Vorgänger Nebka und seinem Nachfolger Sechemchet als Herrscher über die dort herumstreifenden Beduinen. Sie besitzen jedoch symbolischen Charakter und zeugen lediglich von gelegentlicher Anwesenheit ägyptischer Expeditionen.

»König Mykerinos kam, um die Arbeit an der Pyramide ›Göttlich ist Mykerinos‹ zu inspizieren«

Auf eine blühende Wirtschaft, eine präzise funktionierende Verwaltung, ungewöhnliche Fähigkeiten in der Bewältigung von organisatorischen Aufgaben und die Beherrschung einfacher, aber effektiver Techniken können wir im wesentlichen nur aus den Bauvorhaben schließen, die für die folgenden 150 Jahre das Bild vom Alten Ägypten bestimmen. Es sind dies die immer gewaltigere Ausmaße annehmenden Pyramidenbezirke. Zwischen der Djoser-Anlage in Sakkara und dem Pyramidenkomplex des Mykerinos am Ende der 4. Dynastie wurden nicht weniger als sechzehn Pyramiden mit ihren zugehörigen Kultanlagen wie Taltempeln, Aufwegen und Totentempeln, mit Umfassungsmauern und Nebenpyramiden ins Werk gesetzt. Zwar sind diese Gebäudekomplexe, die in ihrem Umfang von nur wenige Meter hohen Königinnenpyramiden bis zur ehemals 147 Meter aufragenden Cheops-Pyramide reichen, nicht alle vollendet worden, aber die heute noch vorhandenen Reste lassen einen gigantischen Arbeitsaufwand erkennen. Erst kürzlich wurde errechnet, daß allein für die Pyramidenbauten des Snofru, Cheops, Djedefre und Chephren, das heißt, in den ersten achtzig Jahren der 4. Dynastie, 8 974 000 Kubikmeter Bauvolumen anzusetzen sind, mit einer Steinblockzahl von 12 066 000 bei einer Größe zwischen 0,5 bis 1,2 Kubikmeter pro Block. Auf der jeweiligen Pyramidenbaustelle müssen demnach täglich 413 Blöcke verarbeitet worden sein. Will man die Arbeitsleistung auch nur ungefähr abschätzen, dann dürfen die Arbeitsvorgänge, die dem Aufschichten der Steinblöcke vorangingen, nicht außer acht bleiben: Steinbrucharbeiten, Transport zur Baustelle, Planierungsarbeiten, das Ausschachten von unterirdischen Gängen, Kanalbauten und das Anlegen von Rampen, die Beschaffung und Instandsetzung von Werkzeug und, nicht zu vergessen, die Versorgung der Menschen, die diesen noch heute bestaunten und keineswegs schlüssig erklärten Kraftaufwand bewältigt haben. Zur Unterstützung beim Transport standen nur Esel und Ochsen zur Verfügung.

Oben: Die berühmten »Gänse von Medum« waren Teil einer Szene des Vogelfangs mit dem Schlagnetz in der Mastaba des Nefermaat und der Itet. Sie stammen aus der Epoche des Snofru und faszinieren durch die naturnahe Farbigkeit der Malerei auf einer Stuckschicht über Lehmverputz. Der Ausschnitt zeigt eine Graugans. Pflanzen in zartem Grün und mit roten Blüten deuten die Uferlandschaft eines Teiches an. Höhe des Frieses 28 cm. Kairo, Ägyptisches Museum

Unten: Das Relief aus dem Grab der Königin Meresanch III. in Gise zeigt die mit einem Pantherfell bekleidete Grabherrin mit einem Sohn, der einen Kibitz und eine Lotusblüte hält, und ihre Mutter Hetepheres II., zu deren Füßen eine Dienerin mit einem Fliegenwedel hockt.

Rechts: Das Bildnis der Nofret wurde in der großen Ziegelmastaba ihres Gatten Rahotep, Sohn des Königs Snofru, in Medum gefunden. Die außergewöhnlich gut erhaltene Kalksteinskulptur mit den aus Bergkristall eingelegten Augen und der farbigen Fassung von Stirndiadem und Halskragen vermittelt den Ausdruck höchster Lebendigkeit, wie sie ursprünglich auch die Statue des Djoser (Abb. S. 45) ausgestrahlt haben mag. Kairo, Ägyptisches Museum

Über das »Problem der Pyramiden« ist in den vergangenen zweieinhalbtausend Jahren viel nachgedacht und geschrieben worden. Der Spekulation waren keine Grenzen gesetzt, weil aus der Zeit, in der die Pyramiden erbaut wurden, keine Informationen vorliegen. Zu den Nachrichten, die die Zeitgenossen für erwähnenswert hielten, gehören keine Angaben über Technik, Organisation oder Kosten des Pyramidenbaus. So hat zum Beispiel der Beamte Debehni in einer Inschrift seines Grabes festgehalten, daß der König für ihn fünfzig Bauleute und wertvollen feinen Kalkstein aus Tura für Teile der Außenverkleidung und die Ausschmückung im Innern bereitgestellt habe. Jedoch nur aus einer Nebenbemerkung erfahren wir, daß König Mykerinos dies alles anläßlich einer Inspektion seines eigenen Grabmals, der Pyramide namens »Göttlich ist Mykerinos«, angeordnet habe.

Nicht einmal die Bauleiter dieser Großprojekte, die »Vorsteher aller Arbeiten des Königs«, die zugleich das höchste Staatsamt, das Wesirat, innehatten, äußern sich zu den Werken, welche die Nachwelt bis heute zutiefst beeindrukken. Über die Grabbezirke von Huni, dem letzten König der 3. Dynastie, über Snofru bis hin zu Cheops führten nur zwei Männer die Oberaufsicht: Nefermaat und Hemiunu, Vater und Sohn, die mit der Königsfamilie des Snofru verwandt waren. Doch abgesehen von ihren Titeln geht aus der Ausstattung ihrer Gräber und der ihrer nächsten Verwandten nur hervor, daß sie beim Einsatz der Bildhauer und Maler die beste Wahl zu treffen wußten.

Das zeitgenössische Schweigen um den Pyramidenbau wird geradezu unverständlich, wenn man sich vergegenwärtigt, daß die Nekropolen ja keine totenstillen Stätten der Heimlichkeit waren. In den Totentempeln der Könige wie in den Kultkapellen der Beamten, deren Gräber sich um die Pyramiden gruppierten, wurden Opfer dargebracht, Priester gingen ein und aus, allmählich entstanden ganze Pyramidenstädte im Einzugsbereich der Friedhöfe, deren Priester mit der Sorge um das jenseitige Leben betraut waren. Keiner von ihnen hat eine Notiz hinterlassen, mit der auch nur eine der Fragen des Pyramidenbaus beantwortet werden könnte.

So blieb es dem griechischen Geschichtsschreiber Herodot, der um 450 v. Chr. Ägypten bereiste und die von den Griechen zu den sieben Weltwundern gezählten Pyramiden von Gise besuchte, überlassen, anhand phantastisch gefärbter Erklärungen eines einheimischen Fremdenführers Mutmaßungen über den Pyramidenbau anzustellen (Text S. 52). Er konnte in der Cheops-Pyramide nur mehr den steingewordenen Egoismus eines einzelnen Menschen sehen, dem Zehntausende über viele Jahre hinweg zu Willen sein mußten. Ihm war nur mehr der Aspekt der Fronarbeit begreiflich, das heißt, der zwangsweisen Aushebung von Arbeitskräften. Was ihm in der für ägyptische Verhältnisse späten Epoche unfaßbar bleiben mußte, war die einstige Motivation. Die Pyramiden sind im Grunde Illustrationen des Satzes vom »Glauben, der Berge versetzt«, denn im 3. Jahrtausend v. Chr. verkörperte sich in der Person des Königs über den Tod hinaus die Wohlfahrt des gesamten Staates, so daß der Bau seines Grabmals zum Dienst am Wohlergehen aller wurde. Wäre den Ägyptern tatsächlich der Pyramidenbau als Quälerei im Gedächtnis geblieben, dann hätte sich ihr Zorn eigentlich weniger gegen Cheops als gegen Snofru, den ersten König der 4. Dynastie, richten müssen. Für ihn wurden in Dahschur und in Medum drei Pyramiden errichtet. Einzeln erreichen sie zwar nicht den Umfang der Cheops-Pyramide, aber das Bauvolumen insgesamt ist weitaus größer.

»Zerhacken des Nubierlandes«

Die Epoche des Snofru erweist sich überhaupt als eine Zeit außerordentlicher Machtentfaltung. In den Minen des Sinai nahmen die Aktivitäten derart zu, daß Snofru später als derjenige Herrscher galt, der das Gebiet dem Zugriff der Ägypter überantwortet hat, und als Schutzherr Verehrung genoß. Aus Byblos an der syrischen Küste kamen ganze Schiffsladungen des begehrten Zedernholzes, das teilweise als Schiffsbaumaterial gleich wieder in den Ausbau der Flotte investiert wurde. Mehrfach ist von der Herstellung gegossener Statuen, auch solcher aus Gold, die Rede. Fast drei Dutzend Güter wurden neu gegründet, ein Zeichen für die Erhöhung der landwirtschaftlichen Produktion, die stets die Basis der ägyptischen Wirtschaft bildete. Darüber hinaus brachten Feldzüge nach Libyen und Nubien reiche Beute, die nubische wird auf 7000 Gefangene und 2 000 000 Stück Vieh beziffert. Auch wenn die Beutezahlen übertrieben sind, haben die razzienartigen Überfälle auf die Gebiete jenseits des 1. Katarakts, die aufgrund ihrer geographischen Gegebenheiten stets nur wenige Menschen ernähren konnten, doch zu schweren Verwüstungen geführt. Erst gegen Ende des Alten Reiches erholte sich Nubien von der Drangsal, die ihm der mächtige Nachbar zugefügt hatte.

Snofru aber konnte seinen zahlreichen Nachfahren, den Königen wie Prinzen, einen beachtlichen Reichtum hinterlassen, wie Pyramidenbezirke, Fels- und Mastabagräber erkennen lassen. Kostbare Grabausstattungen, wie die der Hetepheres, vermitteln eine Vorstellung von dem Luxus, in dem die Begünstigten und Begüterten damals gelebt haben.

Die Auffindung des Hetepheres-Schatzes zeigte freilich, daß nicht bei allen Untertanen der Glaube an den Sinn des Bestattungsaufwandes oder die Furcht vor der Rache der Toten vorhanden war. 1925 wurde in einer etwa 30 Meter in den Felsboden getriebenen Kammer neben dem Aufweg zum Totentempel des Cheops die Grabausstattung einer königlichen Frau entdeckt. Die teilweise aus Hieroglyphen bestehenden Zierbeschläge und Einlageteilchen ließen sich zu Titeln und Namen zusammenfügen, aus denen hervorging, daß es sich um Hetepheres, die Gattin des Snofru und Mutter des Cheops, handelt. Ebenso sicher

ergab sich aber auch, daß die absichtlich von außen unsichtbar gemachte Kammer nicht der ursprüngliche Beisetzungsort der Königin gewesen sein kann, denn der mit unversehrten Siegeln des Cheops versehene Alabastersarkophag war leer, während die in einem eigenen Alabasterkasten verwahrten Eingeweide gefunden wurden. Offenbar war das eigentliche Grab der Königin, das höchstwahrscheinlich in Dahschur in der Nähe der Pyramiden ihres Gatten gelegen hatte, geplündert worden. Dabei muß auch die Mumie mit ihrem kostbaren Schmuck geraubt worden sein. Die Ausgräber nahmen an, daß der Wesir Hemiunu die Überführung in das Versteck in unmittelbarer Nähe der im Bau befindlichen Pyramide des Cheops anordnete und daß er den König wohl über das Fehlen der Mumie im unklaren ließ. Wie dem auch gewesen sein mag, das posthume Schicksal der Hetepheres zeigt, daß die Autorität des Königtums schon damals gegen Grabräuber nichts auszurichten vermochte und daß Ägypten kein vollständig überwachter Staat war.

Unstimmigkeiten in den Königslisten deuten darauf hin, daß es unter den Nachkommen des Cheops zu Thronstrei-

tigkeiten kam. Sein unmittelbarer Nachfolger war Djedefre, der in Abu Roasch, nördlich von Gise, eine Pyramide
zu bauen begann, die allerdings nicht weit gediehen ist.
Ihm folgte sein Bruder Chephren, der mit der Nachbar-
schaft seiner Pyramide zu der seines Vaters offensichtlich
den fester begründeten Thronanspruch dokumentieren
wollte. Zwischen den Söhnen des Djedefre und des Chephren muß es erneut zu Zwistigkeiten gekommen sein, aus
denen Chephrens Sohn Mykerinos erfolgreich hervorging.
Letztlich aber geschah, was in einem literarischen, mit
märchenhaften Zügen ausgestatteten Text überliefert ist,
der fast tausend Jahre nach den geschilderten Ereignissen
niedergeschrieben wurde: Eine neue Dynastie bestieg den
Thron.

Der nach seinem früheren Besitzer Westcar benannte
Papyrus enthält eine Reihe von Geschichten, die von den
Söhnen des Cheops vorgetragen werden. Zunächst erzählen die Prinzen Wundergeschichten aus der Vergangenheit. Doch Djedefhor, dem man eine besondere Neigung
für die Literatur nachsagte und der als Verfasser einer
Weisheitslehre galt, verspricht dem Vater die Kunststücke
eines lebenden Zauberers. Dieser prophezeit dann dem
König, daß zwei Generationen nach ihm Söhne des Sonnengottes Re, als Drillinge von der Frau eines Priesters des
Re geboren, die Herrschaft antreten werden.

»Und Re hat von ihnen gesagt, daß sie das Hirtenamt im ganzen Lande ausüben sollen«

Die Mutter der ersten zwei – oder drei – Könige der
5. Dynastie war eine Königin namens Chentkaus, deren
Abkunft und genaue historische Einordnung noch nicht
eindeutig geklärt sind. An der Erzählung des Papyrus
Westcar ist vor allem die Rolle des Sonnengottes bedeutsam. Re, der göttlichen Verkörperung des Gestirns, wurde
nachweislich schon unter Userkaf, dem ersten König der

5. Dynastie, der um 2450 v. Chr. den Thron bestieg, eine deutliche Zuwendung und Bevorzugung zuteil. Das geht nicht nur aus Stiftungen hervor, die der Palermostein festgehalten hat, sondern vor allem aus der Errichtung einer Verehrungsstätte, die die Bezeichnung »Sonnenheiligtum« erhielt, um ihre vom üblichen Göttertempel abweichende Eigenart zu kennzeichnen. Sechs solcher Heiligtümer aus der 5. Dynastie sind durch Inschriften bekannt, zwei davon archäologisch nachgewiesen.

Die Anbetung der Sonne ist in Ägypten leicht verständlich. Außer dem nie versiegenden Nilwasser, das mit der jährlichen Überschwemmung den fruchtbaren Schlamm ablagerte, bedurfte es nur der ebenso regelmäßig erscheinenden Sonne, um Leben entstehen zu lassen. Sie wurde denn auch als Schöpfergottheit verehrt. Der Sonnenkult war selbstverständlich keine Neuerung der 5. Dynastie, schon unter Djedefre, dem Nachfolger des Cheops, hatte es Tendenzen gegeben, Re besonders zu huldigen. Damals war auch ein Bestandteil der Königstitulatur aufgetaucht, den die Könige der 5. Dynastie nun programmatisch herausstellten, indem sie sich »Sohn des Re« nannten und in ihren Namen – Neferirkare, Niuserre usw. – auf die enge Verwandtschaft verwiesen.

Mit der Hinwendung zu Re, die im Papyrus Westcar als wirkliche Vaterschaft umschrieben wird, geht ein spürbarer Wandel in der Auffassung vom Königtum Hand in Hand. Die Weltordnung ruht nicht mehr in der Person des Gottkönigs, wie das für die 4. Dynastie charakteristisch war und in den großen Pyramiden Gestalt annahm. Sie wird jetzt vielmehr durch das »Königtum des Re« (Wolfgang Helck) gewährleistet, und die Macht des Herrscheramtes wird in einem Vater-Sohn-Verhältnis von Gott auf den König übertragen.

»Geliebter seines Herrn, Gelobter seines Herrn, Vertrauter seines Herrn«

Die beginnende Lockerung des Gewebes aus Macht und Magie führte auch zu einem neuen Verhältnis zwischen König und Beamten. Aufschlußreich dafür ist ein Erlebnis des Kammerherrn Rawer, der in einer Priesterfunktion gemeinsam mit dem König Neferirkare an einer Zeremonie teilnahm. Dabei kam er versehentlich mit einem Zepter des Königs in Berührung. Dieser Kontakt mit einem machtgeladenen Gegenstand des königlichen Ornats mußte Rawer zutiefst erschrecken und nach der herkömmlichen Vorstellung um sein Leben fürchten lassen. Neferirkare jedoch beruhigte Rawer mit den Worten, daß er ihn nicht habe verletzen, sondern ehren wollen – eine frühe Form des Ritterschlags gewissermaßen. Von dem erst zögerlichen Schwinden der Magie des Königs spricht auch ein Detail aus dem Leben des Hohenpriesters des Ptah von

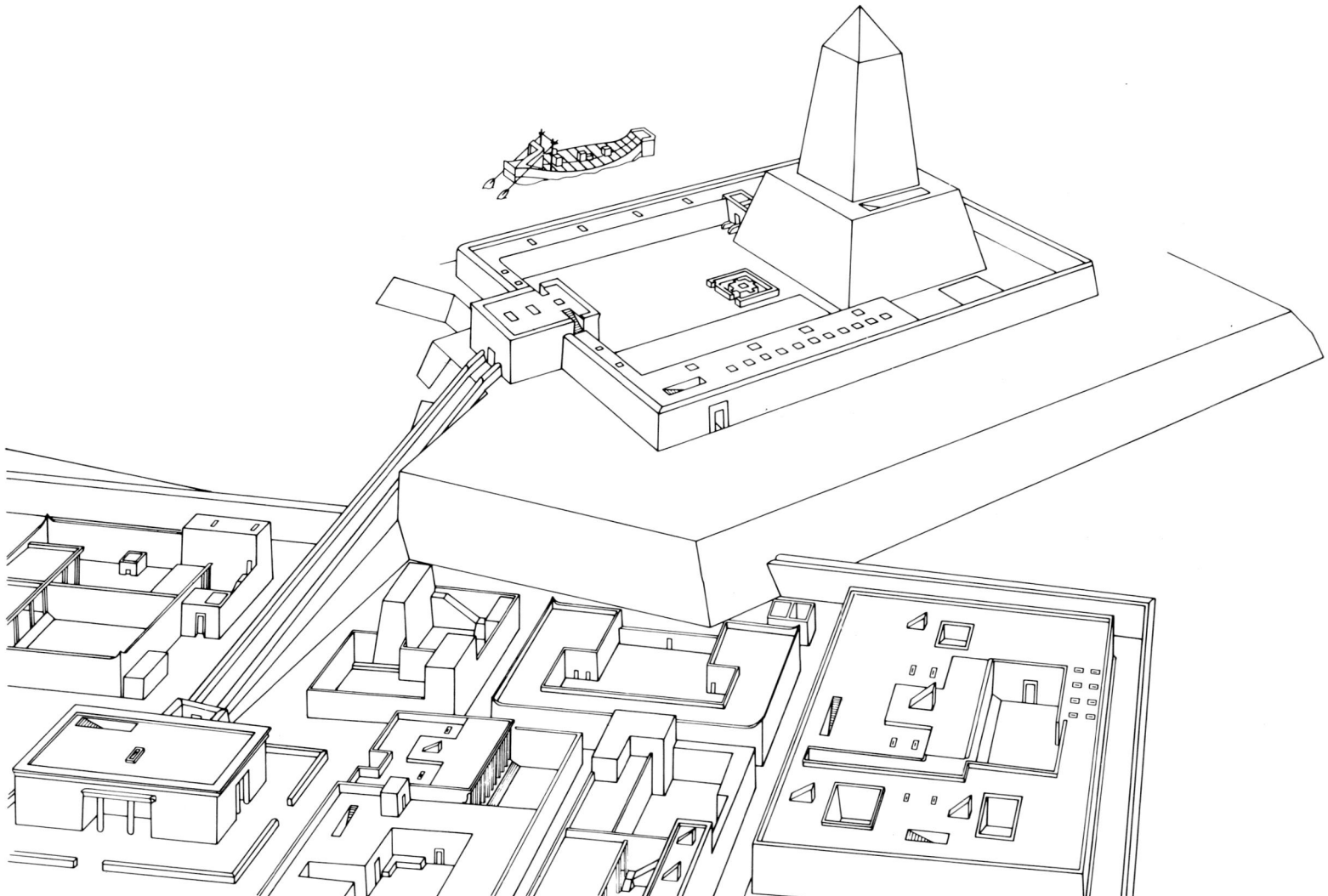

Memphis und Schwiegersohnes des Königs Schepseskaf, Ptahschepses. Ihm sei es vergönnt gewesen, so berichtet er, den Fuß seines Herrn zu küssen, statt sich bäuchlings vor ihm auf den Boden werfen zu müssen. Zum Tode allerdings führte die Freude, die der Wesir Waschptah über das Lob des Neferirkare empfand. Als »Vorsteher aller Arbeiten des Königs« besichtigte er mit dem König, dessen Kindern und Gefolge ein Bauwerk, das unter seiner Leitung entstanden war. Über alle Maßen wurde die Leistung bestaunt, und entsprechend fiel die Belobigung aus, doch »Seine Majestät sah, daß Waschptah nicht hörte«. Selbst die Kunst der königlichen Ärzte vermochte den offenbar vom Schlag gerührten Mann nicht mehr zu retten. Voll Trauer zog sich der König in seine Privatgemächer zurück. Er stiftete dem Waschptah eine Grabstätte, wo der älteste Sohn den Vater bestattete und in einer Inschrift dessen plötzliches Ableben überliefert hat. Ein anderes Beispiel sehr persönlicher Beziehungen zwischen dem König und seinen hohen Beamten, die jetzt nur noch selten königlichen Geblüts waren, ist ein Schreiben des Königs Isesi an seinen Wesir Schepsesre, das dieser an den Wänden seines Grabes verewigen ließ (Text S. 59).

Das Werk des Sonnengottes Re, die Natur mit all ihren Lebewesen, wurde in der Epoche der 5. Dynastie zum Gegenstand der Darstellungen in Tempeln und Gräbern. Szenen der Tier- und Pflanzenwelt des Niltales, der Papyrussümpfe und Wüstenränder, aber auch der gezähmten Natur, von Ackerbau und Viehzucht, gewähren noch heute Einblick in eine Fülle von Einzelheiten des täglichen Lebens. Arbeitsprozesse zur Gewinnung von Nahrungsmitteln und anderen Gütern werden anschaulich vorgeführt. Die wenigen erhaltenen Darstellungen »politischen« Inhalts dagegen, das »Zertrampeln der Feinde« oder »Beute aus einem Libyerfeldzug« etwa unter Sahure, sind kaum historisch auszuwerten; denn es hat sich herausgestellt, daß sie als »Motive« von späteren Königen übernommen worden sind, und zwar bis in die Details der Namensnennung libyscher Gefangener hinein. Das heißt, daß derartige Triumphbilder zu einem Weltbild gehörten, das immer noch der Magie des Bildes verfallen war und Ägypten nicht anders als mächtig, geordnet und wohlhabend sehen konnte. Natürlich mag Sahure den libyschen Nachbarn überfallen haben, aber er kann ebensogut das Bild für die Tat genommen haben.

Nachweisbar ist dagegen, daß Expeditionen zur Beschaffung von Bau- und Statuenmaterial, Edelmetallen, Edelsteinen und exotischen Luxusgütern zum Sinai und nach Nubien stattgefunden haben und daß bereits zu diesem Zeitpunkt Punt aufgesucht wurde.

»Meine Majestät befiehlt, daß nicht besteuert werden...«

Im Laufe der 6. Dynastie (um 2290–2154 v. Chr.) häufen sich die Symptome einer allmählichen Zersetzung der vom Königshof ausgehenden Zentralgewalt. Immer deutlicher

Befehl des Königs für den Wesir, Vorsteher der königlichen Briefschreiber Schepsesre:
Meine Majestät hat dieses sehr schöne Schreiben gesehen, das du aus dem Palast bringen ließest an diesem schönen Tage, an dem das Herz des Isesi wirklich, wirklich erfreut wurde durch das, was er wirklich, wirklich gern hat. Meine Majestät liebt es mehr als alle Dinge, dieses dein Schreiben zu sehen. O Schepsesre! Ich sage zu dir unendlich viele Male, indem ich sage: Geliebter seines Herrn, Gelobter seines Herrn, Liebling seines Herrn, Vertrauter seines Herrn. Wahrlich, ich weiß, Re liebt mich, weil er dich mir gegeben hat. So wahr Isesi lebt! Wenn du irgendeinen deiner Wünsche zu Meiner Majestät sagen solltest durch einen Brief von dir sogleich heute noch, dann wird Meine Majestät veranlassen, daß es sofort gemacht wird.
    Inschrift im Grab des Schepsesre in Sakkara (nach Walther Wolf)

Links: König Pepi II. auf dem Schoß seiner Mutter Anchnesmerire. Schon als sechsjähriges Kind bestieg Pepi II. den Thron der Beiden Länder, betreut und beraten von seiner Mutter. Die Königin trägt die Geierhaube der Krongöttin von Oberägypten, Nechbet (der plastisch gearbeitete Kopf ist weggebrochen), womit ein Bezug zwischen irdischer und himmlischer Mutter des Königs hergestellt wird. Das diaphane, schimmernde und die Konturen überspielende Kalzitgestein, landläufig »Alabaster« genannt, war bevorzugtes Material für Architekturteile, Statuen und Werke der Kleinkunst der 6. Dynastie. Höhe 39 cm. New York, Brooklyn Museum

Unten: Zur Erinnerung an sein Jubiläumsfest zur Erneuerung der Herrschaft ließ Pepi I. eine Reihe beschrifteter Gefäße gleichsam »prägen«, auf denen seinem Horusnamen und dem Thronnamen Leben und Wohlergehen in Ewigkeit gewünscht werden. Baltimore, Walters Art Gallery

zeichnet sich nun eine Entwicklung ab, die bereits früh im Alten Reich eingesetzt und sich während der 5. Dynastie beschleunigt hatte, eine Entwicklung, die ursächlich mit der Versorgung der Beamtenschaft zusammenhing. Die Dienste der Beamten wurden mit der Übertragung von Nutzungsrechten an Land und Leuten vergolten. Diese Entlohnung erfolgte aber nicht nur für staatliche Verwaltungsaufgaben, sondern auch für Priesterfunktionen an Götter- und Totentempeln. Bis zum Ende des Alten Reiches lassen sich allein über sechzig Priester und Beamte im Dienste des Totenkults für Cheops nachweisen (Dietrich Wildung). Die für den Totenkult bestimmten »Opfer« wurden aber nicht wirklich den Toten überlassen, sondern nur symbolisch dargebracht.

Wenn die auf den hierfür bereitgestellten Ländereien erzeugten Produkte – Nahrungsmittel, Kleidung, Gerätschaften – auch nicht »vergeudet« waren, denn sie dienten den Beamten und ihren Bediensteten bis hinunter zu den Landarbeitern als Unterhalt, so wurden doch mit der allmählich sich durchsetzenden Erblichkeit der Ämter auch die Einkünfte erblich, und ein immer größerer Anteil an staatlichem, das heißt königlichem Besitz verlagerte sich de facto in Privatbesitz, der außerdem ohne weitere rechtliche Auflagen noch durch Kauf von Grund und Boden erweitert werden konnte.

Die Sicherung ihrer Pfründen setzten die Beamten rechtsverbindlich durch, wie etwa aus einem Dekret Pepis' I. für die beiden Pyramiden des Snofru in Dahschur hervorgeht. Dieses »Schutzdekret« in Form eines beschrifteten Steinblocks war offenbar in die Mauer der zugehörigen Pyramidenstadt eingelassen. Pepi I. bestimmt darin, daß die dort ansässigen Leute nur für die Fortführung des Snofru-Totenkults einzusetzen sind, »bis in alle Ewigkeit«, und von niemandem sonst für irgendwelche anderen Arbeiten herangezogen werden dürfen. Sie sind selbstverständlich auch von gewissen Abgaben befreit. Eine solche »Befreiung« bedeutete, daß die an der betreffenden Institution tätigen Handwerker zum Beispiel nicht anderswohin zwangsverpflichtet werden durften. Zeitlich liegen zwischen Snofru und Pepi I. etwas mehr als 300 Jahre. Man bedenke also, über welche Zeiträume hinweg die Totenversorgung aufrechterhalten werden konnte und wie viele Herrscher inzwischen ebenfalls hatten bedacht werden müssen! Hinzu kamen Schenkungen von Grabanlagen und Grabausstattungen, wie sie Debehni, Waschptah und vielen anderen zukamen und deren Kosten die königliche Schatulle übernahm, und schließlich die Göttertempel im ganzen Lande.

»Ich bin hierher gekommen aus meiner Stadt, ich bin herabgestiegen aus meinem Gau…«

Die Folgen dieser »Emanzipation« der Beamten – in der Tat wurde die wirtschaftliche Verselbständigung von einem zunehmenden Selbstbewußtsein begleitet – zeigten

sich besonders deutlich am Beispiel der erfolgreichsten unter ihnen: Die hohen Funktionäre der Provinzialverwaltung rückten über wenige Generationen hinweg in Vater-Sohn-Abfolge zu führenden Familienchefs auf, so daß diese mächtigen Gauvorsteher ihrem äußeren Gepräge nach als »Gaufürsten« bezeichnet worden sind. Sie betrachteten längst »ihren« Gau als eigentlichen Wirkungskreis und ließen sich auch in der Nähe der Provinzzentren, also nicht mehr in der Residenz, beisetzen, allerdings nicht ohne eine Fülle von übergreifenden Amts- und Rangtiteln angehäuft zu haben. Während sie sich einerseits nicht scheuten, in ihren Grabinschriften Geschehnisse am Hof, wie etwa eine Haremsverschwörung, publik zu machen, schmeichelten sie andererseits in den bewährten Wendungen ihren Königen.

Diese waren inzwischen weitgehend der Magie entkleidet und ließen nun in ihren geschrumpften Pyramiden die Ritualtexte, die sie nach dem Tode schützen sollten, inschriftlich festhalten.

Angesichts der eingeschränkten Ressourcen des Königtums erstaunt die weiterhin rege Außenhandels- und Expeditionstätigkeit, die nach wie vor in der Obhut der Zentralregierung lag. Die an Details reichen Berichte der Expeditionsleiter zeugen von großer Routine in der Bewältigung technischer und diplomatischer Aufgaben. Meterhohe Statuen und Säulen aus Assuaner Rosengranit wurden anscheinend spielend zu Wasser und zu Lande bewegt. Sofern das Ausland betroffen war, erwiesen sich die Karawanenführer zugleich als aufmerksame Beobachter und geschickte Botschafter. Einer der interessantesten unter den vielen Belegen hierfür ist die Grabinschrift des Herchuf, des Gauherren von Assuan. Er verbrachte die zweite Lebenshälfte unter Pepi II., »der im Alter von sechs Jahren zu regieren begann und es auf hundert Jahre brachte« (Manetho) und unter dessen Herrschaft die Blütezeit des Alten Reiches einem raschen Ende entgegenging.

Das Ende des Alten Reiches und die Erste Zwischenzeit
7. bis 11. Dynastie (um 2154–2040 v. Chr.)
»Jedermann stirbt vor Hunger auf dieser Sandbank des Apophis«

Schon in der ausgehenden Regierungszeit Pepis' II. und verstärkt in den Jahrzehnten nach seinem Tode bestand die Herrschaft der Könige nur mehr im nominellen Anspruch. Dokumente einer fiktiven Aufrechterhaltung der Würde des »Königs von Ober- und Unterägypten« sind vor allem Schutzdekrete für Götter- und Totentempel, die nach alter Weise »in persönlicher Gegenwart des Königs gesiegelt« werden. Der Tradition verpflichtet, führen die Annalen die Dynastiezählung mit einer siebten und achten fort, und einer der Könige dieser Zeit der Wirren namens Ibi errichtete eine kleine Pyramide in Sakkara, aber im Grunde

Die Nilinsel Elephantine bei Assuan in der Nähe des 1. Kataraktes war Verwaltungssitz des 1. oberägyptischen Gaues. Die Felsgräber der Gauherren, teilweise weiträumige Anlagen, liegen auf dem Westufer, ein Aufweg verbindet den Grabeingang mit der Landestelle.

herrschten damals Verhältnisse im Lande, die mit dem Begriff »Anarchie« sicher nicht falsch beschrieben werden. Die ehemals sorgfältig gesteuerte Versorgung der Bevölkerung brach zusammen, mehrfach hören wir von Hungersnöten, bisweilen offenbar verschärft durch zu geringe Nilfluten, so daß die bildkräftige Bezeichnung Ägyptens als unfruchtbare Sandbank des Sonnengottfeindes Apophis einen realen Hintergrund gehabt haben dürfte. Die materielle Not beseitigte nun auch die letzte Scheu vor den Gräbern: In den Nekropolen kam es zu Plünderungen in großem Umfang. Aus der Art der Zerstörung von königlichen Totentempeln und Privatgräbern sowie aus literarischen Werken, in denen die Erfahrungen dieser Zeit ihren Niederschlag fanden, etwa den »Mahnworten des Weisen Ipuwer«, dem »Streit des Lebensmüden mit seiner Seele« und den »Klagen des Bauern«, geht deutlich hervor, daß die Masse der Besitzlosen das Chaos nicht als gottgegeben ansah, sondern diejenigen mit manchmal geradezu persönlich gezieltem Haß verfolgte, die für die Zustände verantwortlich gemacht wurden.

»Ich bin der Held ohnegleichen«

Die tatsächlichen Herren waren zu dieser Zeit die höchsten Gaubeamten. Ihre Biographien, wie zum Beispiel die des Anchtifi in seinem Felsgrab in Moalla, zeugen nicht nur von bisweilen grotesker Selbstüberschätzung. sondern berichten auch sehr anschaulich über die politischen Vorgänge. Übereinstimmend heißt es darin, daß jeder der Provinzherren nur für die Menschen seines Machtbereiches Sorge trug. Die Sicherstellung von Nahrungsmitteln erfolgte häufig durch Überfälle auf Nachbargebiete, das Ausleihen von Saatgut diente der eigenen Bereicherung. Die »Jungmannschaften«, wie sich die bewaffneten Trupps nannten, bestanden zu einem großen Teil aus nubischen Söldnern, die schon im Alten Reich gelegentlich in Ägypten Dienst genommen hatten. Dabei brachte es mancher zu einem gewissen Wohlstand.

Bekannt ist das Beispiel des »trefflichen Bürgers« Kedes, »der mit seinem Arm wirkte« und alle »Nubier und Oberägypter« seiner Stadt »an Schnelligkeit« übertraf; aus dem Besitz seiner Mutter erwarb er Herden, Kornspeicher, Felder und Boote.

Im Konkurrenzkampf der Gauherren mit ihrem raubritterhaften Gebaren gelang es schließlich zwei Familien, ihren Einfluß über das eigene Gebiet hinaus geltend zu machen und sich den Königstitel zuzulegen. Das nördliche Zentrum lag südlich des Fayum beim heutigen Ehnasja el-Medine, in dem sich der altägyptische Ortsname Hutnennisut noch erhalten hat. Der dort verehrte Widdergott wurde von den Griechen mit Herakles gleichgesetzt, und seine Stadt nannten sie Herakleopolis, so daß die selbsternannten Könige der 9. und 10. Dynastie in den griechischen Quellen als »Herakleopoliten« bezeichnet werden. Etwa zur gleichen Zeit erhob auch die thebanische Familie der Mentuhotep und Antef den Anspruch auf die Königswürde der »Beiden Länder«.

»Der nach dem Gesetz regieren soll, befiehlt den Raub, wer also soll der Gemeinheit wehren?«

Zunächst scheinen die Herakleopoliten im Ringen um Anerkennung als Gesamtherrscher Ägyptens im Vorteil gewesen zu sein. Während die Thebaner ihre Machtposition in Oberägypten in enger Zusammenarbeit mit dem südlichsten Gau von Assuan ausbauten, erwiesen sich die Gauherren von Assiut als zuverlässigste Verbündete der Herakleopoliten. Indizien sprechen dafür, daß sie auch das Delta unter Kontrolle hatten. In der Zeit eines ihrer Könige ist die als klassisches Literaturwerk berühmte Geschichte von den »Klagen des Bauern« angesiedelt, der mit einer Eselsladung Waren »nach Ägypten hinab« zieht und in der Nähe der Residenz Herakleopolis durch die List eines korrupten Beamten seines Eigentums beraubt wird. Seine wortgewaltigen Anklagereden spiegeln die schwierigen Zeitläufte, in denen niemand »der Gemeinheit wehrte«.

»Der die beiden Länder vereinigt hat«

Bei der Ausdehnung ihrer Einflußsphären stießen Thebaner und Herakleopoliten im achten oberägyptischen Gau mit dem Verwaltungssitz This und dem bedeutenden religiösen Zentrum Abydos zusammen. Nachdem hier zunächst die Thebaner anerkannt worden waren, führten erneute Vorstöße des Nordens zum Entscheidungskampf, den der Thebaner Mentuhotep Nebhepetre um 2040 v. Chr. für das südliche Königshaus entscheiden konnte. Manche der Gauherren Mittelägyptens suchten sich aus den Auseinandersetzungen herauszuhalten, andere ergriffen eindeutig Partei, wieder andere gerieten zwischen alle Fronten. Wie am Anfang der Ersten Zwischenzeit kam es gebietsweise noch einmal zum Kampf eines jeden gegen jeden, etwa im mittelägyptischen Hermupolis, wo sich »Nubier und Asiaten (Beduinen-Hilfstruppen), Oberägypten und Unterägypten (gegen den Gauherren Neheri) vereinigt hatten«.

Mentuhotep Nebhepetre verkündete seinen Sieg programmatisch, indem er sich den Horusnamen »Der die beiden Länder vereinigt hat« gab. In der Reihe der Vorfahren der Ramessiden im Königtum steht er stellvertretend für eine neue Epoche: das Mittlere Reich.

Das Mittlere Reich
11. und 12. Dynastie (um 2040–1785 v. Chr.)
»Niederwerfen der Oberhäupter der Beiden Länder, Neubegründung Oberägyptens und des Deltas«

In Form und Ausführung noch etwas provinziell, doch inhaltlich unmißverständlich zeigen Reliefs von Kapellen, die Mentuhotep nach Gebelen und Dendera stiftete, den König in der Pose des unangefochtenen Siegers über Ägypter, Nubier, Asiaten und Libyer, als Herrscher über den Süden, den Norden und die »Neun Bogen«, das heißt, die auswärtigen Feinde. Diese Demonstration des Triumphes ist zweifellos zum Teil formelhaft und an entsprechenden Darstellungen des Alten Reiches orientiert, interessant ist jedoch, daß Mentuhotep sich nicht scheute, die Unterwerfung der eigenen Landsleute zu verkünden.

Etwa drei Jahrzehnte seiner insgesamt einundfünfzigjährigen Regierungszeit verblieben Mentuhotep nach der Reichseinigung noch, um den Vorderasienhandel wieder zu aktivieren, nach Unternubien vorzustoßen, Expeditionen in die Steinbrüche von Hatnub und ins Wadi Hammamat sowie nach Assuan auszurüsten und die Tempelstätten Oberägyptens mit Bauwerken zu schmücken. Für sich selbst ließ er vor der unvergleichlichen Gebirgskulisse des Talkessels von Der el-Bahari eine monumentale Grabanlage errichten, räumlich und architektonisch abgerückt von der Tradition seiner Vorväter, die sich im Norden der nachmaligen thebanischen Nekropole in Felsgräbern mit mächtigen, aus dem anstehenden Gestein gehauenen Pfeilerfronten und weitläufigen Höfen davor hatten bestatten lassen.

Die obersten Kontrollfunktionen der Zentralverwaltung in Theben besetzte der König mit Männern seines Vertrauens. In der Gauverwaltung verblieben teils die alten Familien, teils wurden Militärbeamte mit der Wahrnehmung des Amtes betraut, ihnen zur Seite Repräsentanten der Zentralregierung.

Die zunehmende Eleganz der bildhauerischen Werke im weiteren Verlauf der 11. Dynastie kann als Indiz für die Aussöhnung mit dem Norden gedeutet werden. Der Loyalitätswechsel des ehemaligen Expeditionsleiters Cheti etwa oder des Bildhauers Intefnacht, die beide in ihren biographischen Inschriften erwähnen, daß sie für das Königshaus des Nordens tätig waren, scheint problemlos gewesen zu sein. Und wenn es zutrifft, daß wir in Intefnacht den Mann zu sehen haben, der sich auf einer berühmten Stele im Louvre den Künstlernamen Iriirusen gibt, so paßt die hohe Meinung, die er von seinen Fähigkeiten hat, recht gut zu der von den Herakleopoliten bezeugten Leidenschaft für Kunst und Literatur. Allerdings ließ sich der thebanische Charakter nicht vollständig durch verfeinerte Formen überdecken: Den Skulpturen dieser Epoche bleibt eine gewisse martialische Härte erhalten, die den kriegerischen Umständen der Reichseinigung entspricht und in die 12. Dynastie hineinwirken sollte.

Als Mentuhotep Nebhepetre um das letzte Jahrzehnt des 3. Jahrtausends v. Chr. das geeinte, wohlverwaltete und prosperierende Land seinem Sohn Mentuhotep Seanchkare hinterließ, konnte er kaum ahnen, daß seiner Dynastie keine zwanzig Jahre der Herrschaft mehr beschieden sein sollten. Gestützt auf zuverlässige Beamte, die, wie Henenu, der Domänenverwalter und Leiter einer Puntexpedition, schon unter dem Vater in Amt und Würden gewesen waren, tat sich Mentuhotep Seanchkare besonders als Bauherr hervor. Mit der sehr kurzen Regierung seines Nachfolgers Mentuhotep Nebtauire ging die thebanische Dynastie der dem Kriegsgott Mentu (griechisch Month) verpflichteten Mentuhotep zu Ende. Sie haben die Grundlagen für die Prosperität der nun folgenden Epoche geschaffen.

Die nubischen Söldner, mit deren Hilfe die Gauherren während der Ersten Zwischenzeit ihre Territorien behaupteten, wurden von die- *sen gern als »Dienerfiguren« ins Grab, gewissermaßen zum ewigen Schutz, mitgenommen.*
Kairo, Ägyptisches Museum

»Ein König des Südens wird kommen, Ameni mit Namen«

Mit größter Wahrscheinlichkeit war der neue Herr der »Beiden Länder«, Amenemhet I., kein anderer als der Wesir des letzten Mentuhotep. Er begegnet zunächst als Leiter einer der größten Steinbruchexpeditionen, die je ins Wadi Hammamat entsandt wurden: Alles in allem 10 000 Mann hatten den Auftrag, den königlichen Sarkophag samt Deckplatte zu besorgen.

Ob kurz darauf wirklich die Reichseinheit erneut bedroht und Mentuhotep Nebtauire nicht in der Lage war, der Gefahr zu begegnen, muß dahingestellt bleiben. Jedenfalls fühlte sich Amenemhet später verpflichtet, seine Legitimation in Form einer Erzählung, die in der »guten alten Zeit« des Königs Snofru angesiedelt wurde, propagieren zu lassen. Nach bekanntem Muster wird er in dieser »Prophezeiung des Neferti« als rechtmäßiger Herrscher angekündigt, der Ägypten vor dem Chaos bewahren werde. 1991 v. Chr. leitete Amenemhet I. die rund zweihundertjährige Epoche der 12. Dynastie ein.

»Er ist es, der die Grenzen erweitert, er wird die südlichen Landschaften erobern«

Im ersten Jahrhundert dieser Herrschaft vollzog sich die Unterwerfung Nubiens bis zum 2. Katarakt. Über Kuban, Korosko und Toschka stießen die Ägypter bis zum Nordende des Stromschnellengebietes vor und befestigten Buhen, das schon im Alten Reich ein Zentrum ägyptischer Aktivität gewesen war. In etwa gleichen Abständen kamen Befestigungsanlagen in Aniba und Kuban hinzu. Auf diesen Erfolgen der ersten Phase der Eroberung, die bereits unter Sesostris I., dem Mitregenten und Nachfolger Amenemhets, abgeschlossen wurde, konnten Amenemhet II. und Sesostris II. aufbauen und sich mit Inspektionen zufrieden geben.

1892 v. Chr. gelangte mit Sesostris III. der wahre Eroberer Nubiens auf den Thron. In zwölf Jahren zog er nicht weniger als viermal aus und schob die Grenze zum Südende des Kataraktgebiets bei Semna vor. In den Texten zweier Stelen, die in Semna gefunden wurden, beschwört er seine Nachfolger, diese Grenze um jeden Preis zu halten.

»Jeder Sohn von mir, der diese Grenze ... halten wird, der ist mein Sohn«

Ohne Scheu schmäht er die überwundenen Nubier als Feiglinge, deren Frauen und Vieh seine leichte Beute geworden seien. Und in der Tat blieb die um weitere Forts vermehrte Bastion bis in die Verfallszeit des Mittleren Reiches erhalten, als schon längst kein Sohn aus dem Haus

der Amenemhet und Sesostris mehr den Thron Ägyptens behauptete.

Was hatte die ägyptische Führung zu dieser Inbesitznahme Unternubiens veranlaßt? Wozu der Aufwand in Form einer dichten Kette von Festungsbauten und Beobachtungsposten? Es liegt auf der Hand, daß es ihr erst in zweiter Linie um den geschätzten Diorit von Toschka ging, und auch die fliederfarbenen Amethyste und die rötlich-orangefarbenen Karneole, die neben den Türkisen vom Sinai zu äußerst dekorativem Prinzessinnenschmuck verarbeitet wurden, wären mit den seit Jahrhunderten üblichen Expeditionen zu beschaffen gewesen. Es war vielmehr das Material, das zur Fassung der Edelsteine verwendet wurde, welches die kategorische Sicherung der Quellen angeraten sein ließ: In den östlichen Wadis Unternubiens waren reiche Goldvorkommen entdeckt worden. Sie veranlaßten die Eroberung, zumal die Goldminen der im eigentlichen ägyptischen Bereich liegenden Ostwüste offenbar keine vergleichbar üppige Ausbeute mehr verhießen. Mit Gold aber ließen sich nicht nur Götterbilder, Könige und Damen schmücken, gegen Gold ließen sich auch alle notwendigen Produkte und solche, die eine Hochkultur zu benötigen glaubte, eintauschen.

Die Besetzung des schmalen Fruchtlandstreifens zu beiden Seiten des Stromes diente den ägyptischen Garnisonen als Ausgangsbasis, um die anschließenden weiträumigen Wüstengebiete nach mineralischen Schätzen abzusuchen, wobei man außer Gold auch Kupfer fand.

»Bitte zur Kenntnis zu nehmen, daß zwei Männer und drei Frauen von den Medjai aus der Wüste gekommen sind«

Die Drangsalierung der Bevölkerung, wie sie im Stelentext Sesostris' III. zum Ausdruck kommt, blieb offenbar auf die Zeiten der Eroberung beschränkt. Nachdem der Widerstand der einheimischen nubischen Bevölkerung gebrochen war, mußte den Ägyptern sogar daran gelegen sein, umgehend gute Beziehungen zu den Bewohnern zu haben, die ja auf Dauer die Versorgung der Besatzer gewährleisten sollten.

Ein fragmentarisch erhaltener Papyrus aus einem thebanischen Archiv hat der Nachwelt einige wenige Mitteilungen

erhalten, die nicht nur den Aufgabenbereich der in Nubien stationierten Garnisonen erhellen, sondern zugleich auch ein Schlaglicht auf die ausgefeilte Bürokratie der Zeit werfen. Auf einer Seite dieses Papyrus sind Kopien kurzer Meldungen aus den Forts im Süden erhalten. Als Depeschen hatten diese Meldungen seinerzeit den Vorgesetzten erreicht.

Danach standen die Besatzungen der Festungen zwischen Elephantine und Semna in ständiger schriftlicher Verbindung miteinander, sofern sie nicht durch Signale korrespondierten, denn teilweise waren die Beobachtungsposten in Sichtweite zueinander errichtet worden. Sämtlicher Verkehr auf dem Nil wie zu Lande wurde genau registriert. Bewohner der Ostwüste, die in Ägypten um Arbeit nachsuchten, wurden eingehend nach ihren Lebensverhältnissen befragt, und selbst wenn sie erklärten, daß »die Wüste vor Hunger sterbe«, manchmal »noch am gleichen Tage in die Wüste zurückgeschickt«. Solche Befragungen hatten auch größere nomadisierende Gruppen über sich ergehen zu lassen, auch sie mußten Rede und Antwort stehen über das Woher und Wohin. Das Sammeln solcher nachrichtendienstlichen Erkenntnisse diente nicht nur der Absicherung ägyptischen Territoriums gegen wandernde Medjai-Beduinen, die in kontrolliertem Umfang nach wie vor als Soldaten und sonstige Ordnungshüter in ägyptische Dienste genommen wurden. Wichtiger noch war die Abwehr des südlichen Nachbarn, der stets als »elendes Kusch« abqualifiziert wird. Die Fürsten von Kusch aber waren es, die ein weiteres Vordringen Ägyptens unter Aufbietung aller Reserven verhinderten und später auch tatsächlich seiner Vormachtstellung in Unternubien ein Ende bereiten konnten.

Neben diesen eher militärisch-politischen Aufträgen hatten die Besatzungen auch wirtschaftliche Interessen wahrzunehmen. Für die Abfertigung von Händlern wird in den Semna-Depeschen mehrfach die Redensart verwendet, »was sie brachten, wurde gehandelt«. Welche Waren im einzelnen umgeschlagen wurden, wird nicht gesagt; es dürften die zu allen Zeiten begehrten innerafrikanischen Güter, wie sie Herchuf schon für den Ausgang des Alten Reiches nennt, gewesen sein. Nach Abschluß der Geschäfte und der Bewirtung mit Brot und Bier wurden die Händler stets »noch am gleichen Tag wieder stromauf gesandt, woher sie kamen«. Darüber hinaus erwies sich der auf wenige Meter verengte Felsdurchlaß bei Semna als ausgezeichneter Platz für die Messung der Wasserstands-

höhen bei beginnender Nilschwelle, die dann erst wieder flußabwärts bei der Nilinsel Elephantine, am 1. Katarakt, markiert wurden.

»Wo die Asiaten mit Gewalt kommen«

Der Isthmus zwischen dem heutigen Port Said und Suez bildete zu der Zeit, als der Kanal die beiden Kontinente noch nicht trennte, den Verbindungssteg zwischen Afrika und Asien. Wenn im Zusammenhang mit dem Alten Ägypten von »Asiaten« die Rede ist, sind damit Vorderasiaten aus Palästina, Syrien und dem Sinai gemeint.

Seit der Frühzeit hatten sich die Beziehungen Ägyptens zu Vorderasien wechselvoll gestaltet. Immer wieder einmal wurden die »Asiaten geschlagen«. Bei diesen Auseinandersetzungen handelte es sich aber wohl meist nur um die Abwehr landsuchender Nomaden, denen Weidegründe und Wasserreichtum des Deltas als Verlockung erscheinen mußten. Im Alten Reich führten solche Aktionen allerdings auch schon zur Belagerung und Plünderung befestigter Ortschaften in fruchtbarer Umgebung, wo die Ägypter »Feigen und Trauben abschnitten und eine Menge Gefangener wegführten«.

In der Periode zunehmender Schwäche am Ende des Alten Reiches aber waren in zunehmendem Maße Vorderasiaten nach Ägypten eingedrungen. Die »Lehre für Merikare«, eine als Testament eines Königs ausgegebene Schrift über die Pflichten des Herrscheramtes, betont die Notwendigkeit von Verteidigungsmaßnahmen an der Nordostgrenze, dem »Tor des Nordlandes«. Offenbar hatte schon die Herakleopolitendynastie, der König Merikare angehörte, mit der erneuten Grenzsicherung begonnen.

»Man wird die Herrschermauer bauen, um die Asiaten nicht nach Ägypten hinein zu lassen«

Rund ein halbes Jahrhundert lagen diese Bemühungen zurück, als Amenemhet I. mit dem Ausbau von Festungen ähnlich wie in Nubien die Karawanenwege nach Palästina und dem Sinai schützte. Etwas anderes als eine Reihe von militärisch besetzten Posten wird die »Herrschermauer« kaum gewesen sein, die auch der Autor der Sinuhe-Geschichte seinen Helden auf der Flucht von Ägypten nach Syrien heimlich passieren läßt. Weder beabsichtigten die Ägypter zu dieser Zeit, in Vorderasien territoriale Eroberungen zu machen, noch sollte eine vollkommene Abschirmung erfolgen. Abgesehen von der stereotypen Wiederholung des »Asiatenschlagens«, das für mehrere

Könige der 12. Dynastie belegt und als rein weltanschauliche Äußerung zu verstehen ist, haben ausgreifendere militärische Aktionen nur unter Sesostris III. stattgefunden. Aber seinem Feldzug war offenbar kein rechter Erfolg beschieden, einer seiner Militärführer geriet auf dem Rückzug sogar in Bedrängnis.

In den Augen der Ägypter galt das Land der Asiaten, das man teils nur als »Sandwanderer« (Beduine) bewohnen konnte und das im übrigen mit seinen bewaldeten, schluchtenreichen Gebirgen und dem »umgekehrten Nil« (Regen) als verkehrte Welt eingestuft wurde, nichts im Vergleich zur fruchtbar-schwarzen Erde des »Nilgeschenks«. Typisch für diese Einschätzung ist der inschriftliche Hinweis zur Darstellung importierter vorderasiatischer Rinder in einem Grab im mittelägyptischen el-Berscha. Sinngemäß heißt es dort, daß die Tiere nunmehr grünes Kraut zu fressen hätten, während sie vordem über den Sand gezogen seien, was sich sowohl auf die Verhältnisse in Vorderasien als auch den beschwerlichen Abtrieb nach Ägypten beziehen kann; in jedem Falle aber spielte sich das gute Leben in Ägypten ab.

Daß die Ägypter das palästinensisch-syrische Gebiet wortwörtlich verächtlich machten, indem sie Tontöpfe und Gefangenenfiguren, mit Namen dortiger Fürsten und Ortschaften beschriftet, zerbrachen, um deren Ohnmacht zu dokumentieren und zugleich von ihnen ausgehenden Schaden magisch abzuwehren, bedeutete keineswegs, daß

sie keine engen Handelsbeziehungen unterhalten hätten. Dabei ging es nicht nur um Landesprodukte wie Nadelhölzer und deren Harz, letzteres zum Mumifizieren unentbehrlich, sondern auch um Waren, die aus ferneren Gegenden kamen und die an den aus dem Osten kommenden Endpunkten der Karawanenstraßen und in den Mittelmeerhäfen umgeschlagen wurden. Silber aus Anatolien, um der Wirtschaftlichkeit willen gern als Silberschrott eingehandelt, und Lapislazuli aus Afghanistan wären hier zu nennen. Byblos kam eine so eminente Bedeutung zu, daß es weitgehend »ägyptisiert« wurde, sicher nicht zum Nachteil seiner wirtschaftlichen Verhältnisse.

Aus dem Mittleren Reich liegen mehrfach Zeugnisse in Form von Papyri vor, aus denen hervorgeht, daß zusammen mit anderer unbeweglicher und beweglicher Habe auch Menschen vererbt oder verschenkt wurden. Gemessen an den wenigen Belegen für diesen Vorgang sind auffallend häufig »Asiaten«, vor allem aber »Asiatinnen« genannt, die nicht nur als solche ausgewiesen werden, sondern auch aufgrund ihrer Eigennamen zweifelsfrei zu erkennen sind. Während bei den Ägyptern, die im gleichen Zustand der Unfreiheit genannt werden, anzunehmen ist,

daß es sich um Sträflinge handelte, die, für ein Vergehen zu lebenslanger Sklaverei verurteilt, in Privatbesitz gelangten, erklärt sich die Situation der Asiaten nicht so leicht.

Fest steht: Diese Menschen befanden sich in einem derartigen Grade der Dienstbarkeit, daß von Sklaverei gesprochen werden kann, auch wenn die ägyptischen Quellen noch keine so eindeutige Definition bieten wie die der griechischen und römischen Antike. Auf welche Weise aber wurden Bewohner Vorderasiens bei einem verhältnismäßig hohen Anteil an Frauen, die überwiegend als Fachkräfte in der Weberei eingesetzt wurden, zu einem Besitz wie Felder, Häuser und Vieh? Da es sich kaum um Kriegsgefangene gehandelt haben kann, hat man einen schwunghaften Sklavenhandel vermutet.

Andererseits gibt es auch genügend Hinweise darauf, daß Vorderasiaten in Ägypten arbeiteten, ohne zur untersten Kategorie der Sklaven zu gehören. Die »Herrschermauer« Amenemhets war durch offizielle Einreise zu überwinden. Asiaten konnten nach Ägypten »hinabsteigen«, wenn sie »um Wasser bitten in der Art einer Bitte, um ihr Vieh zu tränken«, das heißt um zeitlich befristete Siedlungs- und Weiderechte nachsuchten. Einige von ihnen stiegen sogar in höhere Beamtenpositionen auf, und nach Ausweis ihrer Namen waren mehrere Könige der 13. Dynastie asiatischer Abkunft. Der Verlust der persönlichen Freiheit war allerdings schon gegeben, wenn sich jemand der staatlich verordneten Fronarbeit entzog.

In das 6. Jahr Sesostris' II. ist das Wandbild einer »Semitenkarawane«, die Augenschminke importiert, im Grab des Chnumhotep in Beni Hasan datiert. Der Gauherr *mag den »Fremdlandfürsten« Abischa in einer Halle empfangen haben, die wie die Grabhalle des Cheti in Beni Hasan (oben) von Säulen getragen wurde.*

Oben: Zur Gewinnung von Malachit und Türkis wurden seit alters her Expeditionen nach Serabit el-Chadim auf dem Sinai ausgesandt. Hathor, der »Herrin der Türkise«, weihten die Expeditionsleiter Stelen.

Unten: Buhen, heute von den Fluten des Nasser-Stausees bedeckt, wurde im Mittleren Reich zu einer gewaltigen Festung ausgebaut.

Rechts: Die Könige des Mittleren Reiches errichteten ihre Pyramidenanlagen im Bereich des Fayumeingangs, so Sesostris II. bei Illahun. Trotz steinerner Stützmauern verwitterte ihre Füllmasse aus Nilschlammziegeln.

»Und erbauten infolgedessen ein Labyrinth«

Mit dem Beginn der 12. Dynastie wurde die Residenz vom oberägyptischen Theben in die Nähe des Zentrums des Alten Reiches zurückverlegt. Der Beweggrund war sicher nicht nur die Absicht, an die große Epoche der Vergangenheit anzuknüpfen, wie es sich unter anderem in der Wiederaufnahme der Tradition des Pyramidengrabes ausdrückt. Die Gegend von Memphis bot auch die besten Voraussetzungen für eine effektive Reichsverwaltung, denn von der ungefähren Berührungsstelle zwischen Delta und Niltal aus ließen sich die »Beiden Länder« am besten »bezwingen«, und so entstand die neue Residenz »Bezwinger der Beiden Länder« südlich der alten Hauptstadt. Damit wandten sich die Könige auch einem Gebiet zu, das westlich des Niltales, durch einen Höhenrücken abgetrennt, eine große Senke gebildet und vom Stauwasser des Nil zu einer Zeit, da das Mittelmeer bis in die Gegend von el-Wasta gereicht hatte, zu einem See aufgefüllt worden war. Als die Nilverbindung schließlich infolge der Absenkung des Flußbettes abriß, trocknete dieser See aus, um in erdgeschichtlich späterer Zeit nach erneuter Aufschüttung des Flußbettes wiederzuerstehen. Auf die Größe des Sees, der unter seinem heutigen Namen als Birket Karun nur mehr einen Bruchteil der Wüsteneintiefung einnimmt, gehen die altägyptischen Bezeichnungen »Seeland« und später »Pajom« (das Meer) für die Oase Fayum zurück.

Das Seeufer hatte seit der Vorgeschichte Siedlungsvoraussetzungen geboten, und so führte man auch den Kult des krokodilgestaltigen Gottes Sobek in Krokodilopolis, damals am Seeufer gelegen, bereits auf Menes zurück.

Es mag die zu beobachtende Austrocknung des Sees gewesen sein, die zu Beginn des Mittleren Reiches zu der Erkenntnis führte, daß mit der Regulierung der Wasserzufuhr das Fayum für die Kultivierung zu nutzen war. Unter Sesostris II. und besonders Amenemhet III., der als eigentlicher Schöpfer der Oase Fayum bis in die allerspäteste Zeit galt, wurde durch Kanal- und Schleusenbauten am natürlichen Nebenarm des Nil, des Bahr Jusuf, der je nach Wasserstand der Senke Wasser zuführte, und durch vorgeschobene Deiche am Südostufer des Sees fächerförmig von Medinet el-Fayum aus Land gewonnen. Dabei diente die Kontrolle der Wasserstände des Bahr Jusuf nicht nur der Landgewinnung im Fayum, sondern auch Bewässerungsvorhaben im Niltal nördlich des Fayumeingangs. Und dies wiederum bedeutete eine erhebliche Produktionssteigerung bei landwirtschaftlichen Gütern im unmittelbaren Einzugsbereich der Residenz.

»Er gibt Lebenskräfte denen, die ihm dienen«

Die Durchsetzung der erneuten Zentralisierung der Macht nach den Wirren am Ende des Alten Reiches und der Periode rivalisierender Teilstaaten während der Ersten Zwischenzeit scheint problematischer gewesen zu sein, als es die mehr als zweihundertjährige Herrschaft der 12. Dynastie ahnen läßt. Gleich zu Beginn der erstaunlichen Karriere des Hauses Amenemhet-Sesostris, dessen Abkömmlinge neben ihrer von Machtgenuß inspirierten Energie vor allem eine bewundernswert robuste Gesundheit besessen haben müssen, geriet das Werk noch einmal in Gefahr. Als sich der in einer zehnjährigen Mitregentschaft bewährte Sesostris I. auf einem Feldzug gegen Libyen befand, wurde sein Vater Amenemhet ermordet. Die Maßnahme der Koregentschaft, die sich hier zum erstenmal bewährte, wurde danach mehrfach wiederholt. Auseinandersetzungen um die Nachfolge konnten im Keim erstickt werden. Sesostris I. verließ heimlich sein Heer – »der Falke flog auf mit seinem Gefolge«, heißt es im Roman des Sinuhe. Wie groß oder klein auch der Kreis der Verschwörer gewesen sein mag, bemerkenswert ist, daß der Königsmord Anlaß zur Abfassung von Schriften gab, die unterschiedlichen Gattungen der Literatur angehören, in ihrer Tendenz aber als Propagandatexte einer bestimmten Königsideologie Gemeinsamkeiten aufweisen.

Ausgehend von der Schilderung der Einsamkeit des Königs, der sich auf niemand in seiner Umgebung außer auf den von ihm auserwählten Mitregenten verlassen kann, wird in der »Lehre des Amenemhet« ein zutiefst pessimistisches Bild vom Herrscheramt entworfen. Die Folgerung, die daraus zu ziehen war, bestand in der Verpflichtung aller

Untertanen zu absoluter Loyalität gegenüber dem König, dessen Allwissenheit, Allmacht und Gnade hymnisch gepriesen werden. Die Verheißung des Retters, wie sie in der »Prophezeiung des Neferti«, auf Amenemhet I. gemünzt, anklingt, hatte wohl nicht ausgereicht, um die unumschränkte Herrschaft durchzusetzen, so daß die Forderung nach bedingungslosem Gehorsam verbunden mit dem Versprechen umfassender Sorge bis zur Verinnerlichung vorangetrieben wurde, wenn etwa ein Vater seinen Kindern den Rat erteilte, den König »im Innersten zu verehren und sich in allen Gedanken mit ihm zu verbinden, auf daß es eurem Leibe wohlgehe«.

»Entsprechend seiner Gunst im Königshause und seiner Beliebtheit bei Hofe...«

Gefolgstreue gegenüber dem regierenden König forderte man namentlich von den obersten Gaubeamten, deren Machtbefugnisse eingeschränkt wurden. Amenemhet I. setzte die territorialen Grenzen ihres Verwaltungsbereichs neu fest. Aus den Biographien der mit dem Amt betrauten Männer geht hervor, wie sie um ordnungsgemäße Erfüllung ihrer Aufgaben bemüht sein mußten. Hatten die Gauherren vordem nicht widerstehen können, in Steinbruchinschriften nach eigenen Amtsjahren zu datieren, weil ihre »Macht so herrlich« war, so führten sie nunmehr vereinzelt zwar auch noch ihre eigenen Regierungsjahre auf, aber dann meist in Verbindung mit denen des Königs. Es ist freilich nicht auszuschließen, daß die überwältigenden Ergebenheitsbekundungen der Gauherren dem Königshaus gegenüber häufig nur Lippenbekenntnisse waren, während in Wirklichkeit, etwa durch eine geschickte Heiratspolitik, kräftig am Aufbau kleiner Imperien gearbeitet wurde. Amenemhet I. hatte den 16. oberägyptischen Gau, den Antilopengau, mit einer Ausdehnung von gut 40 Kilometern entlang des Nil in ein Westgebiet, das den alten Namen beibehielt, und in ein Ostgebiet, »Horizont des Horus«, geteilt. Den in der Osthauptstadt Menatchufu residierenden Verwaltern oblag auch die Inspektion der Ostwüste, so daß sie gelegentlich Handelsgeschäfte mit Beduinen abwickelten.
Sehr lukrativ können diese Geschäfte allerdings nicht gewesen sein, denn den biographischen Inschriften in Beni Hasan ist zu entnehmen, daß den Gauherren nichts mehr am Herzen lag, als die beiden Gauhälften wieder in einer Hand zu vereinen. Chnumhotep I. erreichte das bereits unter Amenemhet I. Dessen Nachfolger Sesostris I. bestimmte dann aber, daß die Verwaltung des »Horizonts des Horus«, des östlichen Teils also, an den Sohn zu übergeben sei. Den Antilopengau, also den Westen, erhielt nach Chnumhoteps Tod Amenemhet, der mit dem Kronprinzen Ameni, dem späteren Amenemhet II., Goldtransporte aus Nubien und der Ostwüste leitete und sich seiner ganz besonders trefflichen Amtsführung rühmte.
Mit dieser Verordnung sollte wohl dem Territorialstreben

des Klans ein Ende gemacht werden; Amenemhet war offenbar nicht mit der Chnumhotep-Familie verwandt. Immerhin blieb denen von Menatchufu die Option auf das Ostgebiet; denn Chnumhotep II., von der Tochter Baket und einem hohen Hofbeamten geboren, trat das »Erbe« seines Großvaters in diesem Teil an. Nachdem die Vereinigung mit dem Westen unter allen Umständen verhindert wurde, sah Chnumhotep II. Chancen für verwandtschaftliche Beziehungen zu dem benachbarten 17. Gau, dem Schakalgau. Er heiratete eine Tochter aus dem Hause der dortigen Gauherren, und unter Sesostris II. gelangte der aus dieser Ehe hervorgegangene Sohn in die Stellung seines Großvaters mütterlicherseits, er »erbte« den Schakalgau. Vielleicht sah sich Sesostris III. angesichts solcher Machenschaften genötigt, dieser Art Familienpolitik ein für allemal einen Riegel vorzuschieben und die Macht der Gauherren erneut einzuschränken. Jedenfalls sind nach seiner Zeit, bis auf wenige Ausnahmen, keine »Gaufürsten«-Gräber mehr nachgewiesen. Es wäre auch möglich, daß die aufwendigen Felsgräber über mehrere Generationen hinweg das Privatvermögen verschlungen hatten, zumal es mit der Grabanlage allein nicht getan war: Die Abzweigung an »Feldern und Bauern« für die Versorgung der Totenpriester war unerläßlich. Wenn die Gauherren darüber hinaus noch wie Djehutihotep von el-Berscha überdimensionale Statuen in die Tempel ihrer Provinzhauptstädte stifteten und dazu vielköpfige Steinbruchexpeditionen losschickten, dürfte Repräsentationsbedürfnis die Mittel dieser Familien erschöpft haben (Abb. S. 377).

»Verehret den König Nimaatre, der ewig lebt«

Unter Einschluß der mehr oder minder vielen Jahre, die sie als Mitregenten verbrachten, hat keiner der ersten sechs Könige des Mittleren Reiches weniger als zwanzig Jahre in der Regierungsverantwortung gestanden. Die Aufteilung der Geschäfte erfolgte offenbar so, daß der Jüngere die nach außen gerichteten Unternehmungen durchführte. Sesostris I. wurde auf einem Feldzug, der wohl dem Eintreiben der »Libyerbeute« anläßlich des dreißigjährigen Regierungsjubiläums seines Vaters galt, von der Nachricht, daß dieser ermordet worden war, überrascht. Amenemhet II. und Sesostris III. brachten es auf rund vierzig Jahre, Amenemhet III. sogar auf fast fünfzig Jahre. Wenn auch die Versicherung, daß der König »ewig lebt«, eine auf das Diesseits und das Jenseits gerichtete Beschwörung darstellt, so mögen sich die Zeitgenossen der 12. Dynastie

Rechts: Die Bildnisse Sesostris' III. stellen nicht mehr die jugendliche Idealgestalt des Königs dar, sondern den vom Alter und leidvollen Erfahrungen gezeichneten irdischen Herrscher. Kopf einer Granitstatue des Königs in betender Haltung aus Der el-Bahari. Kairo, Ägyptisches Museum

Folgende Doppelseite: Pektorale Sesostris' III. Auch in den Darstellungen des Schmuckes drückt sich der Machtwille des Königtums aus: Sesostris III. als Greif zertrampelt die Feinde Ägyptens, beschützt von der oberägyptischen Landesgöttin Nechbet in Geiergestalt. Kairo, Ägyptisches Museum

Er ist ja ein Gott ohne seinesgleichen, nie gab es einen, der ihn übertrifft. Über Weisheit verfügt er, trefflich im Planen, wirkungsvoll im Befehlen; man zieht aus und kehrt zurück auf sein Geheiß ... Ein Held ist er, der mit seinem Arm wirkt, ein Kämpfer, dem niemand gleichkommt. Man erblickt ihn, wie er auf die Bogenvölker herabfährt und zum Angriff schreitet ... Die Bogenvölker fliehen vor ihm, wie vor der Macht der Kronenschlange ... Auch ein Liebenswürdiger ist er, mit großer Huld, der durch Liebe erobert hat. Seine Stadt liebt ihn mehr als sich selbst, sie jubelt über ihn mehr als über ihren Gott.

Aus einem Hymnus auf Sesostris I. in der »Lebensgeschichte des Sinuhe« (nach Erik Hornung)

Ich machte meine Grenze, indem ich weiter stromauf zog als meine Väter ... Ich bin ein König, der nicht nur redet, sondern auch handelt – was mein Herz erdenkt, ist identisch mit dem, was durch mich geschieht, draufgängerisch, um zu nehmen, zäh entschlossen, um zu bewahren ... Ein wahrer Feigling ist, wer sich von seiner Grenze verdrängen läßt ... Ich erbeutete ihre (der Nubier) Frauen, ich holte ihre Leute. Ich zog an ihre Brunnen. Ich schlug ihre Stiere. Ich riß ihr Getreide aus und legte Feuer daran. So wahr mir mein Vater lebt, ich sage die Wahrheit ...

Aus den Inschriften zweier Grenzstelen Sesostris' III. in Semna am 2. Katarakt (nach Walter Wolf)

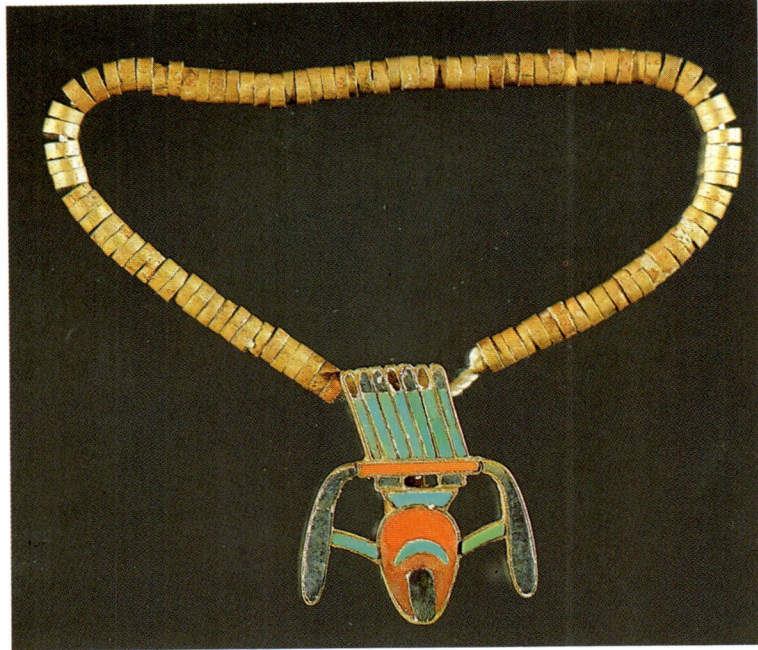

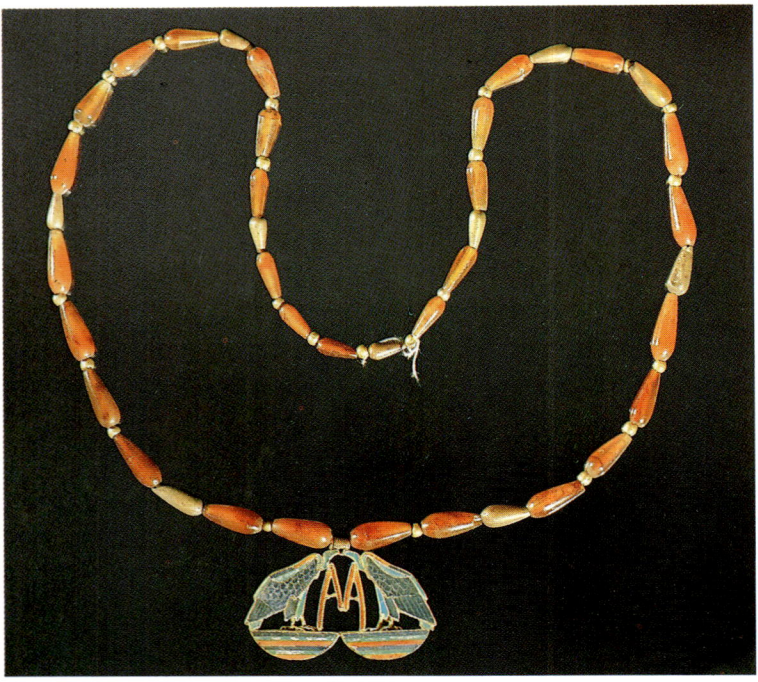

doch manchmal des Eindrucks nicht haben erwehren können, ihre Herrscher lebten tatsächlich ewig.

Mit Amenemhet IV., dessen Alleinregierung nur zehn Jahre währte, endete die männliche Linie der 12. Dynastie, in diesem Falle ein wahres »Herrscherhaus« und nicht nur eine Gruppe von Königen, die aufgrund ihrer Herkunft oder der gemeinschaftlichen Residenz als »Dynastie« bezeichnet wurden. Nach Amenemhet IV. gelangte mit seiner Schwester Neferusobek eine Frau auf den Thron, ein Versuch der Herrschaftssicherung innerhalb einer Familie, der wohl am Ende des Alten Reiches schon einmal unternommen worden war. Ihr blieben allerdings nur wenig mehr als drei Jahre zur Ausübung der Macht.

Das Ende des Mittleren Reiches und die Zweite Zwischenzeit

13. bis 17. Dynastie (1783–1551 v. Chr.)

Übereinstimmend wird bei den verschiedenen Benutzern der Geschichte Manethos für die 13. Dynastie die hohe Zahl von sechzig Königen angegeben, allerdings ohne Namensnennungen. Für diese Zahl liefert der Turiner Königspapyrus insofern die Bestätigung, als dort zwischen dem Ende der 12. Dynastie und dem Beginn der 18. nicht weniger als 175 Regierungen zu ermitteln sind. Etwa fünfzig Könige der 13. Dynastie lassen sich anhand von Denkmälern nachweisen. Von ganz wenigen kennen wir die Gräber, meist noch in Pyramidengestalt, viele stifteten landesweit Erweiterungsbauten und Statuen in verschiedene Tempel, nach mehreren wurden Papyrusdokumente datiert, andere Namen hielten Beamte als Datumsangabe auf ihren eigenen Stelen und Statuen fest, aber auch zahllose Siegel und Skarabäen haben das Andenken vieler bewahrt.

Zu beantworten wäre hier zuallererst einmal die Frage, wie lange die Herrschaft der 13. Dynastie denn gedauert haben

Der Besitz der Gold- und Edelsteinadern Nubiens stattete die königliche Familie im Mittleren Reich mit verschwenderischem Schmuck aus. Hals-, Arm- und Knöchelbänder mit Anhängern in Gestalt von Schutzemblemen wurden in Königinnen- und Prinzessinnengräbern im Umkreis der Pyramiden von Lischt und Dahschur gefunden. In Einlegetechnik verarbeitete man Karneol, Türkis und Lapislazuli zu Amuletten wie *»Herzensglück« (oben links), »Pantherkrallen« (links Mitte) und »Geliebt von Nechbet« (links unten). Die Kronengöttinnen beider Landesteile, Kobra und Geierweibchen, Lebenszeichen, Udjatauge und das spätere Hathorsymbol, das im Bilde zu einem Kollier zusammengefügt erscheint, bedeckten ursprünglich als Schutzzeichen die Mumie der Prinzessin Chnumit (rechts). Kairo, Ägyptisches Museum*

soll, wenn für die 14. noch mehr, nämlich 76 Könige genannt werden! Nach Abwägung aller für die zeitliche Einordnung verwendbaren Quellen besteht heute unter den Historikern im wesentlichen Einstimmigkeit darin, daß für die 13. Dynastie etwa 130 Jahre bis um die Mitte des 17. Jahrhunderts v. Chr. anzusetzen sind, wobei Begriffe wie »herrschen« oder »den Thron behaupten« Assoziationen hervorrufen, die mit dem Charakter des Königtums jener Zeit schwerlich vereinbar sind.

Häufige Thronwechsel, Regierungszeiten von oft nur wenigen Monaten waren das Kennzeichen der Epoche, in der das Mittlere wie einst das Alte Reich versank. Gegen Ende des 18. Jahrhunderts v. Chr. schon traten »Könige« der 14. Dynastie als Lokalherrscher im Delta gleichzeitig mit denen der 13. Dynastie auf, deren Machtbereich sich zunehmend auf das Niltal südlich von Memphis verlagerte, während sich die Residenz noch immer in Ittaui bei el-Lischt befand.

Wie im einzelnen der häufige Austausch des »Herrn der beiden Länder« vor sich ging, ist unbekannt. Ob die Absetzung zuweilen mit der Ermordung des Königs endete, geben die Quellen nicht zu erkennen. Offenbar aber gelang es keinem, sich eine Hausmacht zu schaffen, mit der eine Herrscherfamilie hätte etabliert werden können.

»Es ist ein Zeitraum von vielen Jahren, daß Meine Majestät zur Südstadt gekommen ist«

An Versuchen hat es sicher nicht gefehlt, wie die Familie Neferhoteps I. zeigt. Ihr gelang es kurz vor Erstarken der Lokalfürsten der 14. Dynastie, über wenigstens zwanzig Jahre hinweg die Regentschaft zu behalten. Auf Neferhotep folgten seine Brüder Sahathor und Sebekhotep IV. Verhältnismäßig viele Denkmäler aus dieser Zeitspanne lassen den Schluß zu, daß sie die Macht im gesamten Land ausübten, daß ferner der Handel mit Byblos gesichert war

und auch Expeditionen in kleinerem Rahmen stattfanden. Vor allem kümmerten sie sich um die heiligen Stätten, allen voran Abydos und Theben, wohin sie anläßlich großer Feste des Amun, an die sie sich aus ihrer Jugendzeit erinnerten, gern reisten. Eine Stele in Abydos berichtet davon, daß Neferhotep die Anfertigung von Statuen des Osiris und der Götterneunheit in ihrer wahren Gestalt, wie sie in alten Büchern beschrieben war, veranlaßte.

Die zentralen Kontrollorgane der Verwaltung, Ergebnis der Reformen des Mittleren Reiches, stellten in ihrer Ausrichtung auf den höchsten Beamten, den Wesir, derart krisenfeste Einrichtungen dar, daß eine »Regionalisierung« wie in der Schwächeperiode des Alten Reiches diesmal lange verhindert wurde und sich dann auch nicht als bodenständige, landbesitzende Familienherrschaft wie zur Zeit der Gauherren entwickeln konnte. Der ruhende Pol im »Königskarussell« blieb das Wesirat. Was den Königen damals nicht gelang, nämlich sich im Sohn »einen Stab des Alters« heranzuziehen, das führte die Familie des Wesirs Anchu vor: Über drei Generationen hinweg vererbte sich in ihr das höchste Verwaltungsamt im Staate.

»Unerwarteterweise zogen von Osten her Fremde
unbekannter Herkunft gegen unser Land«

Diese Worte werden bei Josephus im Zusammenhang mit längeren Ausführungen über die »Hyksos« genannten Fremden als »wörtliches Zitat« aus der Geschichte Manethos aufgeführt. Er dürfte jedoch nicht für die falsche Ableitung von »Hyksos« aus ägyptisch »heqau-schasu« (Fürsten oder Könige der Hirten) verantwortlich sein. Josephus, sich immer noch auf Manetho berufend, gelingt es dann sogar, mit einer anderen Übersetzungsvariante zu »gefangenen Hirten« zu kommen, um auf diese Weise in die alttestamentliche Überlieferung der Josephsgeschichte einmünden zu können. Der Auszug der Kinder Israels aus Ägypten und ihre Ansiedlung in Judäa mit der Gründung von Jerusalem fügten sich sodann bestens in Josephus' Deutung, nach der in den Hyksos die Kinder Israel zu sehen waren. Eusebius und Julius Africanus verließen sich ebenfalls auf eine Bearbeitung des Manetho, wenn sie, die Dynastien verwechselnd, in der 15. wie in der 16. und 17. von »Hirtenkönigen« sprechen.

*»Apophis war in Auaris und das ganze Land
zinste ihm mit Abgaben«*

Erwiesen ist, daß um 1650 v. Chr. Fremdherrscher die
Macht in Ägypten an sich rissen, bei der zuvor geschilderten Instabilität der Verhältnisse nach 1700 v. Chr. sicher
kein allzu schwieriges Unterfangen. Mit einer ausreichen-
den Zahl gut gerüsteter Anhänger, die vielleicht schon
damals eine überlegene Waffe einsetzten – den von Pferden gezogenen, mit Bogenschützen besetzten Streitwagen –, konnte zu dieser Zeit ein fähiger Militärführer
jederzeit vom Ostdelta aus nach Memphis vorstoßen und
die Krönungsinsignien in seine Gewalt bringen.

Im Turiner Königspapyrus werden die Herrscher der
15. Dynastie außer mit ihrem ägyptischen Königstitel auch
als »Heqa Hasut« bezeichnet, und auf diesen Titel in der
Bedeutung »Herrscher der Fremdländer« geht das griechische »Hyksos« der späten Überlieferung zurück. Den Titel
»Herrscher des Fremdlandes« gaben die Ägypter schon vor
der Hyksoszeit vorderasiatischen Stammeschefs, so auch
dem Karawanenführer Abischa, der im Grab Chnumhoteps II. in Beni Hasan als Handelspartner dargestellt ist.

Titel, Namen und weitere inschriftliche Zeugnisse über die
Hyksos weisen nach Vorderasien, was ihre Herkunft anbelangt, doch das von Josephus gewählte Adjektiv »unbekannt, undeutlich, dunkel« hat seine Geltung behalten,
wenn es darum geht, die Herkunft aus der Vielzahl der
Völkerschaften, die damals in Vorderasien bereits ansässig
oder gerade zugewandert waren, zu bestimmen.

Immer klarer zeichnet sich nach dem archäologischen Be-
fund ab, daß noch während der 13. Dynastie in größerem
Umfang Asiaten nach Ägypten eingewandert sind und sich
am Rande des Ostdeltas bis fast in die Gegend von Heliopolis und im Wadi Tumilat festgesetzt hatten. Dabei
behielten sie ihre kulturelle Eigenart durchaus bei. Aus
dieser Bevölkerung dürften die Hyksos ihren Anhang vorrangig rekrutiert haben, selbst wenn sie nicht direkt aus ihr
hervorgegangen, sondern mit einer militanter auftretenden neuen Eroberungswelle eingedrungen sein sollten. Als
Könige der 15. Dynastie gaben sie sich weitgehend »ägyptisiert«, indem sie vorgefundene Denkmäler usurpierten
und mit ihren Namen versahen, eine Sitte übrigens, die für
angestammte Ägypter ebenfalls häufig belegt ist. Eine
große Vorliebe zeigten sie für Skarabäen, jene kleinen
steinernen Siegelkäfer, die immer auch Amulettcharakter
hatten. Ihre Thronnamen bildeten die Hyksos nach ägyptischem Vorbild und verschmähten darin keineswegs den
Götternamen Re, wie Hatschepsut später, als es die Fremdherrscher zu verteufeln galt, behauptete.

Im Leben der einfachen Leute wird sich mit der Machtübernahme durch die neuen Herren kaum etwas geändert
haben. An das »Zinsen« für Herrscherhaus, Tempel und
Verwaltung waren sie gewöhnt. Sieht man den für diese
Zeit feststellbaren Mangel an großen Bauleistungen und
den Rückgang an Expeditionsvorhaben einmal aus dem
Blickwinkel derer, die diese Aktivitäten durch Fronarbeit
zu tragen hatten, dann ging es den untersten Schichten der
Bevölkerung in dieser Epoche möglicherweise gar nicht
schlechter als in den »Blütezeiten«, die mit Eroberungs-
zügen, Landgewinnung, Pyramidenbau, Erz- und Stein-
ausbeutung das Kräftepotential der Menschen ganz anders
in Anspruch nahmen.

Nach der formellen Unterwerfung Ägyptens, besiegelt
durch die Krönung des Hyksos Schalek in der traditions-
reichen alten Hauptstadt Memphis, änderte sich in der
Verwaltung des Landes offenbar nichts. Die »Stadt-

(Kamose spricht vor dem Rat der Großen)
»Warum sinne ich über meine Stärke nach, während ein Großer in
Auaris ist und ein anderer in Kusch. Untätig sitze ich hier mit einem
Asiaten und einem Neger, während jeder von beiden seinen Anteil an
Ägypten hat und das Land mit mir teilt. Mein Wunsch ist es, Ägypten
zu erretten und die Asiaten zu vertreiben ...«
(An Apophis richtet er die Worte): Du wirst zurückgetrieben mit deiner
Armee. Deine Prahlerei, die mich zum Vasallen und dich zum Sou-
verän macht, ist so verabscheuungswürdig, daß du verdient hast, auf
dem Richtblock zu enden, dem du auch unweigerlich verfallen bist.
Siehe ich bin gekommen, denn mit mir ist das Glück und mir gehört
die Zukunft und ich werde Erfolg haben, so wahr Amun dauert.«
   Aus den Stelen des Kamose in Karnak (nach H. S. und A. Smith)

*Links: Vor mehr als 3000 Jahren
bildeten die heute wie Klippen aufragenden, monumentalen Reste
eines Bauwerks aus Nilschlammziegeln die Residenz der Herrscher
von Kusch. Außerhalb des heutigen
sudanesischen Ortes Kerma lag
hier das Zentrum des nubischen
Fürstentums, das Ägyptens Grenzen während der Zweiten Zwischenzeit von Süden her bedrohte.*

*Rechts: Eine Allianz mit den
Fremdherrschern im Norden, den
Hyksos, hätte möglicherweise verhindert, daß König Ahmose in den
Darstellungen dieser kunstvoll verzierten Axtklinge seinen Sieg über
die vorderasiatischen Eindringlinge feierte.*
Kairo, Ägyptisches Museum

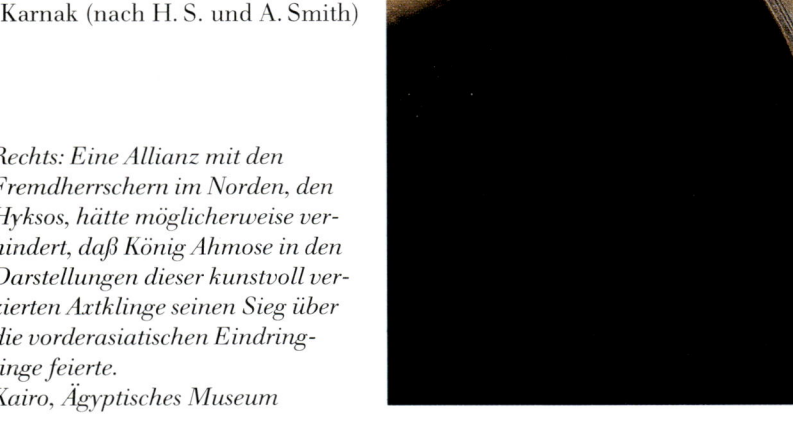

Die Ober- und Unterarmreifen der Königin Ahhotep, der Mutter der Hyksosbefreier Kamose und Ahmose aus der thebanischen 17. Dynastie, gehören zu einem umfangreichen Schatz, dessen Hebung sich zu einer bewegten Geschichte gestaltete. Unter der Ägide des Gründers der Ägyptischen Altertümerverwaltung, Auguste Mariette, in Theben geborgen, nahm sich zunächst der Gouverneur der Provinz des Fundes an, indem er die Mumie der Ahhotep durchsuchte und wegwarf. Dann brachte er die aufgelisteten Preziosen auf den Weg zum Vizekönig von Ägypten. Allerdings wurden sie seinen Boten mitten auf dem Nil von dem besorgten Mariette fast gewaltsam abgenom-

men. Vizekönig Said, der eine Zeitlang seine Lieblingsfrau mit einem Kollier aus dem Schatz geschmückt hatte, übergab schließlich den Tresor dem Ägyptischen Museum. Die Stücke wurden als so überaus reizvoll angesehen, daß Mariette sie 1862 auf die Weltausstellung nach London und 1867 auf die Pariser Weltausstellung schickte, wo er den ägyptischen Pavilion erstellt hatte. Dort sah Kaiserin Eugenie die Juwelen und scheute sich nicht, sie vom Vizekönig von Ägypten als Geschenk zu erbitten. Mariette nahm ein Zerwürfnis mit der Kaiserin von Frankreich in Kauf und betrieb die Rückführung der umkämpften kostbaren Gegenstände nach Kairo.

Kairo, Ägyptisches Museum

staaten« Unterägyptens mit ihren Lokalherrschern behielten ihren Status bei, die Repräsentanten an der Spitze waren wohl zum großen Teil Asiaten, die das besondere Vertrauen der neuen Oberherren genossen. Gezählt wird diese Gruppe von Kleinkönigen als 16. Dynastie. Da sich ihre Einflußsphäre bis nach Südpalästina erstreckte, residierten die Hyksos nicht in Memphis, sondern bevorzugten das zwischen Ägypten und dem Isthmus von Suez strategisch hervorragend gelegene Auaris, das nach archäologischen Indizien beim heutigen Tell ed-Daba lag. Mit der Einrichtung von Garnisonen wird der Loyalität der Vasallen Nachdruck verliehen worden sein.

Ein verhältnismäßig großes Territorium zwischen Cusae im Norden und Elephantine im Süden wurde von einheimischen ägyptischen Fürsten von Theben aus verwaltet, im Grunde in der Nachfolge der 13. Dynastie, die ja mit ihrem Einflußbereich immer stärker auf den Süden zurückgedrängt worden war. Sie werden als 17. Dynastie gezählt. Erstaunlicherweise gelang es in Theben einer ganzen Reihe dieser Fürsten, die sich mit den führenden Familien Oberägyptens versippten und verschwägerten, das Regiment in der Hand zu behalten. Allerdings waren auch sie den Hyksos tributpflichtig. Nach fast einhundertjähriger Hyksosherrschaft jedoch erwuchs dann aus dieser 17. thebanischen Dynastie der Widerstand gegen die wohl angepaßten, aber nach wie vor als fremd empfundenen Herren in Auaris.

»Denn mein Wunsch ist, Ägypten zu befreien«

Als Vorgeplänkel im Zeichen zunehmender Feindseligkeit ist eine Korrespondenz zwischen dem Hyksos Apophis und seinem thebanischen Vasallen Sekenenre Tao aufzufassen. Apophis beschwerte sich nach Beratung mit seinen Schreibern und Gelehrten über »den Lärm der Nilpferde, die ihm den Schlaf raubten«. Nach dem bruchstückhaft erhaltenen Text, den ein Jahrhunderte nach den Ereignissen beschrifteter Papyrus enthält, forderte ein Bote aus Auaris, Sekenenre möge dem Apophis diese Belästigung ersparen. Das Gewässer, in dem die Nilpferde lebten, müßte demnach im Machtbereich des Sekenenre gelegen haben.

Was es mit der märchenhaft ausgestalteten Nilpferdgeschichte auf sich hatte, wird nicht ganz klar, sicher aber dürfte sein, daß Apophis dem Sekenenre eine absurde Forderung stellte, oder vielmehr: In der späteren Tradition des Neuen Reiches wurde der Sachverhalt so dargestellt, daß der Fremdherrscher am Ausbruch von Kampfhandlungen selbst schuld war.

Sekenenres Mumie weist Schädelverletzungen auf, die nur mit einem gewaltsamen Ende zu erklären sind. Unbeantwortet bleibt allerdings die Frage, ob er bereits im Verlaufe kriegerischer Auseinandersetzungen mit den Hyksos oder aufgrund einer Verschwörung ums Leben kam.

Sein Sohn Kamose jedenfalls hatte um die Mitte des 16. Jahrhunderts v. Chr. so weit aufgerüstet, daß er den Kampf gegen Apophis beginnen konnte. Sein langer, auf mehreren Stelen dem Amun, Herrn von Karnak, geweihter Rechenschaftsbericht beginnt mit der Feststellung, daß er das Land, auf dem hohe Abgaben lasteten, mit zwei Herren teilen müsse, dem Asiaten im Norden und einem anderen in Kusch. Dieser Hinweis auf Kusch, das in den Texten des Mittleren Reiches stets mit dem Beiwort »elend« charakterisiert, aber dennoch nie unterworfen wurde, erfordert einen Blick auf den Gang der Ereignisse in Nubien seit dem Ende der 12. Dynastie. Die Festungen am zweiten Nilkatarakt bildeten wahrhafte Bastionen, die ihre Funktion noch weit über den Machtwechsel von der 12. zur 13. Dynastie hinaus erfüllten. Doch mit der Zeit, als die auf Korrektheit bedachten Semna-Dienststellen die Daten ihrer Depeschen gar nicht mehr so schnell ändern konnten, wie in der Residenz die Könige einander ablösten, fiel die Herrschaft über Unternubien zwischen dem ersten und dem zweiten Katarakt an die Fürsten von Kusch mit Sitz in Kerma am 3. Katarakt. Dort hatte sich ein eigenständiges nubisches Machtzentrum entwickelt, dessen Führung die Chancen, welche die zunehmende Aufsplitterung in Ägypten bot, nutzte, um die ägyptischen Besitzungen zu annektieren, in Umkehrung einer Erkenntnis in der »Prophezeiung des Neferti«: »Wenn deine Grenze gegen Süden in Gefahr ist, so legen auch die nördlichen Barbaren den Gürtel an.«

»Ich war ein tüchtiger Diener des Herrn von Kusch«

Die Verhältnisse kehrten sich gewissermaßen um. Während vordem Nubier im Dienste von Ägypten die Regel gewesen waren, arbeiteten nun ägyptische Fachkräfte als Bauleute und Kunsthandwerker für die Fürsten von Kusch, die sich eine ausgedehnte Residenz mit mehrere Stockwerke hohen Gebäuden errichteten. In ihrer Nähe ließen sie sich in großen, überwölbten Rundgräbern auf prunkvoll verzierten Betten beisetzen, umgeben von Opfergaben für das tägliche Leben und begleitet von einem Teil ihres Hofstaates. Es ist nicht bekannt, wie solche Zwangsbegräbnisse vonstatten gingen, aber auch anderswo in Afrika und in den Frühzeiten Ägyptens und Mesopotamiens ist die Sitte bezeugt, dem toten Herrscher ins Jenseits zu folgen. Von starkem Glauben muß dieser Brauch getragen gewesen sein, unterstützt vielleicht durch die Einnahme von Rauschmitteln.

Wenn Kamose also davon spricht, daß er Ägypten mit dem Hyksos im Norden und dem Herrn von Kusch teilen müsse, so geht daraus hervor, daß er Unternubien als zu Ägypten gehörig betrachtete, daß dieses Gebiet aber zu seiner Zeit den Kuschiten gehörte. Die meisten Ägypter, die im Süden dienten, kehrten meist nach Jahren oder Jahrzehnten, für ihren Lebensabend bestens versorgt, in die Heimat zurück und legten dort ihre Gräber an. Durch sie war man natürlich über die Vorgänge im Lande des Nachbarn gut unterrichtet, und darum dürfte Kamose auch erfahren haben, daß von Süden Gefahr drohte, wenn er sich auf einen Krieg mit dem Hyksos Apophis einließ. Mit seinem Regierungsantritt kam offenbar auch in Kerma ein neuer Mann an die Macht, und so nutzte Kamose die mit einem Thronwechsel oft verbundene Unsicherheit, um gegen Kusch zu ziehen. Die bereits erwähnten Stelentexte und andere inschriftliche Belege lassen den Schluß zu, daß ihm der Vorstoß bis nach Buhen gelang.

»Siehe, ich bin gekommen, denn das Glück ist mit mir und die Zukunft gehört mir«

Auf diese Weise hatte Kamose den Rücken frei, als er sich gegen den mächtigen Feind im Norden wandte. Bereits in Mittelägypten kam es zu schweren Auseinandersetzungen, weil dort ein besonders loyaler Vasall des Apophis hartnäckig Widerstand leistete. Wie richtig Kamose die drohende Gefahr eines Zweifrontenkrieges eingeschätzt hatte, geht aus einem Abschnitt der Stelentexte hervor. Apophis versuchte, den Herrscher von Kusch zu einer Koalition zu bewegen, indem er versprach, das Hoheitsgebiet von Theben nach geglücktem Zangenangriff mit ihm zu teilen. Der Bote, der diesen Vorschlag auf dem etwa 1000 Kilometer

langen Weg über die westlichen Oasen nach Kerma übermitteln sollte, wurde von den thebanischen Streitkräften in der Oase Bahrije gefangengenommen.

Trotzdem gestaltete sich die Vertreibung der Fremdherrscher schwierig. Kamose richtet im Stelentext wütende Schmähungen gegen den »elenden Asiaten«, dem er eine ansehnliche Zahl mit syrischen Waren beladener Schiffe abnehmen konnte, um die Beute Amun in Karnak zu überreichen. Die ausgebaute Festung Auaris aber, geschickt an einem der Nilarme des Delta plaziert, eroberte er nicht. Es ist sogar zweifelhaft, ob Kamose der Hyksoshochburg überhaupt ansichtig wurde. Mehr als ein Zug der Brandschatzung und Plünderung dürfte sein Vorstoß nach Norden nicht gewesen sein.

Gleichwohl ließ sich Kamose traditionsgemäß als Triumphator feiern: Amun überreichte dem König ein Sichelschwert, eine aus Vorderasien stammende Waffe – der »elende Asiat« mit der eigenen Waffe besiegt!

Das Neue Reich
18. bis 20. Dynastie (um 1550–1080 v. Chr.)
»Er drang in Gegenden vor, die seine Vorfahren nicht kannten«

Der frühe Tod des Kamose mit der Folge, daß der Thron an seinen sehr viel jüngeren Bruder Ahmose überging, ließ der Hyksosherrschaft in Ägypten noch eine Frist von etwa einem Jahrzehnt. Dann aber setzte Ägypten mit einer solchen Vehemenz zur Vertreibung der Asiaten an, daß der Befreiungskampf in eine konsequent verfolgte Eroberungspolitik umschlug, die nicht nur Vorderasien, sondern auch Nubien einbezog. Die ersten fünf Pharaonen der 18. Dynastie bauten ein Imperium auf, das sich vom Orontes in Syrien bis zum 4. Nilkatarakt in Nubien erstreckte. Die Erfahrung der Thebaner, von vorderasiatischen und nubisch-innerafrikanischen Rohstoffen und Fertigwaren abgeschnitten zu sein – die mit asiatischen Gütern beladenen Schiffe im Hafen von Auaris werden von Kamose ausdrücklich erwähnt – in Verbindung mit der Gefahr, durch die nördlichen und südlichen Machthaber eingekreist zu werden, muß sich geradezu traumatisch ausgewirkt haben; denn das Ausbrechen aus der Umklammerung setzte einen Eroberungsdrang frei, wie ihn Ägypten bis dahin nicht gekannt hatte. Mit der Gewinnung eines weit vorgeschobenen Einflußgebietes zur Sicherung der Nordostgrenze verbanden sich handfeste wirtschaftliche Interessen. Der Aufbau des Weltreiches erforderte ausdau-

Seit dem Alten Reich rüsteten die Ägypter Schiffsexpeditionen aus, die von der Küste des Roten Meeres aus in das Land Punt vorstießen, um dort vor allem Weihrauch einzuhandeln. Die Königin Hatschepsut versuchte im 15. Jahrhundert v. Chr., den Weihrauchbaum in Ägypten heimisch zu machen (links oben). Die Exotik des ostafrikanischen Landes, wo es etwa über Leitern zugängliche Pfahlbauten gab (unten links), faszinierte die Besucher aus dem Niltal, die als Tauschobjekte hochwertige Fertigwaren anboten (rechts). Terrassentempel der Hatschepsut in Der el-Bahari.

ernde Energie. Schon die Einnahme der Hyksosresidenz in Auaris kostete erheblichen Kraftaufwand. Die ehemaligen Herren über Ägypten zogen sich danach auch nicht in wilder Flucht nach Nordosten zurück, sie bildeten vielmehr in Scharuhen im südlichen Palästina einen Stützpunkt, der sich Ahmose und seinem Heer erst nach dreijähriger Belagerung ergab. Wie umfassend sein Territorialgewinn an palästinensisch-syrischen Stadtstaaten, die bis dahin die Oberhoheit der Hyksos anerkannt hatten, war, steht nicht eindeutig fest. Allem Anschein nach trat Ägypten jedoch in einigen Gebieten kampflos die Souveränitätsnachfolge an. Anders wäre es kaum zu erklären, daß Thuthmosis I. um die Wende vom 16. zum 15. Jahrhundert bereits am oberen Euphrat stand, »dem Wasser, auf dem man abwärts fährt, indem man nach Süden fährt«, wie die nilozentrisch denkenden Ägypter den von Norden nach Süden fließenden Strom beschrieben. Bei Karkemisch, im Gebiet der am weitesten nach Westen ausgreifenden Biegung des Euphrat, errichtete Thuthmosis I. eine Grenzstele, die sein Enkel Thuthmosis III. zwei Generationen später noch vorfand. Hier jedoch stießen die Ägypter auf einen Gegner, der ihnen fast einhundert Jahre lang entgegentreten sollte: das Reich von Mitanni.

Hervorgegangen aus einer Völkerwanderung von Hurritern, die aus Nordwestpersien nach Syrien-Palästina und Obermesopotamien vorgedrungen waren und sich offenbar teilweise auch der Hyksosbewegung angeschlossen hatten, konsolidierte sich der Hurristaat von Mitanni unter der Herrschaft einer indoeuropäischen Oberschicht zwischen oberem Euphrat, Tigris und Chabur im Grenzgebiet der heutigen Staaten Türkei und Syrien. Anhand von Eigennamen lassen sich die Hurriter in der ersten Hälfte des 2. Jahrtausends v. Chr. noch in einem viel weiteren Umkreis nachweisen. Ihre vorwiegend in assyrisch-babylonischer Keilschrift überlieferte Sprache, die Verwandtschaft zu jener der später im nordöstlichen Anatolien siedelnden Urartäer aufweist, enthielt indoeuropäische Lehnwörter vorzugsweise für die mit der Pferdehaltung zusammenhängenden Begriffe. Obwohl die Hurriter noch immer »eines der rätselhaftesten Völker des Vorderen Orients« sind (Cambridge Enzyklopädie der Archäologie), dürfte es als erwiesen gelten, daß bedeutende kriegstechnische Errungenschaften auf sie zurückgehen, so der von Pferden gezogene leichte Kriegswagen mit zwei Speichenrädern, die Panzerung der Pferde, Wagenlenker und Bogenschützen sowie der zusammengesetzte Bogen. Mi-

tanni also strebte im 15. Jahrhundert ebenfalls nach der Oberhoheit über die Stadtstaaten im Fruchtbaren Halbmond.

»Ich bin sein Sohn, den er (Amun-Re) für den Thron auserwählte, als ich noch im Nest wohnte«

Dynastische Schwierigkeiten in Ägypten bedingten nach den großen Erfolgen Thuthmosis' I. eine vorübergehende Schwächung der ägyptischen Position in Vorderasien. Nach nur kurzer Regierungszeit hinterließ sein Sohn Thutmosis II. eine Prinzessin namens Nofrure, geboren von seiner Hauptgemahlin Hatschepsut, und – wahrscheinlich als einen unter vielen mit gleicher Abkunft – den Haremssproß Thutmosis, beide im Kindesalter. Nofrure zierte der Adel göttlicher Abstammung, denn als Tochter der »großen königlichen Gemahlin« war sie nach der im Neuen Reich öfter hervorgekehrten Königsideologie das Kind des Amun-Re, der sie in Gestalt des regierenden Königs gezeugt hatte.

Wodurch Thutmosis sich auszeichnete – auf ihn nämlich fielen Aufmerksamkeit und Nachfolgewahl – ist nicht überliefert. Später verbreitete er die Version, das Orakel des Amun-Re habe ihn ausgesucht. Er hielt sich damals in der Ausbildungsobhut der Priesterschule von Karnak auf, wo vielleicht seine Intelligenz und Willenskraft aufgefallen waren. Erst viele Jahre später bestätigte sich, daß die Entscheidung des Gottes nicht glücklicher hätte ausfallen können. Daß Nofrure und Thutmosis eine nominelle Ehe einzugehen hatten, wird heute nicht mehr mit aller Entschiedenheit behauptet.

Die Krönung des Prinzen zum Pharao ist dagegen nicht zu bestreiten. Hatschepsut übernahm die Regentschaft für den Minderjährigen, doch bald darauf bestieg sie selbst den Thron und stattete sich mit den männlichen Attributen des Königtums aus. Thutmosis III. blieb ihr Mitregent, und nach seinen Jahren zählte die Regierung.

Um ihr inniges Verhältnis zu Amun-Re zum Ausdruck zu bringen, stattete Hatschepsut seinen Tempel mit Bauten und Obelisken aus, und damit dem Gott reichlich geräuchert werde, sandte sie eine Expedition nach Punt, um von dort nicht nur Myrrhe und Weihrauch in Form getrockneter Harzkügelchen einzuhandeln, sondern die Bäume selbst zu besorgen. Diese Reisen nach Punt, das allem Anschein nach landeinwärts vom heutigen Eritrea zu lokalisieren ist, waren seit dem Alten Reich wiederholt durchgeführt worden, aber kein König zuvor hatte das Land Punt mit seinen Pflanzen, Tieren und Menschen derart genau darstellen lassen wie Hatschepsut in einem Reliefzyklus ihres Totentempels in Der el-Bahari. Da Hatschepsut überdies ausgerechnet einem ihrer hohen Würdenträger nubischer Herkunft ein Begräbnis im Tal der Könige gestattete, wird ihr eine besondere Vorliebe für den Schwarzen Kontinent nachgesagt, während sie die Einflußsphäre in Vorderasien wohl für gesichert hielt.

Inzwischen stellte Mitanni mit einer Koalition syrischer Fürsten unter Einschluß des an der Südküste Anatoliens gelegenen Kissuwatna eine bedrohliche Streitmacht gegen Ägypten auf. Nachdem er zwei Jahrzehnte lang mit wachsendem Unmut die Herrscherrolle der Witwe seines Vaters hatte ertragen müssen, nahm Thutmosis III. die in Vorderasien heraufziehende Gefahr zum Anlaß, Hatschepsut zu stürzen. Vielleicht fand sie dabei ein gewaltsames Ende. Als Alleinherrscher marschierte er sofort an der Spitze seines Heeres in Palästina ein, wo sich die Streitkräfte der feindlichen Koalition bei Megiddo versammelt hatten. Nach nur kurzem Geplänkel zogen sie sich in die befestigte Stadt zurück, und erst nach einer etwas mehr als halbjährigen Belagerung gaben die syrischen Fürsten auf. Wie damals üblich, wurden zum Zeichen, daß die Belagerer die Kampfhandlungen einstellen sollten, Kinder über die Festungsmauer herabgelassen. Sodann signalisierten die Belagerten mit anbetend erhobenen Händen und einem Räucheropfer ihre Übergabebereitschaft. Die syrischen Fürsten schworen erneut den Treueid auf Pharao. Thutmosis III. aber sollte noch unzählige Morgen »lebend erwachen im Zelt des Lebens, des Heils und der Gesundheit«, wie das königliche Kriegszelt genannt wurde.

»Ein Stier ist er, dessen südliche Grenze bis zum Scheitel der Erde reicht und dessen nördliche bis zu den Enden Asiens«

In zwanzig Jahren führte er bei mindestens dreizehn Feldzügen nach Vorderasien das Heer an, das nach Sicherung der Küstenstädte bis hinauf nach Ugarit (Ras Schamra) vorwiegend per Schiff entlang der Mittelmeerküste transportiert wurde, um den beschwerlichen Anmarschweg über die Landenge von Suez zu umgehen. Über die Küstenstädte wurde auch der Nachschub organisiert. Den eigentlichen Gegner in all diesen Auseinandersetzungen aber, das Reich von Mitanni, konnte Ägypten nicht wirklich in die Schranken weisen. Die Fürstentümer nördlich und nordöstlich des Orontes fielen immer wieder von Ägypten ab. Da sie andererseits aber auch keine unbedingte Loyalität gegenüber Mitanni kannten, kamen die beiden Großmächte letztlich überein, ihre Kräfte künftig zu schonen und die jeweilige Interessensphäre zu respektieren. Unter dem Nachfolger Thutmosis' III., seinem Sohn Amenophis II., deutete Mitanni, das »Nahrina« der ägyptischen Texte, Friedenswünsche an, ein Ereignis, das »man seit der Zeit der Menschen und der Götter noch nie gehört hatte«, schrieben die Ägypter mit ihrem Sinn für Übertreibungen. Aber anscheinend reagierte Mitanni nur auf vorübergehende Gebietsverluste in Syrien, denn zu vertraglichen Vereinbarungen kam es erst unter dem Nachfolger Amenophis' II.

Die bei den polnischen Grabungen in Der el-Bahari entdeckte Granitstatue Thutmosis' III. besitzt noch Reste der farbigen Fassung.

Der große Kriegsherr der 18. Dynastie ließ sich mit jugendlich-idealen Zügen darstellen.
Der el-Bahari, Magazin

Der Eroberungsdrang Ägyptens richtete sich jedoch nicht nur gegen Vorderasien, auf Territorien, die dem heutigen Israel, Jordanien, Libanon und Teilen Syriens entsprachen, sondern er zielte auch auf die bewohnten Länder von Assuan nilaufwärts. Seit Ahmose sind für fast alle Könige bis hin zu Thutmosis III. Nubienfeldzüge belegt. Das einst mächtige Kusch mit der Residenz Kerma wurde zerstört, und Thutmosis I. stieß sogar bis zum 5. Katarakt vor. Fest in ägyptischer Hand blieb das Niltal dann bis zum Gebiet des Gebel Barkal zwischen dem 4. und 5. Katarakt, wo das als südliche Grenze genannte Kurja gelegen haben muß, so daß hinfort von Ägypten als dem Land »zwischen Nahrina und Kurja« gesprochen wurde, ein Weltreich, das sich in der Nord-Süd-Ausdehnung über rund zwanzig Breitengrade erstreckte.

Nach zähen diplomatischen Verhandlungen wurden die nun friedlichen Beziehungen zwischen Ägypten und Mitanni, die sich im Laufe der Zeit freundschaftlich gestalteten, mit der Entsendung einer mitannischen Prinzessin in den Harem Thutmosis' IV. besiegelt. Unter seinem Sohn Amenophis III. wiederholte sich dieses Ereignis, und auf

Gedenkskarabäen nannte er es »ein Wunder, das Seiner Majestät geschah, als Giluchepa, die Tochter des Fürsten von Nahrina und die Besten ihres Harems, 317 Frauen« in Ägypten eintrafen. Später sandte Tuschratta »seinem Bruder« Amenophis III. noch die Tochter Taduchepa. Durch Giluchepa, seine Schwester, und die Tochter Taduchepa wurde er also zum Schwager und Schwiegervater des ägyptischen Königs.

»Wie unsere Väter miteinander es waren, so wollen auch wir gute Freunde sein«

Diplomatische Beziehungen ergaben sich im 15. und 14. Jahrhundert v. Chr. auch zu den entfernteren Staaten im Vorderen Orient, je nachdem, wie die Machtkonstellationen es gerade gestatteten. Hethiter, Assyrer und Babylonier hielten es für ratsam, auf der Basis des Geschenkaustausches mit Ägypten in Verbindung zu treten. Die daraus folgende Heiratspolitik ließ sich jedoch gelegentlich nicht ohne Verdruß an, weil der ägyptische Hof offensichtlich engere Kontakte der Prinzessinnen zu ihrem Heimatland

Ein König ist er, der allein kämpft, ohne daß eine Menge hinter ihm ist. Wirkungsvoller ist er als Millionen von zahlreichen Soldaten, nicht findet man seinesgleichen, ein Kämpfer, angriffslustig auf dem Schlachtfeld ... Das zahlreiche Heer von Mitanni war gefällt im Verlauf einer Stunde, ausgelöscht dort wie Leute, die nie gewesen waren, wie Asche eines Feuers, durch die Tat der Arme des guten Gottes (der König), groß an Kraft im Streit ... Nicht gibt es meinen Gegner in den Südländern, und die Nordländer kommen in Verbeugung vor meiner Macht. Re ist es ja, der sie mir anbefiehlt ...

Er überwies mir die Fremdländer Syriens bei meinem ersten Feldzug, als sie kamen, um sich mit Meiner Majestät zu Millionen zu messen, Hunderttausende von den Besten aller Fremdländer, die auf ihren Wagen stehen, 330 Häuptlinge, ein jeder mit seinem Heer. Sie waren aber im Tal Kina, dazu gerüstet, in Konzentration. Da geschah gegen sie eine gewaltige Tat durch Meine Majestät. Es griff sie Meine Majestät an. Da flohen sie sofort und fielen in Haufen. Sie eilten nach Magiddo hinein. Meine Majestät belagerte sie sieben Monate, ehe sie herauskamen und Meine Majestät anflehten: »Gib uns deine Luft, unser Herr! Dann aber schickten jene Geschlagene und die Häuptlinge ... auch alle ihre Kinder hinaus mit vielen Gaben an Gold und Silber, mit allen ihren Pferden, die bei ihnen waren, mit ihren großen Wagen von Gold und Silber, und auch die, die bemalt waren, mit allen ihren Kampfpanzern, ihren Bogen und Pfeilen und allem ihrem Kampfgerät ...«

Aus dem Text der Stele Thutmosis' III. in Gebel Barkal
(nach Wolfgang Helck)

Links: Die außenpolitischen Aktivitäten Thutmosis' III. richteten sich gleichermaßen gegen Vorderasien wie gegen Nubien. Bei der Festung Megiddo am Rande der Jesreelebene in Palästina war der Schauplatz eines entscheidenden Sieges des Königs.

Unten: Thutmosis III. als Triumphator über die gebündelten Feinde. Relief im Karnaktempel, wo der

König auch die unterworfenen Ortschaften in langen Listen aufführen ließ.

Unten rechts: Nachdem Thutmosis III., möglicherweise nach einem gewaltsamen Ende der Hatschepsut, die Alleinherrschaft angetreten hatte, ließ er ihr Andenken in Karnak und anderswo in den Darstellungen und ihren Namen in den Inschriften auslöschen.

zu unterbinden suchte. So kam es zum Austausch von Noten zwischen Amenophis III. und Kadaschman-Ellil von Babylonien, die in sehr gereiztem Ton gehalten sind. Der Babylonier wirft seinem ägyptischen »Bruder« vor, daß er nun auch noch seine Tochter begehre, während seine Boten berichteten, daß sie nicht mit Sicherheit sagen könnten, ob sie tatsächlich die früher entsandte Schwester des Königs von Babylonien vor sich gehabt hätten, als ihnen nach längeren Vorstellungen eine Dame aus dem Harem vorgeführt worden sei. Vielleicht werde ihm der Tod der Schwester verheimlicht. Der gleiche Kadaschman-Ellil wurde abschlägig beschieden, als er seinerseits um die Verbindung mit einer ägyptischen Prinzessin bat. Ohne Umschweife wurde ihm mitgeteilt, »daß von alters her eine Königstochter von Ägypten an niemand gegeben« worden sei. Um das Gesicht nicht zu verlieren, schlug er Amenophis III. vor, man möge ihm doch »irgendein schönes Weib übersenden, denn wer kann sagen: Das ist keine Königstochter«.

Der Austausch von Geschenken läßt sich, da der Außenhandel im wesentlichen noch immer Königsmonopol war, nicht immer deutlich vom Handel unterscheiden. Traut man den Auflistungen, wie sie in der Amarna-Korrespondenz erhalten sind, so kommen bisweilen ganze Karawanenladungen zustande, die da als »Geschenke« deklariert sind. Einen amüsanten Aspekt dieser »Geschenkpolitik« stellt die Tatsache dar, daß Menge und Wert der Waren genauestens aufgerechnet werden und den Ägyptern mehrfach vorgeworfen wird, sie hätten sich nicht großzügig genug gezeigt. Assuruballit von Assyrien zum Beispiel erwartete Goldlieferungen von Echnaton in einer Menge, die doch Erstaunen hervorruft, wenn er schreibt, daß er einen neuen Palast zu bauen begonnen habe, »den

ich fertig machen will. Gold, so viel wie seine Bekleidung erfordert und sein Bedarf ist, übersende du, wenn gute Freundschaft aufrichtig deine Absicht ist!«

Wie nicht anders zu erwarten und seit Menschengedenken üblich, wurde in der diplomatischen Korrespondenz genauestens auf den Rang des Adressaten und Absenders geachtet. Während sich die Oberhäupter der unabhängigen Staaten gleichberechtigt anredeten, etwa: »Zu dem König von Ägypten hat gesprochen also Assuruballit, König von Assyrien«, sich »Bruder« titulierten und sich gegenseitig, ihren Häusern, Frauen, Kindern, Höflingen und Pferden – edle Pferde und elegante, prunkvoll verzierte Wagen hatten sich zum Statussymbol allererster Güte entwickelt – »Wohlbefinden« wünschten, wird das Vasallenverhältnis der vorderasiatischen Stadtfürsten mit ganz anderen Wendungen zum Ausdruck gebracht, etwa so: »Zu Nammuria (Nebmaatre-Amenophis III.), dem Sohn der Sonne, meinem Herrn, hat gesprochen also Akissi, dein Diener: Siebenmal fiel ich zu den Füßen meines Herrn nieder. O Herr, an diesem Ort bin ich Dein Diener. Zu meinem Herrn suche ich den Weg; von meinem Herrn weiche ich nicht ab.« Sie lagen »auf Bauch und Rücken« vor Ägyptens Gottkönig, der seine Statuen und die seiner Hauptgemahlin anbeten ließ, und bezeichneten sich als »Staub unter deinen Füßen«. Ägyptens König hingegen »sprach« einfach »zu Asiru, dem Manne von Amurru«.

Die Exotik des Fremdartigen und Fremdsprachigen hielt nicht nur im Harem Einzug. Ähnlich wie später Rom bemühte sich auch Ägypten, mittels Geiseln zuverlässige und ergebene Vasallen für die eroberten Gebiete heranzuziehen. So wurde es Brauch, Fürstenkinder aus Vorderasien, die mit einheimischem Gefolge anreisten, am ägyptischen Hof zu erziehen.

In den Hafenvierteln und Karawansereien der großen Städte, vor allem in Theben und Memphis, das als Marinewerft und Truppenbasis aufgrund seiner günstigen geographischen Lage zu Vorderasien einen erneuten Aufschwung genommen hatte, vervollständigten Handelsleute aus allen Teilen der damals bekannten Welt bis hin zu den Ägäischen Inseln das Bild des bunten Völkergemischs, das noch durch Sklaven aus aller Herren Länder ergänzt wurde.

»Ich ließ die Häuptlinge Syriens ihre jährlichen Abgaben wissen«

Die vorderasiatischen Gebiete unter ägyptischer Oberhoheit wurden in drei Provinzen eingeteilt. An ihrer Spitze standen ägyptische Beamte als »Vorsteher der nördlichen Fremdländer«, denen die einheimischen Stadtfürsten, nachdem sie dem jeweils regierenden Pharao den Treueid geschworen hatten, daß sie »nichts Böses tun gegen König NN in unserer Lebenszeit«, verantwortlich waren. Alle Detailarbeit der Verwaltung, auch das Eintreiben der Steuern und Abgaben oblag ihnen. Die Hauptaufgabe der ägyptischen Beamten bestand in der Aufsicht über den geordneten Verwaltungsablauf, sie hatten Streitigkeiten

Er kannte Pferde wie kein anderer in seinem zahlreichen Heer, und niemanden gab es darin, der seinen Bogen spannen konnte … Er spannte 300 starke Bogen, um die Arbeit ihrer Handwerker zu vergleichen, damit er den Unkundigen vom Kenner unterscheide … Er schoß auf kupferne Zielscheiben, und die Pfeile fielen hinten heraus zur Erde … Er bildete Pferde aus ohnegleichen. Sie wurden nicht müde, solange er die Zügel hielt, und sie schwitzten nicht, selbst bei einem langen Galopp.

Aus einer Stele Amenophis' II. in Gise (nach Walter Wolf)

Links: Amenophis II. auf dem Streitwagen übt sich im Bogenschießen. Als Ziel dient eine Kupferscheibe.
Stele aus Rosengranit
Luxor, Museum für Altägyptische Kunst

Oben: Aus allen Gegenden der Welt trafen im späteren Neuen Reich Waren ein, die die Ägypter gern als Tribute darstellten, obwohl auch solche Völkerschaften als unterworfen wiedergegeben werden, die dem Pharaonenreich niemals tributpflichtig waren.
London, British Museum

Rechts: Nur ungefähr 6 cm hoch sind die beiden Figürchen Amenophis' III. und seiner Gemahlin Teje, jenes Herrscherpaares, unter dessen Regierung Ägypten seinen größten Wohlstand erlebte.
Hildesheim, Pelizaeus-Museum

Folgende Doppelseite: Nutznießer des ägyptischen Weltreiches war in bevorzugter Weise das ausgedehnte Tempelareal des Amun-Re von Karnak. Kein König versäumte es, durch Stiftungen von Pylonen, Säulenhallen und Obelisken, die sich im Heiligen See spiegelten, dem Reichsheiligtum weiteren Glanz hinzuzufügen.

der Lokalherrscher untereinander beizulegen und für die regelmäßige Entrichtung des Tributs zu sorgen.

Die nördlichste Provinz war Amurru mit Amtssitz Simyra, etwa 40 Kilometer nordöstlich von Tripoli am Nahr el-Kebir. Diese Provinz reichte bis nach Byblos. Südöstlich schloß Upe an mit dem in der Beka-Ebene gelegenen Kumidi (Kamid el-Los) als Zentrum, 50 Kilometer südöstlich von Beirut gelegen. Damaskus gehört zur Provinz Upe. Die südlichste Provinz bildete Kanaan mit Gasa als Hauptsitz. Dort endete die aus Ägypten heraufführende Karawanenroute entlang der Mittelmeerküste. Diese Amtssitze der obersten ägyptischen Beamten wurden als persönliches Eigentum Pharaos verwaltet, der darüber hinaus noch über weitere Domänen, landwirtschaftliche und handwerkliche Produktionsstätten also, verfügte. Auch einzelne Tempel, allen voran der des Amun von Karnak, besaßen Domänen in den unterworfenen Provinzen. Die Besatzung hatte, nach ihren geringen Zahlen zu schließen, nur symbolische Bedeutung.

Die nach Ägypten abzuführenden Tribute wurden in den Hafenstädten zusammengezogen und gestapelt. Sie bestanden aus Rindern, Pferden, Schafen sowie großen Mengen an Holz aus dem Libanongebirge, »dem Gottesland über den Wolken«. Dazu kamen Bier, Wein und Öl, teils als Nahrungsmittel, teils als Salböl mit Duftessenzen versetzt, sowie Honig. Für das Militär waren Wagen, vorzugsweise gold- und silberbeschlagen, Kampfhemden, Panzer, Dolche, Streitäxte, Sichelschwerter, Bogen mit Köchern und Pfeilen bestimmt. An Metallen werden Kupfer, Bronze, Blei, Zinn, Gold und Silber genannt. Gerät aus Eisen tritt dagegen noch sehr selten auf und gehörte als Schmuckstück oder Prunkwaffe eher zu den exquisiteren Geschenken, ebenso wie Salbölgefäße aus Hörnern.

Alle diese Güter gehörten auch zur Beute, deren Menge in den Jahrzehnten der Eroberungskriege gewiß nicht gering anzusetzen ist. Bei der Übergabe von Megiddo fielen den Ägyptern 2000 Stuten, 191 Fohlen und 6 Hengste in die Hände, während der Tribut unter Tuthmosis III. in acht Jahren 1500 Pferde einbrachte. Ein besonders apartes Beutegut waren 270 Sängerinnen, die Amenophis II. »mit ihren Geräten der Herzensfreuung aus Silber und Gold« gefangennahm.

»Ich ließ die Häuptlinge des Nubierlandes zinsen«

Die Verwaltung Nubiens in seiner Gesamtheit lag in den Händen eines ägyptischen Beamten mit dem Titel »Königssohn von Kusch«, der direkt dem König verantwortlich war und je einen »Stellvertreter« für Kusch und Wawat (Ober- und Unternubien) hatte. Die Befehlsgewalt in allen militärischen Angelegenheiten besaß der Truppenoberst von Kusch. Im späteren Napata, das zur südlichsten Grenzregion Kurja (Karoi) gehörte und sich zum bedeutendsten Warenumschlagplatz im Handel mit Innerafrika entwickelte, entstand am »reinen Berg«, dem heutigen Gebel Barkal, ein Zentrum des Kultes Amuns, dessen Widdergestalt nubischer Herkunft war. Der Königssohn von Kusch residierte die längste Zeit über in Aniba, gelegentlich auch in Faras.

Die Präsenz Agyptens trat in Nubien stärker hervor als in Vorderasien. Eine Reihe von Tempelanlagen, nicht nur Amun-Re, sondern auch der Hathor oder dem ersten Nubien-Bezwinger Sesostris geweiht, führten die Besitzergreifung vor Augen. Anläßlich seines Jubiläumsfestes im 30. Regierungsjahr stiftete Amenophis III. in Soleb ein Heiligtum mit einem Kult für seine Person, ein bis dahin nicht dagewesener Vorgang. Erst Ramses II. sollte ihn mit Stiftungen für den Herrscherkult übertreffen. Die kulturelle Dominanz Ägyptens erreichte in Nubien ein solches Ausmaß, daß die einheimische Bevölkerung weitgehend ägyptisiert wurde. Die Häuptlinge trugen ägyptische Namen und ließen sich nach ägyptischer Weise bestatten. Ihre Kinder sandten sie – wie die Vasallen aus dem Orient – zur Erziehung bzw. als Geiseln an den Hof nach Ägypten.

Unter den Abgaben Nubiens standen an erster Stelle Gold und das in natürlicher Gold-Silber-Legierung vorkommende Elektron. Aus einem einzigen Jahr Thutmosis' III. wird für Wawat die Goldmenge von 286 Kilogramm genannt, für Kusch fast 18 Kilogramm. Über die Arbeitsbedingungen in den Goldbergwerken, wo Nubier, Kriegsgefangene und ägyptische Sträflinge zwangsverpflichtet wurden, liegt eine eingehende Schilderung erst aus den letzten Jahrhunderten v. Chr. vor, doch die Verhältnisse dürften früher kaum besser gewesen sein, wenn wir hören, daß im ausgehenden 2. Jahrtausend v. Chr. eine allgemein verbreitete Eidesformel als Synonym für Verdammnis die Wendung enthält »Bei Amun und dem Herrscher, wenn ich lüge, so sollen mir Nase und Ohren abgeschnitten und ich nach Kusch geschickt werden!«

Außer Gold und Elektron bildeten Getreide und Vieh – in geringen Mengen allerdings – und Edelsteine, aber auch Schiffe aus Palm- und Akazienholz sowie Sklaven den

Links: Echnaton und Nofretete mit den Töchtern Meritaton, Maketaton und Anchesenpaaton, der späteren Gattin des Tutanchamun. Berlin, Ägyptisches Museum

Rechts: Fragment einer Kolossalstatue Echnatons vom Aton-Tempel östlich des Amun-Tempels von Karnak. Luxor, Museum für Altäg. Kunst

Tribut der Nubier, weiterhin Elfenbein, Ebenholz, Strau-ßenfedern und -eier sowie lebende Tiere wie Giraffen, Raubkatzen und Affen. Es hat ganz den Anschein, als habe es damals in den Palastanlagen Ägyptens bereits botanische und zoologische Gärten gegeben, in denen seltene Pflanzen und Tiere von der Weltläufigkeit des Handels und der Allmacht des Königs zeugten.

»Nebmaatre ist der Herrscher der Herrscher«

Als Amenophis III. (Nebmaatre) in seinem 30. Regierungsjahr sein erstes Sedfest feierte, war er Anfang vierzig, denn schon mit zwölf Jahren, nach nur zehnjähriger Herrschaft seines Vaters Thutmosis IV., hatte er die Thronfolge angetreten. Abgesehen von einem Feldzug nach Nubien sind von Amenophis III. keine Feldherrentaten zu berichten, dafür aber unterhielt er, wie wir gesehen haben, rege diplomatische Beziehungen. Die Umstände glücklicher Friedenszeiten hinderten ihn freilich nicht, sich als »wilder Löwe, der die Asiaten schlägt, der das Erbe des elenden Kusch vernichtet, der Nahrina mit seiner Kraft niederwirft« zu beschreiben. »Standhaft auf dem Schlachtfeld, mutig beim Nahkampf, der den Kampfplatz betritt wie (der Kriegsgott) Month und die Fremdländer zu Leichenhaufen macht«, dies sind seine Epitheta! Und er schrieb sich auch alle jene Fähigkeiten zu, die seit Thutmosis III. als

unentbehrliche Eigenschaften des Königs galten, nämlich »ein Bogenschütze mit starkem Arm« zu sein, der »treffsicher schießt«, »ein Stern von Elektron, wenn er zu Pferde dahinjagt«, ein Großwildjäger, der Löwen und Wildrinder in großer Zahl erlegte, die seine Soldaten vorher in entsprechenden Mengen in einem Wildgehege zusammengetrieben hatten (Abb. S. 187).

Schmückende Beiwörter wie »Herr der Denkmäler« oder »Herrscher der schönen Dinge, der Denkmalsreiche« trafen auf Amenophis III. schon eher zu. Als Bauherr wie kein anderer Pharao vor ihm stattete er die Tempelstätten vom Delta bis nach Nubien mit prächtigen Pylonen, Säulenhöfen, Kultbarken und Kultbildern aus. Über alle Maßen weitläufig, kolossal und kostbar im Material muß sein Totentempel, dessen Standort in Theben-West heute die sogenannten Memnonskolosse (Abb. S. 16) bezeichnen, gewesen sein, »eine Festung der Ewigkeit bis zur Unendlichkeit, aus Sandstein, verkleidet gänzlich mit Gold, seine Tore alle aus Elektron, weit und sehr hoch, mit Statuen des Herrn aus Elephantinegranit, Sandstein und allerlei Edelsteinen, seine Pylone reichten bis zum Himmel, die Flaggenmasten zu den Sternen.«

Doch trotz zweifacher Wiederholung des Jubiläums- und Erneuerungsfestes, das mit der rituellen Wiedergeburt neue Kraft für das Herrscheramt verleihen sollte, war Amenophis III. in seinen letzten Regierungsjahren leidend.

Achetaton von der südlichen Stele bis zur nördlichen Stele in der Abmessung zwischen Stele und Stele auf dem Ostberge von Achetaton macht sechs Iteru (etwa 15 Kilometer), eindreiviertel Chet und vier Ellen. Ebenso macht es von der südwestlichen Stele von Achetaton bis zur nordwestlichen Stele auf dem westlichen Berg von Achetaton sechs Iteru, eindreiviertel Chet, vier Ellen in genau der gleichen Weise. Das Innere diese vier Stelen vom östlichen Berg bis zum westlichen Berg, das ist das eigentliche Achetaton. Es gehört meinem Vater Aton mit Bergen, Wüsten, Feldern, Neuland, Hochäckern, Nechebu-Land, mit Äckern, mit Wasser, mit Ortschaften, mit Uferland, mit Leuten, mit Vieh, mit Baumpflanzungen und mit allen andern Dingen, die der Aton, mein Vater, in alle Ewigkeit wachsen lassen wird.
Nicht werde ich diesen Eid brechen, den ich dem Aton, meinem Vater, geschworen habe, in alle Ewigkeit, sondern er dauert auf der Stele von Stein auf der südöstlichen Grenze.
Nicht soll er ausgelöscht werden, nicht soll er abgewaschen werden, nicht soll er getilgt werden, nicht soll er mit Gips verschmiert werden, nicht soll veranlaßt werden, daß er vergeht. Wenn er aber vergeht, wenn er unleserlich wird, wenn die Stele, auf der er steht, umfällt, dann werde ich ihn wiederum erneuern an dieser Stelle, an der er (jetzt) ist.
Aus dem Text einer der vierzehn Grenzstelen von el-Amarna
(nach Walter Wolf)

Nach nur fünfjähriger Regierung verlegte Echnaton seine Hauptstadt nach Mittelägypten beim heutigen el-Amarna. In weitem Umkreis östlich und westlich vom Nil bekundete er auf sogenannten »Grenzstelen«, daß er diese seine Schöpfung seinem »Vater Aton« weihe (rechts). Für den Bau von Palästen, Tempeln, der zahlreichen zugehörigen Beamtenvillen (links) sowie Künstler- und Handwerkerbehausungen blieben nur zwölf Jahre.

Auch die erneute Entsendung eines Bildnisses der Ischtar von Ninive, das Tuschratta von Mitanni mit dem Wunsch überbringen ließ, »die Göttin möge 100 000 Jahre und große Freude geben«, wirkte nicht mehr. Als eine Quelle seines schlechten Gesundheitszustandes sind – wie Untersuchungen des Schädels seiner Mumie ergaben – Zahnfleischentzündungen in chronischer und akuter Form anzusehen, die zuzeiten das Allgemeinbefinden in höchstem Maße beeinträchtigt haben müssen. Hervorgerufen wurden diese Infektionen durch abgeriebene Zähne, ein Phänomen, das an altägyptischen Schädeln häufig zu beobachten ist. Als Grund hierfür ist die Ernährungsweise anzusehen: Das auf weichen Steinen gemahlene Getreide enthielt Steinstaub, der im Laufe der Jahre den Zahnschmelz abschliff. In seinem 38. Regierungsjahr starb Amenophis III. Nach ihm kam derjenige seiner Söhne auf den Thron, der erst verhältnismäßig spät, nach dem Tode seines älteren Bruders Thutmosis, für die Nachfolge ausge-

wählt worden war und den gleichen Geburtsnamen wie der Vater trug: Amenophis.

»Er ist am Himmel und auf der Erde«

In der Tradition seines Vaters richtete sich die Aktivität Amenophis' IV. zunächst auf das Bauen. Am Gebel el-Silsila ließ er Sandstein brechen für »die Herstellung eines großen Obelisken für Re-Harachte in seinem Namen Schu, welcher der Aton ist«, als dessen Hoherpriester er sich in der Königstitulatur auswies. In seinem 5./6. Regierungsjahr änderte er alle mit der Titulatur verbundenen Namen außer seinem Thronnamen »Vollkommen an Erscheinungsformen ist Re, der Einzige des Re«. Aus dem »Horus, Starker Stier mit hohen Federn« wurde »Horus, Starker Stier, geliebt von Aton«, der »Goldhorus, der die Kronen im südlichen Heliopolis aufgesetzt hat« verwandelte sich in den »Goldhorus, der verkündet den Namen des Aton«, aus dem »Sohn des Re, Amenophis« wurde »Sohn des Re, Echnaton« (Trefflich für Aton oder Dem Aton wohlgefällig).

»Echnaton« ist eine sicher nicht zutreffende phonetische Wiedergabe des Namens, der wohl wie »Achanjati« geklungen haben mag. Die Umsetzung »Achenaten« wäre noch eher angängig, aber um keine Verwirrung zu stiften, soll hier wie üblich von »Echnaton« die Rede sein. In Mittelägypten, an einer Stelle, »die keine Herren hatte«, auf jungfräulichem Boden also, markierte der König durch Felsinschriften ein weites, im Osten vom Halbrund des Gebirges begrenztes Areal als die Stätte Achetaton in der Bedeutung »Horizont« oder »Lichtort des Aton«, nachdem »Aton, mein Vater, darauf verwies, daß es ihm gemacht werde als Denkmal für seinen Namen in alle Ewigkeit«. Diese Weihung einer Tempel- und Residenzstadt an den Vatergott Aton ist heute als el-Amarna bekannt. Hier entstand auf dem Ostufer des Nil der neue Mittelpunkt Ägyptens, die Kult- und Verwaltungshauptstadt, für deren Anreicherung mit Tempeln, Palästen, Administrationsgebäuden. Beamtenvillen und Arbeiterbehausungen etwa ein Dutzend Jahre zur Verfügung standen. Die östlichen Gebirgswände waren für die Anlage der Höflingsgräber ausersehen. in einem entfernteren Wadi zwischen den Horizontbergen, am weitesten in Richtung des Sonnenaufgangs vorgeschoben, wählte man den Platz für das königliche Felsgrab.

Seine »geliebte große Königsgemahlin« Nofretete, wahrscheinlich »Nafteta« gesprochen, in der Bedeutung »Die Schöne ist gekommen« gebar Echnaton sechs Töchter, von denen die Zweitälteste. in einer Szene des Königsgrabes, von den Eltern schmerzlich beklagt, wahrscheinlich im Kindbett starb. Die Gegenwart seiner Ersten Gemahlin und ihrer Kinder stellte Echnaton in jeder nur möglichen Weise heraus, die Familie begleitete ihn beim häufigen Tempelgang und bei großen Staatsanlässen ebenso wie dem Vorführen des Tributs aus allen Himmelsgegenden des Weltreiches.

In der neuen Residenz trat nun auch die Ausschließlichkeit der Verehrung Atons zutage, der lediglich mit dem Sonnengott Re in Verbindung gebracht werden durfte, wie ja auch Re im Thronnamen erhalten blieb. Dargestellt wurde der Gott als Sonnenscheibe mit Uräusschlange, die ihre in menschlich gebildeten Händen endigenden Strahlen dem König und seiner Familie im Lichtland entgegensendet, um ihnen Leben und Macht zu verleihen. Die Opfer bestanden nach alter Weise aus Fleisch, Geflügel, Gebackenem, Gemüsen, Wein und Weihrauch und wurden auf den Altären in den offenen Höfen der Tempel dem Sonnenlicht unmittelbar dargeboten. Kultbilder im geheimen Allerheiligsten brauchte der das Leben nicht nur einmal, sondern ständig spendende Gott nicht, seine Lichtstrahlen waren wirksam, wenn er am Himmel stand.

Die im Hymnus an Aton (Text S. 238) zum Ausdruck kommende Vorstellung vom Aufgehobensein aller Kreatur

Links: Wäre nicht 1922 sein Grabschatz im Tal der Könige entdeckt worden, wüßte man kaum von dem jungen König, dessen Namenswechsel von Tutanchaton zu Tutanchamun keine Rehabilitierung in der ägyptischen Überlieferung der Königsabfolge bewirkte. Jagdszene auf einer Truhe. Kairo, Ägyptisches Museum

Oben: In Reliefzyklen im Tempel von Luxor sind Bildnisse Tutanchamuns erhalten, doch die Kartuschen nennen die Namen des Haremhab.

Unten: Wie stark der Amarna-Stil auch unter Haremhab noch lebendig bleibt, zeigt ein Ausschnitt aus dem Grab dieses Herrschers.

in der universalen Schöpfermacht des einzigen Lichtgottes hätte – aus der Sicht des heutigen Betrachters – eigentlich Glaubensbegeisterung unter den Bewohnern des Landes auslösen müssen. Doch bedeutete die einseitige Gebundenheit der Schöpfung an den Tagesaspekt des Gestirns, daß die Nachtseite mit Gottesferne und Tod gleichgesetzt werden mußte. Aton wirkte im sichtbaren Licht, und er kannte den nach dem früheren Sonnenglauben möglichen Weg des Sonnengottes durch das nächtliche Totenreich nicht, die Hoffnung auf das Leben im Jenseits reichte in der Aton-Religion über das Grab nicht hinaus.

»Ich bin dein Sohn, der dir wohlgefällig ist«

Hätte Echnaton nun die Atonverehrung neben die alteingeführten Kulte gestellt, so wäre seine exzessive Hinwen-

dung zum Neuen wohl als Eigentümlichkeit eines eigenwilligen Herrschers verzeichnet worden. Die Propagierung des *einen* Gottes hatte jedoch zur Folge, daß der König landesweit die Tempel der übrigen Götter schließen ließ, und Amun, unter den Vorfahren Echnatons zum unumstrittenen König der Götter aufgestiegen, wurde einer fanatischen Verfolgung ausgesetzt. Scharen von Leuten, die mit Meißel und Schlegel ausgestattet waren, lehrte man das Aussehen der drei Hieroglyphen, aus denen sich der Name »Amun« zusammensetzte. Dann schwärmten sie aus und richteten im ganzen Land einen gezielten Bildersturm gegen Namen und Darstellung des »Verborgenen«. Auch das Wort »Götter« wurde vielfach ausgehackt; Gott in seiner Vielzahl sollte es nicht mehr geben.
Wir wissen nicht, wie die Bevölkerung auf diese Maßnahmen reagiert hat. Von den Ritualen im Innern der Tempel

Die Kadesch-Schlacht wurde von Ramses II. an mehreren seiner zahlreichen Bauten in großflächigen Schilderungen verewigt. Die Umzeichnung zeigt einen Ausschnitt aus dem Relief des großen Pfeilersaals im Felsentempel von Abu Simbel: Der König beim Angriff auf die vom Orontes umflossene Festung Kadesch.

So sprengt Seine Majestät vorwärts in die Menge der niedergestürzten Hethiter hinein. Sie war allein und niemand bei ihr. Als Seine Majestät um sich blickte, sah sie sich von 250 000 Streitwagen umringt. Da rief Seine Majestät Amun an und sagte: »Was bekümmert dich, mein Vater Amun? Verhält sich so ein Vater zu seinem Sohn? Habe ich jemals etwas unternommen, ohne mich mit dir zu beraten? Wendet sich dein Herz etwa jenen Asiaten zu, die Gott nicht kennen?«
(Amun erhört den König) »Amun reichte mir seine Hand und ich war aufgerichtet und ich hörte ihn sprechen: Vorwärts, denn ich bin mit dir und bin dein Vater. Ich bin nützlicher als Hunderttausende von Menschen. Ich bin der Herr des Sieges.«

Aus den Beischriften zur Kadeschschlacht Ramses' II.
(nach Sir Alan Gardiner)

waren die einfachen Menschen ja stets ausgeschlossen gewesen, und ihr überwiegender Teil konnte auch die wohlwollenden Wendungen der Zwiesprache von Göttern und Königen auf den äußeren Tempelmauern nicht lesen. An den Umzügen der verhüllten Kultstatuen in den von Priestern getragenen Barken aber war das Volk zu allen Zeiten in großer Menge beteiligt, und in den meisten Fällen verbanden sich mit den gegenseitigen Besuchen der Götter, ihren Heiligen Hochzeiten, den Fruchtbarkeits- und Erntezaubern fröhliche Begängnisse mit ausgiebigsten Festmählern und Vorkommnissen, die eine spätere Zeit empört oder verschämt »Ausschweifungen« genannt hat. All diese Feierlichkeiten gründeten auf Mythen, das heißt auf Erzählungen, mit denen seit alters die Menschen ihre Gottheiten umrankt, miteinander in Beziehung gesetzt und anschaulich gemacht hatten. Der Strahlenaton des Echna-

Kolossalfiguren Ramses' II. wie jene ehemals etwa 18 m hohe Granitstatue des Thronenden Königs im Ramesseum (rechts) markierten auch die Stätte der Ramsesstadt im Ostdelta (unten). Grabungen sollen den Plan der weit ausgreifenden Ramessidenresidenz offenlegen. Ihre Lage im Fruchtland gestaltet die Arbeiten infolge des insgesamt gestiegenen Grundwasserspiegels schwierig (oben).

ton aber konnte des Kultbildes entbehren, und er war in seiner Unwandelbarkeit auch nicht in Geschichten verstrickt. Überdies gab es außer in Amarna nur an einigen wenigen Orten Heiligtümer für ihn. Ein existentielles, tiefes Erschrecken muß das Volk damals erfaßt haben, und diesem Gefühl der Verunsicherung wird die entmachtete Priesterschaft nicht entgegengewirkt haben.

Keine Epoche der ägyptischen Geschichte war im Urteil der Nachwelt so sehr der Spekulation ausgesetzt wie die Amarnazeit, weil die Historiker natürlich nach einer Erklärung für den »revolutionären« oder »reformatorischen« Schritt Echnatons gesucht haben. Am häufigsten wird die Meinung vertreten, er habe aus einer schon länger schwelenden Krise zwischen dem Königshaus und einer Fraktion von Traditionalisten, verkörpert in der Amun-Priesterschaft und den gelehrten Beamten, die Konsequenz gezogen und mit der Verfolgung des Amun tatsächlich diese Kräfte treffen wollen, deren Macht als Verwalter des größten Tempelvermögens nicht zu unterschätzen gewesen sei. Der Gegensatz sei verstärkt worden durch eine relativ ungebildete Schicht von Militärs, die nach ihrem aktiven Dienst mit lukrativen Verwaltungsposten in Institutionen des königlichen Privatvermögens belohnt wurden und über Gebühr Einfluß auf das Königshaus gewonnen hätten. Mit der Propagierung des Aton hätte Echnaton demnach, gestützt auf jene, »die meine Lehre hören«, dem Königtum neue Bewegungsfreiheit gegeben. Hier ist nicht Raum, alle Thesen über den in Jahren gemessen so kurzen Zeitraum der Amarna-Epoche zu diskutieren. Es ist aber zu fragen, ob nicht der erstaunliche Kraftaufwand Echnatons auch aus einer psychischen Quelle gespeist wurde, ob nicht die geistige und körperliche Energie, die ihm bei der Durchsetzung seiner Glaubensvorstellungen zur Verfügung stand, ihre Wurzel im Unterbewußtsein hatte. Die Überlieferung besagt, daß von den programmatischen Definitionen des Aton über die Hymnentexte bis hin zu den Instruktionen an den Oberbildhauer hinsichtlich ikonographischer und stilistischer Veränderungen in der Kunst alle Initiative vom König selbst ausgegangen sei. Aton trägt eindeutig Züge eines Königs und Vaters. Die Herausstellung seiner königlichen Eigenschaften in Verbindung mit dem Absolutheitsanspruch, daß nur der »Sohn« Echnaton ihn kenne – bisher meist als Anzeichen für einen zunehmenden Despotismus des Echnaton gedeutet –, scheint vielmehr das Werben eines Sohnes, der die Zuwendung des verehrten Vaters hatte entbehren müssen und nun posthum die innige Verbindung in der Phantasie erschafft.

Die Gottessohnschaft des ägyptischen Königs reichte an und für sich Jahrtausende zurück, und sie wird unter den unmittelbaren Vorfahren Echnatons häufig betont. Als göttlicher Vater galt zunächst und an erster Stelle Re, in der 18. Dynastie dann Amun-Re, aber grundsätzlich konnte jede Gottheit als Vater angesprochen werden. Im Unterschied dazu besitzt Echnatons Aton-Verbundenheit jedoch

eine Qualität des Schwärmerischen und Quälerischen zugleich. Bei allem Lobpreis und der Vielzahl der Opferaltäre findet kein aktiver Kontakt zwischen König und Strahlenaton statt, sondern dieser ergießt sich lediglich über den König und seine Familie, über die Tempel und Achetaton.

Der bei Darstellungen des einem Gott opfernden Königs übliche Redeaustausch im Sinne des »Ich gebe dir, damit du mir gibst« findet zwischen Echnaton und Aton nicht statt. Das könnte bedeuten, daß er den Dialog nicht wagte, sondern nur die lebensspendende Liebe des Vaters genoß, für dessen Namen er eine Sonnenvokabel wählte, die lautlich von dem Wort »Vater« kaum zu unterscheiden war. Es fragt sich, ob er nicht in seinem einzigen Gott seinem einzigen leiblichen Vater huldigte, unbewußt natürlich.

»So machte das Land eine Krankheit durch«

Nach seinem 17. Regierungsjahr gibt es keine Anzeichen mehr, daß Echnaton noch gelebt hätte. Fraglich ist, ob er im Königsgrab von Amarna beigesetzt wurde. Auch über das Schicksal der Familie lassen sich nur Mutmaßungen anstellen. So ist nicht bekannt, wie Nofretete endete, die noch vor dem Tode ihres Gemahls inschriftlich nicht mehr genannt wird. Vorübergehend scheint die Nebenfrau Kija eine gewisse Rolle gespielt zu haben. Die älteste Tochter Meritaton nahm eine Zeitlang eine hervorgehobene Stellung ein. Es ist überlegt worden, ob sie nicht die Thronfolge antrat, bevor sie Semenchkare, einem Prinzen unbekannter Herkunft, zur Legitimität einer kurzen Herrschaft verhalf. Schließlich fand sich in Tutanchaton, vielleicht einem

Bruder des Semenchkare, ein weiterer Abkomme aus dem weitverzweigten Königshaus, der als Gatte der Echnaton-Tochter Anchesenpaaton König wurde.

Bereits unter Semenchkare, verstärkt dann unter dem Einfluß des »Gottesvaters« Eje, in dem wir möglicherweise den Vater der Nofretete zu sehen haben, und im Einvernehmen mit dem Oberkommandierenden des Heeres, Haremhab, wurde die Wiederherstellung der Vor-Amarna-Verhältnisse betrieben. Die Residenz im Lichtland gaben sie dem Verfall preis, das junge Königspaar ersetzte den Aton-Bestandteil in beider Namen durch »Amun«. Der Aton-Glaube, in den Restaurationstexten als »Krankheit« bezeichnet, verlosch mit seinem glühendsten Verfechter. Die handlichen Blöcke, aus denen die Bauwerke der Amarnazeit ausgeführt worden waren, dienten später als sorgfältig geschichtetes Füllmaterial für neue Monumente.

»Wenn man Soldaten nach Syrien schickte, so geschah kein Erfolg durch sie«

Aus der diplomatischen Korrespondenz der letzten Amarna-Jahre geht hervor, daß sich die Machtverhältnisse in Vorderasien zu verschieben begannen. Manche der ägyptischen Vasallen vergrößerten ihre Territorien auf Kosten anderer, einige baten um militärische Unterstützung zur Gegenwehr. Betroffen war vor allem das befreun-

Unten: Bilder von den Kämpfen gegen die »Seevölker« beherrschen den Totentempel Ramses' III. in Medinet Habu.

Rechts: Ramses III. bei der Wildstierjagd. Vorbild des Reliefs in Medinet Habu waren die großen Kriegsschilderungen Ramses' II.

dete Mitanni, das in zunehmendem Maße von den Hethitern bedrängt wurde. Am ägyptischen Hof verhallten diese Nachrichten zwar nicht ungehört, aber die Bedrohlichkeit der Situation wurde in ihrer ganzen Schwere nicht richtig eingeschätzt. Die Hethiter betrieben nicht nur die Eroberung Mitannis, sondern warben auch beharrlich die ägyptischen Vasallen ab. Nach dem Untergang des Mitannireiches war ein Zusammenstoß Ägyptens mit den Hethitern unvermeidlich. Die Mißerfolge in der Verteidigung der ägyptischen Interessen im Vorderen Orient erklärten die Betreiber der Restauration als Strafe für die Versündigung an den alten Göttern.

In dieser Lage traf in Hattusa, der Hauptstadt des Hethiterreiches, ein Brief ein, dessen Inhalt weltpolitische Perspektiven kühnster Art eröffnete. Eine ägyptische Königin bat den Hethiterkönig um die Entsendung eines seiner Söhne, damit er Pharao werde, »denn mein Gatte ist tot und ich habe keinen Sohn«. Keine der hohen Frauen von Amarna, die nicht als Absenderin in Anspruch genommen worden wäre! Der Brief wird leider in den hethitischen Annalen nur zitiert und die betreffende Königin nicht namentlich genannt. Die überwiegende Mehrheit der Fachleute neigt heute dazu, die höchst brisante Note Anchesenamun, der Witwe Tutanchamuns, zuzuschreiben.

Die Achse Hattusa–Memphis kam jedoch nicht zustande. Während die Bitte aus Ägypten dringlicher wurde, zögerte der Hethiterkönig Suppiluliuma, dem dieses Anerbieten der anderen Großmacht einfach zu abenteuerlich vorkam. Er wäre besser bei seinen Vorbehalten geblieben, denn nachdem er schließlich seinen Sohn Zannanza hatte reisen lassen, bestätigten sich seine Ahnungen von List und Verrat: Zannanza wurde ermordet, er war wohl das Opfer einer Konspiration zwischen Eje und Haremhab, die nun nacheinander den Thron bestiegen. Die Hethiter reagierten mit einer Kriegserklärung und griffen die syrischen Provinzen an. Es ist ungewiß, welchen Weg Ägypten genommen hätte, wenn nicht im hethitischen Heer eine Seuche ausgebrochen wäre, die zunächst den Abbruch der Kampfhandlungen bewirkte und dann auf Jahrzehnte das Hethiterland verwüstete, wobei auch Suppiluliuma zu Tode kam.

Dem Generalissimus Haremhab, dessen Position aufgrund des Rückhalts in der Armee unangefochten war und der schon unter Tutanchamun und Eje »die Gesetze des Königs fest machte und den Höflingen Vorschriften gab«, blieben als letztem Pharao der 18. Dynastie etwa drei Jahrzehnte, um »den Göttern Denkmäler zu machen nach altem Brauch und abzuwehren die Sünde«.

»Jahr 21, als die Boten kamen mit der Silbertafel, um Frieden zu erbitten von Seiner Majestät«

Im 13. und 12. Jahrhundert v. Chr. mußte sich die ägyptische Außenpolitik zwei Herausforderungen stellen, die teilweise ineinandergriffen, nämlich der Auseinandersetzung mit den Hethitern auf der einen, mit Libyern und Seevölkern auf der anderen Seite. Die Könige, die zu dieser Zeit den Thron behaupteten, bevorzugten den Geburtsnamen Ramessu (Re hat ihn geboren), der griechisch »Ramses« lautet, so daß die letzten rund 200 Jahre des Neuen Reiches, die 19. und 20. Dynastie umfassend, als Ramessidenzeit bezeichnet werden. Da Haremhab 1305 ohne leiblichen Thronerben starb, bestimmte er seinen

Generalissimus Paramessu zum Thronfolger. Dieser übernahm als Ramses I. die Regierung und muß bereits hoch in den Jahren gewesen sein; jedenfalls war ihm nur eine sehr kurze Herrschaft beschieden, in der er jedoch seinen Sohn Sethos in allen Dingen auf die Nachfolge vorbereitete. Aus der Vorliebe des neuen Herrscherhauses für den Gott Seth, der mit einer Vierhundertjahrfeier seines Kultes im Ostdelta geehrt wurde, ist auf die Herkunft aus einer alteingesessenen semitischen Familie geschlossen worden. Seth war mit Zügen einer kampfesfrohen Macht ausgestattet, die sich auch im Walten verheerender Naturkräfte äußerte, was ihn mit dem semitischen Sturmgott Baal verband.

Um sich der vorderasiatischen Kleinstaaten zu versichern und abtrünnige zurückzuerobern, um überhaupt Ordnung zu schaffen im palästinensisch-libanesischen Raum, wo einige Vasallen »nichts von den Weisungen des Palastes hören« wollten, führte Sethos I. sofort nach Regierungsantritt einen sehr wirkungsvollen Feldzug durch, in dessen Verlauf er auch das nachmals zu großer Berühmtheit gelangte Kadesch eroberte. Das Hethiterreich hatte sich noch nicht vom Aderlaß der Epidemie erholt.

Es war jedoch wiedererstarkt, als nach fünfzehnjähriger erfolgreicher Herrschaft des Sethos sein Sohn und Mitregent Ramses II. den Thron bestieg. Bei einer ersten Machtdemonstration in Vorderasien ging Amurru auf die ägyptische Seite über, ein Ereignis, das Ramses II. ermutigte, mit einem nochmaligen Vorstoß die Rückeroberung weiterer Gebiete jenseits des Orontes ins Auge zu fassen und gegen die Hethiter selbst anzutreten. Bei Kadesch aber, das schon wieder von Ägypten abgefallen war, geriet der Pharao, weil seine Aufklärung versagte und er einer gezielten Falschmeldung, die der Gegner lanciert hatte, aufsaß, in schwere persönliche Bedrängnis. Abgeschnitten von seinen Soldaten und umzingelt von den Hethitern und ihren Verbündeten half ihm einzig und allein Amun-Re, der ihm die Kraft verlieh, die Scharen der Feinde zu überwältigen. Im ganzen bildete der Ausgang der Kadeschschlacht kein Ruhmesblatt für die ägyptische Armee. Auf ihrem Rückzug wurde sie bis in die Gegend des heutigen Damaskus von den Hethitern verfolgt.

Gleichwohl war das Thema »Kadeschschlacht«, in Bild und Text mehrfach abgewandelt, über Jahre hinweg ein Hauptanliegen Ramses' II., der nach der archäologischen Hinterlassenschaft als größter Bauherr Ägyptens in die Geschichte eingehen sollte. Nachdem er in seine neue Residenz, die Ramsesstadt bei Kantir, zurückgekehrt war, ließ er das Ereignis auf Papyrus und Tempelwänden unter die Leute bringen. Natürlich benötigte er für seine vielen Bauvorhaben Zeit, aber mit 66 Regierungsjahren war sie ihm auch gegeben. Das in seiner Einmaligkeit formulierte Kriegsgeschehen kann in Abu Simbel, Luxor, Karnak und Abydos in seinen Varianten studiert werden.

Neuerdings ist nun die Ansicht vertreten worden, daß sich in dem überragenden Herrscher auf dem dahinjagenden Streitwagen nicht ein wirklicher Kriegsherr habe porträtie-

Links und rechts: Zutiefst verunsichert durch die Ausraubung der Königsgräber in Theben, zogen Könige oder auch Beamte der 21. Dynastie die Bestattung im geschützten Tempelbereich von Tanis vor, eine Maßnahme, die unter anderem den schweren Goldkragen Psusennes' I. wie auch die Goldmaske eines hohen Würdenträgers aus einer Nebenkammer des Königsgrabes erhalten hat. Die Funde von Tanis gehören zu den spektakulärsten aus dem Alten Ägypten.
Kairo, Ägyptisches Museum

Folgende Doppelseite: Der Gegensatz zwischen ausgedörrtem Wüstenplateau und palmenbestandener Oasensenke in Siwa läßt noch nachempfinden, mit welcher Erleichterung Alexander der Große nach beschwerlichem Marsch durch den Sand die erhöht liegende Orakelstätte des Zeus-Ammon betrat.

ren lassen. Vielmehr habe das Kadesch-Panorama Ramses II. dazu gedient, einen Friedensschluß mit den Hethitern, der im 21. Jahr seiner Regierung tatsächlich zustande kam, zu propagieren. Mit anderen Worten: Die Schilderung der Auserwähltheit des Königs durch Amun, die Rettung aus höchster Not und das schmähliche Verhalten des Heeres, in Bild und Wort von Pylonen und Umfassungsmauern verkündet, sollte den Widerstand der Militärs gegen eine Aussöhnung mit den Hethitern brechen, indem etwa dem Heer die Worte in den Mund gelegt wurden: »Es gibt keinen Einwand gegen den Frieden, wenn du (der König) ihn schließt!«

Durch einige weitere Feldzüge suchte Ramses II. die ägyptische Verhandlungsposition zu stärken. Den Ausschlag bei den Friedensbemühungen gaben letztlich der für die Hethiter bedrohliche Aufstieg Assyriens und die beginnende Seevölkerbewegung. Es kam ein Friedens- und Beistandsvertrag zustande, der die jeweiligen Interessensphären in Palästina und Syrien anerkannte und durch die dynastische Verbindung der beiden Höfe bekräftigt wurde. Rund dreißig Jahre nach den kriegerischen Begegnungen traf die erste der beiden Hethiterprinzessinnen, die Ramses II. ehelichte, in der Ramsesstadt ein.

»Nordländer kamen von den Ländern im Meer«

Schon im 14. Jahrhundert, deutlicher dann in der Epoche Ramses' II., werden Angehörige eines als Schardana oder Scherden bezeichneten Volksstammes, zunächst als Gefangene, später als Soldaten im ägyptischen Heer genannt. Aus zeitlich späterem Zusammenhang geht hervor, daß sie zu einer Völkerbewegung gehörten, welche dann im 12. Jahrhundert in der Inselwelt des östlichen Mittelmeeres und im gesamten Vorderen Orient tiefgreifende Veränderungen bewirkte. In mehreren Wellen, zunächst eher raubzugartig, zuletzt mit Frauen, Kindern und all ihrer Habe auf der Suche nach Siedlungsmöglichkeiten, stießen die »Seevölker« von den Küsten Kleinasiens an die südlichen Küstengebiete vor. Man glaubt, die erste Welle dieser »Nordländer«, die Schardana, Schekelesch und Turscha, als spätere Bewohner der westlichen Mittelmeerinseln Sardinien und Sizilien sowie des Etruskerlandes wiederzuerkennen, während die Luka dem antiken Lykien an der Südwestküste Anatoliens und die Pulsata als Philister Palästina den Namen gaben.

Das Hethiterreich überlebte die Seevölkerwanderung nicht, aber auch die Zentren der Kleinstaaten im Fruchtbaren Halbmond versanken unter einer Brandschicht, die sich heute noch archäologisch nachweisen läßt. »Kein Land konnte vor ihren Waffen bestehen«, berichtet Ramses III. Allein Ägypten gelang in Seeschlachten in den Nilmündungsarmen die Abwehr dieser Völkerschaften (Abb. S. 194/195). Die Ansiedlung in den vorderasiatischen Gebieten aber, im südlichen Palästina zunächst noch unter ägyptischer Oberhoheit, konnte nicht verhindert werden.

»Sind sie nach Ägypten gekommen, um Nahrung für ihre Münder zu suchen«

Bedrängt wurde Ägypten in der Ramessidenzeit nicht nur von Norden und Nordosten her, sondern auch die Nordwestgrenze war nicht mehr sicher. Libyer unter verschiedener Stammesbenennung versuchten wiederholt, den ägyptischen Festungswall, der in der frühen Ramessidenzeit verstärkt worden war, zu überwinden. Merenptah, der 13. Sohn aus einer großen Schar von Nachkommen Ramses' II. und sein Thronerbe, und später Ramses III. führten mehrere Libyerkriege. Zum Teil traten die Libyer gemeinsam mit Gruppen der Seevölker auf, und auch sie hatten es auf Siedlungsland in Ägypten abgesehen. Trotz schwerer Niederlagen gelang es ihnen, in den westlichen Grenzgebieten entlang des Delta bis nach Mittelägypten hinauf Fuß zu fassen. Nach ägyptischem Brauch wurden sie in Militärkolonien angesiedelt. Aus den Maschwasch gingen die Pharaonen der 22. Dynastie hervor.

Das Jahrtausend der Fremdherrschaft
21. bis 31. Dynastie und Ptolemäerzeit
(1080 v. Chr. bis zur römischen Eroberung 30. v. Chr.)

Die Zurschaustellung der militärischen Erfolge gegen Libyer und Seevölker im Totentempel Ramses' III. in Medinet Habu ist geeignet, den Blick für eine Reihe von Mißständen zu verstellen, deren Beseitigung in den folgenden eintausend Jahren nie mehr vollständig gelang.

Unter dem Eindruck der Entmachtung während der Amarnazeit verfolgte die in der Ramessidenzeit zu neuen Ehren gekommene Priesterschaft des Amun von Karnak zielstrebig die Expansion ihres Einflusses; in geringerem Maße gilt dies auch für andere religiöse Zentren des Landes. Die Hohenpriester des Amun erreichten durch eine konsequente Politik der Amtserblichkeit und durch Vereinnahmung großer Ländereien, deren Einkünfte dem König zugestanden hatten, daß die wirtschaftliche Basis des Tempels sich in dem Maße verbreiterte, wie die des Staates abnahm. Damit wuchs ein Staat im Staate, der dem Hohenpriester eine entsprechende Unabhängigkeit gegenüber dem König verschaffte. Da nun aber weltliche und priesterliche Funktionen nicht getrennt waren, übertrug sich die Selbstherrlichkeit einiger weniger mächtiger Familien auch auf die Beamtenschaft.

Der Verfall der Staatsautorität und das Ausmaß der Korruption in der Beamtenschaft erhellt allein schon aus den Akten über die Grabräuberprozesse. Die Tätigkeit der nächtens im Königsgräbertal aktiven Banden wäre niemals in so großem Umfang möglich gewesen, wenn nicht höchste Funktionäre der Nekropolenverwaltung vom Grabraub profitiert hätten. Schließlich sah man sich gezwungen, die geplünderten Mumien an einigen wenigen Stellen zu »verstecken«. Marodierende Libyer verunsicherten die thebanischen Westberge derart, daß die Nekropolenarbeiter von

Der el-Medine in den mauerumzogenen Tempelbezirk von Medinet Habu umgesiedelt werden mußten.

Symptomatisch ist auch ein Skandal um den Tempel des Chnum von Elephantine. Durch Absprache zwischen einem Priester, einem Schiffseigner und einigen Kontrollbeamten wurden dem Tempel jahrelang verkürzte Kornlieferungen übergeben. Von dem Soll in Höhe von 700 Sack trafen rund 550 niemals in den Speichern ein.

Der letzte Ramessidenherrscher, Ramses XI., war gegen Ende seiner langen Regierungszeit praktisch entmachtet. Der Versuch, sich mit Hilfe des damaligen Vizekönigs von Kusch und dessen Truppenkontingenten im Lande durchzusetzen, führte nach bürgerkriegsartigen Unruhen in Oberägypten zur Diktatur des Königssohnes von Kusch über den südlichen Landesteil. Als starker Mann in Theben trat nach einigen Jahren der Hohepriester und Militärführer Herihor in den Vordergrund, und gemeinschaftlich mit ihm bemühte sich Ramses XI., durch die Proklamation eines neuen Zeitalters die Ordnung wiederherzustellen. Der Vizekönig von Kusch, Panehesi, verschanzte sich jedoch in Nubien, und damit waren die Ressourcen des Niltales südlich von Elephantine für Ägypten verloren.

Die Herrschaft des Amun wurde nicht nur in Theben errichtet, auch in Tanis im Ostdelta unweit der Ramsesstadt bezeichnete sich ein lokaler Machthaber als Sachwalter des Gottes, der nun nicht mehr nur König der Götter, sondern auch der Menschen war und ihre Geschicke durch

Bereits in der Ramessidenzeit war mit der Anlage der Ramsesstadt in Kantir die Bedeutung des Ostdeltas gestiegen. In der Epoche der Teilung der Herrschaft zwischen Theben und Unterägypten lag die Residenz vorübergehend in Tanis. Nachdem die Ramsesstadt wegen Versanden des Nilhafens aufgegeben werden mußte, wurden die Bauten als Baumaterial nach Tanis abtransportiert.

Orakel lenkte. Nach dem Tod Ramses' XI. nahm der Fürst von Tanis namens Smendes als Begründer der 21. Dynastie den Titel eines Königs von Ober- und Unterägypten an. Aus dem Reisebericht des Wenamun, der in Byblos Holz für eine neue Kultbarke des Amun von Karnak kaufen sollte, erfahren wir allerdings, daß der göttliche König über Ägypten in Vorderasien nichts mehr galt.

»Sisak, der König in Ägypten, zog herauf wider Jerusalem«

Länger als einhundert Jahre konnte die 21. Dynastie – stets in Absprache mit den südlich von el-Hibe regierenden Hohenpriestern von Theben – das Königtum nicht behaupten. Auf friedlichem Wege ging es an Repräsentanten der in vielen Landesteilen, vor allem im Delta, zur Macht gelangten Libyerfürsten über, als deren erster Scheschonk oder Schuschinku, der Sisak der Bibel, zu betrachten ist. Was sich im Alten Testament (1. Könige 14,25) als Strafe für »alle Greuel der Heiden, die der Herr vor den Kindern Israel vertrieben« darstellt, war nichts anderes als der Versuch Scheschonks, die Vormachtpositionen in Palästina

zurückzugewinnen. Er nutzte den Zeitpunkt, da das Reich des Salomo in Juda und Israel zerfallen war. Obwohl Scheschonk im Tempel von Karnak eine große Siegesdarstellung mit Nennung vieler unterworfener Städte anbringen ließ, kann es sich nur um einen Raubzug gehandelt haben, auf dem er »die Schätze aus dem Hause des Herrn und aus dem Hause des Königs und alles, was zu nehmen war und alle güldenen Schilde, die Salomo hatte machen lassen«, entführte.

Die Könige der 22. Dynastie, die auf ihre libysche Abstammung als »Fürsten der Maschwasch« stolz waren, bemühten sich, alle wichtigen priesterlichen und militärischen Stellen, häufig in Personalunion, mit Verwandten oder zumindest Männern ihres Vertrauens zu besetzen. Dies galt vor allem für das Amt des Hohenpriesters von Theben. Doch der Versuch, die Einheit Ägyptens dadurch zu wahren, daß alle militärischen, religiösen und strategischen Schaltstellen der Macht Angehörigen der weitverzweigten Königsfamilie übergeben wurden, scheiterte. Diese waren zwar nun schon seit Generationen in Ägypten ansässig, aber sie waren keine ägyptischen Beamten geworden, sondern libysche Häuptlinge geblieben, die ihre Verwaltungsbereiche zu Stadtfürstentümern mit befestigten Zentren ausbauten.

Bei den internen Intrigen und dem Gerangel um die Macht, das zuletzt dazu führte, daß mehrere Fürsten sich den Königstitel anmaßten und als 23. und 24. Dynastie

neben der 22. bestanden, blieb anscheinend unbemerkt, daß sich sowohl im fernen Süden als auch im Zweistromland politische Entwicklungen anbahnten, die das Geschehen in Ägypten im 8. Jahrhundert v. Chr. bestimmen und die Libyerkönige den Pharaonenthron kosten sollten.

»Ihr sollt die Erde vor Amun küssen«

Die Aufgabe Nubiens, beschleunigt durch die Auseinandersetzungen mit Panehesi, hatte den Aufstieg eines einheimischen Herrschergeschlechts in der ehemaligen ägyptischen Kolonie begünstigt. Um die Mitte des 8. Jahrhunderts v. Chr. geschah nun das, was nach Aussage des Kamose Mitte des 16. Jahrhunderts schon einmal im Bereich des Möglichen gelegen hatte: Die Kuschiten marschierten in Ägypten ein. Kaschta und nachfolgend Pije und Schabako besiegten im allmählichen Vorrücken die Libyerfürsten, die allerdings erst nach heftigem Widerstand in Mittelägypten und auch in Memphis vertrieben wurden.

Die Könige nubischer Herkunft hätten sich streng dagegen verwahrt, als Fremdherrscher in Ägypten bezeichnet zu werden, wiesen sie doch mit leidenschaftlichem Ernst auf ihre Verehrung für Amun hin, dessen Kult am Gebel Barkal sie sich zu eigen gemacht hatten. Der vorrangigste Befehl an die Truppen beim Einmarsch in Theben bestand denn auch in der Aufforderung zum Opfer im Tempel von

Links außen: Jahrzehnte einer wechselvollen Epoche der Geschichte durchlebte der Statthalter der Kuschiten in der Thebais, Montemhet. Stilistisch ganz unterschiedliche Bildnisse höchster Qualität zeigen ihn, einesteils in der idealisierenden Tradition, während man anderen, wie dem vorliegenden Porträt, die Last seines Amtes und die Erschütterungen der politischen Zeitläufe anzusehen meint. Er war zum Beispiel Zeuge der Auseinandersetzungen mit den Assyrern.
Kairo, Ägyptisches Museum

Links innen: Die kuschitischen Herrscher der 25. Dynastie, den religiösen und künstlerischen Traditionen Ägyptens ergeben, bevorzugten eine eng anliegende Kappe als Königsattribut.
New York, Brooklyn Museum

Rechts: In der Zeit nach 1000 v. Chr. trat mit der steigenden Bedeutung des Gottesstaates des Amun die Würde der Gottesgemahlin des Amun immer stärker in den Vordergrund. Im Zölibat lebend, waren diese Prinzessinnen königlichen Geblüts dem Gott Amun angetraut, dessen Doppelfederkrone zu ihrem Kopfputz gehörte, wie die Reliefs einer Kapelle in Medinet Habu belegen.

Karnak. Ihre Bewunderung für Ägypten bekundeten sie unter anderem damit, daß sie sich bei Napata in Pyramiden beisetzen ließen (Abb. S. 453). Sie betrachteten sich als Erneuerer des ägyptischen Pharaonentums. So mag sich die Sorge um die ehrwürdigen Traditionen Ägyptens auch in einer betont humanen Behandlung der Bevölkerung niedergeschlagen haben, wie Pije betont herausstellt: »Die Menschen von Memphis werden sicher und heil sein, nicht einmal ein Kind wird weinen. Sieh dir die südlichen Gaue an, nicht ein einziger wurde dort erschlagen außer den Feinden, die sich gegen den Gott vergangen hatten und als Rebellen getötet wurden.«

Doch der kuschitischen Herrschaft war keine Dauer beschieden, denn von Nordosten rückten die Assyrer gegen Ägypten vor, die unaufhaltsam ihren Weltherrschaftsanspruch verwirklichten. Das Kriegsglück wechselte, die Kämpfe spielten sich zum Teil auf palästinensischem Boden ab, wo Schebitko im Jahre 701 Jerusalem vor den Assyrern errettete.

Nach mehreren Anläufen drang der Assyrerkönig Assarhaddon im Jahre 671 v. Chr. bis nach Memphis vor, der Kuschitenherrscher Taharka setzte sich nach Süden ab. Neben einer großen Anzahl von Statuen verschleppten die Assyrer vor allem Gelehrte und Fachkräfte nach Mesopotamien. Dabei behauptete Assarhaddon, er sei in Memphis mit Jubel aufgenommen worden, er stellte sich in der Rolle des Befreiers von der Nubierherrschaft dar. Die kuschiti-

schen Pharaonen versuchten jedoch immer wieder, die Oberhoheit der Assyrer zu beseitigen, und diese Kämpfe nutzte die Stadtfürstenfamilie von Sais, um durch geschicktes Taktieren und mit Unterstützung griechischer Söldner Ägypten von der Mittelmeerküste bis nach Elephantine unter ihre Herrschaft zu bringen.

Da die Kuschitenkönige der 25. Dynastie Ägypten nicht als Beute betrachtet hatten, sondern vielmehr am Gerechtigkeits- und Richtigkeitsprinzip alter Prägung orientiert waren, durchlebte das Land, abgesehen von den Plünderungen im Zusammenhang mit den Assyrereinfällen, eine Epoche verhältnismäßiger Stabilität und wirtschaftlicher Blüte. Die erhaltenen Bauwerke und Skulpturen zeigen, daß mit der Wahrung religiöser Traditionen eine Hinwendung zum künstlerischen Erbe der älteren Perioden der ägyptischen Vergangenheit Hand in Hand ging.

»So war also Psammetichos König von Ägypten geworden«

Von »archaisierenden« Tendenzen in allen Lebensbereichen war auch das Zeitalter der 26., der Saitendynastie, wie sie nach dem Herkunftsort genannt wurde, geprägt. Die Beamten wählten Titel und Statuentypen aus dem Alten Reich, Grabbilder und Texte wurden kopiert, die Totenkulte alter Könige wiederbelebt. Bei wichtigen Anlässen ließen die Könige das Orakel entscheiden und unterwarfen sich dem Urteil der Götter. Dabei war jedoch der Nimbus

des göttlichen Königtums längst geschwunden. Die Rückwendung zu einer großen Vergangenheit führte nicht zu einer wirklichen Erneuerung. Innenpolitisch stieß der Versuch einer Reorganisation und stärkeren Zentralisierung der Verwaltung auf den Widerstand von Institutionen und Verhaltensweisen, die sich über die Jahrhunderte herausgebildet hatten. Die Vererbung von Ämtern in bestimmten Familien wurde hartnäckig verteidigt.

Wieviel Gespür für das Machbare dabei von Psammetich I. gefordert wurde, zeigt das Vorgehen in der Thebais, d. h. dem Landesteil, der seit dem Ende der Ramessidenzeit in Form der sechs südlichsten Gaue mit dem Zentrum Theben zu einem immer enger verschmolzenen Teilgebiet Ägyptens geworden war. Zunächst konnte dieses Gebiet nur über eine Institution an die neue Dynastie gebunden werden, die seit wenigen Jahrhunderten erst eine Rolle als politische Macht spielte: die Institution der Gottesgemahlin. Ursprünglich war dies ein Priesterinnentitel gewesen,

der seit dem Neuen Reich, um den Zusatz »des Amun« zur »Gottesgemahlin des Amun« ergänzt, Königinnen und Prinzessinnen verliehen wurde. Nach der Wende vom 2. zum 1. Jahrtausend v. Chr. wuchs der Gottesgemahlin des Amun mit dem Aufstieg des Gottesstaates des Amun eine eminente politische Bedeutung zu, so daß die aus dem jeweiligen Königshaus stammende Titelträgerin nicht mehr nur als Symbolfigur, sondern als tatsächliches Bindeglied zwischen Königshof und Thebais fungierte. Die Gottesgemahlin residierte nun, mit königlichen Privilegien ausgestattet und von einem Hofstaat umgeben, in Theben, wo sie sich ausschließlich als Gemahlin des Amun zu betrachten hatte: Sie mußte Jungfrau sein und im Zölibat leben. Ihre Nachfolge war durch Adoption geregelt. Psammetich I. setzte durch, daß seine Tochter Nitokris von der aus dem Kuschitenhaus stammenden Schepenupet adoptiert wurde, er beließ diese aber im Amt und respektierte auch die aus der vorigen Dynastie überkommenen

Anrechte des Montemhet, des Bürgermeisters von Theben und Gouverneurs von Oberägypten, dessen Machtposition unter den Kuschiten derart unangefochten war, daß ihn die Assyrer als Herrscher von Theben empfanden. Erst nach seiner Beisetzung in einem Grab von wahrhaft königlichem Gepräge (Abb. S. 294) rückten in der Thebais Beamte nach, die dem neuen König ergeben waren.

Über drei Generationen hinweg vererbte sich die Königsherrschaft in der Saitenzeit vom Vater auf den Sohn. Ägypten ließ sich sogar wieder auf außenpolitische Wagnisse ein. Während der Eroberungszüge Babyloniens, das Assyrien aus dem Felde geschlagen und seine Nachfolge im Weltherrschaftsanspruch angetreten hatte, erreichte Ägypten sogar noch einmal eine vorübergehende Oberhoheit über Gebiete der phönizischen Küste. Als Apries, der Urenkel Psammetichs I., 587 v. Chr. den Juden gegen Nebukadnezar von Babylon zu Hilfe kam, scheiterte sein Unternehmen, und für große Teile der jüdischen Bevölkerung begann die »Babylonische Gefangenschaft«, vor der sich andere durch die Emigration nach Ägypten retteten, wo sie dem aus Griechen, Libyern und Nubiern zusammengewürfelten Söldnerheer ein neues Element hinzufügten. Psammetich II., der Vater des Apries, hatte einen Vorstoß nach Nubien unternommen, möglicherweise zur Abwehr drohender Gefahr aus Napata.

Unter Necho, dem Sohn Psammetichs I., wurden phönizische Seeleute auf eine Expedition rund um den afrikanischen Kontinent ausgeschickt. In seiner Regierungszeit begann auch der Bau eines Kanals, der das Rote Meer durch das Wadi Tumilat mit dem Nil und über die Mündungsarme des Stromes mit dem Mittelmeer verbinden sollte. Ähnlich wie im 19. Jahrhundert die Arbeiten am Suezkanal, kostete auch dieses Projekt viele Menschenleben, »120000 Ägypter gingen zugrunde«, schreibt Herodot. Der Perserkönig Darius vollendete das Werk.

»Anfangs achteten die Ägypter den Amasis gering«

Wohl nicht die fähigste, sicher aber die farbigste unter den Herrscherpersönlichkeiten der 26. Dynastie war Amasis, der nicht aus der Königsfamilie stammte, sondern als Feldherr durch einen Militärputsch an die Macht kam. Er liebte fröhliche Zechereien und derbe Witze, besaß aber auch politisches Talent. So erlaubte er zum Beispiel den Griechen die Einrichtung einer Handelsfaktorei in Naukratis. Dies ist ihm neben seinen Kontakten zu den griechischen Staaten als ausgesprochene Griechenfreundlichkeit ausgelegt worden. Die Beziehungen zwischen Griechen und Ägyptern im Lande standen schon seit längerem nicht zum besten, wie überhaupt die fremden Bevölkerungsgruppen auf Ressentiments der angestammten Einwohner stießen. In der Armee führte das häufig zu Meutereien. Das wie ein Privileg für die Griechen wirkende Zugeständnis von Naukratis benutzte Amasis aber eher als Mittel zur Kontrolle der merkantilischen Aktivitäten der Griechen, zur Beruhigung der Ägypter.

Die Ausrichtung nach Griechenland war aber auch von außenpolitischen Erwägungen diktiert. Seit der Mitte des 6. Jahrhunderts v. Chr. trachteten die Perser nach der Weltherrschaft, und nachdem sie die syrisch-palästinensischen Stadtstaaten unterworfen hatten, konnte sich Amasis ausrechnen, wann sie gegen Ägypten vorrücken würden. Er schloß darum Bündnisverträge mit einigen der von den Persern bedrohten Staaten in Kleinasien und in Griechenland, deren Umsetzung in gegenseitige

Links: Bubastis, die im Ostdelta des Nil gelegene Residenz der Libyerdynastie.

Unten: Aus Byblos holten die Ägypter Koniferenholz des Libanon. Auch Wenamun hat die Hafenstadt deswegen aufgesucht.

Unten rechts: Während der persische Eroberer Kambyses die Macht der Tempel einzuschränken suchte, war Darius darauf bedacht, als legitimer Pharao auch für den Kultvollzug einzutreten. So errichtete er in der Oase el-Charge einen Tempel des Amun.

Hilfeleistung jedoch von den Ereignissen überrollt wurde. Als Amasis 526 v. Chr. starb, blieben seinem Sohn Psammetich nur noch wenige Monate.

Nachdem Psammetich vor den Persern unter ihrem König Kambyses kapituliert hatte und in dessen Umgebung quasi als Gefangener gehalten wurde, »zettelte er eine Verschwörung an. Es wurde entdeckt, daß er die Ägypter zum Abfall verleitete. Kambyses überführte ihn und ließ ihn Stierblut trinken, woran er sofort starb. Das war das Ende des Psammetichos«, berichtet Herodot.

Mit einer nur kurzen Unterbrechung von etwas mehr als fünfzig Jahren dauerte die Perserherrschaft von 525 bis 332 v. Chr., obwohl es zunächst schien, als ob die zwischen 404 und 343 errungene Unabhängigkeit Bestand haben würde. Die Perser setzten sich jedoch erneut in Ägypten fest, und so blieb es Alexander dem Großen vorbehalten, Ägypten zu befreien.

»Ich danke der Tapferkeit der Jugend Makedoniens, daß ich König der Könige heiße«

Mit diesen Worten soll Alexander der Große, einer späteren Romantradition zufolge, seinem Lehrer Aristoteles den Sieg über den Perserkönig Darius III. und die Bezwingung des Perserreiches verkündet haben. Doch bevor er auf seinem Eroberungszug, von Sendungsbewußtsein und Forscherdrang vorwärtsgetrieben, über Euphrat und Tigris zum Elbrusgebirge und schließlich an den Hindukusch

und den Indus gelangte, bog er nach der Schlacht bei Issos im Jahre 333 v. Chr. nach Süden ab, unterwarf – zum Teil nach heftiger Gegenwehr – die phönikischen Küstenstädte und nahm Ende 332 v. Chr. in Memphis die Würde des Königs von Ober- und Unterägypten an. Der persische Statthalter in Ägypten hatte sich auf eine militärische Auseinandersetzung nicht einlassen können.

Zwei Unternehmungen Alexanders in Ägypten charakterisieren zugleich seine Persönlichkeit und seine Vorstellungen von Weltherrschaft. Die Verwaltung Ägyptens, das aufgrund einer phasenweise priesterfeindlichen Politik der Achämeniden ausgesprochen perserfeindliche Ressentiments entwickelt hatte, ließ sich ohne Schwierigkeiten ordnen. Eine nationale Erhebung der Ägypter stand außer Betracht, im Gegenteil, die Legende erkor Alexander sogar zum leiblichen Sohn des letzten einheimischen Herrschers der 30. Dynastie, Nektanebos, dessen Bildnis Alexander mit den Worten »das ist mein Vater, ich bin sein Sohn« umarmt haben soll. Deutlicher hätte die Gottessohnschaft und damit die legitime Nachfolge des Makedonen nicht ausgedrückt werden können.

Statt nun aber, wie seine Generäle und das Heer erwarteten, den Zug nach Asien fortzusetzen, begab sich Alexander der Große zur Oase Siwa. Dort hatte eine rührige Priesterschaft ein Heiligtum zur Orakelstätte mit weltweitem Ruf ausgebaut, wobei im Wandel der Zeiten Aspekte des Gottkönigs von Theben und Göttervaters der Pharaonen mit dem höchsten Gott der Griechen zur Gestalt eines

Zeus-Ammon verschmolzen worden waren. Wenn es auch kaum mehr möglich ist, die historische Person Alexanders aus der phantastischen Verschleierung der Alexanderlegende späterer Epochen zu lösen, so dürfte doch einer seiner Wesenszüge eine große Orakelgläubigkeit gewesen sein, die er mit der Mehrheit seiner Zeitgenossen teilte. Mehrfach schon auf dem Kriegszug durch Kleinasien hatte er Orakelstätten besucht.

Das Verlangen nach einer Weissagung über sein künftiges Schicksal ließ ihn nun auch den beschwerlichen Weg küsteneinwärts vom heutigen Marsa Matruch aus einschlagen, wo »Erde und Himmel des Wassers ermangelten, unfruchtbare Sandwüsten sich ausbreiteten und durch die Sonnenstrahlen eine unerträgliche Hitze entstand, so daß der heiße Boden die Sohlen verbrannte«. Doch am Ende des mehrtägigen Marsches winkte der im Schatten großer Bäume reichlich mit Wasser versorgte Oasentempel des Zeus-Ammon. Der oberste der Propheten sprach Alexander sogleich als dessen Sohn an; »nur das« habe er »dem Könige mit ausdrücklichen Worten gesagt, daß er ein Sohn des Zeus sei«, schreibt Strabon etwa drei Jahrhunderte später. In der Tat ist die Frage, welche Alexander an das weissagende Kultbild richtete, niemals bekannt geworden, auf Erkundigungen seiner Freunde soll er gesagt haben, daß er eine seinen Wünschen entsprechende Antwort erhalten habe.

Damals redete der älteste Priester den herantretenden König mit »Sohn« an, indem er versicherte, daß sein Vater Jupiter (Zeus) ihm diesen Namen erteile. Und er, seiner sterblichen Natur uneingedenk, erwiderte, er nehme und erkenne diesen Namen an. Dann fragte er, ob ihm nicht das Schicksal die Herrschaft über den ganzen Erdkreis bestimme, worauf er mit ähnlicher Schmeichelei belehrt wurde, er werde der Beherrscher aller Länder sein … Er (der Priester) fügte schließlich hinzu, er werde unbesiegt bleiben, bis er zu den Göttern eingehe …

Curtius Rufus in seiner »Geschichte Alexanders des Großen« über die Orakelszene im Tempel des Zeus-Ammon in der Oase Siwa (nach Johannes Siebelius)

»Eine große Menge von Einwanderern werden diese Stadt bewohnen und vielen Ländern wird sie Nahrung geben«

In der Gottessohnschaft bestätigt, wandte sich Alexander nach Ägypten zurück und traf nun eine Verfügung, die er an anderen Stellen wiederholte, die jedoch nirgends eine so eminente Bedeutung erlangen sollte wie an der sandigen Mittelmeerküste zwischen Mareotis-See und der Insel des Proteus, die man Pharos nannte: Hier gründete er die erste nach ihm benannte Stadt, nicht ohne Begleitung von Vorzeichen. Nach altem makedonischen Brauch – besagt die Überlieferung – habe man den Grundriß der geplanten Stadt durch Graupenkörner markiert, nachdem die dafür vorgesehene weiße Erde ausgegangen war. Manche antiken Schriftsteller behaupten auch, die weiße Erde sei durch Mehl ergänzt worden. Scharen von Vögeln hätten daraufhin die Körner oder das Mehl aufgepickt. Dies als böses Zeichen deutend, habe Alexander Wahrsager rufen lassen. Wohl über das vielfach beklagte cholerische Temperament des Königs unterrichtet und vor seinen Wutausbrüchen gewarnt, gaben die Zeichendeuter dem Omen eine glückliche Auslegung, indem sie antworteten: »Die Stadt, König, die du zu bauen befohlen hast, wird den ganzen Erdkreis ernähren, und die in ihr geborenen Menschen werden überall verbreitet sein, denn die Vögel fliegen über die ganze Erde!«

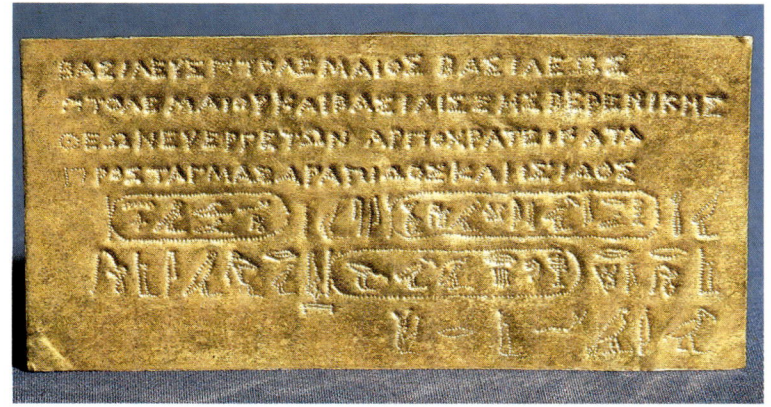

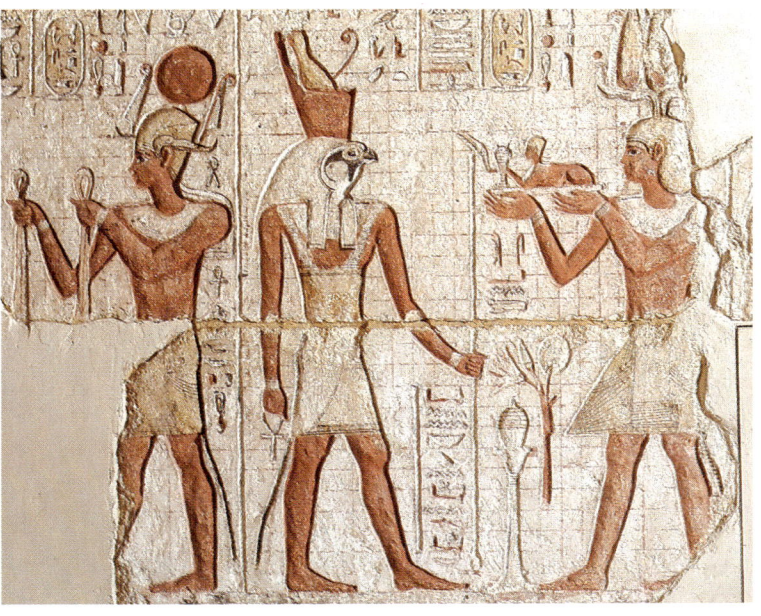

Links: Nach Übernahme der Regierungsgewalt durch die Dynastie der Ptolemäer versuchten sich diese fremden, dem Volk der Makedonen angehörenden Herrscher bei den Ägyptern beliebt zu machen. Die wirtschaftlichen Erfolge ihrer zunächst energischen Expansionspolitik fanden Ausdruck in großzügig geförderten Tempelbauten im ägyptischen Stil. Keinem bestimmten Herrscher ist der Tempel von Taposiris Magna zuzuweisen, der mit seiner Lage an der Mittelmeerküste zugleich Sinnbild ihrer grundsätzlich mediterranen Ausrichtung ist.

Rechts oben: Zweisprachig, nämlich griechisch und ägyptisch, wurden die goldenen Gründungsplaketten für einen Tempel des Sarapis in Alexandria abgefaßt. Unser Beispiel stammt aus der Zeit Ptolemaios' II.
Alexandria, Griechisch-Römisches Museum

Rechts unten: Der General Ptolemaios Lagos übernahm zunächst als Statthalter die Verwaltung Ägyptens und erklärte sich als Ptolemaios I. zum König. Eines der wenigen Zeugnisse seiner Bautätigkeit ist die Kapelle zu Ehren des Thot in Tuna el-Gebel.
Hildesheim, Pelizaeus-Museum

Von allen Städten gleichen Namens, die am Wege Alexanders nach dem ferneren Orient noch entstanden, war keiner eine so glänzende Zukunft beschieden wie Alexandria an der Mittelmeerküste Ägyptens; bald wurde sie »die erste Stadt der Welt ... durch ihre Schönheit und Größe, die Menge von Einkünften und von üppigen Genüssen«.

»Er hat die Bilder der Götter zurückgebracht, er setzte sie wieder an ihre Stätte«

In der Auseinandersetzung um das Erbe Alexanders des Großen, der im Jahre 323 v. Chr. dreiunddreißigjährig in Babylon, der Metropole des Zweistromlandes, die er als Hauptstadt seines Weltreiches ausersehen hatte, starb, fiel Ägypten an den General Ptolemaios, Sohn des Lagos. Seit 323 war er zunächst Statthalter, 305/304 v. Chr. nahm er den Königstitel an.

Im Unterschied zu den Persern war die Religionspolitik der Ptolemäer auf die Befriedung der Ägypter abgestellt. Die ersten Könige setzten die Rückführung verschleppter Götterbilder und heiliger Schriften durch, bestätigten Landschenkungen und Freistellungen für die Priesterschaften der Tempel und demonstrierten mit zahlreichen Ausbesserungs- und Neubauprojekten an den Verehrungsstätten, daß sie ihre Rolle als Mittler zwischen den Gottheiten und den Untertanen nach pharaonischer Tradition zur Wohlfahrt des Staates zu übernehmen gedachten. Angesichts des hellenistisch ausgerichteten Lebensstils der Lagiden

aber und ihrer an griechischen Traditionen orientierten Kulturpolitik gewinnen diese Äußerungen »ägyptischen« Herrscherverhaltens einen Zug propagandistisch gemeinten Nützlichkeitsdenkens.

Mit der makedonischen Königsfamilie waren in großer Zahl Söldner aus allen griechischen Siedlungsgebieten ins Land gekommen, vermehrt um Angehörige kleinasiatischer und balkanischer Völkerstämme, aus denen sich Alexanders Armee zusammengesetzt hatte. Als Reservoir für das Heer, dessen die Ptolemäer bei ihrer expansiven Außenpolitik und zur Aufrechterhaltung der Ordnung im Innern bedurften, wurden diese Soldaten mit ihren Familien als Lehnsbauern angesiedelt, wobei der Zusammenhalt der Landsmannschaften durch ihre Zugehörigkeit zu bestimmten Heeresabteilungen gewährleistet war. Ihre Eigenart wahrten auch die Gruppen vorderasiatischer Völker, darunter Perser, Syrer und Juden, die in den Städten gesonderte Viertel bewohnten.

In den führenden Positionen von Verwaltung, Wirtschaft und Heer waren Makedonen und Griechen tonangebend, zumal sich ihnen diejenigen ihrer Landsleute zugesellten, die seit der Zeit der 26. Dynastie reiche Erfahrung im Geschäftemachen gesammelt hatten. Im 3. Jahrhundert v. Chr. kontrollierten die Ptolemäer an der nordafrikanischen Küste ein Gebiet bis zur Großen Syrte, die phönikische Küste bis über Tripolis hinaus, dazu Zypern, Küstengebiete Kleinasiens und mehrere der griechischen Inseln vor der kleinasiatischen Küste. Alexandria wurde zum bedeutendsten Umschlagplatz des damaligen Welthandels. Das Steueraufkommen Ägyptens stieg sprunghaft an, nachdem neue Bewässerungstechniken eine Intensivierung der Landwirtschaft ermöglichten. Das Königshaus der Ptolemäer wurde zur reichsten unter den gekrönten Familien der Alexandernachfolge.

Obwohl die Lagidendynastie, namentlich in der Außenpolitik, nach spezifisch ägyptischen geopolitischen Gesichtspunkten handelte und keine außerhalb des Landes liegenden Interessen vertrat, stand einer wirklichen Erneuerung Ägyptens die ethnisch-soziale Aufspaltung entgegen; denn die Ägypter, auch der lese- und schreibkundigen Schicht, gelangten allenfalls noch in Priesterstellen oder in die unteren Ränge der Verwaltungshierarchie. Selbstverständlich blieben die Bevölkerungsgruppen nicht vollkommen hermetisch voneinander getrennt, in Mischehen wurden Ägypter hellenisiert und umgekehrt, aber bei den seit dem Ende des 3. Jahrhunderts v. Chr. auftretenden Unruhen, die stets militärisch niedergeschlagen wurden, ehe landesweite nationale Erhebungen daraus werden konnten, spielte neben dem Widerstand gegen erhöhten Steuerdruck meist auch die Nationalitätenfrage eine Rolle.

Links: Die Ptolemäer ließen sich sowohl in griechischem Stil als auch im Typus der Pharaonen darstellen. Königsbüste aus Bronze. Hildesheim, Pelizaeus-Museum

Rechts: Alexander der Große und mehrere Ptolemäerkönige ließen sich in der alten Reichsmetropole Memphis krönen, von deren Glanz nichts mehr zu ahnen ist.

»Denn an und für sich war ihre Schönheit, wie man sagt, gar nicht so unvergleichlich«

Während sich die Ptolemäer mit wechselndem Glück um die Mehrung ihres Territorialbesitzes kümmerten und aus all ihren geschäftlichen Unternehmungen und Beteiligungen den größtmöglichen Gewinn für die königliche Schatulle zu erwirtschaften suchten, dabei Wissenschaft und Künste fördernd, gehörte zu ihren westlichen Handelspartnern auch jener Staat, der sich aus kleinsten Stadtanfängen zur neuen Weltmacht emporkämpfte. Die Beziehungen Ägyptens zu Rom wandelten sich entsprechend der römischen Ausdehnung über Italien, Gallien, Spanien, Nordafrika, Griechenland und Kleinasien von herablassender Freundschaft zu verzweifelter Beschwichtigung. Ptolemaios XII., der sich als »Neuer Dionysos« zum Flötenspiel im Sinne des Gottes der Musik und des Rausches verpflichtet fühlte, hat Rom sogar die Anerkennung eines Testamentes abgerungen und sich von der Großmacht die Nachfolge seiner Kinder garantieren lassen.

Doch Rom nahm Ägypten unaufhaltsam in den Würgegriff. Zwanzig Jahre lang versuchte die Tochter Ptolemaios XII., Kleopatra VII., unter Einsatz aller ihrer angeborenen und erworbenen Fähigkeiten, die Ptolemäerkrone zu retten, ja, mit Hilfe führender römischer Feldherrn dem Westreich Rom ein orientalisches Imperium unter Führung Ägyptens entgegenzustellen. Sie vermochte Julius Cäsar und nach ihm Marcus Antonius in Alexandria festzuhalten, obgleich »ihre Schönheit«, schreibt Plutarch, »gar nicht so unvergleichlich war und von der Art, daß sie beim ersten Anblick berückte, aber im Umgang hatte sie einen unwiderstehlichen Reiz, und ihre Gestalt, verbunden mit der gewinnenden Art ihrer Unterhaltung und der sie umspielenden Anmut, hinterließ einen Stachel.«

Selbst als der Kampf um die Alleinherrschaft in Rom mit der Schlacht von Actium im Jahre 31 v. Chr. siegreich für Octavian, den nachmaligen Augustus, endete, und Marcus Antonius in Ägypten Selbstmord begangen hatte, so daß Kleopatra als seine Verbündete eigentlich keine Gnade vom Sieger erwarten durfte, machte sie noch einen schwachen Versuch, indem sie an die Rücksicht des Adoptivsohnes auf den Vater Julius Cäsar appellierte. Da ihr Augustus jedoch nichts außer der Aussicht, im Triumphzug in Rom mitgeführt zu werden, ließ, beging auch sie Selbstmord. Im Jahre 30 v. Chr. erfolgte die Angliederung Ägyptens an das Imperium Romanum.

Jahrzehnte später errichtete Augustus auf dem Campus Martius in Rom eine dem Sonnengott geweihte, gigantische Sonnenuhr, die größte aller Zeiten, wie die Wissenschaft annimmt. Als Gnomon (Schattenwerfer) dieser Uhr diente der erste aus Ägypten nach Rom verbrachte Obelisk (Abb. S. 396), dessen Basisinschrift daran erinnert, daß er zum Zeichen der »Unterwerfung Ägyptens unter die Macht des römischen Volkes« aufgestellt wurde.

Staat und Gesellschaft

DER GEOGRAPHISCHE Raum, die Fauna und Flora Ägyptens, aber auch seine politische Geschichte, bilden den äußeren Rahmen, geben die Kulisse ab, vor der sich die so bunte und facettenreiche, aber auch dramatische Wirklichkeit der altägyptischen Kultur abhebt. Die Reihung der Könige, ihre Regierungszeiten und einzelnen Leistungen sind zwar wesentliche Elemente unserer Kenntnis, sie allein jedoch würden dem altägyptischen Menschen und seinem Alltag nicht gerecht werden. Freilich ist die Überlieferung der pharaonischen Kultur nicht nur in vielfältiger Weise vom Zufall bestimmt – man denke zum Beispiel an den unterschiedlichen Erhaltungszustand von Gräbern und Tempeln –, sondern auch von ihrer ohne Zweifel bestehenden hierarchischen Gesellschaftsstruktur. Die Geschichte und Kultur Ägyptens ist in weiten Bereichen immer noch eine Geschichte und Kultur der Könige. Vieles ist noch im Dunkel, was den unteren Bereich der ägyptischen Gesellschaft betrifft. Dennoch wissen wir heute über den altägyptischen Menschen mehr als noch vor zwanzig, dreißig Jahren. Wir haben aber auch zu verstehen gelernt, daß trotz der dogmatisch so festgelegten Stellung des Königtums und seines göttlich-menschlichen Trägers, der als theoretischer Alleinbesitzer des Landes auch unbeschränkte Macht über seine Untertanen besaß, die Lebenswirklichkeit des ägyptischen Menschen über weite Strecken seiner Geschichte frei war von unmenschlichen Zwängen unterjochender Macht, daß das Zusammenleben der Gesellschaft von sozialethischen Grundsätzen bestimmt war, an denen wir in vielem unsere eigenen Maßstäbe anlegen könnten. Und die immer wieder zum Durchbruch kommende Lebensfreude der Menschen am Nil, die sich auch in ihrer Vorsorge für das jenseitige Leben zeigte, fand in fast allen Bereichen von Kunst und Kultur einen harmo-

Die Wappenpfeiler Thutmosis' III. vor dem Barkensanktuar des Amun-Tempels in Karnak. Lotus und Papyrus sind die Symbole der »Beiden Länder«: Oberägypten hat den Lotus, Unterägypten den Papyrus als Wappenpflanze.

nischen Ausdruck. Geläutert durch jahrtausendealte Erfahrungen und in der Erkenntnis, daß die von Anbeginn der Welt eingesetzte, aber immer wieder bedrohte Weltordnung sich stets durchsetzen würde, konnte die ägyptische Kultur zu jener Höhe gelangen, die sie für uns so einmalig und unverwechselbar macht.

Der König
Der »Lebende Horus auf Erden«

Wie kaum in einer anderen Hochkultur ist das Erscheinungsbild der pharaonischen vom Königtum und seinem Dogma geprägt. Das Königtum ist der Zentralbegriff der ägyptischen Kultur, der trotz aller historisch bedingten Schwankungen und Veränderungen zu den institutionellen Voraussetzungen des Alten Ägypten gezählt werden muß. Freilich ist hierbei zu bedenken, daß das uns heute zur Verfügung stehende Quellenmaterial aus dem Alten Ägypten nicht nur von der Zufälligkeit der Überlieferung bestimmt ist, sondern auch durch die unausgewogene Verteilung gesellschaftsspezifischer Nachrichten. Die ohne jeden Zweifel über Jahrtausende bestehende machtpolitische Position des ägyptischen Herrschers und seiner unmittelbaren Umgebung mußte notwendigerweise zu einem quellenmäßigen Überwiegen in den oberen gesellschaftlichen Bereichen führen, die unser heutiges Ägyptenbild entscheidend mitbestimmen. Doch auch jenseits der hier angedeuteten und durch die neuere Forschung immer mehr gemilderten Einseitigkeit des Erscheinungsbildes der ägyptischen Kultur kann die Institution des Königs als so gut wie nie in Zweifel gezogene, von Gott gesetzte Institution aufgefaßt werden. Beginnend mit ihrer erstmals in den letzten Jahrhunderten des 4. Jahrtausends historisch faßbaren Herausbildung bis zum Beginn der ptolemäischen Herrschaft bleibt der ägyptische König die Zentralfigur des ägyptischen Staates. Religion und Gesellschaft, Kunst und Wirtschaft, Verwaltung und Außenpoli-

tik sind – zumindest vom ideologischen Ansatz her – durch seine dogmatische Position bestimmt. Die Erfahrung der Zwischenzeiten, die nicht nur zu einer zeitweiligen Zertrümmerung der königlichen Zentralgewalt mit allen ihren Auswirkungen führen sollten, sondern auch tiefgreifende Wandlungen des ägyptischen Weltbildes und seines Selbstverständnisses hervorgebracht haben, ging zwar auch am König und an seiner religionspolitischen Verankerung im ägyptischen Staat nicht spurlos vorbei, seine grundsätzliche, in Titulatur und Funktion nach außen sich präsentierende Stellung blieb praktisch unangetastet. Trotz aller im Laufe der Jahrtausende sich abzeichnenden, vor allem in der Herausbildung unterschiedlicher Darstellungstypen faßbaren Tendenzen zu einer »Verweltlichung« des Königtums sollte der sakrale Charakter dieses göttlichen Amtes niemals grundsätzlich in Frage gestellt werden. Das göttliche Königtum ist das Amt des »Lebenden Horus auf Erden«. Seit dem Einsetzen der Schriftquellen des 4. Jahrtausends wird dem König die Bezeichnung »Horus«, das heißt »der Ferne«, verliehen, die ihn mit einem urzeitlichen Himmelsgott in Falkengestalt, der einst in der Sonnenbarke über den Himmel fuhr, gleichsetzt. Wenn sich auch seine Herkunft und die einzelnen Etappen, in denen sich Horus zum Königsgott entwickelte, noch unserer genauen Kenntnis entziehen, seine Verbindung zum Herrscher ist seit dem Beginn der ägyptischen Geschichte belegt. Charakteristisch ist die Darstellungsform dieser engen Verbindung, die im »Horusnamen« des

Königs am eindrucksvollsten zum Ausdruck kommt: Während der lautlich geschriebene Name des Königs in dem von der rechteckigen, nischengegliederten Palastfassade umschlossenen Palasthof eingeschrieben wird, sitzt der Falke über dem Königsnamen auf der Palastmauer. Somit wird der König zum irdischen Stellvertreter dieses Weltgottes, der auch »Horus des Palastes« bezeichnet werden konnte. Die in diesem ältesten Königstitel zum Ausdruck gebrachte Gleichsetzung von König und Gott stellt gleichsam eine formelhafte Verkürzung des göttlichen Königtums dar. Die mehrfach belegte Überlieferung (zum Beispiel im Turiner Königspapyrus) von den in der Urzeit wie Könige regierenden Götterdynastien findet ihre historische Weiterführung in dem irdischen König, der ein von den Göttern bestimmter und geleiteter Gotteserbe ist, in dem der höchste Gott – Horus – selbst gegenwärtig ist, in ihm also gleichsam »einwohnt«. Diese Verbundenheit, ja Gleichsetzung von Gott und König findet ihren entsprechenden Ausdruck in zahlreichen weiteren Königsbenennungen, die ihn unter anderem als den »vollendeten Gott« bezeichnen.

Die fünf Namen des Königs – die Titulatur

Neben den »Horusnamen«, der ältesten aller Königsbezeichnungen, treten im Laufe der Zeit vier weitere Königstitel, die zusammen die königliche Titulatur bilden und seit dem Mittleren Reich für fast alle ägyptischen Könige belegt sind. So gehört ebenfalls in die Frühzeit der »Herrinnenname«, der den König in Beziehung zu den beiden Landesgottheiten Nechbet und Buto bringt, ohne daß hier jedoch eine dem Horusnamen entsprechende Gleichsetzungstheologie zum Ausdruck kommen würde. Der mit der Hieroglyphe für »Gold« und dem »Falken« zusammengesetzte »Goldhorusname« scheint auf eine frühe Gleichsetzung des Horusfalken mit der (goldenen) Sonne hinzudeuten. Er ist in kanonischer Reihung als dritter Name eines Königs seit der 4. Dynastie belegt. Von besonderer Bedeutung jedoch sind der vierte und fünfte Name der Königstitulatur. So nehmen seit der 5. Dynastie Könige, deren Eigenname nicht den des Sonnengottes Re enthalten, einen »Thronnamen« bzw. »Re-Namen« an, der mit dem Titel »König von Ober- und Unterägypten« eingeleitet und in einen schützenden ovalen Ring, die »Königskartusche«, eingeschrieben wird. Der Titel »König von Ober- und Unterägypten« (eigentlich »Der zur Binse und zur Biene Gehörende«) bringt den Herrschaftsanspruch des Königs über beide Landeshälften zum Ausdruck. Seit dem Ende der 4. Dynastie ist der ebenfalls in eine Kartusche eingeschriebene »Geburtsname« als der fünfte Name der Königstitulatur belegt. Er wird von der Bezeichnung des Königs als »(leiblicher) Sohn des Re« eingeleitet, die auf die neu formulierte dogmatische Stellung des Königs hinweist, die sich in der Folge des wachsenden heliopolitanischen Einflusses vollziehen mußte. Als Beispiel für eine vollständige Titulatur sei hier jene des Königs Ramses II. in Übersetzung wiedergegeben: »Horus – siegreicher Stier, erwählt von der Maat«, »Die Beiden Herrinnen – Der, der Ägypten schützt und die Fremdländer unterwirft«, »Goldhorus – Reich an Jahren, Groß an Siegen«, »König von Ober- und Unterägypten und Herr der Beiden Länder – Re

ist mächtig an Maat, der Erwählte des Re«, »Sohn des Re – Re hat ihn geboren (Ramses)«. Unsere heute noch gebräuchliche Bezeichnung des ägyptischen Königs »Pharao«, die im Alten Testament als Eigenname für den ägyptischen König verwendet wurde, ist altägyptischen Ursprungs und bedeutet soviel wie »Großes Haus« (vergleiche zum Beispiel »Hohe Pforte«) und war ursprünglich eine Bezeichnung des königlichen Palastes, von dem sie auf dessen Bewohner übertragen wurde. Der Titel »Pharao« war jedoch nie Bestandteil der offiziellen Königstitulatur.

Der König – das Kind Gottes – die göttliche Geburt

Die in dem seit der 4. Dynastie belegten Titel des Königs »Sohn des Re« zum Ausdruck gebrachte Vorstellung von der »Gottessohnschaft des Königs« muß mit dem steigenden Einfluß des alle Lebensäußerungen bestimmenden Glaubens an den Sonnengott Re in Verbindung gebracht werden. Neben die Vorstellung vom König als dem Himmelsgott Horus tritt hier eine für uns gegensätzlich wirkende, dem Ägypter aber keineswegs unvereinbar erscheinende Vorstellung von dem König als dem Sohn Gottes, die nicht unbedingt als Minderung der Göttlichkeit des Königs verstanden werden muß. Vielmehr steht die Vorstellung von der Gottessohnschaft des Königs in direktem Zusammenhang mit dem dogmatisch fixierten Bestreben, die Legitimität des Herrscheranspruches durch die göttliche Abkunft des Amtsträgers unter Beweis zu stellen.
Einen ersten anschaulichen Ausdruck findet diese Vorstellung in den Märchen des Papyrus Westcar, die zwar in der 12. Dynastie aufgezeichnet wurden, in ihrem Kern aber bis ins Alte Reich zurückreichen. Dieses als wohl älteste Rah-

menerzählung der Literaturgeschichte geformte Werk spielt am Hofe des Königs Cheops, dessen Söhne der Reihe nach, also ihrem Alter entsprechend, märchenhafte Geschichten aus der Vergangenheit erzählen. Als der Königssohn Djedefhor den Weisen Djedi kommen läßt, berichtet dieser jedoch in prophetischer Weise von den Nachfolgern des Cheops im Königsamt: von Drillingen, die als Söhne einer Frau des Sonnenpriesters von Sachebu (Heliopolis) als die ersten drei Könige der 5. Dynastie den Thron besteigen werden. Ob diese Erzählung nun aus dem Bestreben entstanden ist, die nicht in direkter Linie von der 4. Dynastie abstammende 5. Dynastie nachträglich zu legitimieren, oder mit der bereits in der 4. Dynastie spürbaren Betonung der Gottessohnschaft des Königs als »Sohn des Re« und damit dem wachsenden Einfluß der Priesterschaft von Heliopolis zusammenzubringen ist oder auch beides nebeneinander bestehen kann – die Vorstellung von der Gottessohnschaft des Königs bleibt nun bis zum Ende der ägyptischen Geschichte ein wesentlicher Bestandteil der Königstheologie.

In bildlicher und textlicher Form ist uns der Mythos von der göttlichen Abkunft des Pharao in kanonischer Form erstmals unter der Königin Hatschepsut (18. Dynastie) überliefert. Hier nimmt der Reichsgott Amun die Gestalt ihres Vaters Thutmosis I. an und zeugt das »göttliche Kind« mit ihrer weltlichen Mutter Ahmose, nicht ohne sich jedoch vorher als Gott zu erkennen zu geben. In fast identischer Form ist der Geburtsmythos auch von den Königen Amenophis III., Ramses II. sowie von den »Götterkindern« der 30. Dynastie und der griechisch-römischen Zeit überliefert. Bei ihnen wird nun auch die Mutter als göttliches Wesen aufgefaßt, eine Vorstellung, die in den Geburtshäusern aus dem Ende der ägyptischen Geschichte, den sogenannten Mammisi, eine rituelle Umsetzung fand und nicht nur die griechisch-römische Antike, sondern wohl auch die Geburtserzählung Jesu mit beeinflußt hat.

Der oberste Priester und Erhalter der Weltordnung

Der kosmische Kreislauf vom Werden und Vergehen der Welt, von Geburt und Tod, von Aussaat und Ernte, dessen rhythmische Abfolge gerade im Stromland Ägypten in dem alljährlichen Phänomen der Nilüberschwemmung eine augenfällige Ausprägung erfuhr, war in seiner Verwirklichung dem ursprünglich abstrakt konzipierten Ordnungsbegriff der »Maat« unterworfen. Die Verwirklichung dieses nur unzureichend mit »Weltordnung« zu übersetzenden Grundprinzips allen Geschehens, das als »Gefährtin (oder Tochter) des Re« schon in der Pyramidenzeit personifiziert und später als Frauengestalt mit einer Feder auf dem Kopf anthropomorph dargestellt wurde, war Hauptaufgabe des Königs. Er war der Garant für den geregelten Ablauf des Weltgeschehens, die Weltordnung behielt allein durch ihn bzw. den von ihm vollzogenen Kult ihre Gültigkeit. Insofern war der König oberster, ja einziger Priester. Nur er war

(Nachdem Amun der Götterneunheit seinen Entschluß verkündet hat, dem Lande Ägypten einen neuen König zu zeugen, beauftragt er Thot, nach der Königin zu suchen. Thot antwortet:)
»Jene ist eine Fürstin, Iahmes ist ihr Name. Schöner ist sie als jede Frau in diesem ganzen Lande; sie ist die Gattin des Herrschers, des Königs Acheperkare (Thutmosis' I.), er ist mit Leben begabt ewiglich. Seine Majestät aber ist noch ein Kind. Geh doch bitte (zu) ihr.« (Amun wird von Thot zur Königin geleitet, nachdem) er seine Gestalt zu der dieses ihres Gatten, des Königs von Ober- und Unterägypten Acheperkare (gemacht) hatte. Sie fanden sie, wie sie ruhte im Innersten ihres Palastes ... Er ging sogleich zu ihr, er entbrannte in Liebe zu ihr; er gab sein Herz zu ihr hin, er ließ sie ihn sehen in seiner Gottesgestalt, nachdem er vor sie gekommen war, so daß sie jubelte beim Anblick seiner Vollkommenheit; seine Liebe, sie ging ein in ihren Leib ... Gesprochen wird aber von der Königsgemahlin und Königsmutter Iahmes zu der Majestät dieses herrlichen Gottes, des Amun, Herrn von Karnak: »Mein Herr, wie groß sind doch deine Bas! Herrlich ist es, dein Antlitz zu sehen. Du hast meine Majestät mit deinem Glanz umfangen, dein Duft ist in allen meinen Gliedern«, nachdem die Majestät dieses Gottes alles, was er wollte, mit ihr getan hatte. Gesprochen wird durch Amun, den Herrn von Karnak, zu ihr: »Hatschepsut-Chenemet-Amun (Hatschepsut, die Amun umfängt) ist also der Name dieses deines Sohnes, den ich in (deinen) Leib gelegt habe. Sie wird dieses wohltätige Königtum in diesem ganzen Lande ausüben.

Aus dem Text der »Geburtslegende«
im Totentempel der Hatschepsut in Der el-Bahari
(nach Hellmut Brunner)

Links: Die göttliche Geburt des Gottkönigs, Reliefzyklus in der »Geburtshalle« im Totentempel der Königin Hatschepsut in Der el-Bahari. Der ibisköpfige Gott der Weisheit und Götterbote Thot geleitet Amun zur Königin (links oben). Amun wohnt der Königin bei. Amun erteilt dem widderköpfige Chnum den Auftrag, das gezeugte Kind zu bilden. Chnum formt unter Assistenz der froschköpfigen Heket, die das Lebenszeichen reicht, das Kind und seinen Ka auf der Töpferscheibe. Thot verkündet der Königin ihre Titel und Würden als Gottesgemahlin und Königsmutter. Chnum und Heket führen die Königin zum Geburtszimmer. Die Mutter hält das Neugeborene in den Armen, eine Amme ist bereit, das Kind in Empfang zu nehmen, Götter und Genien reichen die Zeichen für Leben und Dauer. Hathor stellt Amun das Kind vor, das er als Sohn anerkennt. Der neue König von Ober- und Unterägypten wird den Göttern des Landes vorgestellt.

Unten: Königin Hatschepsut wird von Hathor gesäugt. Ausschnitt aus einem Relief der Hathorkapelle im Totentempel der Königin in Der el-Bahari.

zum Kultvollzug legitimiert und wurde dementsprechend seit Beginn des Mittleren Reiches auch »Herr des Rituals« genannt. Die Priester in sämtlichen Tempeln des Landes handelten ausschließlich als Stellvertreter für den König, die von ihm dazu beauftragt werden mußten. Ob Alltagskult oder Kult an den Festtagen, die in den unzähligen Tempeln des Landes vollzogenen rituellen Handlungen, Opferungen, Prozessionen usw. dienten ausschließlich der Erhaltung der Weltordnung, der Maat, von der es hieß, daß Götter wie Menschen von ihr leben.

So ist es nur konsequent, wenn die Thronbesteigung eines neuen Königs gleichsam als Neuschöpfung der Welt aufgefaßt wurde, die nach dem Tode des Vorgängers mangels eines geeigneten Ordnungsgaranten in ein tiefes Chaos gestürzt war. Mit der Königskrönung, die dementsprechend zumindest in fiktiver Weise auf den Neujahrstag des bürgerlichen Wandeljahres gelegt wurde, wird das Chaos beseitigt. Die bei jedem Regierungsantritt neu vollzogene »Vereinigung der Beiden Länder«, durch den Titel und das Ornat des Königs sinnfällig zum Ausdruck gebracht, stellt die Ordnung wieder her. Folgerichtig nennt sich zum Beispiel der Dynastiegründer der 12. Dynastie, König Amenemhet I., »Wiederholer der Geburten«, das heißt, »der Schöpfung«.

Diese im Königsdogma verankerte ritualisierte Auffassung vom Königsamt als einer von seinem menschlichen Träger losgelösten Institution, die als Garant der ewigen Wiederkehr des gleichen das kosmische Geschehen wie zum Beispiel die Nilüberschwemmung bestimmte, sollte ihre Auswirkung auch auf das Geschichtsbild der Alten Ägypter haben. Wie die Thronbesteigung des Königs als notwendiger Akt der Weltneuschöpfung betrachtet wurde, so waren

Links: Die Sitzstatue des Königs Chephren kann als das bedeutendste rundplastische Kunstwerk des Alten Reiches angesehen werden. In ihm zeigt sich nicht nur die technische Vollendung der Bildhauerkunst, sondern auch der zu Stein gewordene Ausdruck des ägyptischen Königsdogmas. Der nur mit kurzem Schurz, Götterbart und Königskopftuch bekleidete König sitzt in zeitloser Verhaltenheit auf einem Löwenthron. Sein Antlitz ist idealisiert, das menschliche Individuum tritt hinter der göttlichen Institution des Königtums zurück. Die schützenden Schwingen des Königsgottes Horus umfangen sein Haupt und drücken auch dadurch göttliche Einheit und Identität aus. Die 1,68 m hohe Statue aus Gneis wurde im Totentempel des Königs in Gise gefunden.
Kairo, Ägyptisches Museum

Rechts oben: Die »Vereinigung der beiden Länder« findet sich als heraldisches Motiv unzählige Male auf den Thronseiten der kolossalen Königsstatuen. Die bei jedem Regierungsantritt neu vom König zu vollziehende Vereinigung wird in symbolhafter Form als Verknüpfung der beiden Wappenpflanzen durch zwei Nilgötter wiedergegeben: Lotus oder Lilie (Oberägypten) und Papyrus (Unterägypten) werden über dem hieroglyphischen Zeichen für »Vereinigung« verknotet. Die Darstellung befindet sich an einer Kolossalstatue Ramses' II. am Luxor-Tempel.

Rechts unten: König Thutmosis III. beim Weinopfer. Schon seit dem Alten Reich konnten Könige auch knieend und mit Opfertöpfen in den Händen dargestellt werden. Solche Bilder erweisen den König als »Herrn des Rituals«, der durch sein Opfer den geordneten Weltenlauf zu garantieren hatte.

dem König auch während seiner Regierungszeit bestimmte Handlungen und Verhaltensweisen aufgetragen, die in gleichsam ritualisierter Form in Darstellungen und Berichten als »Geschehen« geschildert werden, ohne daß ihre Historizität eine notwendige Voraussetzung gewesen wäre. Expeditionen und Feldzüge, Tempelgründungen und Schlachtendarstellungen sind oftmals ausschließlich im Sinne einer ritualisierten Geschichtsauffassung dem König zugewiesene Kulthandlungen, die seine ihn und sein Amt legitimierende Wirksamkeit unter Beweis stellen. Prägnantestes Beispiel dafür ist die in formelhafter Verdichtung von der Reichseinigungszeit (Abb. S. 44) bis in die römische Zeit in zahlloser Wiederholung wiedergegebene Darstellung des »Schlagens der Feinde«. Der König, der den vor ihm niedergeworfenen Gegner am Schopf hält und mit der Keule erschlägt, vollzieht sinnfällig die Überwindung der chaotischen Mächte; er handelt als Garant der Maat.

Der König – Gott und sterblicher Mensch

Die bereits seit der Frühzeit in der Gleichsetzung mit dem Himmelsgott Horus zum Ausdruck gebrachte Göttlichkeit des Königs, der in der Gottessohnschaft und der damit verbundenen Herausbildung der königlichen Geburtslegende seit dem Alten Reich eine prägende Ergänzung zuteil wurde, fand ihren Niederschlag nicht nur in der königlichen Phraseologie, dem Hofzeremoniell und dem königlichen Ornat, sondern auch in der Auffassung von der machtgeladenen, magischen Physis des Königs, die jener der Götter vergleichbar war. Daraus erklärt sich zum Beispiel, daß all jene Funktionsbereiche und Ämter am frühzeitlichen Königshof, die unmittelbar mit der Person des Königs, etwa mit seiner Frisur, seinem Ornat oder seiner Nahrung zu tun hatten, ursprünglich den Königssöhnen vorbehalten waren, da diese aufgrund ihrer Abkunft am ehesten der magischen Ausstrahlung des Königs standhalten konnten. Und auch später noch kommt den entsprechenden Titelträgern ein hoher Rang zu. Kennzeichnend dafür ist eine biographische Notiz aus der 5. Dynastie, die sich im Grab des Rawer in Gise erhalten hat. In ihr wird geschildert, wie Rawer, der sich bei der Thronbesteigungszeremonie des Königs Neferirkare in dessen unmittelbarer Nähe befand, versehentlich von einem machtgeladenen Zepter des Königs berührt wird. Um Schaden von ihm abzuwenden, ruft der König einen Heilswunsch über ihn aus und ordnet anschließend an, diese Begebenheit im Grabe aufzuzeichnen.

Einen dem Götterkult vergleichbaren Königskult, der sich an den lebenden Herrscher wendet, gab es jedoch nicht, sieht man ab von den verschiedenen kultisch verehrten Königsstatuen. Sie wurden vor allem aus Propagandagründen und zur Absicherung unsicher gewordener Herrschaftsansprüche auf Veranlassung des regierenden Königs an entsprechend wichtigen und der breiten Öffentlichkeit zugänglichen Stellen aufgestellt (zum Beispiel an Straßenkreuzungen, Tempeltoren, Grenzstationen) und der allgemeinen Volksfrömmigkeit zur Verehrung anheimgestellt. Die durch sie angebotenen Mittlerdienste, die diese Statuen zwischen den Gläubigen und dem Gottkönig anboten, wurden insbesondere unter Ramses II. in großem Umfang in Anspruch genommen. So sind zahlreiche Stelen aus der Ramsesstadt erhalten, auf denen sich einfache Soldaten, aber auch Offiziere mit der Bitte um Fürsprache an die vor der Deltaresidenz aufgestellten Kolossalstatuen dieses Königs wenden.

Trotz aller dogmatisch fixierten und ideologisch notwendig vorauszusetzenden Göttlichkeit war der König aufgrund seiner menschlichen Komponente ebenso der Vergänglichkeit, ja dem Tode ausgesetzt wie seine Untertanen. So läßt sich bereits bis in die vorgeschichtliche Zeit ein Ritual zurückverfolgen, das der Erneuerung der Herrschaftskraft diente und bis in die ptolemäische Zeit praktiziert wurde: das Sedfest. Während in jüngeren afrikanischen Kulturen am Ende eines rund dreißigjährigen Lebensabschnittes der rituelle Königsmord nachweisbar ist, gibt es in Ägypten dafür keine sicheren Belege. Das Sedfest, das idealiter nach den ersten 30 Regierungsjahren, in weiterer Folge jedoch im Abstand von 3 bis 4 Jahren gefeiert wurde, war ein fester Bestandteil des Königsrituals. In ihm sollten die magische und physische Kraft des alternden Königs erneuert werden, damit er wie bei seinem Regierungsantritt auch weiterhin seiner Schöpferfunktion gerecht werden konnte. Die große Anzahl überlieferter unhistorischer Sedfeste, die häufig belegten symbolischen Verheißungen von »Millionen von Sedfesten« und die von König Djoser bis zum Neuen Reich belegte Übernahme dieses Erneuerungsfestes in das Dekorationsprogramm der königlichen Totentempel erweisen die überragende Bedeutung dieses Rituals. Es bestand im wesentlichen aus verschiedenen Prozessionen und Umzügen des Königs und seines Gefolges, bei denen die Reichsheiligtümer besucht wurden. Neben Huldigungsszenen, in denen der bereits verjüngte König Abordnungen des gesamten Landes empfing, standen Riten, die die neuerliche Besitzergreifung der Welt durch den König bezeugen sollten. Dazu gehören Pfeilschüsse in die vier Himmelsrichtungen und vor allem ein Kultlauf des mit den Insignien seiner Herrschaft versehenen Königs, der dadurch seine wiedergewonnene Kraft zum Ausdruck bringt.

Doch auch die rituelle Erneuerung durch das Sedfest konnte den Tod des Königs nicht verhindern. Einst als

König Sesostris III. mit der Doppelkrone. Der Zusammenbruch des Alten Reiches und die Erfahrungen der Ersten Zwischenzeit sollten auch für das Selbstverständnis des Königtums von Bedeutung sein. Nach dem zeitlosen Königsbildnis des Alten Reiches wurde in der 12. Dynastie, vor allem unter Amenemhet III. und Sesostris III., auch die Vergänglichkeit des Menschen darstellungsfähig. Das Statuenfragment zeigt das Antlitz eines gealterten Königs.
Luxor, Museum für Altägyptische Kunst

»Horus auf dem Thron der Lebenden«, herrscht der tote König nun im Jenseits – aber in einer neuen Verbindung mit dem Unterweltgott Osiris. Dieser chthonische Fruchtbarkeitsgott, dessen Herkunft zweifelhaft, wahrscheinlich nicht ägyptisch ist, erlangte nicht zuletzt durch seine Verbindung mit dem König eine der bedeutendsten Positionen des ägyptischen Pantheons. Vielleicht nahm die Gleichsetzung des toten Königs mit Osiris bei den Königsgräbern der 1. und 2. Dynastie ihren Ausgang, wo der alte Friedhofsgott Chontamenti, »der Erste der Westlichen«, und Osiris, der Herr seines mythischen Begräbnisortes Abydos, miteinander verschmolzen. Der zu Osiris gewordene König wurde nun Herrscher der Unterwelt, der »größten Stadt«, wie sie in den ägyptischen Texten genannt wird. Die ältesten überlieferten religiösen Texte größeren Umfangs jedoch, nämlich die seit dem Ende der 5. Dynastie (König

Unas) nachweisbaren Pyramidentexte, zeigen noch ein weiteres Bild von der Unterwelt, das vom Sonnengott Re bzw. von seiner Barkenfahrt bestimmt ist. Und der tote König, der nach einer alten Vorstellung bei seinem Tode zum Himmel geflogen ist, begleitet nun die Barke und erfüllt so wie Re auf seiner Nachtfahrt die Welt der Toten mit Licht und Leben.

Dieses Nebeneinander der nur scheinbar widersprüchlichen Jenseitsvorstellungen von der Barkenfahrt des Re, die insbesondere in den Jenseitsbüchern des Neuen Reiches eine eindringliche Schilderung erfuhr, und des lichtlosen Reichs des Unterweltherrschers Osiris geben gerade wegen ihrer scheinbaren Unvereinbarkeit ein facettenreiches Bild königlicher Jenseitsvorstellungen.

Doch dem königlichen Totenkult kam auch eine irdische Komponente zu, die für das Gesamtverständnis des ägypti-

*Links: Golddiadem des Tutanch-
amun. Neben den verschiedenen
Kronen und Helmen konnten sich
die Könige auch mit Diademen
und Haarreifen schmücken. Der
mit den Wappentieren von Ober-
und Unterägypten, Geier und Königskobra (Uräus), versehene Gold-
reif ist mit Karneol, Fayence und
Glaspaste eingelegt.
Kairo, Ägyptisches Museum*

*Rechts: Die beiden wichtigsten
Throninsignien des Königs waren
Krummstab und Geißel, ursprüng-
lich ein Arbeitsgerät des Viehhirten,
der mit der Geißel die Tiere antrieb
und sie mit dem Krummstab am
Hinterlauf fassen konnte. Aus dem
Grab des Tutanchamun, Gold,
Halbedelsteine und blaues Glas.
Kairo, Ägyptisches Museum*

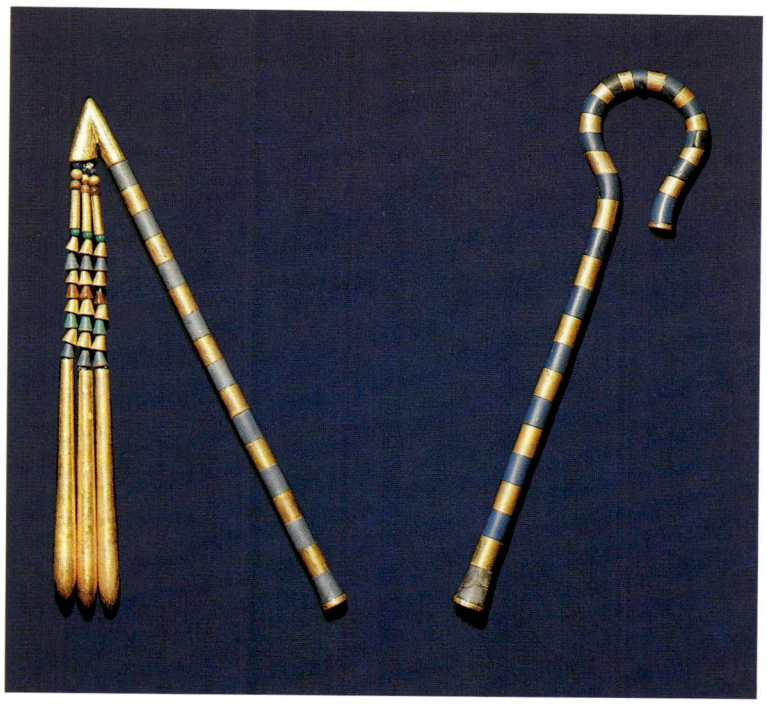

Halte dich fern von deinen Untergebenen, die nichts sind ... Nähere
dich ihnen nicht in deiner Einsamkeit. Fülle nicht dein Herz mit einem
Bruder, kenne keinen Freund, schaffe dir keine Vertrauten; denn es
kommt nichts dabei heraus. Wenn du schläfst, behüte dir selbst dein
Herz; denn ein Mann hat keine Anhänger am Tage des Unheils. Ich
gab dem Armen und zog die Waise auf. Ich ließ Erfolg haben den, der
nichts hatte, wie den, der etwas besaß ... Nicht hungerte man in meinen Jahren und nicht dürstete man ...
Aus der Lehre Amenemhets I. für seinen Sohn und Nachfolger
Sesostris I. (nach Wolfgang Helck)

schen Königtums nicht weniger ausschlaggebend ist: das
königliche Begräbnis und die damit im Zusammenhang
stehenden Tempelbauten und Grabanlagen, über die in
diesem Buch jedoch an anderer Stelle berichtet wird.

Ornat und Insignien

Die zahlreichen gemalten, reliefierten oder skulptierten
Abbildungen von Königen aus sämtlichen Abschnitten der
ägyptischen Geschichte geben hinreichend Auskunft über
Ornat und Herrschaftsembleme des ägyptischen Pharao,
die allerdings nur durch wenige Originale, wie zum Beispiel aus dem Grab des Tutanchamun, ergänzt werden.
Eine nicht geringe Anzahl königlicher Kleidungsstücke
wie zum Beispiel Falkenjacke, Falkenschurz und Falkenkleid, aber auch der Stierschwanz, der dem Herrscher
bisweilen hinten vom Gürtel herabhängt, sowie das
ursprünglich ebenfalls zum königlichen Ornat gehörende
Pantherfell weisen in eine weit zurückliegende, von magischen Vorstellungen bestimmte Zeit, in der durch die
Übernahme typischer Elemente aus dem Tierbereich dem
König ähnliche Eigenschaften und Fähigkeiten übertragen werden sollten, wie sie dem als Vorbild dienenden Tier
zu eigen sind. Andere Einzelheiten des königlichen Ornats
weisen auf Verbindungen zu den in der libyschen Wüste
während der Frühzeit beheimateten Nomaden, wie zum
Beispiel Phallustasche, Kreuzband und Stirnlocke.
Von besonderer Bedeutung waren die zahlreichen unterschiedlichen Kronen, die wie die übrigen Herrschafts-
insignien durch die Gottheit verliehen wurden. Machtgela-
den wie die über der Stirn des Herrschers sich aufbäumende Uräusschlange, die Königskobra, konnten sie
gleichsam als selbständige Wesen hymnisch verehrt werden. Zu den ältesten Kronen gehören die beiden Landes-
kronen: die Weiße Krone, eine hoch aufragende, aus Stoff

oder Filz hergestellte Kopfbedeckung mit knaufartigem
Abschluß, die die oberägyptische Landeshälfte repräsentiert, sowie die Rote oder unterägyptische Krone, die aus
einem abgeflachten Untersatz und einer nach innen einge-
rollten Drahtschlaufe besteht. Ineinandergestülpt weisen
die beiden Kronen als »Doppelkrone« ihren Träger als
Herrscher über Ober- und Unterägypten aus. Neben der
aus zwei Straußenfedern, Pflanzenstengeln, der Sonnenscheibe, Widderhörnern und Uräen zusammengesetzten
Atefkrone sei noch die seit dem Ende der 2. Zwischenzeit
nachweisbare Blaue Krone erwähnt, eine haubenartige
Kopfbedeckung mit flügelartig vorspringenden Seitentei-
len. Zur Grundausstattung der Königstracht gehörte auch
das seit der 3. Dynastie nachweisbare Königskopftuch, dessen vom Hinterkopf herabhängender Teil im Nacken zopf-
artig zusammengedreht wurde. Ebenso charakteristisch
für das königliche Aussehen sind der geflochtene, ungebundene Zeremonialbart sowie der kurze Königsschurz,
meist ein plissierter und gegürteter Schurz mit trapezför-
migem Mittelstück. Zu den wichtigsten Herrschafts-
insignien zählen neben bestimmten Schmuckelementen
wie zum Beispiel Halskragen, Armreifen, Pektorale usw.
vor allem Geißel und Krummstab, denen eine ganze Reihe
weiterer Zepter und Stäbe zur Seite stehen.
Allen aufgeführten Bestandteilen des Königsornates ist
eine magische Funktion gemeinsam. Die Einzelteile sind
nicht nur Ausdruck königlicher Macht und Würde, sondern vor allem dazu bestimmt, ihrem Träger besondere
Kraft und Schutz zu verleihen.

Der König und sein Abbild

Die bereits oben dargelegte Schöpferfunktion, die der
König kraft seines göttlichen Amtes und als oberster Priester ausübte, bedurfte einer entsprechenden materiellen

Verdeutlichung und nach außen hin sichtbaren Festschreibung. So fand die überzeitliche Bestimmung des Königsdogmas in den jeder Vergänglichkeit enthobenen Königsbildern des Alten Reiches den ihr gemäßen Ausdruck. Die sterbliche Individualität des Gottkönigs tritt hinter dem Ewigkeitsanspruch seines Amtes zurück. Nicht der Mensch als König, sondern der idealisierte, ewig jugendliche Gott und König ist das Darstellungsziel. Einen vollendeten künstlerischen Ausdruck fand diese Konzeption in der Sitzfigur des Königs Chephren (4. Dynastie, um 2500 v. Chr.). Der den Kopf des Königs mit seinen Schwingen umfassende Horusfalke ist Zeichen göttlicher Identität, die ihren Anspruch auch über den Tod hinaus beibehält. Auch der verstorbene, zum Totengott Osiris gewordene König nimmt weiterhin teil an dem zyklisch sich erneuernden Königtum. Dementsprechend ist sein Machtanspruch auch in den Königsstatuen, die in den Totentempeln aufgestellt wurden, festgeschrieben. Die Pyramidenanlagen als die monumentalen Grabmäler der vergangenen Könige fanden ihren kultischen Mittelpunkt in den jeder Vergänglichkeit entäußerten Grabstatuen der Könige.

Wie kaum an einem anderen Medium läßt sich die Wandlung des ägyptischen Königtums an Beispielen der königlichen Rundplastik aufzeigen. So ist die im Alten Reich übliche Darstellung des Königs als Gott und Herrscher, dessen menschlicher Anteil hinter der von ihm repräsentierten Institution des Königtums zurücktreten mußte, bei den Darstellungen des Königs Sesostris III. überwunden. Das hinter allen traditionellen Darstellungsformen immer stärker werdende Bedürfnis, die Erkenntnis der Vergänglichkeit menschlicher Existenz, der auch der König unterliegt, bildnerisch umzusetzen, ist in den Porträts dieses Königs am eindrucksvollsten zum Ausdruck gebracht. Die in den Tempeln des Neuen Reiches in erneuerter religiöser Zielsetzung, aber auch zu Propagandazwecken aufgestellten Königsstatuen hingegen zeigen wieder die idealisierte Darstellung des durch den König repräsentierten überzeitlichen Königtums. Allerdings sollte das Bewußtsein eines die engen Grenzen Ägyptens weit überschreitenden Weltreiches, dessen höfisch bestimmter Mittelpunkt die königliche Residenz war, die Selbstdarstellung der Könige dieser Zeit beeinflussen. Vor allem die Bildnisse der Thutmosiden sind hierfür von kennzeichnender Aussage. Auch die Königsbildnisse Amenophis' IV. sind in ihrer Unverwechselbarkeit und Ausdrucksstärke ein erschütterndes Zeugnis für das nie zur Ruhe kommende Ringen um eine adäquate Selbstdarstellung des Königs. Trotz aller bis in die Zeit Amenophis' III. zurückreichenden Vorformen bleibt das Königsbildnis der Amarnazeit eine Ausnahme. In noch nie erfahrener Weise verstand es Amenophis IV., seinen stark individuell geprägten religiösen Konzeptionen künstlerischen Ausdruck zu verleihen.

Das stets mit äußerem Machtanspruch einhergehende Bestreben der Ramessiden nach Selbstdarstellung führte

Links: Sitzfigur des Königs Pepi I. aus der 6. Dynastie mit oberägyptischer Krone, Zepter und Geißel und dem kurzen Festmantel für das Regierungsjubiläum. Der Horusfalke auf der Thronlehne gehört zum »Horusnamen« auf der Thronrückseite. Die aus Alabaster (Kalzit) geschnittene Statuette ist nur 25,5 cm hoch. New York, Brooklyn Museum

Rechts: Der »Horusname« des Königs »Schlange« aus der 1. Dynastie. Über der Palastfassade ist in »aufgeklappter Perspektive« der Palasthof mit dem Namen »Schlange« zu sehen, darüber erhebt sich der Horusfalke. Paris, Louvre

Unten: Das »Königliche Protokoll« bestand aus fünf Namen, von denen zwei in die schützende Kartusche geschrieben wurden: der »Geburtsname« und der Thronname, hier auf einem Relieffragment Tutanchamuns aus Karnak.

Deine Worte geschehen, Tag für Tag; man handelt (nach) deinem Herzen genau wie für Ptah, den Schöpfer der Künste. Du wirst immer sein, und (immer) wird man nach deinen Ratschlüssen handeln, alles, was du sagst, wird gehört werden, o König, unser Herr!
Aus einem Hymnus auf Ramses II. (nach Jan Assmann)

zur Entstehung monumentaler Königsstatuen, die, wie oben bereits erwähnt, als Denkmäler oder besser als Propagandamittel des Königs im ganzen Land aufgestellt wurden. Waren die Königsstatuen des Alten Reiches die überzeitliche Darstellung der durch den gottgleichen König repräsentierten göttlichen Institution, so wurden sie nun zum monumental übersteigerten Ausdruck eines persönlichen Machtstrebens, das bis zum Anspruch auf Vergöttlichung eigener Kolossalstatuen führen konnte.

Die Residenz
Der König und seine Paläste

Schon die seit der 1. Dynastie belegte Einschreibung des Königsnamens in den von der nischengegliederten Palastfassade umschlossenen Palasthof, der vom Bild des Horusfalken überragt wird, weist auf die zentrale Bedeutung des Königspalastes hin, dem vielerlei Funktionen zukamen. Als zentraler Gebäudekomplex innerhalb der Residenzstadt war er nicht nur der reich ausgestattete Wohnsitz des Königs und seiner Familie, sondern auch Wehrburg, zen-

traler Verwaltungssitz, Magazin, Werkstätte und Staatsarchiv in einem. Vor allem aber seine Funktion als königliche Residenz mit Audienzhalle, Thronsaal und sogenanntem »Erscheinungsfenster« ist von besonderer Bedeutung, ereignete sich in ihm doch der einer allerdings nur stark eingeschränkten Öffentlichkeit zugängliche Umsetzungsprozeß königlicher Machtausübung.

Paläste sind seit der 1. Dynastie in Memphis und Hierakonpolis belegt, deren ungefähres Aussehen sowohl aufgrund archäologischer Befunde als auch durch Darstellungen auf Elfenbeintäfelchen oder in Hieroglyphenform rekonstruiert werden kann. Auch die als Jenseitsresidenz in Sakkara angelegten steinernen Grabanlagen der Könige Djoser und Sechemchet ermöglichen Aufschlüsse über die aus vergänglichen Lehmziegeln errichteten Palastanlagen dieser Zeit, deren kennzeichnendes Element — die nischengegliederte Umfassungsmauer mit hohen Palasttoren — sich auch in den monumentalen Grabanlagen im Bereich von Memphis, beim Palasteingang von Hierakonpolis und als Dekorationsmotiv von Sarkophagen bis ins Mittlere Reich erhalten hat. Über Palastanlagen des Mitt-

Links: Wandkacheln aus Fayence mit der Darstellung eines gefesselten Nubiers. Syrers und Libyers vom Kultpalast Ramses' III. in Medinet Habu. Höhe 25 cm. Seit der Frühzeit gehörten feindliche Fremdvölker zum Themenrepertoire königlicher Darstellungen in Tempeln, Gräbern und Palästen. Kairo, Ägyptisches Museum

Rechts oben: Das »Hohe Tor« von Medinet Habu. Der Totentempel Ramses' III. wurde von einer 6 m dicken und 12 m hohen Ziegelmauer umschlossen, die im Westen und im Osten durch einen dreistöckigen Torbau durchbrochen wurde. Die Innendekoration des Obergeschosses mit Palastszenen legt eine Herleitung dieses Bautyps von einem Landschloß nahe.

Rechts unten: Blick auf den Thronsaal des Kult- oder Tempelpalastes Ramses' III. in Medinet Habu, südlich vom ersten Tempelhof. Die hinter dem Thronpodest eingelassene Scheintür erweist die jenseitige Funktion dieser Palasträume, deren Anzahl und Einrichtung – es waren zum Beispiel Bad und Toilette vorhanden – den diesseitigen Ansprüchen entsprachen.

leren Reiches sind wir nur sehr spärlich informiert. Für die Residenz der 12. Dynastie »Itj-taui«, die in der Gegend von Lischt vermutet werden kann, liegen keinerlei archäologische Hinweise vor. Aufschlußreicher ist hingegen die Schilderung der Audienzhalle des Palastes in der Erzählung des Sinuhe, dem nach seiner Rückkehr aus Palästina beim König eine Audienz gewährt wird. Demnach wurde das breite nischenförmige Eingangsportal der von hohen Pflanzensäulen getragenen Halle von zwei Königssphingen flankiert.

Auf der dem Eingang gegenüberliegenden Seite stand in einer kostbar mit Elektron ausgeschlagenen Nische der große Königsthron.

Neben der nur zum Teil ausgegrabenen gewaltigen Palastanlage des Königs Amenophis III. in Malkata, die am Westufer eines künstlichen Sees lag und eine Reihe von Einzelgebäuden umfaßte, in denen Reste von Wandmalereien (Abb. S. 451) gefunden wurden, muß hier die Palaststadt Amenophis' IV. in Tell el-Amarna erwähnt werden. Zum größten Teil ausgegraben und veröffentlicht, ergeben die archäologischen Reste ein eindrucksvolles Bild dieser trotz ihrer Größe und Bedeutung nur kurzlebigen Stadt und ihrer Gebäude, das durch die in den Felsengräbern erhaltenen Architekturdarstellungen hilfreich ergänzt werden kann. So befand sich wahrscheinlich der eigentliche Wohnpalast des Königs und seiner Familie am nördlichen Rand des Wohnbezirkes der Stadt, während das offizielle Auftreten des Königs in der Öffentlichkeit in dem im Stadtzentrum gelegenen Palast vor sich ging, der an der großen Nordsüdstraße lag und durch eine Brücke mit dem östlich der Hauptstraße gelegenen »Königshaus« verbunden war. Im Königshaus, in dem das »Erscheinungsfenster« vermutet werden kann, durch das der König sich bei feierlichen Anlässen, wie zum Beispiel Ordensverleihungen, samt seiner Familie in der Öffentlichkeit zeigte, war wohl ebenfalls eine Wohnmöglichkeit für die königliche Familie angelegt. Die repräsentativen Gemächer des Großpalastes hingegen dienten dem Empfang ausländischer Gesandter oder dem Gepränge feierlicher Feste. Er umfaßte einen riesigen Thronsaal, eine Säulenhalle, Magazine, zwei Haremsanlagen (?), einen großen Teich, einen Hof mit Kolossalstatuen des Königs und weitere Repräsentationsräume. Die erhaltenen Wand- und Fußbodenfragmente zeigen in prächtiger Malerei ausgeführte Darstellungen der Nillandschaft mit Teichen, Wasserpflanzen, Bäumen, Fischen und Vögeln, eine Dekoration, die sich auch in dem am südlichen Stadtende gelegenen Lusthaus des Königs wiederfindet. Diese »Maru-Aton« genannte Stätte höfischen Vergnügens, die in ähnlicher Weise seit Amenophis III. nachweisbar ist, umfaßte zwei Gärten, einen künstlichen See für Bootsfahrten und einen kleinen Palast mit Magazinen und Gewächshäusern, der allerdings nicht für einen längeren Aufenthalt konzipiert war.

Nicht weniger prunkvoll war wohl die Palastanlage der Ramessiden in ihrer bei Kantir gelegenen Deltaresidenz Pi-Ramesse ausgestattet, deren prächtiges Aussehen sogar ihren literarischen Niederschlag fand (Papyrus Anastasi III.). Die in den letzten Jahren durchgeführten Grabungen des Pelizaeus-Museums, Hildesheim, lassen wichtige Aufschlüsse über Ausdehnung und Ausstattung dieser Palastanlage, die auch mit einem gewaltigen Zoo versehen gewesen sein dürfte, erwarten. Von den bereits bekannten archäologischen Resten seien vor allem die vielfarbig eingelegten Fayencekacheln mit der Darstellung gefangener Nubier, Syrer oder Libyer erwähnt, die wohl als Außenverkleidung eines Palastfensters, vielleicht sogar des »Erscheinungsfensters«, aufzufassen sind. Ähnliche Wandverkleidungen sind auch aus den Kultpalästen der Ramessiden in Medinet Habu erhalten, die jeweils an der Südseite des ersten Hofes des Totentempels angelegt und ausschließlich kultischer Natur waren.

Die Königsfamilie

Bis zur Amarnazeit vollzog sich das Leben der königlichen Familie unter Ausschluß der Öffentlichkeit, zumindest soweit einzelne Mitglieder nicht mit besonderen Aufgaben betraut waren. Es waren vor allem die Königssöhne, die seit der 1. Dynastie als Beamte stellvertretend im Auftrage ihres Vaters tätig waren. So ist zum Beispiel in der auf der Narmerpalette vor dem König schreitenden, mit einem Fellkleid umhüllte Gestalt, die als Vorläufer des späteren Wesirs gedeutet werden kann, ebenso ein Königssohn zu vermuten, wie der als »Sem« bezeichnete Priester und Beamte (beide Begriffe sind in Ägypten austauschbar), der eine entscheidende Rolle sowohl im Sedfestritual, bei der Mundöffnungszeremonie als auch im Begräbnisritual spielte, ursprünglich wohl der Hauptsohn des Königs war.

Das gleiche trifft zu für die der späteren Gauverwaltung und dem Wesirat vorausgehenden Ämter, die ursprünglich ebenfalls ausschließlich von »Königssöhnen« ausgeübt wurden. Durch die rasch steigende Differenzierung der Aufgaben am Hof und seiner Verwaltung wurden neue Ämter und Titel erforderlich, was eine Delegierung auch auf nichtkönigliche Personen zur Folge hatte. Da diese sich jedoch bisweilen immer noch als »Königssöhne« bezeichneten, kam es zur Herausbildung des sich davon abgrenzenden Titels eines »(Ältesten) leiblichen Königssohnes«, der jedoch ebenfalls bald seine genealogische Aussage verlieren sollte.

Daß all diesen jungen Prinzen eine besonders gute Ausbildung und Erziehung zukommen mußte, versteht sich von selbst. Sie erfolgte in der dem königlichen Harem zugeordneten Hofschule der Residenz und lag in den Händen der

Oben: Die mit der Geierhaube und einem fast durchsichtigen weißen Leinengewand bekleidete Königin Nefertari sitzt in einer Laube und spielt das Senef-Spiel – Symbol der Unterweltsfahrt und der Wiedergeburt.
Grab der Nefertari im Tal der Königinnen

Rechts: Das ganz im Stil der Amarnazeit gearbeitete Eibenholzköpfchen zeigt Teje, Gemahlin Amenophis' III. und Mutter Echnatons. Die schweren Augenlider, die Wangenfalten und die herabgezogenen Mundwinkel verleihen dem Gesicht einen hochmütigen Ausdruck.
Berlin, Ägyptisches Museum

Folgende Doppelseite: Der Glaube an eine bruchlose Weiterexistenz des Toten im Jenseits führte zur Herausbildung einer unserem Paradiesbegriff nahekommenden Jenseitsvorstellung von den »Gefilden der Seligen«. Umströmt vom befruchtenden Überschwemmungswasser, bringt das Land reiche Ernte an Getreide, Flachs, Datteln und Feigen hervor.
Grab des Sennodjem, Der el-Medine Nr. 1

sogenannten »Oberlehrer der Königskinder«. Die spärlichen Nachrichten über die Residenzschulen werden durch knappe biographische Angaben von Beamten ergänzt, die in ihrer Jugend zusammen mit dem Thronprinzen und den anderen Königskindern die Residenzschule besuchten und sich ihr Leben lang der damals geschlossenen Schulkameradschaften rühmten. Dementsprechend hatten diese Residenzschüler, auch wenn sie nicht königlicher Herkunft waren, in der Regel eine steile berufliche Karriere in Aussicht. Neben den Söhnen der Hofbeamten waren es die Nachkommen des Provinzadels, vor allem der Gaufürsten, die nur am Hof in der Nähe des Königs eine standesgemäße Erziehungsmöglichkeit für ihre Kinder sahen und dies auch als eine besondere Auszeichnung auffaßten. Auch nach dem Zusammenbruch der Ersten Zwischenzeit kam der »Pagenerziehung« am Königshof eine wichtige

Aufgabe zu, bildete sich in ihr doch ein besonderes Vertrauensverhältnis zwischen König, Kronprinz und den Söhnen der Gaufürsten heraus, an dem auch der König ein großes Interesse hatte.

Auch die Könige des Neuen Reiches sind von der bewährten Sitte, ihre künftigen hohen Beamten durch gemeinsame Erziehung und Kameradschaft an den heranwachsenden Kronprinzen zu binden, nicht abgegangen. So war auch der bekannte Wesir des Königs Thutmosis III., Rechmire, ein »Königszögling«. Dementsprechend heißt es in einer biographischen Inschrift der 18. Dynastie: »Ich war sehr beliebt im Königshaus, angenehm im Palast, ein Gefolgsmann des Königs von klein auf, einer, der als Junge aufwuchs zu Füßen des Gottes (Königs), den der König selbst belehrt hat, weil er so angenehm in seinem Herzen war.«

Eine besondere Funktion und Bedeutung innerhalb der Königsfamilie kam jedoch der Mutter des Königs sowie der »Großen königlichen Gemahlin« zu. Diese Bedeutung, die die Königsmutter im ägyptischen Geschichtsdenken innehatte, erweisen schon für die Frühzeit die Fragmente des Palermosteins, in dessen Überschriften über den Jahresfeldern der jeweiligen Regierungszeiten hinter dem betreffenden König der Name seiner Mutter aufgeführt wurde. Ihre besondere Rolle wird auch durch den nur bei Königsmüttern nachweisbaren Titel einer »Gottestochter« unterstrichen, der nur Müttern regierender Könige zukam und jeden genealogischen Anknüpfungsversuch auf die religiös-mythologische Ebene des Königsdogmas verweist: Jede durch die Krönung ihres Sohnes zur Königsmutter gewordene Frau – ob königlicher oder nichtköniglicher Herkunft, ob mit einem König verheiratet oder nicht – wird

Man meldete Seiner Majestät: Sieh, was der Großfürst von Chatti tut. Man bringt seine älteste Tochter mit zahlreichen Gaben... Sie überschreiten viele Berge und schwierige Pässe und werden die Grenzen Deiner Majestät erreichen... Seine Majestät geriet in große Freude... Er entsandte ein Heer und Edle, sie sofort zu empfangen... Die Tochter des Großfürsten von Chatti wanderte nach Ägypten. Heer, Reiterei und Edle Seiner Majestät geleiteten sie, gemischt mit Heer, Reiterei und Edlen von Chatti... Sie aßen und tranken miteinander. Sie waren einmütig wie Geschwister, ohne daß einer dem anderen grollte... Und viele Tage danach erreichte man die Stadt Ramses'... Da sah Seine Majestät, daß ihr Gesicht schön war wie das einer Göttin. Und es war ein großes, seltsames Ereignis, ein herrliches, bisher unbekanntes Wunder, dergleichen man nicht von Mund zu Mund vernommen hatte, das an nichts in Schriften der Vorfahren erinnerte. Die Tochter des Großfürsten von Chatti war schön vor dem Herzen Seiner Majestät. Er liebte sie mehr als alles andere...

Aus dem Text der »Heiratsstele« Ramses' II.
(nach Siegfried Schott)

Linke Seite: Wie nie zuvor gehört die Darstellung intimer Szenen aus dem königlichen Familienleben zum Bildrepertoire der Amarnazeit. Vor allem das Verhältnis von König und Königin, aber auch der Prinzessinnen untereinander und zu ihren Töchtern sollte in zärtlicher, ja inniger Weise in stets neuer Variation zum Ausdruck kommen. Auch die frontale Darstellung des Körpers im Relief ist eine revolutionäre Neuerung.
New York, Schimmel Collection

Oben: Königin Nofretete liebkost eine ihrer sechs Töchter, eine Hand des Strahlenaton reicht das Lebenszeichen.
Die Formen des Schädels, der Augen und der Lippen zeigen die typischen Stilmerkmale der Amarnakunst.
New York, Brooklyn Museum

Links: Prinz Amuncherchepeschef, ein Sohn Ramses' III., assistiert in den Darstellungen seines Grabes im Tal der Königinnen dem Vater beim Opfer und Gebet vor den verschiedenen Gottheiten.
Hier hält er einen kostbaren Fächer aus Straußenfedern; die »Knabenlocke« kennzeichnet ihn als Königssohn.

dadurch in eine nur mythisch faßbare »historische Wirklichkeit« eingegliedert, die der Vorstellung von der göttlichen Geburt des Königs entspricht. Auch in der 18. Dynastie rangiert die Königsmutter zu Lebzeiten noch vor der Königin, der Gattin ihres Sohnes. Dies erklärt auch die besonderen Königsdekrete für die kultische Verehrung bestimmter Königsmütter, die bisweilen sogar die Regentschaft für ihre unmündigen Söhne führen konnten. Keineswegs jedoch lassen sich aus dem vorhandenen Material mutterrechtliche Züge herausarbeiten, wie sie oft in einer fälschlich angenommenen Bedeutung der Königsmutter als Vermittlerin königlicher Legitimität vermutet wurden. Das in der ägyptischen Sprache feststellbare Fehlen einer eigenen Bezeichnung für die Königin beweist, daß Funktion und Stellung der Königin allein vom König her zu bestimmen sind. Schon in der Frühzeit und auch im Alten Reich ist die Königin voll auf den König ausgerichtet. Ihre Titel »die Horus und Seth schaut« oder »die dem Horus folgt« setzen die Königin mit dem König in direkte Beziehung. Ihre Hauptaufgabe war es, den Fortbestand der Dynastie zu sichern, wie es in ihrem uralten Titel »Mutter der Königskinder« zum Ausdruck kommt. Auch die Königinnentitel des Alten Reiches, die sie als »Sänfte des Seth« und »Sänfte des Horus« bezeichnen, deuten auf die Funktion der Königin als Garantin der Thronfolge. Ob die »Reinheit des Blutes«, also ihre direkte genealogische Abkunft, bei der Legitimierung des Thronanspruches ihres Gemahls eine Rolle gespielt hat, kann bezweifelt werden. Weder wird eine Abstammung des Königs von der Hauptgemahlin betont, noch ist eine Geschwisterheirat zwischen Nachkommen desselben Vaters und derselben Mutter vor der ptolemäischen Zeit ausdrücklich belegt. Auch kann die oft geäußerte Vorstellung, daß bei einem Dynastiewechsel eine Tochter aus der alten Dynastie geheiratet wird, um die Legitimität der neuen zu sichern, zurückgewiesen werden. In den meisten Fällen müssen machtpolitische Konstellationen für die Durchsetzung eines Herrschaftsanspruches in Erwägung gezogen werden. Daß die Königinnen hier nicht ohne Einfluß waren, wird das Kapitel über den Harem und die Haremsintrigen zeigen.

Seit dem Mittleren Reich wird die Königin als die »Große königliche Gemahlin« aus der Vielzahl der übrigen Nebenfrauen des königlichen Harems ausdrücklich herausgehoben.

In der Amarnazeit erfährt die Stellung der »Großen königlichen Gemahlin Nofretete« und ihrer gesamten Königsfamilie eine theologisch begründete Betonung. Die vom ersten Augenblick der Amarnakunst an einsetzende Betonung der individuellen Züge des Königs ging einher mit einer ebenso realistischen Wiedergabe seines familiären Umkreises, der auf Tempelreliefs oder auf kleinen Privataltären in hundertfacher Wiederholung abgebildet wurde. So sollte durch die stete Wiederholung der so einprägsam gestalteten Person des Königs seine Funktion als alleiniger Mittler zwischen Aton und Welt betont und dem Bewußtsein der Gläubigen eingehämmert werden; andererseits kam in der ungestört gezeigten Harmonie seines menschlich-familiären Lebensbereiches die segnend-schützende Kraft der in den Darstellungen nie fehlenden Sonnenscheibe eindrucksvoll zum Ausdruck.

Unter Ramses II. führten sieben Frauen den Titel einer Hauptgemahlin. Da mindestens 40 Töchter und 45 Söhne Ramses' II. belegt sind, muß während seiner fast 67 Jahre dauernden Regierungszeit auch seinen zahlreichen Nebenfrauen ein entsprechender Anteil an der Nachkommenschaft zugesprochen werden.

Harem und Intrige

Der Harem, als ein räumlich und funktionell eigenständiger Bereich des Palastes zur Aufnahme und Versorgung der königlichen Nebenfrauen und ihres Anhanges, kann bereits für die Frühzeit vorausgesetzt werden. Seit dem Alten Reich ist der Harem Aufenthaltsort der Königin, der auch der Erziehung der Königskinder bzw. der Kinder hoher Beamter diente und einer eigenen Verwaltung unterstand, ohne noch besondere wirtschaftliche Bedeutung besessen zu haben. Die in der literarischen Überlieferung für diese Zeit erwähnten »Schönen des Palastes« können den aus dem Mittleren Reich bekannten »Geliebten des Königs« gleichgesetzt und als Haremsdamen bzw. königliche Nebenfrauen aufgefaßt werden. Während aus den beiden Zwischenzeiten keinerlei inschriftliche oder archäologische Belege zum Nachweis eines königlichen

Links: Ausschnitt aus der Gauliste auf dem Barkensanktuar Sesostris' I. in Karnak. Angegeben sind die Gauzeichen, die Hauptgötter sowie Abmessungen des 8. bis 13. oberägyptischen Gaues. Die in griechisch-römischer Zeit überlieferten schematischen Gaulisten mit 22 oberägyptischen und 20 unterägyptischen Gauen fanden hier ihre erste Ausformung.

Rechts: König Mykerinos, mit der oberägyptischen Krone, Königsschurz und geflochtenem Königsbart, steht zwischen der Göttin Hathor und der Gaugottheit des 9. oberägyptischen »Gaus der guten Seele«. Wie diese Triade waren auch die übrigen Gaugottheiten zusammen mit König und Hathor im Totentempel des Mykerinos aufgestellt, um das Gedeihen des Landes zu sichern.
Kairo, Ägyptisches Museum

Links: Die Gaufürsten des 1. oberägyptischen Gaus legten ihre Gräber gegenüber von Elephantine hoch über dem Nil am westlichen Uferrand an (Abb. S. 61). Das bedeutendste Grab der 12. Dynastie stammt von Sarenput II. Ein Korridor mit sechs Pfeilern führt zur Statuenkammer, auf deren Rückwand der Grabherr vor dem Opfertisch sitzend dargestellt ist.

Rechts: Der »Fächerträger zur Rechten des Königs« ist in einen vornehmen langen weißen Mantel gehüllt, wie es seinem hohen Beamtenstatus als Obergütervorsteher und Schatzmeister Thutmosis' IV. entsprach. Die Ausmeißelung seines Namens auf der Basisplatte deutet auf eine Verfolgung seines Andenkens hin.
Wien, Kunsthistorisches Museum

Als es zu einem Geheimprozeß kam in des Königs Harem gegen die Königin, ließ mich Seine Majestät hingehen, um (die Sache) allein anzuhören, ohne daß dort irgendein Wesir oder irgendein Beamter zugegen war, nur ich allein, wegen meiner Vortrefflichkeit und weil ich fest eingepflanzt war in das Herz Seiner Majestät und weil Seine Majestät Vertrauen zu mir hatte. Ich war es, der es schriftlich niederlegte, allein mit einem Richter, obwohl mein Rang der eines Aufsehers der Pächter des Palastes war. Niemals zuvor hatte einer wie ich eine Geheimsache aus dem Harem des Königs gehört, aber mich ließ Seine Majestät sie hören, weil ich vortrefflich war in dem Herzen Seiner Majestät über jeden seiner Beamten hinaus, über jeden seiner Adligen hinaus, über jeden seiner Diener hinaus.

Aus einer Inschrift aus dem Grab des Huni in Abydos, 6. Dynastie
(nach Sir Alan Gardiner)

Der große Feind Paibekkamen, der Haushofmeister gewesen war. Er wurde gebracht, weil er sich der Tiji und den Frauen des Harems angeschlossen hatte. Er machte gemeinsame Sache mit ihnen und ging dazu über, ihre Worte nach draußen zu bringen zu ihren Müttern und ihren Brüdern und Schwestern, welche da waren, indem er sagte: »Sammelt Leute und schürt die Feindschaft!«, um einen Aufruhr gegen ihren Herrn zu machen. Und sie stellten ihn vor die hohen Beamten des Ortes der Untersuchung, und sie untersuchten seine Verbrechen und fanden, daß er sie begangen hatte. Und seine Verbrechen ergriffen Besitz von ihm, und die Beamten, die ihn verhört hatten, ließen seine Strafe an ihm haftenbleiben.

Aus dem Turiner »Verschwörungspapyrus«
(nach Sir Alan Gardiner)

Harems zur Verfügung stehen, ist die eigenständige Existenz dieser Institution für das Mittlere Reich zumindest für Itj-taui nachweisbar. Für das Neue Reich stehen eine Fülle textlicher und archäologischer Quellen zur Verfügung, die Haremsanlagen in Theben, Memphis, Tell el-Amarna und Gurob vermuten lassen.

Auch die bildliche Ausgestaltung des »Hohen Tors« von Medinet Habu spricht in Verbindung mit seiner baugeschichtlichen Analyse für die Deutung als zeitweiliger Aufenthaltsort der Haremsdamen Ramses' III.

Die erwähnten Texte verweisen auch auf die wirtschaftliche Bedeutung der Haremsanlage im Neuen Reich, deren Verwaltung einem eigenen Beamtenstab anvertraut war. Neben landwirtschaftlichem Grundbesitz werden Rinderherden, Mühlenanlagen und Webereien angeführt, dazu kommen Einkünfte aus regelmäßigen Steuern. Oberster

Verwaltungsbeamter war der »Vorsteher des königlichen Harems«.

Zumindest im Neuen Reich war der Harem Mittelpunkt königlicher Heiratspolitik, die vor allem in der außenpolitisch bedingten Übernahme ausländischer Prinzessinnen in den Harem des Pharao bestand. Während schon im Alten Reich die Sitte der Verheiratung von Frauen aus dem königlichen Harem mit höheren Hofbeamten nicht nur deren Ämterlaufbahn dienlich war, sondern auch das Treueverhältnis zum König verstärken mußte, ist der Schwerpunkt der Heiratspolitik des Neuen Reiches außenpolitisch bestimmt.

So ist aus der Regierungszeit Thutmosis' III. die Übernahme von drei syrischen Nebenfrauen in den Harem des Königs überliefert, die von 30 Sklavinnen begleitet wurden. Aus den Amarnabriefen ist die Heirat Thutmosis' III.

mit einer Tochter des Mitannikönigs Artatama I. erschließ-
bar, die jedoch erst auf siebenmaliges Bitten des ägyptischen Königs zustande kam.

Im zehnten Regierungsjahr Amenophis' III. erfolgte die
Heirat dieses Königs mit einer weiteren Mitanniprinzessin;
außerdem war dieser König mit einer Schwester des Kassi-
tenkönigs verheiratet, von dem er später noch die Übersen-
dung einer Tochter erbat. Einen Höhepunkt der ägyptischen Heiratspolitik stellte der von Anchesenpaaton, der
Witwe Tutanchamuns, unternommene, aber erfolglos
gebliebene Versuch dar, den Hethiterkönig Suppiluliuma
zur Entsendung eines hethitischen Prinzen zu veranlassen,
um diesen durch Heirat auf den ägyptischen Thron zu
heben.

Entsprechend den schwierigen außenpolitischen Verhältnissen seiner Zeit sind auch unter Ramses II. mehrere
Heiraten dieses Königs mit ausländischen Königstöchtern
überliefert.

Neben der sich in dieser Heiratspolitik erweisenden
außenpolitischen Bedeutung des Harems scheint auch sein
innenpolitischer Einfluß von nicht geringer Bedeutung
gewesen zu sein. Bereits aus der 6. Dynastie ist uns in der
Autobiographie eines hohen Beamten namens Huni, der
als Richter und Vorsteher der Pyramidenstadt angehörte
und ein hohes Amt bekleidete, der Bericht über einen
»Geheimprozeß im königlichen Harem gegen die Königin« erhalten, bei dem Huni zum außerordentlichen Richter bestellt war.

Auch die Ermordung des ersten Königs der 12. Dynastie,
Amenemhet I., dürfte ihren Ausgang in einer Harems-
intrige genommen haben. Darauf deutet jedenfalls das
panikartige Verhalten des Haremvorstehers Sinuhe hin,
der die Übermittlung der Todesnachricht an den auf einem
Feldzug befindlichen Sohn und Nachfolger des ermorde-
ten Königs Sesostris I. zufällig mithört und deshalb nach
Palästina flieht.

Streit um die Thronfolge dürfte auch der Anlaß für die
Haremsverschwörung unter Ramses III. gewesen sein.
Da hier Teile der Gerichtsakten erhalten geblieben sind,
sind wir über die Hintergründe des Mordanschlages, der
allerdings ohne Erfolg blieb, sowie das anschließende
Gerichtsverfahren verhältnismäßig ausführlich informiert.

So plante die Haremsfrau Tiji, den König zu ermorden, um
ihren Sohn auf den Thron zu bringen. Für ihr Vorhaben
gewann sie nicht nur die Frauen des Harems, sondern auch
eine Reihe höherer Beamter. Erhalten sind die Namen von
28 männlichen Verschwörern und einer größeren Anzahl
von Frauen. Die Verschwörung, die beim Talfest im Palast
von Medinet Habu durchgeführt werden sollte, mißlang
jedoch. Die meisten Angeklagten wurden für schuldig
befunden und vermutlich zum Tode verurteilt. Auch der
zum König ausersehen Prinz wurde, wie es bei Vergehen
in der königlichen Familie üblich war, zum Selbstmord
gezwungen.

Die Verwaltung

Die Einteilung des Landes: »Die Beiden Länder« −
die Landesverwaltung

Die bereits im Zusammenhang mit der Königstitulatur
angeführte Bezeichnung Ägyptens als »Die Beiden Ufer«
oder »Die Beiden Länder« neben dem sonst üblichen
allgemeinen Begriff »Das Schwarze« kann als »toponymer
Ausdruck des wichtigen ägyptischen Strukturgedankens
der Dualität verstanden werden« (E. Otto), entspricht aber
in etwa auch der geographischen und wirtschaftlich unterschiedlichen Landesnatur Ober- und Unterägyptens.
Dementsprechend ist die ohne Zweifel auf historische
Ereignisse rückführbare »Vereinigung der Beiden Länder« ein integrierender Bestandteil der königlichen Machtausübung schlechthin, die sich auf ein aus einem sich

ergänzenden Gegensatzpaar bestehendes Ganzes bezieht. Das bis zur südlichen Deltaspitze reichende Unterägypten und das von hier bis Elephantine sich erstreckende Oberägypten fanden ihre Entsprechung in einer zumindest formalen Zweiteilung der einzelnen Verwaltungsressorts, die bereits aus spätvorgeschichtlichen Öllieferungen an den Königshof erkennbar ist.

Als eine der wichtigsten Institutionen der Landesverwaltung kam dem Schatzhaus seit dem Alten Reich eine besondere Bedeutung zu. Zentral in der Residenz Memphis angelegt, erfuhr es analog zu der üblichen Zweiteilung der Verwaltungsämter eine Aufspaltung in ein »weißes« (Oberägypten) und ein »rotes« (Unterägypten) Schatzhaus. Es war gleichsam das Zentrum der gesamten staatlichen Wirtschaft, das die Aufgabe hatte, die vielfältigen Produkte und Einkünfte des Landes, die als Steuern und Abgaben an die Landesverwaltung geliefert werden mußten, zu sammeln, zu verwalten und neu zu verteilen. Während es im Alten Reich vor allem Lebensmittel, Holz, Steine, Leinen, Möbel, Geräte und Öl waren, die hier registriert und gespeichert wurden, verwaltete das Schatzhaus im Mittleren Reich auch selbständig Getreide, das hauptsächlich der Versorgung seiner Beamten diente. Im Neuen Reich lagen die beiden Schatzhäuser in Theben und Memphis und waren direkt dem Wesir, dem höchsten Verwaltungsbeamten Ägyptens, unterstellt. Eine der wichtigsten Aufgaben der Schatzhausverwaltung war die Beaufsichtigung der großen Bauvorhaben, insbesondere in der thebanischen Metropole. Auch die Versorgung und die Löhne der Arbeiter von Der el-Medine fielen in die Kompetenz des Schatzhauses. Außerdem wurde den Schatzmeistern »die Leitung der königlichen Monopole« anvertraut, also sowohl die Ausbeutung der Bergwerke und Steinbrüche wie auch

Der König von Ober- und Unterägypten Snofru in den beiden Pyramiden (namens) Chai-Snofru.

Meine Majestät hat befohlen, diese beiden Pyramiden zu seinen Gunsten zu befreien von der Ausführung jeglicher Bauarbeit des Königshauses in alle Ewigkeit..., von jeglicher Zwangsarbeit auf das Geheiß irgendwelcher Leute in alle Ewigkeit.

Meine Majestät hat befohlen, zu seinen Gunsten zu befreien alle Domänenpächter dieser beiden Pyramidenstädte vom Geleit aller Boten zu Wasser, zu Lande, stromab, stromauf.

Meine Majestät hat befohlen, daß kein Feldpflüger dieser beiden Pyramidenstädte gesetzt wird an einen Dienst des Pflügens für das Gesinde irgendeiner Königin, irgendeines Prinzen oder einer Prinzessin, irgendeines Freundes oder Vornehmen außer für die Domänenpächter dieser beiden Pyramidenstädte.

Meine Majestät hat diese Befreiungen dieser beiden Pyramidenstädte von diesen Fronden gemacht, um (sicherzustellen) den Priesterdienst, die Feier der monatlichen Feste, den Vollzug des Rituals für den König von Ober- und Unterägypten Snofru in den beiden Pyramiden (namens) Chai-Snofru auf Befehl und auf daß lebend, heil und gesund sei der König von Ober- und Unterägypten Merire, der ewig lebe. Gesiegelt neben mir selbst, dem König.

Dekret Pepis I. zur Befreiung der Pyramidenstadt des Snofru von Abgaben und Frondiensten (nach Walther Wolf)

Links unten: Die wirtschaftliche Bedeutung der Göttertempel, die über umfangreichen Landbesitz, Personal und dementsprechende Einkünfte verfügten, zeigt sich unter anderem in den Magazinanlagen aus ungebrannten Ziegeln, die neben dem Totentempel Ramses' II., dem Ramesseum, in Theben-West angelegt waren. Zusammen mit den Priesterwohnungen und Werkstätten wurden sie von einer gewaltigen Umfassungsmauer von etwa 300 m Länge und 177 m Breite umschlossen.

Unten: Der »Bildersturm« unter Echnaton brachte zwar das Verbot der bisher üblichen Darstellungen der unzähligen Landesgottheiten im Umgang mit dem König, führte jedoch zur Herausbildung zahlreicher neuer Themenbereiche. Dazu gehören vor allem Darstellungen von Magazinen und Werkstätten mit der Schilderung des Arbeitsalltags. »Talatats« vom Aton-Tempel in Karnak.
Luxor, Museum für Altägyptische Kunst

die Ausrüstung und Ausführung der Handelsexpeditionen ins Ausland.

In ähnlicher Weise wie das Schatzhaus waren auch die Speicheranlagen zur Lagerung von Getreide und der sonstigen landwirtschaftlichen Produkte, die sogenannte »Scheune«, seit der Frühzeit ein wesentlicher Bestandteil der Zentralverwaltung. Die seit dem Alten Reich nachweisbare Scheunenverwaltung mit Sitz in der Residenz kontrollierte die über das ganze Land verstreuten staatlichen Scheunen und war somit zuständig für die Versorgung des Palastes, des Hofstaates, der Beamtenschaft wie der königlichen Totentempel, ja des gesamten Landes. Seit Thutmosis III. ist erstmals eine zentrale Verwaltungsstelle zur Erfassung aller staatlichen Scheunen nachweisbar, an deren Spitze der »Vorsteher der Scheunen von Ober- und Unterägypten« stand. Er war verantwortlich für das aktenmäßige Erfassen der Getreideerträge von den staatlichen Feldern bzw. für die Kontrolle der Versorgung der Arbeiter und der Truppen mit Getreide.

Die Gaue und die Gauverwaltung

Die von der dogmatischen Stellung des Königs her begründbare Auffassung des gesamten Landes als »Privatbesitz« des Herrschers, der in ältester Zeit wohl noch selbst im Abstand von zwei Jahren zur Rechtsprechung und Steuererhebung einen Umzug durch das Land veranstaltete, wurde durch vom König eingesetzte Stellvertreter in königliche Güter oder »Königsdomänen« aufgeteilt, die in der weiteren Entwicklung, etwa seit Beginn der 3. Dynastie, als eigenständige Gaue ausgebildet waren. An der Spitze des jeweiligen in mehrere Güter bzw. Dörfer unterteilten Gaues stand ein Gauverwalter oder Gauvorsteher, die seit der Ersten Zwischenzeit als »Gaufürsten« bezeichnet werden können. Das äußere Kennzeichen der Gaue ist das Gauzeichen, von denen die älteren auf einer Standarte stehen, während die jüngeren ohne Standarte geschrieben werden und Namensbezeichnungen tragen. Seit der 4. Dynastie sind Gaulisten belegt, die jedoch erst in der griechisch-römischen Zeit eine kanonische Folge erkennen lassen. Insgesamt lassen sich 22 oberägyptische und 20 unterägyptische Gaue unterscheiden, von denen jedoch ein Teil erst seit der Äthioperzeit belegt ist. Eine der wichtigsten Gaulisten befindet sich auf dem Barkensanktuar des Königs Sesostris I., der sogenannten »Chapelle blanche« in Karnak, auf der auch die Ausmaße der einzelnen Gaue sowie die entsprechenden Gaugottheiten angeführt werden.

Die vom König eingesetzten Gauverwalter waren sich der Möglichkeiten, die ihnen ihre Position an Selbständigkeit und Machtausübung bot, bewußt und versuchten seit der 5. Dynastie, durch die Durchsetzung eines erblichen Gaufürstentums ihre Macht weiter auszubauen. So wurden aus den Gauverwaltern »Gaufürsten«. Nach dem Zusammenbruch des Alten Reiches am Ende der 6. Dyna-

stie, der auch einen Zusammenbruch der zentralen Lenkung und Nahrungsversorgung sowie soziale Not und Hunger zur Folge hatte, gelingt es einigen Gaufürsten, sich, einem Feudalherrn vergleichbar, an die Stelle des Königs zu setzen und die Geschicke des ihm unterstehenden Landes in eigener Verantwortung und Selbständigkeit zu ordnen.

Die in der Ersten Zwischenzeit tobenden Auseinandersetzungen zwischen einzelnen Gaufürstenfamilien wurden bekanntlich durch die von Theben ausgehende neuerliche Reichseinigung beendet. Die Familien der Gaufürsten werden durch Militärbeamte ersetzt, die den Rang ziviler »Bürgermeister« einnehmen. Die Erblichkeit der Ämter wird aufgehoben.

Das Wesirat

Als die verbindende Klammer von zentraler und territorialer Staatsverwaltung kann das seit dem Beginn des Alten Reiches nachweisbare höchste Verwaltungsamt des Wesirs angesehen werden. Der Wesir war der Stellvertreter des Königs, und folgerichtig konnte anfangs sein seit König Snofru nachweisbares Amt nur von »Königssöhnen« ausgeübt werden. Aus der »Dienstanweisung für den Wesir«, die in Wesirgräbern der 18. und 19. Dynastie überliefert, mit ziemlicher Sicherheit aber in die 13. Dynastie zu datieren ist, sind wir über die Aufgabenbereiche des Wesirs gut unterrichtet. Er war für die Koordinierung aller Verwaltungsämter verantwortlich, führte die Aufsicht über die staatlichen Monopole, war die höchste richterliche Instanz und führte das Strafregister. Er war Vorgesetzter der Distriktskollegien, setzte Testamente in Kraft und überprüfte Feldvermessungen. Auch die Heeresverwaltung im Inland war ihm unterstellt, ebenso die Polizei und die Wirtschafts- und Finanzaufsicht. Auch Kanalarbeiten und Feldbestellungen wurden vom Wesir geleitet, dessen Titel »Vorsteher der Aufträge«, »Geheimrat aller Befehle des Königs«, »Gefährte des Königs beim Beraten«, »Wahrhafter Oberster der Großen« und »Vorsteher des ganzen Landes« seine Stellvertreterfunktion bei Abwesenheit des Königs verständlich erscheinen lassen. Wahrscheinlich schon in der 13. Dynastie, mit Sicherheit aber seit Thutmosis III., war das Wesirat in ein unter- und ein oberägyptisches Amt geteilt.

Zur Verwaltung im Alten Reich

Der König als Alleinbesitzer des Landes hatte – zumindest von der ideologischen Konzeption des Königsdogmas her – die Verfügungsgewalt über die gesamte Bevölkerung. Nur die königliche Familie und ihre Höflinge sowie die höchsten, mit selbständigen Aufgaben betrauten Beamten waren anfangs aus der großen Masse des Volkes ausgenommen, die der Registratur und damit der Aushebung durch den König unterworfen waren. Neben diesen »Hörigen«, die sowohl kurzzeitig, aber auch auf Lebenszeit für den Ackerbau auf den königlichen Feldern, für Bauarbeiten (Pyramidenbau), Expeditionen oder Feldzüge herangezogen werden konnten, stehen die Handwerker und Facharbeiter, denen spezialisierte Aufgaben in einer Tempelwerkstätte oder einem königlichen Büro zugewiesen wurden.

Alle diese Personen sind dem regierenden König mehr oder weniger direkt untertan, ohne daß ihnen deswegen ein Begriff wie »Unfreie« oder gar »Sklaven« entsprechen würde. Vom König einer Feldverwaltung, einem königlichen Handwerksbetrieb zugeteilt, lieferten sie nicht nur eine entsprechende Arbeitsleistung, beispielsweise in Form von Getreide oder handwerklichen Produkten, sondern wurden dadurch auch in die Lage versetzt, sich und ihre Familie zu ernähren.

Das Land der Götter und der toten Könige

Zwei Entwicklungen, die bereits in der 3. Dynastie einsetzten, sollten jedoch das oben skizzierte Bild grundsätzlich verändern: Der wachsende Anspruch der toten Könige, deren monumentale Grabmäler seit König Djoser gewaltige Anforderungen an das Arbeitspotential und Organisationsvermögen der ägyptischen Bevölkerung stellten und nicht nur ein immenses Anwachsen der Bürokratie, sondern auch des Bedarfs an Versorgungsgütern zur Folge hatten. Von nicht geringerer Bedeutung war der wachsende Anspruch der verschiedenen Götter und ihrer Priester, die, wie der Sonnengott Re, eine bisher dem König vorbehaltene Weltherrschaft proklamierten bzw. für sich zu verwirklichen suchten. Um diesen Ansprüchen gerecht zu werden, aber auch aus Gründen der Verwaltungsvereinfachung, wurden nun bestimmte Teile der »Hörigen« und der Verwaltungsbeamten aus der Abhängigkeit der königlichen Verwaltung herausgenommen und einer entsprechenden Pyramidenanlage bzw. Pyramidenstadt oder einem Tempel und seinen Gütern zugewiesen. Die in eigenen Königsdekreten proklamierte Befreiung der entsprechenden Totenstiftungen oder Tempelanlagen von allen Abgaben sicherte den oft über große Einnahmen verfügenden Institutionen eine noch nie erfahrene Selbständigkeit. Die damit verbundene Durchlöcherung der Staatsverwaltung kann als einer der entscheidenden Gründe für den Niedergang des Alten Reiches angesehen werden.

Zur Entwicklung der Verwaltung im Mittleren und Neuen Reich

Nachdem mit der Konsolidierung der Königsgewalt seit Beginn des Mittleren Reiches auch die in der Ersten Zwischenzeit verlorengegangene Verfügungsgewalt des Königs über »seinen« Grund und Boden wieder gefestigt war und die von den Gaufürsten mehr oder weniger gezwunge-

nermaßen übernommene territoriale Verwaltung, die für die Versorgung ihres Gebietes nach dem Ausfall der Zentralverwaltung lebensnotwendig geworden war, von einer übergreifenden Staatsverwaltung abgelöst wurde, ging auch der Anteil des vererbbaren »Privatbesitzes« stark zurück. Das Wesirat und eine neue Schicht von loyalen Staatsbeamten führten die Zügel der neu organisierten Landesverwaltung mit straffer Hand. Der Druck auf die wirtschaftlich produzierenden Bevölkerungsteile – die Hörigen – wuchs und führte in vielen Fällen zu einer Landflucht in die Wüste oder ins Ausland.

Die Bürokratisierung der Verwaltung erreichte in der 13. Dynastie ihren Höhepunkt. Von rasch wechselnden Regierungen und Thronwirren erschüttert, funktioniert zwar der in der 12. Dynastie neu geschaffene Verwaltungsapparat mit einer gewissen inneren Eigengesetzlichkeit weit bis in die 13. Dynastie hinein weiter, kann aber die Auflösung des Staates zu Beginn der 14. Dynastie nicht verhindern.

Die Erfahrungen der Zweiten Zwischenzeit, vor allem die kriegerischen Auseinandersetzungen mit den Hyksos und deren Vertreibung, führten zu wirtschaftlichen und innenpolitischen Veränderungen, die in der bedeutenden Rolle, die nun den Soldaten und ihrem Einfluß zukam, deutlich werden. Jetzt stehen sie als eine eigene Bevölkerungsgruppe den Hirten und Fischern, Landarbeitern und Handwerkern gegenüber und zeichnen sich vor diesen dadurch aus, daß sie vom König mit Lehensfeldern, also eigenen Einkünften, versorgt werden. Solche Felderzuweisungen erfolgten allerdings auch an höhere Beamte und Priester und galten als persönliche Gunstbeweise des Königs.

Von besonderer wirtschaftlicher Bedeutung sollte im Neuen Reich jedoch der Tempelbesitz werden, der, wie schon im Mittleren Reich, nun auch die Totentempel der Könige organisatorisch mit einschloß. Ursprünglich aus politischen Erwägungen, etwa um sich der Unterstützung der einflußreichen Priesterschaft des Amun-Tempels zu versichern, wurden immer größere Teile der staatlichen Ländereien an bestimmte Tempel gestiftet. So zeigen die Angaben im Papyrus Wilbour, daß in der 20. Dynastie von einem staatlichen Feldbesitz kaum mehr die Rede sein konnte. Zum Beispiel entfielen in einem Verwaltungsbezirk im 17. Oberägyptischen Gau 45,56% der Felder auf den Amun-Tempel, 11,72% auf den Re-Tempel, 7,38% auf den Ptah-Tempel, 29% auf die übrigen Provinz-Tempel und nur 6,54% auf die Krone. Daß damit ein starker Rückgang der Staatseinnahmen verbunden war, versteht sich von selbst. Allerdings flossen dem König in vermehrtem Umfang Abgaben aus einem neu geschaffenen Typ

Der »Schreiber des Louvre« aus der 5. Dynastie gehört zu den klassischen Beamtendarstellungen des Alten Reiches. Der aufmerksame, ja gespannt wirkende Gesichtsaus- *druck des »zum Diktat« gerufenen Schreibers ist geprägt vom Wissen um den Lauf der Dinge. Bemalte Grabstatue aus Kalkstein. Paris, Louvre*

von Lehensfeldern zu, die von eigens beauftragten Beamten für den Staat bestellt wurden. Auch läßt sich nicht mit letzter Sicherheit ausschließen, daß aus dem Tempelbesitz zumindest teilweise auch Abgaben an die Krone flossen. Vielleicht war für die so ausgedehnten Stiftungen an die Göttertempel auch das Bestreben einer Verwaltungsvereinfachung mit ausschlaggebend.

Besonders in der Nachamarna-Zeit scheint ein großer Mangel an Verwaltungsbeamten geherrscht zu haben, der durch die organisatorische Einbindung staatlicher Ländereien in die Verwaltung eines Tempels ausgeglichen werden konnte. Eine genaue Aussage darüber erlauben unsere Quellen jedoch nicht.

Ich lasse dich die Schriften mehr lieben als deine Mutter. Ich führe dir ihre Schönheit vor Augen; sie ist größer als die aller anderen Berufe, und im ganzen Land gibt es nichts, was ihnen gliche. Kaum hat ein Schriftkundiger angefangen heranzuwachsen – er ist noch ein Kind –, so wird man ihn grüßen und als Boten senden; er wird nicht zurückkommen, um sich in den Arbeitsschurz zu stecken . . . Der Maurer baut; er ist immer draußen im Winde und baut im Arbeitsschurz; seine Arme stecken im Lehm, alle seine Gewänder sind beschmiert. Er muß sein Brot mit ungewaschenen Fingern essen. Sein Brot gibt er seiner Familie, seine Kinder sind Fronarbeiter . . . Siehe, es gibt keinen Beruf, in dem einem nicht befohlen wird, außer dem des Beamten; da ist er es, der befiehlt. Wenn du schreiben kannst, wird dir das mehr Nutzen bringen als alle die Berufe. Nützlich ist dir schon ein Tag in der Schule, und eine Ewigkeit hält die in ihr geleistete Arbeit vor, wie Berge.

Aus der Lehre des Cheti
(nach Friedrich Wilhelm Freiherr von Bissing)

Das Beamtentum – Titelsucht und Karrieredenken

Auf den Beamten und Priestern als den Stellvertretern des Pharao ruhte die Last des Staates. Ihre ursprünglich familiäre Nähe zur Person des Königs wurde bereits dargestellt. Die wachsende Spezialisierung und die Herausbildung neuer Aufgabenbereiche des Verwaltungsapparates verlangten nach immer neuen Ämtern und Funktionen, die bereits im Alten Reich zur Entwicklung einer hochkomplizierten Bürokratie führten. Die allein für das Alte Reich belegten 1600 Ämter- und Rangtitel sind dafür ein sprechendes Beispiel. Die mit der Beamtenlaufbahn verbundene Absicherung der eigenen Existenz, das gesellschaftliche Ansehen, vor allem die mehr oder weniger große Nähe zum König ließen diese Berufswahl, die mit der des Schreibers untrennbar verbunden war, als besonders erstrebenswert erscheinen. Das Streben nach Ansehen, Macht und Reichtum war immer schon ein Ziel persönlichen Ehrgeizes und führte auch in Ägypten zu einem auf vielfältige Weise sich zeigenden Karrieredenken. Es war auch hier höchstes Ziel innerhalb der hierarchisch gegliederten Beamtenlaufbahn, auf den Stufen der Beförderung in höhere Positionen aufzusteigen.

An der Spitze der Beamtenschaft stand der Wesir, dem der Schatzmeister, der Schatzhausvorsteher, der Scheunenvorsteher, der königliche Oberdomänenvorsteher, der Generalissimus und der »Königssohn von Kusch«, der für die Verwaltung Nubiens verantwortlich war, zur Seite standen. Darunter kamen die »Bürgermeister« und mittleren Verwaltungsbeamten, die u.a. für die Erhebung und Abrechnung der Abgaben und Steuern zuständig waren. Die breite Basis des Beamtenapparates bildeten die Schreiber, auf deren besondere Position an anderer Stelle dieses Buches näher eingegangen wird. Neben besonderen Fähigkeiten und Leistungen konnten gesellschaftliche Beziehungen, wie etwa die Heirat mit einer »Haremsdame«, den beruflichen Aufstieg beschleunigen. Den zahlreich belegten Fällen von Korruption und Bestechung von Beamten steht eine Fülle von literarischen Zeugnissen gegenüber, die sich mit der ethischen Grundlage dieses Berufsstandes auseinandersetzen.

Vom Alten Reich bis in die Spätzeit werden die »Lehren« nicht müde, darauf hinzuweisen, daß allein eine praktisch erfahrbare, auf die jeweilige gesellschaftliche Situation bezogene Nützlichkeit allen Tuns Maßstab und Garant eines weisen und damit erfolgreichen Handelns sei. Nur eine Verhaltensweise, die im Interesse des Königs und seines Staates stand, konnte auch dem eigenen Leben dienlich sein. Dementsprechend war es eines der wichtigsten Ereignisse in der Laufbahn eines Beamten, wenn er vom König mit dem »Ehrengold« ausgezeichnet wurde. Diese vor allem in Gräbern des Neuen Reiches häufig dargestellte Ordensverleihung wurde vom König selbst vorgenommen, der meist in Begleitung seiner Gemahlin aus dem »Erscheinungsfenster« seines Palastes dem Geehrten Schmuckstücke zuwarf oder ihm persönlich einen goldenen Halskragen umlegte.

Kriegsgefangene und Gastarbeiter

Sieht man ab von der bereits in der ägyptischen Frühzeit ritualisierten Vorstellung vom »Schlagen der Feinde« als königlichem Unterwerfungsakt, mit dem die Überwindung der chaotischen Mächte symbolisch zum Ausdruck gebracht werden sollte, so spielten Kriegsgefangene als Arbeitskräfte in Ägypten von jeher eine bedeutende Rolle. Die Entwicklung des Staates und die damit einhergehende Bürokratisierung der Verwaltung, die nur mit größtem organisatorischem und personellem Aufwand durchführbaren Monumentalbauten wie Tempel und Pyramidenanlagen, aber auch die innere Kolonisation des Landes führten zu einem kaum abdeckbaren Bedarf an Arbeitskräften, der zu Beginn des Alten Reiches in einen echten Mangel übergehen sollte. So lag es nahe, die auf Feldzügen nach Nubien gemachten Kriegsgefangenen als Arbeitskräfte einzusetzen, ja sogar eigene Razzien durchzuführen, die der Erbeutung zusätzlicher Arbeitskräfte dienten.

In einer Annalennotiz aus der Regierungszeit des Königs Snofru wird vom »Zerhacken des Nubierlandes, Einbringen von 7000 Gefangenen und 200000 Stück Vieh« gesprochen, in einer Inschrift aus der 4. Dynastie ist von dem »Einfangen« von 17000 Nubiern die Rede. In einer

Links: Schreiber und Hilfskräfte vermessen ein Getreidefeld zur Steuererhebung (oben). Das eingebrachte Korn wird mit Meßgefäßen umgeschüttet und von mehreren Schreibern registriert (unten). Grab des Menena, Theben Nr. 69

Rechts: Der Pflicht der Lehensbauern und Hörigen, dem König oder dem Tempel die geforderten Abgaben und Steuern auszuhändigen, mußte auch mit Prügeln nachgeholfen werden. Grab des Ti, Sakkara

biographischen Inschrift des Pepinacht aus der 6. Dynastie ist die Feststellung überliefert: »es sandte mich die Majestät meines Herrn, um das Land Wawat (Nubien) ... zu zerhacken. Und ich handelte zum Lobpreis meines Herrn ... und ich brachte von dort für den Palast eine große Menge von Gefangenen.« Auch im Mittleren, vor allem aber im Neuen Reich wurde die Produktionskraft der ägyptischen Wirtschaft hauptsächlich durch den Einsatz von Kriegsgefangenen aufrechterhalten.

Sie wurden weitergegeben an staatliche und an Tempelverwaltungen, an Werkstätten und Handwerksbetriebe, aber auch an höhere Beamte und Soldaten. Als im Neuen Reich der Ausbau der ägyptischen Armee eine außenpolitische Notwendigkeit geworden war, wurden zahlreiche gefangene Seeräuber und Libyer in den Heeresverband aufgenommen.

Während man im Alten Reich von einer verhältnismäßig raschen Integration der nubischen Gefangenen sprechen kann, die allmählich den Status von Fremd- oder Gastarbeitern einnahmen, wurden im Mittleren Reich die an die Stelle der Nubier getretenen Asiaten, die als »Unfreie« auch einen bedeutend schlechteren sozialen Status innehatten, sehr viel langsamer integriert. Seit dem Neuen Reich ist in einigen Fällen das Einbrennen von Brandstempeln als Eigentumsmerkmal bei Kriegsgefangenen belegt, was sie als »Sklaven« ausweist. Daneben kommt es aber gerade in der 18. und 19. Dynastie zu einem betonten Festhalten an der nationalen Eigenart der Gastarbeiter

Der Scheue bleibt heil, und der maßvoll Handelnde wird gelobt. Für den Stillen öffnet sich das Innerste des Hauses, und frei ist der Raum für den Zufriedenen, rede nicht unnötig. Die Messer schärft man gegen den, der die Weggrenze überschreitet. Ein Geringer gehe nicht hinein, es sei denn zu seiner Gelegenheit. Sitzest du mit vielen Leuten zusammen, so begehre nicht die Speise, die du gern haben möchtest; es gilt ja nur einen kurzen Augenblick sich zu beherrschen, und gierig zu sein ist schändlich. Man zeigt mit dem Finger auf solche. Ein Napf Wasser löscht schon den Durst, hat man den Mund nur voll Kraut, so stärkt auch das das Herz. Auch Überreste können Leckerbissen ersetzen, und ein Weniges etwas Großes. Wer für seinen Leib gierig ist, ist gemein. Ist einige Zeit vergangen, hat er die vergessen, in deren Hause sein Bauch sich unverschämt benahm. Wenn du mit einem Gierigen zusammen sitzst, dann iß erst, wenn sein erster Hunger gestillt ist, sitzest du mit einem Trunkenbold zusammen, so gib ihm Bescheid, und sein Herz wird zufrieden sein. Schimpfe nicht auf das Fleisch, wenn du neben einem Gefräßigen sitzest, nimm erst davon, wenn er dir gibt, und weise es nicht zurück. Laß deinen Namen bekannt werden, dann wirst du aufgerufen werden, obwohl du deinen Mund stillhältst. Sei nicht hochmütig auf deine Kraft inmitten deiner Altersgenossen, gib acht, daß du nicht Widerstand erregst. Man weiß nicht, was kommt, was Gott tut, wenn er jemandem wehrt.

Aus der Lehre des Kagemni
(nach Friedrich Wilhelm Freiherr von Bissing)

Oben: Auch im Neuen Reich herrschten strenge Standesunterschiede. Hier werden demütig ergebene Angestellte vor den Katasterschreiber der Königlichen Ländereien in Ober- und Unterägypten, Menena, geführt bzw. vor ihn hingeprügelt.
Grab des Menena, Theben Nr. 69

Rechts: Demutsvoll und freudig wird der Königliche Schreiber und Oberaufseher der Kornspeicher von Ober- und Unterägypten, Chaemchet, gegrüßt. Der Salbkegel auf seiner Perücke weist auf einen festlichen Anlaß hin.
Grab des Chaemchet, Theben Nr. 57

einschließlich ihrer Sprache. Bestimmte Berufe werden weitgehend von Ausländern ausgeübt: Hirten sind meist libyscher, Schiffsbaumeister und Kapitäne asiatischer Herkunft, als Soldaten werden vor allem Nubier und Libyer eingesetzt. Besonders am Königshof ist überwiegend ein ausländischer Hofdienst festzustellen. Die häufige Verwendung asiatischer Termini in der ägyptischen Schriftsprache weist auf eine wachsende Überfremdung hin, die in der Machtübernahme durch das libysche Militär am Ende der Ramessidenzeit ihren Höhepunkt fand.

Gesetze und Prozesse

Über das ägyptische Gerichtswesen, sei es im Zivilrecht, sei es im Strafrecht, vor allem des Neuen Reiches sind wir durch Dokumente, Prozeßakten und Gerichtsentscheidungen unterrichtet. Oberster Gerichtsherr war natürlich der König, der als »Garant der Maat« über die Einhaltung der Weltordnung und somit auch der Gesetze zu wachen hatte. Sein erster Stellvertreter und oberster Richter war der Wesir, der auch dem obersten Gerichtshof in den Residenzstädten vorstand. Daneben gab es im ganzen Lande zahlreiche untergeordnete Gerichtsbehörden, die aus örtlichen Würdenträgern und staatlichen Funktionären zusammengesetzt waren; auch die Tempel hatten ihre eigene Rechtsprechung. Seit dem Ende der Amarnazeit

wurde die Rechtsprechung häufig auch von Orakelentscheidungen beeinflußt, die zuvor nur bei hohen Staatsangelegenheiten wie Thronbesteigungen oder Expeditionen zu Rate gezogen worden waren. Bei besonders wichtigen Verfahren, die das unmittelbare Interesse des Staates bzw. des Königshauses berührten, konnten Sondergerichte gebildet werden, denen eine oder mehrere vom König eingesetzte Vertrauenspersonen vorstanden. Die bereits erwähnte Haremsverschwörung am Hofe Pepis I. ist dafür ein kennzeichnendes Beispiel. Aus späterer Zeit seien der Haremsprozeß unter Ramses III. sowie die Grabräuberprozesse unter Ramses IX. erwähnt.

Ob es in Ägypten vor der Perserzeit bereits ein kodifiziertes Recht gegeben hat, ist umstritten. In der »Dienstanweisung an den Wesir« im Grab des Rechmire sind 40 Gesetzesrollen dargestellt, die in Kästen vor dem rechtsprechenden Wesir liegen. Die allgemein gültigen Gesetze wurden durch königliche Dekrete und Ausführungsbestimmungen ergänzt. Vor allem über das Strafrecht sind wir aufgrund der zahlreichen überkommenen Prozeßakten recht gut unterrichtet.

Aus demotischer Zeit ist eine Fülle von Prozeßakten zum Ehe- und Bürgschaftsrecht überliefert. In älterer Zeit werden die Papyrusdokumente durch Urkunden in den Gräbern ergänzt. Hierzu gehören die zehn Verträge des Gaufürsten Djefaihapi aus der 12. Dynastie, die seinen

Totenkult in der Nekropole von Assiut regeln und in seinem Grab aufgezeichnet wurden. Nicht selten sind gefälschte Verträge, in denen ein Rechtsanspruch nachträglich sanktioniert oder neu unter Beweis gestellt werden sollte. Dazu zählen der fingierte Erlaß Amenophis' III. für die Kultkapelle seines Architekten Amenophis, Sohn des Hapu, der von den Priestern dieser Stiftung in der 21. Dynastie verfaßt wurde, um einer drohenden Auflösung ihres Besitzes entgegenzuwirken, sowie die sogenannte »Hungersnotstele« aus der Zeit Ptolemaios' V. In dieser Felsinschrift auf der Insel Sehel im 1. Katarakt, die in die Regierungszeit des Königs Djoser datiert ist, sollte der territoriale Rechtsanspruch Ägyptens auf das Gebiet um den 1. Katarakt untermauert werden.

Die bei den verschiedenen überlieferten Prozessen verhängten Strafen konnten je nach Schwere des Vergehens von Stockschlägen – zum Beispiel bei Diebstahl, kleineren Unterschlagungen, Amtsmißbrauch, falscher Anschuldigung – bis zur Todesstrafe oder dem Befehl zum Selbstmord reichen (bei Ehebruch der Frau, Empörung gegen den König, Grabräuberei). Dazwischen lagen Strafen wie das Abschneiden der Nase und der Ohren, Verbannung in die Oasen, Einzug des Vermögens oder Zwangsarbeit. Auch Gefängnisse für Untersuchungshäftlinge waren bekannt; Geständnissen wurde durch Folter nachgeholfen.

Recht und Ordnung – die Polizei

Für die Einhaltung der Gesetze und Rechtsvorschriften, aber auch für die Durchsetzung und Kontrolle bestimmter Verwaltungsvorgänge, etwa bei der Abgabenerhebung, wurden seit dem Alten Reich Polizisten eingesetzt, die

Es ist doch so: Mit dem Schild geht man zum Pflügen aus. Es ist doch so: Das Gesicht ist bleich, der Bogenschütze ist gerüstet; Übeltäter sind überall, es gibt keinen Mann von gestern mehr. Es ist doch so: Plünderer sind überall. Es ist doch so: Der Nil überflutet, und doch pflügt man nicht dazu. Ein jeder sagt: Wir wissen nicht, was im Lande geschieht. Es ist doch so: Die Frauen sind unfruchtbar und werden nicht mehr schwanger. Chnum, der Gott, bildet keine Menschen mehr wegen des Zustandes des Landes. Es ist doch so: Die Geringen besitzen jetzt Herrliches; wer sonst keine Sandalen beschaffen konnte, besitzt jetzt Schätze … Es ist doch so: Viele Tote sind im Flusse begraben; der Strom wird zum Grab, und die reine Stätte der Balsamierung liegt im Strom. Es ist doch so: Die Vornehmen sind voll Klagen und die Geringen voller Freude; jede Stadt sagt: Laß uns die Starken aus unserer Mitte vertreiben. Es ist doch so: Die Menschen sehen aus wie graue Vögel; Schmutz ist im Lande, es gibt zu dieser Zeit keinen mehr mit weißen Kleidern. Es ist doch so: Das Land dreht sich wie eine Töpferscheibe, der Räuber besitzt Schätze, jedermann ist zum Plünderer geworden. Es ist doch so: Der Strom ist Blut, und trinkt man davon, so weist man es als Mensch zurück, denn man dürstet nach Wasser.

Aus den Mahnworten des Weisen Ipuwer, Erste Zwischenzeit
(nach Friedrich Wilhelm Freiherr von Bissing)

Vorausgehende Doppelseite: In weit ausbauschende Leinengewänder gehüllt sitzt ein Ehepaar auf eleganten, zerbrechlichen Stühlen. Doch können auch die anmutigen Bilder der Kinder und Enkelkinder nicht darüber hinwegtäuschen, daß wir es auch hier mit einer auf das Jenseits bezogenen Grabdarstellung zu tun haben.
Grab des Inherchaui, Theben Nr. 359

Rechts: Rekrutierung von in Zehnergruppen gestaffelten Soldaten durch Schreiber und Offiziere. Die Darstellung befindet sich im Grab des Dedi, der unter Thutmosis III. Vorsteher der westlichen Wüsten und oberster Befehlshaber des Heeres war.
Grab des Dedi, Theben Nr. 200

Unten: Tributbringende Nubier mit Frauen und Kindern aus dem Grab des Hui, der als »Königssohn von Kusch« unter Tutanchamun für Nubien verantwortlich war und einen Tempel in Faras errichten ließ.
Grab des Hui, Theben Nr. 40

organisatorisch vom Militär getrennt waren. Ihre Hauptaufgabe bestand wohl darin – darauf deuten zahlreiche
Abbildungen schon in den Gräbern des Alten Reiches
hin –, mit Stockschlägen das Ergebnis der Steuereintrei-
bung zu verbessern, entlaufene Sklaven zurückzubringen
und das Gewicht von Waren (zum Beispiel von Broten) zu
kontrollieren. Als mit Stöcken bewaffnete Ausführungsor-
gane von Verwaltung und Wirtschaft waren sie ein nicht
wegzudenkender Bestandteil des ägyptischen Alltagsle-
bens.

Seit dem Neuen Reich waren es vor allem nubische
Stämme – die Medjai –, aus denen sich die Polizei rekru-
tierte, so daß ihre Stammesbezeichnung bald auf sämtliche
Polizisten, also auch auf die ägyptischer Herkunft, übertragen wurde. Aus Der el-Medine sind uns zahlreiche Dokumente über die zum Schutz der Handwerkersiedlung und
der Königsgräber eingesetzten Medjai überliefert, die
jedoch alle ägyptische Namen tragen. Zu den Hauptaufga-
ben dieser Wüstenpolizei, die im gesamten Land in eigenen Polizeiposten stationiert war, gehörte auch die Sicherung der Landesgrenzen und Wüstenstraßen, eine Tätigkeit, die schon im Alten und Mittleren Reich von den

»Wüstenjägern« ausgeübt wurde, die mit Hunden ausgestattet waren. Sie schützten die Karawanen vor Überfällen,
suchten nach entflohenen Verbrechern und jagten bisweilen auch das Wild der Wüste, um damit die Speisekammer
ihrer hohen Vorgesetzten zu füllen.

Die Familie
Hochzeit und Ehe

Als zugleich kleinste und wichtigste soziale Einheit bildete
auch in Ägypten die Familie den Grundbaustein des
Sozialgefüges. Die aus dem Ehepaar und seinen Kindern
bestehende Kernfamilie lebte in einer räumlich gebunde-
nen Haushaltsgemeinschaft, in der der Mann und Vater für
die Außentätigkeit, die Frau und Mutter für den inneren
Bereich des Haushaltes verantwortlich waren und sich so
zumindest in ihren Aufgaben nicht von traditionellen europäischen Vorstellungen unterschieden. Die Ägypter besaßen einen ausgeprägten Familiensinn, der in zahlreichen
Anspielungen in den Biographien und Weisheitslehren,
aber auch Grabinschriften zum Ausdruck kommt. So war
der Ägypter bestrebt, die Familienzusammengehörigkeit

über den Tod hinaus auch im Jenseits zu verwirklichen. Die Vorsorge für das Grab der Eltern galt als die vornehmste Pflicht der Kinder, und in zahlreichen Stellen der Sargtexte und des Totenbuchs wird diese Sehnsucht nach familiärer Verbundenheit auch im Jenseits zum Ausdruck gebracht.

Grundlage und Beginn der Familiengründung war die Eheschließung, die in Ägypten jedoch kein unseren Vorstellungen entsprechendes »Rechtsverhältnis« begründete, das zum Beispiel dem Ehemann besondere Verpflichtungen auferlegte. Allerdings sind zumindest seit dem 7. Jahrhundert v. Chr. sogenannte Eheurkunden oder Eheverträge belegt, die in der Regel für die Ehefrau und die Kinder, nicht nur für die Ehezeit, sondern besonders für den Fall der Scheidung, eine wirtschaftliche Absicherung durch Alimentationszahlungen festlegten. Einen Formalakt der Eheschließung gab es wohl ebenfalls nicht; sie scheint, wie die Scheidung, ein privater Vorgang gewesen zu sein, dem jegliche religiöse Absegnung fehlte.

Ehen wurden in der Regel innerhalb gleichrangiger Gesellschaftsebenen geschlossen, doch sind auch Eheschließungen zwischen unterschiedlichen Bevölkerungsklassen nicht selten, ebenso – nicht nur im königlichen Bereich – mit Ausländerinnen bzw. Ausländern. Zwischen Personen mit gemindertem Rechtsstatus, wie zum Beispiel bei Hörigen und Sklaven, dürfte keine Ehe, sondern lediglich eine lose Wohngemeinschaft bestanden haben. Auch die Ehe eines Vollfreien mit einer Sklavin war möglich, vor allem, wenn die Ehefrau unfruchtbar war. Allerdings galten Nachkommen hieraus dann nicht als Freie.

Grundsätzlich galt in Ägypten die Einehe, doch begünstigte die von machtpolitischen Zielsetzungen ausgehende Heiratspolitik im Königshaus, insbesondere im Neuen Reich, die Mehrehe, wobei die ausländischen Prinzessinnen in aller Regel nicht den Status einer Hauptgemahlin erlangen konnten. Im nichtköniglichen Bereich jedoch war die Polygamie die große Ausnahme, bei der dann die Nebenfrauen ebenfalls rechtlich schlechter gestellt waren als die Hauptfrau. Die Gründe für die hauptsächlich ausgeübte Monogamie, für die es jedoch keine ausdrücklichen Rechtsvorschriften gab, sind wohl in wirtschaftlichen Erwägungen zu suchen. Eine Heirat unter Blutsverwandten ist hingegen recht häufig belegt, allerdings so gut wie nie unter Geschwistern, sieht man wieder von der Königsfamilie ab. Die häufig unter Eheleuten belegte Anrede als Schwester bzw. (seit dem Neuen Reich) als Bruder findet sich auch in der Liebesdichtung und ist als Kosebezeichnung oder als die bewußte Nachahmung eines natürlichen Verwandtschaftsverhältnisses anzusehen.

Die Stellung der Frau – Liebe und Erotik

Die vorwiegend patriarchalisch bestimmte Familienstruktur, die im Vater und Ehemann den Haushaltsvorstand sah, der aufgrund seines Einkommens für den Unterhalt

Die Eine, Geliebte, ohne ihres Gleichen,
schöner als alle Welt.
Schau, sie ist wie der glänzende Neujahrsstern
vor einem schönen Jahr.

Die tugendleuchtende, strahlenhäutige
mit Augen, die klar blicken,
mit Lippen, die süß sprechen.
Sie hat kein Wort zuviel.

Mit hohem Hals und strahlender Brust
hat sie echtes Lapislazuli zum Haar.
Ihre Arme übertreffen das Gold,
ihre Finger sind wie Lotuskelche.

Mit schweren Lenden und schmalen Hüften,
sie, deren Schenkel um ihre Schönheit streiten,
edlen Ganges, wenn sie auf die Erde tritt,
raubt sie mein Herz mit ihrem Gruß.

Sie macht die Nacken aller Männer
sich wenden, sie anzusehen.
Es freut sich jeder, den sie grüßt.
Er fühlt sich als erster der Jünglinge.

Wenn sie aus dem Hause tritt, ist es,
als erblicke man jene, die Eine.

»Sprüche der großen Herzensfreude«,
Das erste Lied
(nach Siegfried Schott)

Sieben Tage sah ich die Geliebte nicht.
Krankheit hat mich befallen.
Mein Herz wird schwer.
Ich habe mich selbst vergessen.

Wenn die Ärzte zu mir kommen,
bin ich mit ihren Mitteln nicht zufrieden.
Keinen Ausweg finden die Beschwörer.
Meine Krankheit wird nicht erkannt.

Wenn man mir sagt: Siehe, sie ist da! belebt es mich.
Ihr Name ist das, was mich erhebt.
Das Kommen und Gehen ihrer Boten
ist das, was mein Herz am Leben hält.

Besser als alle Mittel ist für mich die Geliebte.
Mehr ist sie mir als das Rezeptbuch.
Ihr Eintritt von draußen ist mein Amulett.
Wenn ich sie sehe, dann gesunde ich.

Wenn sie ihr Auge öffnet, verjüngt sich mein Leib.
Wenn sie spricht, dann erstarke ich.
Wenn ich sie umarme, verjagt sie von mir das Übel.
Sie ging von mir vor sieben Tagen.

»Sprüche der großen Herzensfreude«,
Das siebente Lied
(nach Siegfried Schott)

Das vom Luxus geprägte Leben in der 18. Dynastie fand auch in der Darstellung weiblicher Schönheit und Grazie seinen ganz besonderen Ausdruck.

Die Dame hält das »Menit« genannte Perlenhalsband in der Hand, das wie das Sistrum als Rasselinstrument diente.
Grab des Nacht, Theben Nr. 52

Oben: Diese »eindeutige« Darstellung aus der Ptolemäerzeit zeigt, daß die Ägypter keine Scheu vor drastischen erotischen Darstellungen hatten. Farbig gefaßter Kalkstein, Höhe 16,5 cm.
New York, Brooklyn Museum

Rechts: Über den Turiner Papyrus 55 001 entrüstete sich schon François Champollion. So kam es, daß dieses altägyptische »Kamasutra« erst 1973 veröffentlicht wurde. Es gibt auch zahlreiche Ostraka ähnlichen Inhalts.

der Familie verantwortlich war (auch wenn die Frau oft als »Herrin des Hauses« bezeichnet wurde), entsprach der allgemein männerbestimmten Gesellschaftsstruktur Ägyptens. Dennoch war die Frau zumindest rechtlich, wenn auch nicht unbedingt in der Alltagswelt, dem Mann gleichgestellt. Als Rechtsperson konnte sie ohne Unterschied über Besitz und Vermögen verfügen und auch Berufe ausüben, die nicht direkt an den Haushalt gebunden waren, wie zum Beispiel als Spinnerin oder Weberin, vor allem aber als Priesterin. Hier waren es die »Sängerinnen des Amun«, die seit dem Neuen Reich eine enge Verbindung mit dem Tempelkult eingingen. Die Verwaltung allerdings war die Domäne des Mannes, wenn es auch im Alten Reich weibliche Verwaltungsbeamte gegeben hat. Ihren Lebensmittelpunkt jedoch hatte die ägyptische Frau im Kreis ihrer Familie, in der Fürsorge ihres Gatten und ihrer Kinder, die sie in liebender Gemeinschaft umgab. Die dem Mann aufgetragene Verantwortung für seine Ehefrau kommt in der Weisheitslehre des Ptahhotep besonders gut zum Ausdruck (II.92):
»Wenn du ordentlich bist, gründest du dir einen Hausstand und liebst deine Frau nach der rechten Ordnung. Fülle

Willst Du Freundschaft bestehen lassen in einem Hause, zu dem Du Zutritt hast als Herr, als Bruder oder als Freund, überall dort, wo Du eintrittst, hüte Dich beim Verkehr mit den Frauen. Nicht bekommt es einer Sache, mit der sie sich befassen. Kein Gesicht ist ihren Fallen gefeit. Tausend Mann wurden von dem, was ihnen frommt, abgelenkt. Man wird betört von einem Leib aus (kühler) Fayence. Schon ist er zu (brennendem) Karneol geworden. Eine kurze Zeit ist es wie ein Traum. Man erreicht den Tod, wenn man draus gelernt hat.

Aus der Lehre des Ptahhotep
(nach Siegfried Schott)

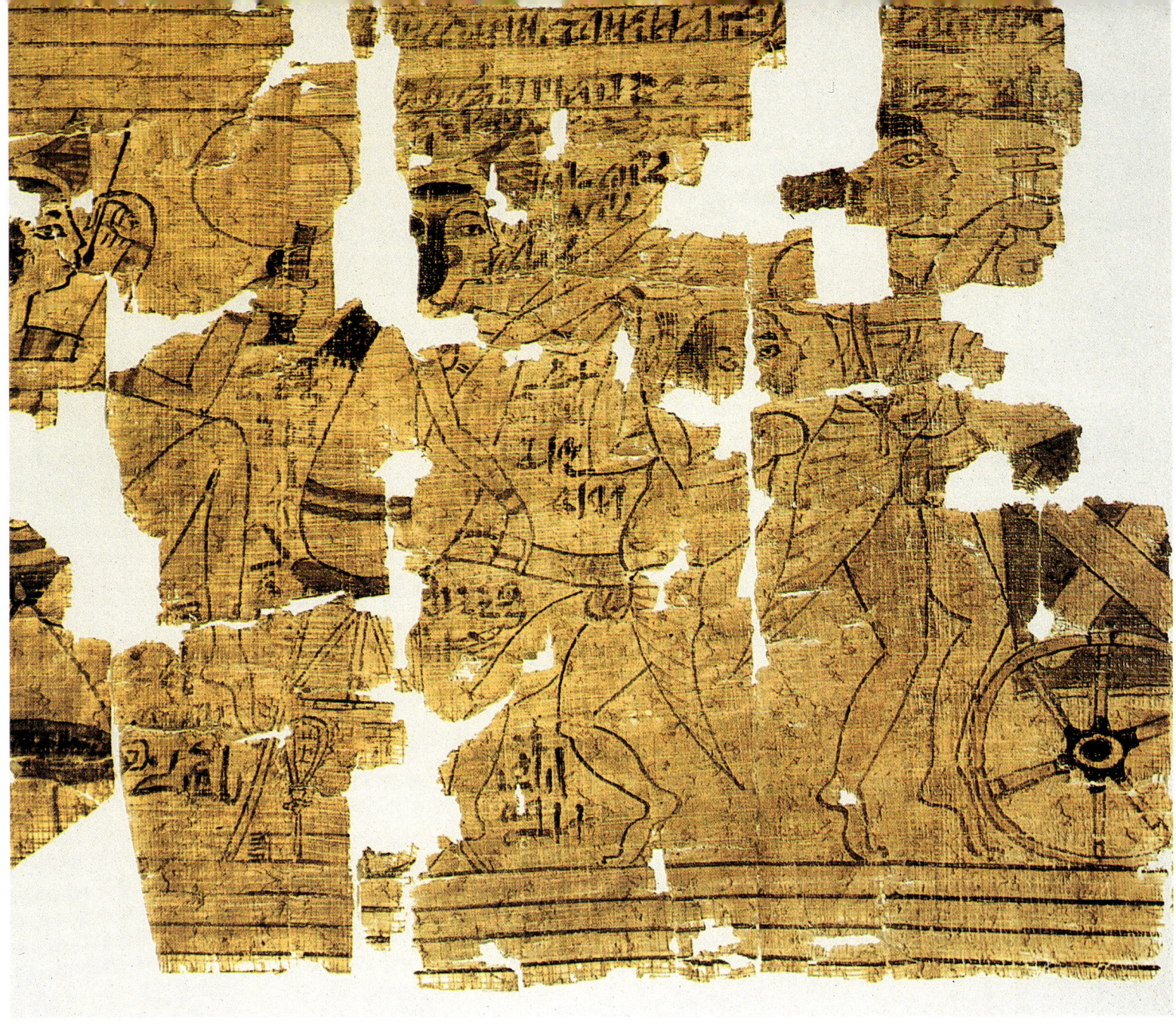

ihren Leib mit Speisen und bekleide ihren Rücken. Heilmittel für ihren Leib sei Salböl. Erfreue ihr Herz, solange du lebst. Sie sei ein guter Acker für ihren Herrn« (nach Siegfried Schott).

In den rund 50 überkommenen Liebesliedern aus dem Neuen Reich, die an anderer Stelle dieses Buches ausführlicher behandelt werden, finden die der Familiengründung vorangehenden zärtlichen Gefühle der Verliebtheit kunstvollen Ausdruck. Die »Sprüche der großen Herzensfreude«, »die heiteren Lieder« oder »die schönen erfreuenden Gesänge für deine Geliebte, die dein Herz liebt, wenn sie von der Flur kommt« geben uns ein farbenfrohes Bild von dem persönlichen Gefühlsreichtum, den Sehnsüchten und träumerischen Vorstellungen eines altägyptischen Liebespaares. Die zum Teil verhaltenen, zum Teil eindeutigen, immer jedoch anmutig wirkenden Bilder und Anspielungen verliebter Sehnsucht sind von unverfälschter und unverbildeter Wärme des Gefühls, auch dann, wenn ein literarischer Topos, eine gattungsgeschichtlich bedingte Wendung oder ein ritueller Bezug verarbeitet wurde. Charakteristisch ist die oftmals belegte landschaftliche Gebundenheit, in die das Liebeserlebnis oder auch nur die sehnende Vorstellung davon hineingestellt wird. Es ist die verborgene Landschaft am Fluß, bewachsen mit dichtem Papyrusdickicht, mit den stehenden Gewässern der Deltasümpfe, die das Reich der Liebesgöttin Hathor bilden, »die der Liebe angehört, die Goldene, die in den Vogelsümpfen, den Stätten ihrer Seligkeit weilt«. Die rituelle Jagd nach Vögeln und Fischen, das Raufen das Papyrus und das Brechen des Lotus werden zum vielfältig variierten, symbolisch-bildhaften Ausdruck lebhafter Liebesfreuden. Ob als Grabmalerei oder als Verzierung auf kostbaren Schälchen und Schmuckkästchen – die Lotusblüten und Lotusfische, die Entendarstellungen mit zurückgewandtem Kopf, die Lustfahrt im Papyrusnachen oder die nackte Schwimmerin –, alles fügt sich zu einem lebensfrohen Gemälde natürlich verstandener Sinnenfreude ohne Prüderie, aber auch frei von Laszivität.

Daß auch die ägyptische Erotik im Verlauf der Jahrtausende eine dem gesellschaftlichen Wandel entsprechende Umformung und Umwertung erfahren hat, muß wohl vorausgesetzt werden. Wenn entsprechende Quellen für das Alte und Mittlere Reich auch nur sehr spärlich zur Verfügung stehen, kann dem Neuen Reich auf dem Gebiet des

Sexualverhaltens und der Erotik eine gewisse größere Freizügigkeit nicht abgesprochen werden. So gibt es zahlreiche mit eindeutigen Darstellungen versehene Ostraka und Kleinkunstwerke; insbesondere jedoch muß hier der »erotische« Papyrus Turin 55001 angeführt werden. Er kann der auch in anderen orientalischen Kulturen belegten Gattung von »Kopfkissenbüchern« zugeordnet werden, die der »Ars amandi« zu dienen hatten. Und sicher war der Turiner Papyrus nicht der einzige seiner Art.

Die Kinder – Geburt und Namensgebung

Schwangerschaft, Geburt und Kindheit als die gefährdetsten Lebensabschnitte der ägyptischen Frau mußten durch vielerlei Vorkehrungen medizinischer, religiöser und magischer Art geschützt werden. Wenn auch Mittel zur Empfängnisverhütung bekannt waren, so wurde Kinderlosigkeit in der Regel als Unglück aufgefaßt, das man durch Opfer und Gebet abzuwehren versuchte. So heißt es in einem biographischen Text der Spätzeit in einem Anruf an die Grabbesucher: »... ein Mann, dem kein Kind geboren ist, der ist wie einer, der nicht gewesen ist, er ist nicht geboren. Seines Namens wird nicht gedacht, sein Name wird nicht ausgesprochen, wie der von jemand, der nicht gelebt hat. So bin ich ein Baum, der mit seinen Wurzeln abgerissen ist... (denn) ein Toter lebt vom Aussprechen seines Namens« (nach Eberhard Otto).

Die hier zum Ausdruck gebrachte Sorge, daß beim Fehlen von Nachkommen auch der für das Weiterleben im Jenseits notwendige Totendienst am Grabe der Eltern nicht vollzogen werden kann, erweist den Stellenwert, den die Nachkommenschaft in der Familie einnahm.

Um eine »glückliche Geburt« zu garantieren, wurde die Schwangere in vielfacher Weise geschont und geschützt.

Die für Geburt und Wochenbett zuständigen Gottheiten wurden in Form kleiner Amulette vergegenwärtigt: so die nilpferdgestaltige Göttin Thoëris, der zwergenhafte Bes, die froschgestaltige Hekat, der Schöpfergott Chnum, die Geburtsgöttin Renenutet, Isis, Nephthys usw. Der Körper der Schwangeren wurde mit Öl und kostbaren Salben, die mit pulverisierten Kräutern vermischt waren, eingerieben. Auch verschiedene medizinische Rezepte zur Verhinderung von Blutungen fanden Anwendung. Zur Verhütung einer Frühgeburt wurde die Frau verknotet, das stramme Binden ihres Haares sollte auf magische Weise die dem Mutterleib feindlichen Dämonen unschädlich machen.

Kurz vor der Geburt wird die Schwangere, die wie während der Menstruation und während des Wochenbettes als unrein empfunden wurde, in die im Hof oder Garten errichtete »Wochenlaube« gebracht, ein leichter, aus Laub und Papyrus errichteter Pavillon, der bisweilen auch auf dem Dach des Hauses aufgestellt werden konnte. Bei der Niederkunft hockt die Kreißende auf einem primitiven Gebärstuhl aus zwei Ziegeln. Ein aus Elfenbein gefertigtes, mit eingeritzten Bildern der erwähnten Geburtsgottheiten versehenes Zaubermesser wird der Schwangeren nochmals um den Leib gelegt. Unter Zaubersprüchen erfolgt endlich die Geburt. Das Neugeborene wird gewaschen und seine Nabelschnur abgetrennt. Nun wird auch der Vater in die Wochenlaube gerufen und begrüßt das Kind zusammen mit der Mutter erstmals mit seinem Namen. Die inhaltliche Bestimmung des Namens konnte sich sowohl auf den Zeitpunkt oder bestimmte Umstände der Geburt beziehen, aber auch auf politische oder religiöse Zusammenhänge hinweisen, die den Eltern des Kindes wichtig erschienen. Bisweilen wird in dem Namen auch ein das Schicksal des Kindes betreffender Wunsch nach Gesundheit oder Wohlergehen zum Ausdruck

Links: Eine schwangere Frau wird beim Einsetzen der Wehen von zwei Männern gestützt. Da der Grabherr, in dessen Grab sich diese und andere medizinische Darstellungen befinden, ein Arzt war, ist hier wohl ein Fall aus seiner ärztlichen Praxis geschildert.
Grab des Anchmahor in Sakkara, 6. Dynastie

Rechts: Das Zusammengehörigkeitsgefühl, das der ägyptischen Familie auch über den Tod hinaus eigen war, wird durch die als Grabstatue geschaffene Familiengruppe des »Vorstehers der Maurer« Kaemheset aus der 5. Dynastie dokumentiert.
Das Ehepaar sitzt auf einer Bank, die Frau hält in ehelicher Verbundenheit einen Arm auf der Schulter des Mannes. Zwischen beiden ihr kleiner Sohn.
Kairo, Ägyptisches Museum

Oben und rechts: Auch die Kinder des Alten Ägypten erfreuten sich an allerlei Spielzeug. Besonders beliebt waren flache Holzpuppen mit eingesetzten Haaren sowie Holztiere mit beweglichem Maul.
Puppen: Turin, Ägyptisches Museum
Löwe: London, British Museum

Unten: Zu den interessantesten Gefäßtypen des Neuen Reiches gehören Figurengefäße in Tier- oder Menschenform. Die Gefäße in Form einer hockenden Frauenge-

stalt mit einem Kind in den Armen, sogenannte Ammenfläschchen, dienten als Milchbehälter für neugeborene Kinder.
Berlin, Ägyptisches Museum

gebracht. Der Name war integrierender Bestandteil der ägyptischen Person, der untrennbar mit dem Wesen des Benannten verbunden war. Dementsprechend konnte die Existenz eines Menschen, aber auch die von Göttern und Königen durch Namenstilgung vernichtet werden.

Erziehung und Schule

Die Erziehung und Ausbildung der Kinder lag bis ins Mittlere Reich fast ausschießlich in den Händen des Vaters. Selbst die später verfaßten Weisheitslehren, die in Form von »Unterweisungen eines Vaters an seinen Sohn« abgefaßt wurden, bedienen sich auf diese Weise der Autorität des traditionellen Vaterbildes. Ihr Ziel war es, den erziehungsbedürftigen Schüler bzw. Sohn auf ein von den sozialethischen Grundsätzen der Lehren geformtes Leben vorzubereiten. Ein der Maat entsprechendes Verhalten, das nicht zuletzt auch dem eigenen Leben Erfolg und Ansehen verspricht, steht somit im Mittelpunkt der ägyptischen Erziehung. Daneben konnte natürlich eine spezialisierte Ausbildung in den verschiedensten Berufszweigen erfolgen, wobei in vielen Fällen der Beruf des Vaters für die Berufswahl ausschlaggebend war, der seine Kenntnisse an seinen Sohn weitergab. Der seit dem frühen Mittleren Reich nachweisbare Gruppenunterricht in Schulen wurde von staatlichen Beamten der Zivilverwaltung, die selbstverständlich ebenfalls eine Ausbildung als Schreiber erfahren hatten, durchgeführt.

Die Schüler, die im Alter zwischen fünf und zehn Jahren in die Schule eintraten, konnten aus allen Bevölkerungsschichten stammen. Neben dem Erlernen des Lesens und Schreibens, bei dem das im Neuen Reich weitverbreitete Schulbuch »Kemit« hilfreiche Dienste bot, wurden auch andere Fächer, wie Mathematik, Bildhauerei und Malerei, Geographie und Sport, unterrichtet. Daß es in den Schulklassen bisweilen recht streng zuging, können wir zahlreichen Stellen in jenen Lehrschriften entnehmen, die sich mit der Erziehung und vor allem mit dem Beruf des Schreibers auseinandersetzen. So heißt es zum Beispiel im Papyrus Lansing aus der 20. Dynastie:

»Ich bin als Kind aufgewachsen, indem ich dir (dem Lehrer) zur Seite war. Du schlugst mich auf den Rücken, und so trat deine Lehre in mein Ohr ein« (nach Hellmut Brunner).

In einer Schulhandschrift des Neuen Reiches, dem Papyrus Sallier I aus der 19. Dynastie, heißt es: »mein Herz ist überdrüssig, Ermahnungen zu sprechen, und der, in dem du ein großes Vorbild sehen solltest, schreit vor Zorn ... ich gebe dir hundert Schläge, aber du wirfst sie alle weg. Du bist mir wie ein geschlagener Esel, der nach einem Tag wieder stark ist; du bist mir wie ein kauderwelschender Neger, den man gerade mit Tribut gebracht hat (der also noch nicht Ägyptisch kann) ... ich werde aus dir, du böser Bube, schon noch einen Menschen machen« (nach Hellmut Brunner).

Freilich gab es auch Lehrer, die ihre Weisheit mit anderen Mitteln als mit Prügeln an ihre Schüler heranzubringen versuchten. So heißt es in einer biographischen Inschrift des Mittleren Reiches: »ich war ein Lehrer für die Kinder durch ruhiges Sprechen und Geduld«. Und in einem anderen Text: »(ich bin einer,) der die Achtung vor sich in der Menge verbreitet, der dadurch erzieht, daß er Liebe einpflanzt« (nach Hellmut Brunner).

Das Alltagsleben
Die ägyptischen Städte und ihre Struktur

Noch 1960 wurde in einer wissenschaftlichen Abhandlung über Ägypten während des Neuen Reiches die ägyptische Kultur als eine »Zivilisation ohne Städte« bezeichnet, und auch in einer erst 1975 erschienenen Wirtschaftsgeschichte Ägyptens wird darauf hingewiesen, daß in Ägypten die Stadt als Kulturzentrum nicht existiert hätte. Sicher findet diese Feststellung für das Alte Reich eine nicht unerhebliche Begründung in der zentralisierten Verwaltungsstruktur des Landes, die zwar die Residenzstadt als Mittelpunkt und wirtschaftliches Zentrum aufweist, im Nildelta jedoch nur kleinere Dörfer erwarten läßt, die entweder in königliche Staatsgüter umgewandelt, ganz aufgelöst oder im Rahmen der Binnenkolonisation neu gegründet wurden. Nur die im Umkreis traditioneller Tempelanlagen und Pyramidenstädte entwickelten Dörfer hätten die Entstehung stadtähnlicher Strukturen gefördert, die allerdings ebenfalls einem von Geschlossenheit, Mindestgröße, Konzentration, Arbeitsteilung und innerer Differenzierung bestimmten Stadtbegriff nicht entsprechen. Auch für das Neue Reich ergeben die schriftlichen Belege, daß die zentralen Gauverwaltungen jeweils nur aus einer kleinen Anhäufung von Verwaltungsgebäuden und Häusern der dort beschäftigten Beamten bestanden haben, die sich zum Teil aus alten Gütern entwickelt hatten. Allen diesen Verwaltungszentren, ob im Alten, Mittleren oder im Neuen Reich, scheint aufgrund der in den Wirtschafts- und Verwaltungstexten erhaltenen Angaben eine städtische Siedlungsstruktur abgegangen zu sein.

Dürfen wir uns jedoch in unseren Schlußfolgerungen ausschließlich auf die hier allerdings stark verkürzt und vereinfacht wiedergegebene Theorie einer zentralen Verwaltung und die entsprechenden Textzeugnisse verlassen? Sicher nicht.

Denn es kann kein Zweifel bestehen, daß die bisherige archäologische Forschung einen bestimmten Bereich der materiellen Hinterlassenschaft in der ägyptischen Hochkultur vernachlässigt hat: die Reste der im Fruchtland gelegenen altägyptischen Siedlungen und Städte. Anders als die bisher fast ausschließlich im Blickpunkt der archäologischen Forschung stehenden Tempel, Pyramiden und Grabanlagen der Könige und Vornehmen, die ihrer auf die Ewigkeit bezogenen Aufgabe entsprechend aus unvergänglichem Stein errichtet wurden, bestanden die Wohn-

Man sagt mir, du verläßt das Schreiben und taumelst in Vergnügungen; du gehst von Gasse zu Gasse, und es stinkt nach Bier, wo du dich rumtreibst (?); das Bier vertreibt die Menschen aus deiner Nähe, es läßt deine Seele wandern (?).
Du bist wie ein krummes Steuerruder im Schiff, das nach keiner Richtung hin gehorcht. Du bist wie eine Kapelle ohne ihren Gott, wie ein Haus ohne Brot. Man trifft dich, wie du über eine Mauer kletterst, nachdem du den Stock zerbrochen hast. Die Leute laufen vor dir davon, da du ihnen Wunden schlägst. So erkenne doch, daß der Wein verabscheuungswürdig ist und schwöre dem Rauschtrank ab. Hab doch nicht die Bierkrüge in deinem Sinn und vergiß das Bockbier. Man lehrt dich, hinter der Pfeife her zu singen und zur Flöte (?) zu jodeln, in Versen zur Zither zu sprechen und zum Nezech zu singen. Du bist im Bordell und die Dirnen umgeben dich; du stehst und schlägst Purzelbäume (?), du sitzt vor dem Mädchen und bist mit Öl beschmiert; dein Blumenkranz hängt dir am Halse und du trommelst auf deinem Bauch. Du torkelst und fällst auf den Bauch, du bist mit Unrat gesalbt.

Aus dem Papyrus Anastasi IV,
einer Schulhandschrift des Neuen Reiches
(nach Helmut Brunner)

Eine Statue aus Stein ist der dumme Sohn, den sein Vater nicht unterrichtet hat. Es ist für einen Sohn ein schönes Los, das ihm zum Segen gereicht, wenn er Unterricht erhält und danach verlangt, denn kein Unterricht hat Erfolg, wenn Widerwille vorhanden ist ... Wer auf einen Tadel hört, bleibt vor einem zweiten verschont, denn man tadelt den Charakter eines Kindes, weil es nicht hört. Thot, der große Gott (des Schrifttums), hat den Stock auf Erden gesetzt, um den Dummen damit zu unterweisen ... Der Jüngling, der aus Scham vorsichtig ist, wird keine schlimmen Prügel bekommen. Ein Sohn stirbt nicht an den Schlägen von der Hand des Vaters.

Aus dem Papyrus Insinger
(nach Friedrich Wilhelm Freiherr von Bissing)

bauten, sowohl die Paläste der Könige wie die Häuser der einfachen Leute, aus kurzlebigen Lehmziegeln. Während die Gräber und Tempel auf den erhöhten und damit dem Überschwemmungswasser und seiner Feuchtigkeit nicht ausgesetzten Wüstenrändern des Niltales angelegt wurden, lagen die Siedlungen im jährlich überschwemmten Fruchtland. Da die Siedlungen oberhalb des höchsten Überschwemmungswasserstandes angelegt werden mußten, kamen dafür nur die nicht allzu häufigen Fels- und Sandhügel in Frage, die jedoch kaum eine Ausdehnung des Siedlungsgebietes zuließen. So wurden neue Gebäude stets auf den nach einer Lebenszeit von etwa 30 bis 40 Jahren verfallenen Vorgängerbauten, deren Lehmziegelschutt das Fundament des neuen Hauses bilden sollte, errichtet. So wuchsen die Siedlungen im Laufe der Jahrhunderte und Jahrtausende auf ihrem eigenen Schutt immer mehr in die Höhe, bis sie einen richtigen »Siedlungshügel« oder »Tell« bildeten.

Da heute in vielen Fällen auf diesen altägyptischen Siedlungshügeln auch moderne Ortschaften oder Friedhöfe liegen, ist eine archäologische Untersuchung meistens sehr erschwert, wenn nicht ganz unmöglich. Dazu kommt, daß der abgelagerte Kulturschutt der »Tells« von den ägyptischen Bauern heute noch gerne als Dünger (»sebach«) verwendet wird und auf diese Weise wertvollste archäologische Hinweise für immer verlorengegangen sind und noch verlorengehen.

Zu den am besten untersuchten altägyptischen Stadtanlagen gehört die Hauptstadt des ersten oberägyptischen Gaues, »Elephantine«. Trotz jahrhundertelanger Sebachgrabungen geben die Dutzende Meter hohen Kulturschichten des seit 1974 vom Deutschen Archäologischen Institut ausgegrabenen Tells einen aufschlußreichen Einblick in die Entwicklung dieser Stadt. So hatte die Stadt des Alten Reiches, die von einer rundovalen Stadtmauer mit einem kleinen Stadttor in Richtung auf den Hafen umgeben war, eine Siedlungsfläche von 1,6 Hektar, die im Mittleren Reich eine endgültige Ausdehnung von fast 80 Hektar erreichen sollte. Auch die erweiterte Stadt wurde von einer neuen Mauer umgeben. An den Stadtbereich angrenzende Gräber aus dem Alten und Mittleren Reich lassen eine deutlich unterschiedliche soziale Struktur erkennen, wie sie für eine organisch gewachsene Stadt, die gleichzeitig südliche Grenzbefestigung Ägyptens, Umschlaghafen und Verwaltungszentrum des ersten oberägyptischen Gaus war, zu erwarten ist. Ähnliche Befunde historisch gewachsener Siedlungsstrukturen ergaben auch archäologische Untersuchungen in Edfu, der Hauptstadt des zweiten oberägyptischen Gaus, deren Schichtenfolge ebenfalls eine Mächtigkeit von über zehn Metern aufweist. Auch diese Stadt wurde im Laufe ihrer Geschichte von mehreren Stadtmauern umgeben, die dem Schutz unterschiedlichst strukturierter Wohnviertel dienten. Auch in Abydos, Memphis und Heliopolis, aber auch in Tell ed-

Links: Auf der schon von den Ägyptern als »Elefantenland« bezeichneten Insel lag seit jeher die südlichste Stadt Ägyptens, deren Name sich wahrscheinlich auf ihre Funktion als Handelsort für nubisches Elfenbein bezog. Als Hauptstadt des 1. oberägyptischen Gaus und als Grenzfeste war sie von der Vorgeschichte bis heute besiedelt. Der von den Siedlungsschichten gebildete Tell ist heute über 30 m hoch und ermöglicht dem Archäologen wichtige Aufschlüsse über Wohnstruktur und Siedlungsgeschichte einer altägyptischen Stadt. Besonders bedeutsam ist die erst vor wenigen Jahren durch das Deutsche Archäologische Institut erfolgte Freilegung des wohl ältesten kontinuierlich betriebenen Heiligtums unterhalb des Satet-Tempels.

Rechts: Detail und Gesamtansicht eines erst vor kurzem in Theben-West ausgegrabenen Wohnhauses aus dem Neuen Reich. Die Lage am Westufer Thebens, also im Bereich der Totentempel, läßt vermuten, daß es sich hier um die Villa eines hohen Verwaltungsbeamten der Weststadt gehandelt hat. Die rechteckige Anlage bestand wie alle Wohnbauten aus ungebrannten Ziegeln. Um das dreigeteilte Kerngebäude mit Eingangshalle, Empfangsraum und Privatgemächern waren die Wirtschaftsräume, die Küche und Öfen angelegt. Da kein Treppenaufgang freigelegt wurde, war das Gebäude wahrscheinlich ein Flachbau.

Daba, das vielleicht mit der Hyksosresidenz Auaris identisch ist, lassen sich ähnliche stadtgeschichtliche Entwicklungen verfolgen, die die Annahme gewachsener städtischer Strukturen auch für Ägypten ziemlich wahrscheinlich machen.

Die wie auf dem Reißbrett konstruierten Handwerkersiedlungen Kahun und Der el-Medine sowie die nur kurzlebige Residenzstadt Echnatons, Tell el-Amarna, können aufgrund der besonderen historischen Voraussetzungen ihrer Entstehung nur bedingt als Stadt im historischen Sinn bezeichnet werden, wenn sie auch – wie vor allem Der el-Medine – gewisse Strukturveränderungen erkennen lassen.

Die bei der Pyramidenanlage Sesostris' II. angelegte Handwerker- und Beamtensiedlung Kahun wurde für die Arbeiter und Verwaltungsbeamten des Pyramidenkomplexes angelegt. Sie bildet ein klassisches Beispiel für die bereits erwähnte Institution einer »Pyramidenstadt«, in der bis zu 2000 Menschen über einen Zeitraum von etwa 150 Jahren den Totenkult des verstorbenen Königs Sesostris II. vollzogen und für diesen Zweck von jeglichen Abgaben an den Hof des lebenden Königs befreit waren. Reste ähnlicher Pyramidenanlagen sind aus Dahschur sowie aus Gise bekannt.

Die zu Beginn des Neuen Reiches angelegte Handwerkersiedlung Der el-Medine war zur Aufnahme der bei der Errichtung der Königsgräber beschäftigten Handwerker und Künstler bestimmt. Gegründet von König Amenophis I., erlebte sie im Laufe der 19. und 20. Dynastie mehrere Erweiterungen. Das ca. 130 × 50 m messende Areal wurde ebenfalls von einer mit zwei Toren versehenen Stadtmauer umschlossen. Durchschnittlich lebten in der Siedlung 30 bis 40 Handwerker, Steinmetze, Graveure, Bildhauer und Maler samt ihren Frauen und Kindern. Die unzähligen in der Siedlung gefundenen Ostraka geben einen aufschlußreichen Einblick in das Privatleben dieser privilegierten Personengruppe, die ein eigenes Gericht, eine eigene Nekropole und einen eigenen Tempel aufzuweisen hatte.

Die wohl am vollständigsten ausgegrabene Stadt des Alten Ägypten ist Tell el-Amarna, die Residenz des Ketzerkönigs Amenophis IV., die buchstäblich innerhalb von fünf Jahren aus dem Wüstenboden gestampft wurde.

Das von Norden nach Süden sich über etwa 13 Kilometer erstreckende Stadtgebiet wurde von mit dem Bild der Königsfamilie versehenen Grenzstelen markiert. Die »Horizont des Aton« benannte Stadt bestand aus einem nördlichen und einem südlichen Teil, zwischen denen das Stadtzentrum mit dem großen Königspalast, dem Königshaus, Magazinanlagen und vor allem den beiden Aton-Tempeln lag.

Im Zusammenhang mit der Erwähnung ägyptischer Stadtanlagen müssen auch die ägyptischen Siedlungen im Ausland genannt werden, die aufgrund ihrer gefährdeten

Oben: Dieses steinerne Hausmodell mit Zinnen und »Penthouse« entspricht wohl dem Stadthaus der griechisch-römischen Zeit. Hannover, Kestner-Museum

Unten: Tonmodell eines Hauses aus ungebrannten Lehmziegeln aus dem Mittleren Reich. Turin, Ägyptisches Museum

Rechts: Reihen von Sykomoren und Dattelpalmen in regelmäßiger Anordnung umstehen den rechteckigen Teich im Zentrum eines von einer Mauer umgebenen Gartens. Der Grabherr fährt, von einer Treidelmannschaft gezogen, in einem Papyrusnachen über den Teich. Wandmalerei im Grab des Rechmire, Theben Nr. 100

Grenzlage meist innerhalb von Festungen angelegt wurden. So sind in Nubien allein aus dem Mittleren Reich 13 Festungsanlagen überliefert. Besonders Buhen und Aniba waren sowohl als Militärstützpunkt als auch als Handelsplatz von großer Bedeutung.

Die Villen der Vornehmen

Über das Aussehen der Villen der hohen Beamten und Priester sind wir vor allem durch die Ausgrabungen in Tell el-Amarna unterrichtet. Die Häuser der von Theben in die neue Residenz übersiedelten getreuen Gefolgsleute Echnatons lagen zwischen den Palästen und den offiziellen Gebäuden, konnten sich aber aufgrund des großzügig bemessenen Stadtgebietes ohne Einschränkungen entfalten. Der rechteckige Grundriß war in der Regel dreigeteilt. Zuerst kam man in einen länglichen Empfangsraum, der bisweilen eine Veranda mit Säulen umfaßte, dann in den mit glasierten Kacheln verkleideten Aufenthaltsraum, dessen erhöhte Decke von vier Säulen getragen wurde, sowie schließlich in den privaten Teil mit Schlafraum, Badezimmer, Toilette, Umkleidezimmer und Nebenräumen. Vom Aufenthaltsraum führte eine Treppe auf das Dach. Angrenzend an das Haus waren die Wirtschaftsräume wie Küche, Speicher, Ställe und die Wohnung der Bediensteten angelegt. In besonders vornehmen Anlagen befanden sich beim Haupteingang eine zusätzliche Empfangshalle und im Garten ein Schrein, in dem mit Bildern der Königsfamilie reliefierte Altartafeln aufgestellt waren.

Die Lehmhäuser der einfachen Leute

Aufgrund ihres vergänglichen Baumaterials sind wir über die Wohnverhältnisse der einfachen Ägypter nur unzureichend informiert. Weder die Häuser der Handwerkersiedlung in Kahun noch jene in Der el-Medine dürften ein kennzeichnendes Bild von den allgemeinen Wohnverhältnissen der unteren Bevölkerungsklassen vermitteln. Allerdings wird man davon ausgehen können – und Vergleiche mit den archäologischen Befunden haben diese Annahme bestätigt –, daß sich die heutige einfache Wohnarchitektur Ägyptens nicht grundsätzlich von jener der vergangenen Jahrtausende unterscheidet. Das zur Verfügung stehende Baumaterial – Bruchsteine, Lehmziegel, Holz oder Palmstämme sowie Schilfmatten – ist auf dem Land bis heute gleichgeblieben.

Über das Aussehen der Wohnhäuser der einfachen Leute sind wir weniger aus Darstellungen oder Hausmodellen informiert, die meist die Wohngebäude höhergestellter Personen wiedergeben, als durch Ausgrabungsbefunde. So ist es erst in jüngster Zeit amerikanischen Archäologen gelungen, das Äußere eines aus der Negade-I-Zeit stammenden Wohnhauses zu rekonstruieren. Auch hier zeigt uns ein Vergleich mit gegenwärtigen Bauformen eine jahrtausendealte Kontinuität.

Gärten und Teiche

Entsprechend den heißen und trockenen Klimabedingungen Ägyptens kam der Anlage von Gärten und Teichen schon seit dem Alten Reich eine besondere Bedeutung zu. So berichtet der Oberbaumeister und Wesir des Königs Asosi aus der 5. Dynastie in seinem Grab von der Errichtung eines Palastgartens für den König. Auch der thebanische Amun-Tempel besaß im Neuen Reich einen nördlichen und einen südlichen Garten sowie eine Teichanlage, zu der ein offener Portikus führte. Die nicht seltenen Darstellungen von Privatgärten in Gräbern des Neuen Reiches zeigen ein fast identisches Bild: Um einen rechteckigen See oder Teich sind Bäume gepflanzt, meistens Sykomoren oder Palmen, denen im Totenkult als Spendern von Kühle und Feuchtigkeit eine besondere Bedeutung zukam. Auch in den Gärten der vornehmen Häuser von Amarna waren bisweilen kleine Teiche angelegt, soweit die Wasserversorgung sichergestellt werden konnte. Die Bewässerung, die von eigenen Gärtnern vorgenommen wurde, erfolgte mittels kleiner, an einem Schulterjoch hängender Gefäße oder mit dem »Schaduf«, das jedoch nicht vor Tell el-Amarna nachgewiesen ist. Immerhin war es mit ihm möglich, das Wasser ein bis zwei Meter zu heben. Das effektivere Schöpfrad, die Sakije, die eine Hebeleistung von 3,5 Metern hat, kommt erst seit der hellenistischen Zeit vor.

Über das Aussehen der Gartenanlagen sind wir vor allem durch die farbigen Malereien auf den Fußböden der Palastanlagen in Tell el-Amarna informiert. Ein besonders schönes Beispiel einer Fußbodenmalerei ist aus dem sogenannten »Wasserhof«, einer Art Gartenheiligtum des Aton im Süden Amarnas, das aus mehreren überdachten Bassins bestand, überliefert. Die ohne Vorzeichnung auf den trockenen Stuck aufgetragenen naturnahen Malereien geben ein lebendiges Bild von der eindrucksvollen Pracht des Blumen- und Pflanzenschmucks, aber auch der Vogelwelt dieser einstmals wohl paradiesischen Landschaft.

Das Mobiliar

Wie kaum über einen anderen Bereich der altägyptischen Alltagswelt sind wir über das Mobiliar unterrichtet. Dies liegt vor allem an der seit der 1. Dynastie nachweisbaren Sitte, zumindest den höhergestellten Personen, insbesondere aber den Königen, einen Teil ihres Mobiliars als Grabausstattung mit ins Jenseits zu geben. So stammen die wichtigsten Beispiele altägyptischer Möbel aus den Gräbern der 1. Dynastie in Abydos und Sakkara, aus dem Grab der Königin Hetepheres (4. Dynastie) sowie aus den umfangreichen Funden in den Gräbern der Eltern der Königin Teje sowie im Grab der Könige Thutmosis IV. und Tutanchamun, um nur einige zu nennen. Im nichtkönig-

Vorausgehende Doppelseite: Es gehört zu den Eigentümlichkeiten altägyptischer Überlieferung, daß sich die vor allem im Neuen Reich so gern genossene Lebensfreude fast ausschließlich in Grabmalereien zeigt. So sind es die Festgelage als säkularisierte Umformung der alten Vorstellung von der Speisung des Toten am Opfertisch, die von Heiterkeit und Lebensgenuß, aber auch von modischer Extravaganz und raffinierter Erotik zeugen. Grab des Nacht, Theben Nr. 52

Links: Verzierte Salb- und Schminklöffel lassen sich bis in prädynastische Zeit zurückverfolgen. Ihre häufige Verwendung als Grabbeigaben läßt eine kultische Funktion vermuten, die auch in den dargestellten Motiven sichtbar wird: Oft sind es leicht bekleidete oder nackte Tänzerinnen oder Dienerinnen, die auf der Schulter das meist mit Lotusblüten – einem Symbol der Erneuerung – geschmückte Salbgefäß tragen. Bemaltes Holz, Höhe 31,5 cm. Paris, Louvre

Rechts: Die Bankettszene aus dem Grab des Rechmire besteht aus einer Reihe in sich geschlossener Einzelbilder, die der Reinigung oder Schönheitspflege der Festgäste gewidmet sind. Ungewöhnlich ist die Dreiviertelansicht einer der Dienerinnen. Grab des Rechmire, Theben Nr. 100

Rechts unten: Kelchbecher aus Fayence sind seit dem Neuen Reich häufig Imitationen einer geöffneten Lotusblüte, und die umlaufenden Reliefbilder zeigen gerne Darstellungen aus der Papyruslandschaft und ihrer Tierwelt. Detroit, Clark Museum

lichen Bereich stammt das meiste Mobiliar aus den Beamtengräbern des Neuen Reiches. Über die Ausstattung der vorhergehenden Zeit sind wir nicht gut unterrichtet bzw. auf Darstellungen oder Beschreibungen in schriftlichen Quellen angewiesen.

Zu den häufigsten Grabbeigaben, die den Hausrat betreffen, gehören Schemel, Stühle, Betten, Regale und Kästen, in denen Kleider und Stoffe, aber auch Schmuck, Spiegel und Kosmetika aufbewahrt wurden. Auch Spiele finden sich bisweilen unter den Grabbeigaben.

Als kennzeichnendes Beispiel für eine königliche Grabausstattung sei das Mobiliar der bereits genannten Gemahlin des Königs Snofru und Mutter des Königs Cheops, Hetepheres, kurz besprochen, das durch einen Zufall 1925 in einem Schacht neben dem Aufweg zur Cheopspyramide gefunden wurde. Das Grabmobiliar der Königin bestand aus einem Baldachin, zwei Armsesseln, einem Bett, einer Sänfte, Kanopenkästen und verschiedenen Truhen zur Aufbewahrung von Stoffen, Stöcken, Schmuck und Gefäßen. Der leicht zerlegbare Baldachin, dessen Holz im Verlauf der Jahrtausende zerfallen war, war mit Goldblech beschlagen. Das aus rechteckigen Balken bestehende Zeltgestänge wurde wohl von der Königin auf Reisen mitgeführt und sollte sie vor neugierigen Blicken und Stechfliegen schützen. Der mit Ösen an der Außenseite des Rahmens zu befestigende Stoffüberzug wurde nicht gefunden. Der Rahmen des in Papyrusdolden endenden Bettes ruht auf vier ebenfalls vergoldeten Löwenbeinen. Die Innenseite des Bettes zeigt ein in blauer und schwarzer Fayence eingelegtes Blumenmuster. Auch der Armstuhl ist mit vergoldeten Löwenbeinen versehen. Löwen- oder Stierbeine sind als Möbelbeine von der Frühzeit bis in die 18. Dynastie üblich.

Ein besonders schönes Beispiel für die Reichhaltigkeit des königlichen Mobiliars bietet selbstverständlich der durch die Ausstellungen der letzten Jahre bekannt gewordene Grabschatz des Königs Tutanchamun mit einer Vielzahl von kunstvoll gefertigten Truhen, Betten, Schreinen, Thronsesseln, Hockern usw. Wegen der vielen Gebrauchsspuren an Teilen der Grabausstattung können wir davon ausgehen, daß dem Grabherrn jeweils zumindest ein wichtiger Teil seiner Alltagswelt mit ins Grab gegeben wurde. Dies geschah in dem Bewußtsein, daß der Tod nur eine Fortsetzung des irdischen Daseins bringe.

Während demnach Betten und Stühle zu den wichtigsten Einrichtungsgegenständen der ägyptischen Häuser gezählt haben dürften, kannte man Tische in unserem Sinn so gut wie gar nicht. Im Gegensatz dazu war die »Kopfstütze« ein häufig verwendetes Mobiliar, das uns nicht nur als Grabbeigabe seit der ältesten Zeit vielfach erhalten ist, sondern auch in Häusern von Tell el-Amarna gefunden wurde. Besonders schöne Beispiele dieser oftmals mit schützenden Gottheiten versehenen Kopfstützen haben sich ebenfalls im Grab des Tutanchamun gefunden.

Das Herz erfreuen, etwas Schönes sehen,
Vorträge, Tänze und Gesänge,
Myrrhen auflegen, sich mit Öl salben,
eine Lotusblüte an der Nase,
Brot, Bier, Wein, Süßigkeiten und anderes vor sich,
für den Fürsten und Wesir Rechmire,
mit dem seine Frau, die sein Herz liebt, zusammen ist,
die Herrin seines Hauses Merit.
Dir zum Wohle!
Trinke die schöne Trunkenheit.
Feiere einen schönen Tag mit dem,
was Dir Amun, der Gott, der Dich liebt, gab.
　　Aus dem Grab des Rechmire (nach Siegfried Schott)

Links außen: Der dreiteilige schwere Goldring mit zwei Enten als Aufsatz stammt aus dem Besitz Ramses' II. und ist ein gutes Beispiel für den hohen Stand des Goldschmiedehandwerks im Neuen Reich.
Paris, Louvre

Links: Dieser kostbare Lotuskelchbecher aus Glas mit der Namenskartusche Thutmosis' III. gehört zu den äußerst seltenen, genau datierbaren Werken aus den Anfängen der Glasherstellung im Alten Ägypten.
München, Staatliche Sammlung Ägyptischer Kunst

Rechts: Toilettenkasten aus dem Grab des Architekten Cha aus der Zeit Amenophis' III. Der bemalte Kasten enthält Schmink- und Salbgefäße aus Glas und Alabaster sowie Ton für den jenseitigen Gebrauch.
Turin, Ägyptisches Museum

Unten: Die beliebteste Löffelform des Neuen Reiches hat als Griff die Gestalt eines schwimmenden Mädchens, das in seinen Händen die meist als Ente geformte Kelle trägt. Löffel dieser Art dienten wohl als Spendegerät, etwa für Myrrhe.
Reuben und Edith Hecht Museum der Universität Haifa

Kleidung und Mode

Die Vielfalt der ägyptischen Tracht, die sich im Laufe der Tausende Jahre währenden ägyptischen Geschichte keineswegs unverändert erhielt, sondern genauso modischen Wandlungen unterworfen war wie unsere Kleidung, kann hier nur angedeutet werden. Charakteristischer und oftmals einziger Bestandteil der männlichen Kleidung ist der Schurz. Im Alten und im Mittleren Reich sind die männlichen Darstellungen sowohl im Rund- als auch im Flachbild fast ausschließlich nur mit der Schurztracht versehen. Während im Alten Reich der kurze, höchstens knielange Schurz gebräuchlich war, entwickelte sich bis zum Mittleren Reich ein bis zu den Waden herabreichender Schurz, der bisweilen auch nach oben bis unter die Brust hochgeführt werden konnte. Diese Schurztracht war auf Beamte beschränkt und lebte in der Amtstracht des Wesirs bis ins Neue Reich weiter. Überhaupt war auch in Ägypten die Tracht nicht nur Kleidung, sondern auch Ausdruck eines sozialen Status. Dementsprechend waren kleinere Beamte meist weniger modisch gekleidet, das einfache Volk hingegen, die Landarbeiter, die Hirten und Handwerker, begnügte sich mit einer sehr einfachen, seinen jeweiligen Arbeitsbedingungen angepaßten Tracht, die meist aus Leinwandstoffen bestand. In vielen Fällen verzichteten zum Beispiel Schiffer und Fischer, Hirten und Schlächter ganz auf ihre Kleidung und arbeiteten nackt, ohne daß dies jedoch als Verstoß gegen das allgemeine Schamgefühl aufgefaßt wurde.

Die Kleidung der ägyptischen Frauen scheint von der ältesten Zeit bis ins Neue Reich verhältnismäßig unverändert geblieben zu sein. Das gewöhnliche Frauenkleid bestand aus einem enganliegenden faltenlosen Hemd, das die Körperform deutlich sichtbar hervortreten ließ. Es wird von zwei Trägern auf den Schultern festgehalten und reicht bis zu den Knöcheln. Nur in Ausnahmefällen ist ein aus waagerechten oder senkrechten Streifen gebildetes Muster der Frauenkleider nachweisbar. Häufiger sind Netze aus Röhrenperlen, die über die Hemden gelegt werden. Modische Strömungen zu Beginn des Neuen Reiches, die durch außenpolitische Kontakte zu den Königen und Fürsten der umliegenden Gebiete beeinflußt wurden, setzten auch in der Frauenmode neue Akzente. So kamen ein enges Hemd, das die rechte Schulter freiließ, und ein weites, auf der Brust gerafftes Obergewand in Mode, die beide aus feinstem Leinen gefertigt wurden, so daß die Körperformen wieder deutlich durchschimmerten. Auch bei den Frauen wird körperliche Arbeit bisweilen unbekleidet ver-

richtet. Sonst kommen nackte Frauendarstellungen vor allem im Zusammenhang mit Tanzszenen vor, die mit Sicherheit auch als erotisches Stimulans gemeint sind.

Hygiene, Kosmetik und Schmuck

Körperpflege und Hygiene spielten zumindest in den oberen Gesellschaftsschichten keineswegs eine untergeordnete Rolle. Die Reinigung des Körpers wurde regelmäßig in der Frühe, vor den Mahlzeiten und natürlich zu kultischen Zwecken vorgenommen. Auch die Mundspülung, das Reinigen der Fußnägel sowie die Haarpflege gehörten zur täglichen Körperpflege. Bereits seit der 2. Dynastie ist das Bad zur Körperreinigung belegt. Sogar ein mittels eines Siebes oder Korbes bereitetes Brausebad scheint bekannt gewesen zu sein. Während wohl am häufigsten im Nil oder in Teichen gebadet wurde, verfügten vornehme Häuser über ein eigenes Bad mit Toilette. So liegt in der Arbeitersiedlung von Kahun das Bad bereits neben dem Schlafzimmer. Auch die Beamtenhäuser in Tell el-Amarna besaßen ein Badezimmer mit versenktem Becken und einer durch eine Wand abgetrennten Toilette. Die Existenz von Badezimmern im königlichen Palast des Alten Reiches ist durch den Beamtentitel »Vorsteher des Badezimmers« nachgewiesen. Öffentliche Bäder waren hingegen unbekannt.

Ein wesentlicher Teil der täglichen Körperpflege von Mann und Frau war das Schminken, das sich bis in die Vorgeschichte zurückverfolgen läßt. Die von der Merimde-

Oben: Bronzene Handspiegel mit Griff in Gestalt junger Mädchen kamen im Neuen Reich auf. Paris, Louvre

Unten: Goldenes Armreifenpaar aus der Ptolemäerzeit in Gestalt zweier sich ringelnder Schlangen. Privatbesitz

Rechts: Amarna-Keramik mit dem typischen Blau und blätterförmiger Dekoration. Berlin, Ägyptisches Museum

Ganz unten: Ein Toilettengerät, das als Schere und zum Eindrehen der Haare verwendet wurde. Kairo, Ägyptisches Museum

Zeit bis in den Beginn der geschichtlichen Zeit als Grabbeigaben nachweisbaren »Schminkpaletten« – flache rechteckige, ovale, schildförmige oder tiergestaltige Platten, meistens aus Chloritschiefer – dienten dem Anreiben vor allem von Augenschminke (Abb. S. 29). Dementsprechend waren die Schminkpaletten ursprünglich Gebrauchsgegenstände des täglichen Lebens, auf deren häufige Verwendung deutliche Abnutzungsspuren hinweisen. Daneben kam den Schminkpaletten auch eine kultisch-rituelle Funktion zu, der in den sogenannten »Prunkpaletten« künstlerischer Ausdruck verliehen wurde. Neben der kosmetischen Absicht, zum Beispiel durch Färben der Lider und Augenbrauen die Augen besonders zu betonen, kann im Auftragen der Schminke auch ein Mittel zum Schutz vor Augenkrankheiten gesehen werden. Das Schminken von Wangen und Lippen ist hingegen kaum bezeugt.

Neben der Kleidung und der Kosmetik kam auch der Haartracht und dem Schmuck eine das Erscheinungsbild der ägyptischen Frauen prägende Funktion zu. Besondere Bedeutung, vor allem als Bestandteil der Tracht der Beamtenschaft und der höfischen Kreise, hatte die Perücke, die sich jedoch in den Darstellungen selten von einer echten Haartracht unterscheiden läßt. Die beiden Haupttypen der männlichen Haartracht einschließlich der Perückenform waren die kurze, abgestufte Löckchenperücke sowie die aus langen Haarsträhnen vom Scheitel bis zu den Schultern herabfallende Strähnenperücke. Neue modische Formen treten in der 18. Dynastie auf, von denen eine aus kleinen Löckchen und glatten Strähnen kombinierte Perückenform dem höfisch-verspielten Zug dieser Zeit am besten entsprach. Während die Haartracht der Frauen im Alten Reich in zwei breiten Strähnen auf die Brust herabreichte und sich diese mit nur geringen Veränderungen bis zum Neuen Reich erhält, treten in der Mitte der 18. Dynastie eine ganze Reihe modischer Formen hinzu.

Eine besonders große Rolle spielte auch bei den Ägyptern der Schmuck, dessen ursprüngliche Funktion mehr jener des Amuletts nahekam, indem er den Träger vor Krankheit und anderen Gefahren bewahren sollte. Um einzelne Körperteile zu schützen, wurden Stirnbänder und Diademe, Halskragen, Armreifen und Bänder, Fußreifen und Gürtel getragen. Auch Fingerringe und Ohrringe sind seit der Hyksoszeit belegt, wobei hier ausländischer Einfluß anzunehmen ist.

Über den ägyptischen Schmuck sind wir fast ausschließlich durch Grabfunde und Darstellungen in Grabmalereien unterrichtet. Dies erklärt sich daraus, daß das Tragen von Schmuckstücken auch für das Jenseits angestrebt wurde, in dem sämtliche Lebensgewohnheiten des Diesseits weitergeführt werden sollten. In einigen Fällen sind jedoch Schmuckstücke nachweisbar, die ausschließlich für den Jenseitsgebrauch bzw. die Grabausstattung konzipiert und hergestellt worden sind. Dazu gehören zum Beispiel Finger- und Zehenhüllen aus Gold sowie Herzskarabäen. Sie

wurden mit bestimmten Totenbuchsprüchen beschriftet, die sicherstehen sollten, daß das Herz, das als Sitz der freien Entscheidung des Menschen galt, im Jenseits keine negativen Aussagen gegen den Toten machen würde. Dazu kam die Bedeutung, die dem Skarabäus als Symbol der Selbstentstehung und Wiedergeburt zukam und die für die Jenseitsexistenz des Toten und seine angestrebte »Auferstehung« nutzbar gemacht werden sollte.

Festmahl und Eintopf: die Küche

Auch über die Ernährung der Ägypter sind wir durch die jenseitsbezogenen Quellen unterrichtet. Hier stehen an erster Stelle die sogenannten »Opferlisten«, in denen sämtliche Nahrungsmittel, die für den Toten im Jenseits erforderlich erschienen, aufgeführt sind. Aber auch Darstellungen von Opfergaben sowie die als Grabbeigaben für das Jenseits bestimmten Lebensmittel, soweit sie durch Topfaufschriften oder aufgrund naturwissenschaftlicher Untersuchungen analysierbar sind, geben Aufschluß über den Speisezettel der Alten Ägypter. Freilich müssen wir auch hier voraussetzen, daß die aufgeführten Speisen, vor allem ihre Mengenangaben, dem für das Jenseits angestrebten Wohlleben entsprechen und nicht unbedingt verallgemeinert werden können. Die auf allen Opfertischen nie fehlenden Rippenstücke, Rinderschenkel, Gänse und Enten waren mit Sicherheit nicht Bestandteil des durchschnitt-

lichen Tagesmenüs. Nur bei Festmählern flossen nicht nur Wein und Bier in Strömen, sondern war der Tisch auch mit Fleischspeisen reichlich gedeckt.

Die Grundnahrungsmittel waren Brot und Bier, dazu gab es verschiedene Gemüse. Die Grundlage bildet Getreide wie Gerste, Emmer und Weizen, dazu kamen verschiedene Hülsenfrüchte wie Saubohnen, Kichererbsen und bisweilen auch Linsen. Während das Bier in älterer Zeit aus Datteln, Johannisbrot oder Mohn hergestellt wurde, setzt sich schließlich das Gerstenmalz durch. Über die Bierherstellung sind wir seit dem Alten Reich durch zahlreiche Darstellungen gut unterrichtet: Das zerquetschte, geworfelte und ausgelassene Malzgetreide wird auf einem Mahlstein zerrieben, gesiebt und schließlich abgemessen. Nach der Beigabe von Weizenmehl im Verhältnis von 2:1 wird der daraus entstehende Teig zu runden Stücken geformt, die neuerlich verdünnt werden. Der in verschiedenen Formen durch ein Sieb gestrichene Brei wird im Feuer angebacken, mit Dattelessenz angefeuchtet und schließlich mit Wasser verdünnt. Die Maische kommt in einen Krug zum Vergären. Grundsätzlich hat sich diese Art der Bierherstellung vom Alten Reich bis in die griechische Zeit erhalten. Aus Inschriften wissen wir, daß Bier zu den täglichen Nahrungsmitteln gehörte und fünf Brote und zwei Krüge Bier das »gesetzlich« garantierte Existenzminimum waren. Den Stellenwert, den dieses Getränk im Alten Ägypten einnahm, erweist ein Liebeslied des Neuen Reiches:

»Küsse ich sie, und sind ihre Lippen offen, so frohlocke ich auch ohne Bier!« (nach Siegfried Schott)

Allerdings wird vor der negativen Wirkung allzu großen Biergenusses in zahlreichen Lebenslehren eindringlich gewarnt.

Nicht weniger schmackhaft dürfte der ägyptische Wein gewesen sein, dessen Hauptanbaugebiete das Westdelta und später auch die Oasen gewesen sind; jedoch gab es Weingärten auch an bestimmten Stellen des Ostdeltas. Für die Vornehmen wurde im Neuen Reich syrischer Wein importiert. Auch der Weinbau und die Weinernte erfolgten mit bürokratischer Genauigkeit. Jeder Weinberg wurde von einem Winzer verwaltet, der auf die Krüge das Jahr, die Herkunft und den Namen des abgefüllten Weins schrieb. Da diese Aufschriften bisweilen auch das Regierungsdatum eines Königs beinhalten, können sie eine wichtige Datierungshilfe sein.

An Fleischsorten gab es in erster Linie Rind, Schaf und Ziege, aber auch Wild und Geflügel. Obwohl auf den Totenopferlisten Fische niemals aufgeführt sind und es Priestern vor bestimmten zeremoniellen Handlungen ver-

boten war, Ziegenfleisch oder Fisch zu essen, gab es wohl kein generelles Verbot des Fischgenusses. So sind wir durch einen Ausgrabungsbefund aus der 2. Dynastie hinreichend über die Speisenfolge eines für das Jenseits gedachten Totenmahles informiert. Es enthielt Gerstenbrei, gekochten Fisch mit Brot, Taubenragout, Schnepfe, Nierchen vom Rind, gebratene Rippchen und Rinderschenkel, Feigenkompott, eine Beerensorte, Honigkuchen, Käse und Weintrauben. Dazu wurden Bier und Wein gereicht. Obwohl das Schwein wohl zu den weniger geachteten Haustieren zählte – so durften nach einer Notiz bei Herodot Schweinehirten keine Tempel betreten –, wurden große Schweineherden gehalten, und Knochenfunde in Der el-Medine erweisen, daß sich auch die Handwerker der Königsgräber an Schweinefleisch sättigten.

Vergnügung und Unterhaltung: Musik, Gesang und Tanz

Die in den Gräbern des Neuen Reiches immer wiederkehrende Darstellung von Gastmählern mit Musik, Gesang und Tanz verleiht der sprühenden Lebensfreude, die den

Ägypter wohl aller Gesellschaftsklassen gekennzeichnet hat, bildhaften Ausdruck. Auch wenn es keine eigene Bezeichnung für das Wort »Musik« gab, muß sie im Alten Ägypten von außerordentlicher Vielseitigkeit gewesen sein. Trotz des Fehlens jeglicher Angaben zu Melodie, Rhythmus und Tanzweise läßt sich einiges über das Musikleben, die Musikinstrumente und die Musiker Ägyptens rekonstruieren. Auch hier sind wir wieder auf die Darstellungen in den Gräbern angewiesen, die aus fast sämtlichen Epochen der ägyptischen Geschichte überliefert sind. Auch sind in einer ganzen Reihe von Gräbern als Grabbeigaben niedergelegte Musikinstrumente gefunden worden. Flöten, Klarinetten und Harfen waren wohl die wichtigsten Instrumente, die vor allem zu festlichen Anlässen sowohl im Leben als auch zur kultischen Mahlzeit für eine entsprechende Musik herangezogen wurden. Trotz der Tatsache, daß auch Hausmusik gepflegt worden ist, dürfte die Kult- und Tempelmusik den Hauptanteil der musikalischen Darbietungen ausgemacht haben. Eine besondere Rolle kam den seit dem Beginn des Neuen Reiches nachweisbaren »Sängerinnen« verschiedener Gottheiten zu, die als Tempelmusiker bei kultischen Anlässen musizieren mußten.

Gesang und Tanz waren integrierende Bestandteile des ägyptischen Musiklebens. Der Bewegungsablauf der Melodie und die rhythmische Gliederung des Gesanges wurden durch Handzeichen und Gebärden bestimmt, die von Cheironomen dem zugehörigen Musiker gedeutet wurden. Die so strukturierten Gesänge umfaßten verschiedene Liedgattungen. So können wir Arbeits- und Brauchtumslieder (Bauern-, Hirten-, Fischer-, Ernte- und Handwerkerlieder), Unterhaltungslieder, Liebeslieder, Totenlieder unterscheiden. Auch über die Ausbildung der Sänger und Sängerinnen sind wir informiert. Sie wurden in eigenen Sängerschulen ausgebildet und hatten bei Hof eine nicht unbedeutende Stellung inne. So durfte der erste bekannte Musiker der Weltgeschichte, Chufuanch, der am Hofe des Königs Userkaf in der 5. Dynastie musizierte und Sänger, Vorsteher der Sänger und Flötist am königlichen Hofe war, sein kunstvoll ausgestattetes Grab in der Nähe der Pyramiden von Gise anlegen.

Ebenso seit dem Alten Reich sind wir aufgrund zahlreicher Darstellungen in den Gräbern über die verschiedenen Tanzarten unterrichtet. Vom Alten bis zum Neuen Reich und auch in der Spätzeit standen verschiedene teils ruhige, gesetzt wirkende Tänze lebhaften, ausgelassenen, ja orgiastisch wirkenden gegenüber. Meistens von Mädchen oder Frauen ausgeführt, finden sich ausnahmsweise auch komplizierte Tänze, die von Männern getanzt werden. Die in den Gräbern des Neuen Reiches dargestellten Tänzerinnen, mit langer Haartracht bzw. reicher Perücke, Halskragen und Ohrringen geschmückt, sind meist in lange, durchsichtige Leinengewänder gekleidet, die den Körper mehr enthüllen als verhüllen; bisweilen tragen sie jedoch nur einen schmalen, um die Hüften geschlungenen Gür-

Oben: Die Stele des Keti aus der Ersten Zwischenzeit zeigt das Reinigen und Füllen von Bierkrügen und das Kochen von Fleisch. Kairo, Ägyptisches Museum

Links: Bierbrauer, Holzmodell aus der 11. Dynastie. Turin, Ägyptisches Museum

Unten: Die Opferplatte aus der Mastaba des Anchmakai in Sakkara aus der 5. Dynastie stellt einen kompletten Satz Eßgeschirr, Fladenbrot, Matte und Waschschüssel dar. Die Versorgung des Toten mit Speise und Trank war Voraussetzung für sein Weiterexistieren. Kairo, Ägyptisches Museum

tel. Oft mit Kastagnetten in den Händen, wirbeln die hübschen Mädchen um ihre eigene Achse und bezaubern mit ihrem Liebreiz und Raffinement die ganze Festgesellschaft.

Alltag und Fest

Das alltägliche Leben der Ägypter, ihr Tagesablauf, ihre Probleme und Sorgen werden sich grundsätzlich nicht von jenen anderer Menschen in anderen Kulturen unterschieden haben. Freilich gehört dieser Bereich der ägyptischen Vergangenheit zumindest noch zum Teil zu jenen unausgeloteten Forschungsgebieten, die aufgrund des unterschiedlich fließenden Quellenmaterials etwas am Rande der Ägyptologie standen und stehen. Erst in letzter Zeit haben beispielsweise Untersuchungen an den Ostraka aus der Arbeitersiedlung von Der el-Medine, über die an anderer Stelle dieses Buches berichtet wird, ein recht lebendiges Bild über das Alltagsleben zumindest einer Bevölkerungsgruppe des Neuen Reiches entwerfen können. Die mit Hilfe siedlungsarchäologischer Untersuchungen zu erwartenden Aufschlüsse über Wohn- und Eßgewohnheiten, Arbeitsbedingungen und das »soziale Umfeld«, aber auch über Volkskunst und vor allem die Volksfrömmigkeit, die sich jenseits der offiziellen Theologie, wie in jeder dogmatisch bestimmten Religion, entwickeln mußte, werden das aus schriftlichen Quellen nur unzureichend zusammengesetzte Puzzle sicherlich um einige wichtige Aspekte bereichern.

Mit Sicherheit können wir jedoch davon ausgehen, daß die Ägypter jeder Altersstufe und aus allen Gesellschaftsschichten in gleicher Weise nichts lieber taten, als Feste zu feiern. Aus zahlreichen Festlisten und Festkalendern sind wir über unzählige Feste unterrichtet, die teilweise regional, in der Mehrheit jedoch im ganzen Lande gefeiert wurden. Die von den Ägyptern selbst als »Feste des Himmels« und als »Feste der Zeitläufte« klassifizierten Feste waren astronomischen, mythologischen oder politischen Ursprungs. Da sie meistens kultischen Charakter hatten, wurden sie in Tempeln gefeiert und waren fast immer mit einer Prozession verbunden. Über die Feste im privaten Bereich sind wir wiederum durch Darstellungen in den Gräbern des Neuen Reiches unterrichtet, die, ausgehend von der seit ältester Zeit belegbaren »Speisetischszene« in der 18. Dynastie, zu einem irdischen »Festmahl« säkularisiert wurden.

Waren es im Alten Reich meist nur der Grabherr und seine Gemahlin, die vor dem reichgedeckten Opfertisch von ihren Angehörigen bzw. den Totenpriestern die Speisung für das Jenseits erhielten, wird das Totenfestmahl der 18. Dynastie vor einer großen Anzahl von Gästen, Tänzern und Musikern gefeiert. Die reichgeschmückten und vornehm gekleideten Gäste sitzen an ihren Tischen, essen, trinken und führen Konversation. Sie werden von den Dienern des Grabherrn bewirtet, gesalbt und bisweilen auch bekränzt. Die Damen reichen einander Blumen oder Schalen mit Obst und lauschen den Worten des blinden Harfners.

Auch Tiere durften bei diesen heiteren Gelagen nicht fehlen. So wurden Affen, Katzen, Hunde und Gänse sowie Gazellen als Lieblingstiere im Hause gehalten und bisweilen auch bei Festen in direkter Nähe der Festgäste abgebildet. Besonders gern dargestellt wurden Meerkatzen, die auch ein beliebtes Schmuckelement von Schminktöpfen, Spiegeln oder Salbschalen waren. Die häufige Verbindung dieses Tiers mit Toilettenszenen und sein Auftauchen in intimen Familienszenen lassen vermuten, daß sich mit seiner Darstellung eine erotische Zielsetzung verbindet. Jedenfalls dürfte die Meerkatze neben der Hauskatze das Schoßtier der ägyptischen Damen schlechthin gewesen sein. Dieser Affe sitzt unter dem Stuhl der Grabherrin, er klettert auf Palmen, pflückt Datteln und Feigen und ist auch als Spaßmacher beliebt. Übrigens spielt er auch in den Tiergeschichten eine wichtige Rolle.

Jagd, Sport und Spiel

Seit ältester Zeit kam der Jagd im Leben des Alten Ägypten eine bedeutende Rolle zu. Als früheste Form der Nahrungsgewinnung gehörte sie wie in allen Kulturen so auch in Ägypten zu den ersten zielgerichteten Lebensäußerungen des Menschen. Archäologische Befunde geben uns Auskunft über die lange vor Beginn der geschichtlichen Zeit üblichen Jagdarten wie Fischerei, Vogelfang und vor allem Wüstenjagd. Zu Beginn der historischen Zeit um eine Schutzfunktion erweitert, die dem Schutz der Viehherden bzw. der Abwehr der gefährlichen Raubtiere galt, wurde die Jagd bald ritualisiert. Kaum als Einzeljagd, sondern meist als eine Art Treibjagd betrieben, fehlten ihr bis ins Neue Reich sportliche Aspekte. Aus den Jagddarstellungen des Alten Reiches sind wir über die gejagten

Ein Wunder, das Seiner Majestät geschah: Man kam, um Seiner Majestät zu melden: Es befinden sich Wildstiere in der Wüste im Bezirk des Fayums. Fahren Seiner Majestät nach Norden im Königsschiff »Erschienen in Wahrheit« am Abend. Einen schönen Weg Einschlagen. In Frieden Ankommen im Gebiet des Fayum am Morgen. Erscheinen Seiner Majestät auf dem Pferde, indem das ganze Heer in seiner Begleitung war. Aufbieten der Beamten und Soldaten in ihrer Gesamtheit, dazu die Rekruten, um diese Wildstiere zu beobachten. Da befahl Seine Majestät, diese Wildstiere einzuzäunen mit Mauer und Graben. Da zog Seine Majestät aus gegen alle diese Wildstiere. Liste davon: 170 Wildstiere. Liste der Beute Seiner Majestät bei der Jagd an diesem Tag: 56 Wildstiere. Da verbrachte Seine Majestät 4 Tage, ohne seinen Pferden Ruhe zu gönnen. Erscheinen Seiner Majestät zu Pferde.
Liste dieser Wildstiere, die er bei der Jagd erbeutete: 40 Wildstiere. Summe 94 Wildstiere.

Aus dem Text eines Gedenkskarabäus Amenophis' III.
(nach Wolfgang Helck)

Links: Stuhl der Prinzessin Sita-mun, einer Tochter Amenophis' III. und der Teje, aus der Grabausstattung ihrer Großeltern Juja und Tuja. In der Szene auf der Lehne wird der Prinzessin ein goldener Halskragen dargeboten.
Kairo, Ägyptisches Museum

Rechts: Bankettdarstellung im Grab des Königlichen Mundschenks Wah. Vor einer der Damenreihen singt ein Harfner sein Lied. Die Opferträger bringen neben Trauben, Wein und Geflügel Granatapfelgebinde.
Grab des Wah, Theben Nr. 22

Tierarten unterrichtet: Wildstier, Kuhantilope, verschiedene Gazellenarten, Säbelantilope, Hirsch, Steinbock, Schaf, Wildhund, Hyäne, Fuchs, Hase, Löwe, Leopard. Dazu kamen im Mittleren Reich noch Wildesel, Giraffe und Affe, im Neuen Reich sind wir über die bisweilen im Ausland abgehaltenen königlichen Jagden auf Wildtiere, Löwen und Elefanten unterrichtet.

Die Darstellung der Wüstenjagd gehört zu den klassischen Themen des funerären Bildprogramms. Sowohl in den Grabanlagen der Könige als auch in jenen der Privaten nehmen die Bilder der Wüstenjagd eine dominierende Rolle ein. Die in der Jagddarstellung zum Ausdruck gebrachte Überwindung feindlicher Tiere (zum Beispiel Nilpferd) entspricht dem Anliegen des königlichen bzw. privaten Grabherrn, sich im Kampf mit den feindlichen chaotischen Mächten als Sieger zu erweisen.

Als Jagdwaffe wurden neben dem Lasso vor allem Pfeil, Bogen und Speer benutzt. Das seit vorgeschichtlicher Zeit belegte Wurfholz wurde bei der Vogeljagd verwendet, die im Neuen Reich jedoch fast nur mehr sportlichen Charakter hatte.

Zahlreiche Sportarten sind aus dem Alten Ägypten überliefert. Wenn es auch keinen eigentlichen Leistungssport oder gar sportliche Großveranstaltungen gegeben hat, so scheint der Ägypter dennoch eine gewisse Freude an sportlicher Betätigung gehabt zu haben, für die es keinen eigenen Begriff gab, sondern die mit Ausdrücken wie »sich vergnügen« oder »das Herz erfreuen« umschrieben wurde. Auf den Zusammenhang von Jagd und Sport wurde bereits hingewiesen, und zahlreiche Sportarten Ägyptens haben sich aus der Jagd entwickelt. Dazu gehören das Bogenschießen, Reiten und Speerwerfen, das auch das Fischespeeren umfaßt.

Zu den beliebtesten Sportarten zählte der Zweikampf, der seit dem Alten Reich sowohl im Flachbild als auch in Kleinplastiken dargestellt wird und der Ringen, Stockfechten und Boxen umfaßt hat. Am ausführlichsten sind wir über den Ringkampf unterrichtet, der in den Gräbern der Gaufürsten von Beni Hasan in etwa 400 Bildern in fast kinematographischer Weise in unterschiedlichen Verlaufsphasen wiedergegeben ist. So enthält das Grab des Gaufürsten Baket (Nr. 15) 219 Ringerpaare, die in mehreren Reihen übereinander, zusammen mit Darstellungen von Belagerungen einer Stadt oder Festung, wiedergegeben sind.

Fast alle heute bekannten Griffe sind schon in diesen Darstellungsreihen zu finden, zum Beispiel Griffe im Ringgürtel, Beinhebel, Kniehebel, Aosheber, Überwürfe, Hüftschwung usw. Auch Wettlauf, Schwimmen und Hochsprung sind, wenn auch nur in wenigen Darstellungen, belegbar.

Seit dem Neuen Reich tritt die Rolle des Pharao als Sportsmann immer stärker hervor. Sportliche Betätigung des Königs gilt als Erweis seiner physischen Kraft. Als erfolgreichster Kriegsheld und Jagdherr werden nun auch seine sportlichen Fähigkeiten besonders betont. So war zum Beispiel König Amenophis II. nicht nur ein Pferdenarr, der noch als Prinz von seinem Vater Pferde zur Pflege und Aufsicht erhalten hatte, sondern auch ein berühmter Bogenschütze.

Über das besondere Talent dieses Königs heißt es in einer Inschrift: »der gute Gott, reich an Kraft, der mit seinen Armen handelt vor seinem Heer; stark mit dem Bogen, wenn er nach der Scheibe schießt, ohne daß seine Pfeile fehlen. Wenn er auf die Kupferscheibe schießt, so spaltet er sie wie Papyrus...«

Auf den Kultlauf, den der König anläßlich seines Regierungsjubiläums unter anderem auch zum Erweis seiner physischen Fähigkeiten zu absolvieren hatte, wurde bereits beim Sedfest hingewiesen.

Neben einer Reihe von gymnastischen Übungen sind auch Geschicklichkeitsspiele überliefert, bei denen es auf Gewandtheit, Kraft und Schnelligkeit ankam. Hierzu zählt das dreimal im Alten Reich und einmal im Mittleren Reich abgebildete Wurfspiel, bei dem spitze Stäbe nach einer bestimmten, allerdings unbekannten, Regel in ein Ziel geworfen werden, wo sie steckenbleiben müssen. Neben Spielen mehr sportlichen Charakters gab es eine Reihe von Spielen, bei denen es sowohl auf Glück als auch auf Verstand ankam und die vornehmlich von Erwachsenen gespielt wurden.

Dazu zählen verschiedene Brettspiele sowie das Schlangenspiel und »Hund und Schakal«. Allerdings dienten die schon seit vorgeschichtlicher Zeit nachweisbaren Brettspiele nicht nur der Unterhaltung, sondern hatten darüber hinaus als Grabbeigabe eine wichtige Funktion für das jenseitige Leben zu erfüllen. Dies erklärt auch ihre verhältnismäßig häufige Erwähnung in Texten und Grabmalereien des späten Neuen Reiches, in denen die Unterweltsfahrt des Toten einer Reise über das Spielbrett gleichgesetzt wird.

Verschiedene Felder repräsentieren hier die Gefahren des Totenreiches. Das beliebteste Brettspiel war zweifellos das Senetspiel, dessen Brett aus 3 × 10 Feldern besteht. Davon werden 5 Felder durch Schriftzeichen hervorgehoben, deren Zahlenwerte eine positive oder negative Bedeutung hatten. Die 5 bis 7 Spielsteine wurden mit Wurfstäben als Würfelersatz weiterbewegt. Die seit dem Neuen Reich greifbare Umdeutung des Senetspiels als Weg des Verstorbenen durch das Totenreich ist ein besonders sinnfälliges Beispiel für das Weltverständnis des ägyptischen Menschen.

Der spielerische, von allerlei Zufällen, aber auch eigener Entscheidung beeinflußte Gang über gute und über gefährliche Felder wird zum symbolhaften Vollzug des »Durchwanderns der Ewigkeit«. Ein siegreicher Abschluß des Spiels sichert dem Gewinner Wiedergeburt, Gesundheit und Versorgung im Jenseits.

Links: Die Jagd im Papyrusdickicht ist Sport und jenseitsbezogener Regenerierungsakt in einem. Begleitet von der gesamten Familie, versucht der Grabherr sein Glück bei der Spießentenjagd mit dem Wurfholz.
Grab des Nacht, Theben Nr. 52

Rechts: Die aus Bubastis im Ostdelta stammende Kanne aus Silber und Gold ist eine kunsthandwerkliche Meisterleistung. Der Griff des fein ziselierten Gefäßes mit Goldrand wird von einer auf ihren Hinterläufen aufgerichteten Ziege gebildet. 19. Dynastie.
Kairo, Ägyptisches Museum

Folgende Doppelseite: Im Grab des Mesekti in Assiut aus der späten 11. Dynastie fanden sich zwei Modellgruppen mit je vierzig nubischen und ägyptischen Soldaten. Während die Nubier als Bogenschützen dargestellt sind (Abb. S. 63), marschiert das ägyptische Kontingent mit Lanze und Fellschild bewaffnet in zehn Reihen zu je vier Mann.
Kairo, Ägyptisches Museum

Ägypten im Krieg
Ägypten und seine äußeren Feinde

Trotz der verhältnismäßig isolierten Lage des ägyptischen Landes, das, eingebettet zwischen zwei Wüsten, im Norden durch das Mittelmeer und im Süden durch die erste Nilschwemme ein feindliches Eindringen nicht unbeträchtlich erschwerte, war Ägypten von jeher ausländischen Einflüssen, Einwanderungen und kriegerischen Übergriffen ausgesetzt.

Schon in der Reichseinigungszeit läßt das Auftreten verschiedener nichtägyptischer Motive und Darstellungsthemen auf Kleinkunstwerken rege Beziehungen zum Zweistromland erkennen, die mit Sicherheit jedoch nicht aus Kontakten mit diesem Kulturraum aufgrund kriegerischer Auseinandersetzungen erklärbar sein dürften.

Auf der Suche nach fruchtbaren Weideplätzen drangen nomadisierende Semiten seit Beginn des Mittleren Reiches in das Ostdelta-Gebiet ein und unterwanderten, wenn auch in friedlicher Absicht, die einheimische seßhafte Bevölkerung. Teilweise wurden die Einwanderer auch als Landarbeiter, Soldaten oder Kunsthandwerker integriert, die große Masse stellte jedoch eine erhebliche Bedrohung des ägyptischen Landes dar. So sah sich schon Amenemhet I. veranlaßt, die Ostgrenze des Deltas durch einen »die Mauern des Herrschers« genannten Grenzwall sicherer zu machen.

Dennoch konnte Ägypten den immer stärker andrängenden Nomaden auf die Dauer nicht standhalten. In zunehmendem Maße überfluteten die Nomaden in Wellen und Schüben die fruchtbaren Ebenen des Ostdeltas und begannen schließlich auch seßhaft zu werden. Die österreichischen Grabungen in Tell ed-Daba konnten in zahlreichen archäologischen Befunden vor allem hinsichtlich der Begräbnissitte den starken Einfluß nachweisen, den diese kulturell der syrisch-palästinensischen Bronzezeit zugehörigen Ansiedler auf Ägypten ausübten.

Mit der Eroberung von Memphis durch die Hyksos erfolgte dann der Abschluß dieser Entwicklung, die den Beginn einer einhundertachtjährigen Fremdherrschaft (von etwa 1650 bis 1542 v. Chr.) bedeutete, sollte für die zukünftige Außenpolitik Ägyptens von grundlegender Bedeutung werden.

Links: Neben der Jagd im Papyrus-dickicht ist die Wüstenjagd das zweite große Jagdthema der Grab-darstellungen. Sie diente einerseits dem Erweis der körperlichen Er-tüchtigung und dem Schutz des Grabherrn vor den Gefahren der Wüste, andererseits aber auch dem Nahrungserwerb für das Jenseits. Die Bildkomposition kann das Vorbild königlicher Schlachtdar-stellungen nicht verleugnen. Im unteren Register ist der Grabherr Userhet zusammen mit seiner Frau vor dem Opfertisch sitzend darge-stellt. Opferträger bringen ihnen Spießenten, die von anderen Die-nern mit dem Schlagnetz im Papy-rusdickicht gefangen werden. Grab des Userhet, Theben Nr. 56

Rechts: Zu den am häufigsten dar-gestellten Sportarten gehört der Ringkampf, der nach einer stren-gen Regel und meist unter Aufsicht eines Schiedsrichters ausgetragen

wurde. Das im Grab Ramses' VI. gefundene und aus Der el-Medine stammende Ostrakon ist rot skiz-ziert und schwarz nachgezogen. Kairo, Ägyptisches Museum

Rechts unten: Die im Neuen Reich zum Erweis der physischen Lei-stungskraft immer häufiger in der Öffentlichkeit verbreiteten sportli-chen Leistungen des Königs fanden in den Schießstelen Amenophis' II. (Abb. S. 86) und den Jagdskarabä-en Amenophis' III. ihren Höhe-punkt. Die Inschrift des linken Skarabäus (Hildesheim, Pelizaeus-Museum) berichtet von einer Lö-wenjagd des Königs, bei der er 102 Löwen erlegte, die des rechten (Pri-vatsammlung) von einer Wildstier-jagd, der 94 Tiere zum Opfer fielen. Die große Anzahl erhaltener Ge-denkskarabäen dieser Art erweist, daß diesen eine Funktion als Pro-pagandamittel des Königs zu-kommt.

Außenpolitik und Expansion

Die neuerlich von Oberägypten ausgehende Reichseini-gung, die mit der Vertreibung der Hyksos aus Memphis, der Eroberung ihrer Residenzstadt Auaris und ihrer Ver-folgung bis weit nach Syrien-Palästina hinein der Fremd-herrschaft ein Ende setzte, schuf die Voraussetzungen für eine expandierende Außenpolitik Ägyptens. Ja, man kann sagen, daß Ägypten ab diesem Zeitpunkt überhaupt erst bewußt Außenpolitik betrieb und über seine bisherige Bedeutung hinaus nun ein wesentlicher Machtfaktor des gesamten östlichen Mittelmeerraumes geworden war. Zur Absicherung des ägyptischen Herrschaftsgebietes ging es nun vor allem darum, sich der syrischen Stadtstaaten zu versichern und loyale Fürsten hinter sich zu wissen. Während zu Beginn der 18. Dynastie die syrischen Stadt-fürsten die ägyptische Oberherrschaft wohl mehr oder weniger freiwillig akzeptierten, sollte der sich ausbreitende Machtanspruch Mitannis und in der 19. Dynastie vor allem der Hethiter neuen Konfliktstoff liefern. Thutmosis I., unter dem bereits Abwehrkämpfe gegen das Mitannireich belegt sind, konnte den Herrschaftsbereich Ägyptens zumindest kurzzeitig bis Karkemisch ausdehnen. Während unter Thutmosis II. und Hatschepsut eine gewisse Zurück-haltung gegenüber den syrischen Besitzungen feststellbar ist, kommt es unter Thutmosis III. zu einer entscheidenden Auseinandersetzung mit den mit Mitanni verbündeten syrischen Fürsten. Unter der Führung des Fürsten von Kadesch versammelten sich 330 von Ägypten abgefallene Fürsten mit ihren Truppen vor Megiddo, um das anrük-kende Heer Thutmosis' III. abzuwehren. Wir sind über diesen ersten und die weiteren Feldzüge des ägyptischen

Königs aus seinen »Annalen« und den sogenannten Orts-namenlisten gut unterrichtet. So gelingt es Thutmosis III., das Aufgebot der syrischen Fürsten zur Flucht in die Stadt zu zwingen, die umzingelt und sieben Monate belagert wird. Die Belagerung wird durch einen Vertrag beendet, in dessen Zentrum der Lehenseid der syrischen Fürsten steht: »Wir wollen in unserer Lebenszeit nicht wieder gegen Mencheperre (Thutmosis III.), unseren guten Herrn, rebellieren.« Die Fürsten blieben Herren ihrer Städte, mußten jedoch ihre Waffen und Streitwagen abgeben. Insgesamt wurden nur 83 Tote gezählt, die ägyptische Beute umfaßte 2041 Pferde, 191 Fohlen, 6 Hengste sowie 942 Streitwagen.
Im 33. Regierungsjahr unternimmt Thutmosis III. seinen achten Feldzug gegen Mitanni. In seinem Verlauf über-schreitet der König, wie bereits Thutmosis I. bei Karke-

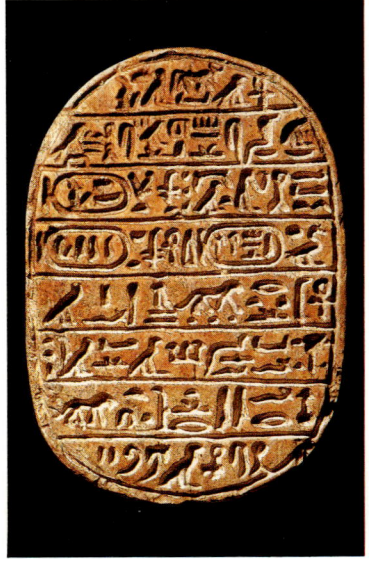

misch, den Euphrat und erobert auf dem Rückweg die Stadt Kadesch. Der erfolgreiche Verlauf dieses Unternehmens war vor allem ein Prestigeerfolg, der dazu führte, daß Babylon, Assur und auch die Hethiter Gesandtschaften nach Ägypten sandten und somit seine Oberhoheit in Syrien anerkannten. Von Amenophis II. liegen Berichte über drei Feldzüge nach Syrien vor. Vielleicht kam es damals bereits zu einem Friedensvertrag mit Mitanni, von dem Amenophis II. in einer Inschrift in Karnak berichtet. »Es kommen zu ihm die Großen von Mitanni, ihre Gaben auf ihren Rücken, um die Gnade Seiner Majestät zu erflehen und auch seinen süßen Hauch des Lebens. Eine Heldentat ist das, die man seit der Zeit der Menschen und Götter nicht gehört hatte: Dieses Fremdland, das Ägypten nicht kannte, flehte den guten Gott an.« Unter Thutmosis IV. kommt es zu einem Friedensschluß zwischen Ägypten und dem Mitanniherrscher Artatama.

Aus dem Keilschriftarchiv von Tell el-Amarna sind wir über die diplomatischen Beziehungen von der Regierungszeit Amenophis' III. bis an das Ende der Regierung von Amenophis IV. verhältnismäßig gut unterrichtet. Wir erfahren über die Heiratspolitik Amenophis' III., der eine Tochter des Mitannikönigs Sutarna zur Frau bekommt, aber auch von den Versuchen der ägyptischen Königin Anchesenamun, nach dem Tode ihres Gemahls Tutanchamun einen hethitischen Prinzen zum Gemahl zu bekommen.

Den Höhepunkt der Auseinandersetzungen zwischen Hethitern und Ägyptern stellt die Schlacht von Kadesch dar, in der Ramses II. nur mit großer Not einer katastrophalen Niederlage entging. Ein Friedensvertrag mit Chattusili III., der sowohl in seiner hethitischen als auch in seiner ägyptischen Fassung überliefert ist, stellt die Grundlage geregelter diplomatischer Beziehungen her, die bis zum Zusammenbruch des Hethiterreiches andauerten.

Inzwischen brauten sich für Ägypten jedoch aus dem Ausland neue Gefahren zusammen. So kommt es im fünften Jahr des Königs Merenptah zu einem gemeinsamen Angriff von Libyern und »Seevölkern«, an dem die Schardana, Luka, Turscha, Schekelesch und andere Stämme »von den Ländern im Meer« teilnahmen. Diese von der Westküste Kleinasiens und den vorgelagerten ägäischen Inseln ausschwärmenden Stammesverbände bedrohten nur dreißig Jahre nach diesem ersten Angriff Ägypten ein zweitesmal, wobei sie auch von den Philistern und den Danuna unterstützt wurden. An den von Ramses III. befestigten Nilmündungen findet eine gewaltige Seeschlacht statt, über die wir aus den Darstellungen an der nördlichen Außenwand des Tempels Medinet Habu unterrichtet sind. Unter Ramses III. werden die Seevölker endgültig abgewehrt. Ein Teil von ihnen kehrt zu ihrem Ausgangspunkt zurück, ein Teil findet neue Wohnsitze in dem südlichen Kanaan, dem sie den Namen Palästina gegeben haben. Wie in Syrien-Palästina mußte Ägypten auch stete militärische Unternehmungen gegen Nubien durchführen. Das in gewaltigen Grenzfestungen und Handelsplätzen des Mittleren Reiches sichtbare Interesse Ägyptens sollte auch im gesamten Neuen Reich anhalten. Nach der Hyksoszeit festigte Amenophis I. die ägyptische Herrschaft und richtete für Nubien eine eigene Verwaltung ein, die dem »Königssohn« unterstand. Schon Thutmosis I. drang bis südlich des 3. Katarakts vor, und unter Thutmosis III. wird beim Gebel Barkal die Stadt Napata gegründet. Zahlreiche Neugründungen und Tempel entstanden unter Amenophis III. und Ramses II., der vor allem zahlreiche Felsentempel anlegen ließ, wie zum Beispiel die beiden Tempel von Abu Simbel. Die Herrschaft Ägyptens in Nubien endete mit der 20. Dynastie.

Das Heer und seine Bewaffnung – Kriegstechnik

Über das Militär des Alten und Mittleren Reiches sind wir nur unzureichend unterrichtet. Militärischen Rängen vergleichbare Positionen und Titel hatten vor allem Expeditionsleiter sowie Kapitäne bzw. Marineoffiziere.

Die Gaufürsten der Ersten Zwischenzeit waren wohl die ersten, die sich aufgrund der dauernden Auseinandersetzungen zwischen den einzelnen Landesfürsten zur Aufstellung eigener Miliztruppen veranlaßt sahen. Daneben gab es noch eigene Truppenabteilungen der Tempelgüter- und der Schatzverwaltung, wobei als hauptberufliche Soldaten wohl nur Nubier eingesetzt wurden. Sie dürften auch eine wichtige Rolle als Besatzung der Grenzfestungen des Mittleren Reiches gespielt haben.

Links: Das »Schlagen der Feinde« ist das uralte Symbol für die Überwindung der chaotischen Mächte durch den König. Die aus Elfenbein gefertigte Armspange zeigt Thutmosis IV., dem der Kriegsgott Month das Sichelschwert überreicht, beim Niederschlagen eines Asiaten.
Berlin, Ägyptisches Museum

Rechts: Die monumentalste Ausformung erhielt das Motiv des »Schlagens der Feinde« auf den Außenwänden der großen Tempelpylonen des Neuen Reiches und der Spätzeit. Auf dem Relief des Tempeltors von Medinet Habu hat Ramses III. ein Bündel Feinde beim Schopf gepackt und schlägt sie mit der Keule nieder.

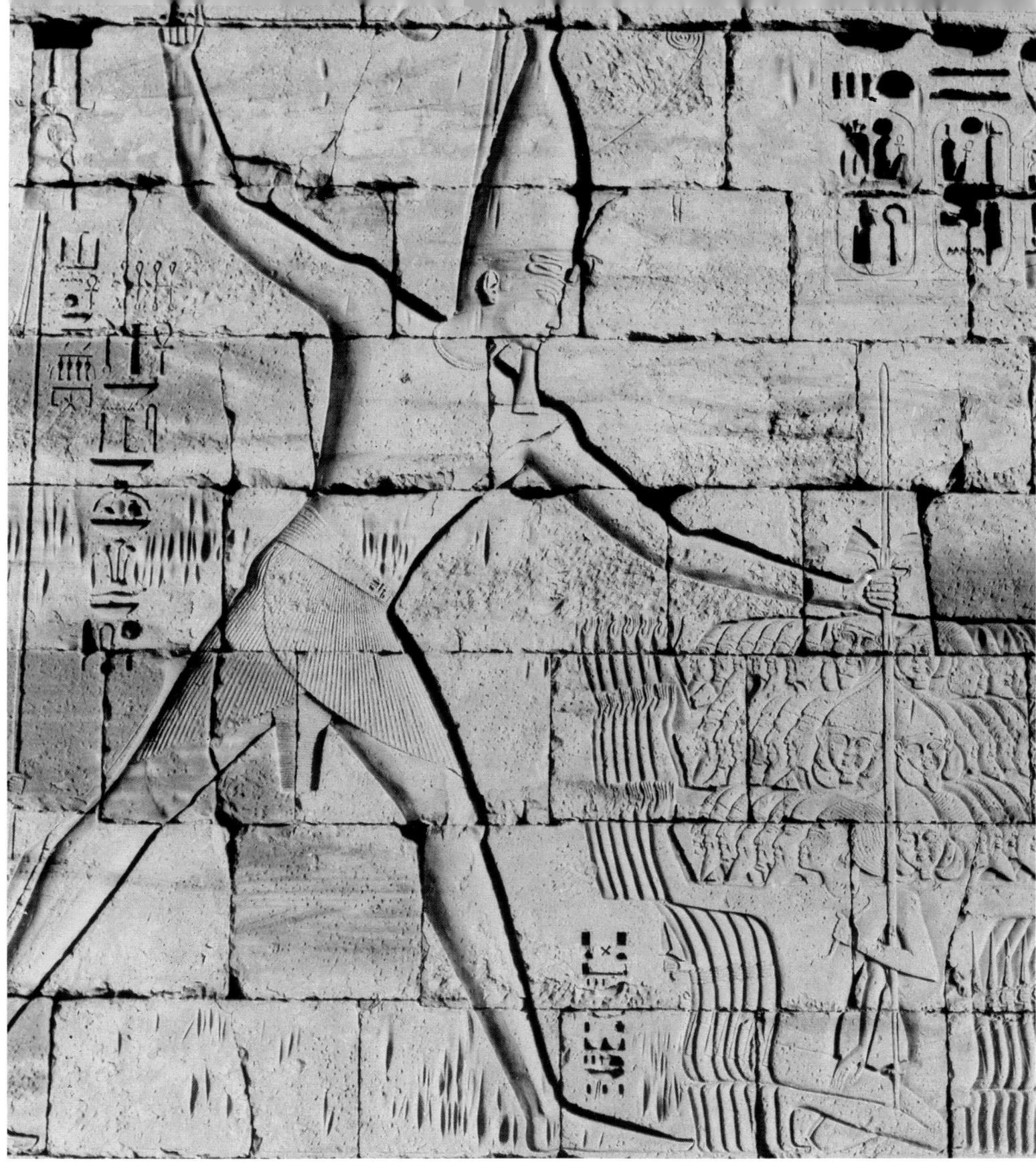

Früher nun, seit Ewigkeit, was anlangt die Politik des großen Herrschers von Ägypten und des großen Fürsten von Chatti – der Gott erlaubte nicht, daß Feindschaft geschah zwischen ihnen, mittels eines Vertrages. Aber in der Zeit von Muwatalli, dem großen Fürsten von Chatti, meinem Bruder, kämpfte er mit Ramses, dem großen Herrscher von Ägypten. Danach aber, von diesem Tage an, ist Chattusili, der große Fürst von Chatti, (unter) einem Vertrag, um die Politik dauernd zu machen, die Pre und Seth für das Land Ägypten machten mit dem Lande Chatti, um nicht zuzulassen, daß Feindseligkeiten zwischen ihnen vorkommen bis in Ewigkeit...

Und der große Fürst von Chatti soll nicht in das Land Ägypten eindringen bis in Ewigkeit, um etwas daraus zu rauben. Und Ramses, der große Herrscher Ägyptens, soll nicht in das Land Chatti eindringen. Und wenn ein anderer Feind gegen die Länder des Ramses kommt und an den großen Fürsten von Chatti schickt und sagt: Komm mit mir zu Hilfe gegen ihn! Dann wird der große Fürst von Chatti (zu ihm kommen), und der große Fürst von Chatti wird seinen Feind schlagen. Wenn es indessen nicht der Wunsch des großen Fürsten von Chatti ist, (selbst) zu kommen, dann wird er sein Heer und seine Wagentruppe schicken und seinen Feind schlagen.

Wenn ein großer Mann aus dem Land Ägypten flieht und zu dem großen Fürsten von Chatti kommt, oder eine Stadt, die zu den Ländern des Ramses gehört, und sie kommen zu dem großen Fürsten von Chatti, dann soll der große Fürst von Chatti sie nicht aufnehmen. Der große Fürst von Chatti soll sie deshalb zu Ramses, dem großen Herrscher Ägyptens, ihrem Herrn, bringen lassen.

Aus dem Hethitervertrag Ramses' II.
(nach Walther Wolff)

Die kriegerischen Auseinandersetzungen in der Zweiten Zwischenzeit und zu Beginn des Neuen Reiches beschleunigten die Ausbildung der durchorganisierten Militärhierarchie, an deren Spitze der »Oberkommandierende« stand, darunter folgten die Generäle, Heeresschreiber und Heeresstellvertreter. Nicht weniger hochrangig waren die »Vorsteher der Pferde«, das heißt der Streitwagen sowie die »Stellvertreter der Streitwagentruppe«.

Auch in der 19. Dynastie bestanden die einzelnen Heeresteile zum Großteil aus ausländischen Söldnern, die zum Teil Nubier, aber auch Hethiter, Scherden, Maschwasch aus Libyen waren, die vor allem in der Spätzeit eine wichtige Rolle spielten. Über die Einteilung der Armee in Unterabteilungen und deren Größe sind wir ebenfalls nur unzureichend unterrichtet. Ramses II. führte zum Beispiel eine in vier Divisionen unterteilte, die nach den Göttern Re, Ptah, Seth und Amun benannt waren.

Bogen, Pfeil, Schleuder, Lanze, Streitaxt und Dolch waren bis zur Hyksoszeit die wesentlichen Bestandteile der ägyptischen Bewaffnung. Zahlreiche Abbildungen in Gräbern des Mittleren und Neuen Reiches, aber auch die hölzernen Modellarmeen aus dem Grabe eines Gaufürsten in Assiut vom Ende der 11. Dynastie geben wertvolle Informationen. Das Grab enthielt neben entsprechenden Reliefbildern auch zwei Modellgruppen von je vierzig ägyptischen und nubischen Soldaten, von denen die letztgenannten als Bogenschützen dargestellt sind. Sie marschieren in zehn Reihen zu je vier Mann, geradeaus blickend, in der linken Faust den Bogen, in der rechten vier Pfeile mit Feuersteinspitzen.

Eine Revolutionierung des Militärwesens sollte durch die gegen Ende der Zweiten Zwischenzeit erfolgte Einführung des von zwei Pferden gezogenen Streitwagens erfolgen.

Zusammen mit dem zusammengesetzten Bogen sollte diese Waffe die Schlagkraft der ägyptischen Armee bedeutend erhöhen. Wie das »Sichelschwert« vorderasiatischer Herkunft in enger Verbindung mit der Hyksosherrschaft zu sehen ist, förderte die Streitwagentruppe die Herausbil-

Die nahe Berührung von königlicher Wüstenjagd- und Schlachtdarstellung wird auf der bemalten Truhe des Tutanchamun besonders deutlich. Während auf dem Deckel eine Jagdszene dargestellt ist, zeigen die beiden Längsseiten den König im Kampf gegen Asiaten bzw. Nubier.
Kairo, Ägyptisches Museum

dung einer neuen militärischen Elite. Als Wagenkämpfer konnten Ausländer nicht eingesetzt werden. Jeder Streitwagen hatte als Besatzung zwei Mann, von denen der eine mit Bogen bzw. Wurfspießen Angriff und Verteidigung ausführte, während der zweite für die Lenkung der Pferde verantwortlich war.

Die großen Schlachten

Ihre Bewährung sollten die ägyptischen Soldaten neben den alltäglichen Aufgaben, wie der Grenzsicherung und der Sicherung von Expeditionen, vor allem in den kriegerischen Auseinandersetzungen des Neuen Reiches und hier wiederum in den großen Schlachten der ägyptischen

Geschichte finden. Am ausführlichsten sind wir über die während des zweiten Feldzuges Ramses' II. erfolgte Schlacht von Kadesch unterrichtet, die in mehrfacher Weise sowohl textlich als auch in einer monumentalen Bildkomposition überliefert ist.

Ramses II. begann seinen Feldzug im fünften Regierungsjahr. Ausgehend von seiner Residenzstadt »Pi-Ramesse« im Ostdelta, marschierte er zunächst nach Norden in der Absicht, dem zum Angriff angetretenen hethitischen Heer möglichst weit im Norden entgegenzutreten. Vor allem die von Ägypten abgefallene Stadt Kadesch nahm in dieser Auseinandersetzung eine wichtige Schlüsselstellung ein. Infolge einer Kriegslist der Hethiter nahm Ramses II. an, diese hätten sich bis nach Aleppo zurückgezogen, und wollte ohne Absicherung an Kadesch vorbei gegen Norden vorstoßen. Erst durch gefangene hethitische Späher erfuhr Ramses II., daß sich der Hethiterkönig Muwatallis mit seinen Truppen hinter Kadesch aufgestellt hatte. Während man sich bemühte, die dritte und vierte Division, die ver-

hältnismäßig weit zurück im Süden die Nachhut bildeten, heranzuholen, richtete sich die Welle der hethitischen Streitwagen, die nach ägyptischer Aussage 2500 Stück umfaßten, gegen die beiden ersten Divisionen. Das Lager der Division Amun sowie die halbe Division des Re wurden von den übrigen Truppenteilen abgeschnitten. Die Überraschung auf ägyptischer Seite war groß und wird in der erwähnten Schilderung der Kadesch-Schlacht besonders deutlich zum Ausdruck gebracht: »Seine Majestät saß noch beim Kriegsrat mit den Kommandanten, als der elende Feind von Chatti bereits gekommen war mit seinen Truppen und Wagen und den vielen Fremdvölkern, die bei ihm waren. Sie durchquerten die Furt südlich von Kadesch und überfielen die Division Seiner Majestät, die sich auf dem Marsch befand und ahnungslos war. Da flohen die Truppen und Wagen Seiner Majestät vor ihnen nach Norden, wo Seine Majestät sich aufhielt. Da umgab die Schar der Feinde von Chatti das Gefolge Seiner Majestät, das sich an seiner Seite befand« (nach Jan Assmann). Während das ägyptische Heer beim Anblick der Hethiter in Panik gerät und die Flucht ergreift, gelingt es Ramses II., unterstützt vom Gott Amun, der den König mit übermenschlichen Kräften ausstattet, zu entkommen:

»Das ist kein Mensch, der in unserer Mitte ist, sondern Seth, groß an Kraft, und Baal leibhaftig. Das, was er tut, ist nicht, was ein Mensch tut, sondern Taten eines Einzigartigen, der Hunderttausende bezwingt, während weder Trupp noch Wagen bei ihm sind. Laßt uns schnell vor ihm fliehen und unser Leben retten, auf daß wir Luft atmen.« So erleben die hethitischen Feinde das Auftreten des Königs, zumindest in der Sicht des ägyptischen Propagandatextes. Auf den hethitisch-ägyptischen Friedensvertrag nach dieser Schlacht wiesen wir bereits hin.

Jahr 23, erster Monat der Sommerzeit, Tag 5. Abrücken von diesem Ort in Kraft, Stärke, Macht und Rechtfertigung, um jenen elenden Feind niederzuwerfen und um die Grenzen Ägyptens zu erweitern, gemäß dem Befehl seines Vaters Amun-Rê, des Tapferen und Siegreichen, daß er erobern solle.

Jahr 23, erster Monat der Sommerzeit, Tag 16 bei der Stadt Jehem. Seine Majestät befahl einen Kriegsrat mit seinem siegreichen Heere und sprach: »Jener elende Feind von Kadesch ist gekommen und in Megiddo eingerückt. In diesem Augenblick ist er dort. Er hat die Fürsten aller Fremdländer um sich versammelt, die Ägypten untertan waren, ebenso die bis Naharina und M(itanni), die von Churru und Kode, ihre Pferde, ihre Truppen und ihre Leute; denn er sagt – so wird es berichtet –: ›Ich werde hier in Megiddo warten (gegen Seine Majestät zu kämpfen).‹ Sagt mir, was ihr meint!«

Da sagten sie zu Seiner Majestät: »Was soll es, auf diesem Wege zu marschieren, der so eng wird? Es ist berichtet worden, die Feinde dort warten draußen und werden immer zahlreicher. Wird nicht Pferd hinter Pferd gehen müssen und die Truppen und Leute desgleichen? Soll unsere Vorhut kämpfen, während die Nachhut hier in Aruna wartet, ohne kämpfen zu können? Nun gibt es zwei (andere) Wege hier. Der eine Weg, siehe, er verläuft (östlich) von uns und kommt bei Taanach heraus. Der andere, siehe, er verläuft zur Nordseite von Djefti, und wir kommen nördlich von Megiddo heraus. Möchte doch unser siegreicher Herr auf dem von ihnen (beiden) vorrücken, der ihm zusagt, aber laß uns nicht auf jenem schwierigen Wege gehen.«

Da wurden Botschaften über jenen elenden Feind gebracht (und es wurde abermals beraten) über jenen Plan, über den sie vorher gesprochen hatten. Das, was gesagt wurde in der Majestät des Hofes – er lebe, sei heil und gesund –: »Ich schwöre, so wahr Rê mich liebt, so wahr mich mein Vater Amun lobt, so wahr meine Nase sich verjüngt mit Leben und Heil! Meine Majestät wird auf diesem Wege von Aruna vorrücken. Laß den von euch, der will, auf jenen Wegen gehen, die ihr sagt. Laß den von euch, der will, in der Gefolgschaft Meiner Majestät kommen. Siehe, sie werden denken, diese Feinde, der Abscheu des Rê: Ist Seine Majestät auf einem andern Weg gezogen, weil er Furcht vor uns bekommen hat? So werden sie denken.«

Da sagten sie zu Seiner Majestät: »Möge dein Vater Amun, der Herr der Throne der beiden Länder, der Erste von Karnak, deinem Wunsche gemäß handeln. Siehe, wir sind in der Gefolgschaft deiner Majestät an jedem Ort, wohin deine Majestät geht. Der Diener soll hinter seinem Herrn sein.«

Jahr 23, erster Monat der Sommerzeit, Tag 21, genau am Tage des Neumondfestes. Erscheinen des Königs bei Tagesanbruch. Dem ganzen Heer wurde aufgetragen, ... Seine Majestät zog aus auf einem Wagen von Elektron, geschmückt mit seinen Kriegswaffen wie Horus, der Starkarmige, der Herr des Handelns, wie Month, der Thebaner. Sein Vater Amun stärkte seine Arme. Der südliche Flügel des Heeres Seiner Majestät stand bei einem Berge südlich ... des Kinabaches, der nördliche Flügel stand nordwestlich vom Megiddo. Seine Majestät war in ihrer Mitte, Amun war der Schutz seines Leibes (im) Getümmel. Die Kraft des Seth durchdrang seine Glieder.

Da gewann Seine Majestät die Oberhand über sie an der Spitze seines Heeres. Als sie sahen, daß Seine Majestät über sie obsiegte, rannten sie Hals über Kopf nach Megiddo mit Gesichtern voller Furcht.

Aus den Annalen Thutmosis’ III.
(nach Walther Wolf)

Oben: Verschiedene Waffen aus dem Neuen Reich: Streitkeule, Beil, Axt und Lanze gehörten neben Pfeil und Bogen zur Grundbewaffnung des ägyptischen Heeres. Berlin-DDR, Ägyptisches Museum

Rechts: Einer der Prunkwagen des Königs Tutanchamun. Der Wagenkorb ist mit Blattgold und Inkrustationen aus Glaspaste und Halbedelsteinen belegt. Kairo, Ägyptisches Museum

Auch über die zweite große Schlacht der ägyptischen Geschichte, die der Abwehr der Seevölker in den Nilmündungen diente, sind wir aus einer großflächigen Darstellung aus dem Totentempel Ramses' III. in Medinet Habu unterrichtet. In den aus dem achten Regierungsjahr Ramses' III. stammenden Darstellungen treten besonders die an ihrer Federkrone, dem runden Schild, einem aus Plättchen bestehenden Panzer und einem mit Quasten versehenen Schurz erkennbaren Philister hervor. Wie sie kämpfen auch die Scherden in Schiffen mit vorne und hinten hochgebogenen Steven, die mit Gänseköpfen geschmückt sind.

Die gelungene Abwehr der Seevölker war gleichsam die letzte bestandene Bewährungsprobe Ägyptens, wenn der Vergleich mit den in den späteren Jahrhunderten die Macht übernehmenden Fremdherrschaften erlaubt ist. Libyer und Äthiopier, Assyrer und Perser, Griechen und Römer und schließlich die großen Religionen des Christentums und des Islam sollten die einst so erfolgreich verteidigte Vormachtstellung für alle Zeiten erschüttern.

Kriegstagebücher und Geschichtsschreibung

Aus der Regierungszeit Thutmosis' III. sind uns »Kriegstagebücher« überliefert, die oftmals fälschlich als »Annalen« bezeichnet werden, von diesen jedoch streng zu trennen sind. Während die Königsannalen wesentliche Ereignisse einer Königsherrschaft, aber auch ihre Dauer sowie die Abfolge mehrerer Regierungen festhalten – der Palermostein aus der 5. Dynastie und der Turiner Königspapyrus sind die wichtigsten Beispiele dafür –, sind die Aufzeichnungen, die Thutmosis III. im »Annalensaal« des Amun-Tempels von Karnak aufschreiben ließ, Auszüge aus seinen täglich verfaßten Feldzugberichten, in denen die Marschrichtung, Entfernung, Beobachtungen und die eroberten Städte aufgeführt wurden.

Immerhin vermitteln diese Angaben eine ungefähre Kenntnis des jeweiligen Feldzugverlaufes und seiner Ergebnisse.

Die aufgrund genauer Datumsangabe gegebene zeitliche Fixierung historischer Ereignisse ist jedoch dem Geschichtsdenken der Ägypter grundsätzlich fremd. Sie setzt

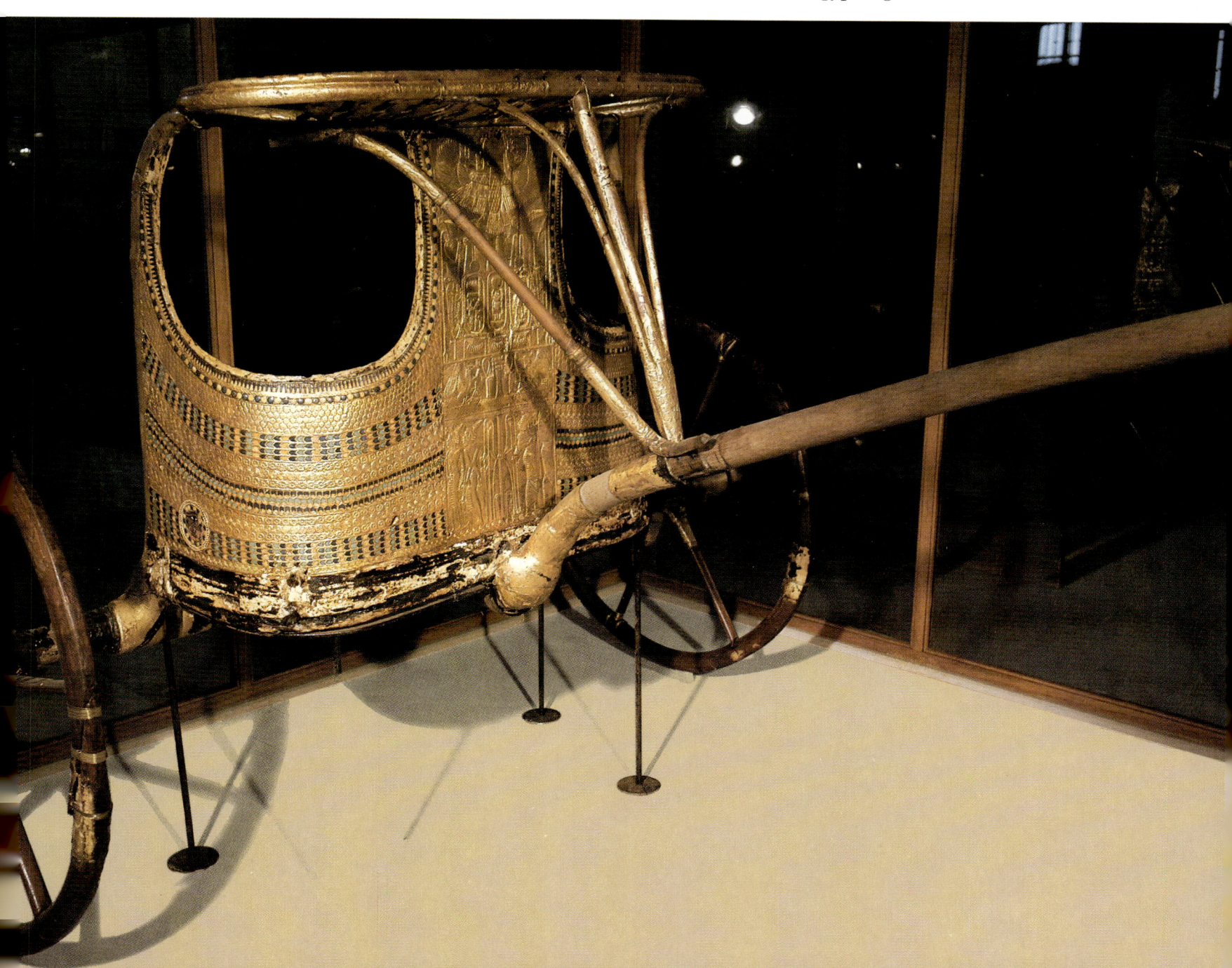

erst, wie wir sehen werden, mit Ausnahme religiöser Stiftungen und der erwähnten, nach rein praktischen Gesichtspunkten abgefaßten Feldzugberichte, in der Ramessidenzeit ein. Da der König kraft seines Amtes der Garant der Weltordnung, der Maat, war, bedurfte es keiner zeitlichen Fixierung des ewig und unveränderlich gedachten Weltlaufes oder auch nur bestimmter Ereignisse. Das »Schlagen der Feinde« war ebenso ein ewig sich wiederholender Akt königlicher Weltherrschaft wie die »Vereinigung der Beiden Länder« zu jedem Regierungsbeginn. Dementsprechend sind auch »negative« Ereignisse in der offiziellen Geschichtsschreibung ausgespart. Die Hyksoszeit zum Beispiel ist nur aus den Restaurationstexten späterer Könige bekannt.

Darstellungen von Fremdvölkerexpeditionen schon im Alten Reich, aber auch Schlachtendarstellungen im Neuen Reich, wie zum Beispiel die auf der bemalten Truhe des Tutanchamun dargestellten Kämpfe des Königs gegen Nubier und Asiaten, können als rein fiktive, nur vom Königsdogma bestimmte Ereignisschilderungen aufgefaßt werden, denen keinerlei historische Wirklichkeit zukommt.

Erst in der Ramessidenzeit zeigt sich eine Abkehr von dem hier geschilderten Geschichtsbild. Der seit den Schlachtenbildern des Königs Sethos' I. vollzogene Durchbruch zur Darstellung einmaliger, historisch gebundener Ereignisse findet in der Textfassung der Kadesch-Schlacht eine logische Fortsetzung. Hier kämpft nicht mehr der Weltenherrscher, dessen Sieg in der Maat vorausgesetzt ist, sondern der König als Mensch, auch wenn oder gerade weil er schließlich von Gott Amun aus seiner Not errettet wird. Trotz aller bis ins Monumentale gesteigerten Versuche der

Ramessiden, die im Königtum angelegte Göttlichkeit nach außen hin zu präsentieren, ja sogar eigene Statuen noch zu Lebzeiten göttlich verehren zu lassen, tritt mit dem Ende der Ramessidenzeit auch der göttliche Anspruch des ägyptischen Königs endgültig zurück: Der Reichsgott Amun regiert seit der 21. Dynastie als der eigentliche König des Landes, der König ist nur mehr sein Statthalter. Der »Gottesstaat des Amun« führte zu einem säkularisierten Geschichtsbild, das sich bis zum Ausgang der ägyptischen Geschichte nicht mehr verändern sollte.

Aber damit war nicht nur das bisher von diesem Geschichtsbild geprägte Königsdogma, sondern auch der diesem unterworfene Staat, der bisher allen zentrifugalen Tendenzen widerstanden hatte, einem Auflösungsprozeß unterworfen, der schließlich das Ende der Kultur und Geschichte des Alten Ägypten herbeiführen mußte.

Libyen ward zerstört; das Hethiterland ist befriedet; Kanaan ward erbeutet mit jedem Bösen; Askalon ward gefangen fortgeführt; Geser ward gepackt; Jenoam ward zunichte gemacht; Israel ist verdorben und hat keinen Samen mehr; Syrien ist zur Witwe geworden für Ägypten. Alle Länder sind vereint in Frieden.

Aus einem Siegeshymnus des Merenptah
(nach Wilhelm Spiegelberg)

Unten: Die Abwehrschlacht Ramses' III. gegen die anstürmenden »Seevölker« war für die ägyptische Geschichte von weitreichender Bedeutung. An der nördlichen Außenmauer des Tempels von Medinet Habu sind die Kämpfe an der Nilmündung mit packender Dramatik dargestellt. Ein ägyptisches Schiff mit einem Löwenkopf am Bug greift ein feindliches an, dessen Besatzung Federhelme trägt.

Wirtschaft, Landwirtschaft und Handwerk

DER BEREICH der Wirtschafts- und Sozialgeschichte ist von der ägyptologischen Forschung bisher nur wenig behandelt worden. Moderne volkswirtschaftliche Theorien mit ihren mathematischen und statistischen Methoden gehören nicht zum Rüstzeug eines Altertumswissenschaftlers und können auch auf eine antike Wirtschaft wegen der mangelhaften Beleglage nur bedingt angewendet werden. Trotzdem lassen sich Aufschlüsse über die wirtschaftlichen Grundlagen, auf denen die altägyptische Hochkultur basierte, gewinnen.

Das Alte Ägypten war in der Zeit vor der Reichseinigung recht einfach organisiert. Die Menschen lebten in kleinen Dörfern im Familienverband, und die einzelnen Haushalte waren in der Lage, alles selbst zu produzieren, was sie an Nahrungsmitteln und Geräten benötigten. Die Arbeitsteilung war noch wenig ausgebildet: Die Männer gingen auf die Jagd, während die Frauen Früchte sammelten und das Haus besorgten. In der Jungsteinzeit erfolgte der Übergang zum Ackerbau und wurden die ersten Tiere domestiziert. Der gesamte Boden und die Ernteerträge gehörten der Gemeinschaft und wurden von einem Ältesten an alle gleichmäßig verteilt. Als Ältester konnte ein Mann angesehen werden, der kraft seines Wissens Autorität innerhalb seiner Dorf- oder Hausgemeinschaft besaß.

Mit zunehmender Seßhaftigkeit veränderte sich auch die Stellung des Ältesten. War er zuerst nur für die Verteilung der Wirtschaftsgüter zuständig, so übernahm er im Laufe der Zeit weitere Aufgaben in seiner Gruppe. Er hatte die Verteidigung von Vieh und Ernte gegen Räuber und das Wild der Wüste zu organisieren, entschied über Eheschließungen, leitete die Beziehungen zu den Nachbargruppen und begann auch, stellvertretend für die ihm Anvertrauten, religiöse Funktionen auszuüben.

Ein Bierbrauer knetet Maische durch ein Sieb. Der Bierverbrauch im Alten Ägypten muß enorm gewesen sein. Die Maische wurde aus angebackenen Brotfladen und Wasser in großen Bottichen angesetzt und vergoren. Terrakottastatuette aus Sakkara, 6. Dynastie. Paris, Louvre

Schließlich nahmen ihn diese Aufgaben so in Anspruch, daß er kaum noch in der Lage war, sich selbst und seine engste Familie zu ernähren. Die Dorfgemeinschaft mußte also für seine Versorgung aufkommen. Damit war ein ganz entscheidender Schritt in der Entwicklung getan: Zum erstenmal in seiner Geschichte produzierte der ägyptische Bauer mehr, als er selbst benötigte, eben weil er den Ältesten mitversorgen mußte und wollte.

Das Hauptproblem dieser frühen Wirtschaft blieb die Nahrungsmittelproduktion, die ausreichende und beständige Versorgung der Menschen mit Lebensmitteln. Die Vorratshaltung und die Anlage von Speichern waren ein weiterer wichtiger Schritt in der Entwicklung des Niltales. Früher zog die Gruppe einfach weiter, wenn das Land die Ernährung nicht mehr gewährleisten konnte. Die seßhaft gewordene Bevölkerung mußte sich dagegen jederzeit aus ihrem angestammten Land versorgen können. Um bei Mißernten nicht die Existenz des ganzen Dorfes zu gefährden, wurden Vorräte gespeichert und bei Bedarf verteilt – natürlich wieder vom Ältesten.

Grabungen an jungsteinzeitlichen Siedlungsplätzen zeigen, daß für die Speicherbauten größerer Aufwand betrieben wurde als für die Wohnbauten. Voraussetzung für die Lagerung von Vorräten war eine weitere Steigerung der landwirtschaftlichen Überschußproduktion, denn jetzt mußte man nicht nur den Ältesten miternähren, sondern auch noch Vorräte für schlechte Zeiten ansammeln. Gleichzeitig bildeten sich in den Dörfern erste Spezialisten wie der Schmied heraus. Es entstand eine noch einfache Arbeitsteilung, die jedoch eine immer bessere Aneignung der Natur durch den Menschen ermöglichte.

Damit war die wirtschaftliche Basis für die Gründung des Staates gelegt. Es konnten mehr Nahrungsmittel erzeugt werden, als sofort benötigt wurden, die ersten Handwerksberufe entstanden, und das Ganze wurde von einem Ältesten koordiniert und geleitet. Der von ihm kontrollierte Ackerboden ging allmählich in seinen Besitz über.

Die Entstehung des Privateigentums

Eine der entscheidenden Fragen bei jeder wirtschaftsgeschichtlichen Untersuchung ist die nach den Eigentums- und Besitzverhältnissen in einer Gesellschaft. Wem gehört eigentlich der Boden, den der Bauer bearbeitet? Ihm selbst, einem Grundbesitzer, dem König oder den Göttern? Grundbesitz bedeutet Macht, und die Machtausübung ist der Eckpfeiler jeder staatlichen Organisation.

Mit der Entstehung des Königtums veränderten sich auch die wirtschaftlichen Aspekte Ägyptens. Im ganzen Land wurden königliche Güter und Domänen eingerichtet – man spricht von einer »inneren Kolonisation«. Der König wurde damit in die Lage versetzt, sich die Produktion seiner Untertanen in immer stärkerem Maße zu eigen zu machen.

Dem Königspalast war seit der 1. Dynastie eine Wirtschaftsanlage unterstellt, ein gewaltiges Magazin mit vielen Unterabteilungen, in das die Produkte des Landes gebracht wurden. Aus diesen Beständen konnte der Bedarf der Königsfamilie und der immer größer werdenden Schar der Beamten und Handwerker im Dienst des Königs gedeckt werden. Die ehemals selbstversorgenden Haushalte wurden nach und nach aufgelöst und in die königlichen Güter einbezogen, wobei sie ihre Selbständigkeit verloren. Der ganze Boden gehörte von nun an dem König, und die Bauern waren praktisch Angestellte, die nicht mehr für sich selbst, sondern für den König arbeiteten. Ihre Erträge gingen zum allergrößten Teil direkt in den Besitz des Königs über.

Oben: Die Schollen werden nach dem Pflügen mit der Hacke zerkleinert. Die ausgestreute Saat wird von Schafen und Schweinen eingetreten. Malerei im Grab des Nacht, Theben Nr. 52

Rechts: Das reife Getreide wird mit Sicheln bündelweise hoch am Halm geschnitten. Malerei im Grab des Panehesi, Theben Nr. 16

Folgende Doppelseite: Eines der größten Holzmodelle des Mittleren Reiches stellt die Viehzählung auf einem bedeutenden Landgut dar. In lebhaft-unregelmäßigem Zug werden die Rinder an den Inspektoren vorbeigetrieben und die Hirten mit Stöcken zur Berichterstattung ermuntert. Der Aufseher und seine Assistenten sitzen hoheitsvoll unter einem säulengestützten Baldachin im Schatten. Aus dem Grab des Mektire, Theben Nr. 280 Kairo, Ägyptisches Museum

Er kaufte 200 Aruren Ackerland von vielen Königsbauern ... Er gründete 12 Meten-Gründungen, die ihm ein Opfer der Halle darbringen, denn er kaufte 200 Aruren Ackerland von vielen Königsbauern.
Inschrift im Grab des Meten,
4. Dynastie

Der Königspriester, Priester des Mykerinos und Vorsteher der Totenpriester Penmeru spricht:
Bezüglich des Ackerlands von 1/10 Arure, das ich ihm und diesen seinen Nachkommen gegeben habe: nicht gebe ich jemandem anderen Verfügungsgewalt darüber.
Testamentsbestimmung des Penmeru,
5. Dynastie

Angeklagt wird jeder Beamte, jeder »Bekannte des Königs« und jeder »Leiter der Versorgung«, der böswillig handeln wird gegen das, was von meiner Majestät befohlen wird. Eingezogen wird (sein) Ackerland, (seine) Leute und alle Sachen, die in seinem Besitz sind.
Aus einem Dekret des Königs Neferirkare
für den Tempel von Abydos, 5. Dynastie

Ihren Höhepunkt erreichte diese Entwicklung in der Zeit der Pyramidenbauer. So wird im Palermostein von König Snofru berichtet, er habe in einem einzigen Jahr 35 neue Dörfer gegründet. Die immer intensivere wirtschaftliche Ausbeutung des Landes und seiner Bewohner erforderte einen effektiven Beamtenapparat, durch den der Pharao seine Macht ausübte. Ohne die totale Erfassung und Nutzung aller ökonomischen Möglichkeiten Ägyptens wären so kostspielige Unternehmen wie der Pyramidenbau völlig undenkbar gewesen.

Seit der frühen 4. Dynastie verfolgten die ägyptischen Beamten handfeste private wirtschaftliche Interessen. Für ihre Loyalität gegenüber dem Königshaus forderten und erhielten sie nun nicht mehr ausschließlich Konsum- und Luxusgüter, sondern in zunehmendem Maße auch einen Anteil am wichtigsten Produktionsmittel, dem Ackerland. So berichtet Meten, ein Beamter mittleren Ranges, in seiner Grabinschrift, daß er von einigen Bauern 200 Aruren (55 Hektar) Ackerland gekauft und zwölf Güter darauf eingerichtet habe. Meten war somit der erste uns bekannte Privateigentümer im Alten Ägypten.

Aber nicht nur die Beamten kauften Land oder erhielten es direkt vom König, auch die Prinzen bekamen jetzt für ihren Unterhalt Ländereien zugewiesen. Der Sohn des Snofru, Prinz Nefermaat, führte in seiner Grabanlage in Medum nicht weniger als 45 Güter seines Eigenbesitzes auf, alles Dörfer, die gerade im Rahmen der inneren Kolonisation gegründet worden waren. Den Löwenanteil an Grundbesitz sicherte sich in dieser Phase selbstverständlich der König selbst.

Doch schon unter der Regierung des Cheops war der Boden bereits so weit in Privateigentum übergegangen, daß die Entlohnung der Beamten in Form von Grundbesitz immer problematischer wurde, zumal auch die organisatorische Erschließung des Landes ihre Grenzen erreicht haben dürfte. Daher sahen sich die Könige der 4. Dynastie gezwungen, mehr und mehr königlichen Besitz an ihre Untergebenen zu verteilen, was natürlich ihre eigene wirtschaftliche Position schwächte. Zuerst kamen nur die Mitglieder der Königsfamilie in den Genuß der Königsdomänen, aber gegen Ende der 4. Dynastie mußten auch die hohen Staatsbeamten aus dem königlichen Eigenbesitz entlohnt werden, weil mittlerweile das ganze fruchtbare Land verteilt war. Auf die Möglichkeit einer Enteignung konnten diese Pharaonen nicht zurückgreifen, da dies sehr wahrscheinlich zu Unruhen geführt hätte, durch die unter Umständen ihre Herrschaft selbst in Frage gestellt worden wäre.

Während die Mitglieder der Königsfamilie der späten 3. bis frühen 4. Dynastie ihren Grundbesitz zu etwa 62 Prozent aus Dörfern, die im Rahmen der inneren Kolonisation gerade gegründet worden waren, erhielten, bekam seit Cheops der Personenkreis das Land zu 77 Prozent aus Königsbesitz zugewiesen, wie an den Namen der in den Gräbern aufgelisteten Dörfer abzulesen ist. Die Bezeichnungen der Königsgüter sind nämlich immer mit dem Namen des Königs gebildet, der sie eingerichtet hat, zum Beispiel »Nobel ist Cheops«.

In der 5. Dynastie wurde die Größe der Güter verringert, so daß bei etwa gleicher Anzahl im Endeffekt weniger Land

vergeben wurde. Die Prinzen erhielten ihren Grundbesitz nun zu etwa einem Drittel vom König, ein weiteres Drittel bestand aus Dörfern, die aus verschiedensten Gründen an den Staat zurückgefallen waren.

Der Grundbesitz der Beamten und hohen Repräsentanten des Staates war weitgehend echtes Privateigentum. Er konnte verkauft werden, und der Eigentümer war berechtigt, seinen Besitz beliebig zu vererben. Dennoch gab es eine entschiedene Einschränkung: Falls ein Beamter den Befehlen des Königs nicht gehorchte, war dem Pharao vorbehalten, den gesamten Besitz des unbotmäßigen Funktionärs wieder einzuziehen. Dadurch konnte ein Beamter auf königlichen Befehl hin aus der Schicht der Privateigentümer in die Klasse der wirtschaftlich abhängigen Menschen verstoßen werden. Inwieweit der König jedoch dieses Recht tatsächlich noch ausüben konnte, entzieht sich unserer Kenntnis. Besonders gegen Ende des Alten Reichs erscheint es als recht unwahrscheinlich, daß der Herrscher noch die Macht dazu gehabt hat.

Etwa seit der 5. Dynastie treten die großen Tempel des Landes erstmalig als Feldeigentümer auf. Die Pharaonen dieser Zeit standen vor dem Problem, kaum noch über Land zu verfügen, das sie zur Belohnung an die Beamten verteilen konnten. In dieser Situation suchten sie ihre Macht durch die wirtschaftliche Stärkung der Tempel zu sichern, ein Mittel, das sich im weiteren Verlauf der Geschichte als recht gefährlich herausstellen sollte.

Durch Landschenkungen an die Tempel verschaffte sich der König das Wohlwollen der Götter und die Legitimation seiner Herrschaft – zumindest für eine gewisse Zeit. Gegen Ende des Alten Reiches wurden die Tempel auch noch von allen Steuern und Abgaben befreit, die sie wie die anderen Grundbesitzer auch zunächst zu leisten hatten. Beispielhaft dokumentiert diese Entwicklung das Dekret Pepis I. zugunsten der Pyramidenstadt des Snofru (Text S. 144). Die Steuerbefreiung steigerte nicht nur die wirtschaftliche, sondern auch die politische Position der Tempel ganz erheblich, da diese nun regelrecht außerhalb der Staatsverwaltung standen. Kein Beamter hatte mehr das Recht, den Tempeln Befehle zu erteilen.

Diese Politik läßt sich bis in die ägyptische Spätzeit verfolgen. Sie führte im Neuen Reich schließlich dazu, daß der große Tempel des Reichsgottes Amun in Karnak zum wichtigsten ökonomischen Faktor Ägyptens wurde. Kaum ein König wagte es, an der Macht dieses Tempels vorbeizuregieren. Politischen Handlungsspielraum konnte der Pharao nur durch weitere, immer größere Zugeständnisse an die Priesterschaft erlangen, ein wahrer Teufelskreis, aus dem nur wenige Herrscher des Neuen Reiches auszubrechen in der Lage waren.

Die Landwirtschaft

Im Mittelpunkt der altägyptischen Wirtschaft stand seit jeher die Landwirtschaft. Erst eine gesicherte landwirtschaftliche Überschußproduktion ermöglichte es, einen Teil der Bevölkerung aus dem Prozeß der Nahrungsmittelproduktion auszugliedern und für andere Aufgaben wie Handwerk oder Verwaltung freizustellen.

Der wichtigste Bereich der Landwirtschaft war der Ackerbau. Nach der jährlichen Überschwemmung mußten zuerst die Felder neu vermessen werden, da das Wasser die Grenzmarkierungen zerstört hatte. Daher erschien nach dem Abklingen der Nilschwelle eine Kommission des Katasteramtes und legte nach den alten Eintragungen die Feldergrenzen wieder fest. Nun konnte die eigentliche Bearbeitung des Bodens beginnen, wobei schon sehr früh der von Rindern gezogene Holzpflug Verwendung fand. Der Einsatz tierischer Arbeitskraft neben der menschlichen kann als Merkmal einer recht hohen kulturellen Entwicklungsstufe gelten.

Das Saatgut wurde aus den staatlichen Magazinen an die Bauern ausgegeben. Nach der Aussaat hegten Männer und Frauen gemeinsam die Felder. Dabei leisteten die Männer in der Regel die schweren körperlichen Arbeiten, beispielsweise beim Bau der Bewässerungsanlagen. Es gab also eine geschlechtsspezifische Arbeitsteilung, wie wir sie auch aus anderen Kulturkreisen kennen. Die Ernte oblag hauptsächlich den Männern, während die Frauen Ähren und andere Feldfrüchte aufsammelten. Die Arbeitsmittel

Und nun komm, daß ich dir darlege, wie es dem Bauern ergeht, diesem auch so harten Beruf. Wenn das Wasser bei der jährlichen Nilüberschwemmung steigt, wird er durchnäßt. Er steht da mit seiner Ausrüstung, den Tag über schneidet er Ackergerät zurecht, die Nacht durch dreht er Stricke. Sogar seine Mittagsstunde bringt er zu mit Arbeit und macht seine Zurüstungen, um auf das Feld zu gehen. Wenn das Feld wasserfrei vor ihm liegt, geht er davon, um sein Gespann zu holen. Viele Tage ist er hinter dem Hirten her ... Wenn es tagt, so geht er heraus; was er sucht, findet er nicht auf seinem Platz. Drei Tage verbringt er damit, es zu suchen, und findet es dann im Schlamm stecken ... Er geht nun davon, mit seinem Schurz in der Hand, um sich ein Gespann zu erbitten; er kommt zu seinem Acker und verbringt eine Zeit von acht Stunden und ackert, während der Wurm hinter ihm ist; hat er die Saat vollendet, indem er sie auf den Boden streute, so sieht er doch noch keine grünen Blätter sprießen.

Aus dem Papyrus Lansing
(nach Friedrich Wilhelm Freiherr von Bissing)

Links und unten: Im Grab des Katasterbeamten Menena (Theben Nr. 69) sind alle Phasen der Feldarbeit illustriert. Das abgesichelte Getreide wird in Säcken zur Tenne transportiert. Die Szene schildert auch, wie sich einer der Feldarbeiter müde in den Schatten eines Baumes gesetzt hat und wie zwei kleine Ährenleserinnen sich in die Haare geraten. Rinder, auf der Tenne im Kreis getrieben, dreschen das Korn, das dann geworfelt wird, um die Spreu vom Weizen zu trennen.

waren recht einfach und bis zur Eroberung durch die Griechen keinen größeren Veränderungen unterworfen. Nach der Ernte brachten die Bauern das Getreide zur Tenne, wo es von Rindern ausgedroschen wurde. Nach der Trennung von Spreu und Weizen kam das Korn in Säcke und konnte auf Schiffen zur zuständigen Scheune transportiert werden. Dort kontrollierten als erstes die Beamten die Menge. Danach wurde das Korn in den Speichern eingelagert, bis es zur Weiterverarbeitung an die Mühlen geliefert werden mußte. Das Saatgut für das kommende Jahr wurde von der Scheunenverwaltung verwahrt und dann zur Aussaat je nach Größe der Anbaufläche an die Bauern verteilt.

Alle diese Arbeitsgänge wurden von mehreren Personen in Zusammenarbeit ausgeführt, es herrschte also, was man als »einfache Kooperation« bezeichnet. Jede Arbeitsphase wurde von den zuständigen Beamten überwacht, die die Arbeitsleistung der Mannschaft und jedes einzelnen in langen Listen vermerkten.

Bauern und Handwerker hatten im Alten Ägypten ein festgesetztes Arbeitssoll zu erfüllen. Für den kontrollierenden Beamten war es ein wichtiges Anliegen, daß dieses Soll

Ich bin ein tüchtiger Beamter meines Herrn beim Erfüllen der Getreideablieferungen und beim Erfüllen der Steuern. Mein Überschuß an Getreideablieferungen und Steuern: 3632 Krüge Wein waren mein Soll durch meine Leute, ich ließ sie 25 368 (Krüge) bringen. 70 Krüge Honig waren mein Soll, der Honig, den ich brachte, war 700 Krüge, also 630 mehr. 70 000 Sack Getreide waren mein Jahressoll, ich brachte 140 000, also einen Überschuß von 70 000 Sack.

Bericht eines Beamten im Neuen Reich an seinen Chef

Denkst du nicht, wie es dem Ackersmann geht, wenn man die Steuer von seiner Ernte fordert? Der Wurm hat die Hälfte des Kornes geholt, und das Nilpferd hat das andere gefressen, der Mäuse sind viel auf dem Felde, und die Heuschrecke ist eingefallen, das Vieh frißt, und die Sperlinge stehlen – wehe über die Bauern! Dem Überrest, der auf der Tenne liegt, dem machen die Diebe ein Ende. Das Gespann stirbt beim Dreschen und Pflügen. Der Schreiber landet am Damm und will die Ernte aufschreiben, seine Wächter haben Stöcke und die Neger, die ihn begleiten, Palmruten. Sie sagen: »Gib Korn her!« »Es ist keines da!« Sie schlagen den Bauern lang ausgestreckt, er wird gebunden und in den Graben geworfen.

Aus dem Papyrus Anastasi IV.
(nach Friedrich Wilhelm Freiherr von Bissing)

in seinem Zuständigkeitsbereich übererfüllt wurde, damit er mehr an die Zentrale abliefern konnte, als gefordert war. Die Gunst seines Vorgesetzten oder sogar des Königs war ihm auf diese Weise sicher, auch wenn die Bauern dadurch um den Ertrag ihrer Arbeit gebracht wurden.

Auch in anderen Bereichen der Nahrungsmittelproduktion war Zusammenarbeit üblich. Beim Fischfang ist neben den üblichen Methoden, also dem Fang mit der Angel oder dem Kescher, der Fang mit dem Schleppnetz belegt, der die Kooperation vieler Fischer erforderte, aber auch eine weitaus lohnendere Ausbeute bringen konnte.

Fisch war das Hauptnahrungsmittel besonders der einfachen Leute. Fleisch war so teuer, daß es nur zu besonderen Anlässen an die Bevölkerung verteilt wurde.

Neben den Bauern und Fischern gab es im Alten Ägypten schon recht früh noch eine ganze Reihe von spezialisierten Nahrungsmittelproduzenten. Imker, Bäcker, Bierbrauer, Gemüsegärtner, Dattel- und Feigenbauern, Viehzüchter und nicht zuletzt Weinbauern sind schon seit dem frühen Alten Reich belegt. Mit der Einrichtung des ägyptischen Staates ging eine starke Differenzierung der Berufe, die Entstehung eines echten Spezialistentums, einher.

Weinanbau wurde seit altersher im Delta betrieben. Natürlich war Wein immer ein Luxusgut für die gehobene Bevölkerungsschicht. Die einfachen Leute mußten sich mit Bier begnügen. Der Wein wurde in großen Amphoren an die Verbraucher geliefert. In jedem Palast oder Tempel fanden die Ausgräber Reste unzähliger Weinkrüge, die sehr oft beschriftet waren. Vermerkt wurden Qualität, Herkunft und Jahrgang, außerdem der Name des Winzers und des Eigentümers des Weingutes – es fehlt eigentlich nur noch die amtliche Prüfnummer!

Es läßt sich also sagen, daß die Nahrungsmittelproduktion im Alten Ägypten hervorragend organisiert war, wobei jeder Arbeitsgang und die Kooperation der verschiedenen Spezialisten sowie der Ertrag von den zuständigen Beamten peinlich genau überwacht wurden. Dadurch war die maximale Ausnutzung der natürlichen Gegebenheiten des Niltales und der Arbeitskraft seiner Bewohner gewährleistet. Die gesicherte Überschußproduktion in der Landwirtschaft bildete die Grundlage für die Leistungen der altägyptischen Hochkultur.

Das Handwerk

Der zweite wichtige Wirtschaftsfaktor im Alten Ägypten war das Handwerk. Durch den Fund von einigen tausend sogenannter Ostraka sind wir über das Leben in einer Handwerkersiedlung des Neuen Reiches recht genau informiert. Es handelt sich um das Dorf Der el-Medine, in dem seit der frühen 18. Dynastie bis zum Ende des Neuen Reiches diejenigen Arbeiter lebten, die am Bau der Königsgräber im Tal der Könige beschäftigt waren. Die beschrifteten Tonscherben und Kalksteinsplitter, die dort in einem ausgetrockneten Brunnen entdeckt wurden, vermitteln eine umfassende Vorstellung von der Organisation, der Verwaltung und den wirtschaftlichen Aktivitäten dieser Handwerkerschaft. Gleichzeitig geben sie auch einen Einblick in das Funktionieren der altägyptischen Wirtschaft während des Neuen Reiches, besonders in der Zeit der Ramessiden, aus der die Hauptmasse der Texte stammt.

In Der el-Medine lebten gewöhnlich 40 Handwerker mit ihren Familien. Unter Ramses IV. und Ramses V. werden auch einmal 120 Arbeiter genannt, doch reichten in der

Links: Das in Säcken angelieferte Korn wird in einen Speicher geschüttet. Holzmodell aus dem Mittleren Reich.
Hildesheim, Pelizaeus-Museum

Rechts: Landwirtschaftliche Geräte aus dem Alten Ägypten sind nur in seltenen Fällen erhalten geblieben und stammen dann aus dem Neuen Reich oder der Spätzeit. Der hölzerne Pflug war vermutlich mit einer Metallschar beschlagen und konnte den Boden nur aufreißen. Die weitere Bearbeitung des Ackers erfolgte mit kurzstieligen Hacken. Geerntet wurde mit Sicheln, deren Schneide mit scharfen Feuersteinstücken besetzt war; Metallsicheln kamen erst im ausgehenden Neuen Reich auf und waren teuer. Nach dem Dreschen warf man Korn und Spreu zur Trennung mit Worfelschaufeln in den Wind.
Berlin, Ägyptisches Museum

Regel 40 Handwerker aus, um die gewaltigen Arbeitsleistungen in den Königsgräbern in angemessener Zeit zu
bewerkstelligen.

Arbeitsteilung

Am Beispiel der Handwerker von Der el-Medine läßt sich
sehr gut der hohe Grad der Arbeitsteilung im Produktions-
prozeß, der im Neuen Reich erreicht war, erkennen. Die
Errichtung großer Bauwerke erfordert immer eine starke
Spezialisierung, schon beim Bau der Pyramiden des Alten
Reiches muß es also Arbeitsteilung gegeben haben. Doch
besitzen wir aus der frühen Zeit kaum Material, das nähere
Einzelheiten erkennen läßt.

Die Herstellung eines Königsgrabes erfolgte in mehreren
Arbeitsphasen, die hauptsächlich von spezialisierten Kräften bestritten wurden. Zuerst suchte eine Kommission von
hohen Staatsbeamten einen geeigneten Bauplatz im Tal
der Könige aus, und die königlichen Architekten entwarfen
einen Plan des Grabes, der auf Papyrus oder Stein gezeichnet wurde. Nun begannen die Steinmetze, den Schacht
und die verschiedenen Grabräume aus dem gewachsenen
Fels herauszuarbeiten. Andere Arbeiter glätteten dann die
Wände und füllten Risse oder Löcher mit Gips aus, den sie
von speziell dafür eingesetzten Gipsmachern erhielten.
Anschließend traten die Vorzeichner in Aktion und skiz-
zierten die Umrisse der Figuren und Schriftzeichen auf die
Wände. Nach der Korrektur der Vorzeichnungen durch
einen Meister konnten darauf spezialisierte Steinmetze mit
der Reliefierung der Wände beginnen. Im letzten Arbeitsgang wurden die Reliefs von Malern farbig gefaßt. Das
Königsgrab war fertig und konnte von der Kommission
abgenommen werden.

Inzwischen waren die Arbeiter der ersten Bauphase bereits
am nächsten Grab beschäftigt, so daß immer Grabanlagen
auf Vorrat für den Fall vorhanden war, daß durch den frühen Tod eines Königs nicht genügend Zeit zum Bau einer
würdigen Ruhestätte zur Verfügung stand. Das erklärt die
Tatsache, daß Könige, die nur kurz regierten, wie Amenmesse oder Ramses VI., riesige Gräber erhielten.

Zur Schaffung eines Königsgrabes war also eine ganze
Anzahl unterschiedlich ausgebildeter Handwerker nötig.
Um Unterbrechungen oder Verzögerungen zu vermeiden,
mußten die einzelnen Arbeitsphasen sorgfältig koordiniert
werden. Zur besseren Überwachung ihrer Arbeitsleistung
war die Handwerkerschaft in zwei Seiten, eine rechte und

Oh, ihr Handwerker, ausgesucht, geschickt und stark, die für mich
Denkmäler in großer Zahl errichten, die kundig sind in jeder Arbeit
mit Stein, die vertraut sind mit Granit. Ihr tüchtigen und fleißigen beim
Bauen meiner Monumente. Oh, ihr vollkommenen Arbeiter, die nicht
faul sind, die wachsam sind bei der Arbeit und ihre Pflicht tüchtig und
gewissenhaft erfüllen. Hört, was ich euch zu sagen habe: Eure Versorgung wird überfließen, nicht wird es einen Mangel geben. Zahlreich
wird eure Nahrung sein, denn ich kenne eure wahrhaft mühselige
Arbeit, bei der der Arbeiter nur jubelt, wenn sein Bauch voll ist.

Aus einer Inschrift Ramses' II.

1. Monat der Sommerjahreszeit, Lohn für den 2. Monat der Sommerjahreszeit: Der Vorarbeiter 7¼ Sack, der Schreiber 7¼ Sack, 17 Arbeiter jeder 5½ Sack, macht 93½ Sack, die zwei Jungen je 2 Sack, macht
4 Sack, der Wächter 4½ Sack, die Dienerinnen (zusammen) 3 Sack, der
Pförtner 1½ Sack, der Arzt 1½ Sack, macht zusammen 117¼ Sack (da
hat sich der ägyptische Schreiber leider verrechnet, was in den Akten
recht oft vorkommt).

Eine Lohnabrechnung aus Der el-Medine

Was ihm als Bezahlung für die Bemalung des Sarges gegeben wurde:
Weben eines Kleides, macht 3 Seniu (ein Silbergewicht von etwa
7,6 Gramm); 1 Sack, macht ½ Sack Getreide; 1 Matte mit Decke,
macht ¼ Seniu und ein Bronzegefäß, macht ¼ Seniu.

Quittung über einen Arbeitslohn aus
Der el-Medine

*Links: Vorder- und Rückseite eines
Ostrakon aus Der el-Medine. Kalksteinsplitter oder Topfscherben dieser Art dienten den Beamten der
Nekropolenarbeitersiedlung als
Schreibmaterial für Abrechnun-
gen, Quittungen, Anwesenheitslisten usw., die Künstler verwandten
sie für Entwürfe und Skizzen.*

*Rechts: Ghettoartig abgeschieden
liegt die Siedlung der Nekropolenarbeiter zwischen den Wüstenber-
gen in Der el-Medine. Die langgestreckten, schmalen Häuser gehen
überwiegend von der Hauptstraße
aus und waren zweistöckig. Bemalte Putzfragmente beweisen,
daß sie ebenso farbig ausgeschmückt waren wie die Gräber.
Am Rand des Fruchtlandes liegt
Medinet Habu, der Totentempel
Ramses' III.*

Die Tätigkeit der Handwerker wird besonders ausführlich in den Malereien im Grab des Rechmire, der Wesir unter Thutmosis III. und Amenophis II. war, geschildert (Theben Nr. 100). In der Töpferwerkstatt (links oben) wird die Oberfläche eines Vorratskruges geglättet. Ein Schuster (Mitte) sticht mit einem Pfriem Löcher in eine Sandalensohle, um anschließend den Bügelriemen darin zu befestigen; ein fertiges Paar ist unmittelbar über ihm abgebildet. Ein Kollege zieht Lederstücke über einen Bock, um sie geschmeidig zu machen. Mit der Axt bearbeitet ein Zimmermann (links unten) einen Balken, während die Möbelschreiner (oben) mit feinerem Werkzeug umgehen. Da wird ein Brett gesägt, und darunter bohren zwei Männer mit dem Drillbohrer Löcher für die Bespannung in den Rahmen eines Bettgestells. Die Herstellung von Ziegeln (unten) erfolgt in Ägypten heute noch in der gleichen Weise. Ein breiiges Gemisch aus Nilschlamm und Häcksel wird in einem hölzernen Formkästchen glattgestrichen, ausgekippt und an der Sonne getrocknet.

eine linke, unterteilt, die jeweils einem Vorarbeiter und seinem Stellvertreter unterstanden. Ein Schreiber war für die Verwaltungsaufgaben zuständig, und die ganze Nekropolenarbeiterschaft unterstand der Aufsicht des thebanischen Wesirs.

Versorgung und Löhne

Da die Handwerker von Der el-Medine vollständig aus der Nahrungsmittelproduktion ausgegliedert waren, mußten sie von den staatlichen Verwaltungsstellen mit allen Dingen versorgt werden, die sie und ihre Familien zum Leben benötigten. Viele Ostraka enthalten lange Listen der Produkte, die regelmäßig an sie ausgegeben wurden. Täglich bekamen sie Brot und Bier, dazu Fisch, Datteln und Gemüse als Grundnahrungsmittel. Seltener werden Lieferungen von Feigen erwähnt, Fleisch gab es nur zu besonderen Festen. Sogar das Trinkwasser mußte täglich angeliefert werden, da es im Dorf selbst keinen intakten Brunnen gab.

Doch nicht nur Nahrungsmittel aller Art, auch Kleidung und Sandalen gehörten zur Arbeiterversorgung und ebenso Holz, Gefäße und Gerätschaften. Selbstverständlich stellte der Staat auch die Produktionsmittel wie Werkzeuge, Lampen und Rohstoffe zur Verfügung.

Man darf davon ausgehen, daß diese Versorgung die Grundbedürfnisse der Menschen befriedigte, aber auch nicht mehr. Wollte jemand Möbel, bessere Kleidung, Teile für seine Grabausstattung oder hochwertige Nahrungsmittel erwerben, so war er auf einen lokalen Konsumgütermarkt angewiesen. Wie aber konnten die Arbeiter an diese Waren gelangen?

Zum einen erhielt jeder Handwerker neben der Versorgung einen bestimmten Lohn, meistens in Form von Getreide, manchmal auch in Edelmetall. Zum anderen durfte er neben seiner eigentlichen Arbeit für den König in der Freizeit Auftragsarbeiten ausführen, um sein Einkommen zu verbessern. Auch die Familienmitglieder konnten Waren herstellen und diese dann verkaufen oder tauschen. Handwerkerlöhne sind seit dem Alten Reich belegt, aber erst für die Zeit der Ramessiden geben Texte Auskunft über die reale Lohnhöhe. Für die Lohnzahlungen war das königliche Schatzhaus zuständig, bei dessen Zahlungsunfähigkeit sprangen andere Behörden oder die großen thebanischen Tempel ein. Die Lohnzahlungen erfolgten am Anfang des Monats im voraus, doch konnte dieser Idealtermin nur in den seltensten Fällen eingehalten werden. Mehrmonatige Verspätungen waren durchaus an der Tagesordnung. Sehr oft wurde der Lohn auch nicht in einer einzigen Zahlung, sonden in mehreren Raten ausbezahlt – sicherlich sehr zum Verdruß der Arbeiter, deren Möglichkeiten, sich dagegen wirkungsvoll zu wehren, jedoch begrenzt waren.

Wie bereits gesagt, wurde der Lohn in der Regel in Form von Getreide ausbezahlt. Die beiden Vorarbeiter und der Schreiber erhielten 7 ½ Sack pro Monat, die einfachen Arbeiter, egal welchen Beruf sie ausübten, mußten mit 5 Sack Getreide auskommen (1 Sack entspricht etwa 76 Litern). Dieses Getreide hatte eine Geldfunktion. Die Arbeiter konnten damit alles eintauschen, was sie zusätzlich zur staatlichen Versorgung benötigten. Etwas höher lag der Lohn allerdings, wenn jemand privat für einen Auftraggeber tätig wurde. In diesen Fällen wurde als Tageslohn ¼ Sack Getreide berechnet, also 6 ½ Sack pro Monat.

Eine noch bessere Möglichkeit, ihre Einkünfte zu erhöhen, besaßen die Vorgesetzten. Sie ließen recht häufig die Handwerker auf eigene Rechnung arbeiten, und zwar während der offiziellen Dienstzeiten, was vom Staat wohl stillschweigend geduldet wurde. Ob diese Arbeiter dann einen zusätzlichen Lohn von ihrem Vorgesetzten erhielten, ist nicht bekannt. Wie auch immer, sie erhöhten durch ihre Arbeitsleistung das Einkommen der Vorarbeiter und Schreiber ganz erheblich.

Einige Arbeitslöhne für konkrete Auftragsarbeiten sind in den Texten belegt. So berechnete ein Schreiner für ein Bett immerhin 5 Sack Getreide. Das Zimmern von Särgen kostete je nach Qualität und Ausführung zwischen 5 und 20 Kupferdeben (1 Deben zu 91 Gramm entspricht etwa ½ Sack Getreide).

Wollte jemand schwere Lasten transportieren, so konnte er sich von einem Wasserträger einen Esel auf Zeit mieten. Während dieser Zeit war er allerdings für das Tier verantwortlich; falls es verendete, mußte er vollwertigen Ersatz leisten. Hinzu kam ein Mietzins von ⅛ Sack Getreide pro Tag, was einen einträglichen Nebenverdienst für die Wasserträger darstellte.

Das Wirtschaftssystem im Alten Ägypten
Geld

Es wurde gesagt, Getreide habe eine Geldfunktion gehabt und konnte daher zum Kauf von Waren benutzt werden. Für ein Wirtschaftssystem ist die Existenz oder Nichtexistenz von Geld von grundlegender Bedeutung. Geld ist zunächst ein Tauschmittel. Jemand, der eine Ware verkaufen möchte, nimmt ein bestimmtes Objekt als Zahlung an, von dem er weiß, daß er damit später die Waren seiner Wahl erwerben kann. Seine Nutzung erleichtert den eigentlichen Tauschvorgang ganz erheblich, denn in einer primitiven Wirtschaft, in der noch kein allgemeines Tauschmittel verwendet wird, muß der Anbieter einer bestimmten Ware jemanden finden, der bereit ist, ein Objekt zu tauschen, das jener gerade haben möchte – ein sicher oft recht schwieriges oder sogar vergebliches Unterfangen. Wird jedoch ein Tauschmittel, also Geld, benutzt, so muß der Verkäufer nur noch einen Kunden suchen, der ihm für seine Ware Geld gibt. Später kann dann dieser Verkäufer mit dem Geld zu einem Dritten gehen und beliebige Waren einkaufen. Zum anderen kann Geld als abstrakte Recheneinheit zur wertmäßigen Addition ungleicher Güter dienen. Schließlich bietet es die Möglichkeit, Werte anzuhäufen, und zwar dann, wenn jemand ein Produkt verkauft, ohne ein anderes sofort im gleichen Wert zu kaufen.

In den meisten Verkaufsquittungen, die aus Der el-Medine erhalten sind, wird der Warenwert entweder in Silberseniu, Kupferdeben oder in Sack Getreide ausgedrückt. Das Wertverhältnis dieser Einheiten untereinander war festgelegt, wenn auch Veränderungen unterworfen, so daß alle Rechnungen vergleichbar waren. Edelmetalle und Getreide hatten im Wirtschaftskreislauf von Der el-Medine also die Funktion von Recheneinheiten.

Andererseits fungierten diese Objekte auch als Tauschmittel. Für die »Ware« Arbeit akzeptierten die Arbeiter anstandslos Getreide, manchmal auch Edelmetalle als Lohn, denn sie konnten damit ohne Probleme Waren ihrer Wahl erwerben. Einige Rechnungen zeigen, daß Objekte direkt mit Getreide oder Metall bezahlt werden konnten. Diese waren also nicht nur abstrakte Recheneinheiten, sondern echte Tauschmittel, die allgemein angenommen wurden.

Auch die Geldfunktion als Wertaufbewahrungsmittel ist leicht nachweisbar, denn die Arbeiter konnten vom Zeitpunkt des Erhalts von Geld, zum Beispiel als Lohn, bis zum Ankauf von Produkten eine beliebige Zeit verstreichen lassen, also Geld sparen und anhäufen. Das war notwendig bei Waren, deren Preise einen Monatslohn überstiegen, etwa bei Särgen, Rindern oder kostbaren Kleidern. Es ist aber auch belegt, daß solche Waren auf Kredit gekauft wurden. Die Bezahlung konnte also in die Zukunft verschoben werden. Bezahlte der Schuldner nicht zum vertraglich festgesetzten Termin, konnte der Gläubiger vor Gericht ziehen und die Schulden eintreiben lassen. Gewöhnlich wurde der Schuldner zur doppelten Zahlung verurteilt.

Das Alte Ägypten kannte Geld lediglich im »Urzustand«. Münzen kamen erst in der Ptolemäerzeit in Gebrauch. Vorher gab es nur unbearbeitete Edelmetallstücke, die durch Abwiegen bewertet wurden. Vielleicht sind die in den Grabmalereien dargestellten Silber- und Kupferringe als Vorläufer der Münzen anzusehen.

Warenpreise

Die Warenpreise wurden in Getreide oder Edelmetall, meistens Kupfer, nur bei besonders teuren Objekten auch in Silber oder sogar in Gold ausgedrückt. Die Ägypter hatten dafür eine bestimmte Formel entwickelt, die allen Akten gemeinsam war. Sie beginnt mit der Datierung in ein bestimmtes Jahr / Monat / Tag des regierenden Königs. Dann folgt der Eintrag: A verkaufte B ein Objekt Z.

B bezahlte mit Waren, nämlich Objekt X, macht xy Kupferdeben, Objekt Y, macht xy Kupferdeben, macht zusammen xy Kupferdeben. In dieser Rechnung wären also drei Preise zu erkennen, der von Objekt X und Y und in der Endsumme der von Objekt Z.

Die aus Der el-Medine bekannten Warenpreise müssen zur richtigen Bewertung jeweils mit der Lohnhöhe eines Arbeiters verglichen werden. Ein geflochtener Korb kostete 1 Deben, Körbe aus wertvolleren Materialien waren entsprechend teurer und konnten Preise bis zu 10 Deben erzielen. Eine Matte aus Flechtwerk wurde mit ½ bis 1 Deben bewertet. Für Ziegen bezahlte man zwischen 2 und 3 Deben, für Esel 25 bis 30 und für Rinder sogar bis zu 140 Deben – bei einem Monatslohn von umgerechnet etwa 7 Deben!

Billig waren Vögel, für die nur ¼ Deben bezahlt werden mußte. Möbel kamen schon wieder recht teuer. So kosteten Betten und Stühle jeweils zwischen 15 und 25 Deben, einfache Tische um 15, Truhen und Kisten je nach Ausführung bis zu 20 Deben. Am teuersten waren Särge. Für den Sarg eines Schreibers ist ein Preis von 200 Deben belegt, während die einfachen Handwerker sich mit Särgen im Wert von rund 25 Deben begnügten. Primitive Uschebtis waren dagegen sehr preiswert, einmal wurde für 40 Stück nur 1 Deben bezahlt. Besser gearbeitete Uschebtis waren natürlich erheblich teurer. Einfachste Kanopen-

krüge kosteten um 5 Deben, hingegen wurde für einen Totenbuchpapyrus 100 Deben verlangt. Kleine Grabstatuetten aus Holz gab es für 8 bis 12 Deben.

Sehr unterschiedlich waren naturgemäß die Kleiderpreise. Ein einfaches Hemd, eine Art Tunika, kostete immer 5 Deben, ein langes Gewand dagegen 15 bis 25 Deben. Andere Kleidungsstücke hatten Preise zwischen 3 und 15 Deben, je nach Material und Qualität der Verarbeitung. Ein Paar Sandalen war für 1 oder 2 Deben zu erstehen. Eine Rasierklinge kostete 1 bis 2 Deben, ein Spiegel 6, ein Fliegenwedel 1, einfache Ketten aus Glasperlen um 5 und kleine Amulette um 1 Deben.

Lebensmittelpreise sind recht selten genannt, da die Nahrungsmittel ja zur staatlichen Versorgung gehörten. Für ½ Liter Öl war 1 Deben zu entrichten, Fette hatten einen ganz ähnlichen Preis. 25 Stück Kuchen bekam man für 5 Deben, 20 Brote für nur 2 Deben und 25 Liter Bier schon für 1 bis 2 Deben. 5 Liter Wein hingegen kosteten um 5 Deben, also fast einen Monatslohn.

Preisfixierung

Bei Waren, die in Qualität und Material nur geringen Veränderungen unterlagen, wie einfache Körbe, Hemden, Öl oder Holz, blieben die Preise auch über größere Zeiträume hinweg konstant. Diese Preise waren demnach fest-

Oben: Fütterung einer Streifen-hyäne. Relief im Grab des Mereru-ka in Sakkara, 6. Dynastie

Links: Ein Helfer hält beim Melken eine ungebärdige Kuh fest, deren Hörner und Hinterläufe mit einem Strick zusammengebunden sind. Relief im Grab des Kagemni in Sakkara, 6. Dynastie

Rechts: Sehr naturnah und lebendig schilderte der Maler im Grab des Ipui (Theben Nr. 217, 19. Dynastie) das Hirtenleben und die munter springenden und bespringenden Hausziegen.

gesetzt und ergaben sich nicht aus dem freien Spiel von Angebot und Nachfrage. In einigen Fällen können Warenpreise bis in die Zeit der frühen 18. Dynastie verfolgt werden. Sie unterscheiden sich nicht von denen, die etwa 500 Jahre später in Der el-Medine bezahlt wurden. Bei dem Preis für ein Bett läßt sich sogar feststellen, daß er schon im Alten Reich ebenso hoch war wie noch ein Jahrtausend später.

Wenn die Warenpreise über Jahrhunderte hinweg festgelegt waren, kann es in Ägypten zu keiner Zeit eine freie Marktwirtschaft gegeben haben, deren wichtigstes Kriterium eine freie Preisgestaltung ist. Ganz im Gegenteil, das altägyptische Wirtschaftssystem war streng reglementiert. Staatliche Eingriffe in alle Bereiche der Wirtschaft dürften den Normalfall gebildet haben, anders wäre eine Preiskonstanz über Jahrhunderte hinweg kaum zu erklären.

In einem Marktsystem passen sich die Warenpreise den Veränderungen von Angebot oder Nachfrage an. In Der el-Medine geschah das jedoch nicht. Im Jahr 29 Ramses' III. wurde mehrfach das Fehlen von Kleidern bemängelt, auf dem Angebotssektor war demzufolge eine Verschlechterung gegenüber früher eingetreten. Dennoch blieben die Kleiderpreise auf dem üblichen Niveau, anstatt sich in die Höhe zu bewegen, wie das in einer Marktwirtschaft der Fall gewesen wäre. Mehrfach blieben die Lohnzahlungen für die Handwerker aus oder waren nicht in voller Höhe ausbezahlt worden, was eigentlich zu Preissenkungen

Oben: Zum Schutz gegen Schädlinge wurde das Getreide in kuppelförmig gemauerten Silos aus Nilschlammziegeln aufbewahrt. Tonmodell aus dem Mittleren Reich.
Turin, Ägyptisches Museum

Rechts: Holzmodell einer Backstube aus einem Grab des Mittleren Reiches. Männer und Frauen sind gemeinsam beim Stampfen, Kneten und Formen des Teiges tätig.

(Wir fanden das Grab eines Königs) und wir fanden das Grab der Königin Nubchaas ... Wir öffneten es gewaltsam und fanden sie (beide) dort liegen. Wir öffneten ihre Außensärge und ihre Innensärge, in denen sie lagen. Wir fanden diese edle Mumie dieses Königs, angezogen als Krieger. Eine große Anzahl von Udjat-Amuletten und Verzierungen aus Gold waren an seinem Hals und seine Mumienmaske aus Gold war auf ihm. Die edle Mumie des Königs war gänzlich mit Gold bedeckt und seine inneren Särge waren innen geschmückt mit Gold und Silber, außen mit Einlagen aus allen Arten kostbaren Gesteins. Wir stahlen das Gold, das wir an dieser edlen Mumie dieses Gottes fanden und die Amulette und Verzierungen, die an seinem Hals und am inneren Sarg waren, in dem er lag. Wir fanden die Königin in gleicher Weise und wir nahmen alles, was wir an ihr fanden, ebenso. Dann legten wir Feuer an ihre Särge. Wir stahlen ihre Ausstattung, die wir bei ihnen fanden, bestehend aus Dingen aus Gold, Silber und Bronze und teilten es unter uns auf.

Ein Geständnis aus den Akten
der Grabräuberprozesse

hätte führen müssen. Doch auch in dieser Situation einer Nachfrageverschlechterung blieben alle Preise gleich. Ebenso hatte die Veränderung der Zahl der Nachfrager, also aller Handwerker des Ortes, keinerlei Einfluß auf die Preisgestaltung. Die Warenpreise waren also in keinem Fall dem freien Spiel eines Marktes unterworfen, obwohl Märkte im Alten Ägypten zu belegen sind, wie Darstellungen seit dem Alten Reich zeigen.

Grabraub als ökonomischer Faktor

Eine illegale, aber dennoch weitverbreitete Einkommensverbesserung stellte der Grabraub für die Einwohner von Theben und Der el-Medine dar. Durch diese Räubereien gelangten die Menschen in den Besitz von kostbaren Gütern, besonders von Edelmetallen, die als Geld verwendet werden konnten. Für das reibungslose Funktionieren eines lokalen Binnenhandels lag darin eine enorme Gefahr. Denn plötzlich waren große Geldmengen vorhanden, während die Preise weiter stabil blieben. Die Diebe konnten theoretisch den lokalen Markt leerfegen und damit die Versorgung der anderen erheblich beeinträchtigen. Natürlich wäre ein allzu hemmungsloser Konsum unklug gewesen, denn er hätte die Ordnungsorgane auf die Diebe aufmerksam gemacht. Mit einem erheblichen Teil der Beute aus den Gräbern wurden zuerst möglichst viele Beamte bestochen, wie die Texte drastisch zeigen.

Als Auswirkung auf das Konsumverhalten läßt sich eine Tendenz zum höherwertigen Konsumgut feststellen. So wird einmal ein besonders kostbares Gewand von einem Arbeiter mit Gold bezahlt (1 Deben Gold entsprach 120 Deben Kupfer), das der Käufer natürlich aus einem alten Grab gestohlen hatte. Ein anderer kaufte zu einem sehr hohen Preis Wein und Honig ein. Bislang war der Genuß von Wein, gesüßt mit Honig, der reichen und hohen Bevölkerungsschicht vorbehalten, durch Raub konnten nun auch einfache Arbeiter dieses Luxusgut genießen. Aus der Zeit der großen Grabräubereien in der späten 20. Dynastie stammen auch die höchsten Preise für Möbel und Särge. Dieser eindeutige Trend zum besseren und feineren Gut war offensichtlich eine Folge der gestiegenen »Einkommen« aus der Plünderung der Gräber.

Verteilungswirtschaft

Die Marktwirtschaft scheidet als Erklärung für das Funktionieren der altägyptischen Wirtschaft aus. Es herrschte vielmehr ein stark reglementiertes System, das dem wirtschaftenden Menschen relativ wenig Handlungsspielraum zubilligte und als Wiederverteilungswirtschaft (Redistribution) bezeichnet werden kann.

Die Freiheit der Arbeiter von Der el-Medine war, wie einige Texte erkennen lassen, deutlich beschnitten. Sie lebten regelrecht kaserniert und durften ihr Dorf nur auf

Anordnung eines Vorgesetzten verlassen. Daher wurden täglich lange Anwesenheitslisten geführt. Aus den unterschiedlichsten Gründen versuchten die Arbeiter immer wieder, der Arbeit fernzubleiben. Sie entschuldigten sich mit Krankheit oder Sorge für kranke Familienangehörige, aber auch damit, daß sie Totendienst zu verrichten oder an ihrem Grab zu arbeiten, ein Fest gefeiert oder Götterfeste vorzubereiten hätten. Einer erschien drei Tage lang nicht zur Arbeit, weil er mit Bierbrauen beschäftigt war – natürlich mußte das Gebräu ausgiebig verkostet werden. Alle diese Entschuldigungen hatten keine Bestrafungen oder Lohnminderungen zur Folge, sondern wurden lediglich in den Absentenlisten vermerkt.

Die Beziehungen nach draußen, zu anderen Dörfern oder Städten, waren gering und konnten durch die Beamten jederzeit unterbunden werden, so daß die Handwerker von Der el-Medine kaum die Möglichkeit besaßen, andere Märkte aufzusuchen. Eine Konkurrenz war also völlig ausgeschlossen. Sogar während der großen wirtschaftlichen Schwierigkeiten in der 20. Dynastie, die zu Hungersnöten führten, blieb der Handel auf die Siedlung beschränkt. Nicht einmal lebensnotwendige Nahrungsmittel wurden auf anderen Märkten erworben, so stark war die Freiheit des wirtschaftlichen Handelns durch die Staatsmacht eingeengt. Hinzu kam die völlige Abhängigkeit vom Staat in der Versorgung mit Nahrungsmitteln, da den Arbeitern keine Anbauflächen zur Verfügung standen. Aber nicht nur der Besitz von Ackerland, des damals wichtigsten Produktionsmittels, war ihnen verwehrt, es war auch kaum möglich, Privateigentum an den Arbeitsmitteln zu erwerben.

Die Werkzeuge wurden vom Staat geliefert, ohne daß sie dadurch in das Eigentum des Benutzers übergingen. Bezeichnend ist, daß es keinen Handel mit Arbeitsmitteln

Er erhob Anklage gegen den Arbeiter Hui, ... indem er sprach: »Der Arbeiter Hui, Sohn des Huinefer, hat die drei Meißel des Pharao, er lebe, sei heil und gesund, weggenommen. Ich habe sie in seiner Hütte ... entdeckt.« So sprach er. Daraufhin sagte der Schreiber Pentawere zu ihm: »Was die Meißel Pharaos ... anbetrifft, von denen du behauptet hast, Hui habe sie aus der Verwaltung Pharaos ... weggenommen, gibt es außer dir noch weitere Zeugen gegen ihn oder nicht?« Da erwiderte Nebnefer: »Es gibt außer mir noch Zeugen. Er hat die Meißel Pharaos ... in Gegenwart des Arbeiters Hui, Sohn des Chau, und des Graveurs Cham gestohlen!«

Protokoll einer Zeugenaussage bei einem Diebstahlprozeß

Unten: Die Abgaben der Untertanen werden an das Schatzhaus geliefert. Beamte wiegen und registrieren die Güter und lagern sie ein. Der Besitzer des Grabes Theben Nr. 178 Neferronpet war Beamter der Schatzhausverwaltung unter Ramses II.

Folgende Doppelseite: Ausgabe von Nahrungsmitteln. Vor den Toren der Verteilungsstätte stehen die einfachen Leute mit dem Brotbeutel in der Hand Schlange. Malerei im Grab des Userhet, Theben Nr. 56, der Königlicher Schreiber unter Amenophis II. war.

irgendwelcher Art gab. Niemand war somit in der Lage, »Kapital« in Form von Geräten anzuhäufen, um damit in Eigenregie in großem Stil für den Markt zu produzieren. Wie entschieden der Staat dies zu unterbinden trachtete, zeigen Gerichtsverhandlungen, bei denen es um den Diebstahl von Werkzeugen ging. Die überführten Diebe wurden außergewöhnlich hart bestraft, obwohl der materielle Wert der Werkzeuge recht gering war. Aber Werkzeugdiebstahl bedeutete private Aneignung von Produktionsmitteln und deren Verwendung außerhalb staatlicher Kontrolle. Veränderungen des gesamten ökonomischen und sozialen Systems hätten sich daraus ergeben können. Daher die drakonischen Strafen – wie übrigens auch beim Grabraub, auf den die Todesstrafe stand.

Der ägyptische Staat suchte also konsequent die Entstehung eines freien Unternehmertums zu verhindern. Auch eine freie Berufswahl war nur in ganz engen Grenzen

möglich, und die freie Wahl des Wohnortes konnte durch staatliche Umsiedlungsaktionen jederzeit ausgesetzt werden. Auch dadurch wurden privatwirtschaftliche Aktivitäten stark eingeschränkt oder zumindest örtlich begrenzt. Zusammenfassend läßt sich sagen, daß die altägyptische Wirtschaft eine staatlich gelenkte Zentralverwaltungswirtschaft war, in der Löhne und Preise festgesetzt und private Aktivitäten nur in einem vorgegebenen Rahmen zugelassen waren, in der jeder ein bestimmtes Arbeitssoll zu erfüllen hatte und Zwangsarbeit nicht die Ausnahme, sondern die Regel gewesen sein dürfte.

Der größte Teil der in Ägypten produzierten Güter unterlag staatlicher Kontrolle und Verteilung, vor allem die Nahrungsmittel. Das Ideal war, alle Produkte in einer Zentrale zu sammeln und zu lagern, um sie später bei Bedarf an die Bevölkerung verteilen zu können. Dieser »klassische« Zustand ist freilich allenfalls im frühen Alten Reich zu beobachten. Schon bald gab es nicht mehr nur eine Zentrale, sondern auch in den einzelnen Regionen entstanden Zentren, in denen die Erzeugnisse des Landes gesammelt und wieder verteilt wurden. Nur die Überschüsse gingen noch in Form von Abgaben an die Hauptzentrale, den königlichen Palast in der Hauptstadt.

Später, im Neuen Reich, scheint das System noch weiter aufgeweicht worden zu sein. Jetzt hören wir zum Beispiel, daß die Nekropolenbeamten per Schiff zu den einzelnen Bauern fuhren, das den Nekropolenarbeitern zustehende Getreide in Empfang nahmen und es ohne Zwischenlagerung direkt nach Der el-Medine brachten. Wahrscheinlich wurden nur noch die Mengen zur Registrierung an die Zentralverwaltung gemeldet. Außerdem mußten immer mehr Steuern und Abgaben nicht in Objekten, sondern in Geld (Gold oder Silber) erbracht werden. Das System der Verteilungswirtschaft wurde also den veränderten Bedingungen angepaßt und regelrecht modernisiert. Das läßt auch der zunehmende private Handel erkennen, durch den das starre staatliche Verteilungssystem individuell korrigiert und spezielle Bedürfnisse befriedigt werden konnten.

Streiks und Arbeiterunruhen

Der sogenannte Streikpapyrus aus dem Jahr 29 Ramses' III. zeigt, was passieren konnte, wenn die staatliche Verteilung von Gütern, aus welchen Gründen auch immer, gestört war. In mehreren Briefen an die vorgesetzte Behörde, das Wesirbüro, wiesen die Nekropolenschreiber darauf hin, daß weder das Schatzhaus noch die Scheunenverwaltung die notwendigen Versorgungsgüter für die Arbeiter nach Der el-Medine geschickt hätten. Daher seien die Menschen schon »am Sterben«. Auch das Ausbleiben

An den Wedelträger zur Rechten des Königs, den Vorsteher der Stadt und Wesir Ta:

Der Schreiber Neferhotep schreibt an seinen Herrn in Leben, Heil und Gesundheit. Dies ist ein Brief, um meinen Herrn folgendes wissen zu lassen:

… Ich teile meinem Herrn mit, daß ich an den Gräbern der Königskinder arbeite, deren Errichtung mein Herr (der Wesir) befohlen hatte. Ich arbeite sehr sorgfältig und ganz vortrefflich bei guten und trefflichen Fortschritten. Veranlasse nicht, daß mein Herr um sie besorgt ist, denn ich arbeite sehr ordentlich und ich bin keineswegs müde. Ich teile meinem Herrn mit, daß wir (die Nekropolenarbeiter) äußerst elend geworden sind. Alle Sachen für uns, die dem (staatlichen) Schatzhaus, der Scheune und dem Magazin obliegen, sind weggelassen worden. Nicht leicht ist das Tragen von Steinen! Man hat uns auch die 1½ Sack Gerste fortgenommen, um uns statt dessen 1½ Sack Dreck zu geben! Möge mein Herr handeln, so daß unser Lebensunterhalt gewährt werde, denn wir sind hier schon am Sterben und werden kaum am Leben bleiben. Denn man gibt uns nichts, gar nichts!

Ein Beschwerdebrief der Nekropolenarbeiter
an den Wesir

Links: Fischfang mit dem Schleppnetz, das zwischen zwei Papyrusnachen durch das Wasser gezogen wird. Holzmodell aus dem Grab des Mektire in Der el-Bahari, 11. Dynastie.
Kairo, Ägyptisches Museum

Unten: Eines der beiden Boote, die hier aus Holzplanken gezimmert sind, aus einer Darstellung des Fischfangs mit dem Schleppnetz. Malerei im Grab des Bildhauers Ipui (Theben Nr. 217) aus der Zeit Ramses' II.

Jahr 29 (Ramses' III.), 2. Monat der Winterzeit, Tag 10, an diesem Tag: Streik seitens der Arbeiterschaft, sie sagen: »Wir hungern. 18 Tage sind schon im Monat vergangen.«

Sie setzten sich an der Rückseite des Totentempels Thutmosis' III. nieder. Daraufhin kamen der Nekropolenschreiber, die beiden Vorarbeiter, die beiden Stellvertreter und die beiden Verwalter und riefen ihnen zu, indem sie sagten: »Kommt herein«. Sie schworen große Eide und sagten: »Möget ihr kommen, denn wir haben Worte (Anweisungen) des Pharao, er lebe, sei heil und gesund.« Sie verbrachten den Tag an dieser Stelle, die Nacht aber in der Nekropole (also in ihrem Dorf).

(Klage der Arbeiter vor den zuständigen Beamten) »Es war wegen des Hungers und des Durstes, weswegen wir hierher gekommen sind. Es gab keine Kleidung, kein Öl, keinen Fisch und auch kein Gemüse. Schickt zu Pharao, er lebe, sei heil und gesund, unserem guten Herrn deswegen und schickt auch zum Wesir, unserem Vorgesetzten, damit die Versorgung für uns gemacht (geliefert) werde.«

Streik durch die Arbeiterschaft. Nachdem die drei Vorgesetzten einen gewaltigen Anschnauzer gegen sie vom Tor des Dorfes gemacht hatten, wurden die zwei Verwalter und die zwei Stellvertreter durch den Nekropolenschreiber Amunnacht ausgeschickt, um sie (die Arbeiter) zurückzubringen. Der Verwalter Reschutperef kehrte zurück und sprach zu uns (den Vorgesetzten): »Folgendermaßen sagten Kenna, Sohn des Ruti, und Hai, Sohn des Hui: »Sagt unseren Vorgesetzten: Wir werden nicht zurückkehren!« Dabei standen sie vor ihren Kollegen. »Wahrlich, wir streiken nicht wegen des Hungers. Wir haben eine wichtige Feststellung zu machen: Wahrlich, Böses wurde getan gegen die Stätte Pharaos (das Königsgrab), er lebe sei heil und gesund!«

Auszüge aus dem »Streikpapyrus«

oder die erhebliche Verspätung der Lohnzahlungen scheint Unruhe und Zorn in der Arbeiterschaft geschürt zu haben. Doch konnten durch den persönlichen Einsatz des Wesirs, der für die Lieferungen sorgte, vorerst Auseinandersetzungen größeren Stils vermieden werden.

Als dann aber wenige Wochen später der Arbeitslohn erneut ausblieb, kam es zum ersten großen Streik der Weltgeschichte. Die Arbeiter rotteten sich zusammen, legten demonstrativ die Arbeit nieder und marschierten geschlossen zu den Totentempeln. Sie machten ein regelrechtes »Go-in« und drangen in den Tempel ein, wo sie in einem »Sit-in« die Anlage besetzten und lahmlegten, um ihren Forderungen Nachdruck zu verleihen. Diese Aktionen zogen sich über mehrere Tage hin, bis den Arbeitern Abhilfe versprochen wurde. Als die Lohnzahlungen endlich eintrafen, kehrte für einige Zeit Ruhe ein.

Doch schon bald wiederholte sich das Geschehen. Wieder war kein Lohn ausgegeben worden, und wieder kam es daraufhin zum Streik. Die Vorwürfe der erbosten Arbeiter gipfelten darin, daß sie den Wesir der Unterschlagung ihres Lohns beschuldigten. Dieser bestritt das natürlich vehement und konnte den Streik erneut beenden, indem er die Lieferungen an die Arbeiter veranlaßte.

Zum erstenmal in der Weltgeschichte hatten Arbeiter durch Streiks Forderungen durchgesetzt. Nachdem das Kampfmittel erst einmal erkannt und seine Wirksamkeit erprobt war, setzten sie es im Verlauf der ägyptischen Geschichte immer wieder ein. Jedesmal, wenn die staatliche Verteilung gestört war, kam es in Der el-Medine zu Arbeitsverweigerungen. Sie dauerten manchmal nur einen Tag, manchmal aber auch viele Wochen und Monate. Inwieweit die Arbeiterschaft dabei organisiert war, ob es gar so etwas wie eine Gewerkschaft gab, ist nicht mehr festzustellen. Die letzten Nachrichten über Streiks stammen aus der Zeit kurz vor der Auflösung der Arbeitersiedlung unter Ramses XI.

… Tag, an dem Wenamun … abreiste, um Bauholz zu holen für die große, herrliche Kultbarke des Amun-Re … An dem Tag, an dem ich nach Tanis gelangte, dem Aufenthaltsort von Smendes und Tentamun, gab ich ihnen die Schreiben des Amun, des Königs der Götter. Sie ließen sie sich vorlesen und sagten: »Ich tue ja, wie Amun-Re, der König der Götter, unser Herr, gesagt hat.« … Dann sandten mich Smendes und Tentamun mit dem Schiffskapitän Mengebet ab, und ich zog zum großen syrischen Meer hinab. Ich gelangte nach Dor … und ihr Fürst Beder ließ mir fünfzig Brote, ein Maß Wein und eine Rindskeule bringen. Da aber entfloh ein Mann von meinem Schiff, nachdem er ein Goldgefäß im Wert von fünf Deben gestohlen hatte, ferner vier Gefäße aus Silber im Wert von zwanzig Deben und einen Beutel mit elf Deben Silber. (Der Stadtfürst von Dor kann die für den Holzkauf vorgesehenen Tauschobjekte nicht wiederbeschaffen. Trotzdem reist Wenamun nach Byblos weiter. Unter mysteriösen Umständen kommt er erneut zu Silber und möchte nun den Kauf tätigen. Der Fürst von Byblos bemängelt jedoch die geringe Kaufsumme und möchte Wenamun abschieben, gewährt ihm aber noch einmal eine Audienz.) Als der Morgen gekommen war, sandte er und ließ mich hinaufbringen … Er sprach mich wieder an und fragte: »Mit welchem Auftrag bist du gekommen?« Ich darauf: »Ich bin gekommen wegen Bauholz für die große herrliche Kultbarke des Amun-Re, des Königs der Götter. Wofür dein Vater gesorgt hat, wofür dein Großvater gesorgt hat, dafür wirst auch du sorgen.« So sagte ich zu ihm. Er darauf zu mir: »In der Tat haben sie dafür gesorgt, und wenn du mir etwas dafür gibst, werde ich es auch tun. Wahrlich, die Meinen haben den Auftrag ausgeführt, nachdem Pharao sechs Schiffe gesandt hatte, beladen mit den Reichtümern Ägyptens … Du aber, was hast du mir gebracht?« Er ließ die Tagebücher seiner Väter kommen und ließ sie mir vorlesen. Man fand insgesamt tausend Deben an Silber, die in seinem Buch verzeichnet waren. (Nun beruft sich Wenamun, der eine Statuette »Amun des Weges« bei sich führt, auf die Macht des Amun.) »Siehe, du hast diesen großen Gott 29 Tage lang warten lassen, als er in deinem Hafen gelandet war, obwohl du doch gewußt hast, daß er hier war! Ist er nicht immer noch der, der er war … Wenn du aber sagst, die früheren Könige hätten Silber und Gold gesandt – wenn sie Leben und Gesundheit zu senden gehabt hätten, hätten sie diese Dinge gesandt. Amun-Re, der König der Götter, ist der Herr des Lebens und der Gesundheit, und er war auch der Herr deiner Väter, und sie haben ihr Leben lang dem Amun geopfert!« (Der Fürst von Byblos erklärt sich schließlich bereit, eine Teillieferung an Smendes nach Tanis zu senden und dort um den Tauschwert für das Holz nachzusuchen.)

Aus dem Reisebericht des Wenamun in einem Papyros der 22. Dynastie
(nach Erik Hornung)

Links: Mit dem Schlagnetz im Papyrusdickicht gefangene Enten werden in einem Käfig verwahrt, in dem sie dann ins Schlachthaus gebracht werden. Relief im Grab des Mereruka in Sakkara, 6. Dynastie.

Rechts: Auch die Malereien im Grab des Nacht (Theben Nr. 52), der Astronom und hoher Beamter unter Thutmosis IV. war, schildern detailliert die Nahrungsmittelproduktion. Die obere Szene zeigt, daß beim Weinkeltern die Trauben in einem gemauerten Bottich von Männern gestampft wurden. Da man in der weichen Masse nicht sicher stehen kann, halten sie sich an Stricken fest. Der ausgepreßte Saft fließt in einen Behälter und wird in Krüge abgefüllt. Das untere Bild schildert das Rupfen und Ausnehmen von Spießenten, die eben zuvor im Schlagnetz gefangen worden sind. Auch sie werden offenbar, nachdem sie »abgehangen« sind, in Krügen eingelegt.

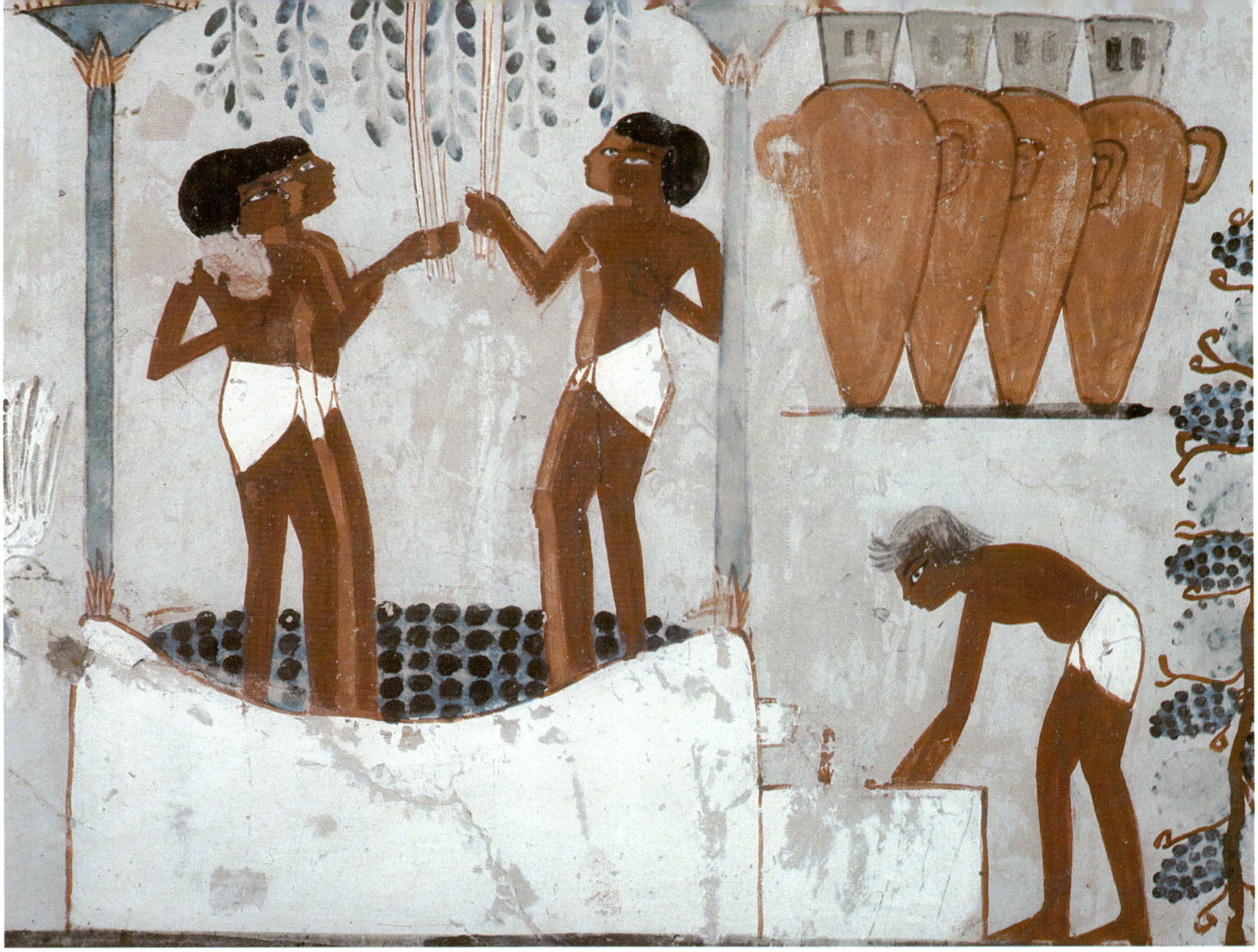

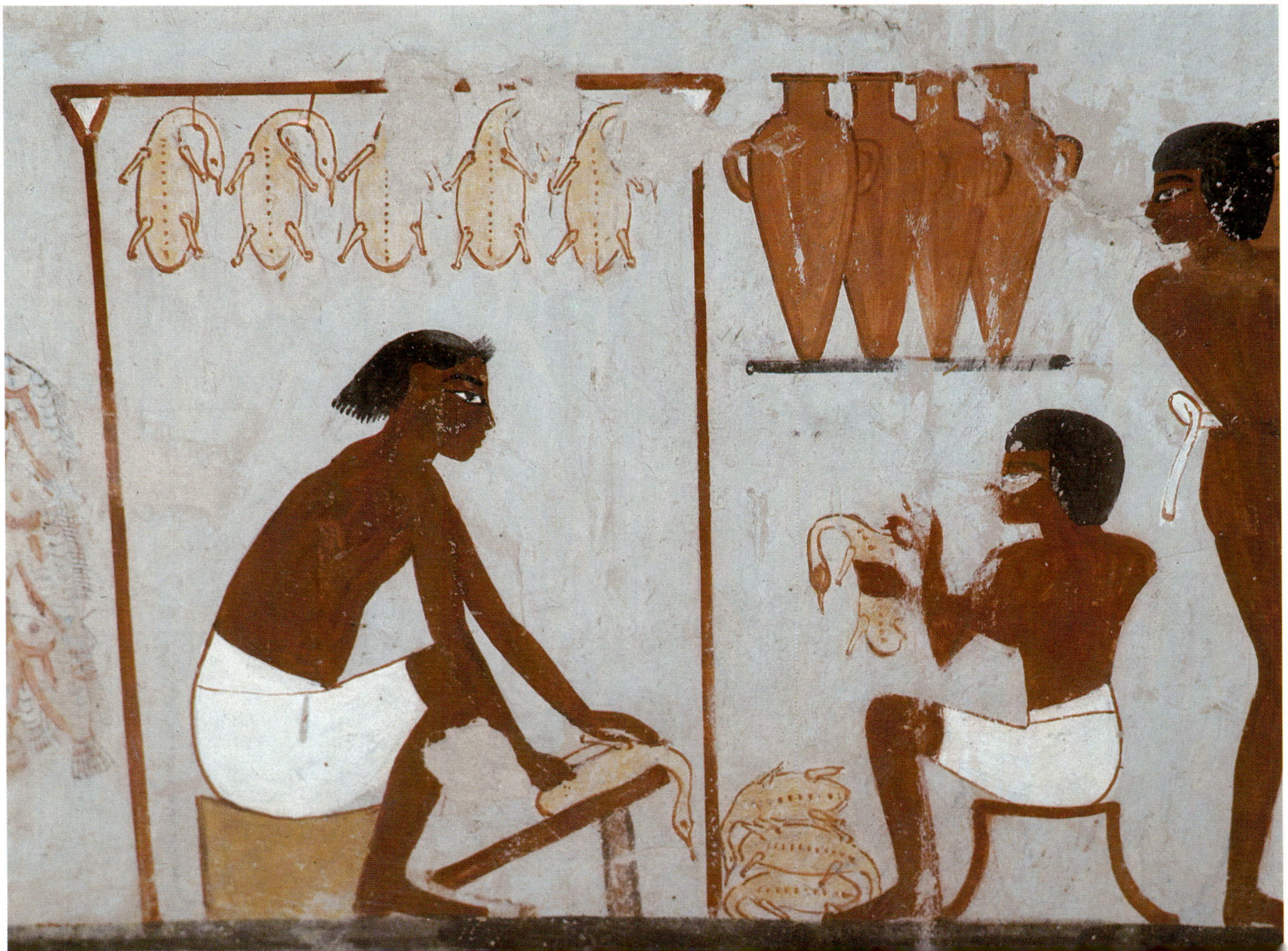

Die Streikgründe waren überwiegend ökonomischer Natur, es ging also weniger um die Arbeitsbedingungen. Neben dem Ausbleiben der Lohnzahlungen veranlaßte immer wieder der Mangel an Versorgungsgütern zu Beschwerden. Zeitweilig fehlte es an allem, an Brot, Bier, Fisch, Öl, Gemüse und Kleidung – alles Dinge, auf deren Zuteilung durch den Staat jedermann ein Anrecht hatte.

Der Außenhandel

Ägyptens Reichtum war weltbekannt. Besonders durch die großen Goldvorkommen in Nubien besaß das Land ein äußerst begehrtes Gut. Doch wurde der Goldreichtum Ägyptens im Ausland sicher überschätzt. So heißt es in einem Bittbrief des Mitannikönigs Tuschratta an Amenophis III.: »Ist doch inmitten des Landes meines Bruders (des Pharaos) das Gold wie Staub in Menge da ...«
Der Außenhandel Ägyptens befand sich als Monopol in der Hand des Königs. Auch die Verteilung der erhandelten Luxus- und Prestigegüter war sein Vorrecht, was zweifellos eine beträchtliche Steigerung seiner innenpolitischen Macht mit sich brachte. Nur der König konnte Karawanen ausrüsten, um ägyptische Waren im Ausland, meistens in Asien, gegen dortige Produkte einzutauschen. Die ausländischen Karawanen, die ihrerseits mit vielfältigen Handelsgütern nach Ägypten zogen, wurden von den Ägyptern gewöhnlich als »Tributbringer aus den unterworfenen Ländern« bezeichnet, auch wenn sie aus Ländern wie Babylon, Zypern, Kreta oder Mitanni kamen, die niemals von Ägypten unterworfen worden waren. Diese für das Neue Reich typische »Arroganz« dürfte zu mancherlei diplomatischen Auseinandersetzungen geführt haben. Ein Beispiel dafür bietet die Korrespondenz Ramses' II. mit dem hethischen Königshof.
Ägypten kaufte im Ausland in erster Linie Güter des gehobenen Luxusbedarfs, zum Teil reine Prestigeobjekte der gehobenen Schicht. Feinste Kosmetika und Stoffe aus Syrien, Gefäße aus Kreta, Sklavinnen aus Syrien und Babylon, Silber aus Zypern und Hatti waren ebenso begehrt wie Edelhölzer und Elfenbein, Giraffen, Tierfelle und Tanzzwerge aus Afrika. Hinzu kamen Pferde, Waffen und Streitwagen für die ägyptische Armee, die von den asiatischen Großreichen geliefert wurden. Bezahlt haben die Ägypter mit Gold, mit Erzeugnissen des Kunsthand-

Zu Nimmuria (Nebmaatre) dem großen König, König von Ägypten, meinem Bruder, meinem Schwiegersohn, der mich liebt, und den ich liebe, hat also gesprochen Tuschratta, der große König, dein Schwiegervater, der dich liebt ... Zur Zeit deiner Väter haben sie mit meinen Vätern in hohem Grade Freundschaft unterhalten. Du hast sie dazu noch gesteigert, und mit meinem Vater hast du in sehr hohem Grade Freundschaft unterhalten ...
So möge mein Bruder Gold in sehr großer Menge, welches nicht zu zählen ist, das möge mein Bruder mir übersenden, und mein Bruder möge mehr Gold übersenden als das, was mein Vater erhielt. Ist doch inmitten des Landes meines Bruders das Gold wie Staub in Menge da ...
Die Götter mögen es so leiten, daß, so wie jetzt im Lande meines Bruders Gold in Menge da ist, er in zehnfach größerer Menge, als wie es jetzt der Fall ist, Gold gewinnen möge! Und das Gold, worum ich gebeten habe, möge im Herzen meines Bruders doch nicht zum Schmerz werden, und meinem Herzen möge mein Bruder nicht Schmerz bereiten ... Mane, der Bote meines Bruders, ist abermals gekommen, um die Frau meines Bruders, die Herrin von Ägypten, zu holen, und die Tafel, die er mitbrachte, habe ich gelesen und seine Worte vernommen ... Jetzt in diesem Jahr werde ich die Frau meines Bruders, die Herrin von Ägypten, geben, und man wird sie meinem Bruder bringen ...
Ischtar, die Herrin der Herrinnen meines Landes, und Amun, der Gott meines Bruders, mögen sie dem Herzen meines Bruders entsprechend sein lassen!

Auszüge aus zwei Briefen des Königs Tuschratta von Mitanni
an Amenophis III.
(nach J. A. Knudtzon)

Mein Bruder und sein ganzes Land seien in Wohlergehen. Was nun meinen Boten anbetrifft, den ich dir geschickt habe: Zweimal ist seine Karawane geplündert worden. Einmal durch den König von Damaskus, ein andermal durch einen der Statthalter eines dir gehörenden Landes. Schlichte diese Rechtssache, mein Bruder, und ersetze (mir) den Schaden!
Mir geht es gut. Dir, deinem Haus, deinen Frauen und Kindern, deinen Beamten, deinen Soldaten, deinen Wagen und Pferden, deinem ganzen Land möge es auch gut gehen.
Was nun den Boten, den du mir geschickt hast, anbelangt: Die 20 Minen Gold, die er gebracht hat, waren nicht rein. Denn als man das Gold ausschmolz, verblieben nur 5 Minen! Alles, was herauskam, wurde unserer Prüfung vorgelegt. Mein Bruder, wir sind doch (eigentlich) gute Freunde!

Auszüge aus zwei Briefen
des Königs Burnaburias von Babylon
an Echnaton

Links: Aus Gold gegossene Ringe dienten anstatt Münzgold (das es noch nicht gab) oder Barren als Zahlungsmittel größerer Beträge. Kairo, Ägyptisches Museum

Rechts: Die »Ablieferungen der Fremdländer« an den Amun-Tempel in Karnak sind das Hauptthema der Reliefs im Grab des Puyemre (Theben Nr. 39), der »Zweiter Prophet des Amun« zur Zeit Thutmosis' III. war. Auch Gold in Ringform gehört zu den Tributen. Der Ausschnitt zeigt drei Syrer und einen Kreter mit den typischen schulterlangen Haarsträhnen.

werks und mit Getreide, das im Überfluß vorhanden war und so oft wie möglich angeboten wurde.

Dieser rege Handel verlief allerdings nicht immer reibungslos. Die mit Kostbarkeiten überladenen Karawanen waren auf ihren langen Wegen vielerlei Gefahren ausgesetzt. Es gab Verluste durch Unbill der Witterung, beim Durchqueren der Wüste, durch wilde Tiere und nicht zuletzt durch Überfälle von Räuberbanden, von denen immer wieder berichtet wird. Als »Oberräuber« trat dabei mehrfach der König von Damaskus in Erscheinung, ein Vasall des Pharaos, der seinem Oberherrn manche diplomatische Nuß zu knacken gab, wie die Beschwerdebriefe ausländischer Potentaten zeigen.

Trotz aller Ausfälle war der Handel jedoch für alle Partner lohnend. Der ägyptischen Seite brachte besonders der hohe Kurswert des Goldes, das in Ägypten kostengünstig gewonnen werden konnte, große Gewinne. Auch die Nahrungsmittellieferungen in die von langjährigen Kriegen und Hungersnöten geplagten syrischen Länder waren ein einträgliches Geschäft, und man kann sich leicht ausrechnen, welchen Profit Pharao Merenptah aus den umfangreichen Getreidelieferungen an das durch die Seevölker bedrohte und durch eine Hungersnot heimgesuchte Hethiterreich gezogen hat.

Bei jeder sich bietenden Gelegenheit versuchten die Handelspartner einander zu übervorteilen. So mußte der babylonische König einmal beanstanden, daß Echnaton ihm unreines Gold geschickt habe.

Ein wichtiges »Exportgut« waren im Neuen Reich die ägyptischen Ärzte. Durch jahrhundertelange praktische Erfahrung bei der Mumifizierung geschult, genossen sie einen so ausgezeichneten Ruf, daß sogar die großen asiatischen Herrscher Ägypter als Leibärzte haben wollten. Als der Hethiterkönig Hattusili III. von Ramses II. einen fähigen Arzt erbat, »um meine Schwester noch gebären zu lassen«, gab der Pharao in seiner Antwort zwar das Alter der über sechzigjährigen Frau zu bedenken, versprach aber, um guten Willen zu zeigen, denn man hatte gerade einen Friedensvertrag geschlossen, einen Arzt und einen Beschwörungspriester nach Hatti zu schicken. Mit Hilfe der Götter könnten diese der hethitischen Prinzessin wohl noch zu Mutterfreuden verhelfen. Über den weiteren Verlauf der Angelegenheit sind wir nicht informiert.

Die ägyptische Wirtschaft in der Ptolemäerzeit

Das hier skizzierte Wirtschaftssystem des Alten Ägypten wurde auch noch nach der Zeit des Neuen Reiches weitgehend beibehalten. Nur war jetzt nicht mehr der Pharao, sondern der Amun-Tempel von Karnak der größte Wirtschaftsfaktor im ganzen Land. Die Einschränkungen des freien Handels wurden jedoch gelockert. Um sich einen finanziellen Anteil zu verschaffen, führte Psammetich I. eine Art Umsatzsteuer ein. Außerdem erlaubte man griechischen Kaufleuten, eine recht unabhängige Handelsstadt im Westdelta zu gründen, Naukratis, das sich zu einer

Psammetich hatte einen Sohn Necho, der folgte ihm auf dem Thron Ägyptens. Er begann mit der Anlegung jenes Kanals in das Rote Meer, den dann der persische König Darius weiterführte. Der Kanal ist vier Tagesfahrten lang und wurde so breit gegraben, daß zwei Dreiruderer nebeneinander ihn befahren können. Er geht aus von dem Nil, etwas oberhalb von der Stadt Bubastis, fließt an der arabischen Stadt Patumos vorüber und mündet ins Rote Meer. Zunächst durchschneidet er die nach Arabien zu gelegene Seite der ägyptischen Ebene. Südlich von dieser ebenen Strecke liegt das in der Nähe von Memphis sich hinziehende Gebirge, in dem sich die Steinbrüche befinden. Am Fuße dieses Gebirges läuft der Kanal eine weite Strecke in westöstlicher Richtung entlang, wendet sich dann nach Süden in eine durch das Gebirge führende Schlucht und mündet in den arabischen Meerbusen.

Die geradeste und kürzeste Strecke vom nördlichen Meer zum südlichen, dem sogenannten Roten Meer, also vom kasischen Grenzgebirge zwischen Ägypten und Syrien bis zum arabischen Meerbusen, ist gerade tausend Stadien (etwa 180 Kilometer) lang. Der Kanal ist aber weit länger als diese gerade Entfernung, weil er viele Krümmungen macht.

Bei dem Bau des Kanals unter dem König Necho gingen 120 000 Ägypter zugrunde. Mitten in der Arbeit ließ Necho aufhören, weil ein Orakelspruch ihm abriet: was er baue, sei zum Vorteil der Barbaren.

Herodot, Historien, 2. Buch, 158
(nach H. W. Haussig)

Der Karawanenträger geht ins Ausland, nachdem er seine Habe seinen Kindern vererbt hat, da er sich vor den Löwen und den Asiaten fürchtet. Sein Haus ist nur aus Stoff (ein Zelt) anstelle von Ziegeln, nicht hat es eine Vorhalle der Herzenserfreuung.

Aus der Lehre des Cheti

Oben: Der Vizekönig von Nubien und Statthalter des Südens Hui amtierte zur Zeit Tutanchamuns. Die Malereien seines Grabes (Theben Nr. 40) schildern ausführlich die Aufgaben seines Amtes, deren wichtigste die Überwachung der nubischen und afrikanischen Tribute war. Der Ausschnitt zeigt die Übergabe von Gold und Weihrauch.

Rechts: Im Grab des Wesirs Rechmire (Theben Nr. 100) sind die Abgaben aus Afrika bildlich verzeichnet. Neben Edelhölzern, Elfenbein und Fellen gehören dazu auch lebende Tiere. Die Tributbringer führen einen Pavian, einen Gepard und eine Giraffe, an deren Hals eine grüne Meerkatze hochklettert.

typischen griechischen Polis entwickelte. Damit gelangten nicht nur griechisches Gedankengut, sondern auch griechische Wirtschaftsideen in immer stärkerem Maße nach Ägypten, das nun stärker als bisher in den Handel des Mittelmeerraumes integriert wurde. Der Förderung des Fernhandels sollte auch der Kanal dienen, mit dem Psammetichs Nachfolger Necho das Mittelmeer mit dem Roten Meer verbinden wollte. Doch gewann die Befürchtung, daß dieser den Ausländern mehr als den Ägyptern nützen würde, die Oberhand. Innerhalb Ägyptens wurde jedoch das gut funktionierende ökonomische System weitgehend beibehalten, nicht einmal die persischen Eroberer tasteten es an, vielmehr bedienten sie sich seiner, um Ägypten maximal auszubeuten.

Erst unter der Herrschaft der Ptolemäer kam es zu tiefgreifenden Veränderungen auch auf dem Gebiet der Wirtschaft. Die griechischen Eroberer betrachteten Ägypten als »durch das Schwert gewonnenes Land«, das nach der hellenistischen Königsideologie dem Herrscher gehörte. Damit knüpften sie an altägyptische Traditionen an, wobei sie im Unterschied zu den Pharaonen allerdings in der Lage waren, diesen Anspruch politisch durchzusetzen.

Als erstes wurde die wirtschaftliche Macht der Tempel gebrochen. Es war ihnen zwar eine ungehinderte Religionsausübung zugestanden, aber sie mußten auf ihre Ländereien verzichten und wurden hart besteuert – wie alle anderen Institutionen und gesellschaftlichen Gruppen in Ägypten auch. In den Tempelwerkstätten durften nur noch Dinge für den Eigenbedarf hergestellt werden, ein etwaiger Überschuß mußte zu niedrigen Fixpreisen an den König geliefert werden. Privater Handel war den Tempeln bei Androhung härtester Strafen untersagt.

Das gesamte Ackerland in Ägypten gelangte in den persönlichen Besitz des Königs, nur noch kleinere Gärten, Weinberge oder minderwertiges Weideland verblieben in Privatbesitz. Das Königsland wurde von Pächtern bewirtschaftet, die das Nutzungsrecht jährlich auf Auktionen neu erwerben mußten. Den Zuschlag erhielt derjenige, der dem König die höchste Ertragsgarantie bot und sofort im voraus bar bezahlte. Durch den Verkauf der Ernte zu garantierten Preisen erhielt der Pächter sein Geld zurück, der Überschuß war dann zu einem erheblichen Teil sein Profit, dafür trug er aber das Risiko bei Mißernten.

Außerdem verstaatlichten die Ptolemäer alle Schlüsselindustrien. So waren Herstellung und Verkauf von Leinen, Öl, Honig und Papyrus ebenso Staatsmonopol wie der Handel, die Viehzucht, das gesamte Transportwesen und die Goldminen, um nur das wichtigste zu nennen. Selbstverständlich unterstanden auch die Münzprägung und alle Bankgeschäfte direkter königlicher Kontrolle. Die wirtschaftlichen Interessen des Herrschers wurden von regelrechten Managern wahrgenommen, die sich dabei natürlich enorm bereichern konnten.

Ganz Ägypten war mit einem ausgeklügelten System von Steuern und Gebühren überzogen. Umsatzsteuer mußte sogar bei Schenkungen entrichtet werden; es gab Kopfsteuern, und sogar der persönliche Hausrat wurde besteuert. Zölle schützten die königlichen Monopole und mußten auch innerhalb Ägyptens bezahlt werden, wenn Waren von Gau zu Gau gehandelt wurden. All diese Maßnahmen erlaubten eine totale Ausbeutung aller wirtschaftlichen Möglichkeiten des Landes.

Das vom Staat bis ins Detail gelenkte Wirtschaftssystem der Ptolemäer wurde von den Römern unverändert übernommen und funktionierte noch über lange Zeit hinweg reibungslos. Es verschaffte dem ptolemäischen Königshaus gewaltige Einkünfte, mit denen es seine derzeitige Außenpolitik finanzieren konnte.

Die Götter und ihre Tempel

ALS DAS AUGE des Ur- und Schöpfergottes vorübergehend erblindet war, entstanden aus seinen Tränen die Menschen. »Wir kommen alle aus seinem Auge«, sagt ein Ramessidischer Hymnus, und in den Sargtexten des Mittleren Reiches heißt es: »Weinen mußte ich wegen des Wütens gegen mich. Die Menschen gehören der Blindheit, die hinter mir ist.« Während Gott die Trübung des Blickes überwindet, ist es also des Menschen Schicksal, im Sehen, Erkennen und Begriffen behindert zu sein. Aus der Blindheit geboren, bleibt es dem »Vieh Gottes« auf immer verwehrt, das Wesen der Gottheit zu schauen und den Sinn der Schöpfung zu verstehen. Auf die sinnlich wahrnehmbaren Zeugnisse göttlichen Wirkens beschränkt, sucht der Mensch sich ein Bild von der Gottheit zu machen, so gut er eben kann.

Diese tiefe Einsicht zieht sich durch die gesamte ägyptische »Theologie«, doch sie führt nicht zur Resignation unverbindlicher Aussage. Im Gegenteil, mit ungemein vitaler Freude fühlt sich der Mensch als Teil des unendlichen Variantenreichtums göttlicher Kräfte, die immer und überall am Werk sind. Daß er diese in ihrer Vielheit erfährt und verehrt, hindert den Ägypter nicht daran, einen übergreifend ordnenden Willen vorauszusetzen, der freilich unerforschlich bleibt.

Trotz aller unfaßbaren transzendentalen Eigenschaften sind die Götter innerweltliche Mächte. Ihre Wirkung äußert sich im Wind oder Regen ebenso wie im Wachsen und Gedeihen der Vegetation oder in bestimmten Eigenschaften von Tieren, wie Kraft, Schnelligkeit, Flugvermögen. Ebenso vielfältig und konkret wie die Erscheinungen der Welt sind auch die dafür verantwortlichen Götter. Nie wäre der Ägypter auf die Idee gekommen, nach ihrer Anzahl zu fragen. Die Vielheit bedingt, daß die Götter

weder allmächtig noch allgegenwärtig sind. Ihre Wirksamkeit beschränkt sich meist auf einen bestimmten Ort oder Gau oder auch auf eine Weltgegend. Mit zunehmender Entfernung von diesem spezifischen Wirkungsbereich läßt ihr Einfluß nach, die Zuständigkeit geht an eine andere Gottheit über. Damit hängt wohl zusammen, daß regional ungebundene Texte wie die Weisheitslehren häufig ganz allgemein von »Gott« sprechen. Dem Leser blieb es auf diese Weise überlassen, den Namen »seines« Gottes für den abstrakten Begriff einzusetzen. Aus ihrer Bindung an die endliche Welt folgt auch, daß die Götter nicht ewig sind, sie wurden vielmehr erschaffen oder gezeugt und unterliegen der Sterblichkeit, wenn die Schöpfung in den Urzustand des chaotischen Nichtseins zurücksinkt.

Für den schlichten Gläubigen stellte sich das Problem verwirrender Göttervielfalt nicht. Die elementaren Daseinsbedingungen wie Schöpfung oder Fruchtbarkeit wurden dem Wirken der jeweiligen Gaugottheit zugewiesen, die Vollstreckung der göttlichen Weltordnung war nach Maßgabe der Maat Aufgabe des Königs, Belange des Jenseits regelten landesweit Osiris und seine Helfer. Überregional wirkten auch verschiedene Schutzgötter, wie zum Beispiel Thoëris, Bes und Heket, die für Schwangerschaft und Geburt zuständig waren, während die Muttergöttin je nach Gegend oder Vorliebe Hathor, Isis, Satet oder Mut heißen konnte. Die weitgehende Übertragbarkeit der göttlichen Funktionen vereinfachte das Verhältnis des Ägypters zur Götterwelt ganz wesentlich, wobei es ihm unbenommen blieb, je nach Bildungsstand oder Neigung »sein« Pantheon zusammenzustellen und auszuweiten.

Wenn die ägyptische Götterwelt uns heute so unübersichtlich vorkommt, liegt das wohl auch daran, daß wir weder regional noch zeitlich differenzieren, sondern landesweit und zeitraffend ein Bild zu gewinnen suchen. Priesterliche Gelehrsamkeit allerdings hatte sich immer von neuem mit dem Wesen, der Wirksamkeit und den Erscheinungsformen der Gottheiten auseinanderzusetzen.

Der Große Säulensaal des Amun-Tempels in Karnak wurde von Sethos I. erbaut und unter seinem Sohn und Nachfolger Ramses II. vollendet. In seiner wuchtigen Monumentalität repräsentiert er sinnfällig die Macht des Reichsgottes. Das Mittelschiff ist 24 m hoch.

Es ist kein Zufall, daß Ägypten, unter Mitwirkung später griechischer Spekulationsfreude, zum Mutterland der Theologie wurde. Die dogmatischen Kontroversen über die Natur Christi, über das Verhältnis von Gottvater und Gottsohn und über die Gottesmutterschaft Mariens in frühchristlicher Zeit gingen von Ägypten aus. Eine davon führte schließlich zum Monophysitismus und zur Abspaltung der ägyptisch-koptischen Kirche.

All diese theologischen Diskussionen hat der einfache Gläubige im 20. Jahrhundert v. Chr. so wenig begriffen, wie er sie im 20. Jahrhundert n. Chr. begreift. Er sieht auch keine Notwendigkeit dafür.

Die Gottesbegriffe

Das altägyptische Wort für Gott lautet »netjer« und wird seit alters durch die Hieroglyphe ⌐ wiedergegeben, die einem umwickelten, etwa beilförmigen Stab ähnelt. Es ist vielleicht ein altertümlicher zepterartiger Fetisch. Als Deutzeichen für den Gott-Begriff kann ein Falke auf standartenartiger Tragstange fungieren. Seit dem Neuen Reich ist es oft auch eine hockende Gottesfigur mit Zeremonialbart. In den zweisprachigen Texten der Ptolemäerzeit wird »netjer« mit θεός gleichgesetzt, im Koptischen verändert es sich zu »noute«.

Dieser Begriff »Gott« wird zwar auch gelegentlich in einem allgemeinen Sinn verwendet, ist jedoch nicht monotheistisch zu deuten. Als abstrakter Titel kann er jederzeit einer konkreten Göttergestalt zugeordnet werden.

Als Zeichen göttlicher Lebensmacht halten die Götter die Hieroglyphe »Anch« (Leben), oft zusätzlich auch »Uas« (Heil), in den Händen. Spezifische Attribute ihres Wesens und ihrer Wirksamkeit tragen sie meist auf dem Kopf oder anstelle des Kopfes. Die verschiedenen Götterkronen dagegen sind keiner bestimmten Gottheit zugehörig, sie sind austauschbar und können sogar kombiniert werden. Diese seit der 19. Dynastie immer komplizierter zusammengesetzten Kompositkronen enthalten eine Fülle von Anspielungen und Zitaten, die lediglich die Wirkungsfülle der betreffenden Gottheit anzeigen. Auch die göttlichen Beinamen werden immer zahlreicher. Sie dienen nicht nur hymnischem Preis, sondern besitzen auch reale Wirkkraft. Die wohl umfänglichste Sammlung von – oft hochpoetischen – Epitheta umgibt die Göttin Isis, die deshalb in griechischer Zeit als πολυώνυμος (vielnamig) oder gar μυριώνυμος (mit zehntausend, das heißt mit unzähligen Namen) bezeichnet wird.

Die Göttliche Gestalt
»Kein Gott kennt seine (Amuns) wahre Gestalt«

Die Verehrung göttlicher Mächte in Tiergestalt wird erstmals nach der Mitte des 4. Jahrtausends v. Chr. faßbar. Sorgfältige und mit Beigaben versehene Tierbestattungen von Schakalen und Gazellen, auch von Widdern und Stieren fand man in Maadi und Heliopolis sowie in Badari und Nakada. Gleichzeitig nahmen die kultischen Schminkpaletten Tiergestalt an, tragen bald auch Reliefdarstellungen von Tieren (Abb. S. 29, 414). Lebensvolle kleinplastische Figuren von Affen, Fröschen, Nilpferden und anderen Tieren entstanden Ende des Jahrtausends (Abb. S. 418).

Die Erfahrung der überlegenen Fähigkeiten des Tieres kommt in den Königsnamen der 1. Dynastie – Skorpion oder Wels – zum Ausdruck. Sobald jedoch der menschliche Intellekt die Oberhand gewinnt, beginnen die göttlichen Mächte auch menschliche Gestalt anzunehmen. Zuerst ist diese, nahezu ungegliedert, für Ptah und Min nachweisbar. Für Neith, Satet und die kosmischen Gottheiten Geb, Nut und Schu lassen sich anthropomorphe Darstellungen vor 2700 v. Chr. nur vermuten. Die Mischform aus tierischen und menschlichen Elementen begegnet erstmals in der 3. Dynastie und tritt dazu gleichberechtigt neben die rein tierische und die rein menschliche Gestalt.

Üblicherweise trägt die menschengestaltige Gottheit ihr Attribut – häufig in Form der Namenshieroglyphe – auf dem Haupt oder an seiner Stelle. Die umgekehrte Version des Tierleibes mit Menschenkopf ist selten.

Am Beispiel der Göttin Hathor lassen sich die verschiedenen Darstellungsmöglichkeiten aufzeigen. Meistens erscheint sie als Frau mit Kuhgehörn und Sonnenscheibe auf dem Kopf (Abb. S. 141). In Kuhgestalt kann sie den König am Euter nähren (Abb. S. 122) oder aus dem thebanischen Westgebirge hervortreten und den Verstorbenen unter ihren Schutz nehmen (Abb. S. 363). Seltener ist die Frauengestalt mit Kuhkopf, ganz üblich jedoch die fetischartige Form des Hathorpfeilers, dessen Kapitell den frontalen Menschenkopf mit Kuhohren zeigt (Abb. S. 283).

Außerdem kann Hathor auch als Löwin, Kobra, Nilpferd oder Baumgöttin auftreten. Diese Erscheinungsformen verdeutlichen jeweils einen Wesenszug der Göttin, mit ihrem Aussehen haben sie nichts zu tun, denn die wahre Gestalt ist und bleibt »geheimnisvoll« und »verborgen«. Erst der gerechtfertigte und wissende Tote ist berechtigt und in der Lage, sie zu schauen.

Wo auch immer in den religiösen Texten die Begegnung mit der wahren Gottesgestalt geschildert wird, im Traum etwa oder im Jenseits, niemals wird sie beschrieben. Nur das Nahen Gottes ist wahrnehmbar, als Erdbeben oder Sturm, als Gottesduft oder göttlicher Glanz.

Die verschiedenen Darstellungsarten können nur Teilaspekte des göttlichen Wesens verkörpern, das in seiner ganzen Fülle nicht faßbar und erst recht nicht darstellbar

Links: Der falkenköpfige Gott Horus mit den Kronen von Ober- und Unterägypten und den Heilszeichen von Anch und Uas. Grab des Königs Haremhab im Tal der Könige.

Rechts oben: Das silberne Kultbild eines Horusfalken entstand etwa

gegen Ende des 6. Jhs. v. Chr. München, Staatliche Sammlung Ägyptischer Kunst, Leihgabe der Bayerischen Landesbank

Rechts unten: Der Kultbildschrein aus einem Granitmonolith im Horus-Tempel von Edfu, 30. Dynastie.

ist. Daraus ergibt sich zwangsläufig eine Vielgestalt. Wenn nun zwei oder mehr Gottheiten miteinander verbunden werden, wie zum Beispiel Amun und Re zu Amun-Re, so multiplizieren sich auch die möglichen Erscheinungsformen in unterschiedlichen Kombinationen. Da trotzdem jede Gottheit ihre Eigenständigkeit behält und nicht etwa von der anderen aufgesogen wird, die Mischbarkeit zudem begrenzt bleibt, führen die synkretistischen Tendenzen in Ägypten weder zu einem Pantheismus noch zu einem Monotheismus, auch nicht unter dem verbreiteten solaren Aspekt, vielmehr bleibt die Vielgestaltigkeit ein Wesenszug des Göttlichen.

Auch das Kultbild ist eine Gestalt, ein Leib der Gottheit, in dem sie zeitweilig wohnen kann. Im verschlossenen Schrein des Allerheiligsten, tief im geheimen Inneren des Tempels verborgen, bleibt es dem Laien unsichtbar. Nur der Priester darf es besuchen und versorgen. Selbst wenn es an Festtagen seine Wohnung verläßt und in der Prozession durch die Menge der Gläubigen getragen wird, bleibt es hinter einem Vorhang den Blicken verborgen. Allerdings ist es bei solchen Gelegenheiten den Wünschen und Anliegen der Menschen aufgeschlossen und erteilt sogar Orakel. Abgesehen von Besuchsfahrten zu den Göttern anderer Tempel oder »Hochzeitsreisen« bleiben die Kultbilder an ihrem Ort. Jedoch scheint es auch eine Art Reisekultbild gegeben zu haben. So führte Wenamun zur Zeit Ramses' VI. um 1070 v. Chr. auf seiner Reise zum Libanon einen »Amun des Weges« zu seinem Schutz mit sich, den er freilich vor Räubern verstecken mußte. Auf große Reise ging schon früher eine »Ischtar des Weges«, die der Mitannikönig Tuschratta seinem kranken Amtsbruder Amenophis III. von Ninive nach Ägypten sandte.

Als eine Sonderform des Kultbildes muß auch das lebendige Tier gelten, das in manchen Heiligtümern als Inkarnation der Gottheit gehalten und verehrt wurde. Im Stier von Memphis konnte Ptah, im Widder von Elephantine Chnum oder im Krokodil von Kom Ombo der Gott Sobek wohnen wie im skulptierten Bild des Sanktuariums. Handelte es sich zunächst nur um ein einzelnes, ausgewähltes Exemplar seiner Art, so erwuchs seit der Spätzeit aus der Vorstellung, der Gott könne in jedem Stier, Widder oder Krokodil vertreten sein, ein ausufernder Tierkult.

Die strenge Trennung zwischen dem Ibis als möglicher Wohnstatt des Gottes Thot und dem Gott selbst dürfte dem einfachen Gläubigen ebenso schwergefallen sein, wie später dem Ikonenverehrer die Unterscheidung zwischen Urbild und Abbild.

Die Weltschöpfung
»Der alles, was ist, geschaffen hat...«

Ähnlich variabel wie die Vorstellungen von den Göttern, die widersprüchliche Aspekte in sich vereinen können und andererseits auch dann nicht verschmelzen, wenn sie ein-

Links: Die Himmelsgöttin Nut wölbt ihren Leib, gestützt von dem Luftgott Schu, über den Erdgott Geb. Papyrus aus der 21. Dynastie Leiden, Rijksmuseum van Oudheden

Rechts: Ptah mit Djed-Pfeiler, Uas-Stab und Schen-Ring. Grab der Königin Nefertari

Unten: Das Sonnenkind Nefertem auf dem Urlotus, Armreif London, British Museum

Folgende Doppelseite: Der Totentempel der Hatschepsut in Der el-Bahari. In Terrassen mit Pfeilerhallen steigt die Kultanlage gegen das Westgebirge an, die innersten Kapellen sind aus der Felswand geschlagen. Die Mittelachse ist auf den Amun-Tempel von Karnak auf dem Ostufer des Nil ausgerichtet. Ebenso trifft eine Ideallinie durch den Berg Hatschepsuts Grab im Tal der Könige. Die Anlage wird von polnischen Archäologen restauriert und rekonstruiert.

ander in Aussehen und Funktion zum Verwechseln gleichen, sind die Aussagen des Alten Ägypten über die Entstehung der Welt. Vier bedeutende Kultzentren, Heliopolis, Memphis, Hermopolis und Theben, entwickelten darüber eigene Lehren. Diese sind freilich nicht gleich alt und waren im Verlauf der Geschichte Veränderungen unterworfen, die Herausstellung des eigenen Gottes war zudem nicht ganz frei von priesterlichem Macht- und Konkurrenzdenken. Die daraus sich ergebenden Differenzen der vier Versionen wurden jedoch undogmatisch als gegeben hingenommen und als Ausdruck der unendlichen Vielfalt göttlicher Schöpfungskraft angesehen.

Die älteste Lehre von der Entstehung der Welt stammt wohl aus dem ehrwürdigen Sonnenheiligtum Heliopolis. Sie wird jedenfalls bereits in den Pyramidentexten seit dem Ende der 5. Dynastie erwähnt.

Danach war im Anfang das chaotische Urwasser Nun. Aus ihm stieg der Urhügel empor, auf dem das Heiligtum Heliopolis liegt, was übrigens auch die konkurrierenden Kultstätten von sich behaupteten. Das Auftauchen des Urhügels entspricht dem Wiedererscheinen des Landes nach der alljährlichen Nilüberschwemmung. Auf diesem Hügel erschien Atum, dessen Name sowohl »nicht seiend« als auch »vollendet« bedeuten kann. Als Atum-Re schuf er das Licht als Gegensatz zur Finsternis des Nun. Dann zeugte er durch Vereinigung mit seinem Schatten oder durch Selbstbesamung, zweigeschlechtlich als der »Große Er-Sie« bezeichnet, den Luftgott Schu, den er ausspuckte, und Tefnut, die Feuchte, die er erbrach. Schu und Tefnut verkörperten erstmals getrennt das männliche und weibliche Prinzip und zeugten miteinander Geb, die Erde, und Nut, den Himmel. In den Darstellungen wölbt die Himmelsgöttin Nut, mit Finger- und Zehenspitzen den Boden berührend, ihren Leib über dem liegenden Erdgott Geb. Zwischen den beiden steht, mit erhobenen Armen den Körper der Nut stützend, Schu und bildet den Luftraum. Damit waren die kosmischen Grundelemente entstanden. Aus ihnen wurde die vierte Göttergeneration geboren: Osiris, Isis, Seth und Nephthys, mit denen sich die Neunheit von Heliopolis vervollständigte.

Diese Genealogie wurde jedoch keineswegs als starres und unveränderliches System aufgefaßt. So kann Osiris auch als Sohn von Schu und Tefnut gelten, und die Himmelsgöttin Nut kann als »Mutter aller Götter« auftreten, ein Ehrentitel, der seit dem Neuen Reich auch Isis zukommt. Den Beinamen »Vater der Götter« können je nach Zeit und Gegend die verschiedensten männlichen Gottheiten tragen. Auch Echnatons Gott Aton erinnert als »Mutter und Vater dessen, was du geschaffen hast«, deutlich an den Schöpfungsakt Atums.

Dennoch nimmt der »Allherr mit geheimnisvollem Namen«, Atum, der hinter der Gesamtschöpfung steht, eine Sonderstellung ein. Er, der Nichterschaffene, ist im Gegensatz zu den anderen Göttern nicht der Vergänglichkeit unterworfen, die an dem von ihm selbst geplanten Ende der Schöpfung alle Existenz auslöscht. So heißt es im Spruch 175 des Totenbuchs: »Ich aber werde alles, was ich geschaffen habe, zerstören. Diese Welt wird wieder in das Urgewässer zurückkehren, in die Urflut wie bei ihrem Anbeginn. Ich bin es, der übrigbleiben wird, zusammen mit Osiris, nachdem ich mich wieder in andere Schlangen verwandelt habe, welche die Menschen nicht kennen und die Götter nicht sehen« (nach Erik Hornung).

Die Lehre der Ptah-Priesterschaft in der Reichshauptstadt Memphis ist auf einer Granitstele des Königs Schabako (25. Dynastie) festgehalten, die unter dem Namen »Denkmal memphitischer Theologie« bekannt wurde und vermutlich auf einer Papyrushandschrift des ausgehenden Alten Reiches basiert.

Nach der memphitischen Kosmogonie, die unverkennbar mit der von Heliopolis rivalisiert, beginnt die Erschaffung der Welt mit Ptah, der mit Nun und Naunet (feminine Form von Nun) gleichgesetzt wird und Atum als Vollstrecker seines Willens erzeugt. Als Ptah-Tatenen (erhobenes Land) ist der memphitische Schöpfergott selbst der Urhügel und das Land überhaupt. Er schuf alle Dinge und Wesen, ließ die Götter entstehen, war »Herz und Zunge der Neunheit« von Heliopolis. Wie Osiris der Ursprung des Guten war, brachte Ptah den Menschen die Kultur. Damit wurde er auch zum »Herrn der Maat« – eine wesentliche Eigenschaft des Schöpfergottes und Patrons der Künstler: Denn ägyptische Kunst schafft nicht beliebige Abbilder, sondern macht die Prinzipien der Weltordnung sichtbar; formale Abweichungen geraten schnell an die Grenze maatwidriger Ketzerei.

Daß sich Ptah und andere Götter persönlich um den Bestand der Schöpfung kümmern, bestätigt der »Turiner Königspapyrus«, der die Königsliste mit Ptah, Re, Schu, Geb, Osiris, Seth, Horus, Thot, Maat und einem weiteren Horus beginnen läßt; erst nach einer Übergangsdynastie von Ach-Göttern, einer Art von Halbgottheiten, wird das Schicksal des Landes irdischen Dynastien anvertraut.

Seltsam urtümlich und geheimnisvoll erscheinen die acht Urgötter, die in Hermopolis die Schöpfung ins Werk gesetzt haben: Nun, das Urwasser, und seine Gemahlin Naunet; Huh, der unendliche Raum, und seine Gemahlin Hauhet; Kuk, die Finsternis, und seine Gemahlin Kauket; Amun, der Verborgene, und seine Gemahlin Amaunet. Diese recht abstrakte Vierheit von Götterpaaren steht eigentlich an der Grenze zwischen dem dunklen Chaos und dem hellen, gestalteten Kosmos. Nach dessen Entstehung wölbte sich der Urhügel auf, der die Stadt Hermopolis tragen sollte.

Die männlichen Götter werden als Frösche oder froschköpfig dargestellt, ihre weiblichen Entsprechungen – die Namen sind nur die Femininformen – schlangengestaltig.

Osiris-Trias aus Gold und Lapislazuli, 22. Dynastie. Mit schützender Gebärde flankieren die Gemahlin Isis mit Kuhgehörn und Sonnenscheibe und der Sohn Horus im Königsornat den auf einem Pfeiler hockenden Osiris. Paris, Louvre

Seit der Vollendung ihres Schöpfungswerkes leben die Urgötter in der Unterwelt, sorgen aber weiterhin für elementare Notwendigkeiten wie den täglichen Sonnenaufgang und das Fließen des Nil.

Der konstruiert-schematisch anmutende Schöpfungsmythos von Hermopolis ist zwar erst aus der Spätzeit überliefert, aber schon im Alten Reich wird Hermopolis »Stadt der Achtheit« genannt. Die Götternamen dürften allerdings im Laufe der Zeit gewechselt haben, Amun wurde jedenfalls nachträglich für eine andere Gottheit eingefügt. Mit der Lehre von der Achtheit verband man weitere Schöpfungsmythen. Einer davon berichtet von der himmlischen Gans, dem »Großen Schnatterer«, der erstmals das vorzeitliche Schweigen brach und auf dem Urhügel ein Ei legte, aus dem Re als »Vogel des Lichts« schlüpfte. Die leeren Eierschalen gehörten zu den Attraktionen für alle Hermopolis-Pilger. Ob die verblüffende Verbindung von Ei und Hase, dem »Wappen« des 15. oberägyptischen Gaues, dessen Hauptstadt Hermopolis war, in den beiden Ostersymbolen weiterlebt, bedarf noch der Klärung. Anstelle der Gans wird als Schöpfer des Ureies auch der Ibis genannt. Damit kommt der eigentliche göttliche Herr des alten Schmunu, der Weisheits- und Schreibergott Thot, ins Spiel, der, von den Griechen mit Hermes gleichgesetzt, der Stadt ihren heute geläufigen Namen gab. Eine hochpoetische Variante der Schöpfungslehre erzählt von einer Lotusknospe inmitten des Heiligen Sees von Hermopolis. Sie barg Re, das göttliche Kind, und gab es am frühen Morgen frei, als sich die Blütenblätter öffneten.

Die Lotusblüte, die morgens erblüht und sich am Abend schließt, wurde auch andernorts mit der Sonne in Verbindung gebracht. Am nächsten steht der hermopolitanischen Legende die Geschichte vom sonnenhaften Kindgott Nefertem (»Vollkommen an Sein und Nichtsein«), der in Memphis als Sohn des Ptah verehrt wurde.

Die Stadt Amuns, der erst mit dem Aufstieg Thebens zur Reichshauptstadt zum Reichsgott wurde, hatte es als Spätling nicht leicht, vorrangige Ansprüche in der Weltschöpfung plausibel zu machen. Die Lehre vom allerschaffenden Urgott Amun ist denn auch ein Konglomerat alter Motive verschiedener Herkunft. So entstand Amun wie Atum aus sich selbst. Seine erste Erscheinungsform war die Achtheit von Hermopolis, die nächste der Urhügel Tatenen von Memphis, und schließlich begab er sich als Re in den Himmel. Er schuf die Götter und die Menschen und ordnete die Welt. Auf dem Urhügel gründete er als erste Stadt Theben, nach dessen Vorbild alle anderen Städte angelegt wurden.

Diese wenig originelle Mischung überkommener Vorstellungen verdeutlicht das rigorose Machtstreben der Priesterschaft des Residenzgottes. Um eine uneingeschränkte Vorrangstellung einzunehmen, hatte Amun nicht nur als oberster, sondern auch als ältester der Götter zu gelten. In beispiellos synkretistischer Raffgier nahm seine Priesterschaft die Schöpfung und alle damit verbundenen Legenden für ihn in Anspruch.

So unterschiedlich die Aussagen über den Beginn der Welt im einzelnen auch sein mögen, sie basieren doch alle auf der gleichen Grunderkenntnis: Das Kernereignis der Schöpfung ist die Differenzierung, der Schöpfergott überwindet die Einheit des Nichtseins, die »nicht zwei Dinge« kennt, indem er sich »zu Millionen macht«.

Jenseits der Grenzen der Seins-Welt besteht jedoch das Nichtsein weiter. Es umschlingt den Kosmos in Gestalt des Uroboros, der »Schwanz-im-Maul«-Schlange. In diese Finsternis des Urzustandes wird der Sünder gestoßen, dorthin müssen die Götterfeinde vertrieben werden, dorthin kehrt auch die Welt am Ende der Tage zurück.

Sichtbarer Ausdruck des Ungeordneten ist die nichtkultivierte, lebensfeindliche Landschaft der Wüstenberge außerhalb der Niloase. Es mutet fast wie eine Illustration des Schöpfungsvorganges an, wie sich die reine Geometrie der Pyramiden vom Felsgelände in Gise abhebt oder wie die Ordnung des Totentempels der Hatschepsut kristallin aus dem zerklüfteten thebanischen Westgebirge tritt.

Links: Die Barkenfahrt des Sonnengottes. Der falkenköpfige Re-Harachte trägt die Sonnenscheibe auf dem Haupt. Vor ihm der Benu-Vogel als Ba des Re, hinter ihm die Begleitmannschaft der Sonnenbarke. Malerei in einem Gewölbefeld des Grabes des Sennodjem, Nr. 1 in Der el-Medine

Unten: Skarabäenanhänger aus dem Grab des Tutanchamun. Das 10,5 cm breite Schmuckstück aus Gold, Karneol, Türkis, Lapislazuli, Feldspat und Kalzit stellt den ge-flügelten Chepre, das Bild der Morgensonne, dar. Zugleich bildet es mit seinen hieroglyphischen Beifügungen den Thronnamen Neb-cheperu-Re des Königs. Kairo, Ägyptisches Museum

Rechts: Der Obelisk Sesostris' I. wurde anläßlich des Regierungsjubiläums 1942 v. Chr. aufgestellt. Das 20,5 m hohe Monument ist eines der wenigen Relikte des einst so bedeutenden Heiligtums in Heliopolis.

Götterverbindungen
»Reich an Augen, groß an Ohren…«

Jeder Versuch, die »pluralistische Gesellschaft« (Erik Hornung) der ägyptischen Götter nach einem uns logisch erscheinenden System zu ordnen, widerspricht ganz und gar ihrem Wesen. Zwar kennen die verschiedenen lokalen Lehren durchaus Genealogien, Familienverbindungen und sogar Ansätze zu Hierarchien, doch waren diese selten landesweit verbindlich und zudem im Verlauf der langen Geschichte Veränderungen unterworfen. Dennoch bieten sie wenigstens Anhaltspunkte, die es erlauben, Gruppen von mehr oder minder loser Zusammengehörigkeit abzugrenzen.

Der Tendenz zur Gruppierung kam eine ausgeprägte Vorliebe für Zahlensysteme entgegen. So entspricht der Zweiheit am Beginn der Schöpfung die Doppelung einer Kraft in Gott und Göttin oder auch die Verbindung zweier verschiedener Gottheiten zum Paar. Selbst Atum, dem Einzigen, gaben die Theologen in Heliopolis mit Iusaas eine Gefährtin zur Seite.

Bevorzugt wird jedoch die Dreiheit, die als kleinste Form der Vielheit im Ägyptischen den Plural bildet. Ins Familiendenken übertragen bedeutet das die Ergänzung des Ehepaares durch einen Sohn, seltener eine Tochter. Nicht immer ist allerdings eine solche Trias natürlich gewachsen wie im Falle Osiris–Isis–Horus. Häufig wurde sie nachträglich verknüpft, wie zum Beispiel bei den alten Einzelgottheiten Ptah und Sachmet von Memphis, die erst seit dem Neuen Reich als Ehepaar gesehen werden und sich durch Nefertem zur Trias erweitern.

Drei mal drei ergibt als »Überplural« die Neunheit, wie sie in Heliopolis verehrt wurde. Daß dieses hohe Göttergremium in seiner Zusammensetzung variiert, überrascht nicht, wohl aber die Tatsache, daß die »Neunheit« von Abydos sieben, die von Theben zeitweise fünfzehn Götter umfaßt. Auch das Zahlenschema ist also oftmals nur fiktiv. Einen relativ entschiedenen Vorstoß zur Vereinheitlichung unternimmt der Leidener Amunshymnus, der kurz nach Echnaton entstand: »Drei sind alle Götter – Amun, Re und Ptah. Verborgen ist sein Name als Amun, als Re wird er wahrgenommen, sein Leib ist Ptah. Ihre Städte auf Erden bleiben immerdar: Theben, Heliopolis und Memphis, bis ans Ende der Zeit.« Doch schon wenig später unter Sethos I. wird diese geschlossene Dreiheit durch Seth zur Vierheit erweitert, ein Ordnungsprinzip, das traditionelle Entsprechungen in den vier Himmelsstützen oder auch in den vier Urgötterpaaren von Hermopolis besitzt.

Der Sonnengott
»Jedes Gesicht jauchzt über deinen Anblick«

Wer je unter der gewaltigen Sonne Ägyptens gestanden hat, begreift ohne weiteres deren zentrale Rolle in der Götterwelt des Nillandes. Ihre umfassende Naturkraft wird

Schön erscheinst du im Horizont des Himmels,
du lebendige Sonne, die vom Anbeginn lebt!
Du bist aufgegangen im Osthorizont und hast jedes Land mit deiner
Schönheit erfüllt.
Schön bist du, groß und strahlend, hoch über allem Land.
eine Strahlen umfassen die Länder bis ans Ende von allem, was du
geschaffen hast.
Du bist Re, wenn du ihre Grenzen erreichst,
wenn du sie niederbeugst für deinen geliebten Sohn.
Fern bist du, doch deine Strahlen sind auf Erden.
Du scheinst auf die Gesichter, doch unerforschlich ist dein Lauf.
Gehst du unter im Westhorizont, so ist die Welt in Finsternis, in der
Verfassung des Todes…
Am Morgen (aber) bist du aufgegangen im Horizont und leuchtest als
Sonne am Tage.
Du vertreibst die Finsternis und schenkst deine Strahlen.
Die Beiden Länder sind täglich im Fest,
die Menschen sind erwacht und stehen auf den Füßen, (wenn) du sie
aufgerichtet hast.
Rein ist ihr Leib, Kleider haben sie angelegt,
ihre Arme sind anbetend (erhoben) bei deinem Erscheinen,
das ganze Land tut seine Arbeit…
Der du den Samen sich entwickeln läßt in den Frauen,
der du »Wasser« zu Menschen machst,
der du den Sohn am Leben erhältst im Leib seiner Mutter und ihn
beruhigst, so daß seine Tränen versiegen – du Amme im Mutterleib! –
der du Atem spendest, um alle Geschöpfe am Leben zu erhalten.
Kommt (das Kind) aus dem Mutterleib heraus, um zu atmen am Tag
seiner Geburt, dann öffnest du seinen Mund vollkommen und sorgst
für seine Bedürfnisse…
Wie zahlreich sind deine Werke, die dem Angesicht verborgen sind,
du einziger Gott, dessengleichen nicht ist!
Du hast die Erde geschaffen nach deinem Wunsch, ganz allein,
mit Menschen, Vieh und allem Getier, (mit) allem, was auf der Erde
ist, was auf den Füßen umherläuft
(und allem), was in der Höhe ist und mit seinen Flügeln fliegt.
Die Fremdländer von Syrien und Nubien, (dazu) das Land Ägypten –
jedermann stellst du an seinen Platz und sorgst für seine Bedürfnisse,
ein jeder hat seine Nahrung, seine Lebenszeit ist bestimmt.
Die Zungen sind verschieden im Reden, ebenso ihre Wesenszüge,
ihre Hautfarbe ist verschieden, (denn) du unterscheidest die Völker.
Du schaffst den Nil in der Unterwelt und bringst ihn (herauf) nach
deinem Willen, die Menschen am Leben zu erhalten,
(Selbst) alle fernen Fremdländer erhältst du am Leben,
hast du (doch) einen Nil an den Himmel gesetzt, daß er zu ihnen
herabkomme
und Wellen schlage auf den Bergen, wie das Meer,
um ihre Felder zu befeuchten mit dem, was sie brauchen…
Einzig bist du, wenn du aufgegangen bist,
in (all) deinen Erscheinungsformen als lebendiger Aton,
der erscheint und erglänzt, sich entfernt und sich nähert.
Du schaffst Millionen von Gestalten aus dir allein – Städte, Dörfer und
Äcker, Wege und Strom…
Die Welt entsteht auf deinen Wink, wie du sie geschaffen hast.
Bist du aufgegangen, so leben sie, gehst du unter, so sterben sie.
Du bist die Lebenszeit selbst, man lebt durch dich.
Die Augen sind auf (deine) Schönheit gerichtet, bis du untergehst.
Seit du die Welt gegründet hast, erhebst du sie
für deinen Sohn, der aus deinem Leib hervorgegangen ist,
den König von Ober- und Unterägypten Nefercheprure … Echnaton.

Aus dem »Sonnengesang« Echnatons
(nach Erik Hornung)

Echnaton, Nofretete und eine ihrer Töchter opfern der Strahlensonne Aton, die ihnen Lebenszeichen spendet. Der Name des Gottes ist in die Kartuschen eingeschrieben, die der König auf Brust und Armen trägt. Das Relief stammt von einer Rampenbalustrade des Aton-Tempels in Achetaton (el-Amarna). Kairo, Ägyptisches Museum

in einer Unzahl von Hymnen gepriesen, sie manifestiert sich in einer Fülle von göttlichen Erscheinungsformen und Götterverbindungen und bildet den Kern der frühesten Monotheologie der Menschheit.

Zweifellos wurde der Sonnengott schon in prähistorischer Zeit hoch verehrt. Während des Alten Reiches entwickelte sich dann in seinem Hauptkultort Onu (Stätte des Pfeilers), den die Griechen Heliopolis (Stadt der Sonne) nannten, die dominierende Lehre zum Ruhm des Re, als dessen Söhne seit Chephren die Könige galten.

Von dem ehrwürdigen Heiligtum und der zugehörigen Gauhauptstadt sind heute beim Dorf Matarija, zwölf Kilometer nordöstlich von Kairo, nur mehr dürftige Reste vorhanden. Als eindrucksvollstes Dokument ehemaliger Pracht steht noch einer von zwei Rosengranitobelisken, die Sesostris I. um 1942 v. Chr. anläßlich seines Regierungsjubiläums aufstellen ließ.

Spätestens seit der 5. Dynastie, als in Abu Gurob und Abusir den Königsgräbern große Sonnenheiligtümer zugeordnet wurden, galt der Obelisk als Kultgegenstand des Re. In Heliopolis hieß er Benben, und auf seiner vergoldeten Spitze ließ sich frühmorgens Re als Benu-Vogel nieder. In griechischer Version wurde daraus der Phönix, der sich aus dem Flammentod (der Morgenröte) zu neuem Leben

erhebt. Das älteste bekannte Exemplar eines monolithischen Obelisken in Heliopolis ist ein Kalksteinfragment mit dem Namen und dem Titel des Königs Teti aus der 6. Dynastie.

Etwa zur gleichen Zeit wurde Re mit Atum verbunden, der durch eigenen Willensakt aus dem Urgewässer aufgetaucht ist und mit der Erzeugung von Schu und Tefnut den Zyklus der Göttergeburten in Gang gesetzt hat. Sia, die planende »Einsicht«, Hu, der »Ausspruch«, der schafft, und Hike, der »Zauber«, dessen Energie das Wort realisiert, haben Re bei seiner Schöpfungstat unterstützt. Diese Kräfte wurden personifiziert und gehörten zur Begleitmannschaft der Sonnenbarke, mit der der Gott Tag und Nacht den himmlischen Ozean befährt. Seit dem Neuen Reich kamen noch Jrj (Tun) und Sedjem (Hören) sowie der Schicksalsgott Schai (Bestimmung) hinzu.

Ähnlich wie Min von Koptos kann Re auch als Kamutef, als »Stier seiner Mutter«, erscheinen, der Nut am Mittag begattet, gealtert am Abend stirbt und aus ihrem Leib morgens als Kalb wieder zur Welt kommt. Seit dem Neuen Reich hielt man in Heliopolis einen schwarzen Stier Merwer (griechisch Mnewis) als Erscheinungsform des Sonnengottes. Die Himmelsgöttin Nut, die aus ihrem Schoß die Sonne gebiert und sie nach dem Tageslauf an ihrem

Leib entlang abends wieder verschlingt, ist häufig an Grab- und Tempeldecken dargestellt (Abb. S. 384/85).

Dem Tageslauf entsprechend, nimmt die Sonne drei unterschiedliche Erscheinungsformen an: Sie ist Chepre (der Entstehende) am Morgen, Harachte (der horizontische Horus) in ihrer Tagesgestalt und Atum (Der müde alte Mann) am Abend. Als Verkörperung der Morgensonne wurde Chepre mit dem Skarabäus gleichgesetzt. Da dieser Käfer seine Eier in eine Mistkugel legt, scheinen die Jungen wie der Urgott ohne Zeugung von selbst zu entstehen. In den Darstellungen hilft der Skarabäus der Sonne zum Aufgang, indem er sie wie seine Mistkugel vor sich her über den Horizont schiebt. Seit dem Ende des Alten Reiches war der Skarabäus das wohl beliebteste Amulett, verhieß er doch tägliche Auferstehung zusammen mit der Sonne. Aus nahezu allen edlen und einfachen Materialien wurden die gesamte altägyptische Geschichte hindurch Käferamulette geformt, und noch heute ernährt der Skarabäus zahlreiche Fälscherwerkstätten. Als Harachte, im Zenit seiner Bahn, geht Re eine Verbindung mit Horus ein und wird wie dieser als Falke oder falkenköpfiger Mann dargestellt, auf seinem Kopf die von der Uräusschlange umwundene Sonnenscheibe. Dasselbe Attribut trägt er auch als Atum, der als Greis dem Westen zustrebt.

Mehrere Mythen erzählen vom Auge des Re, das sich lösen und im Auftrag seines Herrn agieren konnte, gelegentlich aber auch ohne oder gar gegen seinen Willen. Von einem solchen Fall berichtet der Leidener demotische Papyrus I: Das Sonnenauge wird hier mit Tefnut gleichgesetzt, die sich im Streit von ihrem Vater Re trennt, weit ins südliche Obernubien zieht und dort als wilde Katze lebt. Re beauftragt nun den Götterboten Thot, sein geliebtes Kind aufzusuchen und zur Rückkehr zu bewegen. In Gestalt eines possierlichen Affen, mit großer List, durch allerlei Tänze, Zauberstückchen und Geschichten gelingt es dem Gott, die gefährliche Sonnenkatze etappenweise wieder nach Norden zu locken und sie schließlich mit ihrem Vater zu versöhnen. Kern dieser sehr lebhaften Erzählung ist die Verlagerung der Sonnenbahn im Winter nach Süden und ihre Rückkehr im Frühling.

Zwei sonderbare Erscheinungsformen des Sonnengottes sind Ichneumon und Elefantenspitzmaus. Der Ichneumon verdankt die Ehre seiner ausgeprägten Schlangenfeindlichkeit. So wie Re allnächtlich die Unterweltsschlange Apophis bekämpft, um bei seiner Barkenfahrt nicht behindert zu werden, vertilgt die mutige Schleichkatze die Nattern, wo sie sie antrifft. Die unterirdisch lebende Spitzmaus bildet die komplementäre Nachtgestalt dazu. Sinnigerweise wurde der Ichneumon auf der Ostseite des Nil, in Heliopolis, die Spitzmaus auf der Westseite, in Letopolis, verehrt.

Auch die Sonnenhitze zur Mittagszeit, wenn der Gott »Pfeil auf Pfeil schießt«, fand ihren bildlichen Ausdruck in Tiergestalt. Es ist die hitzegewohnte Meerkatze, die, mit Pfeil und Bogen gerüstet, Re als Vernichter seiner Feinde vertreten kann.

Oben: Eine andere Inkarnation des Thot ist der Pavian, der hier als Mondgott gekennzeichnet wird. 5. Jahrhundert v. Chr. Bronzeguß, Spätzeit Privatsammlung

Links: Der Heilige Ibis als Erscheinungsform des Thot und Maat. Bronze und vergoldetes Holz, Spätzeit. Hannover, Kestner-Museum

Unten: Einer der merkwürdigsten Tiergötter ist der kleine Nilhecht Oxyrhynchos (Spitznase). Seine Verehrung blühte jedoch erst in der Spätzeit und beschränkte sich auf den Gau der Stadt Oxyrhynchos in Mittelägypten. Er wurde dem Umkreis der Hathor zugeordnet und trägt deshalb Kuhgehörn und Sonnenscheibe als Emblem. Bronzeguß, Spätzeit Privatsammlung

Oben: Die heilige Barke des Amun mit Widderköpfen an Bug und Heck und Tragstangen. Bemalte Granitreliefs am Sanktuar des Philippos Arrhidaios in Karnak, um 320 v. Chr.

Unten: Weihwasserkanne, sogenannte Hes-Vase, aus türkisblauer Fayence. Aus dem Grab des Tutanchamun.
Kairo, Ägyptisches Museum

Rechts: Die Reinigung des Königs, bevor er als oberster Priester das Tempelinnere betritt. Die oft mißverständlich als »Taufe« bezeichnete Zeremonie wird von Thot und Horus vollzogen. Sanktuar des Philippos Arrhidaios in Karnak.

Unten: Weihrauchgefäß mit Räucherschale als Deckel.
New York, Brooklyn Museum

»Deine Strahlen umfassen die Länder«

Aton war zunächst nur eine der vielen Erscheinungsformen des Re. Schon früh in Gestalt der Sonnenscheibe verehrt, gelangte er jedoch während der Regierungszeit seines Propheten Echnaton zu seiner herausragenden Sonderstellung in der Götterwelt und der Geschichte Ägyptens. So ganz abrupt, wie es scheinen mag, verlief diese Entwicklung freilich nicht. Der Kult Atons hatte im Verlauf der 18. Dynastie immer mehr an Bedeutung gewonnen, vor allem in höfischen Kreisen hatte sich die theologische Spekulation diesem Gott zugewandt. Der junge Amenophis IV. hat nach seiner Thronbesteigung die alten Göttertraditionen Schritt für Schritt abgebaut und wohl zu seinem 6. Regierungsjahr, in dem er die Residenz nach Achetaton, dem »Horizont« oder »Lichtort des Aton«, verlegte, die revolutionäre Neuerung verkündet, daß sein Gott Aton nicht nur der oberste, sondern der einzige Gott sei, der keine anderen Götter neben sich dulde. Trotz aller liebenden Herzenswärme, die in Hymnen wie Darstellungen stets betont wird, war dieser für den Gläubigen jedoch in ungreifbar abstrakte Dimensionen entrückt, zumal als Mittler ausschließlich der ebenso unzugängliche König fungierte. Die einzige noch erlaubte Darstellung des Einzigen als Sonnenscheibe mit lebensspendenden Händen, ohne jeglichen verlebendigenden Mythos, blieb fleischlos und blutleer.

Hatte Aton in seiner fanatischen Eifersucht alle anderen Götter tilgen lassen, so widerfuhr ihm am Ende seiner kurzen Epoche nicht dasselbe Schicksal. Er wurde lediglich in seine Grenzen zurückverwiesen und wurde wieder, was er gewesen: eine der Gestalten des Re.

»Laß dein Auge ausziehen, damit es sie dir schlage«

Parallel zum Sintflutmythos, wie er schon im mesopotamischen Gilgameschepos überliefert wird, kennt auch Ägypten die Geschichte von der boshaft abtrünnigen Menschheit, die deshalb vernichtet werden soll: Re, der König der Menschen und Götter, war alt geworden, »seine Knochen silbern, sein Fleisch golden und sein Haar echter Lapislazuli«. Da erfährt er, daß die Menschen seine Schwäche bemerkt hatten und Pläne gegen ihn schmiedeten. Auf den Rat der anderen Götter beauftragte er sein Auge als Hathor (oder Sachmet), die Aufständischen zu vertilgen. Beim Anblick des grausigen Gemetzels der Göttin in ihrer Schreckensgestalt als Löwin bereute Re jedoch seinen Auftrag; er glaubte, die verringerte Zahl der Menschen doch wieder beherrschen zu können, und sann auf einen Plan, sie vor der völligen Vernichtung durch die blutgierige Löwin zu retten. Er ließ von seinem Tempelpersonal in Heliopolis Bier brauen und mit rotem Ocker von Elephantine färben, damit es wie Menschenblut aussah. 7000 Krüge davon wurden dort ausgegossen, wo die Schreckliche ihr Werk vollenden wollte. Drei Spannen hoch

bedeckte das rote Bier die Felder. Als die Göttin am Morgen kam, trank sie sich satt daran, »und es tat ihrem Herzen wohl«. In ihrer Trunkenheit erkannte sie die Menschen nicht mehr und war so besänftigt, daß der Sonnengott sie bei ihrer Rückkehr mit den Worten begrüßte: »Willkommen in Frieden, du Holde!« Re aber fühlte sich zu müde, um weiterzuregieren: »Meine Glieder sind schlaff wie in der Urzeit. Ich kann mich nicht mehr wehren, wenn mich ein anderer angreift.« Er hieß Nut, sich in die Himmelskuh zu verwandeln, und begab sich in seinen Palast hoch auf ihrem Rücken. Zu seinem Stellvertreter bestimmte er den Mond, die Verwaltung übernahm der Schreiber- und Weisheitsgott Thot.

Thot
»Herr der göttlichen Worte«

In einem ausgeprägten Verwaltungsstaat wie Ägypten, in dem das Wohl und Wehe des Landes zwar theoretisch vom König, tatsächlich aber weitgehend von den Beamten abhing, nimmt es nicht wunder, wenn deren Gott und Schutzpatron ein besonderer Rang zukommt. In diesem Sinne ist der Aufgabenbereich des Thot wohl weitläufig, aber doch verhältnismäßig klar definiert. Er vertritt die Künste des Schreibens, der Vermessung, Mathematik und Astronomie, der Technik und Nachrichtenübermittlung (die in dem langgestreckten Land zeitaufwendig war), er ist Anwalt und Rechtsaufsicht, Herr der Weisheit und der überzeugenden Rede, bezeichnenderweise auch der List und des Zaubers. Andere Funktionen, wie die des Mondgottes, treten demgegenüber an Bedeutung zurück, der Versuch, Thot zum Schöpfergott aufzuwerten, blieb weitgehend auf Hermopolis beschränkt.

Wie Thot zu seinen beiden tierischen Erscheinungsformen als Pavian und als Ibis (altägyptisch »hibi«) kam, wissen wir nicht. Die Gestalt des hockenden Mantelpavians mit den Händen auf den Knien scheint er im Alten Reich von einem Paviangott übernommen zu haben, der schon zur Zeit der 1. Dynastie unter dem Titel »Der große Weiße« als Ahnengott verehrt wurde. Sehr viel seltener wurde Thot menschengestaltig mit Affenkopf dargestellt, während er uns ibisköpfig und meist mit Schreibzeug bestens vertraut ist. Daß der stelzende Schritt des Ibis genau eine Elle lang sei und der Vogel deshalb dem Gott der Maße zugeordnet wurde, ist ein typischer Deutungsversuch griechisch-römischer Zeit, die ägyptische Götter »logisch« erklären wollte und sie damit gründlich mißverstand. In beiden Gestalten, als ibisköpfiger Mensch wie als Pavian, trägt Thot häufig, aber nicht immer, das Mondemblem in Form des Vollmondes und der Sichel auf dem Haupt.

Die wichtigste Kultstätte des Thot war das von den Griechen Hermopolis genannte Schmunu, die Hauptstadt des 15. oberägyptischen Gaues, des Hasengaues. Stark gestiegenes Grundwasser, jahrhundertelange Sebachgrabung der Bauern und Steinbruchtätigkeit haben von der uralten

Stadt nur Trümmer übriggelassen. Immerhin kennt man die Stelle des berühmten Thot-Tempels, der inmitten von Garten- und Teichanlagen aufragte und auf den sich die wichtigsten Straßenachsen der Stadt bezogen. In seinem Fundament fand man die Bruchstücke von acht monumentalen Pavianfiguren, die Amenophis III. gestiftet hatte und die in der Ptolemäerzeit unter dem Tempel beigesetzt wurden. Im Pylon eines Amun-Tempels wurden zur Zeit Ramses' II. Tausende von Blöcken des Aton-Tempels von Tell el-Amarna verbaut. In der Nekropole von Hermopolis, Tuna el-Gebel, befinden sich weitläufige Katakomben mit den Bestattungen der heiligen Ibisse und Affen.

Die Gleichsetzung von Thot und Hermes bezog sich zunächst wohl vorwiegend auf ihre gemeinsame Funktion als Götterboten und auf ihre Listigkeit. Hermes trismegistos, der »dreimalgrößte«, galt jedoch auch als besonderer Schutzgott der Naturwissenschaften. Die von ihm verfaßten Schriften wurden als »hermetische Bücher«, die Alchimie wurde als »hermetische Kunst« bezeichnet. In Verbindung mit Imhotep, dem Wesir König Djosers, galt der Hermes trismegistos noch in der Renaissancezeit als antiker Ahnherr der Ärzte.

Diese späten Interpretationen basieren auf der überlieferten Wort- und Schreibgewalt des Thot. So hat er durch das gesprochene Wort der Weltschöpfung erst zur Realität verholfen und in 42 Büchern eigenhändig die gesamte Weisheit der Welt aufgezeichnet. 42 ist auch die Zahl der ägyptischen Gaue sowie der Totenrichter, vor denen Thot den Verstorbenen als Anwalt vertritt, so wie er die Belange von Osiris und Horus vor dem Göttergremium vertreten hatte (Abb. S. 338/39).

Neben überzeugender Argumentation und Rhetorik bediente sich Thot in schwierigen Fällen auch der List und des Zaubers. Mit List holte er die Sonnenkatze Tefnut aus dem Süden zurück, mit List verhalf er Horus zu seinem Recht, seine List ermöglichte Nut, ihre Kinder zu gebären. Re hatte nämlich aus Eifersucht der Himmelsgöttin verboten, sich dem Erdgott Geb zu vermählen. Als sie diese Vorschrift übertrat, untersagte er den zwölf Monaten, sie gebären zu lassen. Da animierte Thot den Mond zum Brettspiel und gewann ihm den zweiundsiebzigsten Teil seines Lichtes ab. Die fünf gewonnenen Schalttage (Epagomenen) am Ende des Jahres stellte er Nut zur Verfü-

Von der sogenannten Roten Kapelle, unter Hatschepsut und Thutmosis III. errichtet, stammen die in Karnak magazinierten Quarzitblöcke mit ihren vorzüglichen Reliefs. Auf ihnen sind wesentliche Phasen des täglichen Rituals vor verschiedenen Göttern dargestellt.
Links oben: Hatschepsut (immer männlich dargestellt) betet vor Amun.
Links Mitte: Thutmosis III. opfert Spitzbrote vor einer Göttin, die als

»Herrin des Himmels« bezeichnet ist.
Links unten: Hatschepsut reicht dem Month »kühles« Getränk, vielleicht Wein.
Rechts oben: Hatschepsut räuchert vor Amun-Min.
Rechts Mitte: Thutmosis III. kniet mit zwei Opferschalen demutsvoll vor Amun.
Rechts unten: Hatschepsut umarmt Amun-Min und vollzieht damit ein Schutzritual.

gung, und sie brachte nacheinander Osiris, Horus, Seth, Isis und Nephthys zur Welt.

Auch seine Kenntnisse des Zaubers hat Thot in einem Buch niedergelegt. Isis, der »zauberreichen«, teilte er sie mit, um den jungen Horus von Krankheit und Gift zu heilen.

Als Schwester und Gemahlin wurde Thot häufig die »Herrin der Bücher« Seschat zugeordnet. Sie verwaltete Archive und Urkunden, verfaßte die Chroniken der Könige und schrieb deren Namen auf die Blätter des Lebensbaumes. Bei Tempelgründungen überwachte sie die Vermessungsarbeiten und hielt die verliehenen Privilegien fest. Angetan mit dem priesterlichen Leopardenfell trägt sie auf dem Kopf das noch ungedeutete Emblem einer Sternrosette.

Eng verbunden mit Thot ist auch die Göttin Maat. Diese verkörpert das Ordnungsprinzip der Welt schlechthin im Gegensatz zum Chaos, die gestaltende Struktur der Schöpfung seit Anbeginn. Als Repräsentantin von Wahrheit und Gerechtigkeit, des richtigen Ablaufs jeglichen Geschehens und des Gleichgewichts einander widerstrebender Mächte garantiert die Tochter des Re und Gefährtin des Thot das Bestehen des Kosmos. Sie ist auch das Licht, das Re der Welt brachte. Deshalb gehört sie immer zur Begleitmannschaft der Sonnenbarke.

Im irdischen Staat vertritt der König Maat, er ist verpflichtet, in ihrem Sinne zu wirken, sie zu verwirklichen. Der einzelne begegnet Maat in der Gerichtshalle des Osiris: Sie sitzt in der rechten Waagschale als Gegengewicht zum Herzen des Verstorbenen in der linken (Abb. S. 338/39). Zeigt der Waagbalken Gleichgewicht an, so ist der Verstorbene gerechtfertigt: Sein Herz entspricht der Maat. Andernfalls verfällt er der Verdammnis, dem Nichtsein und Niemals-gewesen-Sein. Dasselbe widerfuhr auch Personen oder Ereignissen der ägyptischen Geschichte, die nicht der Maat entsprachen: Sie wurden posthum getilgt und haben folglich nie existiert, so zum Beispiel Echnaton, obwohl er den Namen »Der aus der Maat lebt« führte. In den Darstellungen ist Maat eine Frau mit ihrem Schriftzeichen, der Straußenfeder, als Kopfschmuck. Gelegentlich tritt sie auch nur als Feder auf.

Unten: Der längsrechteckige Tempelhof von Edfu ist von Kolonnaden mit phantasiereich variierten Kompositkapitellen umgeben. Die gedeckte Vorhalle wird durch knapp halbhohe »Schranken« geschlossen.

Rechts: Der Horus-Tempel von Edfu ist nach einheitlichem Plan 237 bis 57 v. Chr. errichtet worden. Der Architekt beruft sich inschriftlich auf einen Entwurf des Weisen Imhotep, womit freilich nur auf die Idealgestalt der Anlage hingewiesen werden soll.

Den Eingang zum Tempel bildet der monumentale Pylon – mit 64 m Breite und 36 m Höhe ist er der größte je fertiggestellte. Er wurde von vier Flaggenmasten überragt, an der Fassade ist das uralte Motiv des »Schlagens der Feinde« dargestellt.

Folgende Doppelseite: Den Zugang zum Tempelinneren gestattet nur die Tür in der Mittelachse, die geradewegs zum Allerheiligsten führt. Von hier an durften sich nur mehr die Priester dem Schrein mit dem Kultbild nähern.

Ein eigenes zentrales Heiligtum besaß Maat nie, doch war sie funktionell in allen Göttertempeln vertreten und hatte gelegentlich auch eine kleine Kultstätte im Heiligen Bezirk, wie beispielsweise beim Month-Tempel in Karnak. Zur Römerzeit wurde Maat mit Iustitia verbunden, aus der der Kaiser ebenso lebte wie Pharao aus Maat. In diesem Sinn feierte Maat – unerkannt freilich – als die allwirksame heilige und göttliche Weisheit ihre Wiederkehr in christlicher Zeit. Mit der Hagia Sophia in Konstantinopel erbaute ihr Kaiser Justinian 532 ihren schönsten Tempel.

Die Priester

»Diener Gottes« zu sein, war im Alten Reich noch zumeist ein Ehrenamt, das hochgestellte Persönlichkeiten neben ihrem Beamtenberuf ausübten. Die rasch wachsende Zahl der Heiligtümer erforderte jedoch spätestens seit der 5. Dynastie, zumindest für den niederen Dienst, einen festbesoldeten Berufsstand, der einen regelmäßigen und pünktlichen Ablauf des Kultbetriebes garantierte und zunehmend – außer bei festlichen Anlässen – den Titelpriester vertreten haben dürfte. »Herr des Rituals«, oberster und eigentlicher Priester war der König, aber dieser konnte natürlich nicht täglich in Hunderten von Tempeln amtieren, jedoch im Bild des Tempelreliefs vollzieht stets er die vorgeschriebenen Rituale. Hauptamtlich waren schon früh auch die obersten Priester der führenden Hei-

ligtümer tätig, die anspruchsvolle Titel wie »Oberster der Geheimnisse des Himmels« trugen.

Noch im Mittleren Reich bestand die Entlohnung der Priester überwiegend aus dem Nutzungsrecht an den Opfergaben, die den Göttern ja nur symbolisch vorgesetzt wurden. Großen Reichtum erwarben sie damit nicht, und auch ihr Einfluß auf außergeistliche Belange blieb zunächst begrenzt. In der 18. Dynastie wandelte sich dann das Berufsbild des Priesters beträchtlich, vor allem im Theben des Amun. Das Priesteramt bot nun sichere Versorgung und enorme Aufstiegsmöglichkeiten. Zu Amuns Glanzzeiten war sein Oberpriester auch »Vorsteher der Priester aller Götter von Ober- und Unterägypten«, ein Titel, der nicht nur Anspruch, sondern machtpolitische Realität bedeutete.

Neben den Web-Priestern, die die Reinheit der Opfergaben zu überprüfen hatten, den Vorlesepriestern, den »Gottesvätern« und »Propheten« gehörte zum Tempelbetrieb eine Heerschar nichtgeistlichen Personals bis hin zum eigenen Tempelmilitär.

Hatten sich in früheren Zeiten nur die obersten Ränge durch Ornat hervorgehoben, zum Beispiel durch das Pantherfell, so trugen die Priester seit dem Neuen Reich betont altertümliche Kultschurze, die sich Modeströmungen kaum anpaßten und stets frisch gewaschen sein mußten. Ausdruck der Reinheit war wohl auch der kahlgeschorene Schädel: »Damit sich an ihnen keine Laus oder anderes

Ungeziefer festsetzen kann ... schneiden sie sich alle zwei
Tage sämtliche Körperhaare ab. Zweimal am Tage und
zweimal des Nachts baden sie in kaltem Wasser und halten
noch andere, geradezu unzählig viele Gebräuche inne«,
berichtet Herodot.

Alter Tradition entspricht auch die Aufgabe der Priesterin,
mit »beliebter Stimme« und rasselndem Sistrum den Gott
zu erfreuen. Seit der 18. Dynastie gehörte es für die Damen
der Gesellschaft zum guten Ton, Mitglied im »Harem des
Amun« zu sein, womit zunächst kein festes Amt verbunden
war. In der Spätzeit bildete sich jedoch eine Hierarchie, die
von den Laienpriesterinnen über die »Sängerinnen von
den Inneren Räumen« bis zur »Gottesgemahlin« reichte.
Dieser Rang hielt sich fast ein halbes Jahrtausend lang und
war zeitweise mit hohem Einfluß verbunden.

Plan und Schnitt des Tempels
von Edfu

1 Sanktuar mit Schrein
2 Umgang mit Kapellen
3 Mittelsaal oder Saal der
   Neunheit
4 Opfersaal

5 Zweiter Säulensaal oder Saal
   des Erscheinens
6 Großer Säulensaal
7 Hof
8 Pylon
9 Tempelumgang
10 Heiliger Brunnen und
   Nilometer

Das tägliche Ritual

Über den routinemäßigen Ablauf der Versorgung des Kultbildes informieren zwei Papyri der 22. Dynastie aus Karnak
(Amun und Nut betreffend) und die Tempelreliefs. Da
jedoch auch in so ausführlichen Zyklen wie denen des
Sethos-Tempels in Abydos das Ritual nicht ganz vollständig geschildert ist, muß der Vorgang aus verschiedenen
Quellen rekonstruiert werden. Die Texte enthalten Anweisungen für die einzelnen Kulthandlungen und die jeweiligen Rezitationen. Der amtierende Oberpriester versah den
Kult grundsätzlich stellvertretend für den König. Offenbar
assistierte ihm ein Vorlesepriester beim Sprechen der vorgeschriebenen Formeln und Gebete.

Nach sorgfältiger Reinigung schreitet der Priester zum
»prächtigen Ort«, dem Sanktuar, und weckt den Gott: »Du
erwachst schön in Frieden.« Mit der Versicherung: »Ich bin
rein«, betritt er die Kapelle, stellt sich als befugter Gottes-
diener vor, räuchert und spendet Wasser. Anschließend
löst er das Band der Schreintür, zerbricht das Tonsiegel
und zieht den Riegel zurück, wobei er erneut betont, recht-
mäßig und in guter Absicht gekommen zu sein. Nach dem
Öffnen der Türflügel wirft sich der Priester auf den Boden:

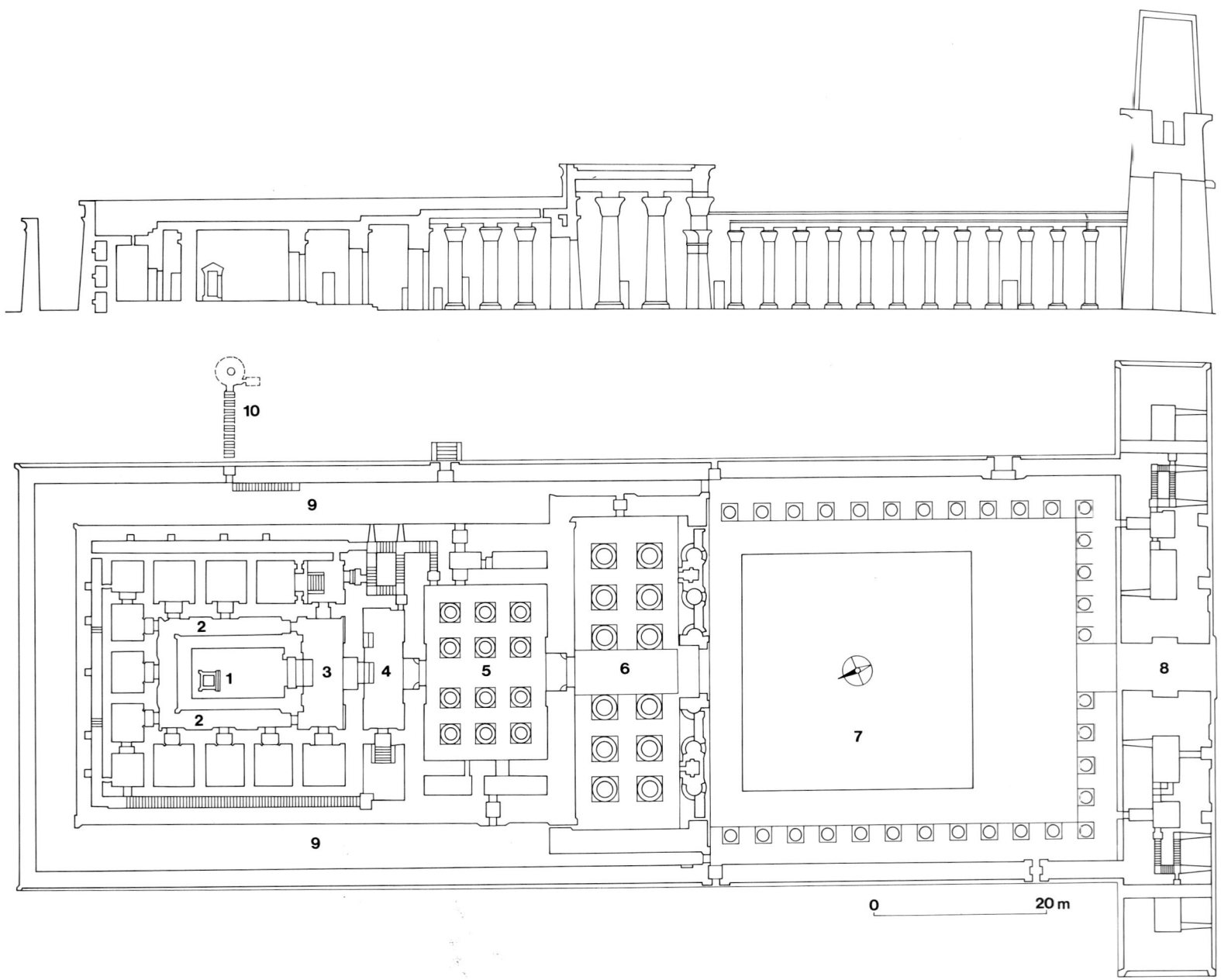

0   20 m

»Ich küsse die Erde, ich umarme den Geb.« Der Anblick des Gottes verursacht frommes Erschrecken: »Furcht vor dir ist in meinem Leibe, Schauer vor dir geht durch alle meine Glieder.« Durch Räuchern wird die gefürchtete Stirnschlange des Gottes besänftigt. Anschließend entstaubt der Priester mit einem Tuch den Thron, entkleidet den Gott und reinigt ihn mit Salböl: »Ich erfülle dich mit Salbe, damit sie deine Knochen verbinde, damit sie dein Fleisch zusammenfüge, damit sie alle deine Ausflüsse löse.« Viermal umschreitet er den Gott mit Weihrauch.

Nun wird das Kultbild neu bekleidet. In den Darstellungen bringt der König je zwei schmale Stoffstreifen dar, mit weißer Farbe aus Nechen (Oberägypten) und grüner aus Buto (Unterägypten) sowie Rosa zu Ehren der Uräusschlange: »Gib, daß die Furcht vor ihm groß sei und seine Kraft gewaltig.« Anschließend folgen das Anlegen des Schmucks, von Halskragen, Pektorale, Menit und Arm-

Oben: Der Heilige See des Tempels von Dendera ist die besterhaltene Anlage ihrer Art. Von den vier Ecken aus führen Stiegen zum »reinen Wasser«, das den Göttern zu Barkenfahrten diente.

Unten: Ein Unikum ist die kleine, nur 17,2 cm breite Kalksteinplastik, in der 19. Dynastie von dem Bildhauer Keni in Der el-Medine geschaffen.
Hildesheim, Pelizaeus-Museum

*Links: Würfelhocker des Beken-
chons. Der Hohepriester des Amun
lebte von etwa 1310–1220 v. Chr.,
amtierte also zur Zeit Ramses' II.
Er ist uns von mehreren Denkmälern her bekannt und scheint bei
der Bevölkerung sehr beliebt gewesen zu sein. Auf seinem Gewand,
dem Sockel und dem Rückenpfeiler
schildert eine Inschrift seine hohe
Stellung und seinen Werdegang.
Trotz der idealbiographischen
Züge ist sie das eindrucksvolle Dokument einer Priesterkarriere.
München, Staatliche Sammlung
Ägyptischer Kunst*

*Rechts: Opferrind der Prozession des
Opfer-Festes, von opfertragenden
Priestern begleitet und von einem
Sohn Ramses' II. angeführt. Relief
im ersten Hof des Luxortempels.*

*Unten: Räuchergerät in Form eines
Arms mit ausgestreckter Hand, auf
der der Räuchernapf steht. Der Behälter für das Räucherwerk auf
dem Stiel ist als Kartusche oval gestaltet, vor ihm kniet ein König als
Stifter. Der Griff endet in einem
Falkenkopf. Bronzeguß der Spätzeit.
Hildesheim, Pelizaeus-Museum*

Vier Jahre habe ich verbracht als Schulknabe. Elf Jahre habe ich
verbracht als Jüngling, indem ich Oberster des Übungsstalles Sethos' I.
war. Ich war vier Jahre lang Web-Priester des Amun. Ich war zwölf
Jahre lang Gottesvater des Amun. Ich war fünfzehn Jahre lang dritter
Prophet des Amun. Ich war zwölf Jahre lang zweiter Prophet des
Amun. Er lobte mich, da er mich erkannte, wegen meines Charakters.
Er setzte mich zum Hohenpriester des Amun ein während nunmehr 27
Jahren. Ich war ein guter Vater meinen Untergebenen, indem ich ihre
Nachkommen aufzog, indem ich meine Hand dem gab, der in Not war,
indem ich den belebte, der im Elend war, indem ich Nützliches tat in
seinem Tempel, während ich Oberbaumeister von Theben war …
    Aus der Biographie des Bekenchons (nach Maria Plautikow-Münster)

bändern, die Bekrönung mit dem jeweils zuständigen
Kopfschmuck und das Überreichen der Zepter. Nach der
Spende von verschiedenen Ölen, »angenehm an Geruch«,
wird der Gott schließlich mit einem roten Übergewand,
»Isis hat es gewebt, Nephthys hat es gesponnen«, bekleidet.
Dann streut der Priester Sand auf den Fußboden und
umschreitet räuchernd viermal die Heilige Barke. Mit je
vier Körnern Natron aus Nechen (Oberägypten) und aus
Scherpet (Wadi Natrun, Unterägypten) sowie dem Weih-
rauch und Wasser wird erneut ausführlich gereinigt.
Abschließend verschließt der Priester den Schrein wieder,
bringt mit den Worten »Nicht tritt ein Böser in diesen
Tempel ein« das Siegel an und entfernt sich, indem er den
Boden fegt und seine Fußspuren verwischt.

Die Tempelanlage

Kern des ägyptischen Tempels ist immer das Kultbild in
seinem monolithischen, verschließbaren Schrein. Am aus-
gereiften Tempelschema, wie es in Edfu besonders gut

erhalten geblieben ist, läßt sich deutlich ablesen, daß das
Sanktuar und die vorgelagerten Räume Ummantelungen
des Schreines sind, den sie als ineinandergeschachtelte,
theoretisch selbständige Bauten, wie die Holzschreine den
Sarkophag Tutanchamuns, umgeben.
Während sich die Hüllen auf drei Seiten eng um das
Sanktuar legen, erweitern sie sich zum Eingang hin zu
Räumen und schließlich zu säulengestützten Sälen, in
denen die Vorbereitung der Kulthandlungen stattfand.
Anliegende Kapellen dienten als Sakristeien, in denen die
Zeremonialgeräte, die duftenden Essenzen und Schmin-
ken für das Götterbild und wohl auch Papyri mit rituellen
Texten aufbewahrt wurden. Eine äußere, nun nicht mehr
überdachte Hülle bildet den Kolonnadenhof und einen
schmalen Umgang um das Tempelgebäude. Den Eingang
zum Hof markiert festungsartig der Pylon, dessen Form
der Hieroglyphe für »Horizont« entspricht. Als äußerste
Schutzhülle schließlich begrenzt eine enorme Ziegelmauer den gesamten Heiligen Bezirk.
Da nach ägyptischer Vorstellung jeder Tempel auf dem
Urhügel über dem Gewässer des Nun liegt, sind die Säulen
der Säle und Kolonnaden als Papyrusdickicht zu sehen,
durch das die Götterbarke ihre Prozessionsbahn zieht.
Folgerichtig erhöht sich der Fußboden von Raum zu Raum
bis zum Sanktuar.
Im kosmischen Sinne sind auch die »Krypten« zu deuten,
die unübersichtlich winkelig, finster und eng im Tempel-
fundament die Unterwelt symbolisieren. Mit dem Sonnengott verbringt das Kultbild die Nachtstunden im Bereich
des Nun, um am Morgen als Chepre aufzutauchen und

sich unter freiem Himmel in einem offenen Kiosk auf dem Tempeldach mit den Strahlen des Vaters Re zu vereinigen. Das Urgewässer Nun speiste die Tempelbrunnen, denen oft verschiedene Funktionen zugewiesen waren. So diente in Edfu der »Brunnen des Befeuchtens« im östlichen Pylonturm der Tempelreinigung, während das zu dem Götterritual benötigte Wasser aus dem »Brunnen der Libatio« unter der Umfassungsmauer geholt wurde. Außerdem gab es Reinigungsbecken, in denen sich die Priester vor dem Betreten des Tempels zu säubern hatten.

Während sich die Darstellungen des Tempelinneren fast ausschließlich auf den Kult beziehen, sind an Pylonen und Außenwänden auch historische Ereignisse dargestellt. Als »profan« können freilich auch sie nicht gelten, handelt es sich doch zuallermeist um Feldzüge, die der König im Auftrag, zu Ehren und unter dem Schutz der Götter unternahm und deren Ausbeute er ihnen zu Füßen legte. Ob Ramses II. gegen die Hethiter zog, Ramses III. die Seevölker abwehrte oder Scheschonk I. Jerusalem plünderte – es sind nur Varianten des uralten kultischen Motivs vom »Schlagen der Feinde« Ägyptens und der Götter.

Statuen im Tempelbereich wurden vom Volk als Mittler zu den Göttern verehrt, oft sogar als wundertätig angesehen und bekamen dann den Beinamen »der die Bitten erhört«. Es handelte sich dabei nicht immer um Götterbilder, auch vergöttlichte Könige wie Amenophis I. oder Figuren von weisen Beamten wie Amenophis, Sohn des Hapu, galten als wirkkräftige Helfer und Orakelspender.

Eine wichtige Funktion hatte der Heilige See, der zu jedem Tempel gehörte und fast immer vom Grundwasser, dem

Nun also, gespeist wurde. Er diente nicht nur zu Spazierfahrten der Gottheit, sondern auch verschiedenen kultischen Spielen.

In den beiden ausgetrockneten T-förmigen Teichgruben von Hatschepsuts Totentempel fand man Reste geschnittener Papyrusstengel und Bruchstücke von Wurfhölzern aus Fayence, die auf kultische Papyrusernte und Zeremonialjagden auf Vögel schließen lassen. An manchen Orten wurden im Heiligen See wohl auch heilige Wassertiere, wie zum Beispiel Krokodile, gehalten.

Eine außerordentlich schwierige Frage war bei jeder Tempelanlage die Orientierung, denn sie hatte drei wesentlichen Forderungen zu genügen, die nur selten auf einen Nenner zu bringen waren. Erstens mußte die Tempelachse zum Nilufer ausgerichtet sein, damit die Anlegestelle der Heiligen Barke durch eine gerade Prozessionsstraße mit dem Sanktuar verbunden werden konnte. Dieses Prinzip ist in den meisten Fällen verwirklicht und hatte offenbar Vorrang. Zweitens mußten sich die Tore des Tempels nach Osten öffnen, damit die Strahlen der aufgehenden Sonne ins Tempelinnere dringen konnten. In Abu Simbel gelangen sie bei der Tagundnachtgleiche bis ins Sanktuar. Und drittens war der Achsenbezug zu einem Tempel, zu dem kultische oder »familiäre« Beziehungen bestanden, zu berücksichtigen. Eine solche Ausrichtung konnte über riesige Entfernungen erfolgen. So verbindet sich der Anat-Tempel in Tanis über fast 600 Kilometer Luftlinie achsial mit dem Amun-Tempel in Karnak.

Die Kombination der ersten beiden Prinzipien setzt voraus, daß der Tempel auf der Westseite des Nil liegt und daß der

Nil an dieser Stelle genau süd-nördlich fließt. Die Achse des Hathor-Tempels von Dendera beispielsweise verläuft senkrecht zum Nil, ist aber aufgrund der Lage in der großen Nilschleife bei Kena genordet. Der Idealfall wurde ausnahmsweise in Der el-Bahari verwirklicht: Der Totentempel der Hatschepsut öffnet sich (wenigstens annähernd) nach Osten, seine Prozessionsachse liegt rechtwinklig zum Nilufer und trifft über den Fluß hinweg direkt auf die Hauptachse des Amun-Tempels von Karnak.

In anderen Fällen behalf man sich mit Querachsen oder der theoretischen Drehung des Tempels um 90 Grad. Auch in diesem Fällen richtete man sich meist nach dem Nilverlauf. Die Symbole von Ober- und Unterägypten an den Tempelwänden bezeichnen dann Süden und Norden, auch wenn sie an der Ost- und Westseite dargestellt sind.

Landesweit gesehen ergab sich auf diese Weise ein Netz von Linien, das allerdings höchst unregelmäßig verlief. Keinesfalls ist es vergleichbar mit der Ausrichtung der christlichen Kirchen nach Osten oder mit der magnetischen Zentrierung der Moscheen in Richtung Mekka.

Amun
»Ich gebe dir Siegesstärke über alle Länder«

Wie keine andere ägyptische Gottheit war Amun seit dem Mittleren Reich ein politischer Gott, ein Gott des Zentralismus, des Großmachtdenkens und expansionistischer

Oben und rechts: Von der Kaianlage der Heiligen Barke führt die von Widdersphingen flankierte Prozessionsstraße in Karnak axial auf das Sanktuar zu. Der Heilige Bezirk beginnt am ersten, unfertig gebliebenen Pylon. Er kann nicht sicher datiert werden. Acht Flaggenmasten überragten einst seine

Krone. Das ursprüngliche Aussehen solcher monumentaler Tempeltore zeigt eine Wandmalerei im Grab Nr. 16 zu Dra Abu el-Naga auf der thebanischen Westseite (oben). Es gehört dem Propheten des Amun und Totenpriester Amenophis' I., Panehesi, der zur Zeit Ramses' II. amtierte.

Karnak

Bezirk des Amun

I–VI Pylonen der Hauptachse
VII–X Pylone der Südachse vom Mut-Bezirk

1 Sanktuar
2 Hof mit Resten aus dem Mittleren Reich
3 Festhalle Thutmosis' III.
4 Obelisk der Hatschepsut
5 Obelisk Thutmosis' I.
6 Großer Säulensaal
7 Offener Hof mit Säule des Taharka
8 Stationstempel Ramses' III.
9 Stationstempel Sethos' II.
10 Widdersphinxallee
11 Freilichtmuseum. Magazinierte Blöcke, u. a. der »Roten Kapelle« sowie die wiedererrichteten Kapellen Sesos' I. und Amenophis' I.
12 Ptah-Tempel, 18. Dynastie und Ptolemäerzeit
13 Osiris-Kapelle
14 Osttor in Richtung zum ehemaligen Tempel Amenophis' IV.
15 Tempelreste Ramses' II.
16 Heiliger See
17 Bau des Taharka
18 Riesenskarabäus Amenophis' III.

daneben liegend Obeliskspitze der Hatschepsut

19 Speicher und sog. Gänseställe
20 Sedfest-Tempel Amenophis' II.
21 Tor zum Mut-Bezirk und Widdersphinxallee
22 Südtor und Widdersphinxallee Richtung Luxortempel
23 Chons-Tempel Ramses' III. und später
24 Ipet-Tempel

Bezirk des Month

25 Month-Tempel
26 Maat-Tempel
27 Nordtor und Sphinxallee

Bezirk der Mut

28 Mut-Tempel Amenophis' III. und später
29 Heiliger See »Ischeru«
30 Tempel Ramses' III.
31 Chonspechered-Tempel Amenophis' III.
32 Sanktuar für Amun Kamutef
33 Barkenheiligtum Thutmosis' III.

Bestrebungen. Nicht zu Unrecht bezeichnet die Geschichtsschreibung seine ausgedehnte Kultanlage in Karnak als »Reichstempel«, und die wuchtigen Baumassen der 19. Dynastie gehören zu den klassischen Beispielen von »Einschüchterungsarchitektur«.

Als »unsichtbar« oder »verborgen« wird der Name Amuns gedeutet, und verborgen bleibt uns auch die Herkunft und Frühgeschichte des Gottes. Gelegentliche Nennung in Texten des Alten Reiches bietet kaum Anhaltspunkte. Erst spätere Interpretationen rechnen Amun zu den Urgöttern der Schöpfung; in der Kosmogonie von Hermopolis nahm er den Platz einer anderen Gottheit ein. Als Windgott, den man »nicht sieht, dessen Brausen man aber hört«, hat Amun das stille Urgewässer in Bewegung versetzt, das Attribut der Federkrone leitet sich davon ab. Der lebensnotwendige Lufthauch, »der in allen Dingen ist«, wurde auch auf die Ebene des Geistes übertragen und fand seine späte Entsprechung im griechischen πνεῦμα. Mit dem Wort Pneuma bezeichnet der griechische Genesistext den »Geist Gottes«, der über den Wassern schwebt. Hermopolitanischen Vorstellungen entspricht auch Amuns Erscheinungsform als Nilgans, die das Urei legt.

Ob Amun in der Zeit des Alten Reiches ein Ortsgott im – damals noch bedeutungslosen – Theben war und ob er überhaupt kultisch verehrt wurde, wissen wir nicht. Hauptstadt des 4. oberägyptischen Gaues war zunächst Hermonthis (Armant), wo man als Gaugott den falkengestaltigen Month verehrte. Sein Name könnte »der Wilde« bedeuten, jedenfalls wurde er später zum Kampf- und Kriegsgott. Amun gegenüber wahrte Month immer bemerkenswerte Selbständigkeit. Die Könige der 11. Dynastie heißen ihm zu Ehren Mentuhotep, obwohl auf ihre Initiative der steile Aufstieg Amuns zurückgeht.

Die Gründe für diese außerordentliche Karriere können wir nur erschließen: Die chaotischen Zustände der Ersten Zwischenzeit und ihre Nöte hatten beim ägyptischen Volk einen tiefgreifenden Bewußtseinswandel zur Folge. Den Göttern war es nicht gelungen, die Weltordnung aufrechtzuerhalten, »Re war alt geworden«, Enttäuschung und Skepsis verstiegen sich gar zur Anklage gegen Gott. Die neuen Machthaber konnten nicht einfach dort wieder anknüpfen, wo das Debakel des Alten Reiches begonnen hatte. Sie mußten ihre Reichseinigung als Neuschöpfung darstellen. Diese aber konnte nicht durch »angeschlagene« Götter, sondern nur durch einen unbelasteten Gott mit neuer Kultstätte überzeugend repräsentiert werden.

Die uns logisch erscheinende Lösung, im Sinne eines griechischen Titanenkampfes die alten Götter abzusetzen, auf das Altenteil abzuschieben und eine neue Göttergeneration zu etablieren, widersprach ägyptischem Denken zutiefst. Nichts von dem, was je erdacht und entwickelt worden war, durfte zu den Akten gelegt werden. Es blieb lebendig und wirklich, auch wenn es irgendwelchen Neuerungen nicht mehr entsprach oder gar zuwiderlief.

Die weitgehend indifferente Gestalt Amuns ermöglichte den notwendigen Kompromiß der Generationen insofern, als er sich der alten Götter annehmen und sie verjüngen konnte. Die synkretistischen Verbindungen mit ihnen taten ihrer Individualität keinen Abbruch und konnten auch Amuns Charakter nicht verändern, da dieser noch nicht ausgeprägt war. Es ist bezeichnend, daß es keine eigenständigen Amun-Mythen gibt.

Wie eng der Zusammenhang zwischen der durch die Reichseinigung geschaffenen neuen Ordnung und dem Kult des Amun gesehen wurde, zeigt die Tatsache, daß Theben nicht wieder in seine Provinzialität zurücksank, als die Könige der 12. Dynastie schon bald ihre Residenz weit nach Norden verlegten. Aus der Erinnerung daran leiteten wohl die thebanischen Machthaber auch am Ende der Hyksoszeit das Recht und die Verpflichtung ab, erneut von hier aus die Einigung der Länder zu betreiben. Daß sie gelang, kam nicht zuletzt dem Ansehen Amuns zugute. Damit gewann freilich auch die Priesterschaft im Verlauf der 18. Dynastie derart an Einfluß und Macht, daß sie die Handlungsfreiheit des Königs zeitweise empfindlich beschränkte. Nach dem radikalen Traditionsbruch durch Echnaton triumphierte Amun zwar abermals, doch entzog sich der Hof seiner unmittelbaren Ausstrahlung durch die – politisch ohnehin notwendige – Verlegung der Residenz ins Delta. Daß gerade in der 19. und 20. Dynastie Amuns Kultstätten ins Gigantische wuchsen, bedeutete zwar sicher mehr als nur eine Geste, konnte aber nicht darüber hinwegtäuschen, daß seine realpolitische Dominanz geschwunden war. Immerhin gelang es den Priestern seit dem 11. Jahrhundert v. Chr., die anhaltende Schwäche der königlichen Zentralgewalt zu nutzen und unter Amuns fiktiver Herrschaft in der Thebais einen »Gottesstaat« zu errichten. Seit der Mitte des 8. Jahrhunderts v. Chr., in der sogenannten Äthiopienzeit, wurde die Theokratie in die Hände einer »Gottesgemahlin«, der obersten Priesterin des Amun, gelegt. Wie schon einige der Priesterkönige zuvor stammten die Gottesgemahlinnen aus dem Königshaus und legten sich Königstitel zu. In dieser Zeit erlebte der Reichstempel eine letzte Blüte und bedeutende architektonische Veränderungen.

Mit der Verwüstung Thebens durch die Assyrer knapp einhundert Jahre später büßte Amun seine Führungsrolle endgültig ein, doch blieb die Erinnerung an den König der Götter noch stark genug, daß er sich mit Zeus und schließlich mit Jupiter verbinden konnte. Bezeichnenderweise wurde sein Name jedoch nicht mehr wie ehemals bei Amun-Re vorangesetzt, sondern geriet in der Kombination Zeus-Amun und Jupiter-Ammon in die Unterordnung.

Links: Blick vom 1. Pylon in Karnak auf den großen Hof, den einst eine gedeckte Säulenhalle des Taharka als monumentale Prozessionsstraße durchquerte. Die noch stehende Säule ist 21 m hoch.

Rechts: Die riesige Granitfigur neben dem Eingang zum 2. Pylon stellte vermutlich Ramses II. und eine seiner Töchter dar, wurde jedoch um 1030 v. Chr. von dem Hohenpriester Pinodjem I. usurpiert.

Links: Statuette des Amun, vergoldete Holzfigur, die Attribute Krummstab, Kultbart und Federkrone sind aus Kupfer gearbeitet. Neues Reich.
Hildesheim, Pelizaeus-Museum

Unten: Im Jahr 1942 v. Chr. stiftete Sesostris I. anläßlich seines Regierungsjubiläums dem Amun von Karnak eine Stationskapelle aus Kalkstein. Sie wurde zur Zeit Amenophis' III. abgetragen und die Blöcke in den 3. Pylon verbaut. Henri Chevrier gelang es, das kleine Gebäude wieder zusammenzusetzen. Es ist eine offene dreischiffige Pfeilerhalle und durch zwei Treppenrampen als Durchgangsstation gekennzeichnet. Nachdem die Götterbarke auf dem Granitsockel im Mittelschiff unter Gebet und Räucheropfer geruht hatte, zog die Prozession weiter. Inschrift und Darstellung weisen das kleine Heiligtum dem Amun-Min zu, dessen Zeugungskraft Ägypten seine Fruchtbarkeit verdankt. Folgerichtig sind in der Sockelzone die Gaue des Landes mit ihrer Ausdehnung und Nilhöhe aufgelistet (Abb. S. 140, 398).

Rechts: An der Südseite der Prozessionsstraße von Karnak errichtete Ramses III. vor dem 2. Pylon als 7 Stationsheiligtum einen regelrechten Tempel mit Pylon, Hof, gedeckter Vorhalle und drei Kapellen für Amun, Mut und Chons. Im Hintergrund erkennt man die Pylonen der Nord-Süd-Achse, die zum Mut-Tempel führt.

wärts nach oben gewinkelt. Über den ausgestreckten Fingern der Hand hängt oder schwebt die sogenannte Geißel (ägyptisch »nechech«). Dieses uralte Kult- und Herrschaftssymbol, das auch Osiris zukommt, besteht aus einem kurzen Griffstab mit herabhängenden Streifen oder Schnüren. Ob es als Geißel oder Wedel zu deuten ist, bleibt ungewiß. Auf dem Kopf trägt Min, darin dem Ptah ähnlich, eine enganliegende Kappe mit Band. Als Amun-Min erhält er zusätzlich die Federkrone. Weitere Attribute beziehen sich auf seine Zeugungskraft: die Dumpalme, der weiße Stier und vor allem der Lattich, den man für ein Aphrodisiakum hielt und der Göttern und Toten geopfert wurde (Abb. S. 453). Bei seinem Hauptfest zu Beginn der Erntezeit trug man in der Prozession ein kleines Lattichfeld mit. Da Koptos Ausgangsort einer der wichtigsten Karawanenstraßen durch das Wadi Hamamat zum Roten Meer war, galt Min auch als Schutzgott der Wüstenwege und der östlichen Wüste überhaupt. Seiner Aufsicht empfahlen sich besonders die Steinbruchexpeditionen in den zahlreichen Weihinschriften des abgelegenen, gefährlichen Felstales.

Als Amun-Min garantierte der Reichsgott nicht nur das Gedeihen der Feldfrüchte, sondern auch die ständige Erneuerung der Schöpfung. In hellenistisch-römischer Zeit wurde er mit Priapos gleichgesetzt.

Den Fruchtbarkeitsaspekt betont auch Amuns Widdergestalt. Ob und von welcher Gottheit diese Erscheinungsform entliehen wurde, wissen wir nicht, zumal es in Ägypten mehrere Widdergötter gab. Es gibt auch keine Hinweise, daß in Theben ein lebender Widder verehrt wurde, wie es zum Beispiel auf Elephantine oder in Mendes üblich war. Die wichtigste Verbindung Amuns jedoch ist die mit Re. Durch sie erst konnte er zum Göttervater aufsteigen, indem er all die seit dem Alten Reich bereits ziemlich umfassenden Eigenschaften des Sonnengottes übernahm. Auf diese Weise konnte Amun jede beliebige Gestalt annehmen, die anderen Götter waren nur seine verschiedenen Erschei-

Auch eine überregionale Bedeutung, wie sie zum Beispiel Isis im Römischen Reich erlangte, war Amun nicht beschieden.

»Die Götter schmiegen sich wie Hunde an seine Füße, wenn sie ihn als ihren Herrn erkennen«

Die geläufige Erscheinungsform Amuns ist menschengestaltig mit Kultschurz und Götterbart. Als Attribut des Windes trägt er eine Krone von zwei stilisierten Federn, wie sie schon den Goldfalken von Hierakonpolis (Abb. S. 40) als Herrscher der Lüfte auszeichnet.
Schon im Mittleren Reich wurde Amun synkretistisch mit dem alten Fruchtbarkeits- und Zeugungsgott Min verbunden, dessen wichtigste Kultorte in Koptos und Achmim lagen. Dieser wird stehend in mumiengestaltig-idolhafter Form mit erigiertem Phallus dargestellt, einen Arm rück-

nungsformen. Ebenso wurde er damit zum »Herrn der Throne der Beiden Länder«, zum Königsgott, auf dessen Vaterschaft, Erwählung und Legitimierung sich die Herrscher der 18. Dynastie beriefen, in dessen Abhängigkeit sie aber auch zunehmend gerieten. Die Theologie vom »König Amun« und seinem irdischen Stellvertreter wurde am konsequentesten im Thebanischen Gottesstaat verwirklicht, hatte zu dieser Zeit freilich keine überragende realpolitische Bedeutung mehr.

Wohl schon seit dem Mittleren Reich hatte man Amun zwei – vermutlich ältere – ortsansässige Gottheiten zugeordnet: Mut als Gemahlin und Chons als Sohn. Mit ihnen bildete er eine der geläufigen Familientriaden.

Der Name Mut wurde seit der 18. Dynastie als »Mutter« gedeutet, ursprünglich war sie jedoch eine Geiergöttin, ähnlich der Nechbet von Elkab. Von dieser frühen Funktion blieb der menschengestaltig dargestellten Mut die Geierhaube als Kopfschmuck. Als Gemahlin des Königsgottes trägt sie vielfach auch die Doppelkrone der Beiden Länder. Amaunet, die hermopolitanische Gemahlin Amuns, tritt in Theben kaum auf. Obwohl auch Mut im Lauf der Zeit universale Züge annahm, hielt sich bei ihr die Tendenz zur Übernahme fremder göttlicher Eigenschaften in Grenzen. Bedeutsam scheint nur ihre Verbindung mit der Löwin Sachmet in der speziellen Funktion als Herrin der Krankheit.

Chons, der Sohn der thebanischen Götterfamilie, ist ein Mondgott und wurde der Wanderer genannt. Die Scheibe des Vollmondes und die Mondsichel sind wie bei Thot sein Attribut, dargestellt wird er meist in mumienförmig-idolhafter Gestalt mit geschlossenen Beinen. Als Kindgott trägt Chons häufig die Seitenlocke, seit der Spätzeit wird er gern nach Kinderart nackt und mit dem Finger am Mund dargestellt. In Anlehnung an Horus begegnet er manchmal auch

falkenköpfig. Obwohl die offizielle Theologie Chons weitgehend auf seine Stellung in der Trias beschränkte, wurde er vom Volk besonders als Schützer vor Krankheit und als Orakelgott hoch verehrt.

»Sein Tempel ist Theben für sein Bild«

Amuns zentrale Kultstätte war der große Tempel von Karnak. Zugeordnet waren ihm jedoch auch der Luxortempel und sämtliche Totentempel auf der thebanischen Westseite. Darüber hinaus wurde Amun zumindest während des Neuen Reiches auch in die anderen Göttertempel Ägyptens aufgenommen, sofern man ihm nicht eigene Heiligtümer erbaute, wie in Hermopolis oder in den Residenzstädten des Delta seit der 19. Dynastie.

Die über 2000 Jahre währende Kult- und Baugeschichte des Amun-Tempels in Karnak hat durch zahlreiche Veränderungen, Erweiterungen und Abbruchmaßnahmen ein recht verwirrendes Bild des Heiligtums hinterlassen. So wissen wir von seiner Gestalt zur Zeit des Mittleren Reichs noch recht wenig. Das Zentrum des Tempels dürfte damals in dem Hof zwischen dem Sanktuar und der Festhalle Thutmosis' III. gelegen haben. Die 1983 begonnene Grabung soll diesem Gelände genauere Erkenntnisse abgewinnen. Auch die Neugestaltung unter den ersten Herrschern der 18. Dynastie ist nicht völlig geklärt. Immerhin dürfte das Sanktuar, in dem das Götterbild wohnte, die

Stelle eingenommen haben, an der sich heute der um 320 v. Chr. errichtete Rosengranitbau des Philippos Arrhidaios erhebt. Spätestens mit Thutmosis I. begann der Ausbau der westlichen Prozessionsachse und ihre Betonung durch monumentale Pylontore und Obelisken. In diesem Bereich stand einst wohl auch die schlichte Barkenkapelle Amenophis' I., deren Alabasterblöcke wie die Kalksteinblöcke der Stationskapelle Sesostris' I. aus dem 3. Pylon Amenophis' III. geborgen werden konnten. Die rapide wachsende Macht Amuns dokumentierte sich in der Folgezeit in den zunehmenden Ausmaßen weiterer Obelisken und Pylonen und neuen Kultbauten um das Sanktuar. Unter Hatschepsut und Thutmosis III. muß der Heilige Bezirk permanent Baustelle gewesen sein. Es entstanden die sogenannten Annalensäle, die Festhalle und weitere Bauten im Osten des Sanktuars, im Westen und Süden (zum Mut-Tempel hin) wurde an der Prozessionsstraße gebaut, im Norden der Ptah-Tempel errichtet.

Mit dem 3. Pylon Amenophis' III. waren die Arbeiten in Karnak zunächst abgeschlossen. Unter Amenophis IV.-Echnaton konzentrierten sich alle Kräfte auf den in aller Eile östlich davon erbauten Aton-Tempel, aus dessen Abbruchmaterial Haremhab etwa dreißig Jahre später die

Pylonen 9 und 10 der Südachse errichtete. Ins Gigantische gerieten die baulichen Aktivitäten schließlich mit der Errichtung des Großen Säulensaales unter Sethos I. und Ramses II.: Auf einem Areal von 5408 Quadratmetern zwischen dem 3. und 2. Pylon wuchsen 134 enorme Säulen empor, von denen die im Mittelschiff einen Umfang von über zehn Metern erreichen.

Die folgenden Generationen bewegten zwar keine derartigen Massen mehr, aber die Könige fühlten sich trotz ihrer geographischen Entfernung weiterhin verpflichtet, den Reichstempel zu hofieren. So baute Sethos II. vor dem 2. Pylon ein Tempelchen für die Trias, und Ramses III. legte schräg gegenüber einen regelrechten Pylontempel an. Unter seiner Regierung wurde auch der Bau des Chons-Tempels begonnen, dessen Fertigstellung sich allerdings bis weit in die Zeit des Gottesstaates hinzog. Der riesenhafte 1. Pylon, der wohl auf die 21. »libysche« Dynastie zurückgeht, blieb unvollendet. Die »Bubastiden« der 22. Dynastie schlossen den Raum zwischen 2. und 1. Pylon durch Säulen zum Hof. Die letzten Großbauten entstanden in der 25. Dynastie unter König Taharka, der im 1. Hof einen prachtvollen Säulengang baute, den Heiligen See erneuerte und an seinem Ufer einen Tempel für kosmisches Ritual anlegte. Von da an wurde es ruhig in Karnak. Die Ptolemäer machten sich um dringende Reparaturen verdient, ihre Neubauten blieben bescheiden.

Es überrascht, daß die Göttin Mut ihre Kultstätte nicht im Heiligen Bezirk des Gemahls Amun zugewiesen bekam. Das ist auch einer der Gründe, eine frühe Bodenständigkeit der alten Geiergöttin zu vermuten. Seit der 18. Dynastie wurde die enge Verbindung der beiden Heiligtümer durch die prächtige Prozessionsstraße mit Pylonen und Widdersphinxallee betont. Der Mut-Bezirk hat den seltsam unregelmäßigen Grundriß eines ungefähren Trapezes, ist sehr zerstört und bislang unzureichend erforscht. Der Haupttempel geht auf Amenophis III. zurück und ist auf seiner Sanktuarseite im Süden dreiseitig von einem hufeisenförmigen Heiligen See umgeben. Es ist dies der einzige erhaltene jener Ischeru genannten Kultseen, mit denen offenbar die Heiligtümer aller Löwengöttinnen zum Schutz ihrer Umgebung abgeschirmt wurden. Derartige Vorkehrungen waren nicht nur bei regelrechten Löwinnen wie Sachmet von Memphis angebracht, sondern auch bei Göttinnen, die vorübergehend den Löwenaspekt annehmen konnten, wie eben Mut, Hathor von Dendera oder die scheinbar so sanfte Kätzin Bastet von Bubastis. Eine wesentliche Rolle spielt dabei der Mythos vom Sonnenauge des Re, von Tefnut als wilde, gefährliche Katze. Mit ihr konnten andere Löwinnen identifiziert werden, deren furchtbare Flammenglut in den Ischeru-Gewässern gekühlt und deren Wüten besänftigt werden mußten.
Ebenfalls der Trias Amun, Mut und Chons gewidmet und mit Karnak durch eine lange Sphinxallee verbunden, ist der Luxortempel. Das wirkliche Alter der Kultstätte ist nicht bekannt, und auch über seine ursprüngliche Funktion herrscht Unklarheit. Ältester erhaltener Bau der Anlage ist ein Stationstempel der Hatschepsut, den Ramses II. später usurpierte und hinter seinem Pylon in den ersten Säulenhof eingliederte. Den gut erhaltenen Hauptbau ließ Amenophis III. errichten. Die Leitung des Projekts hatte vermutlich der Weise Amenophis, Sohn des Hapu, der vom Volk lange Zeit fast göttlich verehrt wurde. Unter Tutanchamun und Haremhab entstand der hohe Säulengang mit den geöffneten Doldenkapitellen, Ramses II. schloß den Bau mit Säulenhof und Pylon nach Norden ab.

Über den normalen Kultbetrieb hinaus dürfte der Luxortempel, in dem Amun speziell unter seinem Zeugungsaspekt als Amun-Min verehrt wurde, als »Amuns südliches Frauenhaus« der Ort der Heiligen Hochzeit mit Mut gewesen sein. Alljährlich feierte man aus diesem Anlaß das große Opet-Fest, das zur 18. Dynastie elf, später 27 Tage dauerte. Die flachen und leider schlimm angegriffenen Reliefs an den Wänden des Säulenganges schildern außergewöhnlich lebhaft die festliche Prozession. Angeführt vom König, flankiert von Tempelgarden, beräuchert und angebetet von kahlschädeligen Priestern, verlassen die Barken Karnak, werden auf dem Nil nach Süden getreidelt und auf Tragstangen über Land zum Tempel gebracht. Musikanten und Tänzerinnen begleiten den Zug, übervolle Opfertische stehen bereit. Die Anteilnahme der Bevölkerung an dem Prunkspektakel dürfte lebhaft gewesen sein.

Links: Sphinxstandarte mit zwei Uräusschlangen. Die 12,5 cm lange Bronzestatuette dürfte im 13. Jahrhundert v. Chr. den Bug einer Götterbarke geschmückt haben. New York, Brooklyn Museum

Oben: Königin Hatschepsut empfängt die Barkenprozession Amuns. Hinter ihr räuchert Thutmosis III. Der Quarzitblock gehört zu der sogenannten Roten Kapelle der Hatschepsut in Karnak.

Sobald die Prozession im Tempelinnern verschwunden war, endete freilich die Öffentlichkeit des Festes, auch der darstellende Bericht der Reliefs bricht hier ab. Die anlaßgebende Zeremonie des göttlichen Beilagers fand in der Abgeschiedenheit der innersten Räume statt. Sie ist auch für uns nicht faßbar und bleibt unbewiesen. Allenfalls ein Hinweis können die Darstellungen von der göttlichen Zeugung und Geburt Amenophis' III. in einem Nebenraum sein, ein Thema, das schon unter Hatschepsut in Der el-Bahari Eingang gefunden hatte (Abb. S. 122) und dem später in wichtigen Tempelbezirken ein eigenes Geburtshaus, das Mamisi, gewidmet wurde.

Obwohl Amuns Glanz im Verlauf des letzten Jahrtausends v. Chr. verblaßte, zeigt doch gerade der Luxortempel eindrucksvoll die Beharrlichkeit großer Kulttraditionen. So

hielt es noch Alexander der Große für angemessen, als Amuns Sohn zu gelten und dem Tempel ein neues Sanktuar zu schenken. Im Jahr 126 n. Chr. weihte ein römischer Offizier vor dem Pylon ein Zeus-Helios-Serapis-Tempelchen, auf dessen Türsturz Pharao Hadrian als Hyperautokrator bezeichnet wird. Zur Zeit der Tetrarchie unter Diokletian um 300 n. Chr. richtete man im ersten Opfersaal eine freskengeschmückte Kaiserkultstätte ein, die einzige erhaltene ihrer Art überhaupt. Mit dem Christentum siedelten einige Kirchen in den Räumlichkeiten des Tempelbezirks, und über einer von ihnen erbaute man im ausgehenden Mittelalter die Grabmoschee des islamischen Heiligen Jusuf Abu'l-Haggag, zu der noch heute gewallfahrtet wird.

Eine sehr intensive Beziehung pflegte Amun von Karnak auch zu den »Häusern von Millionen Jahren«, den sogenannten Totentempeln, die sich die Könige seit Mentuhotep auf der thebanischen Westseite erbauten. Sie waren in Wirklichkeit Amun-Tempel und – zumindest theoretisch – auf Karnak hin orientiert. Neben der göttlichen Trias wurden auch der vergöttlichte Königsvater und der Sonnengott

verehrt, mit dem die Jenseitsfahrt angetreten wird. Der verstorbene König selbst und die verschiedenen Nekropolengötter wie Anubis und die Hathorkuh spielten nur Nebenrollen. Im übrigen dienten diese Tempel ganz normalem Kultgeschehen, betrieben ihre Wirtschaft, und manche von ihnen bildeten Schreiber, Verwaltungsfachleute und Künstler aus.

Das größte Ereignis im Festkalender der thebanischen Tempel fand alljährlich im 10. Monat statt, wenn Amun, Mut und Chons in ihren Barken übersetzten und mit dem Besuch der Heiligtümer das »schöne Fest des Wüstentales« begingen.

Ein besonderes Verhältnis dürfte zu dem kleinen Tempel in Medinet Habu bestanden haben, den Ramses III. später dem Bezirk seines riesigen Totentempels eingliederte. Hatschepsut und Thutmosis III. hatten das Heiligtum anstelle eines verfallenen errichtet, und bis in die Römerzeit wurde es immer wieder renoviert und erweitert. Vermutlich wurde dort ein uralter Schöpfergott als Ahne Amuns verehrt, dem der Herr von Karnak alle zehn Tage Totenopfer darbrachte.

Unten: Ein Block der Roten Kapelle in Karnak zeigt Szenen eines Götterfestes. Zur Musik des Harfners und sistrenschwingender Damen führen junge Mädchen akrobatische Tänze vor.

Rechts: Blick von Nordwesten auf den Luxortempel. Im Bild links der Säulenhof Ramses' II., in dem die Moschee des Abu'l-Haggag steht; rechts davon die hohe Säulenhalle vom Ende der 18. Dynastie und die Kolonnaden Amenophis' III.

Folgende Doppelseite: Zu den schönsten Leistungen ägyptischer Architektur zählt der säulenumstandene Hof des Luxortempels. Er wurde zur Zeit Amenophis' III. vermutlich unter der Leitung des Wesirs Amenophis, Sohn des Hapu, errichtet.

Luxortempel

1 Raum für das Kultbild der Zeit Amenophis' III.
2 Sanktuar Alexanders des Großen
3 Geburtshalle
4 Vorsaal mit späterem Kaiserkult-Heiligtum
5 Säulenhalle
6 Hof Amenophis' III.
7 Prozessionskolonnade, Ende 18. Dynastie
8 Hof Ramses' II.
9 Granitkapelle der Hatschepsut, von Ramses II. usurpiert
10 Pylon Ramses' II.
11 Obelisk Ramses' II.

Ptah von Memphis
»Der die Kunstwerke bildet«

Als Hauptgott der alten Residenzstadt Memphis gelangte Ptah schon früh zu hoher Bedeutung und konnte diesen Rang auch wahren, zumal seine Stadt ein handelspolitisches und strategisches Zentrum blieb.

Seit jeher wurde Ptah menschengestaltig dargestellt, jedoch in der frühen mumienartigen Form, aus der sich nur die angewinkelten Unterarme lösen. Zu seinen Insignien gehören eine enganliegende, meist blaue Kappe, ein gerader Kultbart, ein Schmuckkragen und ein Kompositzepter aus den Hieroglyphen »Anch« (Leben), »Ŭas« (Unversehrtheit) und »djed« (Beständigkeit). Als Sockel dient der stehenden oder thronenden Figur häufig ein

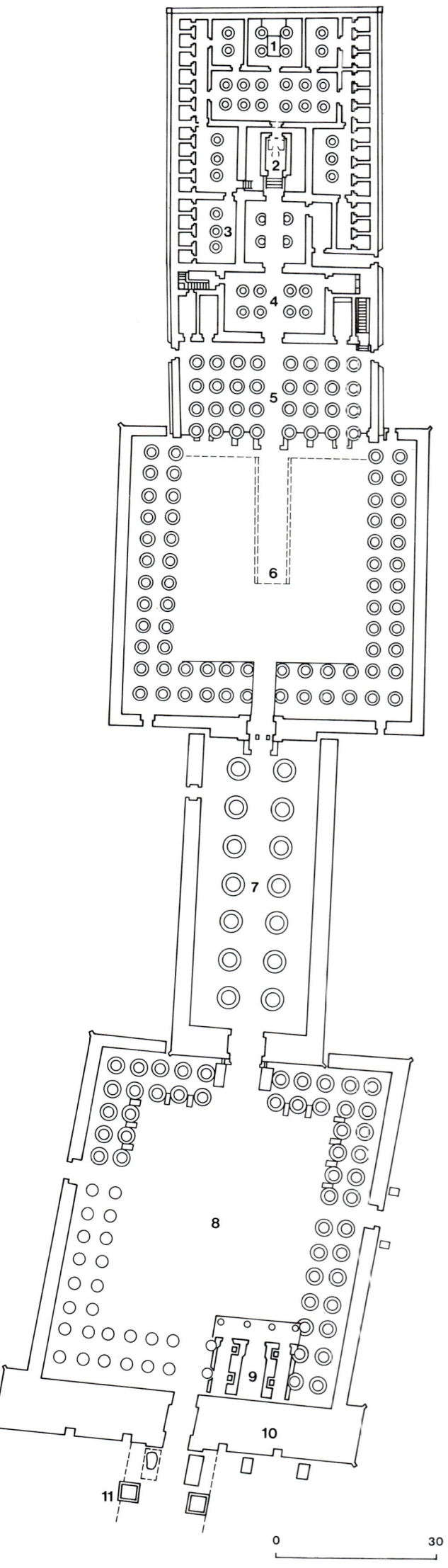

0   30 m

schräg abgestuftes Podest, einem Schriftzeichen der Maat gleich, als deren Herr Ptah galt.

Seine Funktionen als Schöpfer- und Fruchtbarkeitsgott sind schlechthin umfassend. Sie reichen von der Zeugungskraft, den lebensspendenden Eigenschaften des Nilwassers und der Erde bis zur planenden Schöpfung und Ordnung der Welt. So nimmt es nicht wunder, daß Ptah mit einer Vielzahl von Gottheiten verbunden wurde, die einzelne dieser Aspekte vertraten.

Im realen Sinn des Schaffens verehrten ihn »die Söhne des Ptah«, die Handwerker und Künstler. Folgerichtig setzten die Griechen Ptah mit Hephaistos, dem Herrn des Handwerkerviertels Kerameikos in Athen, gleich. Als »Sohn des Ptah« gilt seit der Spätzeit auch der vergöttlichte Imhotep. Damit wird über die manuelle Fertigkeit hinaus das schöpferische Ingenium betont.

Während die theologische Spekulation der memphitischen Kosmogonie das allgemeine Schöpfertum Ptahs hervorhob, garantierte der Apisstier als Erscheinungsform des Gottes in sehr konkreter Weise die Fruchtbarkeit des Landes. Diese Verbindung geht auf einen vermutlich sehr alten Stierkult in Memphis zurück, der ursprünglich mit Ptah nichts zu tun hatte. Kleinplastische Darstellungen zeigen den Apisstier mit Sonnenemblem und Uräusschlange zwischen den Hörnern, weißem, dreieckigem Stirnfleck und gravierter Zeichnung: Auf dem Rücken breitet ein Geier seine Flügel, auf der Kruppe ein geflügelter Skarabäus. Auch der im Heiligtum lebende Heilige Stier mußte bestimmte Eigenschaften der Zeichnung aufweisen. Herodot ließ sich berichten, die Mutterkuh des Apis sei durch einen himmlischen Lichtstrahl befruchtet worden. Ähnlich anderen Tiergöttern wurde der Stier bei Festlichkeiten dem Publikum gezeigt, hörte Bitten an und gab Orakel.

Nach seinem Tod wurde der Stier mit angemessenem Aufwand mumifiziert und beigesetzt. Zu den wenigen am Ort erhaltenen Resten des alten Memphis zählen die Grundmauern des Balsamierungshauses und die großen alabasternen Tische. Die Bestattung erfolgte seit der Spätzeit in den Serapeum genannten Grüften der Nekropole von Sakkara. Von der 26. Dynastie an standen den Stieren statt der bis dahin üblichen Holzsärge enorme Hartsteinsarkophage mit einem Gewicht von 60 bis 70 Tonnen zu. Kaum weniger aufwendig wurden auch die Isis genannten Mutterkühe der Apisstiere in einer eigenen Gruftanlage bestattet. Wie Graffiti und Stelen beweisen, wandte sich das gläubige Volk mit Bitten und Fragen an die verstorbenen Stiergötter.

Der verstorbene, Osiris gewordene Apis stand als Osir-Apis Pate zu einer politisch motivierten Göttersynthese: dem Serapis. Ptolemaios I. hoffte in der Verbindung von Zeus, Pluto und Apoll mit Osir-Apis einen neuen Reichsgott zu schaffen, der Griechen wie Ägyptern gleichermaßen Autorität sein konnte. Serapis wurde allerdings nur mehr nebenbei als Stier verehrt. Seinem griechisch geprägten Hauptkultort in Alexandria entsprechend ähnelt der in lockiger Haar- und Barttracht dem Zeus, seine Fruchtbarkeit wird durch einen Kornscheffel auf dem Kopf symbolisiert, manchmal trägt er zudem Amuns Widderhörner. Bei den Ägyptern scheint Serapis nicht viel Anklang gefunden zu haben, mit seinen vielseitigen Wunderkräften trat er jedoch in den hellenistischen Reichen und im römischen Imperium einen bemerkenswerten Siegeszug an.

Fruchtbarkeitseigenschaft und Wortgleichklang verbinden Ptah-Apis auch mit dem Überschwemmungsgott Hapi. Dieser wird meist in doppelter Form, Ober- und Unterägypten betreffend, dargestellt, oft auch vervielfacht

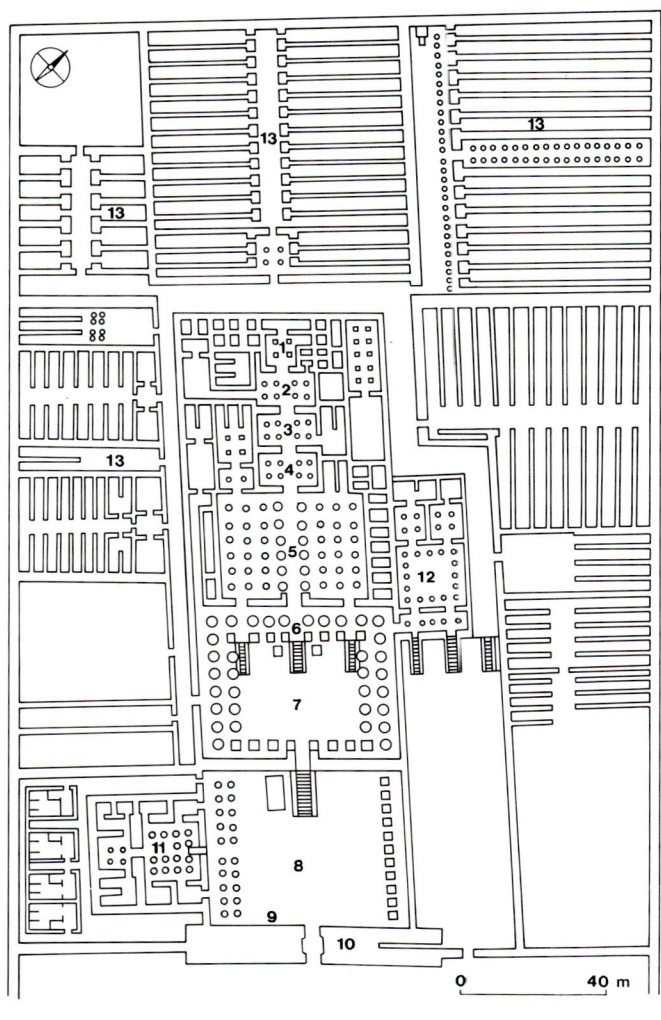

Ramesseum

1 Sanktuar
2 Dritter Vorsaal
3 Zweiter Vorsaal
4 Erster Vorsaal mit astronomischer Decke
5 Großer Säulensaal
6 Vorhalle
7 Zweiter Hof
8 Erster Hof
9 Fragment einer Kolossalfigur Ramses' II.
10 Pylon
11 Tempelpalast
12 Tempel Sethos' I.
13 Gewölbte Ziegelbauten, als Magazine, Ställe und Priesterwohnungen genutzt

Unten: Der »Ramesseum« genannte Totentempel Ramses' II. auf der thebanischen Westseite ist nur eines in der langen Reihe von »Häusern von Millionen Jahren«, die sich die Könige am Rande des Fruchtlandes anlegten. Die Ziegelumwallung umschließt einen Heiligen Bezirk von 300 × 177 m, der außer dem Tempel umfangreiche Magazine (Abb. S. 144) und den Kultpalast umfaßte. Aus Haustein war nur der Tempel selbst errichtet, der freilich *großenteils abgetragen wurde. Sein imposantester Rest ist der vielschiffige Säulensaal, der in der Anlage dem von Karnak ähnelt. An seiner Nordflanke entdeckte man die Grundmauern eines kleinen Sethos-Tempels, den Ramses in das Heiligtum einbezog.*

Rechte Seite: Ein umfängliches Areal beansprucht auch das Heiligtum von Medinet Habu. Im Heiligen Bezirk des Totentempels Ramses' III. wurde ein Kultbau der 18. Dynastie ebenso integriert wie die späteren Grabkapellen von Gottesgemahlinnen der 25. und 26. Dynastie. Jahrhundertelang saß in der Tempelfestung zudem die Verwaltung des thebanischen Westens. Neben konventionellen Reliefs an Pylon und Tempelwänden finden sich auch Darstellungen von historischem Interesse, in denen der Abwehrkampf gegen die »Seevölker« geschildert wird (Abb. S. 194/95). An der Südwand hat sich ein vollständiger Festkalender erhalten (unten), in dem genauestens aufgelistet ist, an welchem Tag der Tempel welche Mengen an Brot, Kuchen, Bier, Wein, Fleisch und Geflügel verbrauchte.

0   40 m

Schon zu Beginn der historischen Zeit dürften sich jedoch in Osiris seine beiden Hauptaspekte, die Fruchtbarkeit und die Totenverehrung, zusammengeschlossen haben. In der häufig genannten »Heimat« des Osiris, der Deltastadt Busiris, wurde zunächst der menschengestaltige Anedjti verehrt, vielleicht ein vergöttlichter Häuptling der Vorgeschichte, zu dessen Attributen die Herrschaftssymbole Krummstab und Geißel gehörten. Von ihm stammt möglicherweise die Atefkrone, kegelförmig aus Blättern (?) gebunden und von zwei Federn flankiert. Das Blätterbündel wurde später oft auch durch die oberägyptische Weiße Krone ersetzt. Als der Vegetationsgott Osiris »Herr von Busiris« wurde, nahm er die Eigenschaften seines Vorgängers in sich auf und beanspruchte vor allem den Kult des verstorbenen Herrschers.

Bis zur 5. Dynastie war sein Einfluß so gewachsen, daß er ins Königsdogma einging. Da der König von jeher den Horustitel trug, muß sich spätestens zu dieser Zeit der Kernmythos vom Vater-Sohn-Verhältnis Osiris–Horus gebildet haben. Der verstorbene König geht nun in die Gestalt des Osiris über, während sein Sohn und Nachfolger die Rolle des Horus übernimmt.

Mit dem Ende des Alten Reichs und dem vorübergehenden Machtverfall des Königtums wurde die Osiris-Idee sozusagen demokratisiert, und jeder, der »nach Westen ging«, konnte Osiris werden, sofern ihn das Totengericht als gerechtfertigt auswies. Damit war die Osiris-Verehrung auch nicht mehr an die königlichen Friedhöfe gebunden, er wurde landesweit zum Totengott und nahm die lokalen Nekropolengötter in sich oder zumindest in seinen Hofstaat auf.

Zu Helfern des Osiris wurden auf diese Weise alte, hunde- oder schakalgestaltige Totengötter, deren genaue zoologische Zuordnung nicht möglich ist und die man deshalb als »Caniden« (Hundeartige) bezeichnet. So gab es als Wächter des uralten Friedhofs in Abydos Chontamenti, den »Ersten der Westlichen«, der allerdings mit dem Ende des Alten Reichs seine Selbständigkeit verlor und nur noch als Beiname des Osiris geläufig blieb. Seit der Frühzeit war ihm jedoch ein Tempel nahe den Königsgräbern geweiht. Eine ähnliche Erscheinung ist der »Wegeöffner« Upuaut aus der Gegend von Assiut, dessen Name verblüffend lautmalerisch klingt. Als schwarzer Canide oder menschengestaltig mit »Schakal«-Kopf tritt er schließlich als Anubis auf, dem ordnenden Mythos nach ein Sohn von Osiris und Nephthys. In seiner Person treffen sich wohl die verschiedenen Caniden-Götter, deren Obhut man seit frühester Zeit die Toten anvertraute. Da sie es sind, die sich an den Gräbern zu schaffen machen, hoffte man, ihr leichenscharrendes Wesen durch Vergöttlichung ins Positive zu wenden. So wurde Anubis zum Schützer der Toten, zum Balsamierungsgott und zum Seelenbegleiter (ψυχοπόμπος). Die Balsamierungspriester trugen sogar Anubismasken (Abb. S. 290). Zu den Emblemen des Anubis gehört

ein Tierbalg mit dem Namen Imiut, »Der in der Umhüllung Befindliche«. Er geht wohl auf altes Brauchtum zurück, den Verstorbenen in ein Tierfell einzunähen.

Über den Aufstieg des Osiris zum obersten und königlichen Totengott geriet sein Fruchtbarkeitsaspekt jedoch keineswegs in Vergessenheit, zumal der Volksglaube – nicht nur in Ägypten – zwischen den beiden scheinbar divergenten Funktionen Zusammenhänge sah. Nicht zufällig ist die Zeugungskraft des Osiris ausgeprägt chthonischer Art, sie wirkt von unten aus der Erde, sprießt aus dem verstorbenen Saatkorn. Schönster Ausdruck dieser Vorstellung ist der sogenannte »Kornosiris«, den man seit dem Neuen Reich gern in die Gräber mitgab, ein von Leisten gerahmtes Brett in Osiris-Form, auf das Erde und Saatgut gestreut wurden, das dann bewässert in Gestalt des Osiris aufging. Die Zerstückelung des Osiris durch Seth und das Verstreuen der Leichenteile symbolisiert letztlich die Pflanzung heiligen Saatgutes im ganzen Land. Die vielen »Osiris-Gräber« an den Fundstellen seiner Glieder dienten denn auch nie ausschließlich dem Totenkult.

Zentraler Kultort des Osiris wurde wohl schon gegen Ende des Alten Reichs die heilige Stätte der frühesten Königsgräber, Abydos. Nach der Legende fand Isis hier den Kopf des Osiris, und hier entwickelten sich im Lauf der Jahrhunderte auch die geheimnisvollen Zeremonien und Kultspiele, in denen das Schicksal des Gottes alljährlich nachvollzogen wurde.

Bis zur 19. Dynastie konzentrierte sich die Verehrung im Bereich des alten Chontamenti-Tempels. Von den baulichen Aktivitäten, den Stiftungen und den häufigen Erneuerungen des Kultbildes wissen wir allerdings nur durch schriftliche Dokumente. Die enorme Anzahl von Weihgaben und Stelen, die gefunden wurden, beweist jedoch das vitale Interesse der Gläubigen, an der heiligen Stätte bildlich vertreten zu sein. Die Idealvorstellung, in Abydos begraben zu werden, war nur für wenige zu verwirklichen, und auch die »Pilgerfahrt nach Abydos« (Abb. S. 295) blieb den meisten versagt.

Mit dem Tempelneubau durch Sethos I. ab etwa 1300 v. Chr. verlagerte sich der Schwerpunkt geographisch nach Norden und theologisch auf Amun hin, der in der Siebenheit der Sanktuarien die Mittelachse beanspruchte. Außer ihm sind die »Heilige Familie« Osiris, Isis und Horus sowie Re, Ptah-Sokaris und Seth in Gestalt des vergöttlichten Sethos im Tempel vertreten. Der Titel des Heiligtums »Haus von Millionen Jahren des Königs Menmaatre, der zufrieden ist in Abydos« weist es zudem als Totentempel des Sethos aus.

Besonders ausführlich ist in den Kapellen des Tempels das tägliche Ritual für den Gott dargestellt. Sechs der Sanktuarien sind an ihrer Rückwand mit einer Scheintür abgeschlossen, die nur in der Osiris-Kapelle fehlt. Statt dessen führt von hier aus eine Tür in Räume, die wohl den »Mysterien« dienten.

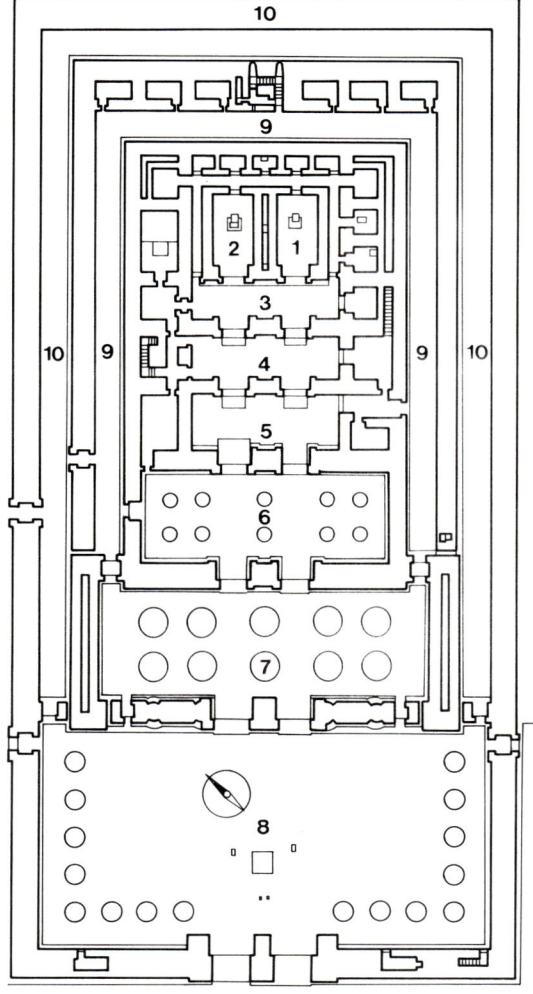

Kom Ombo

1 Sanktuar des Sobek
2 Sanktuar des Haroëris
3 Vorsaal
4 Opfersaal
5 Dritter Saal
6 Zweiter Saal
7 Pronaos
8 Säulenhof
9 Innerer Tempelumgang
10 Äußerer Tempelumgang

Linke Seite und oben: Der Doppeltempel für die Götter Sobek und Haroëris in Kom Ombo wurde zur Ptolemäerzeit begonnen und trotz der Fortführung des Baus unter der Römerherrschaft nicht ganz vollendet. Seine gute Erhaltung im Mittelteil verdankt das Bauwerk der Versandung.

Unten: Aus Bronze mit Elektroneinlagen ist das 22,4 cm lange Krokodil, das zur Zeit der 12. Dynastie entstand und vielleicht aus dem Fayum stammt. Zweifellos handelt es sich um ein Kultbild des Krokodilgottes Sobek, dessen Verehrung gerade im Mittleren Reich eine hohe Blüte erlebte. München, Staatliche Sammlung Ägyptischer Kunst

Westlich hinter dem Tempel liegt unterirdisch das sogenannte Osireion, eine Pfeilerhalle, deren Mittelschiff eine
wasserumflossene Insel bildet. Sie symbolisiert das Grab
des Osiris, dessen Insellage auch auf Bigga bei Philae und
in Busiris schriftlich belegt ist. Die Idee vom Urhügel mag
sich zusätzlich damit verbinden. Noch in der allerspätesten
Phase des Osiris-Kultes wurden in der Roten Halle von
Pergamon und im Iseum von Szombathely (Steinamanger)
in Westungarn ähnliche Anlagen gebaut.
Obwohl Abydos immer das Zentrum des Osiris-Kultes
blieb, wurden die großen Feiern im Monat Choiak, dem
4. Monat der Überschwemmungszeit, auch in vielen anderen Tempeln sowie an allen Orten, die als Osiris-Gräber
galten, vollzogen. Bei diesen Festen wurden die Vorgänge
um Ermordung und Wiederbelebung des Osiris nachge-
spielt, in Sais zündeten die Frauen in der »Nacht des
Opfers« Öllämpchen an, um Isis bei der Suche nach den
Gliedern ihres Gemahls zu helfen.

Isis

»Der große Thron, der Horus geschaffen hat«

Als Gemahlin des Osiris und Mutter des Horus wurde Isis
zur wohl wichtigsten Göttin des ägyptischen Pantheons,
erlangte diesen hohen Rang allerdings erst in der Spätzeit.
Das überrascht insofern, als sie schon in den Pyramidentexten mit ihren wesentlichen Eigenschaften genannt wird,
als Mutter des Königs (Horus) und als sein Thron. »Thron«

*Links: Osiris thront in seinem
Schrein, trägt die Atefkrone und
seine Attribute Krummstab und
Geißel. Vor ihm auf einer Lotusblüte die sogenannten Horussöhne,
die Beschützer der Eingeweidekrü-
ge. Hinter Osiris stehen Isis und ihre Schwester Nephthys. Malerei im
Grab des Neferronpet, Theben
Nr. 178, Zeit Ramses' II.*

*Rechts oben: Das sogenannte Osi-
reion hinter dem Tempel Sethos' I.
in Abydos war eine unterirdische
Anlage. Das Mittelschiff der massi-
gen Granitpfeilerhalle bildete eine
wasserumflossene Insel. Durch den
gestiegenen Grundwasserspiegel ist
heute der gesamte Raum überschwemmt und verschilft. Die Kultstätte verbindet in dieser Form
symbolisch das Osirisgrab, das auf
einer Insel lag, mit dem Urhügel,
auf dem die Weltschöpfung stattfand.*

Abydos, Tempel Sethos' I.

 1 Sanktuar des Sethos
 2 Sanktuar des Ptah
 3 Sanktuar des Re-Harachte
 4 Sanktuar des Amun
 5 Sanktuar des Osiris
 6 Sanktuar der Isis
 7 Sanktuar des Horus
 8 Kapellen des Nefertem und
   des Ptah-Sokar
 9 Königsliste (Annalengang)
10 Barkenkapelle
11 Sog. Schlachthof
12 Treppenhaus
13 Zweiter Säulensaal
14 Erster Säulensaal
15 Zweiter Hof
16 Erster Hof
17 Eingangspylon
18 Tempelpalast
19 Speicher und Magazine
20 Osiris-Halle mit Kapellen für
   Osiris, Isis und Horus
21 Osireion

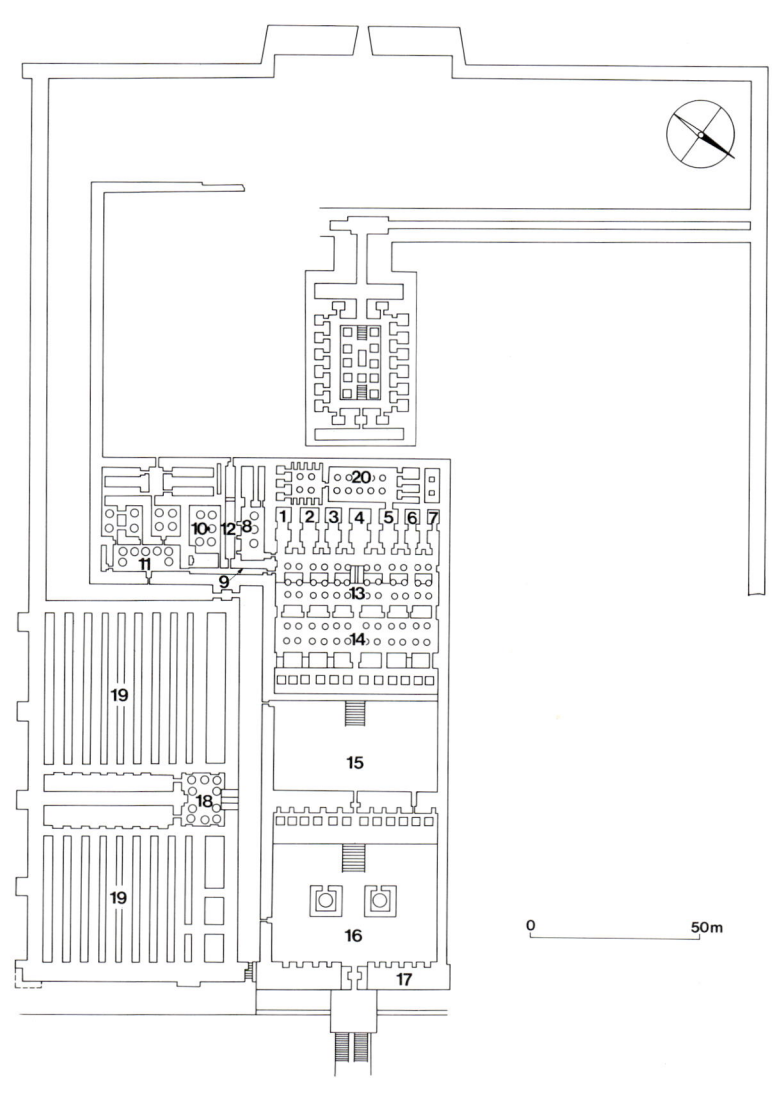

Um all diesen Funktionen gerecht zu werden, bedarf sie auch der List und des Zaubers. Ihre überragende Macht verdankt Isis gar einer regelrechten Erpressung: Nachdem es nichts mehr gab, »was sie nicht gewußt hätte im Himmel und auf Erden«, wollte sie auch den geheimnisvoll verborgenen Namen des Re in Erfahrung bringen, um über dessen magische Kraft zu verfügen. Sie formte aus Erde und dem Speichel des Sonnengottes eine Wunderschlange, legte sie auf seinen täglichen Weg, daß er gebissen wurde. Dem schmerzgepeinigten Gott bot sie dann ihre Hilfe an, doch müsse er ihr seinen Namen nennen, »denn der Mann lebt, mit dessen Namen ein Zauber gesprochen wird«. Re nannte ihr nun alle seine vielen Namen, aber es waren nur die ohnehin bekannten, und das Gift brannte immer schlimmer in seinem Leib. Da sah er ein, daß er Isis unterlegen war, und vertraute ihr seinen eigentlichen Namen an, ließ sie aber schwören, diesen nur dem Horus weiterzugeben.

Stärker als die offizielle Theologie dürfte der Volksglaube Isis zu dem absoluten Vorrang verholfen haben, der ihr schließlich nahezu alle Eigenschaften der anderen Göttinnen zukommen ließ. So galt zum Beispiel die Sothis (Sirius), die Bringerin der Nilüberschwemmung, ebenso als Erscheinungsform der Isis wie die schlangengestaltige Erntegöttin Renenutet (Thermuthis). Ihre Schwester Nephthys, die »Herrin des Hauses«, tritt kaum eigenständig hervor, bildet jedoch zusammen mit Isis, der Skorpiongöttin Selket und der Kampfgöttin Neith jene schützende Vierheit, die den Verstorbenen bewacht.

Entsprechend vielfältig ist die Angleichung fremder Göttinnen seit der Ptolemäerzeit. Als Isis-Tyche bzw. Isis-Fortuna wird sie zur Glücks- und Schicksalsgöttin, ihre Liebeskraft findet Gestalt in der nackten Isis-Aphrodite, den Hafen von Alexandria schützt sie als Isis-Pharia, und auch den Seefahrern ist sie heilig. So verbreitete sich ihr Kult sieghaft im gesamten Römischen Reich. Bedeutender Aspekt jedoch blieb die Mutterschaft und damit verbunden die alte Thronidee. Als Kaiser Justinian ihren Haupttempel auf Philae 537 n. Chr. endgültig schließen ließ, hatte Isis längst Eingang gefunden in die Muttergottesgestalt der Maria.

(Eset) lautet ihr Name, und einen Thron trägt sie als Schriftzeichen auf dem Kopf, Thron ist sie selbst, wenn sie das göttliche Kind auf dem Schoß sitzen hat und es stillt.

Heimat der Isis ist vermutlich die ehrwürdige Kultstadt Buto im Delta, ihr frühestgenanntes Heiligtum das Iseum bei Behbet el-Hagar, dessen heute sichtbare gewaltige Trümmer freilich erst aus der Zeit Nektanebos' II. und der frühen Ptolemäer stammen. Die Nähe dieses Tempels, dessen Wasser in den Pyramidensprüchen als besonders rein bezeichnet wird, zu Busiris dürfte der Grund für die Verbindung mit Osiris gegen Ende des Alten Reiches gewesen sein.

Obwohl gerade zu dieser Zeit der Aufstieg des Osiris begann, hatte Isis bis zur 19. Dynastie kaum Anteil daran. Seit dem Neuen Reich identifizierte man sie in den Gräbern gern mit der Schatten, Wasser und Nahrung spendenden Baumgöttin. Meist ist es die Sykomore, in der auch Nut oder Hathor wohnen können. Den speziellen Aspekt des Milchnährens teilt Isis mit der Kuhgöttin Hathor (Abb. S. 123), deren Emblem Kuhgehörn und Sonnenscheibe sie übernimmt und mit der sie seit der Spätzeit verschmilzt.

Mit der allmählichen Ausprägung des Osiris-Mythos und seiner literarischen Gestaltung seit der 19. Dynastie traten auch die universalen weiblichen Eigenschaften der Isis immer mehr in den Vordergrund: die liebende und fürsorgliche Gemahlin, die trauernde Witwe, die Gottesmutter, die Nährerin, die Verfolgte, die ihr Kind vor seinen Feinden verbergen muß, und schließlich die Kämpfende, die dem Sohn zum väterlichen Erbe.

Horus
»Der Held, groß an Kraft, er greift an, um zu kämpfen, während seine Mutter Isis ihn schützt«

Die Verehrung des Falken wurzelt in den frühesten ägyptischen Gottesvorstellungen, und schon die ersten Könige verbanden sich mit seiner Gestalt. Da jedoch vom Süden Oberägyptens bis ins Delta mehrere Falkengötter verehrt

Links oben: König Sethos I. überreicht Isis den Djed-Pfeiler, das Osiris-Symbol. Relief im hinteren Kultraum des Tempels in Abydos, der wohl der Ort der Mysterien war.

Rechts: Der Säulensaal des Sethos-Tempels in Abydos besitzt noch die ursprüngliche Beleuchtung aus kleinen Luken in den Deckenplatten.

wurden und ihre Verschmelzung zu Horus unvollständig blieb, bietet auch dieser Gott ein wenig einheitliches Bild, das sich insbesondere mythisch-genealogischer Einordnung zäh widersetzt.

Als Herr der Lüfte, der seine Bahn über den Himmel zieht, brachte man ihn mit der Sonne in Verbindung. So ist Harachte, der »horizontische Horus«, die Tagesgestalt der Sonne. Harmachis, der »Horus im Horizont«, wurde zum Gottesnamen des großen Sphinx von Gise. Haroëris, »Horus der Ältere«, galt als Sohn des Re.

Die Identifizierung des Horus mit dem König schuf jedoch zusammen mit dem Aufkommen des Osiris-Kults zwangsläufig eine neue Konstellation. War der verstorbene König Osiris, so mußte sein Sohn und Nachfolger Horus, Sohn des Osiris und der Isis, sein. In dieser Eigenschaft wird er Harsiese, Sohn der Isis, genannt. Seine Gestalt als Kindgott Harpokrates wurde seit der Spätzeit nahezu selbständig.

Damit kann Horus als Falke oder falkenköpfige Menschengestalt sowohl die Kronen der Beiden Länder als auch die uräusumschlungene Sonne als Emblem tragen. Seine Augen sind Sonne und Mond, und als geflügelte Sonnenscheibe symbolisiert er den Himmel überhaupt.

In vielen Heiligtümern hielt man heilige Falken, etwa in Philae, Edfu und Hermopolis. Einen ausführlichen

Bericht darüber hinterließ gegen Ende des 4. Jahrhunderts v. Chr. der Priester Zedhor aus Athribis im 10. unterägyptischen Gau. Dort wurde Horus-Chentchtaj verehrt und bewohnte eine offenbar respektable Säulenhalle im Tempelbezirk. Zur Versorgung des Falken gehörten ein Brunnen mit frischem, reinem Wasser, ein Baumgarten und ein Taubenschlag. Auf dem Falkenfriedhof wurden nicht nur die heiligen Tempelfalken, sondern auch fremde Falken beigesetzt, die man verendet fand.

Als Königsgott und Sohn des Osiris wird Horus zum Rächer seines Vaters (Harendotes) und Kämpfer um das Erbe, unter dem solaren Aspekt überwindet er die Feinde des Re. In den Erzählungen vermengen sich beide Ideen zu einer seltsam schillernden Auseinandersetzung mit Seth. Dieser merkwürdige Gott mit dem schmalen Kopf des zoologisch nicht identifizierbaren »Seth-Tieres« wurde wohl erst im Osiris-Mythos zur Negativgestalt, behielt aber seine ursprünglichen positiven Züge durchaus bei. So zählt auch er zu den Königsgöttern, vollzieht zusammen mit Horus die »Vereinigung der Länder« und bekämpft den Urfeind des Re, die Apophisschlange. Andererseits kann er in Gestalt von Nilpferd und Krokodil auch seinerseits zum Feind des Re werden und, von Horus harpuniert, seine Macht einbüßen. Als der »Rote« wird er in die Wüste abgedrängt, unfruchtbar, tölpelhaft und böse, ein Bringer des Sturmes und der Wetterwolken, Feind des Lebens und der Königsherrschaft.

Nach der Ermordung des Osiris und der Verfolgung des kleinen Harpokrates schildert der Mythos ausführlich den Streit zwischen Horus und Seth um die Erbfolge: Achtzig Jahre schon befehdeten sich die Kontrahenten vor dem Göttergericht der Neunheit, als das hohe Gremium erneut zusammentrat, um endlich eine Entscheidung zu finden. Als nun alle Götter für Horus plädierten, fühlte sich Re übergangen und war beleidigt. Man fragte Ba, den Widder von Mendes, um Rat, und der wiederum beantragte ein Gutachten der Neith. Da auch sie die Interessen des Horus vertrat, wurde Re ausfallend. Er schimpfte Horus als Schwächling und Daumenlutscher und war seinerseits zutiefst verletzt, als man ihm sagte, sein Schrein sei leer (was stimmte, da er ja unter freiem Himmel verehrt wurde). Seth machte nun geltend, daß er der Größte und Stärkste sei und täglich den Feind des Re, Apophis, töte. Und die Götter stimmten ihm zu. Als Isis sich wütend zur Wehr setzte, drohte Seth, die Götter zu erschlagen, und erzwang den Ausschluß der Isis von dem Verfahren.

Nun vertagte man sich auf die »Insel der Mitte«, und der Fährmann bekam Anweisung, Isis keinesfalls überzusetzen. In Gestalt eines alten Mütterchens überlistete sie ihn aber und bestach ihn mit einem Goldring. Auf der Insel verwandelte sie sich in eine schöne Frau, betörte Seth und machte ihm weis, ein Fremder wolle dem Söhnchen ihres verstorbenen Mannes sein Hab und Gut nehmen. Als Seth sich über solches Unrecht empörte, hatte er gegen sich selbst entschieden, und die Neunheit bestätigte das.

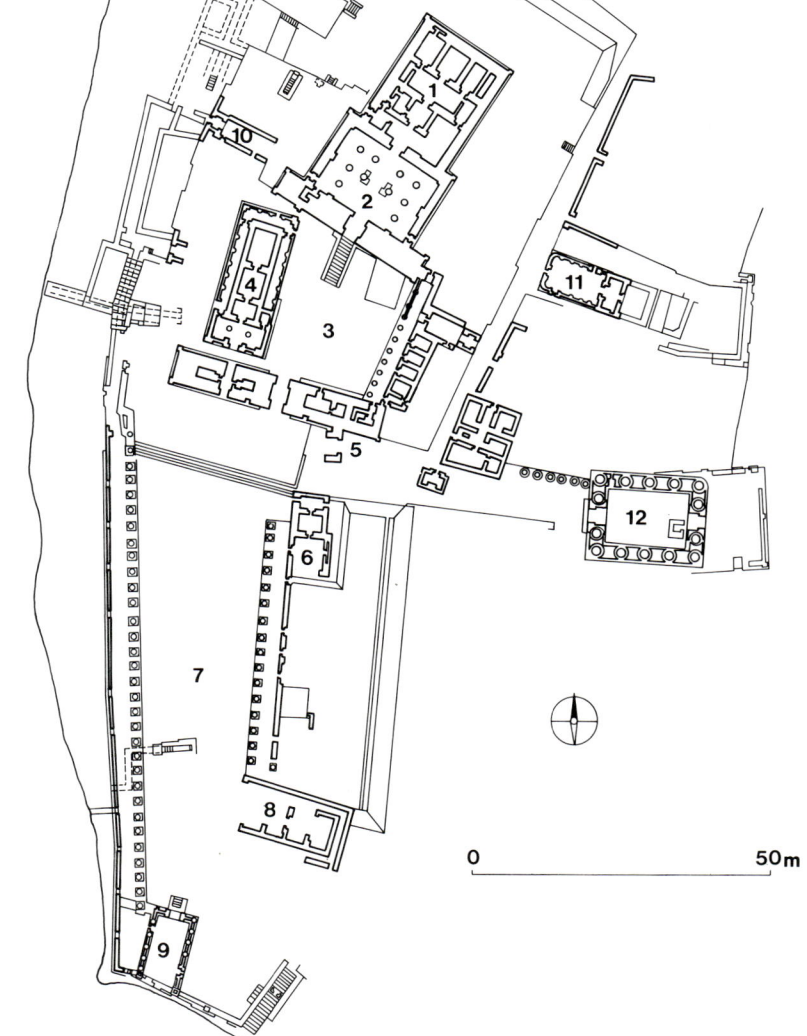

Oben: Die Kolonnaden vor dem ersten Pylon des Isis-Heiligtums auf der Insel Philae bilden nicht einen geschlossenen Hof, sondern gedeckte Wandelgänge im Sinne der griechischen Stoa.

Links: Die thronende Isis mit dem Horusknaben ist eigentlich in stillender Haltung dargestellt, doch weisen die repräsentative Gebärde, der pompöse sphingenflankierte Thron und die königlichen Embleme Mutter und Kind als Herrschergötter aus. Kuhgehörn und Sonnenscheibe sind, wie in der Spätzeit üblich, von Hathor übernommen. Die 22,5 cm hohe Bronzefigur stammt aus dem 6. oder 5. Jahrhundert v. Chr.
Leiden, Rijksmuseum van Oudheden

Isis-Tempel von Philae

1 Sanktuar und Opferräume
2 Säulensaal
3 Hof
4 Mammisi
5 Tor Ptolemaios' II.
6 Tempelchen des Asklepios (Imhotep)
7 Tempelvorplatz
8 Tempel des Arensnuphis
9 Empfangshalle des Nektanebos
10 Hadrianstor
11 Hathortempelchen
12 Kiosk des Trajan

0 ____ 50 m

»Osiris kommt als Auferstandener, um sich mit seiner Gestalt im Heiligtum zu vereinigen ... er sieht seine geheime Gestalt an ihren Platz gemalt und seine geheime Figur auf die Mauer graviert; da tritt er ein in seine geheime Gestalt und läßt sich nieder auf seinem Abbild.«
Text im Tempel von Dendera

Es folgten nun Zweikämpfe, die Horus knapp, mit List und der Hilfe seiner Mutter gewann, doch das Gericht entschied sich immer noch nicht. Erst als Osiris mit drohendem Unterton zugunsten des Rechts und seines Sohnes intervenierte und Seth verhaftet wurde, konnte Horus sein Erbe antreten. Seth aber wurde abgefunden und als Sohn des Sonnengottes in die »Barke von Millionen Jahren« aufgenommen.

Dennoch besserte sich das Image des Seth nicht. In einer Ideenkombination von Rachekampf für den Vater und Vernichtung der Feinde des Re wurde auf dem Heiligen See des Horus-Tempels von Edfu das Ritual der »zehn Harpunen« als Kultspiel vollzogen. Dabei ersticht Horus-Behedeti von seiner Barke aus den Seth in Gestalt des Nilpferdes und des Krokodils. Der König assistiert vom Ufer aus in der Tracht des Jägergottes Onuris. Am Ende wird das Nilpferd zerstückelt und an neun Götter verteilt (Abb. S. 361).

Seit der Spätzeit gehörte die Geschichte von Isis und dem Horuskind zu den beliebtesten Themen des Volksglaubens. Liebevoll und manchmal nahezu rührselig wurde die

Oben: Im Heiligen Bezirk von Dendera wurden zwei Mammisi errichtet. Das ältere der 30. Dynastie (im Vordergrund) ist weitgehend abgetragen, besser erhalten ist der Bau der Römerzeit. Zwischen beiden wurde eine frühchristliche Kirche errichtet.

Links: Das Sistrum, Kultrassel der Hathor, wurde von den Priesterinnen aber vor anderen Göttern geschwungen. Der Name wird von dem Rascheln »Sch-Sch« abgeleitet, das die Hathorkuh im Papyrusdickicht verursacht.
Luzern, Sammlung Kofler-Truninger

Rechts: Der hohe erste Saal des Hathor-Tempels von Dendera mit Hathorsäulen.

Verfolgung durch den bösen Onkel Seth ausgeschmückt, wie er allerlei gefährliches Getier schickt und wie es Isis gelingt, ihr Kind zu schützen und von Schlangenbiß und Skorpionstich zu heilen. Dabei ging es nicht ohne Zauber und Magie ab, und Harpokrates entwickelte sich allmählich zum Helfer gegen alle bösen Tiere und Mächte, die seine Feinde ebenso sind wie die des Re. Zur magischen Praktik benutzte man kleine Stelen, auf denen das Horuskind Schlangen und Skorpione würgt, Löwen und Gazellen bändigt und Krokodile zertritt. Diese Steinreliefs trug man als Amulette, legte sie auf oder goß Wasser darüber, das dadurch heilkräftig wurde.

Später Synkretismus setzte das Horuskind vielfach mit dem Lotosgott Nefertem gleich, verband es mit dem Schutzgott Bes, und die Griechen fühlten sich an das schlangenwürgende Herakles-Kind erinnert.

Hathor
»Dein Herz sei zufrieden mit Musik«

Dem Horus eng verbunden ist Hathor, die Herrin von Dendera. In ältester Zeit galt sie wohl als Mutter des Horus, worauf ihr Name »Haus des Horus« hinzuweisen scheint. In Mythos und Kult ist sie jedoch die Gemahlin des Horus von Edfu. Ihre Aspekte sind außerordentlich vielfältig, da sie als eine der ältesten Göttinnen des Landes auch andere weibliche Mächte an sich zog.

Ursprünglich wurde Hathor als Kuh verehrt, Mütterlichkeit und Nahrungsspende waren ihre wesentlichen Eigenschaften und blieben es auch. Trat sie menschengestaltig auf, trug sie als Emblem die Kuhhörner mit der Sonnenscheibe dazwischen. Kuhohren trägt das Frauengesicht jenes fetischartigen Kultgerätes, das oft die Säulen von Hathor-Tempeln bildet und als Griff des Sistrums dient.

Die Übernahme anderer Kuhkulte durch Hathor änderte an ihrer Erscheinung nicht viel, waren doch die Funktionen jeweils recht ähnlich. Bedeutsam wurde jedoch, daß man ihr eine Kuhgöttin anglich, die seit alters auf der thebanischen Westseite verehrt wurde. Mit der Entwicklung der einst bescheidenen Nekropole zum »Reichsfriedhof« wurde ausgerechnet die Lebens- und Nahrungsspenderin eine wichtige Totengöttin, was freilich in Ägypten nicht als Widerspruch empfunden wurde. So stellt sie sich in Der el-Bahari schützend über den König und nährt ihn an ihrem Euter, oder sie tritt mütterlich-beruhigend aus dem Gebirge (Abb. S. 363). Daneben übernimmt Hathor aber auch die Gestalt der Göttin Imentet, deren schriftlicher Kopfschmuck »Westen« bedeutet (Abb. S. 341). Überraschender noch ist die Verbindung mit dem markanten Gipfel der Westberge (Abb. S. 311), der besonders von den Anwohnern und Nekropolenarbeitern als Mereseger, »Die das Schweigen liebt«, üblicherweise in Schlangengestalt verehrt wurde.

In der Fürsorge um die Verstorbenen, als stillende Mutter und als liebende Gattin tritt Hathor in ein zunehmend

inniges Verhältnis zu Isis, das sich im Lauf der Zeit fast zur Personalunion verdichten sollte.

Eine besondere Ausprägung erfährt Hathor jedoch als Göttin der Liebe und der weiblichen Schönheit, einschließlich aller kosmetischen Hilfsmittel. Als Re in der Gerichtsversammlung der Götter so schwer beleidigt war, daß er einen ganzen Tag lang auf dem Rücken liegen blieb und sich nicht rührte, war es Hathor, die ihn wieder fröhlich machte, indem sie vor ihm ihr Gewand lüpfte. Auch ihre Barkenfahrt durch das Papyrusdickicht war in ägyptischen Augen eine deutliche erotische Anspielung.

In diesem Sinn galt sie auch als Herrin rauschender Feste, der Musik und des Weines. Das berühmte »Fest des Rauschtranks«, das in Dendera schon im Alten Reich bezeugt ist, spielt freilich auch auf die Besänftigung der menschenfressenden Löwin an. Dieser gefährliche Aspekt, den Hathor mit fast allen ägyptischen Göttinnen teilt, mußte beispielsweise auch entschärft werden, bevor sie mit Horus Hochzeit feierte. Auf ihrer alljährlichen Nilfahrt nach Edfu unterbrach man die Reise deshalb in Karnak, um sie auf dem Ischeru-See der Mut sanft und liebenswürdig zu stimmen.

Sohn der Hathor und des Horus ist der Musikgott Ihi. Er wird als Kind dargestellt, das zur Freude seiner Mutter mit dem Sistrum rasselt. Über dieser Familiengliederung ging die alte Vorstellung von Hathor als Mutter des Horus jedoch nicht verloren.

Welch hohes Ansehen Hathor auch in späterer Zeit noch genoß, zeigt der Tempelneubau in Dendera, der zu den großen Projekten der Ptolemäer gehört und an dem noch die römischen Kaiser arbeiten ließen, ohne ihn aber ganz fertigstellen zu können.

Das Mammisi

Wie in Dendera gehörte zu jedem der späten Heiligtümer ein Mammisi, das Geburtstempelchen für das Götterkind. Nach dem Vorbild der eigens für Entbindung und Wochenbett errichteten Lauben außerhalb des Hauses gestaltete man das Mammisi als Peripteralbau abseits vom Tempel, aber innerhalb des Heiligen Bezirks.

Thema der Anlage ist ursprünglich die göttliche Zeugung und Geburt des Königs, die Geschichte wurzelt im Alten Reich, die Art der Darstellung in der 18. Dynastie. Schon Hatschepsut hatte in Der el-Bahari ihre Legitimation durch göttliche Herkunft in einem ausführlichen Bilderzyklus dargetan (Abb. S. 122), von Amenophis III. ist der entsprechende Bericht im Luxortempel erhalten. Auf das jeweilige Götterkind bezogen wurde die Geschichte im Mamisi dargestellt und alljährlich im Kultspiel nachvollzogen. Dabei blieb das Vorbild der 18. Dynastie so dominierend, daß zum Beispiel in Dendera immer noch Amun als Gottvater auftritt, obwohl es eigentlich Horus von Edfu sein müßte. Der Mythos hat sich vom speziellen Fall ins Allgemeingültige erhoben.

Oben: Als Anhänger wurde die Figur des zwergengestalteten Schutzgottes Bes getragen. Seine Zuständigkeit umfaßte den Bereich Entbindung und Wochenbett, jedoch auch Kosmetik und Musik. Baltimore, Walters Art Gallery

Unten links: Der Goldring mit Skarabäus gehörte vermutlich einem der Oberpriester zur Zeit des Gottesstaates. Privatsammlung

Unten rechts: Anhänger aus Gold und Glaspasten. Auf dem Muschelrücken breitet ein Hathorsistrum die Arme aus. Mittleres Reich. München, Staatliche Sammlung Ägyptischer Kunst

Rechts oben: Der goldene uräusbekrönte Widderkopf stammt aus der Kuschitenzeit und war vermutlich Teil eines Pektorales. Höhe 4,2 cm. New York, Schimmel Collection

Rechts Mitte: Rück- und Vorderansicht eines goldenen Ba-Vogel-Anhängers mit farbig eingelegtem Gefieder. Privatsammlung

Rechts unten: Der goldene Schildring mit Widderkopf und Halskragen stammt aus der Pyramide der meroitischen Königin Amani-Schacheto vom Ende des 1. Jahrhunderts v. Chr. München, Staatliche Sammlung Ägyptischer Kunst

Im Umfeld dieses Geschehens wirken noch einige wichtige Götter, deren Schutz sich auch die irdische Mutter anvertraut. Neben verschiedjenen Gefahr bannenden Dämonen sind es insbesondere die Nilpferdgöttin Thoëris und der zwergengestaltige Bes.

Taweret, »Die Große«, ist der ägyptische Name der von den Griechen Thoëris genannten Schutzgöttin von Schwangerschaft, Geburt und Wochenbett. Meist wird sie als aufrecht stehendes Nilpferd dargestellt, dessen füllige Gestalt den Eindruck der guten Hoffnung nahelegt.

Wohl die einzige bewußt groteske Erscheinung der ägyptischen Götterwelt ist Bes, ein Dämonenvertreiber schlechthin. Seine halbnackte Zwergenfigur ist mit einem Pantherfell behängt und meist gegürtet, das fratzenhaft stilisierte Gesicht mit gebleckter Zunge und abstehenden Ohren erinnert an griechische Gorgo-Darstellungen. Gelockter Bart, gequetschte Nase und quellende Augen verschönern ihn nicht eben, unterstützen aber seine apotropäische Wirkung. Manchmal schwingt er ein Messer und erwürgt Schlangen.

Ausgesprochen drollig wirkt er dagegen als Musikgott, wenn er pummelig tanzend das Tamburin schlägt oder die doppelte Oboe bläst. Die Musik und seine Zuständigkeit für Toilettenutensilien und Kosmetik weisen ihn dem Gefolge der Hathor zu. Im Gegensatz zu Thoëris, die speziell der werdenden Mutter half, konnte Bes als Amulett vielseitig wirken und schützen und war entsprechend beliebt.

»… was für Scheusale das verrückte Ägypten verehrt«
(Juvenal, Satire XV)

Trotz ihrer Bewunderung der ägyptischen Kultur und der Frömmigkeit der Bewohner des Nillandes stand die griechische und römische Antike den Tiergöttern und Mischwesen doch recht befremdet gegenüber. Sofern man diesen nicht die tiefsinnige Symbolik ehrwürdiger Mysterien zubilligte, über die sich »der Uneingeweihte nicht lustig machen soll« (Lukian), verfolgte man die »hundsköpfigen« Götter mit Spott und Abscheu.

Das frühe Christentum und seine Kirchenväter verschärften diese Haltung bis zur Aggression und zum Bildersturm. Noch das 19. Jahrhundert wußte mit den Tiergöttern wenig anzufangen, und sogar die Wissenschaft der Ägyptologie empfand lange Zeit die »abstrusen« Gottesvorstellungen als beschämend für eine Hochkultur von unbestrittenem Rang. Aus diesem Unbehagen resultieren die zahlreichen Versuche, die Göttervielfalt archaischer Primitivität oder spätzeitlichen Verfallserscheinungen zuzuordnen, den »klassischen« Epochen jedoch einen zumindest latenten Monotheismus zu unterstellen. Sie gipfeln in der verklärenden Überschätzung Echnatons und in den Spekulationen um seinen Einfluß auf auswärtige monotheistische Tendenzen bis hin zum Christentum, nachdem Ägypten seine reine Lehre nicht hatte annehmen wollen.

Grab und Jenseitsglaube

D ER BESUCHER eines ägyptischen Museums hat unausweichlich den Eindruck, daß im Zentrum der Kultur des alten Ägypten Tod, Tote und Totenkultur standen. Stelen, Reliefs und Malereien aus Gräbern, Grabstatuen, Scheintüren, Särge, Opfersteine, eine Fülle von Grabbeigaben der verschiedensten Gattungen und vieles andere aus dem Umfeld des Todes und Totenkultes ziehen ihn in ihren Bann. Auch der Ägyptenreisende sieht sich, außer mit der Götterwelt in Tempeln und Tempelruinen, durch eine Vielzahl königlicher und privater Nekropolen im wesentlichen mit dem Tod und den Toten konfrontiert. Ebenso wie die archäologische Hinterlassenschaft des Landes belegen auch viele Texte auf Stein, Holz, Papyrus und anderen Schriftträgern ein für das Gefühl des heutigen Menschen sehr stark ausgebildetes Interesse der Träger jener Kultur für alles, was mit Grab und Jenseits zu tun hat. Gibt dieser erste Eindruck die Realität wieder? Ist es tatsächlich so, daß man von einer Jenseitsbezogenheit des Denkens und Handelns der alten Ägypter sprechen darf oder muß? Sind nicht die Werke der Kunst dieses Landes ausnahmslos »Bilder für die Ewigkeit«? Dominieren in ihnen nicht Sehweisen des Daseins, die in anderen Kulturen eine geringere Rolle spielen und gespielt haben?

Eine ganz andere Frage ist, ob der Zufall bei dem, was uns überliefert ist, eine Rolle gespielt hat. Liegen vielleicht triftige Gründe dafür vor, daß gerade die Objekte und Texte, die den Inhalt dieses Kapitels ausmachen, überrepräsentiert sind? Hierfür gibt es eine ganz einfache Erklärung: Die Architektur, die der Welt der Götter und der Toten gewidmet war, ist in dauerhaftem Stein ausgeführt worden, während für die Bauten der Menschen in den Städten und Dörfern Lehmziegel, Holz und Matten verwendet wurden, Baumaterialien, die nur kurzlebig sind. Wichtig für die Beständigkeit der Bauwerke ist auch ihre

Die Himmelsgöttin Nut hält ihre Hand schützend über die Eingangspyramide des Grabes Nr. 335 in Der el-Medine. Sein Besitzer Nachtamun amtierte zur Zeit der 19. Dynastie als Totenpriester Amenophis' I.

Lage: Die Gräber der Oberschicht, und mit dieser haben wir es zu tun, liegen ebenso wie die Tempel am trockenen Wüstenrand. Die Profanbauten dagegen waren im feuchten Fruchtland errichtet und sind, wenn überhaupt erhalten, für uns weitgehend unerreichbar und unerforschbar, nicht zuletzt wegen des heute höheren Grundwasserspiegels. Das bedeutet, daß wir es nicht nur mit einem reinen Zufall der Überlieferung zu tun haben. Die unterschiedliche Wahl der Baumaterialien und der Standorte für Bauten des profanen bzw. des funerären und sakralen Bereichs wird über die Jahrtausende konsequent beibehalten. Die Profanbauten ordneten die Ägypter den praktischen Bedürfnissen des täglichen Lebens unter, die Bauten für die Götter und die Toten dagegen errichteten sie für die Dauer, für die Ewigkeit.

Wer sich mit Denken und Brauchtum der Völker befaßt, weiß, daß Anfang und Ende menschlicher und kosmischer Existenz schon immer den Menschen bewegten und Hoffnungen und Ängste auslösten. Ähnliche Bedeutung wurde auch den verschiedenen Übergängen im Leben des Einzelnen oder eines Volkes, zum Beispiel dem Beginn der Reife, der Hochzeit oder dem Herrscherwechsel beigemessen. Letztlich sind auch Anfang und Ende, das heißt Schöpfung und Geburt einerseits und Weltende und Tod andererseits, Übergänge von einer Seinsform in eine andere und dadurch mit Schwellenängsten verbunden.

Der Überwindung solcher Schwellenängste dient dem Ägypter ganz wesentlich sein Schöpfungsglaube. Dieser beinhaltet als zentralen, für unseren Zusammenhang wichtigen Aspekt: Mit der Schöpfung wird die Ordnung begründet, die Leben schafft und weiterhin ermöglicht. Leben außerhalb dieser Ordnung ist für den Ägypter undenkbar, ebensowenig wie Ordnung außerhalb und ohne Leben. Der ägyptische Schöpfungsglaube umfaßt aber noch mehr. Das wird in einem Text, der die Welt vor der Schöpfung charakterisiert, deutlich. Es heißt da: »Als der Himmel noch nicht entstanden war, als die Erde noch nicht entstanden war, als die Menschen noch nicht entstanden waren, als die Götter noch nicht entstanden waren, als das Sterben noch nicht entstanden war.« Wenn in dieser Aufzählung des Essentiellen, das vor der Schöpfung noch nicht da war, auch das Sterben genannt wird, so will das doch wohl nichts anderes besagen, als daß auch das Sterben, auch der Tod, zur geordneten Welt gehören. Deshalb bezeichnet der Ägypter auch den Zustand nach dem physischen Tod mit »anch«, dem Wort für »Leben«.

Diesseits und Jenseits gehören für den Ägypter eng zusammen und bilden eine Einheit innerhalb der geschaffenen, der geordneten Welt. Dieses geistig-religiöse Konzept erfordert Umsetzung in Konkretes, zum Beispiel durch die Errichtung des Grabes, es erfordert die Sicherung der Ordnung gegenüber Gefahren von außerhalb der geordneten Welt, was in vielen Einzelheiten der Grabausrüstung und Jenseitsvorstellungen zum Ausdruck kommt.

Dieses Bewußtsein von der Gefährdung der aus dem Leben vor und nach dem physischen Tod bestehenden Ordnung, das für ein von der lebensbedrohenden Wüste sichtbar und spürbar eingeschlossenes Volk verständlich ist, wird im folgenden immer wieder deutlich werden.

Damit ist der Grundgedanke des ägyptischen Jenseitsglaubens ausgesprochen, den wir über eine mehr als dreitausendjährige Geschichte verfolgen können. Dabei muß man sich aber von vornherein eines klarmachen: Dieser Jenseitsglaube ist ein äußerst komplexes Gebilde. Er umfaßt Praktiken und Vorstellungen, die sich auf mehrere Bereiche beziehen. Da ist einmal der Bereich, den man mit »Sorge für da jenseitige Dasein« umschreiben könnte. Zum anderen bildet der »Übergang vom diesseitigen zum jenseitigen Leben« Ansätze zu vielfältigen Überlegungen, gilt es doch, die Überwindung von Gefahren und die Aufnahme in der anderen Welt zu gewährleisten. Und schließlich ist das Schicksal, das Leben des Toten im Jenseits, Gegenstand von Ängsten und Hoffnungen. Es ist wohl einleuchtend, daß die auf diese Bereiche bezogenen Vorstellungen zu verschiedenen Zeiten unterschiedlich formuliert wurden, zumal sie vielfältige und uneinheitliche Wurzeln haben. Es ist aber eine Eigenart des Ägypters, nichts zu vergessen. Einmal Gedachtes und Geschriebenes wird beim Aufkommen neuer Ideen nicht verworfen, sondern mit dem Neuen verbunden. Das Verständnis für diesen stets in Bewegung befindlichen Prozeß ist nicht einfach. Und es wird auch nicht möglich sein, im Rahmen dieses Kapitels alles zur Sprache zu bringen. Manches wird unausgesprochen oder angedeutet bleiben müssen.

Bisher war nur vom Jenseitsglauben die Rede. Es muß nun der Ort angesprochen werden, der trotz aller Vorstellungswandlungen für das Jenseitsleben von entscheidender Bedeutung war und immer geblieben ist, vom Grab. Auch hierzu einige Vorbemerkungen. Alt ist die Vorstellung vom »Grab als Wohnhaus« des Verstorbenen, die beim Grabbau auch ganz konkret umgesetzt werden kann, wobei das Grab nach dem Vorbild eines richtigen Hauses mit Vorratskammern, Vorhallen mit Säulen, Höfen, Gärten und anderem eingerichtet wurde. Neben dieses Konzept eines »schönen Hauses der Ewigkeit« tritt später, schon im Laufe des Mittleren Reiches, ein anderes. Das Grab, zunächst die Grabkammer, wird zu einem Abbild der jenseitigen Welt. Der Wandel der Jenseitsvorstellungen ist an den Bildern und Texten der Grabwände abzulesen.

Art und Weise der Auswahl und der Anordnung von Texten und Bildern machen darüber hinaus deutlich, daß das

Links: Die Mumie eines namentlich nicht genannten Priesters der 21. Dynastie in ihrem menschengestaltigen, bemalten Holzsarg stammt aus Theben.
London, British Museum

Rechts: Vor dem pyramidenbekrönten Grabeingang hält Anubis die Mumie des Rai und empfängt die trauernden Angehörigen. Grab Nr. 225 in Dra Abu el-Naga, Ende der 18. Dynastie.

Grab auch als ein Denkmal aufgefaßt werden konnte, eine Stätte der Erinnerung des Toten. Da wird neben dem Notwendigen und Typischen auch das Einmalige und Persönliche thematisiert, »um zu sehen, was ich tat auf Erden«, wie es so oder ähnlich öfters ausgedrückt wird. Der wohl wesentlichste Aspekt des Grabes qualifiziert diesen Ort als Kontaktstelle zwischen Diesseits und Jenseits, zwischen den Toten und den Lebenden. Gemeint ist die Sicherung der Existenz des Toten durch die Versorgung, die die Lebenden dem Toten zuteil werden lassen. Hier werden die Opfer dargebracht, die Gebete gesprochen, Feste gefeiert. Dabei ist bemerkenswert, daß sich der Kontakt zwischen Tod und Leben nicht auf die Versorgung des Toten beschränkt. Der Wille des Toten, am diesseitigen Leben fallweise teilzunehmen, ist mit einem ganzen Wunschkatalog verbunden. Er möchte seine Familie wiedersehen, sich um seinen Besitz kümmern, den Tempel seines Stadtgottes, besonders an Festen, besuchen und manches andere mehr. Auf eine andere Kontaktmöglichkeit der Lebenden, mit Toten in Verbindung zu treten, kommen wir noch zu sprechen.

Mumifizierung und Mundöffnung

Die wichtigste Vorsorge für den Toten war die Erhaltung seines Körpers durch die Mumifizierung oder Balsamierung. Dieser Brauch, den wir etwa von der 3. Dynastie an über das Ende des pharaonischen Ägypten hinaus bis in koptische Zeit hinein verfolgen können, hat auch die Griechen beeindruckt. Herodot schreibt darüber im 2. Buch seiner Historien (Kapitel 86) folgendes: »Zuerst ziehen sie mit einem gekrümmten Eisendraht durch die Nasenlöcher das Gehirn heraus; genau genommen ziehen sie nur einen Teil von ihm heraus, den anderen dadurch, daß sie auflösende Substanzen hineinleiten. Sodann schneiden sie mit einem scharfen äthiopischen Stein den Leib an den Weichteilen entlang auf und holen das ganze Eingeweide heraus; wenn sie es aber gereinigt und mit Palmwein ausgespült haben, spülen sie es noch einmal mit zerriebenem Räucherwerk. Sodann füllen sie die Bauchhöhle mit unvermischter zerriebener Myrrhe, Kasia und den übrigen Spezereien, außer Weihrauch, und nach Ausführung der Füllung nähen sie sie wieder zu. Wenn sie das gemacht haben, balsamieren sie die Leiche mit Natron ein und verwahren sie siebzig Tage; sie länger einzubalsamieren ist nicht erlaubt. Nach Ablauf der siebzig Tage waschen sie die Leiche, umwickeln den ganzen Körper mit Streifen von Leinwand aus Byssos, die sie mit Gummi überstreichen, den die Ägypter in der Regel statt Leims verwenden. Dann übernehmen die Angehörigen die Leiche; sie verfertigen aus Holz eine Hohlform einer menschlichen Gestalt; nachdem sie diese angefertigt haben, legen sie den Leichnam hinein, und wenn sie ihn so eingeschlossen haben, bergen sie ihn in der Grabkammer, indem sie ihn an die Wand lehnen.« Im großen und ganzen entspricht das, was man Herodot erzählt hat, durchaus den Tatsachen. Folgendes sei hinzugefügt: Das zur künstlichen Austrocknung der Leichen benutzte Natron war kein Natronbad, sondern festes Natron. Das Herz wurde in der Regel nicht entfernt. Die Eingeweide wurden in besonderen Gefäßen, den Kanopenkrügen, verwahrt. Die Stellen, aus denen die Organe entfernt worden waren, wurden mit Leinwandbinden, Harz oder harzgetränkten Leinenkissen ausgefüllt. Diese Vorgänge vollzogen sich im Balsamierungshaus und folgten einem bestimmten Ritual, das uns allerdings erst aus relativ später Zeit bekannt ist.

Der Gott, der für die Mumifizierung verantwortlich ist, ist Anubis, ein Canide, ein Schakal, den man als Totengott verehrte, um seine negativen Aktivitäten in den Friedhöfen abzuwenden. Deshalb erscheint auch der die Balsamierung ausführende Priester mit einer Maske des Gottes Anubis. Seine Rolle, die ja, da sie der Erhaltung und Konservierung des Körpers dient, grundsätzlich positiv beurteilt wird, hat in den Augen des Ägypters auch Negativseiten, da er durch seine Tätigkeit den Körper beschädigt. Nach getaner Arbeit muß er sogar um sein Leben fürchten. Das hat man auch Diodor erzählt, der in seinem 1. Buch (91) folgendes berichtet:

»Danach schneidet der sogenannte Ausschneider mit einem äthiopischen Stein soviel Fleisch heraus, wie das Gesetz vorschreibt, und läuft dann allsogleich davon, indem die Anwesenden ihn mit Steinwürfen verfolgen und Verwünschungen gegen ihn ausstoßen, gleich als wollten sie die Schuld auf sein Haupt laden. Denn nach ihrem Glauben ist jeder gerichtet, der dem Körper eines Ägypters Gewalt antut, ihn verwundet oder irgendwie beschädigt.« Schließlich wird die Mumie im Rahmen des Balsamierungsrituals »belebt«. Dafür hat sich der Begriff »Mundöffnungsritual« eingebürgert. Ursprünglich dient es der Belebung von Statuen, dann aber wird es auch auf andere zu belebende Dinge, auch Mumien, angewandt.

Briefe an Tote

Eine weitere Möglichkeit für Lebende, mit Toten in Verbindung zu treten, war, Briefe zu schreiben. Wir ken-

nen derartige Briefe von der 6. Dynastie an bis in die Spätzeit hinein. Ein gutes Dutzend dieser außergewöhnlichen Briefgattung ist uns bekannt, in der Regel auf Töpfe geschrieben, ausnahmsweise auch auf Papyrus. Die Tongefäße, die dem Opfer für den Toten dienten, wurden an der Opferstelle des Grabes niedergelegt. So glaubte man sicher zu sein, daß die Briefe auch gelesen wurden. Hier wird die Funktion des Grabes als Kontaktstelle zwischen Diesseits und Jenseits besonders deutlich. Diese Briefe zeigen darüber hinaus in mehrfacher Hinsicht die enge Verbindung zwischen Diesseits und Jenseits in den ägyptischen Vorstellungen.

In den Totenbriefen wenden sich Menschen, die sich durch Tote bedroht fühlen, an tote Verwandte mit der dringenden Bitte, die Bedrohung in Zukunft zu unterlassen oder aber, wenn man sich nicht direkt an den Übeltäter wenden kann, das ihnen geschehene Unrecht in einem Rechtsstreit mit den betreffenden Übeltätern vor einem Gericht im Jenseits in Recht zu verwandeln. Dahinter steckt die Annahme, daß Tote in Vorgänge oder Zustände des Diesseits eingreifen können. Insbesondere ist interessant, daß im Diesseits begangenes Unrecht vor einem Jenseitsgericht verhandelt werden kann. Diese Vorstellung ist übrigens nicht auf die Gattung der Totenbriefe beschränkt. Wir kennen sie aus Textzeugnissen, die hier einmal ganz allgemein mit »Totenliteratur« bezeichnet werden sollen. Auch gewisse Teile von Grabinschriften seit der 4. Dynastie bezeugen dies. Da gibt es einen Inschriftenbereich, der sich an die Grabbesucher wendet. Darin finden sich Drohungen gegen »jeden, der etwas Böses gegen dieses (Grab) tun sollte«. Mögliche Vergehen sind: Betreten des Grabes in unreinem Zustand, Auslöschen von Inschriften, die ja nicht nur etwas berichten sollen, sondern durch ihre bloße Existenz als für den Toten wirksam galten. Auch die Beseitigung des Namens wird in diesem Zusammenhang genannt, da der Name in der ägyptischen Anthropologie eine ganz besondere Rolle spielte. Und schließlich gilt es als großes Vergehen, Teile des Grabes als Baumaterial zu entwenden. Den Übeltätern werden Konsequenzen im Diesseits oder im Jenseits angedroht: Tod, Vernichtung des Besitzes oder Prozeß vor einem Jenseitsgericht.

Gräber der Könige – Pyramiden

Ein Gang durch die Welt der Gräber und des Jenseitsglaubens sollte bei den Ruhestätten der frühen Pharaonen, den Pyramiden, beginnen, die auf dem Westufer des Nils zwischen Abu Roasch im Norden und Medum im Süden auf einer Strecke von ca. 100 Kilometern erbaut wurden.

Die Gräber der Könige der ersten beiden Dynastien liegen im oberägyptischen Abydos. Es sind zum Teil einfache rechteckige Kammern, in den Boden eingetieft und mit Ziegeln ausgemauert. Andere bestehen aus größeren Komplexen mit Nebenkammern und Magazinen. Stein ist offenbar als Baumaterial wenig benutzt worden. Granit hat

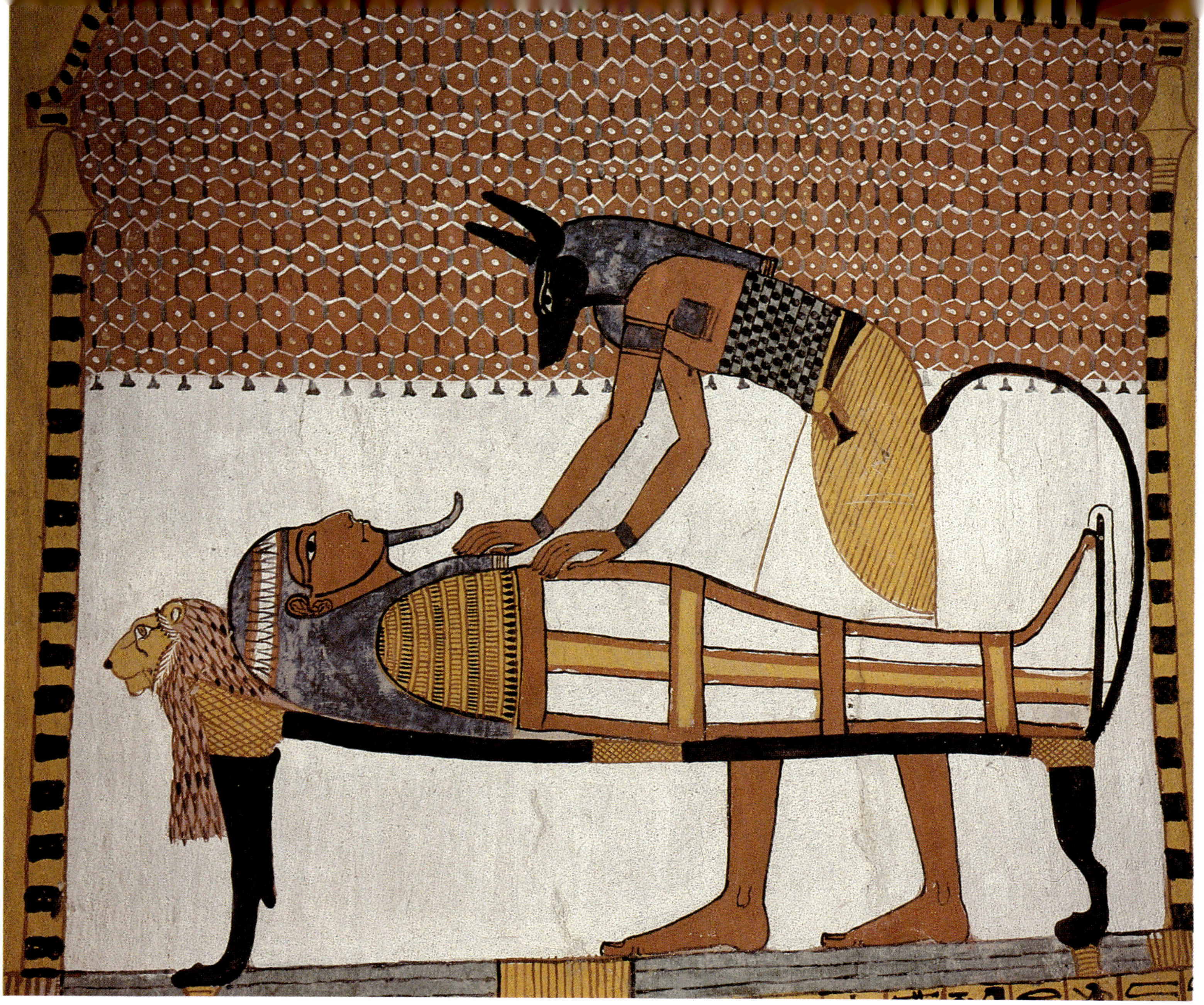

An den trefflichen Geist Anchiri!

Was hast Du Übles gegen mich getan, daß ich in den schlimmen Zustand geraten bin, in dem ich mich befinde? Was habe ich gegen Dich getan? Es ist geschehen, daß Du gegen mich vorgehst, obwohl ich nichts Übles gegen Dich getan habe, seit ich mit Dir als Gatte lebe bis zum heutigen Tage ... Ich werde gegen Dich Klage vorbringen vor den Göttern des Westens, und man wird Dich und mich auf Grund des Schreibens, das ich verfaßt und geschrieben habe, richten.

Was habe ich gegen Dich getan? Ich habe Dich zur Frau genommen, als ich ein junger Mann war. Du warst bei mir, als ich meine verschiedenen Ämter ausübte. Du warst bei mir, ich habe Dich nicht verstoßen und ließ Dein Herz nicht zornig werden ...

Und alles, was ich erwarb und was mir zukam, nahm ich es nicht um Deinetwillen, weil ich sagte: Ich handle nach Deinem Wunsch? Sieh. Du läßt mein Herz nicht ruhig werden. So muß ich mit Dir prozessieren, damit man Unrecht und Recht erkennt ...

Ich verbarg nichts vor Dir während Deiner Tage des Lebens. Und als ich mit dem Pharao ... nach Süden zog und Du in den Zustand gerietest, der über Dich kam (als sie starb), habe ich acht Monate, ohne in der Weise eines Menschen zu essen und zu trinken, verbracht. Als ich nach Memphis zurückkkam, erbat ich (Urlaub) vom Pharao ... (kam) dorthin, wo Du warst und weinte sehr mit den Menschen vor meiner Wohnung. Ich gab Leinen und Stoffe, Dich einzubalsamieren.

Sieh, ich habe danach drei Jahre (allein) gelebt und nicht geheiratet, obwohl es einem meinesgleichen nicht ansteht. Sieh, ich habe es um Deinetwillen getan. Aber sieh, Du kannst Gutes nicht von Schlechtem unterscheiden. So wird man zwischen Dir und mir richten.

Aus dem Brief eines Witwers an seine Frau
(nach Siegfried Schott)

Oben: Anubis galt den Ägyptern als Schutzherr des Leichnams. Da sich der Schakal durch sein Scharren an Gräbern unbeliebt machte, hoffte man, diese Aktivität durch Vergöttlichung ins Positive zu wenden. Im Grab des Sennodjem, Nr. 1 in Der el-Medine, versorgt der Gott die Mumie des Verstorbenen.

Links: Auch die Mumifizierungspriester identifizierten sich mit Anubis und trugen entsprechende Masken. Das einzige bekannte Exemplar ist aus bemaltem Ton und mit Sehschlitzen versehen, auch die Aussparung für die Schulter des Priesters beweist ihren Verwendungszweck. Die Maske entstand um 600 v. Chr. Hildesheim, Pelizaeus-Museum

Unten: Zur Reinigung der Eingeweide dienten möglicherweise die kleinen alabasternen Balsamierungstische in Form des Totenbetts aus der Zeit Djosers. Kairo, Ägyptisches Museum

als Bodenbelag einmal Verwendung gefunden, eine Sarg-kammer war mit Kalksteinplatten gedeckt. Oberbauten haben sich hier nicht nachweisen lassen; man rechnet aber mit einer geringen Sandaufschüttung, die durch Ziegel-mauern eingefaßt war. Die Opferstätte war offenbar von zwei Stelen mit dem Namen des Herrschers flankiert.

In Sakkara ist ebenfalls ein archaischer Friedhof entdeckt worden, der möglicherweise Gräber von Königen der Frühzeit enthielt. Dies ist allerdings nicht unumstritten. Sollte das der Fall sein, hätten einige Könige jener Zeit zwei Gräber gehabt, neben dem echten ein Scheingrab. Jedenfalls sind die Grabanlagen in Sakkara wesentlich umfangreicher. Sie bestehen aus vielen Kammern, die die Grabkammer umschließen und wohl der Aufnahme der Grabbeigaben dienten. Bemerkenswert ist die reiche Nischengliederung der Außenwände.

Von der 3. Dynastie an bis zum Anfang des Neuen Reiches ist die Grabform der Pharaonen die Pyramide. Die Grab-anlage des Königs Djoser ist ein Meilenstein in der Ent-wicklung des Königsgrabes. Eine riesige Totenresidenz wird zum ersten Mal aus Stein errichtet. Der Gesamtkom-plex wird von einer 10 Meter hohen Mauer umschlossen, die 544 zu 277 Meter mißt. Sie ist durch Vor- und Rück-sprünge gegliedert. Vierzehn doppelflüglige Tore sind dem Mauerwerk appliziert, Scheintore bis auf eines an der Südostecke des Gesamtkomplexes, durch das man in eine 54 Meter lange Halle tritt, die durch 20 Mauerzungen auf jeder Seite gegliedert ist. Am Ende gelangt man über eine Vorhalle in den offenen Hof. In der Südwestecke befindet sich eine Grabanlage, die nach Westen orientiert ist. Die Ausrichtung nach Westen, der Region, in der nach einer Vorstellung das Reich der Toten angesiedelt war, kennen wir schon aus vorgeschichtlichen Gräbern. Besonders bemerkenswert sind die Reliefs in den unterirdischen Räu-men, die ersten, die wir aus einer Grabanlage kennen und die den König beim Opfertanz zeigen.

Darüber hinaus enthält der Hof eine ganze Reihe kulti-scher Scheinbauten, die massiv ausgeführt worden sind. Im Zentrum der Gesamtanlage erhebt sich die Pyramide, deren Baugeschichte recht interessant ist, da sie wichtige Daten für die Entwicklung der Pyramide liefert. Ursprüng-lich bestand der Bau aus einem 8,40 Meter hohen quadrati-schen Grab bei einer Seitenlänge von etwa 63 Metern, eine Grabform, auf die wir noch zu sprechen kommen. Diese Grabform, Mastaba genannt, wurde danach zweimal erweitert. Der erste Erweiterungsbau wurde niedriger gehalten, so daß hier zum ersten Mal eine Stufenmastaba entstand. Bei der zweiten Erweiterung erhielt der Bau eine rechteckige Form. Die verschiedenen Bauabschnitte waren jeweils mit Kalkstein verkleidet. Später wurde an diesem Grab eine ganz entscheidende Veränderung vorge-nommen. Zunächst errichtete man über dem Grab einen vierstufigen Bau, der eine Höhe von über 40 Meter erreichte. Schließlich wurde das Ganze durch einen sechs-stufigen Bau auch im Volumen erheblich vergrößert. Die Stufenpyramide erreichte eine Höhe von 62 Metern bei einem Grundriß von 125 zu 109 Meter.

Die Gründe für die Erweiterung der ursprünglichen Mastaba können wir nur ahnen. Ästhetische Gründe, etwa um dem im Zentrum der Gesamtanlage stehenden Ge-bäude größeres Gewicht zu geben, scheiden aus, da sich die funeräre und sakrale Architektur Ägyptens nach ihren Funktionen orientiert. Deshalb hat man sich gefragt, ob der Grund dafür nicht im religiösen Bereich zu suchen ist, ob nicht der Gedanke einer Treppe für den Himmels-anstieg des Königs umgesetzt werden sollte.

Zu den unter der Pyramide liegenden Räumen gelangt man durch einen tiefen Schacht, der an der Nordseite der Pyramide liegt.

Entwicklungsgeschichtlich markiert die Pyramide von Medum den nächsten Schritt. Es wird vermutet, daß sie sich ebenfalls aus einer Mastaba entwickelt hat, über der in einem weiteren Bauabschnitt eine siebenstufige Pyramide errichtet wurde, deren Stufen schließlich aufgefüllt wur-den, so daß eine echte Pyramide entstand. Dieses Königs-grab wird Snofru, dem ersten König der 4. Dynastie, zuge-

In langem Prozessionszug stellte man den Transport der Grabaus-stattung dar. Im Grab des Ramose, Nr. 55 in Schech Abd el-Kurna, der unter Amenophis III. und IV. das Amt des Wesirs bekleidete (unten), *werden Gefäße und Mobiliar zum Grab gebracht. Den Trauerzug empfangen klagende und wei-nende Frauen (rechts) mit auf-gelöstem Haar und entblößten Brüsten.*

Ich folgte dem König der Beiden Länder. Ich heftete mich an seine Fersen im südlichen und im nördlichen Fremdland. Ich erreichte die südlichste Spitze der Erde und bin zu ihrer nördlichsten gelangt, indem ich zu den Füßen Seiner Majestät – sie lebe, sei heil und gesund – war. Ich erwies mich als tapfer wie einer, der über Kraft verfügt. Ich packte zu wie seine Tapferen. Jedes Verwaltungszentrum im Ausland wurde von mir inspiziert. Ich bewegte mich an der Spitze der Fußtruppen als Erster des Heeres. Wenn mein Herr in Frieden bei mir erschien, so hatte ich sie (die Verwaltungszentren) in Ordnung gebracht und mit allem versehen, was man im Fremdland wünscht, vervollkommnet im Hinblick auf die Verwaltungszentren Ägyptens, völlig gereinigt, gesichert und prächtig gestaltet, was ihre Bauteile betrifft. Die Kammer war dann in richtigem Zustand. Ich kontrollierte die Abgaben der Herrscher im gesamten Ausland, bestehend aus Silber, Gold, Weihrauch und Wein.

Text vom Denkstein des Antef

Ich verbrachte mein Leben in Genuß, ohne Kranksein, machte meine Tage festlich mit Wein und Fett. Der wird nicht töricht sein, der seinen Herzenswunsch ausführt . . . Ich habe die Lebenszeit jedes Mannes meiner Zeit überschritten und erreichte das Wüstental (das Begräbnis) unter seiner Gnade. Das Land klagt, da ich dahingegangen bin. Meine Angehörigen unter den Menschen erhoben sich nicht aus der Sorge.

Der Ausgang des Lebens ist Trauer, bedeutet Dürftigkeit an dem, was früher bei dir war, und Leerheit an deinem Besitz, bedeutet Sitzen in der Halle der Bewußtlosigkeit beim Verkünden des Morgens, das doch nicht kommt, bedeutet Nichtwissen, Schlafen, wenn die Sonne im Osten steht, Dürsten neben dem Bier. Das Herz ist ein Gott, dessen Kapelle der Magen ist, der sich aber freut, wenn die anderen Glieder in festlicher Stimmung sind.

Inschrift auf einer Statue des Amun-Priesters Nebneteru
(nach Friedrich Wilhelm Freiherr von Bissing)

schrieben. Es zeigt Neuerungen gegenüber den Anlagen der 3. Dynastie, für die stellvertretend der Djoserbezirk vorgestellt wurde. Die Anordnung der Einzelelemente der Grabanlage von Medum bleibt auch für die folgende Zeit bestimmend. Die bisherige Nord-Süd-Orientierung wird zugunsten einer Ost-West-Orientierung aufgegeben. Vom Osten her, das heißt vom Fruchtland, führt ein Aufweg zum östlich der Pyramide gelegenen Totentempel, der bei dieser Anlage allerdings nur aus einer bescheidenen Opferstelle, markiert durch eine Opferplatte und zwei Stelen, besteht. Der Zugang zum Inneren der Pyramide liegt wie bisher im Norden. Und aus dem Südgrab wird eine Nebenpyramide.

Ein weiterer Meilenstein in der Geschichte der Pyramiden ist die Knickpyramide von Dahschur, so genannt wegen des im oberen Teil des Bauwerks veränderten Böschungswinkels. Sie ist das erste königliche Grabmal, das von vornherein als Pyramide konzipiert war. Auffällig ist neben dem veränderten Böschungswinkel auch das zweifache Kammersystem im Inneren der Pyramide, einmal nach Westen und einmal nach Norden orientiert. Es wird vermutet, daß der schwache Felsuntergrund schon während der Bauzeit zu Rissen und Senkungen führte und so den Baumeister zur Änderung des ursprünglichen Bauplans veranlaßte. Man hat den Bau schließlich ganz aufgegeben und weiter nördlich, ebenfalls in Dahschur, eine dritte Pyramide für Snofru erbaut, die sogenannte rote Pyramide, die ihren Namen dem rötlichen Stein unter der ursprünglichen Verkleidung verdankt.

Einen Höhepunkt der Pyramidenentwicklung stellt schließlich die Grabanlage des Cheops, des Nachfolgers von Snofru, dar. Bei einer quadratischen Grundfläche von 230 Metern Seitenlänge erreicht sie eine Höhe von 147 Metern. Das bisher zu beobachtende Prinzip der zwei Gräber innerhalb einer Grabanlage wird hier durch zwei Kammern in der Pyramidenmitte verwirklicht, was einmalig ist. Hier wie in der Folgezeit finden sich um die Pyramide herum große Gruben, in denen sich Schiffe befanden, die dem toten König im Jenseits zur Fortbewegung dienen sollten. Dabei ist an das himmlische Jenseits gedacht, das nach dem Glauben der alten Ägypter immer mit Schiffen durchfahren wird. Und auch der Neigungswinkel der Eingangskorridore der Pyramiden dieser Zeit weist auf die Sehnsucht nach einem Aufenthalt am Himmel hin. Er ist auf die Zirkumpolarsterne ausgerichtet, zu denen der tote König gehören möchte. Dies belegen Inschriften, die in der Folgezeit in die Wände unterirdischer Räume der Pyramiden eingemeißelt waren. Auf diese Texte kommen wir noch zu sprechen.

Die Erbauer der beiden anderen großen Gise-Pyramiden, Chephren und Mykerinos, setzen bei aller Wahrung der Tradition neue Akzente. Im Zentrum des Interesses steht nicht mehr die Monumentalisierung des Zentralbaus der Grabanlage, der Pyramide. Es wird wichtiger, die Innenräume der Kultbauten zu reliefieren und mit Statuen auszustatten.

Am Ende der 4. Dynastie kommt es zu einer kurzen Unterbrechung in der Geschichte der Pyramiden. Für König Schepseskaf wird eine Mastaba errichtet, allerdings mit ungewöhnlichen Ausmaßen: ca. 100 mal 75 Meter. Man hat dafür religiöse Gründe ins Feld führen wollen, das Aufkommen des Re-Glaubens bzw. ein Überdenken der Idee des Gottkönigtums. Es ist auch nicht ausgeschlossen, daß die ziemlich kurze Regierungszeit von vier bis sechs Jahren dafür verantwortlich gemacht werden muß. Mit in diese Unterbrechungszeit gehört auch das Grabpro-

Links: Eine aufwendige Grabanlage errichtete sich Montemhet in el-Assassif (Nr. 34). Unter Taharka und Psammetich I. war er als Gouverneur des Südens wohl der mächtigste Mann in Oberägypten. Der große Lichthof ist von zehn Kammern mit Hymnen und Gebetstexten flankiert, bildet jedoch nur den Durchgang zu einem verwirrend komplizierten System von Gängen und Opferräumen.

Rechts: Die Pilgerfahrt zu Osiris nach Abydos gehörte zu Lebzeiten oder auch nach dem Tode zu den dringenden Anliegen des Ägypters. Wer sich die Reise nicht leisten konnte, versuchte wenigstens, sie im Bild zu realisieren. Im Grab Nr. 96 in Schech Abd el-Kurna ließ sich Sennefer mit seiner Frau auf

Hin- und Rückfahrt darstellen. Das Papyrusboot des Pilgerpaares wird von einem Ruderboot geschleppt. In der oberen Zone ist das Gespann auf dem Weg nach Abydos, das Schleppboot (nicht im Bild) wird von Theben nilabwärts also gegen den Wind gerudert. Die untere Zone zeigt den Schlepper auf der Rückreise nilaufwärts. Mit dem Wind fahrend, hat man ein Segel aufgezogen.

Folgende Doppelseite: Unter dem Schutz der geflügelten Nephthys vollzieht Anubis an der Mumie das Ritual der Mundöffnung. Der Besitzer des Grabes Nr. 219 in Der el-Medine, Nebenmaat, arbeitete zur Zeit der 20. Dynastie als »Diener an der Stätte der Wahrheit«, war also Nekropolenarbeiter.

gramm der Königin Chentkaus. Zwei Anlagen sind von ihr bekannt, eine Art Stufenpyramide in Giza und eine Zweitgrabstätte in Form einer Pyramide in Abusir.

Für die folgende Zeit, die 5. und 6. Dynastie, sind zwei Dinge bedeutsam: Der Totentempel, bestehend aus Taltempel, direkt am Rande des Fruchtlandes gelegen, einem Aufweg und dem direkt an der Ostseite der Pyramide gelegenen Verehrungstempel, erfährt seine letzte Ausbildung, die dann bis in die 12. Dynastie beibehalten wird. Die Anzahl der Innen- und Magazinräume wird vermehrt, um all das aufnehmen zu können, was für die Vorbereitung von Begräbnis-Mumifizierung und Reinigung, für das Begräbnis selbst und für die spätere Verehrung und Versorgung des toten Herrschers benötigt wird.

Und noch etwas wird bedeutsam: In den Sargkammern und den davor liegenden Gängen werden von Unas an, dem letzten König der 5. Dynastie, bis an das Ende der 6. Dynastie die für das Begräbnis und Jenseitsschicksal des Verstorbenen notwendigen Ritualtexte an den Wänden abgebildet. Davon wird noch die Rede sein.

Das Ende der 6. Dynastie, das zugleich das Ende des Alten Reiches, der ersten Blütezeit des pharaonischen Ägypten bedeutet, markiert auch einen Wendepunkt in der Geschichte königlicher Grabanlagen.

Die Himmelsreise des Königs

Die eben genannten Texte, nach ihrem Anbringungsort Pyramidentexte genannt, bilden neben den Grabanlagen die wichtigste Grundlage unserer königlichen Jenseitsvorstellungen. Sie sind das erste größere Textcorpus der ägyptischen Literatur. Unas als erster König, in dessen Pyramide die Texte aufgezeichnet sind, wurde schon genannt. Seinem Brauch folgten die Könige Teti, Pepi I., Merenre, Pepi II. und Ibi sowie die Königinnen Iput, Neith und Udjebten. Die Vorlagen für diese Texte lagen in Tempelarchiven bzw. -bibliotheken. Für die einzelnen

Oben und unten: Seit Beginn der ägyptischen Geschichte hoffte man, vergängliche Gegenstände wie auch Tätigkeiten durch Umsetzung in Stein für die Ewigkeit zu fixieren. So ahmte man zur Zeit der 1./2. Dynastie ein Binsenkörbchen (unten) minuziös in Schist nach oder Tongefäße mit ihren Aufhängeseilen (oben) in Kalzit. Im

Grab des Djoser sind Tausende von Steingefäßen gefunden worden. Kairo, Ägyptisches Museum

Unten rechts: Auch die Arbeit der Müllerin wird in der Steinfigur immerwährend vollzogen. Sie stammt aus der Mastaba des Schepsesptah in Gise, 6. Dynastie. Wien, Kunsthistorisches Museum

Pyramiden wurden jeweils Teile daraus verwendet, was die Unterschiedlichkeit der einzelnen Textsammlungen erklärt. Das umfangreiche Material von 759 Einzelsprüchen, das in mehreren Editionen und Bearbeitungen vorliegt, hat durch neuere Funde eine Erweiterung erfahren, die noch der Erforschung harrt.

der Pyramidentexte ist der Himmels-
önigs, genauer gesagt, der einmalige
imkehr in das Reich des Vaters, des
nden wird. Dies ist und bleibt königli-
t wenn andere Jenseitsvorstellungen,
f die königliche Sphäre beschränkt
die private Totenliteratur gefunden
einmaligen Akt der Heimkehr ist das
n Totenliteratur beliebte Motiv der
enlauf zu trennen.
hreibt den Aufstieg des toten Königs
olgenden Worten: »Wie schön ist es
e erfreulich zu sehen, so sagen sie, so
e dieser Gott zum Himmel aufsteigt,
immel aufsteigt, sein Ruhm über ihm,
eiden Seiten, seine Zauberkräfte vor
an, so wie ihm selbst getan worden ist.
ie Seelen von Buto und die Seelen von
ötter, die im Himmel wohnen, und die
1 wohnen. Sie heben dich empor auf
1 steigst, o König NN, zum Himmel
zu ihm empor wie auf einer Leiter.
Himmel, gegeben sei ihm die Erde!
Geb hatte deswegen mit ihm geredet.
eiches, das Reich des Horus und das
die Binsengefilde, sie verehren dich.«
1 sich die Topoi, die immer wieder-
1en Elemente, die den Himmelsan-
1ders deutlich ablesen. Da ist einmal
itigkeiten der Götter die Rede. Sie
rten das Ereignis. Sie nehmen ihn in

14 Djoser, 3. Dynastie
15 Sechemchet, 3. Dynastie
16 Unas, 5. Dynastie
17 Pepi I., 6. Dynastie
18 Merenre, 6. Dynastie
19 Djedkare, 5. Dynastie
20 Pepi II., 6. Dynastie
21 Ibi, 6. Dynastie
22 Schepseskaf, 4. Dynastie
23 Chendjer, 13. Dynastie
24 unbekannt
    Dahschur
25 Sesostris III., 12. Dynastie
26 Snofru, 4. Dynastie
   (Rote Pyramide)
27 Amenemhet II.
   (Weiße Pyramide)
28 Snofru, 4. Dynastie
   (Knickpyramide)
29 Amenemhet III., 12. Dynastie

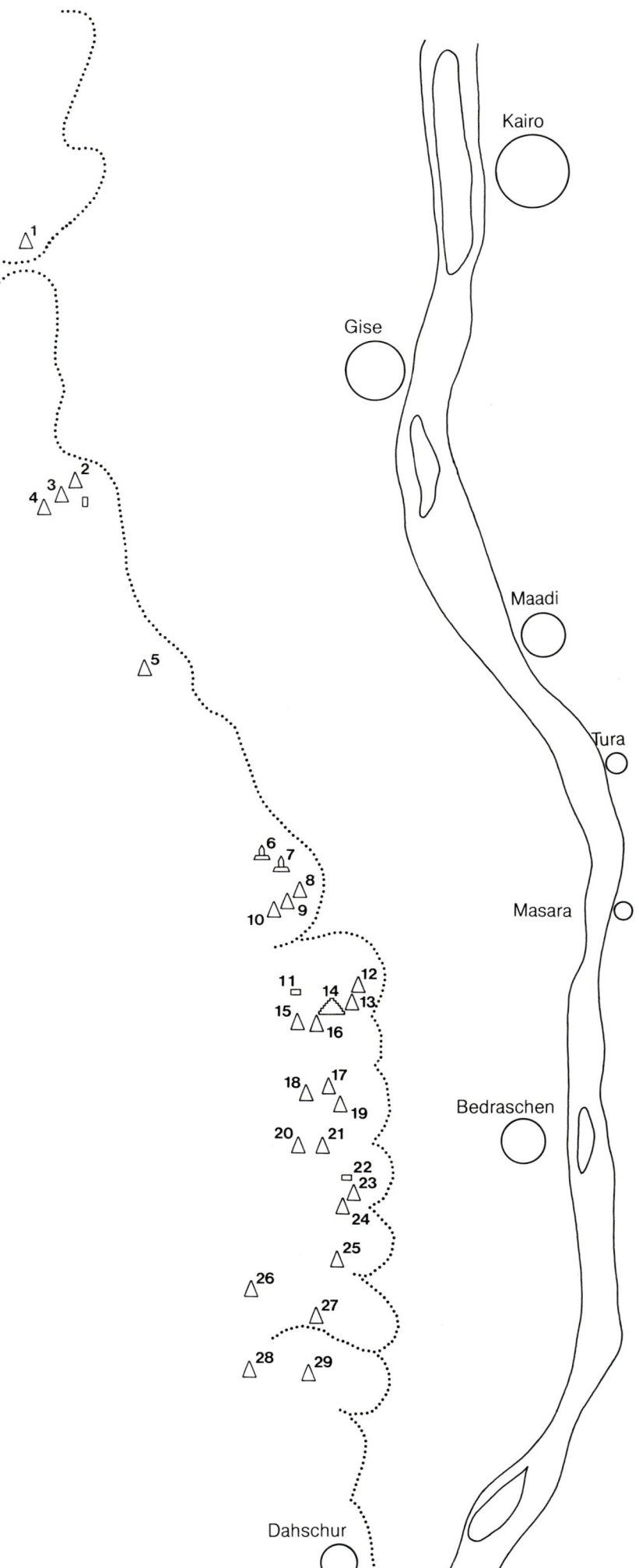

Empfang und begrüßen ihn. Dem heimkehrenden toten König wird die himmlische Herrschaft übertragen. Andere Götter sind ihm beim Aufstieg behilflich. Es ist von einer Himmelsleiter die Rede, aber auch andere Hilfsmittel wie Rampe oder Sänfte werden in den Texten erwähnt. Außerdem wird in diesem Zusammenhang ganz allgemein vom Aufsteigen gesprochen. Dieser Vorgang wird als Aufschweben oder Auffliegen dargestellt, weshalb der tote König auch nicht selten den Wunsch äußert, sich in ein Tier zu verwandeln, dem diese Bewegungsart eigen ist, zum Beispiel in einen Falken, einen Reiher oder in eine Heuschrecke. Die Besonderheit und Einmaligkeit dieses Vorgangs wird auch durch Beschreibung bedrohlicher Naturereignisse bekräftigt, so zum Beispiel am Anfang des berühmten Kannibalenspruches 273–274, der von der ungewöhnlichen Art und Weise spricht, mit der sich der tote König Zauberkräfte verschafft: »Der Himmel ist wolkenschwer, die Sterne sind verfinstert, das Himmelsgewölbe erbebt, die Knochen des Erdgottes erzittern, die Bewegungen stocken, nachdem sie Unas gesehen haben, glänzend und machtvoll als der Gott, der von seinen Vätern lebt und seine Mütter verspeist.«

Neben der Vorstellung vom himmlischen Jenseits treten andere deutlich zurück. Da wird vom Verweilen des toten Königs in dem Land gesprochen, das er als Lebender

Pyramiden der 3. und 4. Dynastie (Schnitte im gleichen Maßstab)

1 Djoser. Stufenpyramide. Höhe 60 m. Sakkara
2 Sechemchet, geplante Stufenpyramide. Sakkara. Bau erreichte 7 m Höhe, blieb unvollendet. Größe aufgrund des Neigungswinkels errechnet
3 Chaba, geplante Stufenpyramide. Sauijet el-Arjan. Höhe nur errechnet

4 Huni oder Snofru. Medum, ursprüngliche Höhe 93,5 m. Als Stufenpyramide geplant, zu »echter« Pyramide ausgebaut
5 Snofru, sog. Knickpyramide in Dahschur. Höhe 128,5 m
6 Snofru, sog. Rote Pyramide in Dahschur. Höhe 104 m
7 Cheops in Gise, ursprüngliche Höhe 147 m
8 Chephren in Gise, Höhe 143,5 m
9 Mykerinos in Gise, ursprüngliche Höhe 65,5 m

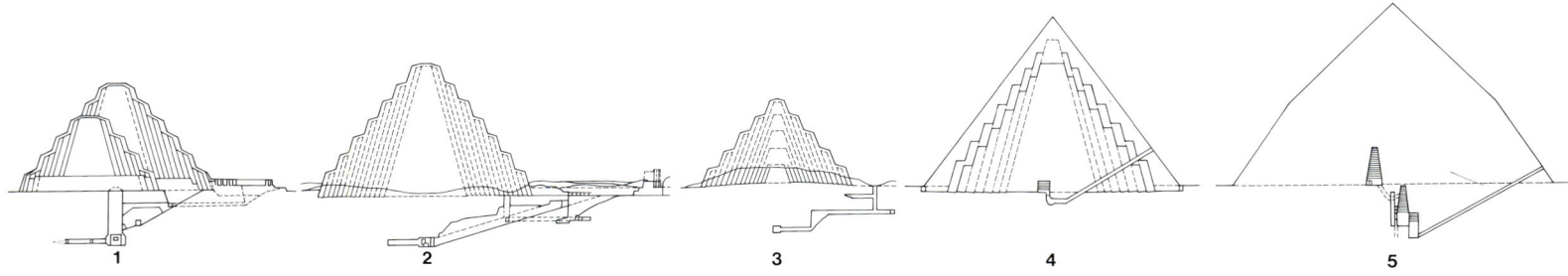

1   2   3   4   5

r steht wohl die Pyramide als seine
die durch ihre zum Himmel weisende
svolle Verbindung der irdischen und
en darstellt. Sehr zurückhaltend, fast
, wird eine andere Jenseitssphäre
ie unterweltliche, in der der Totengott

verbindet der tote König jener Zeit
n, insbesondere mit dem Polarstern
eisenden Zirkumpolarsternen, den
enden«. Dies zeigt sich auch in der
miden nach Norden und durch die
von der Sargkammer ausgehende
rstern ausgerichtet ist. Dominierend
-Orientierung der pyramidalen An-
lauf folgt.

en Reiches

niglichen Grabanlagen der älteren
verbundenen Jenseitsvorstellungen
ollen im Vergleich die nichtköniglin-
ins Blickfeld gerückt werden, Grä-
ngsschichten, vom Bauern bis zum
ten. Dies ist insofern schwierig,

weil Gräber von einfachen Bauern oder Handwerkern, der
Bürger also, die nicht im Staatsdienst standen, weitgehend
unbekannt sind. Wir kennen Friedhöfe dieser Schichten;
sie sind aber, angesichts der relativ großen Anzahl der
repräsentativen Gräber der Beamten nur wenig erforscht.
Dieser Tatsache muß man sich bewußt sein. Hier, wie auch
für andere Bereiche der archäologischen und inschrift-
lichen Hinterlassenschaft des alten Ägypten gilt, daß wir es
in der Regel nur mit den Zeugnissen einer dünnen Oberschicht zu tun haben. Manches deutet darauf hin, daß das
uns Überlieferte nicht unbedingt repräsentativ für alle
Schichten der ägyptischen Bevölkerung ist. Anderes
spricht wiederum dafür, daß auch der einfache Mann im
System der ägyptischen »Weltanschauung« seinen festen
Platz hatte und seine Existenz ohne aufwendige Grabausrüstung im Jenseits gesichert war.

Die Gräber der unteren Schichten waren einfach gehalten:
Eine ovale bis rechteckige Grube, in der der nicht mumifi-
zierte Leichnam lag, dazu Grabbeigaben unterschiedlich-
ster Qualität und Quantität, womit der Glaube an eine
Weiterexistenz nach dem physischen Tod bezeugt wird.

Bei der Darstellung der Geschichte des Privatgrabes und
seiner prägenden Vorstellungen kann hier die Vor- und
Frühgeschichte ausgeklammert werden, da hiervon bereits
im zweiten Kapitel die Rede war.

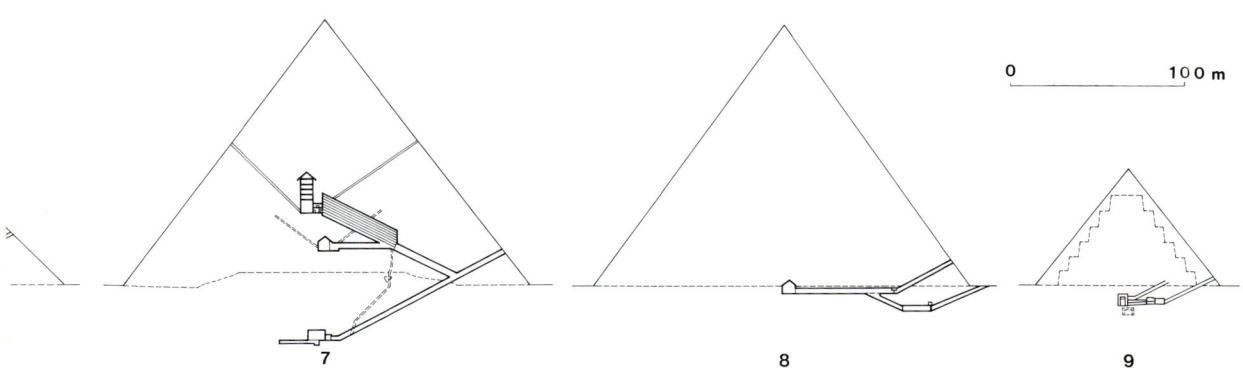

0   100 m

7   8   9

Wenn Beamte der Anfangszeit des Alten Reiches ihr Grab planten, suchten sie die Nähe der Grabanlage ihres Herrschers. Das damalige Zentrum des gesamtägyptischen Reiches war Memphis, an der Nahtstelle zwischen Ober- und Unterägypten gelegen, »die Waage der Beiden Länder«, wie die Ägypter es nannten. Dort, in der Nähe der Residenz, auf dem Westufer des Nils, finden wir die ersten großen Nekropolen, zunächst in Sakkara und Heluan, dann in Gise und Abusir. Entscheidend für Standort und Ausmaß des Beamtengrabes sind Rang und Ansehen des Grabinhabers. In einem Gräberfeld, wie es sich heute darstellt, ist dieser Gesichtspunkt allerdings nicht immer deutlich, da die Plätze zwischen den Gräbern später ausgefüllt worden sind.

Die vorherrschende Form des privaten Grabes im Alten Reich ist die eines rechteckigen, flachen, außen steil geböschten Oberbaus, dessen Außenseiten mit Kalksteinplatten verkleidet sind. Unter diesem Kernbau befindet sich die Grabkammer für die Aufnahme des Sarkophages. Für diesen Grabtyp hat sich wohl deshalb die Bezeichnung »Mastaba« eingebürgert, arabisch »Bank«, weil er das äußere Aussehen jener Schlammziegelbänke hat, die heute noch vor arabischen Häusern als Sitzbänke dienen. Damit ist die Grundform dieses Grabtyps beschrieben, die die Idee des oberägyptischen Hügelgrabes mit der des unterägyptischen Wohnhausgrabes vereinigt. Die Mastaba ist der vorherrschende Grabtyp bis zum Ende des Alten Reiches; sie läßt sich vereinzelt noch in Nekropolen des Mittleren Reiches, in der 12. Dynastie, nachweisen. Nicht nur die Konstruktionstechniken sind variabel, auch die Raumaufteilung im Oberbau und nicht zuletzt die Ausmaße unterliegen Veränderungen.

Dies ist Unas, der Stier des Himmels, grimmig im Herzen, der von der Gestalt eines jeden Gottes lebt, indem er ihre Eingeweide ißt, wenn sie, den Leib mit Zauber gefüllt, von der Feuerinsel kommen. Dies ist Unas, wohlausgerüstet, der seine Zauberkräfte vereinigt hat. Unas ist erschienen als jener Große, der über viele Helfer verfügt. Er sitzt neben Geb, denn Unas ist es, der Recht spricht zusammen mit dem, dessen Name verborgen ist, an jenem Tag, an dem die Ältesten erschlagen werden. Unas ist Verfügungsberechtigter von Opferspeisen, der den Meßstrick knotet, der selber seine Speise bereitet. Dies ist Unas, der Menschen ißt und von Göttern lebt, der über Boten verfügt, die Aufträge ausführen … Er hat die beiden Himmel in ihrer Gesamtheit durchstreift und die beiden Ufer durchlaufen. Unas ist die größte Macht, einer, der alle Mächte beherrscht. Unas ist ein Götterbild, das Bild der Bilder des Größten.

Unas ist erneut am Himmel erschienen, er ist gekrönt als Herr des Horizontes. Er hat die Rückenwirbel zerbrochen und die Herzen der Götter geraubt. Er hat die Rote Krone verzehrt und die Grüne verschluckt. Unas nährt sich von den Lungen der Wissenden und ist befriedigt darüber, von den Herzen zu leben und darüber hinaus von ihren Zauberkräften. Unas ekelt sich, das Ekel Erregende zu verschlucken, das in der Roten Krone ist, aber er freut sich, wenn ihre Zauberkräfte in seinem Leib sind. Die Würde des Unas kann ihm nicht genommen werden, denn er hat die Weisheit eines jeden Gottes in sich aufgenommen. Die Lebenszeit des Unas ist Ewigkeit, seine Frist ist Dauerhaftigkeit in dieser seiner Würde eines »Wenn er will, so handelt er, wenn er nicht will, so handelt er nicht«, der sich im Bereich des Horizontes aufhält, immer und ewig.   Aus Pyramidenspruch 273–74

Hallo, hallo, erhebe dich, o König da! Nimm deinen Kopf, sammle deine Knochen, raff deine Glieder zusammen schüttle die Erde von deinem Fleisch! Empfange dein Brot, das nicht schimmelt, und dein Bier, das nicht schal wird!
Du stehst an der Tür, die die Menschen fernhält. Chontamenti kommt zu dir heraus und ergreift deine Hand. Er geleitet dich zum Himmel zu deinem Vater Geb. Er jubelt bei deinem Nahen, er umarmt dich, er küßt dich, er liebkost dich. Er setzt dich an die Spitze der Verklärten, der Unvergänglichen Sterne. Es preisen dich die, deren Stätten verborgen sind, es versammeln sich für dich die Großen, die Wächter stehen auf vor dir.
Gerste ist für dich gedroschen, Emmer ist für dich gemäht worden. Für deine Monatsfeste ist davon geopfert worden, für deine Halbmonatsfeste ist davon geopfert worden, wie es für dich zu tun befohlen worden ist von deinem Vater Geb.
Erhebe dich, o König! Du sollst nicht sterben!   Pyramidenspruch 373

Dein Wasser für dich, dein Überfluß für dich, dein Ausfluß für dich, der aus Osiris hervorging. Sammle dir deine Knochen und laß dir deine Glieder sich anspannen, schüttle dir deine Unreinlichkeit ab und löse dir deine Sehnen. Öffne dir das Grab, zerbrich die Türen der Ummauerung. Aufgetan werden dir die Türflügel des Himmels. »Willkommen!« sagt Isis, und »in Frieden« sagt Nephthys, wenn sie ihren Bruder gesehen haben.
   Aus Pyramidenspruch 676
   (nach Hermann Kees)

Links: Die Sargkammer des Königs Unas in Sakkara ist rings um den Sarkophag mit Darstellungen der Palastfassade, im übrigen mit den ersten sogenannten Pyramidentexten ausgestattet.

Rechts: Die stark ruinierte und vermutlich unfertig gebliebene Pyramide von Medum wurde unter Snofru errichtet. Der Aufweg ist nunmehr als Tal zwischen Schutthügeln erkennbar.

Der für den Totenkult wichtigste Teil des Grabes, die Opferstelle, wird zunächst durch meist zwei Nischen an der östlichen Außenseite gekennzeichnet. Dieser Grabbereich ist mit einem Vorbau aus Ziegeln oder Stein umbaut. Später, noch in der 4. Dynastie, wird dieser kultische Teil des Grabes in das Innere der Mastaba verlegt.

Für die ausgebildete Form der Mastaba, soweit man überhaupt von einer solchen sprechen kann, lassen sich folgende Raumelemente ausmachen: im oberirdischen Bereich Vorraum, Pfeilerhalle, Kultkapelle mit Opferstelle und Statuenraum, im unterirdischen Bereich die Sargkammer. Nun zu den einzelnen essentiellen Elementen der Grabausrüstung.

Der Weg zum Ka

Der Statuenraum ist ein für das Alte Reich typischer Bestandteil des Grabes. Dafür hat sich in der Ägyptologie der Terminus »Serdab« eingebürgert, arabisch »unterirdisches Gewölbe, Keller«. Die Ägypter selbst nannten diesen Grabbereich »Statuenhaus«. Dieser Raum diente, wie der Name sagt, der Aufnahme einer Statue, die den Verstorbenen abbildete. Normalerweise befindet sich der Serdab hinter dem Kultraum im Oberbau des Grabes. Zwei Löcher oder Schlitze in der Wand in Höhe der Augen der Grabstatue geben den Weg für Weihrauch und Gebete frei. Familienbegräbnisse haben mehrere Statuenräume. Spä-

ter wird der Serdab in den unterirdischen Bereich des Grabes verlegt und dann, als man gegen Ende des Alten Reiches die Statue in der Grabkammer plazierte, ganz aufgegeben. Eine andere Lösung war, die Statuenräume zu öffnen, wobei die Statuen fallweise halbplastisch aus ihrer Nische hervortreten, zum Beispiel beim Grab des Mereruka.

Wir kennen derartige Statuenräume auch aus den Pyramiden zugeordneten Totentempeln. Die berühmte Sitzstatue des Königs Djoser (Abb. S. 45) stammt aus dem Serdab des Nordtempels seiner Stufenpyramide.

An dieser Stelle muß noch eines Brauchs gedacht werden, den wir in den Gräbern der 4. Dynastie in Gise beobachten können. Hier fehlt in der Regel die Grabstatue. Dafür hat man Kalksteinköpfe mit waagrechter Standfläche unterhalb des Halses in die Wand zwischen Sargkammer und Schacht eingelassen. Wir nennen diese Köpfe Ersatzköpfe. Wie gesagt, bildete jene Statue, deren Deutung und Bedeutung für den Totenglauben des Privatmannes des Alten Reiches wesentlich war, den Verstorbenen ab. Näher besehen, verkörpert sie jedoch einen ganz spezifischen Aspekt des Verstorbenen, der mit »Ka« umschrieben wird. Die Anthropologie des Ägypters ist anders ausgelegt als die unsrige, die lediglich Leib, Seele und Geist unterscheidet. Die menschliche Existenz wird außer von Ka noch von zwei weiteren »Seelenvorstellungen«, dem »Ba«, der uns noch beschäftigen wird, und dem »Ach« bestimmt. Darüber

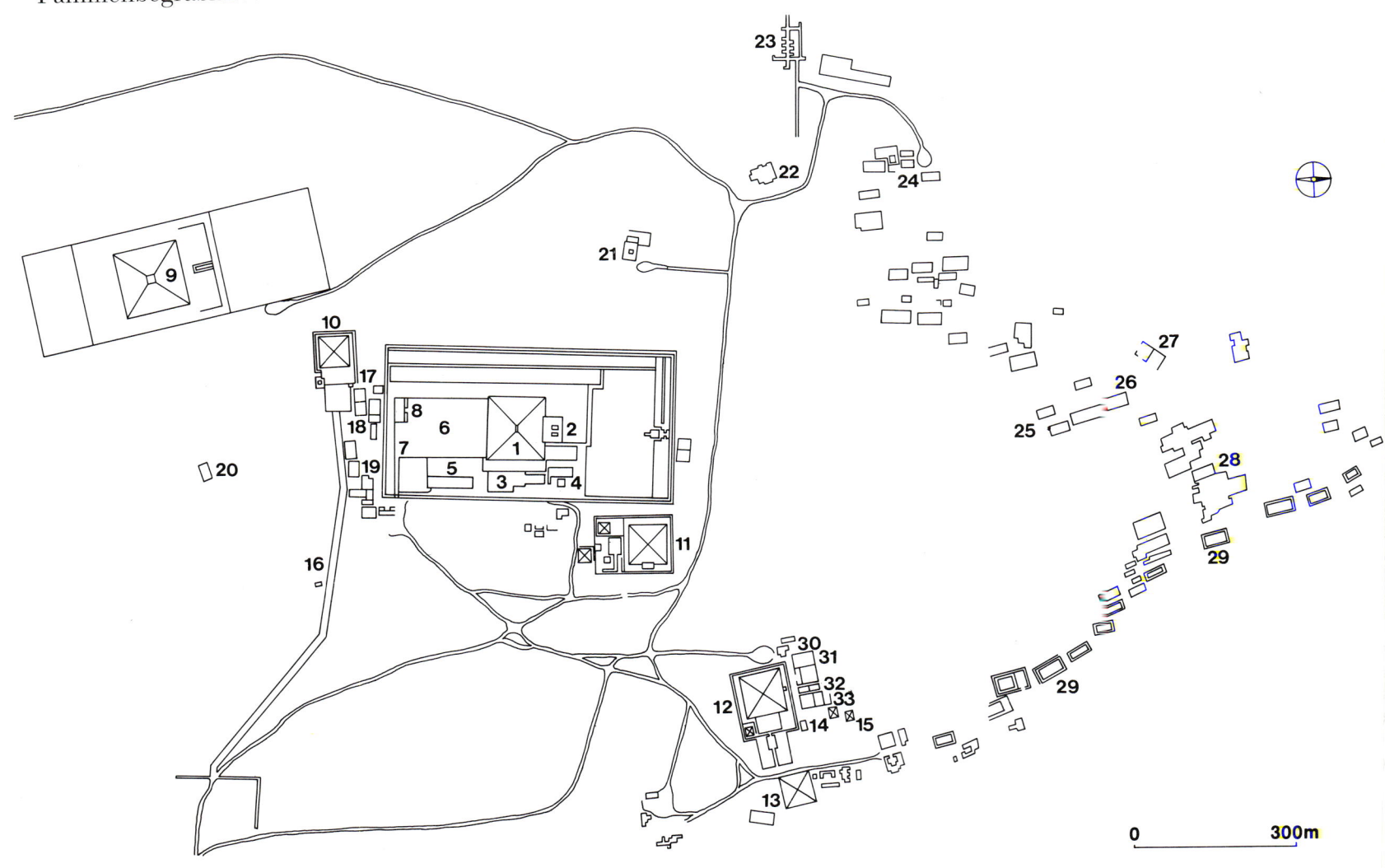

erz, Name und Schatten den Menschen
emente. Doch sind sie keine Teile,
le Aspekte menschlicher Existenz.
hreibbar, übersetzbar nicht. Man hat
gänger des Menschen sehen wollen
eist. Allein sicher ist nur, daß sich in
und Mächtigkeit manifestiert. Wir
bezeichnete Aspekt des Menschen
eben tritt. Texte und Darstellungen
zum Beispiel abgebildet, wie der
lenschen auf der Töpferscheibe
Dabei entstehen zwei Figuren, der
ind die Geburtsgöttin Meschenet
nes Kindes aufgefordert werden,
ir das Kind, das im Leibe dieser
her sich das Verhältnis des Men-
end des Lebens darstellt, im Tode
n. »Er geht zu seinem Ka«, sagt
bt. In den Pyramidentexten heißt
be, so ist mein Ka mächtig.« Ka,
hnung genommen hat, wird mit
und garantiert damit die jensei-
en. Nach dem Zusammenbruch
ler Glaube an die Bedeutung des
n Ansehen. Dies gilt allerdings
ch. In der Königsideologie spielt
in eine bedeutende Rolle.

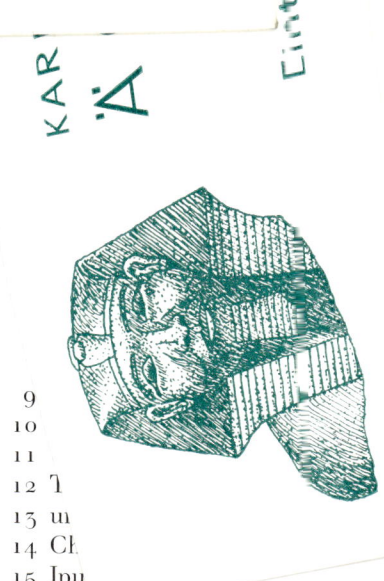

*Rechts oben: Der Aufweg vom Tal
– zum Totentempel des Unas in
Sakkara war – wie an einer Stelle
rekonstruiert – mit schweren Stein-
platten gedeckt, die in der Mitte
einen schmalen Lichtspalt offen-
ließen.*

*Rechts: Gegen Ende der 5. Dyna-
stie legte sich der Leiter der Sänger
und Inspektor des Hofes in Sakkara ein Felsgrab an. Das Relief über
der Scheintür zeigt Nefer mit seiner
Gemahlin Chonsu am Tisch mit
den Opferbroten.*

Für das rechte Funktionieren des Totenkultes im Grab ist die Opferstelle von ganz grundsätzlicher Bedeutung. Hierher kommen die für den Kult Verantwortlichen, zunächst der Sohn, in der Regel der Totenpriester, um Speise und Trank darzubringen, Weihrauch zu spenden und Gebete zu sprechen.

In der Frühzeit wird die Opferstelle durch eine Nische an der Ostwand des nord-südlich orientierten Grabes gekennzeichnet. Dort taucht schon früh eine bildliche Darstellung auf, die den vor einem mit Opfergaben bedeckten Tisch auf einem Stuhl sitzenden Verstorbenen zeigt. Daneben können weitere erstrebte Gaben tabellarisch notiert sein. Dieser mit »Speisetischszene« umschriebene Bildinhalt wird beginnend mit der 3. Dynastie gelegentlich und seit der 4. Dynastie regelmäßig einem anderen Element des Grabes zugeordnet, nämlich der Scheintür. Sie kennzeichnet den Berührungspunkt zwischen Diesseits und Jenseits. Nach ägyptischem Glauben trat der Grabherr durch diese Tür in den Kultraum, um die für ihn bestimmten Opfergaben in Empfang zu nehmen. Die wesentlichen Elemente der Scheintür (Abb. S. 305) sind folgende: Über einer doppelflügligen Tür wird der aufgerollte Mattenvorhang dargestellt. Zwischen zwei darüberliegenden Sturzbalken findet sich die bereits genannte Speisetischszene. Die inneren und äußeren Pfosten links und rechts der Tür zeigen den aus dem Grab Heraustretenden und geben Opferformeln wieder.

Selten wird der Begriff Nekropole (griech. Totenstadt) so sinnfällig wie auf dem Gelände westlich der Cheopspyramide in Gise. In sorgfältiger Regelmäßigkeit, den Idealvorstellungen des straffen Staats-

apparates entsprechend, Mastabaerbauten der gräber geordnet. In diesen sie noch kaum Innen auf, sondern decken ledi Schacht zur Sargkamm

Pyramidenfeld von Gise

1 Pyramide des Cheops
2 sog. Königinnenpyramiden
3 Schiffsgruben
4 Cheopsboot im Schutzbau
5 Ost-Friedhof
6 West-Friedhof
7 Grab des Hemiunu
8 Pyramide des Chephren
9 Nebenpyramide
10 Totentempel
11 Aufweg

12 sog. Campbell-Grab
13 Großer Sphinx
14 Sphinxtempel
15 Taltempel des Chep
16 Grab der Königin Charmerebti II.
17 Grab der Königin Chentkaus I.
18 Taltempel des Myke
19 Aufweg
20 Totentempel
21 Pyramide des Myke
22 sog. Königinnenpyr

Die bildliche Darstellung der entscheidenden Vorgänge im Grab, das Erscheinen des Verstorbenen und der Genuß der Opfergaben, haben die bildliche Wiedergabe auch anderer zum Opfer gehörender Objekte und Vorgänge gefördert. Ursprünglich war man, zumindest in der Idee, bestrebt, alles für den Bedarf des Toten tatsächlich im Grab zu plazieren. Schon früh aber hat man darauf verzichtet und ging dazu über, alles für das Leben im Jenseits Notwendige in Listen und umfangreichen Bildfriesen darzustellen. Die Listen finden sich an den Wänden des Kultraumes nahe der Opferstelle, die Gegenstände und ihre Bezeichnungen, die nicht zuletzt kulturgeschichtlich außerordentlich aufschlußreich sind, werden in der Sargkammer verewigt oder – sehr häufig – auf die Sargwände aufgemalt.

Aus dem Bestreben, die Gegenstände durch ihre Nennung und Verbildlichung magisch existent zu machen, erklären sich auch die Malereien und Reliefs an den Wänden der Grabräume. Sie sollen – jedenfalls ursprünglich – nicht »Szenen aus dem täglichen Leben« wiedergeben. Alles Dargestellte will die Entstehung und Herkunft der Opfergaben beschwören und damit sicherstellen. Und dazu gehören dann nicht nur die Reihen der Opferträger, die Schlachtungsszenen und die Bilder von Herden, von Felderbestellung und Ernte. Auch die Darstellungen handwerklicher Tätigkeiten sind so zu verstehen (Abb. S. 208). An diesen »Darstellungskern« schließen sich dann auch Szenen an, die den Grabherrn – gelegentlich mit seiner Frau oder auch der ganzen Familie – zuschauend oder selbst handelnd auftreten lassen (Abb. S. 202). Zunächst sind aber auch dies nicht Zeugnisse einmaliger, individueller Vorgänge oder Zustände, sondern Charakteristika einer bestimmten Gesellschaftsschicht.

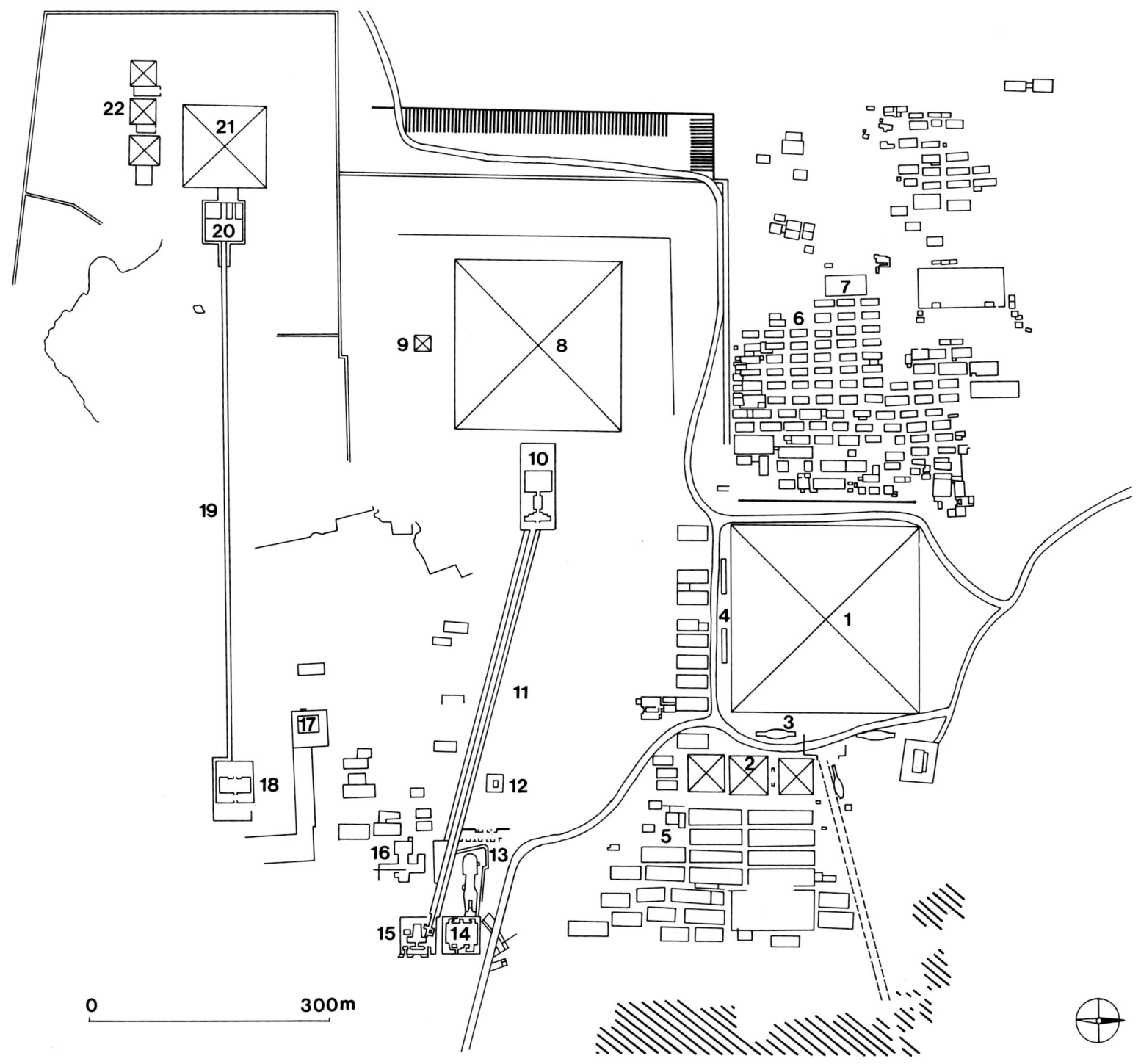

Und schließlich muß noch ein Element der Grabausstattung genannt werden, das insofern eine Sonderstellung einnimmt, als es einem ganz praktischen Bedürfnis nachkommt: Der Sarg, der die Schutzfunktion für den Leichnam ausübt. Von Vorformen einmal abgesehen, bildet vom Alten Reich bis ins Mittlere Reich der hölzerne Kasten Grund- und Normalform. Die äußere Gestaltung vermittelt die Vorstellung von einem Haus oder – bei reicher Nischengliederung – von einem Palast. Während des Alten Reichs schmucklos, soll sein reich differenziertes Darstellungsinventar in späterer Zeit göttlichen Schutz verleihen. Horizontale Inschriften nennen Namen und Titel des Verstorbenen oder zitieren gelegentlich auch ein Gebet. Zusammenfassend läßt sich sagen, daß im Zentrum der privaten Grab- und Jenseitsvorstellungen die Sorge um die materielle Sicherung der jenseitigen Existenz im Grabe steht. Gleichzeitig wird besonders in den Opferformeln der Wunsch geäußert, sich im »schönen Westen« bewegen zu dürfen. Das ist zunächst einmal die Nekropole selbst, die sich stets auf dem Westufer des Nils befindet. Als bevor-

zugte Schutzgötter des Lebens nach dem Tode gelten Caniden, Schakale, deren göttliche Verehrung sie an der sicher häufig beobachteten Leichenfledderei in den Friedhöfen hindern sollte. Der »Westen« ist aber sicher schon früh nicht mehr unbedingt mit der Nekropole identisch, sondern umgreift das Jenseits als Ganzes. Vielleicht hat dieses weiter gefaßte Jenseitsverständnis seine Entsprechung darin, daß für nichtkönigliche Tote am Ende des Alten Reiches neben den unterweltlichen Totengöttern auch der Himmelsgott in Anspruch genommen wird.

Immer wieder Pyramiden – die Königsgräber des Mittleren Reiches

Auflösungserscheinungen hatten am Ende des Alten Reiches zu einer Schwächung der Zentralgewalt und einer Krise im politischen, ökonomischen und geistigen Bereich geführt. Die Vorgänge, die diese Entwicklung einleiteten und prägten, haben zu einschneidenden Veränderungen auf dem Gebiet des Grabbaus geführt und wirkten auch auf

(Ihr) trefflichen Geister alle! (Ihr) Götter alle des Westens!
Hört, wie der Gottesvater preisend gelobt wird.
Seine Seele ist untadelig, seine Würde trefflich.
Er ist ein Gott, der ewig lebt, der im Westen geehrt ist.

(Ihr), die Ihr an das Nachher denkt
von allen denen, die (zu diesem Grabe) kommen,
(Ihr hörtet) die Lieder, die seit alters in Gräbern stehn,
die Das-auf-Erden-Sein so sehr preisen und den Friedhof herabsetzen.

Warum verfährt man so gegen das Land der Ewigkeit?
Es ist wahrhaft ohne Schrecken. Sein Abscheu ist der Streit.
Es gibt keinen, der sich vor seinem Genossen fürchtet
(in) diesem Land, das keinen Aufrührer hat.

Alle unsere Ahnen ruhen in ihm seit der ersten Urzeit.
Die, welche an Millionen und Millionen entstehen, gehen zu ihm.
Es kommt zu keinem Verweilen in Ägypten.
Es gibt keinen, der nicht zu ihm eilt.

Was die Zeit, die man auf Erden verbringt, betrifft,
so ist sie diese (kurze) Zeit eines Traumes,
und (schon) sagt man: »Willkommen, heil und wohlbehalten!«
dem, der den Westen erreicht.   Harfnerlied (nach Siegfried Schott)

Links: Im Grab des Nefersefech in Naga el-Der, zur Ersten Zwischenzeit, wurde die bis dahin übliche Darstellung an den Wänden durch eine Stele ersetzt. Dem Grabherrn werden seine Opfer zugeführt, Handwerksszenen entfallen. Philadelphia, University Museum

Rechts: Eindrucksvoll lebendig tritt die Statue des Mereruka aus einer Nische in der Opferkammer seines Grabes in Sakkara hervor. Seit der 6. Dynastie ersetzen Figuren dieser Art oft die Serdabfigur.

Rechts unten: Auf der Opferplatte ist im Relief noch die traditionelle Matte angegeben, auf der Brote und Gefäße stehen. Privatsammlung

die Vorstellungen vom Weiterleben im Jenseits ein. Die Literatur jener Epoche legt davon ein beredtes Zeugnis ab. Beginnen wir zunächst mit dem königlichen Grabbau, der im Bereich der alten Residenz Memphis offenbar an der Form der Pyramide festgehalten hat. Viel ist es allerdings nicht, was davon erhalten blieb. Wir kennen nur eine bescheidene Pyramide aus der 8. Dynastie, und was die im oberägyptischen Theben herrschenden »Könige« der 11. Dynastie erbaut haben, entspricht mehr großen Privatgräbern. Dekorationen fehlen. Dann errichtet der Begründer des Mittleren Reiches, Mentuhotep Nebhepetre, einen wahrhaft imposanten Grabbau, den allerdings entgegen früheren Vermutungen keine Pyramide krönte. Doch knüpft die Anlage an die Zweiheit des Königsgrabes im Alten Reich an und umfaßt in ihrem unterirdischen Bereich zwei Korridorgräber.

Unter Amenemhet I. wird die Residenz wiederum nach Norden, an den Schnittpunkt zwischen Ober- und Unterägypten, nach Memphis, verlegt. Damit wandern auch die Grabanlagen erneut in die Region westlich der alten

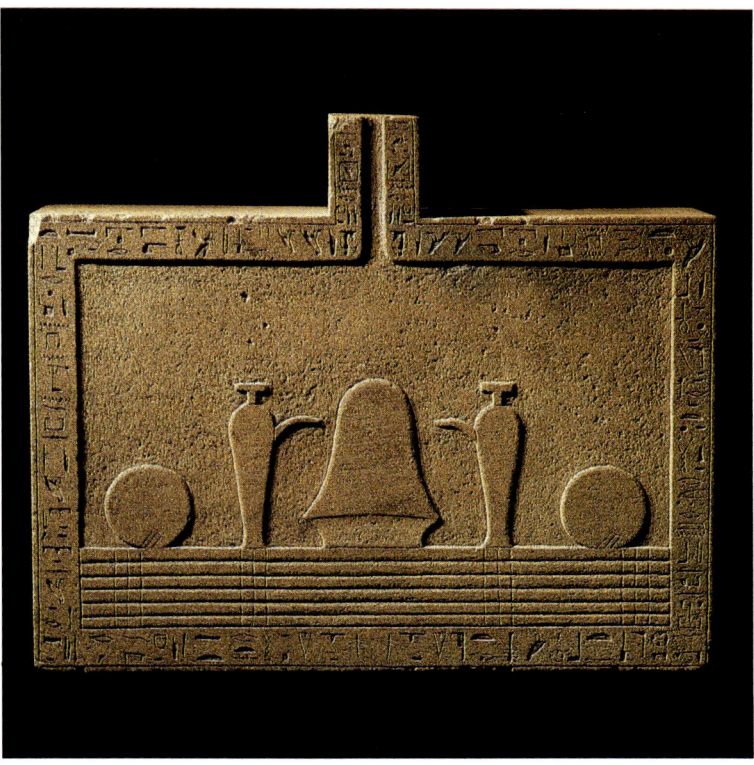

Hauptstadt. Lischt, Dahschur, Illahun und Hauara sind die Standorte der Pharaonengräber jener Zeit, die an die Pyramidentradition des Alten Reiches anknüpfen. Sesostris III. und Amenemhet III. kopieren in gewisser Weise die Djoser-Tradition. Es ist nicht ausgeschlossen, daß beide Anlagen über ein sogenanntes Südgrab verfügen. Sesostris I. läßt bei seiner Grabanlage in Lischt einen geschlossenen Aufweg zwischen Taltempel und Verehrungstempel erbauen. Soweit überhaupt vorhanden oder nachweisbar, wird sonst ein offener Aufweg bevorzugt.

Trotz dieser Rückbesinnung auf alte Traditionen lassen sich im Königsgrabbau des Mittleren Reiches Neuerungen erkennen, die in einer Veränderung oder anderen Akzentuierung des Jenseitsglaubens ihre Begründung haben. Der Totentempel erfährt eine starke Vereinfachung. Daß Sesostris II. vom bisher üblichen Nordeingang der Pyramide abgeht, muß nicht unbedingt mit einer Ablehnung der damit zusammenhängenden Vorstellung vom erstrebten Aufenthalt am Nordhimmel zu tun haben. Hier können die Erfahrungen mit Grabräubern zu Sicherheitsvorkehrungen geführt haben. Wesentlich ist, daß man jetzt dem System der unterirdischen Gänge mehr Beachtung schenkt. Vorstellungen von einem Totenreich, die sich an den Unterweltgott Osiris anlehnen, haben hier eingewirkt. Die ausgeklügelte Art und Weise, in der man von jetzt an die Grabkammer verschließt, ist aber wohl vor allem in der Furcht vor Einbruch begründet. Die Neuorientierung des Jenseitsglaubens zeigt sich ebenfalls in der Tatsache, daß Sesostris III. außer seiner Pyramide in Dahschur ein Zweitgrab, eine Scheinanlage, im alten Abydos errichtet.

Der auffälligste Unterschied zu den Anlagen des Alten Reiches besteht aber darin, daß die Innenräume der Pyramiden jetzt nicht mehr dekoriert sind. Auch die Beschriftung mit Pyramidentexten wird aufgegeben. Dafür geben nun zahlreiche Totentexte Aufschluß über die zeitgenössischen Jenseitsvorstellungen: die Sargtexte.

Privatgräber des Mittleren Reiches

Ein neuer Grabtyp wird geschaffen, der von jetzt bis in die Spätzeit eine entscheidende Rolle spielt: Das Felsengrab. Seine Anfänge lassen sich bereits im frühen Alten Reich feststellen, als sich Beamte der Provinzialverwaltung an ihren oberägyptischen Standorten Gräber errichteten. Das zeigt, daß der Wunsch der Beamtenschaft, auch nach dem Tode in der Nähe des Königs zu sein, durchaus nicht allgemein war. Die ältesten dieser Grabanlagen übernahmen die übliche Mastabaform, die aus dem Felsen herausgeschält wird. Dabei entstanden Monumente beträchtlichen Ausmaßes. Der wirtschaftliche Niedergang am Ende des Alten Reiches ließ wieder nur bescheidenere Bauten zu. Daß der Grabtyp des Felsengrabes auch den Mastababau beeinflußt hat, zeigt ein Detail: Die Schwierigkeit, einen allseitig geschlossenen Statuenraum im Felsen zu schaffen, umgeht man dadurch, daß man die notwendige Statue oder Statuengruppe halbplastisch aus dem Felsen herausarbeitet. Mastaben übernehmen diesen Brauch.

Nach einer Zeit des politischen Zerfalls werden in der 10. und 11. Dynastie wieder bemerkenswertere Grabanlagen in Felsen gebaut. Bauherren sind Gaufürsten in zahlreichen Orten des Niltals.

Prächtige Felsengräber entstehen in der 12. Dynastie. Trotz mancher lokaler Varianten zeigt sich eine Art Grund-

Oben: Das Tal der Könige liegt am Ende eines langen Trockenwadis in der Bergwüste, überragt von der »Bergspitze des Westens«.

Links: Holzmodell von Gabenbringern des Mittleren Reiches. Figuren dieser Art ersetzten zu dieser Zeit vielfach die Funktion der Wandbilder des Alten Reiches. Berlin, Ägyptisches Museum

Folgende Doppelseite: Auf dem Bogen des Fächerkernes waren Straußenfedern aufgesteckt, und die Straußenjagd ist auch das Thema der Goldblechverkleidung des Zeremonialfächers. Eine Inschrift am Stiel betont, daß es sich bei den Federn um Jagdbeute des Königs handelt. Aus dem Grab Tutanchamuns. Kairo, Ägyptisches Museum

Veranlassen, daß ein in der Nekropole Befindlicher freundlich ist gegenüber einem Mann.

Ihr vom Osten, Ihr vom Westen, Ihr Wesen der Breiten Halle. Es wird vor Euch gesprochen.

Seht, jener mein Vater, jener mein Beistand, jener mein Fürsorger, jener mein Schützer, jener, zu dem ich herabgestiegen bin, der im Westen ist, der in der Nekropole ist, er hat mich im Gerichtskollegium gemeldet. Er hat gesagt, daß ein Ausspruch von Euch mich wegführen soll, daß man meine Tage verkürzen soll in diesem Land der Lebenden, in dem ich bin. Er hat gesagt, daß ich seinen Platz in Besitz nehme und seine Würde übernehme in jenem erhabenen Land, in dem er ist. Habt Ihr gesagt, daß ich weggeführt werden soll zu Euch, damit verdrängt werde durch mich mein Vater, damit ich seinen Platz erbe, damit ich seine Würde übernehme? Habt Ihr gesagt, daß ein Ausspruch von ihm mich wegführt zu Euch? ... Mein Vater, der im Westen ist. Sei verklärt, sei göttlich im Westen, in diesem erhabenen Land, in dem Du bist. Dein Ba gehört Dir. Deine Macht ist bei Dir. Geliebt von Dir ist Dein Ba, der ich bin auf der Erde.

Hast Du gesagt, daß ich weggeführt werden soll zu diesem erhabenen Land, in dem Du bist, damit dann Dein Haus zerstört und Dein Tor zerbrochen wird, damit dann Dein Erbe Mangel leidet und Deine Feinde über Dich jubeln?

Ich bin doch hier in diesem Land dabei, Deinen Thron einzunehmen, Deine Verzagten zusammenzuhalten, ... Deine Armen zu schützen, Dein Tor zu festigen, Deinen Namen leben zu lassen auf der Erde im Munde der Lebenden ...

Sei gnädig, sei gnädig! Sei göttlich, sei göttlich in diesem erhabenen Land, in dem Du bist, mit Deinem Amt und mit diesem Deinem Bedarf in diesem erhabenen Land, in dem Du bist.

Ich bin in diesem Land der Lebenden. Ich baue Deine Altäre. Ich setze Deine Totenopfer fest in Deinem Haus der Ewigkeit, das auf der Feuerinsel ist ...

Ihr Gnädigen, deren Rede man nicht kennt und die in Ehrwürdigkeit sind. Ihr habt befohlen, daß ich bleibe in diesem Land, wie ich es wünsche. Ich bin einer, der seinen Besitz nutzt in diesem Land der Lebenden.

Sargtextspruch 58

Oben: Das Verputzstück mit dem königlichen Siegel Tutanchamuns verschloß ursprünglich das Grab des früh verstorbenen Herrschers. Als es nach erfolgter Bestattung zugemauert wurde, drückte man das Siegel ein.

Unten: Der Alabasterschrein enthielt die Eingeweide Tutanchamuns. An den Ecken schützen ihn die Göttinnen Isis, Nephthys, Neith und Selket.
Kairo, Ägyptisches Museum

Rechts: Einer der vier Eingeweidesärge Tutanchamuns aus Gold, Karneol, Obsidian und Glasschmelz. Die 39,5 cm hohe, aufklappbare Figur ist den mumienförmigen Särgen nachgebildet.
Kairo, Ägyptisches Museum

form: Hinter einem mit Säulen bestückten Eingang liegen Säulensäle, die auf die Kultnische hinführen. Die essentiellen Elemente der Grabausstattung, wie sie aus früheren Gräbern bekannt sind, werden auch hier installiert: Sargraum, Scheintür, Statue oder Stele.

Zu der Grundausrüstung eines Grabes gehört auch in dieser Zeit die Beigabe von Dingen des täglichen Lebens, die der Tote zur Bewältigung des jenseitigen Alltags benötigt. Essen, trinken, sitzen, schlafen und schminken erfordern eine Vielzahl von Geräten und Hilfsmitteln, die dem Toten in reicher Zahl zur Verfügung gestellt werden. Dazu gehören auch Stoffe, Kleider, Schuhe und vieles andere mehr. Für Beschäftigung ist ebenfalls gesorgt, wie die Beigabe von Brettspielen, Bällen, Puppen und Musikinstrumenten zeigt. Für Reisen im Jenseits gab man dem Toten zu allen Zeiten Boote mit. Schon zu den ältesten Darstellungen auf vorgeschichtlichen Gefäßen gehören Boote. Für die Erste Zwischenzeit und das frühe Alte Reich typisch sind die Modelle von Werkstätten aller Art, die die Herstellung der für den Toten notwendigen Nahrungsmittel und Gebrauchsgegenstände gewährleisten sollen. Sie lösen wohl die Dienerfiguren ab, die wir aus Gräbern des Alten Reiches kennen. Aufschlußreich ist, daß seit dieser Zeit der Vorgang der Einführung der Beigaben in das Grab an dessen Wänden bildlich wiedergegeben wird. Der dahinter stehende Glaube an die magische Kraft von Bildern und Texten zeigt sich auch darin, daß man alles, was für das Totenmahl notwendig ist, in mehr oder weniger umfangreichen Opferlisten inventarisiert und ebenfalls an der Grabwand abbildet, in der Regel in unmittelbarer Nähe der Speisetischszene. Für uns ist dies eine unschätzbare Quelle für die Kenntnis der im Totenkult maßgeblichen Dinge, da die realen Beigaben in der Regel nur spärlich auf uns gekommen sind.

In der Ersten Zwischenzeit und im Mittleren Reich bedient man sich noch eines weiteren Mittels zur Idealausstattung eines Grabes. Alles Erwünschte wird auf umfangreichen sogenannten Gerätefriesen abgebildet. Sie finden sich auf den Sargwänden und insbesondere auf den Wänden der Sargkammer. Diese Bildinventare sind zudem ein Zeugnis für eine einschneidende Erscheinung dieser Zeit, die an erster Stelle in den zeitgenössischen Totentexten ihren Ausdruck findet und für die man den Begriff »Demokratisierung des Totenglaubens« geprägt hat: Ursprünglich königliche Privilegien werden auf Privatleute übertragen bzw. von ihnen beansprucht. So werden zum Beispiel königliche Insignien wie Königsschurz, Kronen und Stäbe abgebildet, um als Amulett zu dienen.

Eine Neuerung sind die sogenannten Uschebtis, eine andere Form von Diener- oder Helferfiguren, die von nun an immer unter den Grabbeigaben zu finden sind. »Diener ihres Herrn« können sie später genannt werden. Das sind kleine, mumiengestaltig ausgeführte Figürchen aus Wachs, Holz, Ton, Stein oder Fayence. In den Händen halten sie Geräte zur Felderbestellung, auf dem Rücken einen Sack, in dem man Saatgut vermuten möchte. Derartige Figuren werden den Gräbern oft mehrfach beigegeben. Wir kennen Gräber, die eine Vielzahl derartiger Figuren enthielten, in Einzelfällen sogar 365 Exemplare, für jeden Tag eines. Seit dem Ende der uns hier interessierenden Epoche, seit der 13. Dynastie, sind die Figuren beschriftet. Den Text kennen wir aus dem späteren Totenbuch. Er wird dort als Kapitel 6 gezählt und gibt Auskunft über Zweck und Funktion der Figuren. Da heißt es: »O mein Uschebti, wenn ich verpflichtet werde, irgendeine Arbeit zu leisten, die dort im Totenreich geleistet wird, wenn ein Mann dort zu seiner Arbeitsleistung verurteilt wird, dann sollst du dich verpflichten zu dem, was dort getan werden muß, die Felder zu bestellen und die Ufer zu bewässern, den Sand des Ostens und des Westens überzufahren. ›Ich will es tun, hier bin ich‹, sollst du sagen.« Die Figuren sind also Stellvertreter, Helfer des Toten bei im Jenseits anfallenden Arbeiten.

Gesprächige Särge – die Sargtexte

Das farbige Bild eines alltäglichen und fröhlichen Lebens im Jenseits, das durch die Vielfalt der tatsächlichen oder dargestellten Beigaben belegt ist, erfährt seine notwendige Korrektur und Ergänzung in den Aussagen der gleichzeitigen Totenliteratur. Dabei ist zu bedenken, daß die Schriftträger dieser Texte fast ausnahmslos Särge, Außen- und Innenwände ebenso wie Deckel und Boden, sind. Neben diesen Schriftträgern verdanken wir die Kenntnis der Sargtexte drei Papyri, die offenbar als Mustertexte archiviert worden waren. Die Sargtexte enthalten teilweise verderbt und überarbeitet Spruchgut der älteren Totenliteratur, der Pyramidentexte. Manches, nicht Unwesentliches, ist in die Totenliteratur der späteren Zeit, in das Totenbuch, übergegangen. Die genaue Datierung der Sargtexte ist immer noch umstritten. Hauptsächlich gehören sie jedenfalls in die Zeit vom Ende der 11. Dynastie bis zum Ende des Mittleren Reiches. Im Gegensatz zur königlichen Totenliteratur der älteren Zeit, den Pyramidentexten, sind sie räumlich weiter, nämlich von Sakkara bis Assuan, verbreitet. Sie variieren insofern, als jeweils lokale Traditionen spürbar sind. Es entspricht ägyptischer Gepflogenheit, regional Überliefertes zu adaptieren und Ausgleiche zu suchen.

Da die Texte in erster Linie für den Gebrauch des Verstorbenen im Jenseits gedacht sind, ist die Mehrzahl in der ersten Person abgefaßt. Eine auffällige Neuerung gegenüber der älteren königlichen Totenliteratur der Pyramidentexte besteht auch darin, einzelnen Abschnitten oder Sprüchen Titel beizugeben, die zum Ausdruck bringen, wofür die Rezitation dienlich ist. Hin und wieder angeführte Gebrauchsanweisungen zeigen darüber hinaus, daß die Kenntnis mancher Sprüche Lebenden nützlich sein kann. Das Bild vom jenseitigen Leben, das man sich in der Zeit der späten Ersten Zwischenzeit und des Mittleren Reiches machte, zeigt eine kaum zu überbietende Vielfältigkeit.

Alles steht unverbunden nebeneinander, nur dem einen Ziel dienend, das Leben über die Schwelle des physischen Todes hinweg zu erhalten und angenehm zu gestalten. Jedes Konzept wird bereitwillig aufgegriffen und verwertet. Das heißt, man ist nicht, wie dies für einen so ausgeprägten Totenkult angenommen werden könnte, starren Schemata unterworfen. Man ist im Gegenteil ganz und gar nicht auf einige wenige Leitgedanken eingeengt, sondern schöpferisch und erfindungsreich auf der Suche nach neuem Ausdruck in Bildern, Begriffen und Formeln, die den Wünschen und Ängsten der Zeit Ausdruck verleihen. Was für uns vielfach unverbunden nebeneinander zu stehen scheint, ist in seiner Vielfalt für den Ägypter erst Garant für Vollständigkeit, Vollkommenheit und Erfolg. Der Wille, alle Möglichkeiten auszuschöpfen, bringt viel Ursprüngliches, im Grunde Naheliegendes zutage. Und so gewinnt man Aufschluß über vieles: zum Beispiel über die Vergangenheit prägende Ereignisse, die als Erfahrung in die Gegenwart herüberwirken, über den Zusammenbruch einer Weltanschauung, die in ihrer Geschlossenheit unerschütterlich schien, und über die Auswirkungen des Umbruchs. Die Instanz, der man die Grundausstattung eines Grabes verdankt, das Königtum, hat an Macht und Einfluß verloren. Mehr noch, die Gräber sind ausgeraubt, und so sind die Voraussetzungen für einen funktionierenden Totenkult genommen. Und wenn unsere Einschätzung des alten Königsfriedhofs von Abydos richtig ist, dann muß dessen Verwüstung in den Wirren der Ersten Zwischenzeit, die die sogenannte Lehre für König Merikare bezeugt, eine katastrophale Verunsicherung der staatstragenden Schicht des Landes herbeigeführt haben.

So mag ein in den Sargtexten bezeugter Wunsch zu interpretieren sein, der an mehrere Institutionen zugleich appelliert: »Mögest du fahren auf den Teichen der Dat (Unterwelt), mögest du rudern auf den Gewässern des großen Gottes, der in Heliopolis wohnt (als Re), dessen Seele in Busiris ist (als Osiris), dessen Adel in Herakleopolis ist (als Harsaphes), dessen Ansehen in Abydos ist (als Chontamenti).« – Damit will man sich der Macht und des Einflusses mehrerer Götter und geheiligter Orte versichern, die dem Toten dienlich sein könnten. Hinter einem anderen Spruchtitel der Sargtexte steht ein ähnliches Verlangen: »Verklärt zu sein im Himmel, machtreich zu sein auf Erden, gerechtfertigt zu sein im Totenreich.« Differenzierte Jenseitsvorstellungen verbinden sich. Alter Brauch ist es, den Aufenthaltsort der Toten im Westen anzusiedeln. Aber auch der Osten hat seine Bedeutung. Er ist dem solaren Bereich zuzuordnen, ist Ort des Sonnenaufgangs, des Neubeginns. Bezeichnenderweise bezeugen viele Texte, daß sich der Tote auf die Frage, welchen Weg er im Jenseits einschlagen will, nicht festlegen lassen will; er antwortet: »Zum Westen, zum Osten, zum geheimen Ort des Himmels.« Und wenn der Tote kompetente Wesen im Jenseits ansprechen will, formuliert er so: »Ihr vom Osten, Ihr vom Westen, Ihr von der Breiten Halle.«

Links: Etwa 11 kg an reinem Gold, Halbedelsteinen und Glasschmelz wurden für die Maske verarbeitet, die Tutanchamuns Gesicht bedeckte. Die Königsinsignien, Geier und Kobra, Nemes-Kopftuch, Kultbart und Falkenhalskragen, geben den jugendlichen Zügen herrscherliche Würde.
Die vielbeschworene Porträthaftigkeit dürfte hinter dem traditionellen Stildiktat, das sich an Tendenzen der Zeit Amenophis' III. orientiert, eine geringe Rolle spielen. Der Amarnastil wirkt sich wenig aus.

Oben: Der Anhänger aus Gold, Halbedelsteinen und Glaseinlagen zeigt das Udjat-Auge, flankiert von der Uräusschlange mit der unterägyptischen und dem Geier mit der oberägyptischen Krone.

Unten: Detail vom mumienförmigen Sarg. Über Brust und Arme breitet der Geier seine schützenden Fittiche. In den Klauen hält er den Schen-Ring, ein Ewigkeitssymbol.

Alle Objekte aus Tutanchamuns Grab: Kairo, Ägyptisches Museum

Bei Nähe besehen sind es ganz menschliche Wünsche und Sorgen, die das Wesentliche des Jenseitsglaubens der Sargtexte ausmachen. Die Überschriften der Texte belegen dies in drastischer Weise: Man will nicht aufgehalten, verstümmelt oder vernichtet werden. Man will Luft atmen, nicht angewiesen sein, seinen Kot zu essen und seinen Harn zu trinken. Die Vorstellung, sich in der Unterwelt bewegen zu müssen, also auf der Gegenseite der diesseitigen Welt, hat den Wunsch provoziert, »nicht auf dem Kopf zu gehen«. Fast amüsant zu nennen ist ein Spruchteil, der sich um die oben genannten Figuren der Uschebtis rankt und den Wunsch äußert, »nicht zuzulassen, daß ein Verklärter zur Arbeit reklamiert wird«. Wichtig war natürlich auch, »Verfügung über Wasser zu haben« oder keinen Durst zu leiden: »O großer Nil des oberen Himmels in jenem deinem Namen ›Befruchter‹! Mögest du geben, daß ich Gewalt habe über das Wasser wie die Sachmet-Löwin, die Raubende, in jener Nacht des Unwetters.« Den Glauben an die sofortige Verlängerung des diesseitigen Lebens auch im Jenseits bezeugt die Erwartung, »ein Haus zu bauen einem Mann im Jenseits, Teiche zu graben, Fruchtbäume zu pflanzen«. Und ganz bezeichnend für den Geist der Zeit ist es, wenn man darum bittet, »hervorzugehen bei Tage, die Gestalt anzunehmen als Mensch«.

Ein nicht selten geäußerter Wunsch bezieht sich auf die Vereinigung mit der Familie im Jenseits. Dieses recht diesseitige Anliegen ist so wichtig, daß es nicht selten in die Form eines Götterdekrets gekleidet wird. Einleitend heißt es dazu: »Den Erlaß besiegeln über die Familie, einem Mann die Familie im Totenreich übergeben.« Und dann folgt der Inhalt des Beschlusses: »Geb, der Erbfürst der Götter, hat befohlen, daß mir meine Familie, meine Kinder, meine Brüder, mein Vater und meine Mutter, meine Hörigen und mein ganzer Anhang gegeben werde...«

Häufig erwünscht man sich vom Jenseits aus, an einem diesseitigen Feind Rache nehmen zu dürfen. So im Sargtextspruch 149, der das Vorgehen gegen den Widersacher drastisch schildert. Der gewalttätige Vorgang wird kaum dadurch gemildert, daß er listigerweise mit einer Entscheidung einer jenseitigen Gerichtsbehörde zugunsten des Toten legitimiert wird. Weil er sich davon mehr Beweglichkeit und Aggressivität für sein Vorhaben verspricht, läßt sich der Tote in einen Falken verwandeln. Der Wunsch nach anderer Körperlichkeit, auf jeden Fall aber ein bewegliches Wesen zu bleiben, wird in jener Zeit oft ausgesprochen. Das kennen wir bereits aus den älteren Pyramidentexten. Dort dient die Verwandlung der Erleichterung des Himmelsanstiegs. Hier ist es einfach der Wunsch nach Beweglichkeit, der Wunsch, aus der Enge, die Mumifizierung, Sarg und Grab verursacht, auszubrechen. Viele Vogelarten werden in diesem Zusammenhang genannt. Aber der Wunsch nach Wandelbarkeit der Gestalt beschränkt sich nicht nur auf Vögel. Auch die Machtfülle von Göttern würde man sich auf diese Weise gerne dienstbar machen. Auffallend häufig erstrebt man die Gleichset-

Links: Das kompliziert gefügte Brustgehänge aus Gold, Lapislazuli, Karneol und anderen Halbedelsteinen zeigt fünfmal den Sonnengott Chepre als Skarabäus in der ersten Morgenstunde. Geier bilden den Abschluß, Kobras die Schließe des Schmuckstücks und symbolisieren die Beiden Länder. Der große Skarabäus am unteren Ende des Kolliers ist als Herr der Sonnenbarke dargestellt, die Zeichen »Djed« (Beständigkeit), »Anch« (Leben) und »Nefer« (schön) sowie die Königlichen Kobras flankieren ihn.

Oben: Das Pektorale aus dem Grabschatz Tutanchamuns zeigt den jungen König mit der Blauen Krone zwischen der Löwengöttin Sachmet und ihrem Gemahl, dem Schöpfergott Ptah von Memphis. Tutanchamun trägt die Königsinsignien Krummstab und Geißel und das Falkenkleid des Sed-Festes (Regierungsjubiläum), und Sachmet reicht ihm die gekerbte Palmrippe mit dem Spruch: »Ich gebe dir Jahre der Ewigkeit«.

Beide Objekte aus Tutanchamuns Grab: Kairo, Ägyptisches Museum

zung mit dem im mittelägyptischen Hermopolis beheimateten Gott Thot. Seine Funktion als Richter im Rechtsstreit zwischen den Göttern Horus und Seth und die Tatsache, daß er die Zeiteinteilung erschaffen hat, waren offenbar sehr beliebt. Aber man ist nicht wählerisch. Einer wünscht sich, »die Gestalt eines jeden Gottes, die er will, anzunehmen«.

Die Sehnsucht nach Beweglichkeit steht stets im Vordergrund. Stärksten Ausdruck findet sie in einer Seelenvorstellung, die in Texten und Bildern von jetzt an häufig thematisiert wird. Es handelt sich um den Ba, wobei Wort und Begrifflichkeit »Seele« sicher nicht ganz zutreffend sind. Er ist wie der oben genannte Ka ein Aspekt menschlicher Existenz. Und der entscheidende Unterschied zwischen beiden ist der, daß der Ka ein statisches, der Ba ein dynamisches Element verkörpert. Der Ba sichert die Verbindung mit der Welt außerhalb des Grabes und wird als Vogel dargestellt. Auch sein Schriftzeichen ist ein Vogel. Er wird nach dem Tode aktiv, fliegt, wie die Darstellungen zeigen, den Grabschacht hinauf und hinaus in die Luft, garantiert damit die Teilnahme des Toten am Leben und Treiben außerhalb der beengten Wirklichkeit des Grabes. Und er kehrt zurück, denn die Untrennbarkeit von Ba und Leichnam ist das Entscheidende. Seine Funktion wird durch eine Textstelle verdeutlicht, in der er einem Menschen ermöglichen soll, »daß er in sein Haus eintrete, daß er seine Sprößlinge nachzähle, daß er Lust ausübe und Liebe empfange mit denen auf Erden«. Andere Sprüche der Sargtexte sind von der Furcht bestimmt, Eigenschaften

Ich bin der, der wiederkommt als das Löwenpaar, der herausgeht in der Abendbarke und der wiederkommt in der Morgenbarke, wobei ich Recht spreche unter der Mannschaft des Re an diesen Abenden.
Siehe du, der du verklärt und wohlausgerüstet kommst, auf welchem Weg gehst du?
Auf dem großen Weg, dem Erbe des Einen, den die Menschen nicht kennen, auf dem die Götter nicht gegangen sind, auf dem die Ersten gingen, als sie die Wege zum Großen Gott zurücklegten.
Siehe du, der du verklärt und wohlausgerüstet kommst, auf welchem Weg gehst du?
Auf dem großen Weg, dem Erbe des Einen, auf dem Seth nach dem Kampf nicht kommen konnte.
Siehe du, der du verklärt und wohlausgerüstet kommst, auf welchem Weg kommst du?
Auf dem Weg, auf dem der Streitbare kam.
Zum Westen, zum Osten, zum geheimen Ort des Himmels!

Sargtextspruch 118

Werden zu einem Falken. Einen Mann in der Nekropole verklären. Veranlassen, daß ein Mann Macht habe über seine Feinde.

Ein Mann spricht, beschuht mit weißen Sandalen, (gehüllt in) rotes Leinen, bekleidet mit dem Brustlatz.

Ich bin ein Menschenleib, der unzufrieden aus der Feuerinsel gekommen ist. Man hat mir im Gerichtshof geöffnet wegen des Unrechts, das mir durch meinen Feind geschehen ist. Ich habe die Gestaltung als Falke erbeten, damit ich herausgehe aus dem Horizont und mich ein Gott nicht aufhält.

Ich bin ein Menschenfalke, der unter die Menschen geht, der keinen Streit zuläßt. Ich bin ja auf dem Weg des Horus, damit ich auf jenen meinen Feind unter den Menschen zuschieße. Ich bin hervorgegangen gegen ihn im Gerichtshof des Chontamenti. In der Nacht wurde ich mit ihm gerichtet in Anwesenheit seiner in der Nekropole Befindlichen. Sein Fürsprecher im Gerichtshof stand da, seine Hände waren vor seinem Gesicht, als er sah, daß meine Aussage richtig war und man mich jenes meines Feindes bemächtigen ließ. Ich ergriff ihn in Anwesenheit der Menschen, die gekommen waren, um gegen mich zu kämpfen mit der Zauberkraft ihrer Sprüche. Ich bin als großer Falke erschienen. Ich habe ihn gepackt mit meinen Krallen. Meine Lippen sind gegen ihn wie ein blitzendes Messer. Meine Krallen sind gegen ihn wie die Pfeile der Sachmet. Meine Hörner sind gegen ihn wie die des großen Wildstiers. Meine Flügel sind gegen ihn wie die eines Raubvogels. Mein Schwanz ist gegen ihn wie der einer lebenden Seele. Ich fliege auf, ich lasse mich nieder auf seinem Rückenwirbel. Ich kehle ihn ab in Anwesenheit seiner Familie. Ich reiße sein Herz heraus, ohne daß sie es merken.

Ich bin ein Menschenfalke, dem die Gestaltung als Falke gegeben worden ist im Haus des Chontamenti aufgrund des wahren Spruches. Man hat ihn mir gesagt wegen des Unrechts, das mir durch meinen Feind geschehen ist ...

Ich bin heute gekommen, nachdem ich jenen Feind verklagt habe. Es wurde in der Gerichtsbehörde befohlen und in Anwesenheit der beiden Wahrheiten wiederholt, daß man mich meines Feindes bemächtigen lasse. »Angeklagt sollen folglich Seiende und Nichtseiende werden, die gegen dich kämpfen sollten, die ihn aus deiner Hand wegnehmen sollten.«

Sargtextspruch 149

Links: Vier Schutzgöttinnen umstehen mit ausgebreiteten Armen Tutanchamuns Kanopenschrein: Isis, Nephthys, Neith und Selket. Die 90 cm hohen Frauenfiguren aus Holz sind vergoldet.

Rechts: Griff eines Spiegels in Form einer Papyruspflanze aus blauer Fayence und Gold.

Rechts oben: Der 50,5 cm hohe Statuenschrein enthielt wohl Figuren Tutanchamuns und seiner Frau Anchesenamun; sie fielen antiken Grabräubern zum Opfer. Die Wände aus Goldblech stellen in 16 Bildfeldern das Königspaar dar.

Alle Objekte aus Tutanchamuns Grab: Kairo, Ägyptisches Museum

der menschlichen Existenz zu verlieren; außer Herz und Kopf wird hier auch der Namen genannt. Den Wunsch nach Geborgenheit und Sehnsucht nach Kindheit und Jugend drückt ein Text aus, der die Verwandlung in Ihi, den Sohn der Hathor und des Re, erfleht. Der Wunsch nach Weiterexistenz wird auch dadurch zum Ausdruck gebracht, daß man die Urzeitlichkeit, die Präexistenz, betont: »Ich bin entstanden, als die Scheide noch nicht geschaffen und die Gebärmutter noch nicht geboren hatte.«

Auch der Nil, die Verkörperung urzeitlicher Schöpfungsmacht, von Fruchtbarkeit, Leben und Unaufhaltsamkeit, wird in diese Gedankenwelt einbezogen. Unsere Texte drücken das wie folgt aus: »Ich habe die beiden Ufer überschwemmt. Meine Macht kam zum Vorschein nach dem Nun (Urgewässer) über die beiden Länder hin. Ihr Menschen, seht mich an! Ich bin der Nil, der das Seiende schafft und das Nichtseiende entstehen läßt.«

Will man Unsterblichkeit erwirken, bedient man sich gern der Formulierungen, die in den Vorstellungsbereich des Gottes Osiris gehören. Osiris spielt im Totenglauben der Ägypter eine ganz entscheidende Rolle. Seine zwei kennzeichnenden Aspekte gehen auf ursprünglich getrennte Gottesgestalten zurück. Er ist einmal der tote Herrscher. Als solcher spielt er zunächst im Königsdrama eine entscheidende Rolle. Der lebende König, der als Horus, der Sohn des Osiris, gilt, wird im Tode zu Osiris. Nach dem Ende des Alten Reiches geht dieses Vorrecht auch auf den nichtköniglichen Toten über. Auch er erstrebt, zu Osiris zu werden. Dies ist der Aspekt im Zustand des Todes. Der zweite Aspekt betrifft den Vorgang der Erneuerung, das Werden vom Tod zum Leben, ein von nun an äußerst beliebter Gedanke. Und es ist sicher kein Zufall, daß in christlicher Zeit auf einer Mumienbinde ein nichtkanonisches Jesuswort folgenden Wortlauts verewigt worden ist: »Nichts ist begraben, was nicht auferweckt werden wird.«

Der Gedanke des Lebens aus dem Tod wird in den Sargtexten so formuliert: »Ich lebe, ich sterbe, ich bin Osiris. Ich
bin hervorgekommen aus dir, ich bin eingetreten in dich,
ich bin fett geworden in dir, ich bin gewachsen in dir, ich
bin in dich gefallen, ich bin auf meine Seite gefallen. Die
Götter leben von mir. Ich lebe, ich wachse als Nepre
(Korngott), der die Ehrwürdigen (Toten) herausnimmt.
Geb hat mich verborgen. Ich lebe, ich sterbe, ich bin die
Gerste, nicht vergehe ich.«

Diese Zeit favorisiert mehrere Jenseitsgedanken. Da ist
einmal der Westen, der als »Lebensland« bezeichnet wird.
Man möchte »eintreten in den Westen im Gefolge des Re
täglich« oder »begraben werden im Westen«. »Spruch für
das Eindringen in den Westen«, lautet ein Spruchtitel.
Man erbittet, »Luft zu atmen im Westen« oder »daß er in
vollkommenem Frieden zum schönen Westen, zu seinem
Grab der Nekropole, geleitet werde«. Und schließlich kann
man formulieren: »Geh du hin auf dem westlichen Weg,
denn der ist groß und angenehm. Der östliche ist unange-
nehm, er ist schmal.« Der Osten hat in unseren Texten
nicht selten einen negativen Aspekt. »Nicht einen Mann im
Jenseits zum Osten überfahren«, lautet einer der Wünsche.
Daneben gilt auch der Himmel als erstrebenswertes Ziel.
Der Tote wünscht sich, »daß ihn sein Ka zu den reinen
Sitzen im Himmel geleite, daß er lande und den Fernen
überquere«. »Aufsteigen zum Ort, an dem Re ist«, ist ein
Wunsch, der so und ähnlich häufig geäußert wird. Die
Himmelsleiter, als Mittel des Himmelsaufstiegs aus den
älteren Pyramidentexten bekannt, wird auch in der Toten-
literatur des Mittleren Reiches erwähnt. Die folgende Fest-
stellung ist typisch für diese Zeit: »Du hast den Himmel
erfaßt, du hast die Erde ererbt. Wer aber könnte dir den
Himmel wegnehmen, (dir) als einem schön erneuerten
Gott, da du gerechtfertigt bist gegenüber deinen Feinden.«
Seit dieser Zeit ist es beliebt, die Himmelsgöttin Nut zu
bitten, das Grab zum Himmel zu machen. Bevorzugter
Schriftträger hierfür ist der Sargdeckel.

Osiris verkörpert die Unterwelt, ein chthonisches Jenseits,
obwohl die Lokalisierung seines Reiches in den Texten
nicht unbedingt eindeutig ist: Er gehört auch zum Westen.
In Abydos, der Stätte der alten Königsgräber, dem Ort, an
dem sein Grab verehrt wird, übernimmt er als Totengott
die Funktion des ursprünglichen Ortsgottes. Und der heißt
Chontamenti, »Erster der Westlichen«. Abydos gilt in dieser Zeit als Wallfahrtsort. Dort wird in Festspielen das
Schicksal des Gottes dargestellt. Könige errichten hier ein
Scheingrab, und Privatleute stellen Stelen auf, um an der
Heiligkeit des Ortes teilzuhaben. Die eingravierten Bitten
lauten: »Ein Opfer, das der König gibt und Osiris, der Herr
von Busiris, Chontamenti, der Herr von Abydos, an allen
seinen Stätten... Er möge den Ehernen überqueren und
den Fernen durchwandern, er steige hinauf zum großen
Gott, er lande in Frieden im schönen Westen, die Berg-
wand öffne sich ihm, und die westliche Wüste reiche ihm
ihre Hände. Er gelange zum Götterkreis, und ›Willkom-

men in Frieden‹ erschalle es zu ihm von seiten der Großen von Abydos. Ihm werden die Hände in der Nechmetbarke gereicht auf den Wegen des Westens. Er gehe in Frieden nach Abydos zum Ort, an dem Osiris ist. Er öffne die Wege, die er wünscht, zu den Toren im erhabenen Land. Die im Überfluß leben, reichen ihm ihre Hände auf der Anhöhe, die die Opfergaben gewährt. Sein Ka ist mit ihm, und seine Opfergaben sind vor ihm, dem Geehrten NN.« Tausende von Stelen mit diesem und ähnlichem Inhalt sind in jener Zeit in Abydos aufgestellt worden und bekräftigen die Bedeutung dieses Ortes.

Die Texte dieser Zeit rühmen nicht nur den Westen, den Himmel und die Unterwelt als Aufenthaltsorte des Toten. Auch an der Bewegung der Sonne teilzuhaben, gilt als erstrebenswertes Ziel. In der Gefolgschaft des Re zu sein oder zur Mannschaft seiner Barke zu gehören, ist ein immer wieder geäußerter Wunsch. Dann spielt auch der Osten als Aufgangsort, als Geburtsstätte der Sonne, eine entscheidende Rolle. Andererseits wieder ist diese Region negativ belastet, da sie als »Schlachtstätte der Götter« gilt. Die Zugehörigkeit zu den Sternen, eine im Alten Reich nicht seltene Wunschvorstellung, spielt jetzt praktisch keine Rolle mehr. Immerhin gibt es noch einen Spruch der Sargtexte: »Spruch für das Gelangen zum Orion.«

Die Vielfalt von Jenseitsmodellen zeigt ganz deutlich die Hoffnung der Hiesigen auf Auferweckung aus dem Todesschlaf. Deshalb wird jede nur bekannte Möglichkeit, zu ewigem Dasein zu gelangen, genutzt.

Die Ägypter sind ein ordnungsliebendes Volk gewesen. Ordnung und Leben gehen eine enge Verbindung ein, und so ist es nur konsequent, wenn auch die Bereiche für das Leben nach dem Tode festgelegt werden. Schon unsere Sargtexte definieren solche Jenseitsregionen. Ein ganzes »Buch« beschäftigt sich mit »zwei Wegen«, die einen Feuerstrom flankieren und die sogar durch Landkarten verdeutlicht werden. Tore sind zu passieren, und Wächter müssen zufriedengestellt werden, wofür der Tote ausführliche Anweisungen erhält.

Das Buch verdanken wir Särgen aus der Nekropole von el-Bersche in Mittelägypten. Dort ist der Gott Thot zu Hause, der auch sonst in den Sargtexten eine tragende Rolle spielt. Schließlich muß noch auf eine wichtige Tatsache hingewiesen werden: die Erhöhung des Toten durch seine Identifizierung mit Osiris. Das war zunächst ein Vorrecht des Königs, das wir vom Ende der 5. Dynastie an verfolgen können. Im Zuge der »Demokratisierung« des Totenglaubens aber geht dann jeder Tote, auch der Privatmann, in Osiris ein. »Osiris NN« nennt ihn die Totenliteratur.

Das Tal der Könige

Über den Grabbau der das Neue Reich begründenden Fürsten von Theben ist wenig bekannt. In der entsprechenden Nekropole hat man mehr um- als ausgegraben. Es wird vermutet, daß auch in dieser Zeit noch die Pyramide

Zur Herstellung von Gefäßen und Figuren verwendete man in Ägypten gerne den relativ weichen »Alabaster« (eigentlich Kalzit). Die große Ölvase (oben) wird mit ihren Henkeln aus Lilien- und Papyruspflanzen am Hals verknotet (dem Sema, dem Zeichen für »Vereinigen« entsprechend), der Sockel ist von Anch- und Uas-Zeichen flankiert. Die voll erblühte Lotosblume mit Seitentrieben formt der Kelch (unten) mit blau eingelegten Inschriften nach. Der aufgerichtete junge Löwe (links) trägt ein Salbgefäß auf dem Kopf, in dem Reste fettiger Paste erhalten sind.

Alle Objekte aus Tutanchamuns Grab: Kairo, Ägyptisches Museum

den Grabtypus bestimmte. Auch wie am Anfang des Neuen Reiches die Gepflogenheiten bei Grabanlagen waren, wissen wir nicht so recht. Sicher aber ist, daß mit Thutmosis' I. Grab, dem ersten der Gräber im thebanischen Tal der Könige, eine Wende markiert wird, denn die enge Verbindung von Grab und Totentempel wird von jetzt an aufgegeben. Der Totentempel steht vom Grab getrennt, am Rande des Fruchtlandes, das Grab selbst liegt an verborgener Stelle. Bis zum Ende der 20. Dynastie, also über viereinhalb Jahrhunderte, bleibt das Tal königlicher Begräbnisplatz. Während dieses Zeitraums unterliegen die Elemente der Grabanlagen einem steten Wandel: Anzahl und Größe der Räume, Abfolge und Gestaltung, deren Zuordnung und Inhalt ebenso wie die Dekoration von Wänden und Decken oder Größe, Form und Dekoration der Sarkophage.

Ein Überblick über die Entwicklung ergibt, daß die Grabkammern der ersten Thutmosiden einen ovalen Grundriß haben. Sie werden über Treppen und Korridore von einem höher gelegenen Niveau aus erschlossen. Als wichtige Neuerung ist anzumerken, daß im Gegensatz zu den königlichen Grabanlagen des Mittleren Reiches die der 18. bis 20. Dynastie wieder dekoriert sind, wobei man sich anfangs der Malerei, später des bemalten Reliefs bediente.

Zunächst wurden nur die wichtigsten Teile des Grabes dekoriert, weshalb sich die angesprochenen Themen in gewissen Grenzen halten. Decken erscheinen als Himmel, bestimmten Wänden sind Darstellungen vorbehalten, die das Handeln von Göttern zugunsten des toten Königs zum Thema haben. Für die Grabkammer selbst blieb lange Zeit ein ganzes Buch kanonisch, das »Amduat«. Welche Bildinhalte im einzelnen anzutreffen und wie sie in bezug auf den Jenseitsglauben zu interpretieren sind, wird weiter unten ausgeführt.

Die anfangs auffällig unregelmäßig ausgeführten Korridore zu den Grabkammern werden in den rund achtzig Jahren zwischen Thutmosis I. und Amenophis II. zunehmend exakter. Gleichzeitig steigert man das Ausmaß der Anlagen beträchtlich. Der Hang zur Größe erlahmt zur Zeit Amenophis' IV., und zwar sowohl bei Grab- wie auch bei Tempelanlagen. Als dieser seine Grablege in der neuen Residenz, in Amarna, begründet, fällt sie weniger aufwendig aus als die seiner Vorgänger. Außerdem verbietet sein neues weltanschauliches Konzept die Verwendung des seit dem Anfang der 18. Dynastie kanonischen Bildprogramms. So greift er insbesondere auf zeitgenössisches Traditionsgut nichtköniglicher Grabdekoration zurück. Seine unmittelbaren Nachfolger übernehmen diesen revo-

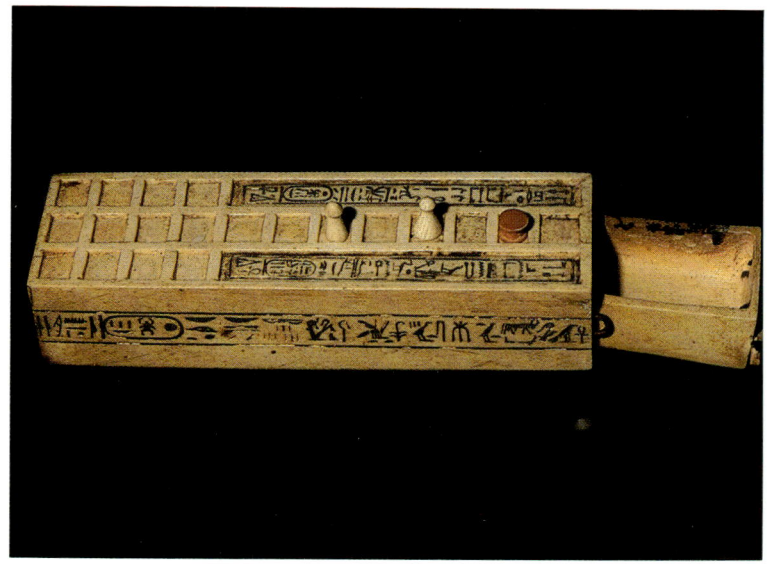

Links: Offenbar nicht speziell fürs Jenseits angefertigt ist Tutanchamuns goldbeschlagener Thronsessel. Die Treibarbeit der Rückenlehne zeigt den König mit seiner Frau Anchesenamun unter der Strahlensonne Aton. Die Intimität der Szene, die ungewöhnlich lockere Sitzhaltung und die weiche Formulierung von Körper und Gewändern entsprechen noch ganz dem sogenannten Amarna-Stil. Auch ist der Name des Königs noch in seiner alten Form Tutanchaton eingetragen, also vor der Änderung, die Amun wieder seine alten Rechte als Reichsgott zugestand, nämlich im Königsnamen zu erscheinen.

Oben: Auch auf das in Ägypten sehr beliebte Brettspiel mochten die Verstorbenen im Jenseits nicht verzichten. Kostbare Exemplare mit Spielsteinen und Schublade zu ihrer Aufbewahrung waren Grabbeigaben der Oberschicht.

Rechts: Schlicht und dennoch kostbar aus Ebenholz und Elfenbein gearbeitet ist Tutanchamuns Kindersessel (Breite nur 37 cm). Die vergoldeten Wangenreliefs verraten deutlich Einflüsse kretischer Kunst.

Alle Objekte aus Tutanchamuns Grab: Kairo, Ägyptisches Museum

lutionären Stil sichtlich zögernd, bis dann Haremhab die Spuren der Amarnazeit tilgt und den religiösen Einschnitt beendet.

Die Konstrukteure seiner Grabanlage führen wichtige Neuerungen ein, zum Beispiel die gerade Ausrichtung der Grabgestalt, die von jetzt an fast ausnahmslos Verwendung findet. Die Dekorationstechnik wechselt von der bis dahin üblichen Malerei zum Relief, inhaltlich ist die Abkehr vom »Amduat« bemerkenswert. Das »Pfortenbuch« nimmt seine Stellung ein.

Auf das in seinen Ausmaßen wieder eher bescheidene Grab des Begründers der 19. Dynastie, Ramses' I., folgt das von Giovanni Battista Belzoni (1778–1823) entdeckte Grab Sethos' I., das wohl größte und schönste eines ägyptischen Herrschers. Daß er es nicht als das Grab Sethos' I. identifizieren konnte, tut nichts zur Sache. Seinen ersten Eindruck nach der Entdeckung schildert er folgendermaßen: »Am 16. nahm ich meine Grabungen im Tal von Biban el-Moluk wieder auf und stieß auf die glückverheißende Stelle, die mich für alle Mühe entschädigt hat, die ich bei meinen Forschungen auf mich nahm. Ich möchte diesen einen glücklichen Tag nennen, vielleicht einen der besten meines Lebens. Ich will nicht sagen, daß das Schicksal mich reich gemacht hat; denn ich halte nicht alle reichen Leute für glücklich. Aber es hat mir jene Befriedigung gegeben, jenes höchste Vergnügen, das mit Reichtum nicht zu erkaufen ist, das Vergnügen, zu entdecken, was man lange vergeblich gesucht hat, und die Welt mit einem neuen und vollkommenen Denkmal des ägyptischen Altertums zu beschenken, das jedem andern an Erhabenheit, Stil und Erhaltung als überlegen bezeichnet werden darf, da es den Anschein erweckt, als sei es gerade an dem Tag fertig geworden, an dem wir es betraten.« Die Größe der Grabanlage, sie ist 100 Meter in den Felsen eingetieft, und die Tatsache, daß alle Räume und Korridore reliefiert sind, führen zur Darstellung umfangreicher Bild- und Textfolgen. Neben dem »Pfortenbuch« ist wieder das »Amduat« dabei; weiteres Material liefern das »Buch von der Himmelskuh«, die »Sonnenlitanei« und das »Mundöffnungsritual«.

In der Folgezeit wird trotz der Beibehaltung der Grundelemente im einzelnen vieles variiert, die Anzahl der Nebenräume, die Ausstattung mit Pfeilern, die Text- und Bildauswahl, die Technik der Anbringung der Reliefs. Merenptah führt im Grabinnern das versenkte Relief ein, läßt den Weg vom Grabeingang zum Ende des Grabes viel flacher gestalten und führt eine bemerkenswerte Neuerung ein: Der Eingang bleibt sichtbar und enthält ein gestaltetes Äußeres.

Mit Ramses XI. endet die Reihe der Königsgräber im Tal der Könige. Das Zentrum des Landes hatte sich schon wesentlich früher wieder nach Norden verlagert. Die Gräber der Herrscher jener Zeit werden nun innerhalb des Tempelbezirks von Tanis angelegt. Erhalten haben sich bescheiden dimensionierte unterirdische Kammern mit wenig Dekoration. Diesen Grabtyp, das »Grab im Tempelhof«, kennen wir auch aus Medinet Habu. Dort waren Angehörige des Königshauses, die sogenannten Gottesgemahlinnen des Amun, begraben. Auch bei den saitischen Königsgräbern muß man sich eine ähnliche Anlage vorstellen. Herodot schreibt dazu im zweiten Buch seiner »Historien« (Kapitel 169): »Diese liegen im Heiligtum der Athena (Neith), ganz nahe dem Allerheiligsten, links vom Eingang. Die Saiten begruben alle aus diesem Gau stammenden Könige innen im Heiligtum. Denn auch das Grab des Amasis liegt – zwar etwas weiter vom Allerheiligsten als das des Apries und seiner Vorväter – im Tempelhof in einer großen steinernen Kapelle, die mit Säulen, die Palmbäume darstellen, und dem übrigen Aufwand ausgeschmückt ist. Innerhalb der Kapelle stehen Flügeltüren. Hinter ihnen befindet sich der Sarg.« Erhalten ist davon freilich nichts.

Bücher, die durch das Jenseits führen

Mit dem Beginn der 18. Dynastie begegnet uns erneut eine königliche Totenliteratur. Sie zu verwenden bleibt – mit einer Ausnahme – für eine ganze Zeit das Vorrecht der Könige, so wie dies auch bei den älteren Pyramidentexten der Fall war. Später, im Zuge einer erneuten »Demokratisierung«, stehen die hier verwendeten Texte und Bilder auch dem nichtköniglichen Verstorbenen auf Särgen oder Papyri zur Verfügung. Die private Totenliteratur der Zeit wird im wesentlichen durch das Totenbuch repräsentiert, auf das näher eingegangen werden soll. Ein ganz wesentlicher Unterschied zwischen beiden Textarten muß gleich am Anfang herausgestellt werden. Gibt das Totenbuch, den Sargtexten ähnlich, mit denen es ohnehin eng verbunden ist, dem Verstorbenen konkrete Hilfen an die Hand,

gefährliche Wesen, Orte und Situationen zu meiden und sich durch Verwandlungen Vorteile für den Aufenthalt im Jenseits zu verschaffen, so sind die Jenseits- bzw. Unterweltsbücher nicht auf einen potentiellen Benutzer ausgelegt. Vielmehr werden ein Vorgang und die ihn begleitenden Umstände genau beschrieben. Im Zentrum des Berichts steht der Sonnenlauf durch die Nacht: »Verweilen durch die Majestät dieses großen Gottes bei den Höhen der geheimnisvollen Götter, die auf ihrem Sand sind. Er gibt ihnen Anweisungen von seiner Barke aus, seinen Göttern, die ihn in dieser Stätte ziehen in der unnahbaren Gestalt der Ringelschlange. Der Name des Tores dieser Stätte lautet ›Welches steht, ohne müde zu werden‹. Der Name dieser Stätte lautet ›Sarkophag ihrer Götter‹. Der Name der Nachtstunde, die diesen großen Gott geleitet, ist ›Herrin der tiefen Nacht‹.«

In diesen Texten wird die Nacht in zwölf Stunden eingeteilt, und zwar in Wort und Bild, wobei der bildliche Aufbau aus jeweils drei Reihen, sogenannten Registern, besteht, die in Streifen untereinander angeordnet sind. Im mittleren Register bewegt sich der Sonnengott in seiner Barke, die beiden flankierenden Register zeigen seine Begleitung. Die Sonne, Symbol für Erneuerung, Verjüngung und Wiedergeburt, beherrscht den Bildbericht. Für den Ägypter bedeutsam ist die Unterteilung der Nacht, die Abgrenzung der einzelnen Stunden durch von Toren begrenzte Abschnitte.

Bedeutsam deshalb, weil durch Abgrenzung jene Ordnung konstituiert wird, die er als Voraussetzung für das Leben erkannt hat. Diese Darstellungsmittel objektivieren die Beschreibung der Stationen der nächtlichen Sonnenfahrt und lassen sie so zu einem tröstlichen Führer und Helfer des Verstorbenen werden. Eine göttliche Mannschaft

Links oben: Aus vergoldetem Holz ist die Statuette Tutanchamuns mit der unterägyptischen Krone. Ihr entspricht eine zweite mit dem oberägyptischen Herrschaftsemblem. Beide Figuren standen auf schwarzen Panthern, die uralttraditionelle Himmelsmächte symbolisieren.

Links unten: Ein Meisterwerk ägyptischer Goldschmiedekunst ist der Prunkdolch Tutanchamuns. Seine Klinge ist aus gehärtetem Gold, während ein zweiter eine – damals extrem kostbare – Eisenklinge aufweist. Der Griff ist granuliert.

Rechts: Der kniende Luftgott Schu trägt die Kopfstütze Tutanchamuns wie Atlas das Himmelsgewölbe. Einzigartig ist das Material Elfenbein.

Alle Objekte aus Tutanchamuns Grab: Kairo, Ägyptisches Museum

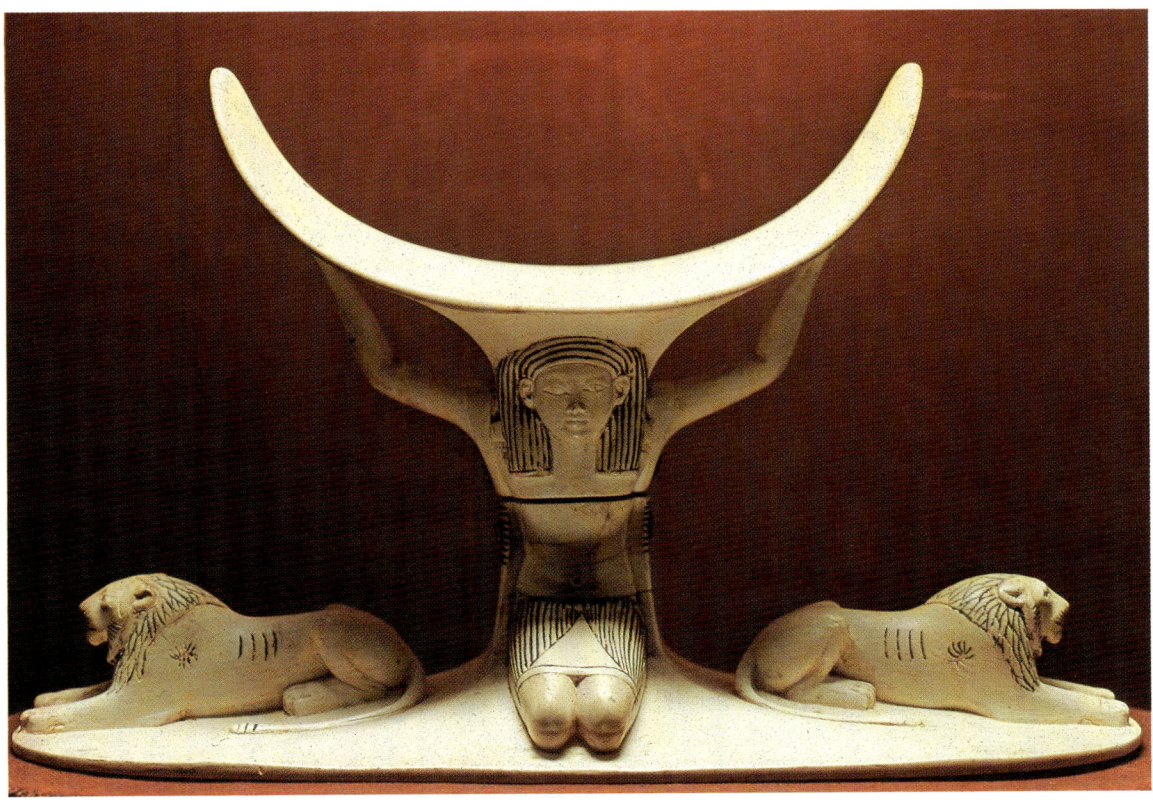

begleitet den Sonnengott auf seiner gefährlichen Nachtfahrt, hilft, gefürchtete Regionen zu umschiffen, und sorgt für das glückliche Ende, das in der Verjüngung des Sonnengottes besteht. Eine Vielzahl von Bildern und Aussagen rankt sich um dieses Geschehen: Da ist vom Hindurchziehen die Rede oder davon, daß am Ende der Nachtfahrt die Sonne wieder emporgehoben wird. Auch spielt die schon genannte Ba-Vorstellung eine zentrale Rolle. Nicht nur, daß der Tote in seiner Ba-Form den Sonnengott auf seiner nächtlichen Fahrt begleiten will, um die Vereinigung mit seinem Leichnam zu ermöglichen, der Sonnengott selbst kann als in dieser Gestalt auftretend gedacht werden, mit dem Ziel, sich mit seinem Leichnam zu vereinigen.

Immer wieder wird in den Unterweltsbüchern – aber nicht nur in diesen – die gefährliche, aber letztlich triumphale Abwehr der Apophisschlange beschrieben. Ein weiteres breites Thema ist die Vernichtung der Verdammten, jener, die außerhalb jeder Ordnung stehen, die nicht mehr leben, die unwiderruflich tot sind, kurz der »Nichtexistenten«. Um so strahlender erhebt sich die im Sonnengott begründete Heilslehre, deren Aufgabe es ist, allseitig für die Verklärten zu sorgen, ihre Vereinigung mit Osiris herbeizuführen und ihre tägliche Verjüngung zu erreichen. Daneben gibt es noch den um zwei weibliche Gottheiten angesiedelten Vorstellungsbereich, den vergöttlichten Westen, die Imentet und die Himmelsgöttin Nut. Auch mit diesen ist der Sonnengott verbunden. Die Westgöttin nimmt den alten Sonnengott am Abend auf, um seine Neugeburt einzuleiten. Und Nut, die als nackte Göttin dargestellt wird, verschluckt am Abend die Sonne und gebiert sie am Morgen wieder. Letzteres ist Gegenstand von späten Darstellungen an der Grabdecke. Damit wird nicht nur ein königlicher Wunsch nach Wiedergeburt ausgedrückt. Sargdeckel, Sarg und Grab können als Nut bezeichnet werden, jeder Sterbliche erstrebt, der Sonne gleich, verjüngt dem neuen Tag entgegenzutreten.

Oben: Gemehesu – »der selbst auskundschaftet« – ist der alte Titel des hockenden Falken mit Wedel auf der Standarte (vergoldetes Holz). Zusammen mit seinem Pendant, dem Falken Sopdu, symbolisiert er das Königtum.

Unten: Eines der hölzernen, bemalten Bootsmodelle aus dem Grab des Tutanchamun.

Rechts: Der Gliederhalskragen mit Nechbet-Geier und Uto-Kobra ist einer von insgesamt 17, die in die Mumienhüllen Tutanchamuns eingebunden waren. Die Goldplättchen sind durch Ösen und Schnüre verbunden.

Alle Objekte aus Tutanchamuns Grab:
Kairo, Ägyptisches Museum

Privatgräber des Neuen Reiches und der Spätzeit

Das Felsengrab, der im Mittleren Reich vorherrschende Grabtyp, wird fast ausnahmslos auch in der Folgezeit verwendet. Für die Zweite Zwischenzeit sei auf die Gräber in Elkab verwiesen, das auf dem Ostufer des Nils etwa 15 Kilometer nördlich von Edfu liegt. Die 17. Dynastie hat Felsengräber in Theben hinterlassen. Neuere Grabungen haben im Ostdelta aus Ziegeln aufgemauerte Gräber dieser Zeit zutage gefördert, die allerdings in erster Linie für die Beantwortung historischer Fragen interessant sind.

Vom Beginn der 18. Dynastie bis zum Ende der Ramessidenzeit liegen die Hauptquellen für die Kenntnis des privaten funerären Bereichs in Theben. Dort befindet sich zwischen der Reihe der am Rande des Fruchtlandes gelegenen königlichen Totentempel und den westlich anschließenden Bergen eine in nordsüdlicher Richtung ausgedehnte Gräberstadt mit Privatgräbern des Neuen Reiches, von

denen wir heute schon über 450 kennen. Sie gehören zum Schönsten, was uns Altägypten hinterlassen hat, und sind neben den Pyramiden Hauptanziehungsort des modernen Bildungstourismus, der nicht immer die ungestörte Erforschung dieses weithin noch zu erforschenden Gebietes fördert. Aber auch in der Vergangenheit haben menschliche Eingriffe in die Welt der Toten Zustände herbeigeführt, die uns heute schmerzen. Besonders negative Auswirkungen hatte, daß die Gräber als Wohnungen benutzt werden, eine Gewohnheit, die bereits in frühchristlicher Zeit einsetzte und bis in die jüngste Vergangenheit anhielt. Zur Grundform der Gräber jener Zeit läßt sich folgendes sagen: Im Osten, zum Fruchtland hin, ist ein Vorhof angelegt worden, dessen Seiten- und Rückwände mit Hilfe von Ziegeln und Steinen geglättet wurden. Hier fanden Stelen Aufstellung, auf denen die Toten im Verkehr mit Göttern oder vor dem Opfertisch dargestellt sind. Über dem Eingang in das eigentliche Grab werden – das ist für diese Zeit

typisch – Reihen sogenannter Grabkegel eingetieft, die mit den Spitzen im Mauerwerk stecken und deren äußere runde Grundfläche Namen und Titel des Verstorbenen zeigen. Hinter dem Vorhof ist ein breiter Querraum angelegt, der – in Analogie zum Wohnhaus – den öffentlichen, offiziellen Bereich wiedergibt. Von hier aus führt ein langgestreckter, gangartiger Raum in das Grabinnere, und am Ende der Anlage befindet sich ein relativ kleiner Raum, der eigentliche Kultraum. In der Regel hat er an seiner Rückwand eine Nische mit dem Bild des Toten. Von diesem letzten Raum oder vom Hof führt eine Rampe in den unterirdischen Sargraum. Diese Grundform wird nicht stereotyp beibehalten. Und auch die räumlichen Ausmaße sind durchaus unterschiedlich. Die Wände der Gräber zeigen innen und außen Dekorationen, denen ein Verteilungskanon zugrunde liegt. Die Decken größerer Grabräume werden durch Pfeiler gestützt, wodurch große Säulenhallen entstehen. Auch die Amarnagräber folgen dem Grundriß der thebanischen Anlagen, verändern allerdings die Bildinhalte der Dekoration.

Die Verlegung der Residenz nach Norden hat auf dem privaten Grabsektor ähnliche Folgen, wie sie auch bei den Königsgräbern zu beobachten sind. Schon früh, am Ende der 18. Dynastie, legt man die ersten Beamtengräber in Memphis an. Aber noch in der Ramessidenzeit werden in Theben für die zu einem guten Teil dort tätige Priesterschaft eindrucksvolle Grabanlagen errichtet. Dazu kommt die reiche und eindrucksvolle Handwerkernekropole von

Der el-Medine, von der sich nicht selten die Oberbauten der Gräber erhalten haben, bei denen eine aus Ziegeln erbaute Pyramide auffällt, wie denn überhaupt eine verstärkte Verwendung von Ziegeln zur Ausmauerung besonders der Innenräume festzustellen ist. Diesen Anlagen ist ein häufig recht geräumiger Vorhof beigegeben, der von einer ebenfalls aus Ziegeln errichteten Mauer umgeben ist. Den Eingang flankieren zwei Pylonen. Im Hof wird gern ein Garten mit einem von Bäumen umgebenen und von Blumenbeeten gesäumten Wasserbecken angelegt. Der kleine Kultraum ist tonnenüberwölbt, der unterirdische Bereich der Gräber umfaßt zwei oder drei Kammern.

Die thebanischen Gräber der Spätzeit unterscheiden sich von den eben beschriebenen in ihrer Raumgestaltung erheblich. Sie liegen im nördlichen Teil der Nekropole. Ihre räumliche Ausdehnung ist weit größer als die der älteren Grabanlagen. Von einem Ziegelpylon aus gelangt man über eine Treppe in ein unterirdisches, teilweise nach oben offenes System von Gängen und Durchlässen, das auf mehreren Ebenen verläuft und häufig geknickt ist. Am Ende liegt die Sargkammer. Die Erforschung dieser Grabanlagen, die in den letzten Jahren erhebliche Fortschritte gemacht hat, war wegen deren Baufälligkeit mit erheblichen Schwierigkeiten verbunden.

Zu den stattlichsten Anlagen der Spätzeit in Theben gehören die Gräber des Montemhet, der Statthalter von Oberägypten zur Zeit des Taharka und Psammetichs I. war, und des Propheten Petamenophis.

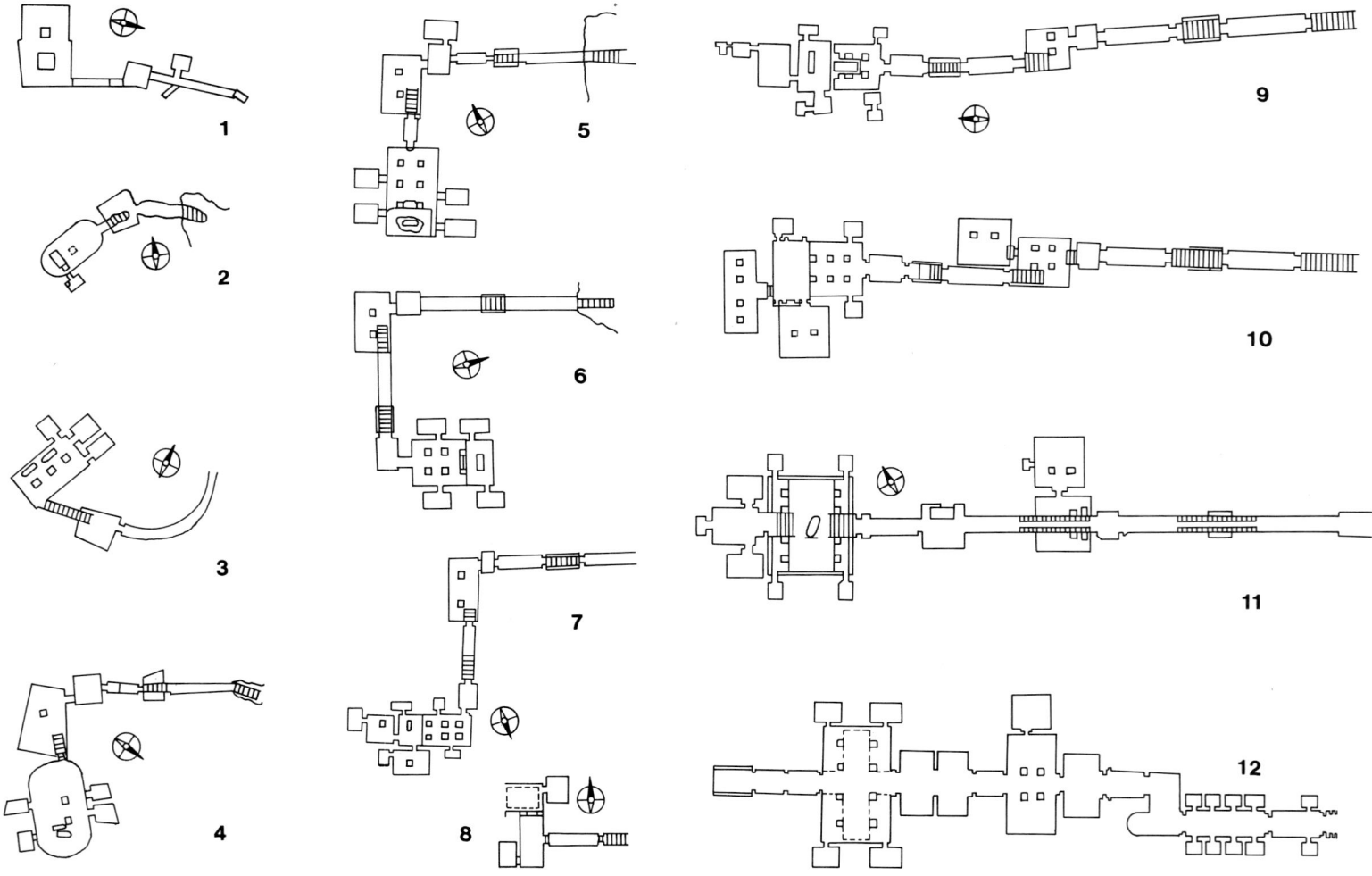

Wie schon bei den Königsgräbern beobachtet, bringt auch im Privatgräberbereich die Amarnazeit einen Einschnitt in der dekorativen Gestaltung der Anlagen. Am Anfang der 18. Dynastie haben die Bildinhalte eine gewisse Geschlossenheit, wenn auch die Einzelausführung variabel bleibt. Nun wird durch gesteigerte und sensiblere Farbigkeit der Personen, der Gegenstände und des Malgrundes, durch unkonventionell ausgeführte Umrißzeichnungen, durch Staffelung oder Überschneidung von Figurengruppen und vieles andere eine bisher ungekannte Vielfalt erzielt.

Die Zyklen der Grabwände beziehen sich, grob gesagt, auf zwei zunächst unterscheidbare Lebensbereiche, die allerdings im Detail nicht immer zu trennen sind. Da ist einmal der weltliche Bereich mit Szenen aus dem täglichen Leben, zum anderen der jenseitige, der die Begräbnisvorbereitungen, das Begräbnis selbst und den Aufenthalt in der anderen Welt zum Inhalt hat. Diese Bildinhalte werden in der Regel getrennt voneinander ausgeführt, im vorderen Teil der Grabanlage die weltlichen, im hinteren die jenseitigen. Im Mittelpunkt steht die Darstellung des Grabherrn, für den die dargebrachten Opfergaben bestimmt sind. Nicht selten wird er von seiner Gemahlin begleitet. Der immer wiederkehrende Typus mag gleichförmig erscheinen, er ist dennoch stets neu gefaßt und einfallsreich durchgestaltet, denn insbesondere wird das, was sich vor dem Grabherrn und seiner Gemahlin abspielt, variiert. Auch die liebevolle spielerische Art, mit der zum Beispiel Tierszenen unter seinem Stuhl komponiert werden, ist hervorzuheben. Ein

Spruch für das Öffnen des Grabes für den Ba und für den Schatten des NN, um herauszugehen am Tage und um seiner Füße mächtig zu sein. Du mögest offen sein, du mögest verschlossen sein, Schlafender. Du mögest offen sein, du mögest verschlossen sein zugunsten meines Ba nach dem Befehl des Horusauges, das mich mitnimmt und meine Vollkommenheit am Scheitel des Re befestigt. Ich bin weit ausgeschritten und habe die Knie gestreckt. Ich habe einen weiten Weg zurückgelegt und mein Fleisch ist beruhigt. Ich bin Horus, der seinen Vater schützt. Ich bin einer, der seinen Vater und seine Mutter mit seinem Stab herbeiholt. Der Weg ist frei für den, der seiner Füße mächtig ist, damit der den Großen Gott schaue im Inneren der Barke des Re. Wenn die Bas bewertet werden, ist mein Ba zuerst dort unter denen, die die Jahre zählen. Komm, rette meinen Ba zu meinen Gunsten, Auge des Horus, damit er den Schmuck am Scheitel des Re befestige! Finsternis euren Gesichtern, Hüter des Osiris! Sperrt meinen Ba nicht ein, haltet meinen Schatten nicht fest! Der Weg ist frei für meinen Ba und für meinen Schatten, damit er den Großen Gott schaue im Inneren des Schreins am Tag, an dem die Bas bewertet werden, damit er die Worte des Osiris weitererzähle denen mit verborgenen Sitzen, die die Glieder des Osiris bewachen, die die Verklärten bewachen und die Schatten der Verdammten einsperren, die Schlechtes gegen mich getan haben. Gehe, der Weg gehört deinem Ka und dir, mein Ba! Die wohlausgestatteten Verklärten führen dich. Du sitzt unter den Ältesten, die den ersten Platz einnehmen. Du wirst nicht eingesperrt von denen, die die Glieder des Osiris bewachen, die die Schatten der Verdammten bewachen.

Du wirst nicht vom Himmel gepackt und nicht eingesperrt von der Erde. Du bist nicht einer, den die Frevler verletzt haben. Du bist der, der seiner Füße mächtig ist. Du bist fern von deinem Leichnam auf Erden, der sich inmitten derer befindet, die die Glieder des Osiris bewachen.

Totenbuchkapitel 92

Vorausgehende Doppelseite: Die Sargkammer Amenophis' II. (Grab Nr. 35 im Tal der Könige) wird von sechs starken Pfeilern gestützt. Die Darstellungen des Amduat-Buches an den Wänden und des Königs mit Göttern auf den Pfeilern sind noch fast ausschließlich in Umrißlinien gehalten.

Oben: Als Giovanni Battista Belzoni 1817 das Grab Sethos' I. entdeckte, hielt er den – inzwischen zerstörten – Eingang in einer kolorierten Zeichnung fest.

weiterer Themenbereich sind die schier endlosen Reihen der Gabenbringer und die Vorbereitung der Gaben in allen Details, so daß wir den Gang auf die Felder oder in die Werkstätten der Handwerker geradezu nachvollziehen können. Alles dies sind Szenen aus dem täglichen Leben, deren Abschilderung die jenseitige Existenz des Grabherrn sichern soll. Auch das immer wieder gezeigte Gastmahl mit Speise und Trank, Musik und Tanz hat einen doppelten Aspekt, denn es verewigt zugleich das vom Grabherrn erwünschte Mahl zusammen mit seinen noch lebenden und mit ihm feiernden Angehörigen.

Zwei weitere Themen sind ebenfalls in den Gräbern dieser Zeit beliebt: die mit verschwenderischem, künstlerischem Ausdruck gestaltete Jagd im Papyrusdickicht und die Auszeichnung des Grabherrn durch den König.

Tod und Begräbnis sind vielfältig dokumentiert: Häufig begegnet man der Darstellung der Mundöffnung, die an der aufrechtstehenden Mumie vollzogen wird. Auch das Grab selbst kann in diesem Zusammenhang abgebildet werden, und der Begräbniszug wird in allen seinen Einzelheiten ins Bild gesetzt: Trauernde und Klagende, die Priester und das Begleitpersonal und nicht zuletzt die Grabausstattung selbst. Beliebt ist auch, die Wallfahrt nach

Ein Geschlecht geht zum anderen unter den Menschen; Gott, der das Wesen der Menschen kennt, hält sich verborgen. Ehre du Gott auf seinem Wege, es gibt keinen Strom, der sich verbergen ließe; er zerstört den Damm, hinter dem er verborgen war. Die Seele geht zu dem Ort, den sie kennt, und irrt nicht ab von ihrem gestern eingeschlagenen Wege. Darum mach dein Haus an der Ruhestätte der Toten schön und deinen Sitz in der Totenstadt herrlich als ein rechter Mann, einer, der das Rechte getan hat; das ist es, was der Seele Ruhe verschafft.

Aus der Lehre des Merikare
(nach Friedrich Wilhelm Freiherr von Bissing)

Unten: Ein Ausschnitt des bemalten Holzsarges der »Magazinvorsteherin und Hausherrin Henut« bildet die Gliederung der Palastfassade aus Holz und Matten nach. Henut wurde zur Zeit der 11. Dynastie vermutlich bei Assiut bestattet.
München, Staatliche Sammlung Ägyptischer Kunst

Rechts: Die sogenannten Kanopen dienten zur Aufnahme der Eingeweide. Die vier Horussöhne sind folgendermaßen zuständig: Amset, menschenköpfig, für Magen und Darm; Duatmufed, schakalköpfig, für Herz und Lunge; Kebehsenuf, falkenköpfig, für Leber und Galle; Hapi, affenköpfig, für kleinere Organe. Die Kalksteinkrüge stammen aus der Spätzeit.
Hildesheim, Pelizaeus-Museum

Oben: Der Schatten des Verstorbenen Nachtamun tritt aus seinem tempelartig gezeichneten Grab Nr. 335 in Der el-Medine.

Unten: Inherchaui vor seinem vogelgestaltigen Ba. Grab Nr. 359 in Der el-Medine.

Rechts: Lebensgroße Ka-Statue König Hors, Ende Mittleres Reich. Kairo, Ägyptisches Museum

Folgende Doppelseite: Nesmin tritt vor das Totengericht. Papyrus aus der Ptolemäerzeit. Privatsammlung

Abydos ins Bildprogramm aufzunehmen, damit der Tote an den Segnungen dieser verehrten Stätte teilhaben kann. In den Gräbern der Nachamarnazeit ist der Rückgang an Abbildungen mit diesseitigem Inhalt auffällig. Dafür gesellen sich zu den eben genannten Szenen, die Tod und Begräbnis betreffen, andere der Jenseitsthematik zugehörende. Zum Beispiel erscheint der Verstorbene vor Jenseitsgottheiten, von denen er Unterstützung erhält. Beliebt ist das Bild der fürsorglichen Sykomorengöttin, die den Toten speist, ihn durch kühles Wasser erquickt und ihm den begehrten Schatten spendet. Die Westgöttin erscheint im Bild, auch Anubis. Das aus dem Totenbuch in Text und Vignetten bekannte Totengericht vor Osiris findet den Weg auf die Grabwände.

Hatten früher Bilder das bewegte und teilweise fröhliche Treiben bei der Felderbestellung gezeigt, so erscheint jetzt der Tote selbst bei der Arbeit. Das Bild hat sich gewandelt, die Akzente sind anders gesetzt.

Ein hilfreicher Papyrus – das Totenbuch

Im Mittleren Reich war es Sitte, die dem Toten nützlichen Texte auf die Särge zu schreiben. Später, seit dem Beginn des Neuen Reiches, legt man dem Toten einen Papyrus in das Grab oder wickelt diesen in die Mumie ein. Diese »Totenbuch« genannte Spruchsammlung wird eineinhalbtausend Jahre lang das bevorzugte »Brevier« des Toten. Die Bezeichnung »Buch« ist allerdings mißverständlich und die im vergangenen Jahrhundert erfolgte Einteilung in »Kapitel« ebenfalls. In Wirklichkeit handelt es sich um eine lockere Sammlung von kurzen, längeren oder auch sehr langen mit Titeln versehenen Texten. Es gibt auch keine festgelegte Reihenfolge für die Überlieferung der Sprüche in den einzelnen auf uns gekommenen Totenbuchhandschriften, denn die Texte weisen recht unterschiedliche Längen auf. Andere erfreuen sich so großer Beliebtheit, daß sie unumgänglich zum Repertoire einer Handschrift gehören, und wieder andere treten stets zusammen auf, so daß sie als Einheit angesehen werden müssen.

Manches Textgut im Totenbuch war schon fester Bestandteil der älteren Sargtexte, auch wenn vieles verändert wurde, insbesondere in der Zeit nach dem Neuen Reich. Wir sprechen dann gern von Textverderbnis und sind bestrebt, mit allen uns zur Verfügung stehenden Mitteln die ursprüngliche Textversion wiederherzustellen. Nun gibt es sicher beim Abschreiben oder Diktieren solcher Texte viele Fehlerquellen, Schreibfehler, Hörfehler, Mißverständnisse, Auslassungen, Vertauschungen und vieles andere mehr. Aber ein guter Teil der Textveränderungen, auch innerhalb des Totenbuches, war gewollt, entsprach neuen Deutungen, Einsichten oder Fragen. Das kommt nicht selten auch in den Titeln der Sprüche zum Ausdruck. Zuweilen ergibt sich eine Diskrepanz zwischen neuem Titel und Inhalt des Spruches. Neu in dieser Zeit sind die den Texten beigefügten Vignetten, die den Text oder Teile davon bildlich kommentieren.

Die Spruchgruppe des Totenbuches zeigt ein reich differenziertes Jenseitsbild. »Herauszugehen am Tage« ist ein oft geäußerter Wunsch des Toten, der bezeichnenderweise nicht nur Titel einzelner Sprüche des Totenbuches sein kann, sondern als Überschrift auch für das Ganze Verwendung findet. Einmal wird dieser Wunsch durch einen Zusatz geradezu kommentiert. Da heißt es: »Spruch, herauszugehen am Tage und zu leben nach dem Sterben« (Spruch 2). Der Tote möchte das Grab geöffnet haben. Verlangen nach Bewegung, nach der Möglichkeit, aufzusteigen, sich zu regenerieren, ist schon aus den Sargtexten bekannt. In dem Zusammenhang werden neben bereits Bekanntem auch der Skarabäus und der Lotos genannt. Daß die Vorstellung vom sich bewegenden Ba seit der Zeit der Sargtexte zu den bleibenden Wünschen gehört, ist bereits erwähnt worden. In gleicher Weise bietet auch das Totenbuch relevantes Material, in das Ka, der Schatten, einbezogen wird. Für ihn als einen wichtigen Aspekt des Menschen wird ebenfalls Bewegung neben dem Ba erbeten. Und hier spielt auch der Name eine Rolle, dessen man sich erinnern möchte in der anderen Welt. Eine ganze Spruchgruppe handelt von der Sorge des Toten, daß ihm das Herz weggenommen werden könnte. Auch das muß zum Zwecke des Weiterlebens verhindert werden.

Um Gefahren in der Unterwelt abzuwenden, bedient man sich bevorzugt auch des Zaubers. Eine ganze Reihe von Sprüchen soll dem Bedürfnis nach dieser Möglichkeit der Abwehr nachkommen. Zauber gegen ein Krokodil oder gegen Schlangen spielen eine Rolle. Und wenn man schon gezwungen ist, sich in den unterweltlichen Regionen aufzuhalten, dann wünscht man sich wenigstens die Nähe des Osiris. Das kann in Rosetau verwirklicht werden. Dort herrscht Osiris und läßt dem verklärten Toten alles Positive zukommen. Deshalb der Wunsch des Toten: »Laß mich die Unterwelt öffnen, damit ich in Rosetau eintrete und die geheimnisvollen Tore des Westens durchschreite. Dann soll mir ein Kuchen gegeben werden, ein Krug (Bier) und ein Laib (Brot) wie diesen Verklärten, die ein und aus gehen in Rosetau.«

In diesen Wunschbereich gehört auch der »Spruch, um Abydos zu betreten und im Gefolge des Osiris zu sein«, dort, wo das Schicksal des Gottes dramatisch wiederholt wird, und das Dortsein wird mit der zufriedenen Feststellung quittiert: »Ich bin gerichtet und gerechtfertigt, ich habe Macht über meine Feinde, vorüber sind die Anschläge, die sie gegen mich vorbrachten. Meine Stärke ist mein Schutz. Ich bin der Sohn des Osiris. Mein Vater hat seinen Leib vor den Feinden geschützt.«

Das ist die Jenseitswelt des Totenbuches. Vom ehemaligen Wunsch, am Himmel zu verweilen, ist nur noch vereinzelt die Rede. Die Teilnahme am zur Verjüngung führenden Sonnenlauf lebt aber auch hier auf: »Ich stehe in der Barke und lenke das Wasser. Ich stehe in der Barke und leite den

Gott«, stellt der Tote befriedigt fest. In der Barke mitzufahren und Gefahren von ihr abzuwenden, etwa »um an der Sandbank des Apophis vorbeizugehen«, ist das Thema mehrerer Sprüche des Totenbuches.

Auf eine ganz wichtige Handlung im Jenseits, die nicht nur hier zum Ausdruck kommt, muß noch eingegangen werden, das Totengericht.

Die Rechtfertigung des Toten

Text und Vignetten des Totenbuchkapitels 125 zeigen die Endfassung der Vorstellung eines von einem göttlichen Richter im Jenseits abgehaltenen Gerichtes. Zunächst ein Blick auf die Darstellung, deren vielfältige Varianten außer acht bleiben können: Der Tote wird von einem Gott in die Gerichtsversammlung geführt. Dort hat er zunächst den Wägeakt zu bestehen. Sein Herz, das als Sitz des Verstandes und Gedächtnisses gilt, wird gegen die Maat aufgewogen. Dieser Ausdruck, für den es wohl in keiner Sprache ein angemessenes Äquivalent gibt, mag am ehesten mit »richtige Weltordnung, Gerechtigkeit, Wahrheit, Gleichgewicht« umschrieben werden. Die Maat wird auf einer Waagschale durch ihr Symbol, eine Feder oder eine hokkende Göttin mit Feder, dargestellt. Erstrebenswertes Ziel des Wägevorgangs ist das Gleichgewicht der beiden Waagschalen. Ein Gott, in der Regel Anubis, fungiert als Wägemeister. Neben der Waage beobachtet der Schreiber- und Rechengott Thot den Vorgang und notiert das Ergebnis. Danach wird der Verstorbene vor den Jenseitsrichter geführt, der die Rechtfertigung verkünden soll. Für den Fall der Verdammung steht bereits ein mischgestaltiges Tier, die sogenannte »Fresserin«, neben der Waage, um die Strafe zu vollziehen. Verdammte werden aber nicht nur – das wissen wir aus anderen Bildern – gefressen. Für sie hat man eine Fülle schlimmer Strafen, von Feuer bis Folter, erdacht.

Soweit der Bildinhalt. Daneben befindet sich ein Text, in dessen Zentrum eine Passage steht, für den die Bezeichnung »negatives Bekenntnis« geprägt wurde. Es handelt sich dabei um die Versicherung des in der »Halle der beiden Wahrheiten«, dem Gerichtssaal, Stehenden, bestimmte Dinge nicht getan zu haben. Auf einen Nenner gebracht, bezieht sich das Gesagte auf Vergehen gegen die Gemeinschaft und auf solche gegen kultische Einrichtungen. Die Verneinung sollte nach dem Verständnis des Ägypters durch das Aussprechen und Aufschreiben wirken, das heißt positive Wirkung erzielen.

Es ist auffällig, daß hier kultische Dinge zur Sprache gebracht werden, da im Normalfall ein Ägypter kaum Möglichkeiten gehabt hat, derartige Verbrechen zu begehen. Er ist vom kultischen Betrieb ja ausgeschlossen. Auch die Formulierung »Ich habe nicht das und das getan« fällt ins Auge. Man hat gemeint, es handle sich lediglich um magische Beschwörungsformeln, und man müsse deshalb den Ägyptern ein tieferes Sündenbewußtsein absprechen. In Wirklichkeit ist die Lösung aber in anderer Richtung zu suchen. Es gibt nämlich an den Eingängen ägyptischer Tempel Texte, die sich an Priester wenden bzw. in denen Priester selbst sprechen. In einem Fall wird formuliert: »Ihr sollt das und das nicht tun«, mit dem Gedanken, daß das Tun der hier verbotenen Dinge vom Betreten des Tempels ausschließen würde. Und in einem anderen Fall wird formuliert, daß die Priester beim Eintritt in den Tempel zu sprechen hätten: »Wir haben das und das nicht getan.« Derartige Einzugsliturgien gibt es auch in anderen Religionen, etwa im alten Israel. Auch da haben sich, etwa in den Psalmen, inhaltlich ganz ähnlich formale Texte erhalten. Und noch etwas: Aus späterer Zeit

Links: Die Uschebti genannten Figürchen wurden dem Verstorbenen als »Ersatzmänner« mit ins Grab gegeben. Nach dem Spruch 6 des Totenbuches sollten sie antworten, wenn der Grabherr im Jenseits zur Arbeit aufgerufen wurde. Die drei ältesten Stücke der Reihe stammen aus dem Mittleren Reich, das letzte ist aus Wachs geformt. Die übrigen datieren in die 19./ 20. Dynastie bzw. die Spätzeit. Hildesheim, Pelizaeus-Museum

Rechts: Das schönste der Gräber im Tal der Königinnen (Nr. 66) wurde für die Hauptgemahlin Ramses' II., Nefertari, ausgestattet. Die Anlage ist durch Bergrutsch schwer gefährdet, teilweise schon ruiniert. Eine seltene Darstellung des Chepre zeigt den Gott mit seinem Skarabäusemblem anstelle des Kopfes. Rechts der Türe Re-Harachte und die Göttin des Westens.

Spruch, zu veranlassen, daß ein Uschebti Arbeit verrichtet im Toten-reich.

Wenn ich gerufen und verpflichtet werde, irgendeine Arbeit zu tun, die im Totenreich getan wird, dann sollst du verurteilt werden zur Arbeits-leistung eines Mannes. Du sollst dich zu jeder Stunde statt meiner verpflichten, die Felder zu bestellen, die Ufer zu bewässern und den Sand des Ostens und des Westens überzufahren. »Ich will es tun, hier bin ich«, sollst du sagen.

Totenbuchkapitel 6

Ich habe keinen Gott geschmäht. Ich habe keine Waise an ihrer Habe geschädigt. Ich habe nicht getan, was die Götter verabscheuen. Ich habe keinen Diener bei seinem Vorgesetzten verleumdet. Ich habe kein Leid verursacht, ich habe keine Tränen verursacht. Ich habe nicht getötet, ich habe nicht befohlen zu töten. Ich habe niemandem Böses getan. Ich habe die Opferspeisen in den Tempeln nicht verringert, ich habe die Brote der Götter nicht geschmälert. Ich habe die Opferkuchen der seligen Toten nicht weggenommen. Ich habe nicht Unzucht getrie-ben, ich habe nicht an der heiligen Stätte meines Stadtgottes geschlechtlich verkehrt. Ich habe das Hohlmaß nicht vergrößert und nicht verkleinert. Ich habe das Flächenmaß nicht verkleinert. Ich habe das Ackerland nicht betrügerisch verändert. Ich habe die Gewichte der Handwaage nicht vergrößert, ich habe das Lot der Standwaage nicht betrügerisch manipuliert. Ich habe die Milch nicht dem Mund des Säuglings entzogen. Ich habe das Vieh nicht von seiner Weide vertrieben. Ich habe nicht die Vögel des Sumpfdickichts der Götter gefangen, ich habe die Fische aus ihren Gewässern nicht gefangen. Ich habe das Wasser zur Überschwemmungszeit nicht zurückgehalten. Ich habe kei-nen Damm gegen das fließende Wasser errichtet. Ich habe das Feuer nicht gelöscht, wenn es brennen sollte. Ich habe keine Fleischopfer versäumt an den Festtagen. Ich habe mich den Viehherden aus dem Tempelbesitz nicht hindernd in den Weg gestellt. Ich habe den Gott bei seiner Prozession nicht behindert. Ich bin rein, ich bin rein, ich bin rein, ich bin rein. Meine Reinheit ist die Reinheit jenes großen Phönix, der in Herakleopolis ist, denn ich bin jene Nase dessen, der über den Atem verfügt, der alle Menschen am Leben erhält an jenem Tag, an dem das Udjat-Auge gefüllt wird, am letzten Tag des zweiten Monats der Winterjahreszeit vor dem Herrn dieses Landes. Ich bin der, der das Füllen des Udjat-Auges in Heliopolis gesehen hat. Es kann mir nichts Böses in diesem Land geschehen in der Halle der doppelten Gerechtig-keit, denn ich kenne die Namen dieser Götter, die in ihr sind.

Totenbuchkapitel 125

kennen wir Priestereide, die aus vergleichbaren Formulierungen bestehen. Sie mußten beim Eintritt in den Stand des Priesters abgelegt, das heißt, gesprochen werden. Noch aus christlicher Zeit sind in koptischer Sprache Verpflichtungserklärungen von Diakonatskandidaten erhalten, die ähnlich lauten und die ebenfalls negativ formuliert waren. Daraus darf man schließen, daß derartige Erklärungen beim Eintritt in einen heiligen Stand oder beim Betreten eines heiligen Ortes abgegeben werden mußten, um den Stand oder den Ort von Unreinheit oder Verfehlung freizuhalten. Sollte dies nicht auch für den Text des Totenbuchkapitels 125 gelten? Wenn man die Überschrift des Kapitels ernst nimmt und andere Wendungen berücksichtigt, durch die jener Text eingerahmt wird, dann muß man das wohl bejahen, denn die Überschrift lautet »Spruch für den Eintritt in die Halle der doppelten Gerechtigkeit«, und der Tote versichert mehrfach: »Ich bin rein.« Das Totenbuchkapitel 125 gehört mit seinem Text also ursprünglich nicht zur Vorstellung vom Gericht vor einem jenseitigen Richter, sondern ist eine Einzugsliturgie, die beim Betreten eines heiligen Ortes, eines Tempels oder aber einer jenseitigen Stätte gesprochen werden mußte. Dazu paßt recht gut, daß die oben beschriebene Gerichtsszene ursprünglich mit einem anderen Text verbunden war, mit Spruch 30 des Totenbuches. Der Anfang einer Fassung dieses Spruches lautet: »Mein Herz meiner Mutter, mein Herz meiner Mutter, mein Herz meiner wechselnden Formen, stehe nicht auf gegen mich als Zeuge, tritt mir nicht entgegen im Gerichtshof, mache keine Beugung wider mich vor dem Wägemeister.« Bild und Text zeigen hier eine sinnvolle Verbindung.

Die Vorstellung von einem Totengericht ist aber dennoch kein Fremdkörper im Totenbuch. Sie hat eine lange Geschichte, die auf zwei gedankliche Überlieferungen, die in dieser Idee zusammengeflossen sind, zurückgeht. Die eine gehört in den Bereich des Rechts, die andere in den der Ethik.

Schon Inschriften der 4. Dynastie bezeugen den Gedanken eines Prozesses im Jenseits, in dem auf der Erde, also im Diesseits, begangenes Unrecht verhandelt wird, Unrecht, das für den in den Inschriften sprechenden Toten nachteilige Folgen für seine Jenseitsexistenz haben könnte. Konkret genannt werden: Betreten des Grabes im Zustand kultischer Unreinheit, Auslöschen der Schrift, besonders des Namens, und Einsetzen eines anderen, Entnahme von Steinen oder Ziegeln als Baumaterial, Nichtbeachten eines Erlasses usw.

Voraussetzung für die Vorstellung eines solchen Rechtsstreits des Toten vor einem Göttergericht ist der Glaube der Ägypter, daß das Jenseits ein Abbild und eine Fortsetzung des Diesseits ist, also auch die irdische Rechtsordnung im Jenseits ihre Geltung hat. Wir kennen eine ganze Reihe anderer Fälle, in denen von der Möglichkeit eines jenseitigen Prozeßgerichtes gesprochen wird. Die Totenbriefe

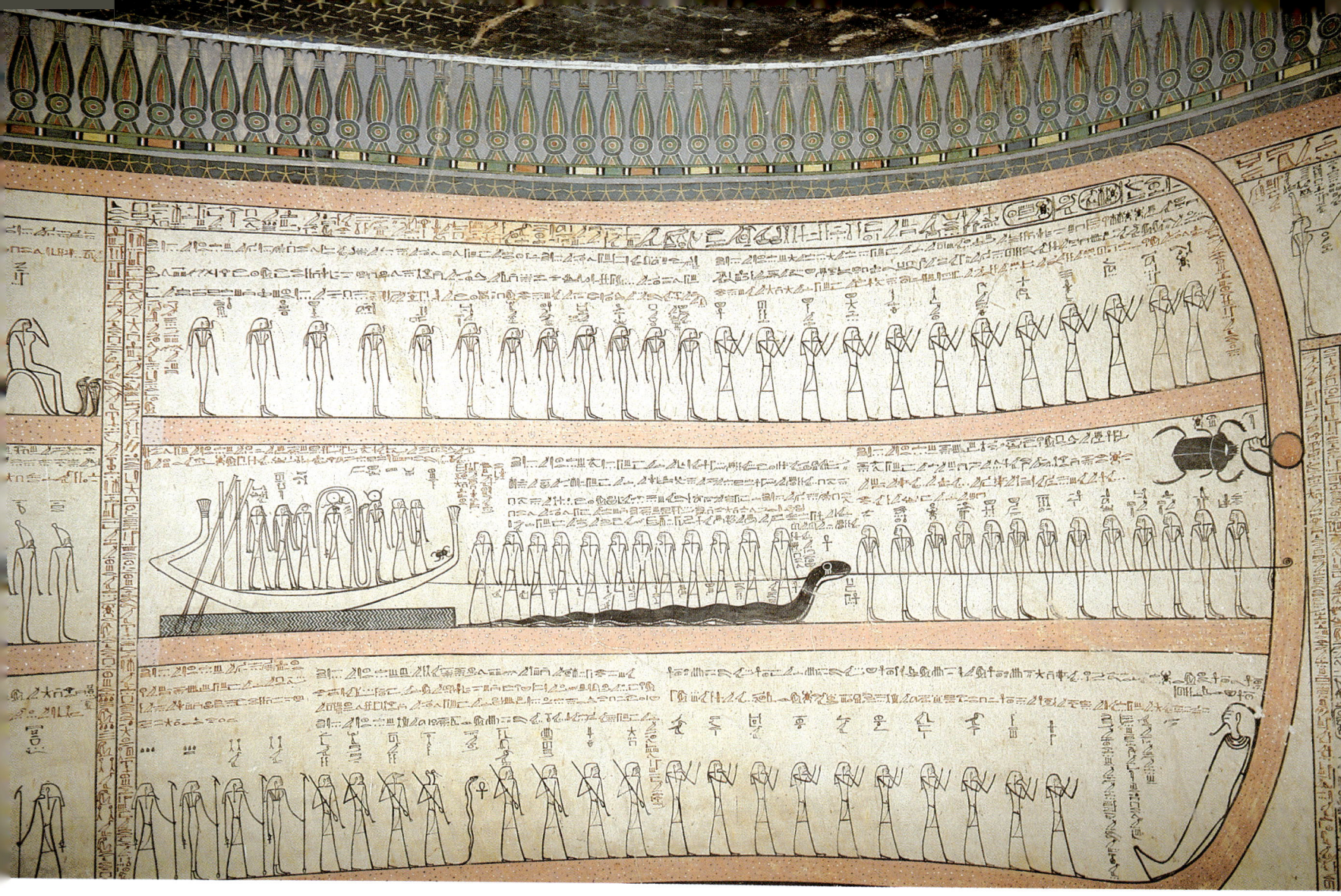

Links: Die 9. Stunde des Pforten-buchs im Grab Ramses' VI. zeigt die vogelgestaltigen Seelen, »die in der Flammeninsel sind«, die »Ver-göttlichung durch Ertrinken« dar-unter und die Schlange »Großer Feuriger«, die gegen die gefesselten Verdammten Feuer speit.

Oben: Die Barkenfahrt des Son-nengottes hat die 12. Nachtstunde erreicht.
Im Grab Thutmosis' III. sind die Darstellungen des Amduat in ele-gant flüchtiger Pinselzeichnung und in hieratischer Schrift wie auf Papyrus gestaltet.

Verweilen durch die Majestät dieses großen Gottes in dieser Höhle
des »Endes der Urfinsternis«.
Geboren wird dieser große Gott in seiner Erscheinungsform des
Chepre bei dieser Höhle.
Es treten in Erscheinung Nun und Naunet,
Huh und Hauhet bei dieser Höhle,
zur Geburt dieses großen Gottes, daß er herausgehe aus der Dat,
sich niederlasse in der Tagesbarke
und aufgehe aus den Schenkeln der Nut.
Der Name des Tores dieser Stätte ist »Das die Götter erhöht«.
Der Name dieser Stätte ist »Mit entstehender Finsternis
und erscheinenden Geburten«.
Der Name der Nachtstunde,
in welcher sich dieser große Gott verwandelt,
ist »Die die Vollkommenheit Res schaut«.
Die geheimnisvolle Höhle der Dat,
bei welcher dieser große Gott geboren wird,
Daß er hervorgehe aus dem Nun
und sich niederlasse am Leib der Nut.
Dies ist gemacht wie diese Vorlage, die gemalt ist
auf der Ostseite des Verborgenen Raumes in der Dat.
Es ist nützlich für den, der es kennt, auf Erden,
im Himmel und in der Erde.

Amduat, 12. Stunde, Einleitung
(nach Erik Hornung)

Gelangen zu den Ertrunkenen, die im Wasser sind,
Vorbeifahren an ihnen.
»Der im Nun ist«, sagt zu ihnen:
Es sind die Ertrunkenen, die im Wasser sind,
die Schwimmenden, die in der Flut sind,
welche Re gesehen haben,
der vorbeizieht in seiner Barke,
mit großem Mysterium.
Er sorgt für die Götter
und ordnet die Angelegenheiten der Achu.
Hei, steht auf, ihr Müden –
seht, Re sorgt für euch!

Re sagt zu ihnen:
Hervorkommen für eure Köpfe,
Untergetauchte! Rudern für eure Arme,
Gekenterte! Dahineilen für euren Lauf,
Schwimmende! Luft für eure Nasen,
Ausgebreitete! Möget ihr über euer Wasser verfügen,
möget ihr zufrieden sein mit eurem kühlen Wasser!
Euer Gehen gehört dem Nun,
euer Schreiten gehört der Flut.
Eure Bau, die auf Erden sind, sind zufrieden
mit dem, was ihr atmet, ohne daß sie verfallen!

Ihre Opferspeisen sind die Opfer der Erde (Unterwelt).
Geopfert wird ihnen auf Erden
als einem, der über seine Opfer verfügt auf Erden.

Pfortenbuch, 9. Stunde, 58. Szene
(nach Erik Hornung)

wurden oben schon genannt. Anderes kommt hinzu. An erster Stelle wären hier die Sargtexte zu nennen, die uns sogar Einzelheiten des Verlaufs der Gerichtsverhandlung überliefern und den für den Toten positiven Ausgang des Rechtsstreits und die Rache an den Übeltätern schildern. Die andere Überlieferung, die die Idee eines Totengerichts gespeist hat, reicht ebenfalls weit zurück. Es gibt immer wieder mehr oder weniger deutliche Bemerkungen darüber, daß das Weiterleben nach dem Tode nicht in erster Linie von einer guten Ausstattung des Grabes, sondern von der rechten Gesinnung des Menschen abhängt. Das deutlichste Zeugnis stammt aus der Lehre König Merikares für seinen Sohn. Ihm sagt er: »Die Richter, die den Schuldigen richten, du weißt, daß sie nicht milde sind an jenem Tage, an dem sie über die Unglücklichen Gericht halten, in der Stunde, in der sie ihre Pflicht tun. Schlimm ist es, wenn der Ankläger allwissend ist. Vertraue nicht auf die Länge der Jahre: Sie sehen die Lebenszeit wie eine Stunde an. Nach dem Sterben bleibt der Mensch allein, und seine Taten werden auf einem Haufen neben ihn gelegt. Dort bleibt man in Ewigkeit, und wer sich darüber beklagt, ist ein Tor. Wer es erreicht, ohne Unrecht getan zu haben, der wird dort sein wie ein Gott, frei schreitend wie die Herren der Ewigkeit.«

Die im Bild dargestellte Form des Totengerichts, wie sie in der oben geschilderten Szene zum Ausdruck kommt, hat Vorläufer. Aus den Sargtexten kennen wir die Funktion der Waage. Auch von der für den Toten gefährlichen Tätigkeit des Herzens wird hin und wieder gesprochen. Im Totenbuchkapitel 25 wird der Zeitpunkt des Gerichts als »dieser Tag der Berechnung der Eigenschaften« bezeichnet. Diese Berechnung der Eigenschaften kennen auch die Sargtexte und nennen sie ausdrücklich in Verbindung mit der Waagevorstellung: »Vertrieben wird dein Böses, ausgelöscht wird dein Verbrechen durch die, die mit der Waage wiegen am Tage der Berechnung der Eigenschaften.«

So zeigt sich das Totengericht in seiner Geschichte und endgültigen Form als eine gute und letztlich gerechte Möglichkeit der Sicherung eines angenehmen Jenseitslebens auch für den, der nur geringe finanzielle Mittel für Grab und Grabausrüstung aufbringen oder nur in einer einfachen Sandgrube verscharrt werden kann.

Dennoch hat es schon früh Zweifel am Sinn der Vorkehrungen für ein gut ausgerüstetes Grab gegeben. Und auch die totale Ablehnung einer jenseitigen Welt ist hier und da thematisiert worden: »Noch keiner kam wieder, daß er unser Herz beruhige«, »Das Wüstenland bedeutet Dunkelheit«, »Der Westen ist dürftig«. Immer wieder brechen derartige Stimmungen auf. Sie reichen vom Ende des Alten Reiches bis in die Ptolemäerzeit. Besonders in Biographien der Spätzeit ertönt die Klage über das trostlose Dasein der Toten. Der Glaube an einen positiven Ausgang des Jenseitsgerichts tröstete den gläubigen Armen. Und dem, der nicht glaubte, blieb nur die Hoffnung auf den Nachruhm auf Erden.

O Ihr auf Erden Lebenden, die zu dieser Nekropole kommen! Jeder, der kommt, um in dieser Nekropole zu opfern: Ach, nennt meinen Namen beim Wasserspenden! Thot wird euch deswegen gnädig sein. Denn er belohnt den, der für einen, der nicht mehr handeln kann, handelt. Thot ist es, der es einem vergelten wird, der für mich etwas tut. Wer mir opfert, dem wird sein Ka gnädig sein. Wer aber gegen mich etwas Schlechtes tut, gegen den wird ein Gleiches getan. Denn ich bin ein Mann, dessen Namen man nennen soll.

Wer mein Wort hört, wird traurig darüber sein. Denn ich war ein kleines Kind, das mit Gewalt entrissen wurde, dessen Jahre verkürzt wurden unter den unwissenden Kindern, plötzlich fortgerissen als ein Kleines, wie ein Mann, der aus dem Schlaf gerissen wurde. Ich war noch jung an Jahren, als ich zur Stadt der Ewigkeit weggenommen wurde, zum Ort der Verklärung der Unterwelt. Wenn ich deshalb gelangt bin vor den Herrn der Götter, werde ich nicht gerichtet werden. Ich war reich an Freunden unter jedermann meiner Stadt. Aber keiner ist darunter, der mir jetzt helfen kann. Jeder Mann meiner Stadt, Männer und Frauen, trauern sehr, wenn sie sehen, was mit mir geschehen ist, weil ich so trefflich war nach ihrer Meinung. Alle Freunde sind in Klage; mein Vater und meine Mutter wünschen zu sterben; meine Brüder haben den Kopf auf den Knien. Wenn ich zu diesem Land des Mangels gelangt bin, wo die Menschen vor dem Herrn der Götter geschätzt werden, will man keinen Fehler finden. Man wird mir Brot geben in der Halle der beiden Wahrheiten und Wasser bei der Sykomore wie den Verklärten der Unterwelt.

Wenn ihr im Leben dauern wollt, wenn ihr Sokaris folgen und das Antlitz des Re sehen wollt am Morgen des Neujahrstages, wenn er im großen Haus des Tempels von Hermopolis erscheint, wenn ihr Thot folgen wollt an jenem schönen Tag des Monats Thot, wenn ihr die Stimme des Jubels hören wollt im Tempel von Hermopolis, wenn die Goldne (Hathor) erscheint, um ihre Liebenswürdigkeit zu zeigen, dann sprecht zu jeder Zeit, wenn man zu dieser Nekropole gelangt: Für deinen Ka von allen guten Dingen, kleines Kind, dessen Lebenszeit allzu schnell verging, so daß es nicht seinem Herzen auf Erden folgen konnte.

Text aus dem Grab des Petosiris
in Tuna el-Gebel (nach Eberhard Otto)

Das Grab des Sennefer (Nr. 96 in Schech Abd el-Kurna) wird auch als Weinlaub-Grab bezeichnet, da die unregelmäßige Decke teilweise als Weinlaube dekoriert ist, wo der brüchige Fels abgestürzt war. An den Pfeilern ist der Grabherr jeweils mit einer seiner drei Frauen dargestellt. Als Vorsteher von Theben zur Zeit Amenophis' II. leistete sich Sennefer ein ungewöhnlich aufwendiges Begräbnis.

Schrift und Literatur

Schrift der Gottesworte« oder »Schrift des Lebenshauses« nannten die Ägypter die Hieroglyphen und ehrten sie als ein kostbares Geschenk des Gottes der Weisheit und der Schreiber Thot. Die heute geläufigen Bezeichnungen Hieroglyphen, Hieratisch und Demotisch für die drei überlieferten altägyptischen Schriftformen stammen von den Griechen und werden zum erstenmal bei Herodot in der Mitte des 5. Jahrhunderts v. Chr. genannt. Damals wurden nur noch für Abschriften religiöser Texte auf Stein Hieroglyphen (Heilige Einritzungen) und auf Papyrus Hieratisch (Heilige Schrift) verwendet. Im täglichen Gebrauch schrieb man Demotisch (Volkssprache).

Die Erfindung einer Schrift ist zweifellos die bedeutendste Leistung der ägyptischen Frühzeit. Das damals zu einem Staat geeinte Land benötigte für die nun anfallenden Aufgaben einer zentralen Verwaltung nicht nur die Einteilung und Berechnung der Zeit, einen Kalender, sondern auch die Möglichkeit der Aufzeichnung bestimmter Sachverhalte und Ereignisse. Es vergingen etwa 300 Jahre, bis das Schriftsystem voll ausgebildet war.

Das Schriftsystem

Wesentliches Merkmal des Ägyptischen und der für diese Sprache erfundenen Schrift ist die Bedeutungslosigkeit der Vokale. Wie auch in den modernen semitischen Sprachen wird der Wert des Wortes von einer unveränderlichen Folge von Konsonanten bestimmt. Die Vokale kennzeichnen nur die grammatischen Formen und konnten von einem Sprachkundigen aus dem Kontext ohne weiteres erschlossen werden.

Das ägyptische Schriftsystem, die Hieroglyphen, umfaßt etwa 800 bildliche Zeichen aus dem Bereich der Menschen, Tiere und Natur, Geräte des Handwerks und der Landwirtschaft, Waffen der Jagd und des Krieges, Schmuck und Kronen. Zunächst werden Begriffe durch ihr Bild, die Sonne zum Beispiel durch einen Kreis mit Punkt, wiedergegeben. Solche Hieroglyphen heißen Ideogramme (Bildzeichen) und werden von den aus ihnen entwickelten Phonogrammen (Lautzeichen) durch einen kleinen senkrechten Strich unterschieden. Dieses sogenannte diakritische Zeichen zeigt an, daß Bild und Bedeutung übereinstimmen.

Nun reicht natürlich eine ideographische Schreibung zur Fixierung einer Sprache nicht aus. Die Zeichen stellten nicht nur ein Lebewesen oder einen Gegenstand dar, sondern sie wurden gesprochen, besaßen also einen Lautwert. Indem man die Bedeutung des Bildes außer acht ließ und nur die durch das Bild ausgedrückten Laute, im Ägyptischen ausschließlich Konsonanten, beibehielt, gewann man Schriftzeichen auch für abstrakte Begriffe mit gleicher Konsonantenfolge. Das Spielbrett ▭ bedeutete für den Ägypter m–n. Mit diesem Zeichen schrieb er auch alle anderen Wörter oder Wortteile, die die Konsonanten m–n enthielten, den Gott Amun 𓇋𓏠𓈖, die Stadt Memphis m–n n–f–r 𓏠𓈖𓐩𓏏𓊖. Die Lautzeichen konnten bis zu vier Konsonanten umschreiben.

Bedeutsam für die Geschichte der Schrift ist die Ausbildung von Buchstaben. Durch Wegfall des zweiten schwachen Konsonanten entwickelte sich aus Zweikonsonantenzeichen ein Alphabet, das sämtliche 24 Konsonanten der altägyptischen Sprache bezeichnete. Aus Ehrfurcht vor dem göttlichen Geschenk und einem stark ausgeprägten Hang zur Tradition haben die Ägypter allerdings nie versucht, ihr Schriftsystem zu vereinfachen und zu einer rein alphabetischen Schreibung überzugehen, die prinzipiell möglich gewesen wäre. Die Einkonsonantenzeichen dienten vielfach nur zur Komplementierung mehrkonsonantiger Hieroglyphen. Hatte der Leser vergessen, daß das Spielbrett m–n bedeutete, so frischte eine beigefügte Wasser-

Hesire ist als Schreiber gekennzeichnet durch das über die Schulter getragene Schreibgerät, den Binsenköcher und die Palette zum Anrühren der roten und schwarzen Tusche. Teil einer Grabraumverkleidung, Sakkara. Kairo, Ägyptisches Museum.

lilie mit dem Lautwert n sein Gedächtnis auf. Vielfach wurden diese Lesehilfen vorangestellt, das mehrkonsonantige Bild trat an das Ende des Wortes und war für die korrekte Lesung überflüssig geworden. Diese stummen Zeichen heißen Determinative (Deutzeichen), sie sind die letzte Erfindung und bilden den Abschluß der Schriftentwicklung. Durch ihre Stellung am Wortende dienen sie als Worttrenner in den fortlaufend geschriebenen Texten. Sie geben den Bedeutungsbereich an, dem die Wörter angehören, eine Buchrolle zum Beispiel kennzeichnet abstrakte Begriffe, das Bild eines Gottes Götter- und das eines Menschen Personennamen, ein Kreis mit Straßen steht hinter Stadtbezeichnungen und bei allen Tätigkeiten, die Kraft erfordern, ein schlagender Arm.

Viele Hieroglyphen sind in ihrer Anwendung variabel und lassen sich nicht eindeutig einer dieser Gruppen zuweisen, sie werden als Bildzeichen (Ideogramm oder Determinativ) ebenso wie als Lautzeichen verwendet.

Die Schriftformen

Eine Orthographie im eigentlichen Sinne des Wortes gab es nicht, sie wurde von der Kalligraphie bestimmt. Was schön aussah, war richtig, und eher schrieb man falsch als unschön. Die Hieroglyphen hatten verschiedene Größen, einige konnten liegend oder aufrecht gemalt werden, man konnte sie also immer zu einer ausgewogenen quadratischen Gruppe zusammenfügen.

Die Bildhaftigkeit der Hieroglyphen blieb auf Dauer nur in der monumentalen Form bis ins 4. Jahrhundert n. Chr. erhalten. Beim Schreiben mit der Binse auf Papyrus und

auf Scherben aus Kalkstein oder Ton (Ostraka) änderte sich der Schriftcharakter. Es entstand sehr früh eine Kursive, die nach griechischem Vorbild Hieratisch genannt wird. Sie diente indessen zunächst nicht heiligen, sondern ausschließlich profanen Zwecken. In ihrer über drei Jahrtausende währenden Geschichte hat diese Buch- und Geschäftsschrift mannigfaltige Wandlungen erfahren. Neben ausgewogenen Schriftzügen auf Papyrusrollen des Mittleren Reiches begegnen sehr individuelle Handschriften, vor allem in den Kanzleien der Ramessidenzeit. So wird es dem unterägyptischen Amtskollegen oft schwergefallen sein, das »abnorme Hieratisch« in einem Schreiben aus Oberägypten zu lesen. Als offizielle Schrift wurde daher im 7. Jahrhundert v. Chr. das in Unterägypten herausgebildete Demotisch eingeführt. Häufige Wörter werden hier mit Kürzeln geschrieben, andere mit einkonsonantischen Zeichen in einer Art Alphabetschrift.

Nach der Eroberung Ägyptens durch Alexander den Großen wurde Griechisch die Amtssprache im Nilland. Die einheimische Bevölkerung sprach und schrieb demotisch. Um 200 n. Chr. führte man schließlich das griechische Alphabet mit sieben zusätzlichen Zeichen aus dem Demotischen für die ägyptische Sprache ein. Diese als Koptisch bezeichnete letzte Stufe des Ägyptischen wurde wesentlich geprägt durch das frühe Christentum.

Im Laufe der etwa 3000 Jahre dauernden schriftlichen Überlieferung änderte sich die Sprache auch in ihrer Phonetik, Morphologie und Syntax. Wir unterscheiden als Schriftsprachen Altägyptisch, die Sprache des 3. Jahrtausends v. Chr. und der Pyramidentexte, Mittelägyptisch, die klassische Sprache von 2000 bis 1500 v. Chr., in der die

Schon vor der 1. Dynastie wurden Hieroglyphen in kursiver Form, zum Beispiel für Steuervermerke, verwendet, wie das beschriftete Gefäßfragment aus der Zeit des Horus Ka zeigt (links). Die Vorliebe der Ägypter für kalligraphisches, das heißt »schönes Schreiben«, belegt die in Farbpasteneinlage ausgeführte Inschrift des Hemiunu, die ihn als »Obersten aller Arbeiten und Königssohn« bezeichnet (rechts). In der Farbe der Götter und des Himmels ließ König Unas in den Innenräumen seiner Pyramide die sogenannten Pyramidentexte festhalten (rechte Seite).

bedeutendsten Literaturwerke verfaßt wurden, Neuägyptisch bis ins 7. Jahrhundert v. Chr. und schließlich Demotisch bis ins 5. Jahrhundert n. Chr. Die zuweilen große Diskrepanz zwischen gesprochener und Schriftsprache wurde in der Regel im Zusammenhang mit politischen und religiösen Veränderungen behoben. So gehörte zu den weiterwirkenden Taten Echnatons die Einführung des Neuägyptischen als Schriftsprache.

Der Papyrus

Hieroglyphen waren eine Denkmalschrift, dazu bestimmt, in Holz geschnitzt oder in Stein gemeißelt zu werden. Im täglichen Gebrauch aber benötigte man handlichere Schriftträger, und so erfanden die Ägypter mit ihrer Schrift auch den Papyrus, das Papier des Altertums.

Die Ernte der Papyrusstauden gehört zu den Themen ägyptischer Grabmalereien, die Herstellung von Papyrusrollen dagegen nicht. Schilderungen von Plinius und moderne Nachbildungsversuche erlauben jedoch, das Verfahren zu rekonstruieren. Das Mark der Stauden wurde in dünne Streifen geschnitten, die in zwei Lagen horizontal und vertikal übereinandergelegt wurden. Durch Pressen und Schlagen verklebten beide Lagen, denn die Pflanze enthält genügend stärkehaltigen Saft. Mit einem Stein wurde der getrocknete Papyrus geglättet und dann an den Kanten beschnitten. Die Blattformate schwanken zwischen 50 bis 20 Zentimetern in der Höhe und 40 bis 15 Zentimetern in der Breite. Für längere Texte wurden mehrere, meist zwanzig, Blätter zu einer Rolle zusammengeklebt. Man beschrieb zuerst die horizontal verlaufenden Fasern,

die nach innen aufgerollt wurden (recto), doch aus Sparsamkeitsgründen benutzten die Schreiber oft auch die Außenseiten (verso). Vielfach wuschen sie ältere Rollen ab und beschrifteten diese sogenannten Palimpseste neu. Ihr Schreibgerät bestand aus einem Köcher für die Binsen, einem Farbbehälter, einem Wassernapf und einer Palette mit zwei Vertiefungen zum Anrühren der schwarzen und roten Tusche aus Ruß bzw. rotem Ocker. Geschrieben wurde von rechts nach links, zunächst in Kolumnen, seit der klassischen Epoche, dem Mittleren Reich, in waagerechten Zeilen. Die Überschriften und alle hervorzuhebenden Teile setzten die Schreiber rot ab.

Die Entzifferung

Mit dem Christentum und schließlich dem Islam gingen die Kenntnisse über das pharaonische Ägypten und seine Sprachen verloren. Reisende der Renaissance- und Barockzeit brachten Denkmäler mit Schrift und damit Kunde vom Nilland nach Europa. Nach vielen vergeblichen Versuchen, diese geheimnisvolle »Symbolschrift« zu enträtseln, gelang schließlich Jean François Champollion die Entzifferung. Soldaten Napoleons stießen bei Schachtarbeiten in Rosetta an der Mündung des westlichen Nilarms 1799 auf einen Granitblock, auf dem in Hieroglyphen, in Demotisch und in griechischer Schrift ein Dekret der Priester zu Ehren des Königs Ptolemäus I. Epiphanes eingemeißelt war. Dieser »Stein von Rosetta« bot dem jungen französischen Gelehrten, der Philologie, Persisch, Sanskrit und Arabisch, im Selbststudium auch Koptisch studiert und seit seiner frühen Jugend hieroglyphische und

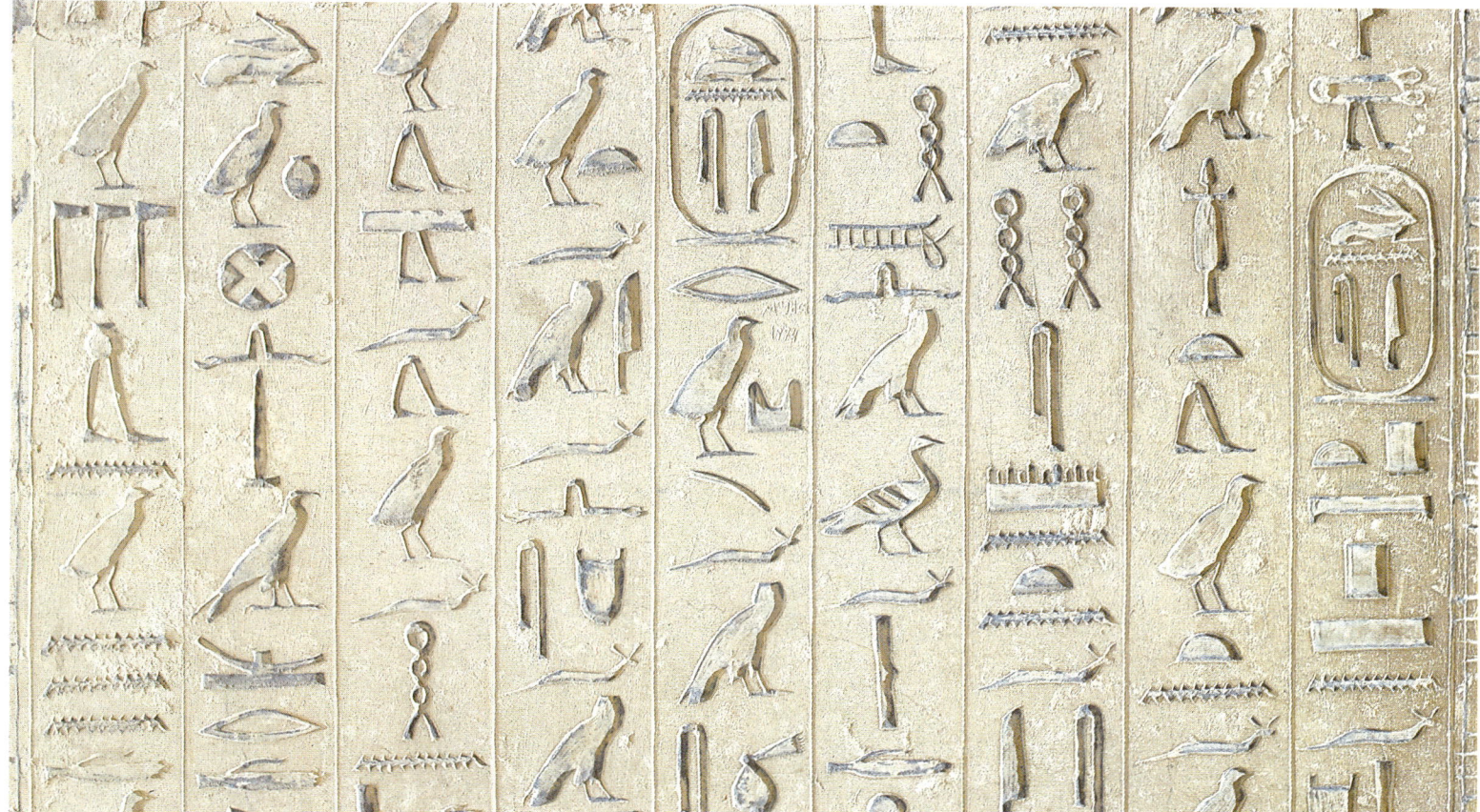

hieratische Texte gesammelt hatte, den Schlüssel zur Lösung des Rätsels. Er erkannte, daß die in der griechischen Version der »Rosettana« genannten Namen des Königs Ptolemäus und der Königin Kleopatra sich im hieroglyphischen Teil an etwa gleicher Stelle in länglichen Ringen, den Kartuschen, wiederfinden. Champollion konnte die überkommenen Vorstellungen vom ausschließlichen Symbolcharakter der Hieroglyphen widerlegen und veröffentlichte in seinem berühmten »Lettre à M. Dacier« vom 22. September 1822, dem Geburtstag der Ägyptologie, erstmals seine Auffassung vom Wesen der ägyptischen Schrift und der in ihr enthaltenen phonetischen Zeichen.

Das »Lebenshaus« und das »Haus der Buchrollen«

In der Einleitung zu altägyptischen Literaturwerken wird zuweilen von der wunderbaren Entdeckung eines Buches, meist religiösen oder auch wissenschaftlichen Inhalts, gesprochen. Fundort ist immer ein Tempel, genauer seine Grundmauer, oft auch der Sockel einer Statue. Jeder bedeutende Tempel besaß – wenigstens in der Spätzeit – ein »Lebenshaus«, wo die theologischen Schriften, die »Gottesbücher«, und wissenschaftliche Werke verfaßt und kopiert, und ein »Haus der Buchrollen«, wo sie aufbewahrt wurden. Diese Bibliotheken waren für den Tempeldienst bestimmt. Zweifellos gab es auch bedeutende Literatursammlungen außerhalb der Tempel, die wichtigsten gehörten sicher zum königlichen Palast. Doch auch Privatleute ließen sich Bücher, die sie besonders schätzten oder für die Ausübung ihres Berufes, etwa als Arzt, brauchten, abschreiben. Solche kleinen Bibliotheken wurden in Krügen oder Kästen aufbewahrt, eine Aufschrift oder ein Etikett an der Papyrusrolle informierte über den Inhalt.

»Nach dem in der Schrift Vorgefundenen« kopierten Schreiber die Texte. Das Ideal war eine genaue Abschrift, doch zuweilen wurde der »Urtext« in seiner veralteten Sprache nicht mehr verstanden, oft hatten auch die Vorlagen im Laufe der Zeit gelitten. Gelehrte Schreiber rühmen sich ihrer Kunst, »zerstört Gefundenes ergänzen zu können«. Seit der 22. Dynastie finden sich in Abschriften von mittelägyptisch abgefaßten Texten Übersetzungen, später wurden schwer verständlichen Wörtern und Schreibungen Glossen in Neuägyptisch und Demotisch hinzugefügt. Ausdrückliche Hinweise auf uralte Überlieferung, besonders bei religiösen und medizinischen Textsammlungen, sollen einer Schrift ein hohes Alter und damit eine auf langer Bewährung beruhende Autorität verleihen.

Suche und Fund eines göttlichen Buches von großer magischer Kraft sind in einem demotisch geschriebenen Märchen aus dem 3. Jahrhundert v. Chr. literarisch gestaltet worden. Der Held dieses Romans und einer etwa 300 Jahre später geschriebenen Fortsetzung ist Chaemwese, ein Sohn Ramses' II., unter dem Namen Setna, eigentlich der Titel des Hohenpriesters des Ptah von Memphis. Chaemwese verwaltete dieses Priesteramt, zeitgenössische Denk-

mäler rühmen seine Gelehrsamkeit und archäologischen Interessen, für die Nachwelt war er ein großer Zauberer. Das Märchen berichtet, wie er nach langer Suche das zauberkräftige Buch des Thot, das die tiefsten Geheimnisse des Wissens enthält, dessen Besitz aber Verfolgung und Tod bedeutet, findet. Aufbewahrt war es in der memphitischen Nekropole im Grab des Naneferkaptah, der es sich aus einem streng bewachten Bücherkasten angeeignet und dafür mit seinem und seiner Familie Leben bezahlt hatte. Der Geist des Naneferkaptah fordert Setna auf, mit ihm um das Buch zu spielen. Setna verliert die drei Partien, reißt es aber, ohne die Warnungen zu beachten, mit Hilfe eines Zaubers an sich. Um ihn zur Rückgabe zu zwingen, schickt Naneferkaptah einen Alptraum, in dem Setna, von einer schönen, aber bösartigen Frau betört, all seinen Besitz verliert und seine Söhne töten läßt. Das schreckliche Erlebnis bringt ihn zur Vernunft.

Diese Geschichte von der Macht eines Buches steht fast am Ende einer langen Geschichte der altägyptischen Literatur, die sich von der Mitte des 3. Jahrtausends v. Chr. bis zur Zeitenwende erstreckt. Überliefert sind die Texte monumental in Pyramiden, auf Grab- und Tempelwänden, Stelen, Statuen und Särgen oder handschriftlich auf Papyri und Ostraka.

Das Schrifttum

»Aber ihre Schriften halten ihr Andenken wach«

Die Ägypter haben als erste Erzählen und Sprechen in eine künstlerische Form gebracht, viele ihrer Literaturwerke sind aufgeschriebene »schöne Reden«. Die Autoren der Weisheitslehren sprechen zu ihren Schülern, in den Klagen und Prophezeiungen ist das Herz oder die Seele, ein Gott oder König der Gesprächspartner, und auch die »Lebensgeschichte des Sinuhe«, das klassische Werk der ägyptischen Literatur, beginnt mit den Worten »er sagt«. In den »Zaubermärchen vom Hofe des Königs Cheops« und der Erzählung »Der Schiffbrüchige« werden die Ereignisse in einer Rahmenhandlung vorgetragen. Der kunstvoll geformte Dialog, die »schöne Rede«, ist ein charakteristisches Stilelement. In einem Land, wo der größte Teil der Bevölkerung weder lesen noch schreiben konnte, hatte das gesprochene Wort natürlich weit mehr Bedeutung als die Niederschrift für den kleinen Kreis der Gebildeten. Die Sprüche der Totenliteratur rezitierte ein Priester, und die Göttermythen wurden durch Schauspieler dem leseunkundigen Publikum vorgeführt. So dürfte denn auch vieles nur mündlich überliefert und vielleicht mehr zufällig eines Tages niedergeschrieben worden sein. Was die Schulen der Ramessidenzeit als Pflichtlektüre abschreiben und auswendig lernen ließen, ist in mehreren Handschriften

Der 1799 gefundene »Stein von Rosetta«, nach seinem Fundort an der Mittelmeerküste benannt, ermöglichte mit seiner Urschrift in zwei

Sprachen und drei Schriften 1822 Champollion die Enträtselung der Hieroglyphen.
London, British Museum

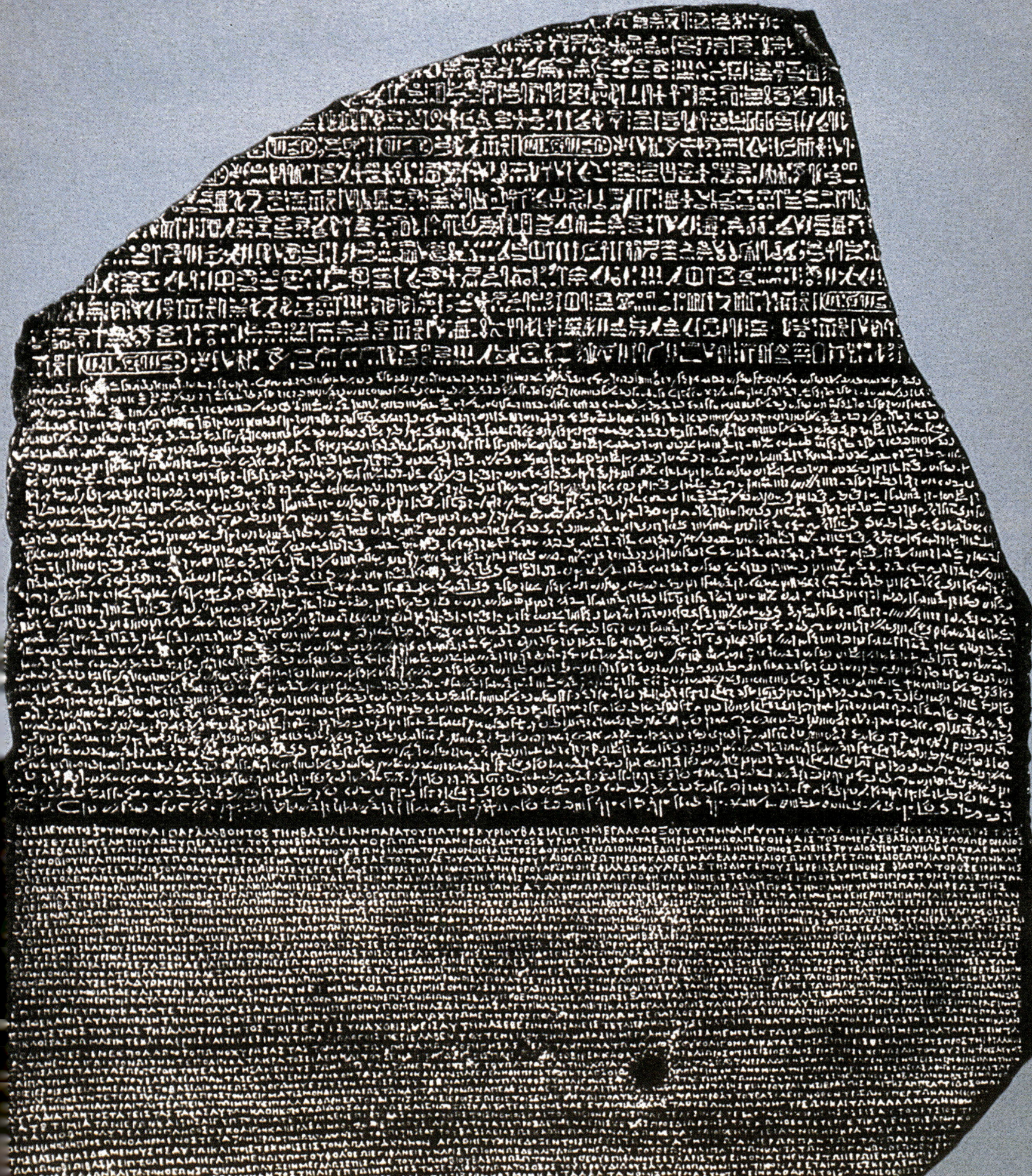

erhalten. Es sind dies die Weisheitslehren, der »Nilhymnus«, die »Lebensgeschichte des Sinuhe« und schließlich das eigens für den Unterricht erarbeitete »Kemit«, das älteste Schulbuch der Welt, dessen Titel übersetzt »Das Vollendete« lautet. Andere bedeutende Literaturwerke blieben nur in einem einzigen Exemplar erhalten, wie »Mahnworte des Weisen Ipuwer«, »Streitgespräch des Lebensmüden mit seiner Seele«, »Die Reise des Wenamun« und »Der Schiffbrüchige«.

Die didaktische Literatur, zu der Weisheitslehren ebenso wie Klagen und Prophezeiungen zählen, kann mit einem ägyptischen Ausdruck als »Spruchdichtung« bezeichnet werden. Es sind dies die einzigen Texte, die einen Verfasser nennen; das gesamte andere Schrifttum ist wie die bildende Kunst anonym. Literarisch gestaltete biographische und historische Berichte sind die Königsnovellen. Die orientalische Freude am Fabulieren äußert sich in Märchen und Erzählungen von wundersamen Begegnungen und Ereignissen.

Für Schriftunkundige gab es satirische Bildergeschichten aus dem Tierreich. Überliefert sind Arbeits-, Fest- und Liebeslieder, Hymnen auf Könige und Götter, die Sonne und den Nil. Die wissenschaftliche Literatur umfaßt medizinische, mathematische und astronomische Werke. Den breitesten Raum aber nehmen die zahlreichen religiösen Texte ein.

Weisheitslehren
»Ägypten ist das Land, aus dem die Weisheit kommt«

Am Anfang literarischen Schaffens in Ägypten steht die Weisheitslehre. Es handelt sich um Unterweisungen des Schülers durch den Lehrer oder des Sohnes durch den Vater, die vom Alten Reich bis in die Spätzeit unverändert

mit den Namen zweier Könige und hoher Beamter verbunden sind.

Sie dienten der allgemeinen Bildung in den Schulen und sind deshalb mehrfach, meist in späteren Abschriften von Schülern auf Papyri und Ostraka, überliefert. Hauptanliegen dieser Spruchsammlung ist, Anpassung an die Gepflogenheiten und gesittetes Wohlverhalten in jeder Situation zu vermitteln.

Nach ägyptischer Lebensphilosophie bedeutete dies Kenntnis der Maat, das heißt, der in Natur und Gesellschaft waltenden ewigen Ordnung. Widersprüche in den gesellschaftlichen Erscheinungen versuchen die Lehren durch entsprechende Ratschläge im Sinne der Maat zu überbrücken.

In der gefestigten, vom göttlichen Willen geprägten und noch heilen Welt des Alten Reiches beschränken sich die Unterweisungen auf Höflichkeits- und Anstandsregeln. Nach den politischen und sozialen Erschütterungen beim Zusammenbruch des Alten Reiches verherrlichen sie das Beamtentum als Stütze des Staates und propagieren Königstreue, doch werden in zwei von Königen verfaßten Lehren, der Lehre für Merikare, einen König der 10. Dynastie, und der Lehre Amenemhets I. (Text S. 129), auch die menschlichen Seiten des Herrscheramtes aufgezeigt. Die Unterweisungen des Neuen Reiches und der Spätzeit verlegen den Akzent auf die Beziehungen des Menschen zu Gott; sie warnen vor der Übertretung kultischer Vorschriften und betonen den Wert persönlicher Frömmigkeit sowie die Abhängigkeit des Schicksals des einzelnen vom göttlichen Willen.

Die Weisheitslehren folgen strengen Formgesetzen. Die Einleitung nennt den Namen, zuweilen auch den Anlaß. In späteren Texten sind die Maximen durch Überschriften voneinander abgesetzt.

Die weisen Schreiber seit der Zeit, die nach den Göttern eintrat, deren Prophezeiungen eintrafen, ihr Name bleibt bis in die Ewigkeit. Man nennt ihre Namen wegen ihrer Bücher, die sie verfaßten, solange sie lebten. Schön bleibt das Andenken dessen, der sie verfaßte, bis in alle Ewigkeit. Werde ein Schreiber, nimm es zu Herzen, damit Dein Name ebenso werde. Herrlicher ist ein Buch als ein gemalter Denkstein, als eine beschriebene Mauer. Es schafft Häuser und Pyramiden im Herzen dessen, der ihren Namen nennt. Wahrlich nützlich ist auf dem Friedhof ein Name im Munde der Menschen.

Aus einer Lehre des Neuen Reiches (nach Siegfried Schott)

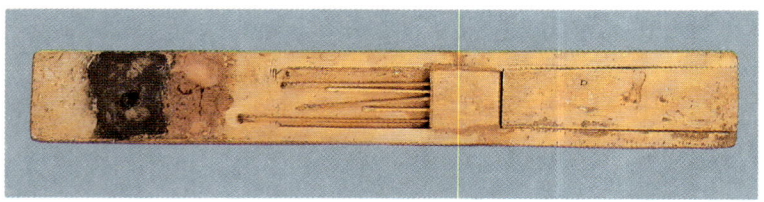

Links oben: Schreibgerät
Hildesheim, Pelizaeus-Museum

Links unten: Ägyptische Schreibstube, Relief im Grab des Idut. Die schmalen, langen Blätter der 3 m hohen Papyruspflanze wurden nach der Verarbeitung mit roter und schwarzer Tusche beschrieben.

Rechts: Papyrusernte, Relief im Grab des Nefer und Kahai in Sakkara, 5. Dynastie.

»Vervollkommne dich in deinen Augen! Hüte dich, daß nicht ein anderer dich vervollkommnen muß!«
Lehre des Djedefhor, 4. Dynastie

Imhotep und Djedefhor gelten in der ägyptischen Überlieferung als Verfasser der ältesten Lehren. Während die des Imhotep verschollen ist, haben sich Bruchstücke aus den Unterweisungen des Prinzen Djedefhor in einer späteren Schülerhandschrift erhalten. Sie betonen die Notwendigkeit einer Grabausstattung und die Verpflichtung des Sohnes zum Totendienst.

»Den Unwissenden zum Wissen zu erziehen und zu den Regeln vollkommener Rede«
Lehre des Ptahhotep, 5. Dynastie

Ptahhotep, Bürgermeister und Wesir unter König Asosi, klagt zu Beginn seiner Lehre über die Beschwerden seiner Jahre und erbittet vom König die Erlaubnis, sich einen Schüler als »Stab« seines hohen Alters erziehen zu dürfen.

Diesen unterweist er nun in 37 Kapiteln, deren erste Zeile jeweils rot abgesetzt ist, über die guten Sitten bei Tisch, über die Vorzüge einer guten Rede und über die Unterschiede, die ein korrektes Verhalten gegen Vorgesetzte, Gleichgestellte oder Untergebene erfordert. Die Lehre schließt mit einer Betrachtung über die Nützlichkeit einer solchen Erziehung. Der beste Beweis dafür sei sein eigenes Leben, das 110 Jahre in der Gnade des Königs stand – ein Alter, das nach späterer Weisheit nur einem unter Millionen von den Göttern gewährt wird.

»Ich sage dir ferner, wie es um den Fischer steht: Es geht ihm schlechter als jedem anderen Beruf«
Lehre des Cheti, 12. Dynastie

Ein Mann aus Tjaret mit Namen Cheti, der zur Residenz fährt, um seinen Sohn Pepi in die Schreiberschule »unter die Kinder der Großen« zu geben, trägt diesem unterwegs eine Lehre vor, die zum Lieblingsbuch der Schulen wurde. Vier Papyri, zwei Schreibtafeln und etwa hundert Ostraka zeugen vom fleißigen, wenn auch nicht immer korrekten Abschreiben der Schüler. Der Inhalt war auch recht dazu angetan, den faulen Schüler »die Bücher mehr lieben zu lehren als seine Mutter«, verherrlicht er doch die Tätigkeit des Schreibers. In drastischer Sprache führt Cheti seinem Sohn die Unannehmlichkeiten all der Berufe vor Augen, die sich die Phantasie eines Knaben so viel interessanter und abenteuerlicher ausmalt als das Leben in einem Büro.

»So gibt Gott dir deinen Bedarf für das Leben,
und du bist frei von Sorge«
Lehre des Amenemope, 20. Dynastie

Die religiöse Gesinnung späterer Weisheitslehren zeigt sich in den Sprüchen des Amenemope besonders deutlich: Der Mensch ist Gott für jede seiner Taten verantwortlich. In dreißig Kapiteln werden die Pflichten eines Beamten aufgeführt; Sorgfalt bei der Berechnung der Steuern und der Festlegung der Feldergrenzen, Unbestechlichkeit bei Gericht, Mildtätigkeit gegenüber Bedürftigen, all dies sind gottgefällige Tugenden. In bildreicher Sprache wird das Ideal des »Schweigers« dem »Hitzköpfigen« gegenübergestellt. Wesentliche Gedanken, vor allem die Abhängigkeit des menschlichen Schicksals vom göttlichen Willen und der Glaube an die Würde aller Menschen, auch Armer und Schwacher, sind in die alttestamentlichen »Sprüche des Königs Salomo« eingegangen.

Klagen und Prophezeiungen
»Bei diesen Weisen trat das Vorhergesagte ein, was aus ihrem Munde kam, man fand es als Spruch in ihren Schriften«

In ruhigen Zeiten, wenn das Leben in Staat und Gesellschaft nach den Regeln der Maat verlief, befaßten sich die ägyptischen Weisen und ihre Lehren mit dem Einzelschicksal. Unruhen und Störung der politischen Ordnung aber forderten eine Auseinandersetzung mit den Problemen des ganzen Landes. Wie schon in den beiden Königslehren, wird das Gottkönigtum kritisch beurteilt, selbst Zweifel an der Schöpfung Gottes werden laut, doch die Verkündung eines neuen Herrschers eröffnet einen hoffnungsvollen Ausblick.

»Es ist doch so: Das Land dreht sich wie eine Töpferscheibe,
der Räuber besitzt die Schätze, jedermann ist zum
Plünderer geworden«
Mahnworte des Weisen Ipuwer, Erste Zwischenzeit

Ipuwer, ein Angehöriger oder Verehrer der alten herrschenden Klasse, beklagt in bewegten Worten Not und Unordnung im Lande nach dem Zusammenbruch des Alten Reiches. Seine kunstvoll gestaltete Rede gliedert sich in sechs Gedichte mit jeweils gleichen Versanfängen; zwei Abschnitte, nämlich der Vorwurf an den König nach dem

fünften Gedicht und das Schlußgespräch, bleiben ohne die stereotypen Einleitungsformeln. Die ersten beiden Gedichte schildern die sozialen Umwälzungen, im ersten beginnt Ipuwer jeden Satz mit »Es ist doch so«. Seine Aussagen über die herrschenden Mißstände im zweiten Gedicht leitet er ein mit »Sehet doch! Es geschieht etwas, was in früheren Zeiten nie geschehen ist: Der König ist von den Armen fortgeführt worden«. Der Verlust seiner Autorität hat diese Katastrophe hervorgerufen.

Wie es nun im Lande aussieht, berichten die folgenden Verse, die jeweils mit »Zerstört ist« anheben. In den nächsten beiden Gedichten fordert Ipuwer zum Widerstand auf (»Vernichtet die Feinde der herrlichen Residenz«) und zur Rückkehr geordneter Verhältnisse (»Denkt daran, die Vorschriften zu befolgen«). Die Schuld an allen Übeln gibt der Weise dem König, denn »man merkt nichts von seiner Macht. Weisung, Einsicht und Wahrheit sind bei dir, aber Aufruhr ist es, den du durch das Land ziehen läßt«.

Die Vorstellung glücklicher Zeiten beschwört das sechste Gedicht mit Zeilen wie »Es ist aber schön, wenn Menschenhände Pyramiden bauen und Teiche graben«. Den Schluß bildet eine Auseinandersetzung zwischen Ipuwer und dem König. Doch ist dieser stellenweise zerstörte Dialog nicht mehr ganz verständlich. Der König spricht von ausländischen Feinden, denen er offensichtlich Schuld an der Not des Landes gibt. Ipuwer antwortet mit einem Gleichnis, dessen Sinn aber im Dunkel bleibt.

»Der Tod steht heute vor mir, als wenn ein Kranker
gesund wird«
Streitgespräch des Lebensmüden mit seiner Seele,
Erste Zwischenzeit

Durch die politischen und gesellschaftlichen Verhältnisse nach dem Ende des Alten Reiches ins Unglück geraten, beschließt ein Mann – sein Name ist nicht erhalten – sich das Leben zu nehmen. Doch seine Seele widersetzt sich dem Vorhaben und droht, ihn zu verlassen. In einem Streitgespräch mit ihr erörtert der Lebensmüde nun all die Fragen, die sich angesichts der Plünderung von Gräbern und der Auflösung aller bisherigen Wertvorstellungen ergeben. Schließlich singt er seiner Seele vier Lieder vor, die dem Elend dieser Erde den Tod als lockenden Ausweg gegenüberstellen. Im ersten beschuldigt er sie mit den Worten »Siehe, mein Name ist anrüchig geworden durch dich«, mit ihren Reden seinem guten Ruf zu schaden. Das zweite Gedicht beklagt die Vereinsamung des Menschen in dieser irdischen Trostlosigkeit: »Zu wem kann ich heute noch sprechen.« Der Tod, den er nun in Bildern höchsten Glücks besingt, erscheint ihm als der einzige Ausweg: »Der

Voller Wachheit scheint der Schreiber auf die Eingebung der »Gottesworte« zu lauschen, die er mit der ursprünglich in seiner Rechten gehaltenen Binse auf dem im Schoß entrollten Papyrus aufzuzeichnen gedenkt.
Kairo, Ägyptisches Museum

Links: Demotische Bauinschrift Ptolemenos' II. vom Satet-Tempel, Elephantine, auf einem Block Sesostris' II.

Rechts: »Osiris, Erster der Westlichen« und »Hathor im Westgebirge« nennt diese Inschrift im Grab des Userhet, Theben.

Unten: 3000 Jahre ägyptische Schrift vom Hieroglyphischen zum Demotischen (nach H. Grapow).

Hieroglyphen				Hieroglyph. Buchschrift	Hieratisch				Demotisch
2900-2800	2700-2600	2000-1800	um 1500	500-100	um 1500	um 1900	um 1300	um 200	400-100

Tod steht heute vor mir, als wenn jemand sein Haus wiederzusehen wünscht, nachdem er viele Jahre in Gefangenschaft verbracht hat.« Im Schlußgedicht überzeugt er seine Seele, zusammen mit ihm im Jenseits eine Heimstatt zu haben und sich dort beim Sonnengott für eine Linderung der Not auf Erden zu verwenden.

»Der Bauer kam, um Rensi zum neuntenmal zu ersuchen«
Die Klagen des Bauern, 10. Dynastie

Mißstände im Lande und Beamtenwillkür werden in der Geschichte des redegewandten Bauern Chuienanubis angeprangert. Dieser lebte in der Oase Wadi Natrun und belud eines Tages seinen Esel mit allerlei Produkten, um sie im Niltal gegen Lebensmittel einzutauschen. Auf dem Wege dorthin gerät er in die Fänge des Landpächters Thotnacht, der mit einer List den Bauern zu bestehlen sucht. Er breitet ein Laken über den Weg zwischen dem Nil und seinen Feldern und zwingt Chuienanubis dadurch, über den angrenzenden Acker zu gehen. Unter dem Vorwand, er habe sein Eigentum betreten und der Esel von seinem Getreide gefressen, nimmt Thotnacht dem Bauern all seine Habe fort. Dieser wendet sich daraufhin an den Obergütervorsteher Rensi, den Vorgesetzten des Landpächters, auf den die Redegewandtheit des Bauern großen Eindruck macht. Entzückt über so schön gewählte Worte, gibt er Nachricht an den König. Der nun befiehlt, den Klagenden hinzuhalten, um ihn zu immer neuen Reden zu bewegen, und alle aufzuzeichnen. Neunmal schildert der Bauer das ihm angetane Unrecht, wobei er zugleich die allgemeine Unordnung angreift. »Eine schöne Rede ist versteckter als der grüne Edelstein, und doch findet man sie bei den Sklavinnen und den Mühlsteinen«, heißt es in der Lehre des Ptahhotep. Chuienanubis ist ein solcher Mann aus der untersten Gesellschaftsschicht, der die Kunst der Rede beherrscht. Aber er verfügt nicht nur über einen großen Reichtum an bildlichen Ausdrücken und Vergleichen, sondern schreckt auch nicht vor der Anschuldigung zurück, Rensi sei ein Räuber wie Thotnacht und als dessen Vorgesetzter voreingenommen. Freilich werden diese aufrührerischen Reden durch anschließende Lobsprüche gemildert.

Als sich der Bauer in seiner anscheinend hoffnungslosen Lage nach neun Beschwerden verzweifelt das Leben nehmen will, wird endlich das Urteil gesprochen. Er erhält seinen Besitz zurück und dazu das gesamte Vermögen des Thotnacht.

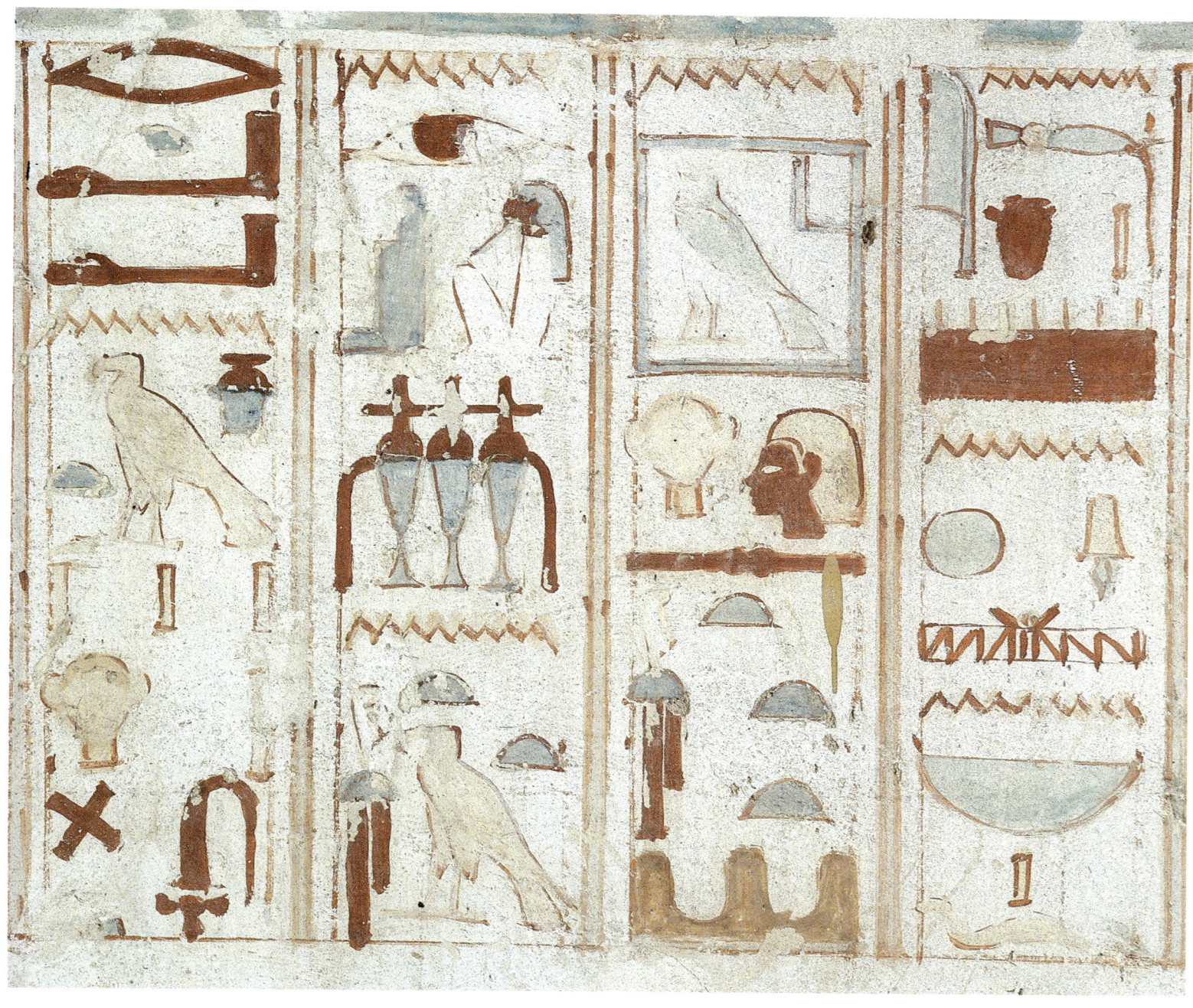

Biographien
»Ich sagte die Wahrheit und übte Gerechtigkeit«

Inhaltlich den Weisheitslehren verwandt sind die auf Grabdenkmälern niedergeschriebenen Autobiographien. Sie sollen nicht nur Namen, Titel und Leistungen der Beamten nach ihrem Tode fortdauern lassen, sondern auch die bewährten Regeln moralischen Verhaltens vermitteln. Das Ideal des kühl denkenden und überlegt handelnden Mannes, das dem jungen Ägypter in der Schule nicht zuletzt durch das Abschreiben der Lehren immer wieder vor Augen gestellt wurde, erscheint in dem Verstorbenen beispielhaft verkörpert. Er spricht in der Ich-Form zu den Lebenden, zählt die Ämter auf, die er durch königliche Gnade und eigene Verdienste innehatte, nennt Leistungen, die ihm Ansehen verschafften und seine Karriere förderten. Über das Privatleben, über Alter, Ehe und Familie erfahren wir allerdings nichts, ebenso werden Mißerfolge und Fehler, die doch auch den menschlichen Charakter prägen und erzieherischen Wert haben können, nicht erwähnt. Informationen über historische Ereignisse, die der Verstorbene miterlebt hat, sind vor allem in Biographien des Neuen Reiches enthalten.

Annalen und Königsnovellen
»Es sagt Amun-Re: Ich gebe den Schrecken vor deiner Majestät in die Herzen deiner Widersacher«

Wichtige politische Entscheidungen und Taten, wie die Vereinigung der beiden Länder oder der Sieg über ausländische Feinde blieben in der Überlieferung ideologisch gebunden und wurden Ritual, dem sich jeder König unterziehen mußte.
Die enge Bindung von Ideologie und Machtausübung hat in Ägypten keine selbständige Geschichtsschreibung entstehen lassen. Die historische Literatur beschränkt sich auf annalistische Aufzeichnungen und die sogenannten Königsnovellen. Bis in späteste Zeit wurden wichtige Bege-

benheiten, die sich unter einem König ereigneten, in Jahrbüchern verzeichnet. Herrscher der 18. Dynastie stellen dabei stets mit besonderer Genugtuung fest, daß die von ihnen vollbrachten Taten in den Annalen der Vorzeit keine Parallele haben. Sie waren die Grundlage für Manethos Geschichtswerk im 3. Jahrhundert v. Chr. Die berühmten Annalen Thutmosis' III. im Tempel von Karnak sind Abschriften der Kriegstagebücher seiner sechzehn Feldzüge gegen Syrien (Text S. 192).

*»Als seine Majestät in Memphis war,
geschah es eines Tages«*

So oder ähnlich beginnen die Königsnovellen, die von bedeutsamen Entscheidungen und Leistungen des Königs als Vollstrecker göttlichen Willens berichten. Im Traum oder durch einen Orakelspruch offenbart sich Gott, in der Regel der Reichsgott Amun-Re, und erteilt Anweisungen, Tempel zu erbauen oder zu renovieren, den Göttern Opfer zu stiften oder Kriege zu führen. Zuweilen hat der König auch selbst den Einfall, den Erfolg aber verleihen immer die Götter.

Das »Kadeschgedicht« ist wohl das berühmteste Beispiel für die poetische Gestaltung eines historischen Ereignisses (Text S. 97). Außerdem gibt es Lieder zur Thronbesteigung und Siegeshymnen. Die auf Thutmosis III. werden von Sethos I. und Ramses II. nachgeahmt. Ein Hymnus auf die Kämpfe Merenptahs gegen die Libyer enthält die früheste Erwähnung des Volkes Israel auf einem ägyptischen Denkmal, das daher »Israelstele« genannt wird.

Märchen und Erzählungen
»Viele Tage nach diesen aber geschah es«

Von wahren und abenteuerlichen Begebenheiten, von Zauberern und Göttern sangen in Ägypten fahrende Märchenerzähler, und irgendwann wurden diese Geschichten aufgeschrieben. Manches aus jüngeren Kulturen bekannte Motiv hat hier seine früheste Fassung gefunden: Sindbads Abenteuer im »Schiffbrüchigen«, Homers trojanisches Pferd oder Ali Babas Weinschläuche in der »Einnahme von Joppe«, der Wettstreit um die Königstochter im »Verwunschenen Prinzen« und die biblische Geschichte von Joseph und Potiphars Weib im »Märchen von den zwei Brüdern«. Märchen aus dem Neuen Reich enthalten oft Geschichten von Göttern mit menschlichen Schwächen.

*»Freue dich! Amun hat dir den Fürsten von Joppe mit all
seinen Leuten und seiner Stadt gegeben«*
Die Einnahme von Joppe, 18. Dynastie

Held der Erzählung ist der auch sonst bekannte General Djehuti. Während einem der vielen Feldzüge Thutmosis' III. belagerte er Joppe, das heutige Jaffa in Palästina,

Unten: Eines der beliebtesten literarischen Werke ist die Geschichte des Sinuhe. Auf der Berliner Fassung ist der hieratisch geschriebene Text sowohl in waagrechten wie senkrechten Kolumnen abgefaßt. Berlin/DDR, Ägyptisches Museum

Rechts: Szenen einer verkehrten Welt bringen auf diesem Papyrus das Gegensätzliche in Harmonie: Löwe und Gazelle, Fuchs und Ziegen, Katze und Geflügel sind ja Jäger und Gejagte. London, British Museum

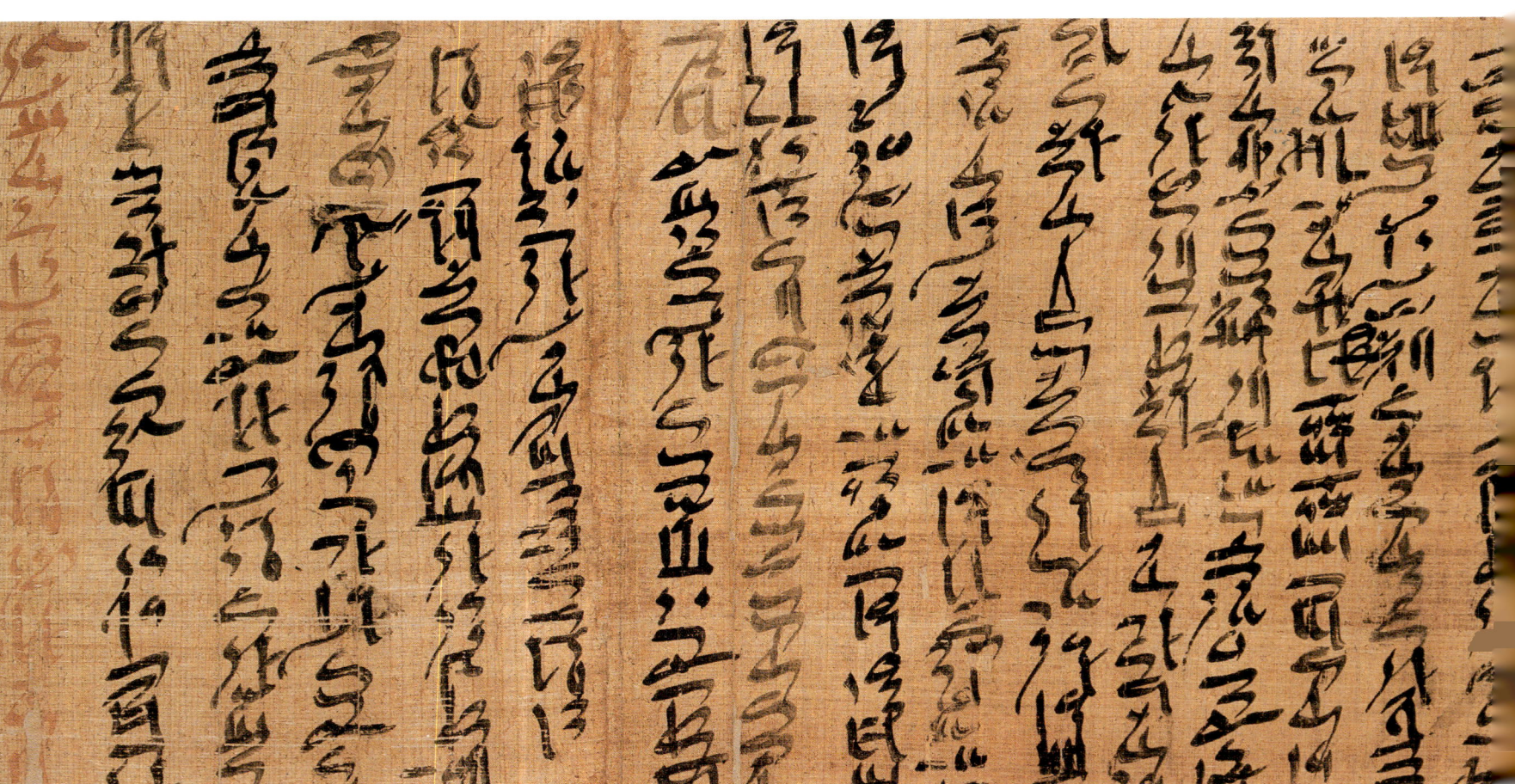

und eroberte die Festung durch eine List, die vielfach wiederholt wurde. Djehuti lädt den Fürsten von Joppe zum Gastmahl und bietet ihm seine Unterwerfung mit Familie und all seiner Habe an. Dann läßt er 500 Säcke bringen, angeblich für seine Besitztümer, versteckt jedoch Soldaten darin. Mit dem Ausruf »Wir haben den Djehuti!« öffnet die Wache das Tor der Festung.

»Ein Land gab mich an das andere«
Lebensgeschichte des Sinuhe, 12. Dynastie

Die Autobiographie des königlichen Haremsbeamten und Gefolgsmannes Sinuhe ist das bekannteste Literaturwerk Ägyptens; es diente jahrhundertelang in der schulischen Ausbildung als Muster guten Stils. Nur der äußere Rahmen ist den biographischen Grabinschriften angepaßt, auf die Titulatur und den Namen folgt »er sagt«. Doch was Sinuhe erlebt und empfindet, ist ungewöhnlich: Ausland, Heimweh und Heimkehr, Freude und Angst. In Lebensberichten ägyptischer Beamter ist davon nie die Rede. Ungewöhnlich spannend und ausdrucksstark werden Ereignisse und Gefühle beschrieben.
Ein Bote bringt dem Kronprinzen und Mitregenten Sesostris die Nachricht vom Tode seines Vaters Amenemhet I. ins Feldlager. Sinuhe ist zufällig Zeuge und gerät in Panik, deutet aber mit keinem Wort die Ursachen seiner Angst an. Der ägyptische Leser kannte sie. Amenemhet I. war einer Verschwörung zum Opfer gefallen, und Sinuhe als hoher Beamter mußte befürchten, der Mitwisserschaft verdächtigt zu werden. Er flieht durch unwegsame Gebiete abseits der Verkehrsstraßen und gelangt schließlich nach Palästina. Dort findet er freundliche Aufnahme bei einem Fürsten des Landes, denn Sinuhes großes Ansehen am ägyptischen Hof war über die Grenzen hinaus bekannt. Der Fürst verheiratet ihn mit seiner Tochter und übergibt ihm die schönsten Länder seines Herrschaftsgebietes. Als Befehlshaber der Truppen kehrt Sinuhe aus jedem Feldzug mit großer Beute heim. Sein Reichtum erweckt Neid. Ein Recke des benachbarten Stammes – »nicht gab es seinesgleichen« – fordert Sinuhe zum Zweikampf, um ihm seinen Besitz zu rauben. Das ganze Land strömt zusammen, und die Herzen der Frauen schlagen für Sinuhe. Der Herausforderer schießt seine Pfeile ab, doch allen kann Sinuhe ausweichen. Als der Gegner auf ihn losstürmt, trifft er ihn mit einem Geschoß an den Hals.
In Frieden und Wohlstand kann Sinuhe nun seine Jahre verbringen, doch die Sehnsucht nach Ägypten wird immer stärker. Schließlich ruft ihn ein Brief Sesostris' I. nach Ägypten zurück. Bei der Audienz gerät Sinuhe, über dessen asiatische Barttracht und Kleidung sich die Höflinge belustigen, in Gefahr, die königliche Gnade zu verscherzen, denn die Gefühle übermannen ihn, und er fällt in Ohnmacht. Mit einem Lied besänftigen die Königskinder den Herrscher, und dieser verleiht dem Heimgekehrten ein Hofamt und Grabstätte auf dem Friedhof der Residenz.

»Im Jahre 5 (des Herihor), am 16. Tage des 3. Sommermonats reiste Wenamun ab, um Holz für das große herrliche Schiff des Amun-Re zu holen«
Reise des Wenamun, 21. Dynastie

Sachlich wie in einem Reisebericht schildert der Priester des Amun-Tempels von Karnak Wenamun seine Erlebnisse auf einer Fahrt nach Byblos. Zu allen Zeiten hat Ägypten Holz vom Libanon geholt, und jeder Fürst dieses Gebietes war bisher bereit gewesen, an den mächtigen Nachbarn zu liefern. Doch als Wenamun seine Reise antritt, ist Ägyptens Ansehen im Schwinden. Zudem begleitet ihn keine große Gesandtschaft, und es fehlt an Geld. Ein Bild des Gottes Amun soll diesen Mangel ausgleichen. Wenamuns Fahrt wird zu einer Odyssee. Er fällt Seeräubern in die Hände, die ihm die für den Holzkauf bestimmte Summe wegnehmen. Nur die Götterstatue erwirkt es, daß der Fürst von Byblos Wenamun empfängt. Bei der Audienz entspinnt sich ein witziges und geistreiches Rededuell. Der Forderung des Fürsten nach Bezahlung begegnet Wenamun mit Lobeshymnen auf die Macht des Amun. Zuletzt rät er dann doch, mit einem Brief nach Theben neues Geld zu erbitten. Dies trifft auch ein, und das Holz wird gefällt. Aber erneut verzögert sich Wenamuns Abreise, denn Piraten lauern auf dem Meere. Der Fürst schickt ihm eine ägyptische Tänzerin zum Zeitvertreib, indes er mit den Räubern ausheckt, wie sie den Ägypter am besten überfallen können. Ein Sturm rettet Wenamun vor dem Anschlag und verschlägt ihn nach Zypern. Hier bricht die Handschrift ab (Text S. 222).

»Ich wurde von einer Meereswelle auf eine Insel geworfen«
Der Schriffbrüchige, 12. Dynastie

Ein Gesandter kehrt erfolglos aus dem Süden zurück und fürchtet nun den Bericht beim König. Um ihm Mut zu machen, erzählt ihm einer seiner Begleiter ein ähnliches Mißgeschick, das ihm zugestoßen war und einen glücklichen Ausgang nahm. Er war in königlichem Auftrag über das Rote Meer zum Sinai gefahren und unterwegs in einen Sturm gekommen. Sein Schiff zerbrach und sank. Eine Meereswelle warf ihn auf eine Insel, und so überlebte er als einziger das Unglück. Auf dieser Insel namens Punt wohnte eine Schlange, die maß dreißig Ellen, ihr Leib war mit Gold überzogen, und ihre Augenbrauen bestanden aus echtem Lapislazuli. Donner und Erdbeben kündigten ihr Kommen an. Der Schiffbrüchige fällt vor Schreck in Ohnmacht, und die Schlange schleppt den Bewußtlosen zu ihrem Ruheplatz. Dort erzählt er ihr vom Untergang seines Schiffes in genau den gleichen Worten wie dem Gesandten. Die Schlange tröstet ihn und kündigt an, daß in vier Monaten ein Schiff aus seiner Heimat kommen und ihn zurückbringen werde. Sie erzählt ihm dann ihr eigenes Geschick, wie ein Stern auf die Insel gefallen und ein großes Feuer ausgebrochen war, bei dem ihre Geschwister und Kinder, insgesamt 75 Schlangen, den Tod fanden. Die Prophezeiung der Schlange erfüllt sich, reich beladen mit den Schätzen der Insel kehrt der Schiffbrüchige heim.

»Ich lasse deine Majestät ein Wunder hören«
Zaubermärchen vom Hofe des Königs Cheops,
Ende Altes Reich

Cheops läßt sich zum Zeitvertreib von seinen Söhnen Geschichten erzählen. Jeder weiß von Zauberern aus vergangener Zeit zu berichten. Einer belebte ein Krokodil aus Wachs, um die Liebhaber seiner Frau zu töten, ein anderer holte ein Schmuckstück vom Meeresgrund, nachdem er die eine Seite des Wassers auf die andere geklappt hatte. Schließlich kommt Djedefhor an die Reihe. Er berichtet von einem noch lebenden Zauberer, von Djedi, der abgeschlagene Köpfe wieder aufsetzen kann und die Geheimnisse des Thot-Heiligtums kennt. Cheops läßt unverzüglich diesen Weisen an seinen Hof holen, damit er an einem Gefangenen seine Zauberkunst beweise. Aber Djedi entgegnete: »Doch nicht an einem Menschen, König, mein Herr.« So schnitt man einer Gans den Kopf ab und legte ihn an die Ostseite der Halle, den Körper an die Westseite. Djedi sprach seine Zauberworte, Körper und Kopf bewegten sich aufeinander zu, und als sie zusammentrafen, stand die Gans wieder da und schnatterte. Djedi gibt noch weitere Proben, weigert sich aber, Cheops die Zahl der geheimen Kammern des Thot-Heiligtums zu verraten. Er prophezeit ihm, daß das älteste von drei noch ungeborenen Kindern der Frau eines Priesters des Sonnengottes Re ihm die Steinkiste mit den geheimen Schriften bringen werde. Diese Drillinge, vom Sonnengott Re selbst gezeugt, würden einst den Thron der Pharaonen besteigen. Hier wandelt sich das Märchen zur politischen Tendenzschrift, welche die Herrschaft der Könige der 5. Dynastie, die sich Söhne des Re nennen, legitimieren soll.

*»Die Hathoren kamen, um sein Schicksal
zu bestimmen«*
Der verwunschene Prinz, 19. Dynastie

Es war einmal ein König, dem kein Knabe geboren wurde. Da betete er zu den Göttern, und sie erfüllten seine Bitte. Die Schicksalsgöttinnen kamen zur Geburt und verkündeten, daß der Prinz durch ein Krokodil, eine Schlange oder einen Hund sterben werde. Der Knabe wächst in einem Haus in der Wüste heran, sein einziger Spielgefährte ist ein kleiner Hund. Der Wunsch nach einem großen Windhund, den er gesehen hatte, wurde vom Vater aus Furcht vor dem Schicksalsspruch nicht erfüllt. Als der Prinz erwachsen war, ging er ins Ausland nach Naharina am oberen Euphrat, wo er sich als Sohn eines ägyptischen Offiziers ausgab, der vor dem Haß seiner Stiefmutter geflohen sei. Der Fürst des Landes hatte eine schöne Tochter, sie war sein einziges Kind und lebte in einem Haus, dessen Fenster siebzig Ellen hoch war. Ein Wettkampf unter den Söhnen aller Fürsten von Syrien wurde ausgerufen. Wer das Fenster erreichte, sollte die Tochter zur Frau bekommen. Sieger wurde der Prinz, und da er von schöner Gestalt war, verliebte sich das Mädchen sogleich in ihn. Doch der Fürst widersetzte sich einer Heirat mit dem ägyptischen Flüchtling. Erst die Drohung seiner Tochter, sich das Leben zu nehmen, ließ ihn nachgeben. Der Prinz vertraute seiner Frau zwar nicht seine Herkunft, wohl aber den Spruch der Hathoren an, und ihre Fürsorge verhinderte den Tod durch das Krokodil und die Schlange.

»Man erzählt, es seien einmal zwei Brüder gewesen, von einer Mutter und einem Vater«
Märchen von den zwei Brüdern, 19. Dynastie

Anubis war der Name des älteren, Bata der Name des jüngeren. So beginnt das wohl bekannteste ägyptische Märchen. Anubis hatte ein Haus und eine Frau, der jüngere Bruder lebte bei ihnen wie ein Sohn. Eines Tages schickt Anubis den Bata vom Felde heim, um Korn zu holen. Seine Frau versucht, Bata zu verführen. Dieser lehnt das Ansinnen empört ab, schwört aber seinem Bruder zuliebe Stillschweigen. Dennoch fürchtet sich die Frau, sie zerreißt ihre Kleider und zerzaust ihr Haar. Als ihr Mann abends nach Hause kommt, liegt sie krank da und klagt ihrem Mann, Bata habe sie verführen wollen. Anubis wird »wütend wie ein Leopard«, er schärft sein Messer und versteckt sich hinter der Stalltür, um auf die Rückkehr des Bruders zu warten. Als dieser bei Sonnenuntergang die Herde heimtreibt, kommt die Leitkuh zu ihm und flüstert: »Paß auf, da steht dein älterer Bruder mit einem Messer, um dich zu töten. Lauf fort von ihm!« Bata ergreift die Flucht, verfolgt von Anubis, aber ein Gebet zu Re-Harachte, der ein großes Wasser zwischen beiden entstehen läßt, rettet ihn. Am folgenden Tag erzählt Bata dem Bruder den wahren Verlauf und bittet ihn um einen Gefallen. Er werde sein Herz auf einer Zeder verstecken. Wenn Anubis erfahre, daß diese Zeder gefällt sei, solle er kommen und nach Batas Herzen suchen. Anubis kehrt heim und tötet seine Frau. Bata zieht ins Tal der Zedern und baut sich dort ein prächtiges Schloß. Nur eine Frau fehlt ihm. Die Götterneunheit hat Mitleid, und Re-Harachte beauftragt den Töpfergott Chnum, für Bata eine Frau zu formen. Eines Tages fällt eine Haarlocke der Frau ins Meer, und eine Welle treibt sie an den Platz der Wäscher des Pharaos. Der Duft des Haares gerät in die Kleider und entzückt den Herrscher so sehr, daß er ein Heer ausschickt, um die Frau an seinen Hof zu holen. Wiederum bringt eine Frau den Brüdern Unglück. Sie verrät dem Pharao das Geheimnis ihres Mannes, und jener läßt die Zeder fällen. Bata bricht im gleichen Augenblick tot zusammen. Auf wundersame Weise, durch aufschäumendes Bier, erfährt Anubis vom Tod Batas. Kaum zum Leben erwacht, verwandelt sich dieser in einen Stier, der an den Pharao verkauft wird. Als Bata sich seiner Frau zu erkennen gibt, überredet sie den König dazu, den Stier zu schlachten. Zwei Blutstropfen fallen neben die Palasttüren und wachsen zu Perseabäumen auf. Bata hatte sich in sie verwandelt.

Links: Schutzherr der Schreiber war Thot, der in Gestalt eines Pavians oder Ibis verehrt wurde. Die Statuette stammt aus Tell el-Amarna.
Kairo, Ägyptisches Museum

Oben: »Blinder Harfner« aus dem Grab des Amenemhet (Theben Nr. 82). Auszug aus dem Harfnerlied (nach Siegfried Schott): Folge Deinem Herzen, solange Du lebst. Lege Myrrhen auf Dein Haupt. Kleide Dich in (feines) Leinen. Vermehre Dein Wohlbefinden, damit Dein Herz nicht erschlafft. Kränke Dein Herz nicht, bis jener Tag der (Toten) klage zu Dir kommt.

Unten: Eine der insgesamt 11 Illustrationen zum einzigen erhaltenen Mysterienspiel Horus und Seth, von denen jede einen Akt repräsentiert. Relief vom Horus-Tempel in Edfu.

Kaum ist das Geheimnis bekannt, werden die Bäume abgeschlagen. Dabei verschluckt Batas Weib einen Splitter und wird schwanger. Mit der Geburt eines Knaben, seiner Einsetzung zum Kronprinzen und seiner Thronbesteigung endet diese Geschichte.

»So verschafft der Jüngling seinem Vater Recht« Wahrheit und Lüge, 19. Dynastie

Motive der Osiris-Sage und des Streites zwischen Horus und Seth sind in das mythologische Märchen von den Brüdern Wahrheit und Lüge eingegangen. Dieser verklagt seinen Bruder vor dem Göttergericht, ein Messer von ungeheurer Größe entliehen zu haben. Da Wahrheit ein solches Messer nicht zurückgeben kann, wird er verurteilt und geblendet. Lüge, noch immer nicht zufriedengestellt, trachtet ihm nach dem Leben. Der blinde Wahrheit kann jedoch seinen Verfolger erweichen. Er wird ausgesetzt und begegnet einer vornehmen Dame mit Namen Begierde. Von seiner Schönheit betört, schläft sie mit ihm, und »viele Tage danach« schenkt sie einem Knaben das Leben. Wahrheit aber lebt fortan als Pförtner ihres Hauses. Als der Sohn herangewachsen ist, erfährt er das Schicksal seines Vaters und rächt ihn. Vor Gericht fordert er von Lüge die Rückgabe eines Rindes, so groß wie das ganze Niltal.

Die ägyptischen Tiermärchen sind Bilderbücher auf Papyri und Ostraka, bei denen der Betrachter die Fabel ohne erläuternde Beischriften herausfinden muß. Die Tiere bewegen sich wie Menschen und haben wie diese besondere Vorlieben. Alle spielen ein Instrument. Löwe und Steinbock lieben das Brettspiel. Auch die Arbeit haben sie verteilt, doch die Welt steht hier Kopf. Das stärkere Tier ist Hirt und Diener des schwächeren. Füchse hüten Ziegen und Katzen Gänse. Die Maus spielt die Herrin, ihre Zofen und Ammen sind Katzen; das Krokodil huldigt ihr mit einem Ständchen, Schakale und Affen servieren Getränke.

Die Lyrik
»Frische bedeutet es, wenn du ankommst. Komm, um Mensch und Vieh zu beleben mit deinen Gaben der Flur! Frische bedeutet es, wenn du ankommst, o Nil!«

Die lyrische Dichtung beginnt in den religiösen Sprüchen der Pyramidentexte und setzt sich fort in großen Hymnen und Kultgesängen auf die Götter und Könige. Auch der Alltag von Bauern und Hirten der Pyramidenzeit hatte seine Poesie. Kleine Lieder begleiteten die Arbeit und waren so mit dieser verbunden, daß die Steinmetzen sie den Grabszenen beifügten. Es gibt kaum eine Erzählung ohne Lieder und Gedichte. Die Metrik der Verse läßt sich infolge der Vokallosigkeit der Schrift freilich kaum nachvollziehen, auch nicht die Melodie, denn Notenschriften sind nicht überliefert.

In manchen Dichtungen beginnen alle Strophen mit den gleichen Worten. Die charakteristische Kunstform der poetischen Sprache ist die Wiederholung eines Gedankens mit gleichen oder variierenden Worten, der sogenannte »Parallelismus membrorum«. Es genügt dem Dichter nicht, einen Gedanken einmal auszusprechen, sondern er fügt noch einen zweiten ebenso schönen Ausdruck für das gerade Gesagte an. In der religiösen Dichtung erstarrt dieses Stilmittel häufig zum Formalismus; die Hymnen auf die Götter erschöpfen sich meist in eintönigen Aufzählungen von Namen und mythologischen Anspielungen. Nur wenige heben sich hervor, der »Sonnengesang« des Echnaton (Text S. 238) und der »Nilhymnus«. Sein Dichter soll der schon erwähnte Cheti gewesen sein. Er beschreibt in kunstvoll gegliederten Versen die Wirkungen des Flusses auf die Natur, die Menschen und die Götter.

Begleitet wurden die Lieder von Laute und Harfe, Rassel- und Schlaginstrumenten. Berühmt ist das Bild des blinden Harfners, der die Vergänglichkeit alles Irdischen besingt und zum Genuß des Lebens aufruft. Dieses »Harfnerlied« entstand aus der pessimistischen Stimmung zwischen Altem und Mittlerem Reich.

Ihren reizvollsten Ausdruck fand die ägyptische Poesie in der jüngsten Gattung der lyrischen Dichtung, der Individuallyrik. Thema der Gedichte ist die Liebe; ihre Leiden und Freuden wurden schon damals so tief empfunden wie heute. »Die Sprüche der großen Herzensfreude«, wie die Überlieferung eine Sammlung von Liebesliedern aus der Zeit der 19. Dynastie nennt, sind Reden der Liebenden über die Schönheit des anderen, über die Leiden unerwiderter Liebe und Klagen vor der verschlossenen Tür der Geliebten. Mit der Liebe verbindet sich auch die Freude an der Natur. Das Mädchen sitzt im Garten und denkt an den Geliebten, jedes Lied beginnt sie mit einem Blumennamen. Auch die Bäume können sprechen und zu fröhlichem Fest mit dem Geliebten in ihrem Schatten einladen.

Zauberliteratur
»Lauf weg Schnupfen, Sohn des Schnupfens, der du die Knochen zerbrichst, den Schädel zerstörst, vom Fette trennst, die sieben Löcher im Kopf krank machst!«

Der Glaube, daß man mit Worten und Handlungen auf Naturkräfte und Lebewesen einwirken kann, prägte das Leben der Ägypter und ihre Vorstellungen vom Jenseits gleichermaßen. Gefäße wurden mit den Namen von Feinden oder mit unheildrohenden Gedanken, Plänen und Träumen beschrieben und zerbrochen, um diese Übel auf magische Weise zu vernichten. Neben solchen »Ächtungstexten« kannten die Ägypter Kalender zur »Tagewählerei«. Der »gute« oder »böse« Verlauf eines Tages erklärte sich für sie aus glücklichen oder unglücklichen Ereignissen, die sich einst in der Götterwelt zugetragen hatten. Ein Traum-

Rechts: Der Ausschnitt aus dem Totenpapyrus des Userhetmose zeigt die Seele als Ba-Vogel im Gebetsgestus.
Hathor wird hier in Kuhgestalt als die Herrin des Westgebirges dargestellt. Kairo, Ägyptisches Museum

buch gab Auskunft, ob es als »gut« oder »schlecht« zu deuten ist, »wenn einer sich im Traum sieht« und etwas Bestimmtes tut oder erlebt.

Zaubersprüche konnten Krankheiten hervorrufen, schützten aber auch vor ihnen, sie erwirkten Genesung oder erhöhten die Heilkraft von Medikamenten. Die Zauberformeln sind den Göttermythen entnommen; sie wiederholen die Worte von Göttern, die bei ähnlicher Gelegenheit gesprochen waren. Der »Schnupfenspruch« zum Beispiel hatte einst dem Sonnengott Re geholfen. Magische Sprüche und Tätigkeiten bestimmten auch den Totenkult, Götter wie Menschen bedienten sich ihrer Kraft.

Religiöse Literatur

Von größter Fülle und Vielfalt sind die überlieferten religiösen Schriften. Die ältesten Texte sind Ritualsprüche für die Vergöttlichung des Königs im Jenseits, eingemeißelt in den Kammern und Gängen der königlichen Pyramide. Von diesen sogenannten Pyramidentexten, den Sargtexten, dem Totenbuch, den Unterwelts- und Himmelsbüchern handelt das Kapitel »Grab und Jenseits«.

Das irdische Dasein des Ägypters war begleitet und bestimmt von theologischen Lehren, Hymnen und Gebeten, Kultfesten und Mysterienspielen. Einen Kanon heiliger Schriften, wie die Bibel oder den Koran, hat es nicht gegeben, selten sind auch dogmatisch-lehrhafte Texte. Denn die ägyptische Religion ist eine Ritual-, keine Buch- oder Offenbarungsreligion.

Die Priesterschulen des Alten Reiches versuchten auf unterschiedliche Art die Entstehung der Welt zu erklären, immer aber war ihr Lokalgott Schöpfer der Lebewesen und der Natur. Über die Kosmogonien von Heliopolis, Memphis, Hermopolis und Theben ist in dem Kapitel »Die Götter und ihre Tempel« die Rede, ebenso von der mythologischen Erzählung über die Vernichtung des Menschengeschlechtes, in der die Erfahrung der Wirren am Ende des Alten Reiches ihren Niederschlag fand, und von dem Mythos vom Streit zwischen Horus und Seth um das Erbe des Osiris. Dieser ist auch das Thema eines Mysterienspiels, dessen Schauplatz der Heilige See von Edfu gewesen ist. Eine Folge von elf Bildern an einer Wand des Tempels aus ptolemäischer Zeit, vermutlich nach einer älteren Vorlage, erzählt von dem Kampf des falkenköpfigen Gottes Horus gegen Seth als Nilpferd. Das Rollenbuch mit den Texten für die Schauspieler und den Chor gibt auch dem Spielleiter genaue Anweisungen über die auszuführenden Aktionen.

Technik und Wissenschaft

WIE IN ANDEREN Teilen der Welt, so hatten auch die Bewohner des Niltales im Laufe einer vieltausendjährigen Entwicklung gelernt, aus dem Material, das ihnen ihre natürliche Umwelt bot, Werkzeuge und Gegenstände des täglichen Bedarfs herzustellen. Langsam, durch archäologische Funde aus Ägypten nicht eindeutig belegbar, bildeten sich seit dem Paläolithikum wesentliche Techniken für die Bearbeitung von Holz, Knochen und Stein heraus. Auch die Fähigkeit, aus Zweigen oder Grashalmen Körbe und Matten zu flechten, durch Lederriemen oder Pflanzenfasern Matten oder Felle miteinander zu verbinden, entwickelte sich seit dieser Epoche, die für das Niltal in die Zeit vor rund 12 000 Jahren angesetzt werden kann.

In den neolithischen Kulturen Ägyptens, die seit dem 5. Jahrtausend v. Chr. archäologisch genauer faßbar werden, waren alle diese Fertigkeiten weitgehend ausgeprägt. Träger dieser Kulturen waren seßhafte Bauern, die in Dörfern lebten, deren Häuser entweder aus Nilschlammbatzen (Stampflehm) gebaut waren oder mit Nilschlammputz beworfene Rundhütten aus Ästen und Ried darstellten. Ihre Werkzeuge entsprachen denen anderer jungsteinzeitlicher Völker. Zum Behauen, Schneiden und Schaben benutzten sie weitgehend Steingeräte, die sorgfältig zugeschlagen waren. Steinklingen für Sicheln setzte man in Holz- oder Knochenschäfte ein, Messer versah man mit Holzgriffen. Äxte, besonders die für Ägypten typischen Queräxte, bestanden aus entsprechend geformten Stielen, an die die Steinklingen mit Seilen oder Lederriemen gebunden waren. Der größte Teil der Werkzeuge und Geräte für Landwirtschaft und Haushalt bestand jedoch aus Holz, Knochen oder auch aus Fischgräten, in selteneren Fällen auch aus Elfenbein.

Reste einer Kalksteinlage bei es-Siririya in Mittelägypten, die zur Steingewinnung in pharaonischer Zeit fast vollständig abgetragen wurde. Der blockweise Abbau des Gesteins ergab das typische treppenartige Abbaumuster.

Flechten und Weben

Im Verlauf des 4. Jahrtausends v. Chr. hatten sich in Ägypten einige wesentliche Techniken herausgebildet, die unverändert tradiert wurden und für die Entwicklung der Kultur entscheidend waren. Die einfachste dieser Techniken war das Flechten. Durch kreuzweises Fügen von Papyrus- oder Grasstreifen erhielt man beim randparallelen Flechten eine stabile Matte, die sich vielseitig – als Windschutz, Fußbodenmatte, Wandverkleidung – nutzen ließ. Vernähen der Ränder mit Palm- oder Papyrusfasern machte das Produkt noch stabiler. Mit farbigen oder eingefärbten Streifen ließen sich auch Muster gestalten, die einfache geometrische Figuren ergaben, wie sie in der gemalten Wanddekoration ägyptischer Gräber oft überliefert sind. Auch Ringwulstflechtwerk aus umwickelten und miteinander vernähten Bündeln aus Pflanzenfasern oder Stengeln war bekannt. Die so hergestellten Produkte waren tellerförmige Untersetzer, Speichergefäße sowie Körbe mit und ohne Deckel.

Die Flechttechnik war auch die Vorstufe für das Weben, das von grundlegender Bedeutung für die Herstellung von Kleidungsstücken und Decken war. Das Herstellungsverfahren von Geweben unterschied sich vom Flechten allerdings dadurch, daß man Spannvorrichtungen für die Kettenflächen brauchte, die gespreizt wurden, um den Schuß durchzulassen. Die ältesten Webvorrichtungen waren in den Boden gerammte Pflöcke, zwischen denen man die Kette spannte. Hölzerne horizontale Webstühle, die auch einen Kettenbaum besaßen, sind erst im Alten Reich durch Darstellungen sicher bezeugt, obwohl Gewebereste schon aus dem 4. Jahrtausend v. Chr. bekannt sind. Erst im Neuen Reich kommen die viel produktiveren vertikalen Webstühle in Gebrauch, deren Konstruktion prinzipiell die gleiche war wie die der Stühle, die in Europa noch Anfang dieses Jahrhunderts in Gebrauch waren. Voraussetzung für die Webtechnik war die Entwicklung von Spinnverfahren,

ren, mit denen man aus Flachs gezwirnte, stabile Fäden herstellen konnte.

Spinnwirteln, das heißt runde, in der Mitte zum Aufstecken auf den hölzernen Spindelstab gelochte Scheiben, zumeist aus Stein oder Keramik, die schon in den verschiedenen vorgeschichtlichen Kulturen Ägyptens belegt sind, zeigen, daß das einfache, nahezu ausschließlich von Frauen ausgeübte Spinnverfahren wie in anderen Regionen der Welt auch hier die Regel war: Nachdem die Spindel in Drehung versetzt worden ist und durch die Wirtel die nötige Schwere erhält, um diese Drehung mehrfach zu wiederholen, dreht sie währenddessen das Rohmaterial zu einem Faden. Danach, selbst an diesem Faden hängend, rotiert sie, von der Spinnerin in Bewegung gehalten, immer weiter und produziert so den zum Weben benötigten Faden. Wolle wurde übrigens im Alten Ägypten in größerem Umfang erst ab der hellenistischen Zeit verarbeitet, da die im Niltal gehaltenen Schafrassen durchweg Haarschafe waren.

Lederherstellung

Ebenfalls alt, schon für die neolithischen Kulturen bezeugt, war die Technik des Gerbens. In einem Land wie Ägypten, in dem Schafe, Ziegen und Rinder domestiziert waren, bestanden gute Bedingungen, aus den Häuten der Tiere Gebrauchsgegenstände wie Riemen, Gürtel, Kleidungsstücke, Sandalen, Schilde und Wasserschläuche zu fertigen (Abb. S. 208). Verschiedene Verfahren waren bekannt, um aus den rohen Häuten Leder herzustellen, vom einfachen Trocknen und Räuchern und der Verwen-

dung von Salz, Fett, Urin und ähnlichen Substanzen, um es geschmeidig zu machen, bis hin zu echter Gerberei unter Verwendung der tanninhaltigen (gerbsäurehaltigen) Akazienschoten. Seit dem Alten Reich ist die Lederherstellung mehrfach in Gräbern dargestellt worden. Wichtigste Prozedur scheint dabei das Einweichen der Haut in großen Bottichen gewesen zu sein, in denen sich eine Urin- oder Dunglösung bzw. eine tanninhaltige Gerbflüssigkeit befand. Die Häute wurden vor dem Gerben sorgfältig von noch anhaftenden Fleisch- und Fettresten durch Abschaben befreit. Das gegerbte, noch feuchte Leder zog man über einen dreibeinigen hölzernen Bock. Dadurch wurde es geschmeidig gemacht und gleichzeitig gestreckt.

Töpferei

Eine weitere Technik, die im alten Ägypten hoch entwickelt war und deren Anfänge bis in die prädynastische Zeit zurückgehen, ist die Töpferei. Rohmaterial zur Herstellung von Tonwaren gab es im Niltal überall als Teil der Ablagerungen der jährlichen Nilüberflutung. Grundsätzlich lassen sich zwei Haupttonarten unterscheiden: Da ist einmal der einfache Nilton zu nennen, der in meterdicken Lagen überall im Niltal vorkommt und durch die in ihm bereits vorhandenen größeren und kleineren Partikel auch ohne zusätzliche Magerung bereits verarbeitbar ist. Dieser »natürlichen« Magerung, hervorgegangen aus dem Abrieb meist magmatischer Gesteine vom Oberlauf des Nil während der langen Reise, wurde eine meist »künstliche« in Gestalt von Spreu, Häcksel oder Sand beigemengt. Der im ganzen Land als Rohstoff für die lokale Produktion anzutreffende Nilton besitzt nach dem Brand eine braunrote Farbe, oft mit schwarzviolettem Kern.

Die zweite Grundtonart ist der sogenannte Mergel- oder Wüstenton, der geologisch älter und daher von steinartiger Konsistenz ist und vor allem in Oberägypten zwischen Kairo und Esna in zum Teil mächtigen Schichten ansteht. Wie schon seit der Vorgeschichte wird Ton auch heute noch vor allem im Gebiet von Kena und Ballas abgebaut, wo er in besonders günstiger Menge und Qualität vertreten ist. Dieser Ton ließ sich fast ausschließlich gemagert verarbeiten, und zwar durch Hinzufügung von Wüstensand oder zerstoßener Keramik. Gefäße aus Mergelton, die bei einer Brandtemperatur von 900 °C eine rötliche, bei 1100 °C eine graubeige Färbung erhalten, sind wesentlich härter als Niltonware.

Vor der Verarbeitung reinigte man den Ton von gröberen Beimengungen, gab die entsprechende Magerung hinzu und vermengte ihn dann, so daß eine gut knetbare Masse entstand. Ihre Durchmischung erfolgte durch Kneten, auch unter Einsatz der Füße. Unmittelbar vor der Formung mußten die Portionen noch einmal gründlich per Hand geknetet werden, um die nötige Konsistenz zu bekommen. Geformt wurden die Gefäße – Teller, Schalen,

Näpfe, Krüge, aber auch große Vorratsgefäße für Getreide oder Öl – anfangs mit der Hand. Kleinere Objekte konnte man direkt aus dem durchgekneteten Tonklumpen durch Drücken formen, größere mußten aus Tonwülsten aufgebaut werden, die man sorgfältig verschmierte. Drehbare Unterlagen erleichterten die Arbeit. Aus diesen entwikkelte sich die langsam laufende Drehscheibe, die mindestens seit dem Alten Reich bekannt ist und zu der sich spätestens im Neuen Reich die schnell drehende gesellt. Sie verkürzte die Herstellungszeit. In speziellen Handwerkstätten fertigte man nun eine größere Zahl Gefäße mit nahezu denselben Abmessungen. Handfertigung blieb aber weiterhin lebendig. Die fertig geformten Tonwaren konnten mit einer Schlämme aus dem gleichen oder anders gefärbtem feinem Ton überzogen werden, was durch Bemalen oder Eintauchen erfolgte. Dadurch erreichte man, daß die Gefäße wasserundurchlässig wurden. Vor dem Brennen mußten die Rohlinge dann sorgfältig an der Luft getrocknet werden. Gebrannt wurde in pharaonischer Zeit in großen Töpferöfen, die von unten mit Spreu, Reisig, Stroh, aber auch Holzkohle befeuert wurden. Durch bestimmte Brennverfahren sind in prädynastischer Zeit Verzierungen erreicht worden: Am bekanntesten und

Ich habe den Erzarbeiter über seiner Arbeit beobachtet, an der Öffnung seines Schmelzofens. Seine Finger sind krokodilartig, er stinkt mehr als Fischlaich.
Jeder Holzarbeiter, der den Meißel führt, ist müder als ein Ackersmann; sein Feld ist das Holz, seine Hacke der Erzstichel. In der Nacht fühlt er sich zerschlagen, da er über seine Kräfte geleistet hat bei der Arbeit, aber selbst in der Nacht brennt er Licht.
Der Steinmetz graviert mit dem Meißel in allerlei harten Steinen. Hat er die Arbeit vollendet, so versagen ihm seine Arme, und er ist müde; wenn er sich des Abends niedersetzt, sind seine Knie und sein Rücken gebrochen.
Der Töpfer steckt in seinem Lehm; der beschmiert ihn mehr als ein Schwein, bis er seine Töpfe gebrannt hat. Seine Kleidung ist steif vor Lehm. Die Luft bläst ihm ins Gesicht, wie sie aus dem Ofen kommt. Er stampft den Lehm mit seinen Füßen und wird dabei selber zerstoßen.
Der Maurer baut; er ist immer draußen im Winde und baut im Arbeitsschurz; seine Arme stecken im Lehm, alle seine Gewänder sind beschmiert. Er muß sein Brot mit ungewaschenen Fingern essen.
Der Weber ist innen in der Werkstatt, er hat es schlechter als eine Frau, die gebiert; seine Knie drücken auf seinen Magen, und er bekommt keine Luft. Wenn er den Tag verbracht hat, ohne zu weben, wird er mit fünfzig Peitschenhieben geschlagen; dem Türhüter gibt er dann ein Trinkgeld, damit er ihn ins Freie läßt.
Dem Schuster geht es sehr schlecht, er ist ewig unter seinen Gerbbottichen. Es geht ihm so gut, wie es einem unter Leichen geht. Alles, was er beißt, schmeckt nach Leder.

Aus der Lehre des Cheti
(nach Friedrich Wilhelm Freiherr von Bissing)

Links: Vier Männer pressen unter Mithilfe eines Pavians mittels einer Stangenpresse einen Weinsack aus. Das ungewöhnliche Motiv soll vielleicht den Nachahmungstrieb der Affen karikieren. Die Sackpresse diente auch zur Parfümgewinnung. Relief im Grab des Nefer und Kahai in Sakkara, 5. Dynastie.

Rechts oben: Malerpalette mit mehreren Farbnäpfen.
Hannover, Kestner-Museum

Rechts unten: Reibstein aus Granit, mit dem die aus Mineralien gewonnenen Farbpigmete pulverisiert wurden.
Hildesheim, Pelizaeus-Museum

verbreitetsten ist die daraus hervorgegangene sogenannte schwarzgeschmauchte Ware (Abb. S. 34). Bei einer weiteren wurden in den noch weichen Ton zumeist geometrische, aus der Flechterei bekannte Ornamente eingeritzt und mitunter mit hellem Ton ausgeschmiert. Später, seit der Mitte des 4. Jahrtausends v. Chr., begann man, die fertig gebrannte Ware zu bemalen, eine Technik, die einen wesentlich größeren Formenreichtum erlaubte. Zwar blieben die geometrischen Muster immer in Gebrauch, wurden aber durch Tierfiguren, Boote, Pflanzen und szenische Darstellungen vermehrt. Die am Ende des 4. Jahrtausends erreichten Fertigkeiten blieben während der pharaonischen Zeit immer lebendig und wurden weiterentwickelt: Entsprechend den übrigen von Menschenhand geformten Produkten des Landes fügt sich auch die Keramik in Form und Dekor in die allgemeine Stilentwicklung, so daß sich vor allem bei ausgesuchten Exemplaren immer ihre jeweilige Entstehungszeit ausmachen läßt: Sind es im Alten Reich vor allem strenge, das reine Volumen betonende Formen, am deutlichsten belegt in den roten, nach einem der Hauptfundorte benannten »Medum-Schalen« mit ihrem so charakteristischen Schulterknick, dem Speisegeschirr der Aristokraten, so liebt man im Mittleren Reich ausgesprochen bewegte Formen, wie zum Beispiel wellenförmig schwingende Ränder und gleichfalls wellenförmig eingezogenen Streifendekor.

War im Alten Reich Malerei auf Gefäßen nur selten anzutreffen, so findet sich diese im Mittleren Reich vor allem auf Schalen. Figürlichen oder rein ornamentalen Inhalts, sind diese Malereien in Kaltbemalung ausgeführt, das heißt, natürliche oder synthetische Farben wurden in kaltem Zustand auf die Keramik aufgetragen und durch Bindemittel zum Haften gebracht. Einem Brand des Gefäßes hätten diese Farben nicht standgehalten. Häufig verstärkt übrigens ein dünner Stuckuntergrund die Leuchtkraft der bereits durch die Kaltfarben besonders vielseitigen Farbpalette. Die mittels der Kaltfarbentechnik mögliche Polychromie wird dabei sehr bewußt zum Einsatz gebracht, entspricht sie doch einem Grundbedürfnis der Alten Ägypter.

Im Neuen Reich schließlich verdienen vor allem die verschiedenen Kult- und Prunkgefäße Bewunderung, die

Ich besichtigte die Fertigung zweier Türflügel aus Kupfer aus einem Stück, der große Königsname darauf aus Elektron, durch Ihre Majestät, den König von Ober- und Unterägypten ... Maatkare (Hatschepsut), sie lebe, und ich war der Leiter der Arbeiten daran.

Inschrift auf einer Statue des Hepuseneb im Louvre

Mein Herr ... König von Ober- und Unterägypten, (Mentuhotep) Nebtauire, er lebe ewig, sandte mich aus, wie ein Gott ein Glied von sich aussendet, um sein Grabdenkmal in diesem Lande dauerhaft zu errichten ... Da befahl nun Seine Majestät, daß ich in dieses hehre Bergland auszöge (Wadi Hammamat), mit einem Heer, in dem jeder Mann zu den Auserlesensten aus dem ganzen Land gehörte: Erdarbeiter, Techniten, Steinbrucharbeiter, Bildhauer, Umrißzeichner, Metallarbeiter, Rufer, Goldschmiede, Schatzmeister des Großen Hauses ... und überhaupt jeder Berufszweig des gesamten Königshauses. Nachdem ich das Bergland zu einem Fluß gemacht hatte (für Wasser gesorgt) und die oberen Hänge der Wadis zu einem Wasserlauf, da brachte ich den »Herrn des Lebens« (Sarkophag), der die Erinnerung ewig wachhält, der der Ewigkeit freundlich ist ... Da zog die Truppe hinab (zurück ins Niltal), ohne Verluste, ohne daß auch nur ein Mann zugrunde gegangen wäre, ohne daß ein einziger Trupp fehlte, ohne daß ein Esel eingegangen wäre, ohne daß ein Technit zu Schaden gekommen wäre.

Inschrift des Mittleren Reiches in einem Steinbruch des Wadi Hammamat (nach Wolfgang Schenkel)

Unten links: Szenen des Metallschmelzens und -gießens sind häufig dargestellt. Wie die Szene aus dem Grab des Mereruka in Sakkara aus der 6. Dynastie zeigt, wurde im Alten Reich das Feuer mit Blasrohren angefacht.

Unten rechts: Goldmühle aus der Bergwerksiedlung im Wadi Sid (Ostwüste).

*Rechts oben: Im Neuen Reich kam als technische Innovation der in seiner Wirkung sehr viel effektivere Tretblasebalg auf.
Die Beherrschung des Gußverfahrens erlaubte die Herstellung so großer Gegenstände wie Türflügel. Rechts werden Kupferbarren und Holzkohle angeliefert. Malerei im Grab des Rechmire, Theben Nr. 100.*

neben gemalten Szenen und Szenenfolgen sogar in ihrer Form plastisch als Tier, Mensch oder Gott erscheinen können.

Die wohl bekannteste Keramik mit ihrer hellblauen Dekoration, wie sie seit Amenophis III. vor allem während und in den Jahren nach der Amarnazeit belegt ist, bezeugt die Kenntnis einer ganz erstaunlichen Technologie (Abb. S. 175, 438). Wie neuere naturwissenschaftliche Untersuchungsergebnisse aufzeigen, war man bereits in der Lage, Kobaltblau herzustellen. Auf der Keramik dieses Zeitabschnitts wurde es, durch seinen leuchtend hellblauen Farbton auffallend, vielfach nachgewiesen. Dem Scherben scheint es nach Art der Kaltbemalung als pastose, matte Farbschicht aufzuliegen. Deshalb und aufgrund der im Rasterelektronenmikroskop erkennenbaren Gestalt des blauen Farbkörpers ist zunächst angenommen worden, daß die Herstellung durch Fällung aus wässeriger Lösung mit anschließender Erhitzung des Bodensatzes auf etwa 800 bis 900 °C erfolgte. Die Bestätigung dieser Annahme müßte einiges Aufsehen erregen, denn damit hätte Kobaltblau als maltechnisch anwendbares, hochwertiges Pigment bereits 3000 Jahre vor seiner abendländischen Erfindung zur Verfügung gestanden.

Da bisher altägyptisches Kobaltblau ausschließlich auf Keramik, nicht aber zum Beispiel auf Holz- oder Steinobjekten nachgewiesen werden konnte, geht die Annahme aber mehr dahin, daß die blaue Farbe sich erst während des Brennvorgangs auf der Keramik bildete. Diese Hypothese wird gestützt durch die Beobachtung, daß beim Brennen entstandene Krakeluren sich nicht mit Blau zugeschlemmt zeigten, vor allem aber auch, weil experimentell der Nachweis erbracht wurde, daß es möglich ist, die Farbschicht mit den Methoden des Keramikers zu erzeugen: »Man nimmt einen Schlicker (Slip) aus kaolinitrei-chem Ton (Kaolinit = $Al_4(OH)_8Si_4O_{10}$) und versetzt ihn mit ca. 2 % C_0 und einem Flußmittel (Na_2CO_3). Mit diesem Schlicker läßt sich die noch feuchte Keramik bemalen und schließlich brennen. Bei ca. 950 °C bildet sich eine zarte blaue Farbe, die der Malqatakeramik sehr ähnlich ist« (Robert Fuchs).

Warum der so erfolgreiche Umgang mit Kobaltblau in der späteren Ramessidenzeit aufgegeben wurde, wissen wir nicht – doch die Zeiten hatten sich erheblich geändert und änderten sich zugunsten des ägyptischen Einheitsstaates rasch weiter. So ist es denkbar, daß das wohl beim König und seinen Zentralwerkstätten liegende Monopol als Ursache für ein in Vergessenheit Geraten einer komplizierten Technologie verantwortlich gemacht werden kann.

Kupfer und Bronze

Die Keramikproduktion machte die Ägypter mit der Beherrschung hoher Temperaturen vertraut, benötigte man doch zum Brennen der lufttrockenen Gefäße Temperaturen zwischen 650 und 1100 °C. Mitunter wurden in den Brennöfen auch höhere Temperaturen erreicht, als zum Brennen eigentlich nötig war. Die Handhabung des Feuers zu technischen Zwecken war auch die Grunderfahrung für die Metallherstellung.

Seit der Badari-Kultur (5./4. Jahrtausend v. Chr.) sind aus Ägypten kleinere Objekte aus Kupfer, so zum Beispiel Nadeln und Perlen, bekannt. Diese Gegenstände könnten auch aus gefundenem gediegenem Kupfer hergestellt worden sein, denn sie besitzen einen hohen Gold- und Silberanteil. Erst aus der Negade-II-Kultur (4. Jahrtausend v. Chr.) existieren in großer Menge Geräte aus Kupfer, die zweifelsohne aus Kupferschmelze stammen. Unklar ist, ob die Technik des Kupferschmelzens in Ägypten selbst ent-

Oben: Galeriesteinbruch von el-Bersche in Mittelägypten. Die Galerien folgen einer bestimmten Kalksteinlage. Stehengelassene Pfeiler sollen den Einsturz verhindern.

Mitte: Aus Timna auf der Sinaihalbinsel bezogen die Ägypter Kupfer. Neben Schlacken und Gerät fanden sich Reste eines Heiligtums der Hathor, der Herrin fremdländischer Rohstoffquellen.

Rechts: Das Gebiet der Goldminen im Wadi Hammamat in der bislang einzigen bekannten Landkarte aus dem Alten Ägypten. Die Wege und Goldadern sind in hieratischer Schrift angegeben; Arbeiterhäuser, ein Tempel und eine Stele Sethos' I. sind weiß markiert, ein Brunnen schwarz.
Turin, Ägyptisches Museum

Unten: Stolleneingang einer Goldmine im Wadi Sid (Ostwüste).

deckt oder durch Technologie-Import Eingang gefunden hat. Reste von Schmelzöfen auf dem Sinai lassen darauf schließen, daß man Kupfer in Öfen gewann, die sehr einfach konstruiert waren und in der Grundkonzeption während der gesamten pharaonischen Zeit in Gebrauch blieben: bis zu einem Meter tiefe Gruben, von einer Mauer umgeben, in die Löcher, später Tonpfeifen für die Luftzufuhr eingelassen waren. In diese Öfen wurde das zerkleinerte Erz, mit Holzkohle gemischt, gefüllt und die Mischung gezündet. Die für die Verbrennung notwendige Luft wurde eingeblasen; auch Wind konnte dafür genutzt werden. Erst ab dem Neuen Reich sind Blasebälge sicher belegt. Bei Temperaturen zwischen 700 und 1000 °C – je nach Erzart – wurden die Kupferverbindungen reduziert; das flüssige Metall floß aus und »rann« in die Grube des danach benannten Rennofens, wo es sich sammelte und als Rohkupfer entnommen werden konnte. Dieses wurde zur weiteren Verarbeitung in Schmelztiegeln über offenem Holzkohlefeuer eingeschmolzen und dann in Formen gegossen.

Durch Hämmern wurden die Produkte, bestimmte Werkzeuge und Waffen, gehärtet. Bleche wurden ebenfalls gegossen und anschließend getrieben. Bereits seit der Negade-II-Kultur ist der Guß in der verlorenen Form bekannt, wodurch sich auch komplizierte Gußstücke, wie zum Beispiel Statuetten, herstellen ließen. Zur Verbindung von Metallteilen benutzte man Nieten; auch Löten mit Silber ist seit dem Alten Reich belegt, wohingegen Weichlöten erst in römischer Zeit aufkam.

Die weitgehende Verwendung von Kupfer für die Fertigung von Waffen, Werkzeugen, vor allem im Bauwesen, und Gefäßen ließ den Bedarf nach diesem Metall seit der frühdynastischen Zeit rasch ansteigen. Spätestens im Alten Reich wurden deshalb neue Minenfelder in der Ostwüste und in Nubien eröffnet.

Bronze, eine Legierung aus Kupfer und Zinn, die bessere Gebrauchseigenschaften und leichtere Gießfähigkeiten als reines Kupfer besitzt, war in Ägypten rund 2000 v. Chr. sehr selten und wurde erst seit dem Mittleren Reich üblicher Werkstoff. Man bezog Fertigwaren, Halbzeuge und Bronzebarren aus Syrien. Aus den Barren goß man dann in Ägypten die gewünschten Gegenstände. Besonders der Guß großer und schwerer Teile, wie zum Beispiel Tempeltore, war eine schwierige Aufgabe, so daß die Verantwortung für einen derartigen Guß in der Biographie des damit beauftragten Beamten erwähnt wurde. Die Herstellung von Bronze als Legierung im Land selbst ist ungefähr um die Mitte des 2. Jahrtausends v. Chr. anzusetzen. Sie war immer vom Import metallischen Zinns abhängig.

Eisen

Das heute so wichtige Eisen spielte in Ägypten lange Zeit eine ausgesprochen untergeordnete Rolle. Vereinzelt stellte man rituelle Geräte und Schmuck aus gediegenem

Meteoreisen, dem »Himmelsmetall«, wie es die Ägypter nannten, her. Auch Importstücke aus Vorderasien, wie zum Beispiel der berühmte eiserne Dolch des Tutanchamun, kommen vor. Erst seit der 18. Dynastie begann Eisen in größerem Umfang interessant zu werden, besonders als Werkstoff für die Waffenherstellung. Das Metall wurde fast ausschließlich importiert.

Eisen gelangte nach Ägypten zumeist als Fertig- oder Halbfertigprodukt. Verbrauchtes Gerät wurde im angeblasenen offenen Holzkohlefeuer rotglühend erhitzt und danach durch Hämmern umgeschmiedet. Ebenso ließen sich Eisenteile verbinden. Das in der Spätzeit in Ägypten selbst verhüttete Eisen war keine Schmelze. Im Rennofen entstand bei 700 bis 800 °C aus dem Holzkohle-Erz-Gemisch eine teigige Luppe (Klumpen), die man nach dem Öffnen des Ofens erst wieder erhitzen mußte, um durch Hämmern das Eisen von Schlackeresten zu befreien und Lunker (beim Gießen entstehende Hohlräume) zu beseitigen.

Edelmetalle – Gold und Silber

Berühmt war Ägypten wegen seines Reichtums an Gold. Auch heute noch bewundern Museumsbesucher die reiche Ausstattung des Tutanchamun mit Grabbeigaben und Särgen aus Gold.

Das ägyptische Gold stammt ausschließlich aus Einschlüssen gediegenen Edelmetalls. Oft mit hohem Silberanteil, deshalb als Weißgold, griechisch Elektron, bezeichnet, kommt es in Quarzgängen, die Gesteine vulkanischen Ursprungs durchziehen, vor. Verwitterungsprodukte dieser Quarzgänge gelangten durch Wassersedimentation als Seifen ins Niltal und in die Wadis. Aus den Seifen ließ sich das Gold leicht auswaschen. Spätestens seit dem Alten Reich baute man die goldhaltigen Gangarten bei Assuan und in Nubien bergmännisch ab. Der Rohquarz wurde zu Klümpchen zerstoßen, wonach man diejenigen Klümpchen aussonderte, in denen sich Goldteilchen erkennen ließen. Diese transportierte man aus der Wüste bzw. Trockensteppe ins Niltal, dort pulverte man sie in Mörsern, damit man aus dem Staub das Gold auswaschen konnte. Nach Ägypten kam das Gold dann als Goldstaub. Diesen schmolz man in kleinen Schmelztiegeln in gießfähiges Metall, wobei man im angeblasenen offenen Holzkohlefeuer Temperaturen von ca. 1050 °C erreichen mußte.

Aus dem Gold verstand man Bleche zu treiben, durch Hämmern auf fester Unterlage, eingebettet zwischen schützenden Lederhäuten, auch Blattgold zu gewinnen. Aus Gold zog man Drähte, ziselierte es, faßte Perlen in Gold und verband es durch Löten. Aus Goldstaub stellte man Granulate her, auch hatte man gelernt, durch Zusätze von Eisen oder Kupfer dem Gold eine rötlichbraune, satte Farbe zu geben.

Auch die Zellenschmelztechnik, das sogenannte Emaillieren, also das Einlegen wertvoller Glasflüsse in zumeist

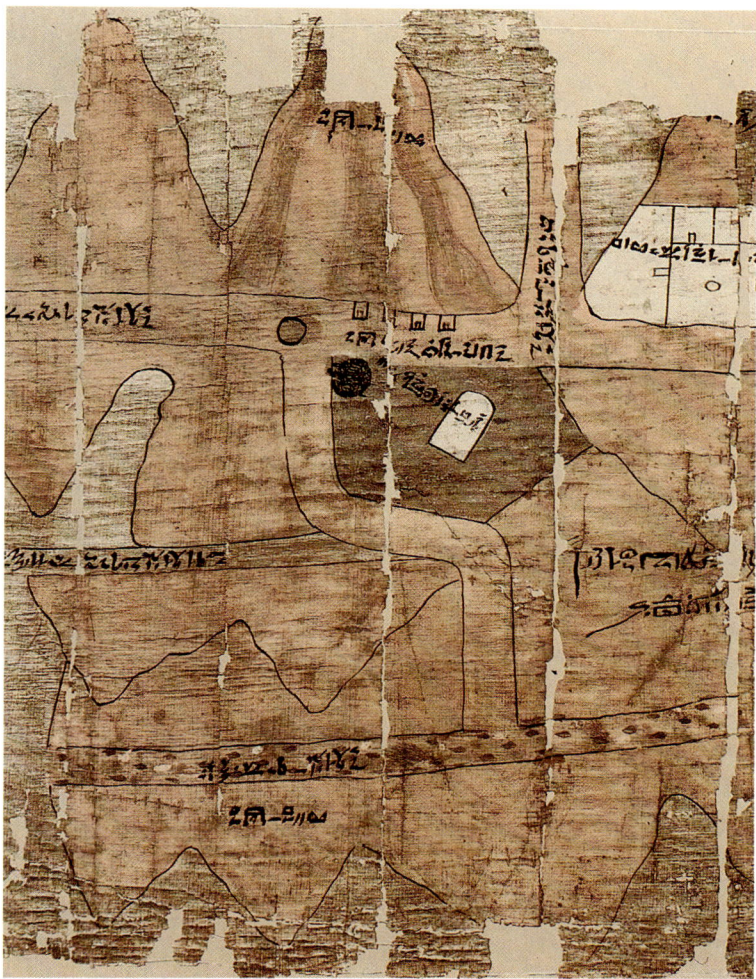

An der Grenze zwischen Ägypten und dem benachbarten Äthiopien (die antike Bezeichnung für die Länder im Süden Ägyptens) und Arabien ist ein Platz, wo es viele große Goldgruben gibt, aus denen man einen reichen Ertrag, aber auf eine sehr mühevolle und kostspielige Weise gewinnt. Die Könige von Ägypten schicken nämlich in die Goldbergwerke die verurteilten Verbrecher und Kriegsgefangenen, auch Leute, die man auf falsche Anklagen hin verdammt oder in der Hitze der Leidenschaft verhaftet hat. Die Zahl der Sträflinge ist sehr groß; sie sind alle mit Fußeisen gefesselt und müssen unausgesetzt arbeiten ... Wo der goldhaltige Boden am härtesten ist, da brennt man ihn vorher durch ein starkes Feuer aus, um ihn locker zu machen, ehe man ihn mit den Händen bearbeitet. Ist aber das Gestein so locker, daß es nur mäßige Anstrengung erfordert, so müssen viele Tausende dieser Unglücklichen mit Steinbrecheisen daran hämmern ... Sie müssen sich, da diese Stollen sich so vielfach krümmen, im Finstern aufhalten, und tragen deswegen Leuchten, die ihnen an die Stirnen angebunden sind, mit sich herum ... Die Knaben, die noch nicht erstarkt sind, müssen durch die Stollen in die Felsenhöhlungen hineingehen und mühsam die herabgeworfenen kleineren Stücke aufheben und ins Freie tragen ... Da findet keine Nachsicht und keine Schonung statt für Kranke, für Gebrechliche, für Greise, für die weibliche Schwachheit (auch Familienangehörige von Straffälligen wurden in die Bergwerke verbannt). Alle müssen, durch Schläge gezwungen, fortarbeiten, bis der Tod ihrer Not und ihren Qualen ein Ende macht.

Diodor von Sizilien (um 50 v. Chr.)

Ich erreichte den Libanon ... Ich brachte (Stämme), 60 Ellen in ihrer Länge ... spitzer sind sie als Grannen ... Ich brachte sie aus den Bergen des Gotteslandes (Gebirge des Libanon), gelangte zum Libanon (zur Küste) und belud die Schiffe. Ich befuhr das Meer mit guten Segeln und näherte mich dem Lande (Ägypten).

Bericht im Grab des Seninofer, Theben Nr. 99, über die Beschaffung von Flaggenmasten für den Amun-Tempel in Karnak

Oben: Holzschlegel und Bronzemeißel, wie sie hauptsächlich zur Bearbeitung von Kalk- und Sandstein verwendet wurden. Vor dem Neuen Reich waren die Meißel aus Kupfer, die Spitze wurde durch Hämmern gehärtet. Eisen kam erst im 6. Jahrhundert für Werkzeuge in Gebrauch.

Links: Steinhammer aus Dolerit, wie sie zur Bearbeitung von Hartgesteinen verwendet wurden, geordnet nach ihrem Abnutzungsgrad: von scharfkantig (unten) bis zur Abfallkugel (oben).

Rechts: Der unvollendete Obelisk in einem Granitsteinbruch bei Assuan wäre mit einer Gesamtlänge von 42 m der größte aller Obelisken geworden. Sein Gewicht wird auf fast 1200 Tonnen geschätzt. Er ist bereits mit Dolerithämmern an drei Seiten vom Felsen abgeschlagen, wobei mannsbreite Rillen um den Block entstanden.

Unten: Ausbohren eines Steingefäßes. In das Stangenende ist ein Bohrkopf aus Stein eingesetzt, Sandsäcke erhöhen den Druck. Grab des Mererunka, 6. Dynastie

kompliziert aufgebaute metallene Fassungen, vorzugsweise aus Gold, wurde hervorragend beherrscht. Bei dieser Technik ist entscheidend, daß Einlage wie Fassung nahezu den gleichen Schmelzpunkt besitzen; nur in diesem Fall kann der Glasfluß, ohne Risse zu bekommen oder die Form zu sprengen, eingebracht werden. Leichter lassen sich dagegen alle Inkrustationsarbeiten ausführen, bei denen in kaltem Zustand alle möglichen Einlagen eingesetzt wurden, allen voran kostbare Steine wie Lapislazuli, Jaspis oder Malachit.

Silber kam in Ägypten in der Natur nicht vor, weder als Erz noch in gediegenem Metall. Alle Silbergegenstände stammen wohl aus Importen; Silber war daher bis zu Beginn des Neuen Reiches wertvoller als Gold.

Mindestens seit Beginn der 18. Dynastie kannten die Ägypter Niello, das »schwarze Silber«, das sie vor allem als kostbares Auf- bzw. Einlagenmaterial von helleren Metallen benutzten. Aus dem Verschmelzen von Silber, Kupfer und Schwefel gewonnen, wird es, zu Pulver zerstoßen, in die eingetieften oder aufgebrachten Teile, die sich dunkel absetzen sollen, gegeben und durch Erhitzen eingepaßt.

Die Technik, Metall in Metall einzulegen, das »Tauschieren«, beherrschten die Ägypter auch mit Gold und Silber perfekt. Wie beim Niello wird dabei entweder die zu füllende Oberfläche durch Aufrauhen haftend gemacht oder – was weit häufiger belegt ist – durch einen sich nach unten verbreiternden Einschnitt geöffnet. In diesen wird dann das Metall hineingepreßt und mit dem Hammer festgeklopft, bis sich die überkragenden Metallränder der Fassung als Halterungen leicht darüberlegen.

Silber war übrigens auch für die Technik des Lötens wichtig. Durch Silberlot ließen sich Kupfer, Bronze, Silber und Weißgold verbinden. Obwohl Silber im gediegen gefundenen Weißgold zu etwa 20 bis 30 Prozent vorhanden ist, konnten die Ägypter die beiden Metalle nicht trennen, da sie nicht über Scheidewasser, Salpetersäure, verfügten.

Gold und Silber dienten vorwiegend der Herstellung von Schmuck und galten als allgemeines Äquivalent. Überzüge aus Edelmetall waren bei Zeremonialinstrumenten, Götterstatuen und Prunkwaffen üblich; mit Goldblech oder Blattgold überdeckte man auch besonders wichtige Bauteile, zum Beispiel Obeliskenspitzen. Silber war auch zum Herstellen von Spiegeln gefragt.

Holzbearbeitung

Die Verwendung von Metall für die Herstellung von Werkzeugen bedeutete eine Revolution in der Fertigungstechnik. Insbesondere das vielseitig verwendbare Holz ließ sich mit Metallwerkzeugen wesentlich besser bearbeiten als früher mit Werkzeugen aus Stein. Zwar konnte man durch Steinäxte Bäume fällen, entasten und zu Pfosten, Dachträgern und ähnlichem bearbeiten, doch waren die Bearbeitungsmöglichkeiten beschränkt. Kupfer ermöglichte die Herstellung von Sägen, Dächseln, Meißeln und Schnitzmessern. Mit diesen Geräten waren die Ägypter am Ende des 4. Jahrtausends v. Chr. in der Lage, Holz weitgehend nach den auch heute noch üblichen Technologien zu be- und verarbeiten. Besonders die Trennung mit der Säge (Abb. S. 208) ergab sauber geschnittene Bretter und Balken, die für die Fertigung von Möbeln, Särgen, aber auch im Bauwesen, im Geräte- und Schiffbau eingesetzt wurden.

Mit dem Dächsel wurden stärkere Äste oder Stammteile zu Balken zurechtgeschlagen. Verbunden wurden die Holzteile zumeist mit Leim oder Holzstiften; der Stoß von Brettern war entweder rechtwinklig stumpf, auf Gehrung oder mittels Schwalbenschwänzen gefügt. Seit dem Neuen Reich kannte man auch die Herstellung von Furnieren. Mit Leim ließ sich aus mehreren schmalen Holzlagen auch Sperrholz herstellen.

Komplizierte durchbrochene Schnitzereien verstanden die Ägypter ebenso anzufertigen wie Einlegearbeiten aus verschiedenfarbigen Hölzern, Elfenbein und anderem Mate-

rial. Die Fertigung der Streitwagen und verschiedener Waffen aus unterschiedlichen Holzsorten zeugt von der hochstehenden Verarbeitungstechnik im Neuen Reich.

Die zur Fügung erforderlichen Löcher wurden ausgestemmt oder mit dem Drillbohrer gebohrt (Abb. S. 208). Glätten mußte man die Holzoberfläche durch Reiben mit Sandstein oder Sand und Reibebrett. Hobeln war unbekannt. Vielfach begnügte man sich aber damit, die Oberfläche roh mit dem Dächsel zu bearbeiten und anschließend eine Stuckschicht aufzutragen, die bemalt wurde. Unbekannt war auch das Drechseln, obwohl gerade im Schiffbau und bei der Möbelherstellung oft runde Holzteile gebraucht wurden. Grobes Bearbeiten mit der Queraxt, Schnitzen und anschließendes Schleifen erbrachten Bauteile, die auf den ersten Blick wie gedrechselt aussehen. Ägypten war nie ein holzreiches Land. Die einheimischen Baumarten – zum Beispiel Akazie, verschiedene Palmen, Pappel, Persea, Sykomore und Weide – waren selten oder besaßen minderwertiges Holz. Um dieses weitestgehend

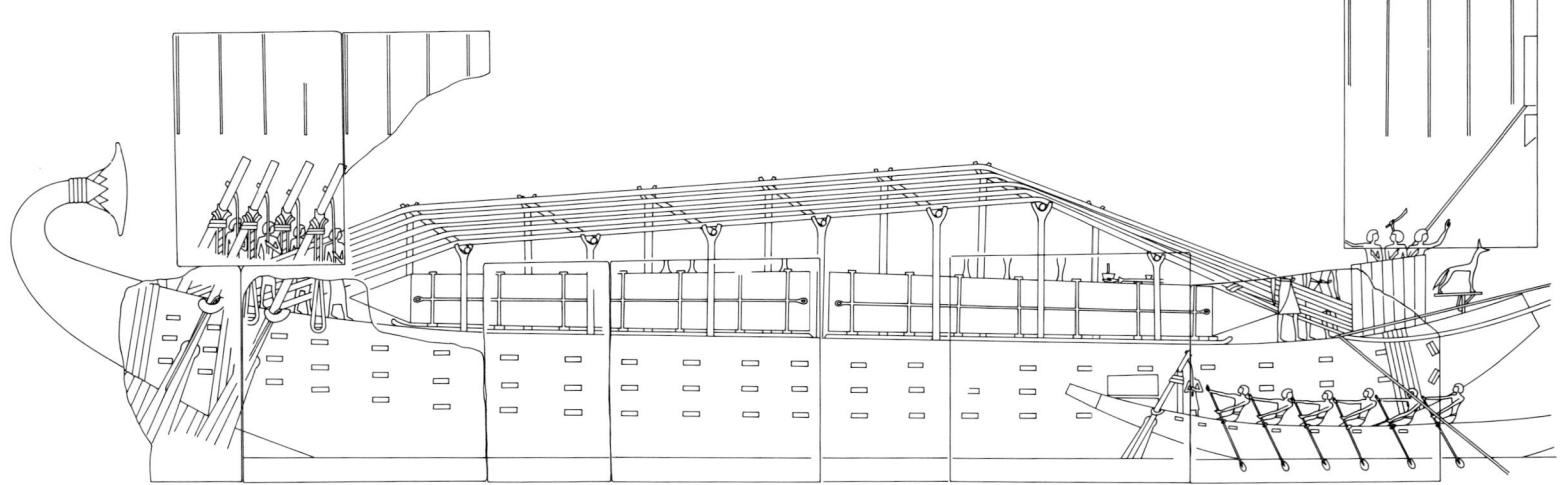

zu nutzen, war das Fügen von Holzteilen eine hochentwikkelte Kunst. Auf diese Weise ließen sich auch aus kleineren Einzelteilen große Holzgegenstände oder Bauteile fertigen. Der Überzug der gestückelten Flächen durch Stuck wurde dadurch zu einer Notwendigkeit. Gutes Bauholz importierte man seit Ende des 4. Jahrtausends v. Chr. vor allem aus dem Libanon, besondere Hölzer bezog man aus Vorderasien und Afrika.

Eine technologisch wichtige Verwendung des Holzes war die Produktion von Holzkohle, neben Dung wichtigstes Brennmaterial der Ägypter. Belegt seit dem 5. Jahrtausend v. Chr., vielleicht nur als Abfallprodukt der Holzverfeuerung, wurde sie spätestens mit dem Aufkommen der Metallverhüttung produziert. Langgestreckte Erdgruben nahmen das Holz auf, das wegen fehlender Luftzufuhr langsam schwelte und weitgehend zu Holzkohle umgewandelt wurde. Echte Meiler waren unbekannt.

Steingefäße

Neben der Herstellung von Steinwerkzeugen, bei denen die Form der Werkzeuge durch Abschlag und Abdrücken gestaltet wurde, diente Stein im 4. Jahrtausend v. Chr. vorzugsweise als Material für Prunkgefäße. Von diesen fanden sich viele in den Gräbern der vordynastischen Niltalbewohner. Fast alle in den nilnahen Wadis und Gebirgen vorkommenden Gesteine fanden Verwendung, besonders Kalkstein und ägyptischer Alabaster. Hartgesteine wie Granit, Diorit, Schist und Basalt sind ebenfalls belegt. Die Rohlinge für die Gefäße wurden zumeist nicht im Steinbruch gebrochen, sondern man suchte im Geröll pas-

Sie machte es als ihr Denkmal für ihren Vater Amun, den Herrn der Throne der Beiden Länder in Karnak, daß sie ihm zwei große Obelisken aus dauerhaftem Granit aus dem Süden errichtete, deren Oberteil mit dem besten Elektron aller Wüstenländer versehen ist und die man von beiden Seiten des Stromes aus sehen kann. Ihr Licht überflutet Ägypten, wenn die Sonne bei ihrem Aufgehen am Horizont des Himmels zwischen ihnen erscheint.

Ich saß in meinem Palast und gedachte des Schöpfers, mein Herz leitete mich, ihm zwei vergoldete Obelisken zu errichten, deren Spitzen sich mit dem Himmel vermischen sollten, in der erhabenen Pfeilerhalle zwischen den beiden großen Pylonen des Königs Thutmosis' I. ... Jeder (von ihnen) besteht aus einem einzigen Block von dauerhaftem Granit, nicht zusammengesetzt und ohne Flicken. Meine Majestät führte die Arbeit daran aus vom 1. Tag des 2. Wintermonats des Jahres 15 bis zum 30. Tag des 4. Sommermonats des Jahres 16, das macht 7 Monate der Ausführung im Steinbruch. Ich handelte für ihn in richtigem Sinn, wie es ein König für jeden Gott tut. Es war mein Wunsch, sie ihm zu machen, mit Elektron überzogen ... Ich gab dafür Elektron erster Qualität, das ich sackweise wie Getreide nachwog ... Niemand, der dies hören wird, soll sagen, daß das, was ich gesagt habe, Übertreibung ist, sondern er soll sagen: »Wie gleich sieht es (das Werk) ihr; wie richtig ist es gegenüber ihrem Vater (Amun).«

Aus der Inschrift auf der Basis des Obelisken
der Hatschepsut in Karnak

Oben: Der Transport von zwei Obelisken auf dem Nil. Die 29,50 m langen Blöcke sind jeweils auf einem Holzschlitten festgemacht, auf dem sie vom Steinbruch zur Verladestelle gezogen wurden. Zusammen rund 650 Tonnen schwer, erforderten sie ein Lastschiff mit voluminösem Auftriebskörper. Umzeichnung nach einem Relief im Tempel der Hatschepsut in Der el-Bahari.

Rechts: Abschlepprampe eines Steinbruchs bei Minia in Mittelägypten. Der Damm wurde aus Steinschutt, Nilschlammziegeln und Holzbohlen aufgeschichtet, ein Belag Nilschlamm, der ständig frisch mit Wasser angefeuchtet wurde, erhöhte die Gleitfähigkeit.

Unten: Die Aufrichtung eines Obelisken nach Henri Chevrier.

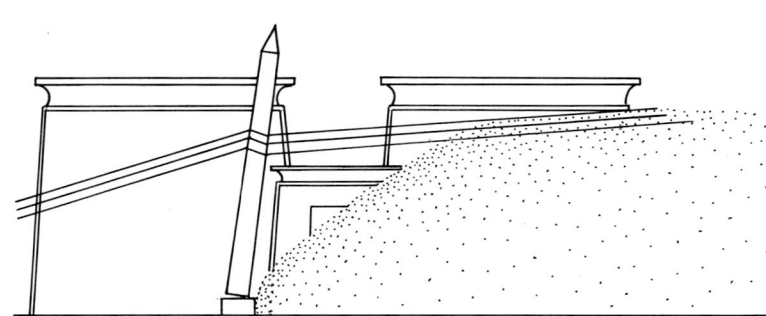

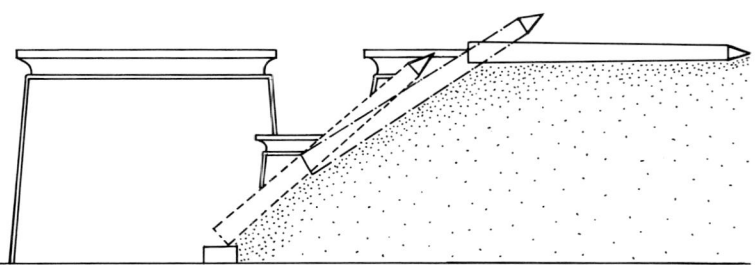

sende Blöcke. Diese brachten die Steingefäßhersteller durch Schläge mit Hartgesteinsbrocken in die gewünschte Form. Die dazu benutzten Werkzeuge, kantige Blöcke, vorzugsweise aus Dolerit, nahmen im Prozeß der Produktion durch Abnutzung nach und nach kugelige Gestalt an. Solche Kugeln fanden sich an den Arbeitsstätten für die Steinbearbeitung und in den Steinbrüchen für Hartgesteine in großer Zahl. Nach dem Zuschlag polierte man die Steingefäße sorgfältig mit Reibsteinen und feuchtem Quarzsand.

Erst nachdem die Außenflächen der Gefäße endgültig bearbeitet waren, höhlte man den Innenraum aus. Dazu benutzte man in ältester Zeit Stöcke, die man drehend bewegte, Schleifmittel war Quarzsand. Aus diesem primitiven Gerät, das offenbar nie ganz außer Gebrauch kam, entwickelte sich am Ende des 4. Jahrtausends der Kurbelbohrer, der am unteren Ende der Treibstange eine Gabel besaß. In diese Gabel konnten Bohrköpfe aus Stein, in späterer Zeit auch aus Metall, eingesetzt werden, die unterschiedliche Bohrlochweiten und Abarbeitungsrichtungen, horizontal und vertikal, erlaubten. Sand als Schleifmittel war auch weiterhin erforderlich.

Aus dem Kurbelbohrer entstand der Drillbohrer (Abb. S. 208). Die Kurbel fiel fort und wurde durch ein Widerlager ersetzt. Bogen und Bogensehne trieben die Treibstange an. Drehgewichte vergrößerten die Effektivität. Diese hochproduktiven Geräte setzte man besonders zum Bohren in Holz und für feine Löcher in Stein, so zum Lochen von Perlen, ein. Sogar Parallelbetrieb mit mehreren Treibstangen ist beim Perlenbohren belegt.

Steingewinnung

Gewinnung und Bearbeitung von Steinen für Bauzwecke erforderten andere Technologien. Wichtigste Werksteine waren Kalk- und Sandsteine, Kalzit und verschiedene magmatische Gesteine, vorzugsweise Granite, Diorit, Basalt und Porphyr. Am häufigsten in Steinbrüchen gebrochen wurden Kalkstein, Sandstein und Granit. Diese sind nilnah anstehend, Kalkstein von Kairo bis südlich von Luxor, wo er vom sogenannten nubischen Sandstein abgelöst wird. Vor allem am Ostufer des Nil bei Assuan kommt Granit vor, der dort seit der Frühzeit gebrochen wird. Andere Gesteinsarten wurden weit vom Fluß entfernt in der Wüste abgebaut. Wohlorganisierte Expeditionen waren erforderlich, wenn man diese brechen und zur Baustelle im Niltal transportieren wollte; Berichte über derartige Steinbruchexpeditionen sind mehrfach überliefert. Entsprechend dem unterschiedlichen Charakter der Steine mußten die Ägypter verschiedene Technologien im Steinbruch anwenden. Im Kalk- und Sandstein schlug man die Blöcke mit Meißel und Holzschlegel aus dem gewachsenen Fels. Die Verwendung von Metallsägen mit Quarzsand als Schleifmittel war nur in den Werkstätten üblich. Viele Kalk- und Sandsteinbrüche sind Untertagebrüche:

Indem man den besten Steinlagen in den Fels hinein folgte, entstanden Stollen oder Galerien, wobei in regelmäßigen Abständen Stützpfeiler stehengelassen wurden.

Völlig anders erfolgte der Abbau von Hartgestein, zum Beispiel von Granit. Er fand stets im Tagebau statt. Aus den für den entsprechenden Zweck durch oberflächliche Untersuchung als passend erkannten Felspartien trennten die Ägypter den Rohling durch Hämmern des Steines mit Doleritknollen ab. Die Steinbrucharbeiter hielten die Doleritstücke mit beiden Händen und zerpulverten den Stein allmählich. Auf diese Weise entstanden rings um den Rohling nach und nach ungefähr mannsbreite Rillen. War der Block allseitig vom Fels gelöst, mußte man ihn auf dieselbe Weise noch vom Untergrund trennen, wobei mit Fortgang der Arbeit Holzbalken in den Arbeitsspalt unter das Werkstück geschoben wurden, um so ein unkontrolliertes vorzeitiges Brechen zu verhindern.

Erst seit der Ptolemäerzeit änderte sich die Steinbruchtechnik: Man schlug mit dem Meißel keilförmige Löcher eng nebeneinander in den Fels. In diese setzte man anschließend Eisenkeile und schlug sie gleichmäßig und langsam immer tiefer ein, bis der Block abgespalten war.

Es soll eine Rampe gebaut werden, 730 Ellen lang und 55 Ellen breit, die 120 Kästen enthält, gefüllt mit Holz und Ried, oben (an der Stirnseite) 60 Ellen hoch, in der Mitte 30, mit einem Rücksprung von 15 Ellen, und sein (Abdeckpflaster) hat 5 Ellen ... Antworte uns, wieviele Ziegel braucht man.

Aus dem Papyrus Anastasi I, Neues Reich

Ein Obelisk ist neu gefertigt worden ..., er ist am Schaft 110 Ellen hoch, an der Basis mißt er 10 Ellen und der Schaft hat an seinem Ende an jeder Seite 7 Ellen. Die Verjüngung (Rücksprung) beträgt 1 Elle und eine Fingerbreite. Sein Pyramidion (?) ist 1 Elle hoch (die Längenangabe ist sicher falsch), sein Rücksprung mißt 2 Fingerbreiten (wohl auch falsch angegeben). Rechne Du nun aus jeden Mann, der zum Ziehen nötig ist und schicke sie zum roten Berg (Steinbruch am Gebel Ahmar bei Kairo).

Aus dem Papyrus Anastasi I, Neues Reich

So baute er (Amasis) der Athena (Naith) in Sais eine ganz wunderbare Vorhalle, die an Höhe und Macht, an Größe und Schönheit der Steine alle anderen weit übertrifft. Ferner ließ er große Kolossalbilder und männliche Sphinxe aufstellen und auch für andere Werke riesige Steinblöcke zur Bearbeitung herbeischaffen ...

Was ich am allermeisten bewunderte, ist folgendes. Er ließ ein ganzes Gebäude, aus einem Stein gehauen, von Elephantine herbeischaffen. Drei Jahre lang dauerte die Überführung, zweitausend Menschen, lauter Schiffsleute, waren damit beschäftigt.

Herodot, Historien 2. Buch, 175
(nach H. W. Haussig)

Steinverarbeitung und Transport

Noch in den Steinbrüchen wurden die Blöcke zumeist roh nach den entsprechenden Stücklisten, in denen die Abmessungen notiert waren, zugehauen. Im Unterschied dazu erhielten wohl große Objekte, wie zum Beispiel Kolossalstatuen, Sarkophage, Säulen und Obelisken, bereits im oder nahe dem Steinbruch ihre endgültige Bearbeitung. Die Technik der Bearbeitung unterschied sich nicht wesentlich von jener im Steinbruch. Meißel und Holzschlegel waren die wichtigsten Werkzeuge. Flächige Abarbeitungen im Hartgestein wurden mit den bekannten Doleritknollen bewerkstelligt. Ähnlich wie bei der Anfertigung von Reliefs an Grab- und Tempelwänden bediente man sich bei der Bearbeitung von Statuen eines Gradnetzes, mit Hilfe dessen man entsprechend der Musterbücher, der »Gottesworte«, die kanonisch vorgegebene Form auf den Rohling aufzeichnen konnte. Markante Punkte wurden dabei durch Bohrungen fixiert.

Die im Steinbruch roh zugeschlagenen Bauteile und die fertig produzierten Objekte transportierten die Ägypter zumeist mit Schlitten, die von Ochsen oder Menschen gezogen wurden. Zu diesem Zweck baute man besondere Straßen und Rampen, die mit Nilschlamm bedeckt wurden. Angefeuchtet wird dieser glitschig, so daß sich die Reibung zwischen Schlittenkufen und Untergrund erheblich mindern läßt. Auf dieselbe Weise wurden auch die großen Blöcke der Pyramiden und Tempel an die Einbaustelle befördert. Der Bau von Rampen und das Auffüllen bereits errichteter Bauteile mit Schutt, um sichere Transport- und Arbeitsplattformen zu gewinnen, waren dabei übliche Mittel. Der Transport mit Rollen war unbekannt.

Für den Ferntransport benutzte man ausschließlich Nilschiffe. Selbst große Steinobjekte wie Obelisken, Statuen und Säulen wurden per Schiff transportiert. Die beiden großen Obelisken der Königin Hatschepsut zum Beispiel waren nach den Reliefs im Tempel von Der el-Bahari hintereinander in einem Schiff von über 60 Meter Länge verladen, das von Schleppbooten gezogen wurde.

Bautechnik

Aus den Nilschlammbatzen für die Stampflehmhäuser der jungsteinzeitlichen Niltalbauern entwickelten sich zum Ende des 4. Jahrtausends die in der Holzform gestrichenen Nilschlammziegel, die – an der Luft getrocknet – in Ägypten der normale Baustoff waren und es auf dem Lande bis heute geblieben sind (Abb. S. 208). Allerdings dauerte es Jahrhunderte, ehe man, trotz unterschiedlicher Ziegelformate, Ziegelabmessungen verwendete, bei denen zwei Ziegelbreiten plus Mörtelfuge einer Ziegellänge entsprachen. Nur solche Ziegel erlauben ein einwandfreies Mauern im Verband mit Wechsel von Läufern und Bindern, eine Technik, die für die Standfestigkeit der Mauern von Bedeutung ist. Sie war aber schon in der 1. Dynastie bekannt, wie die Königs- und Beamtengräber aus dieser Zeit zeigen. Seit dem Alten Reich verstand man es auch, echte Gewölbe aus Ziegeln zu bauen, teils mit mehreren Metern Spannweite, wie zum Beispiel die Magazine des Ramesseums in Theben-West (Abb. S. 145). Als Mörtel verwendete man dasselbe Material wie für die Ziegel, mitunter stärker mit Sand gemagert als die Ziegel selbst. Nilschlammziegel waren das normale Material für Wohnbauten, im Delta auch für sämtliche anderen Bauwerke,

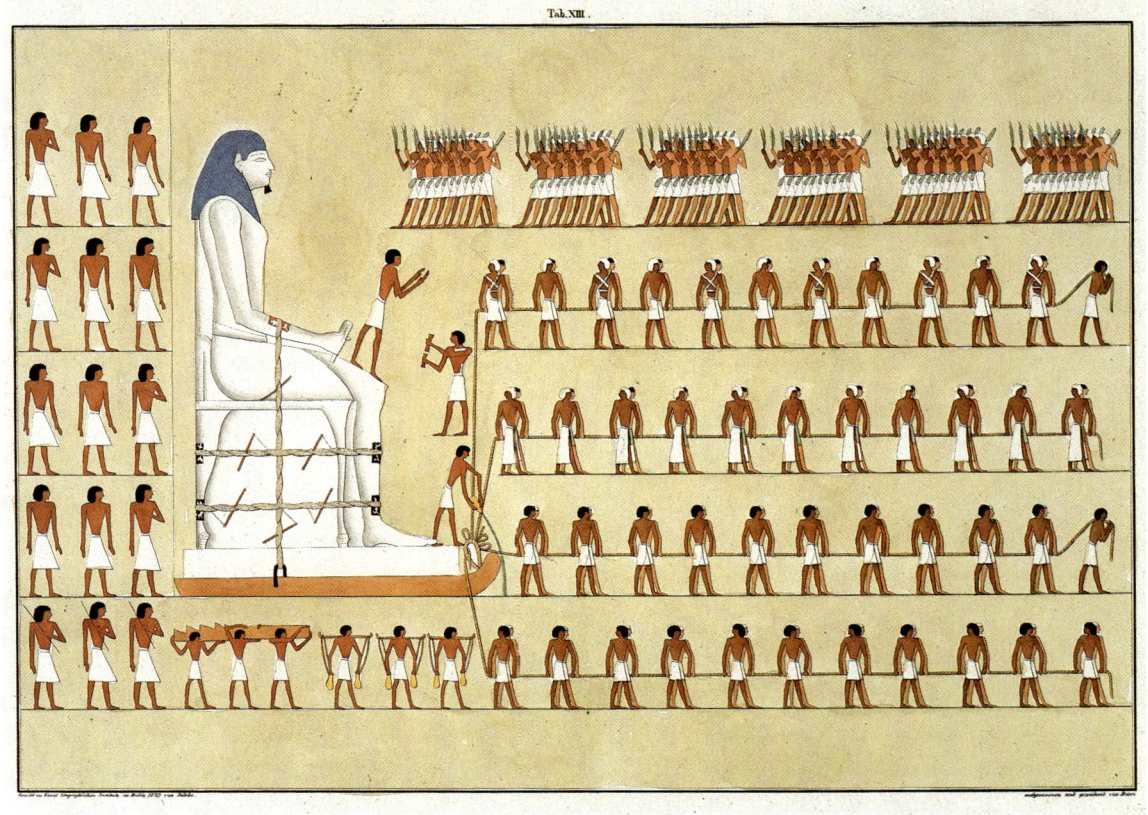

Links: An der Innenseite des ersten, unvollendeten Pylonen in Karnak sind Reste einer Baurampe aus Nilschlammziegeln erhalten geblieben. Rampen dieser Art ersetzten Baugerüste aus Holz, das stets Mangelware in Ägypten war.

Rechts: Transport einer Kolossalstatue aus dem Alabastersteinbruch von Hatnub. Szene im Grab des Djehutihotep in el-Berscha aus der 12. Dynastie. Ein auf der Statuenbasis stehender Mann gießt Wasser auf die Gleitbahn aus Nilschlamm. Wiedergabe des inzwischen fast unkenntlichen Reliefs in dem 1824 erschienenen Atlas des Freiherrn von Minutoli.

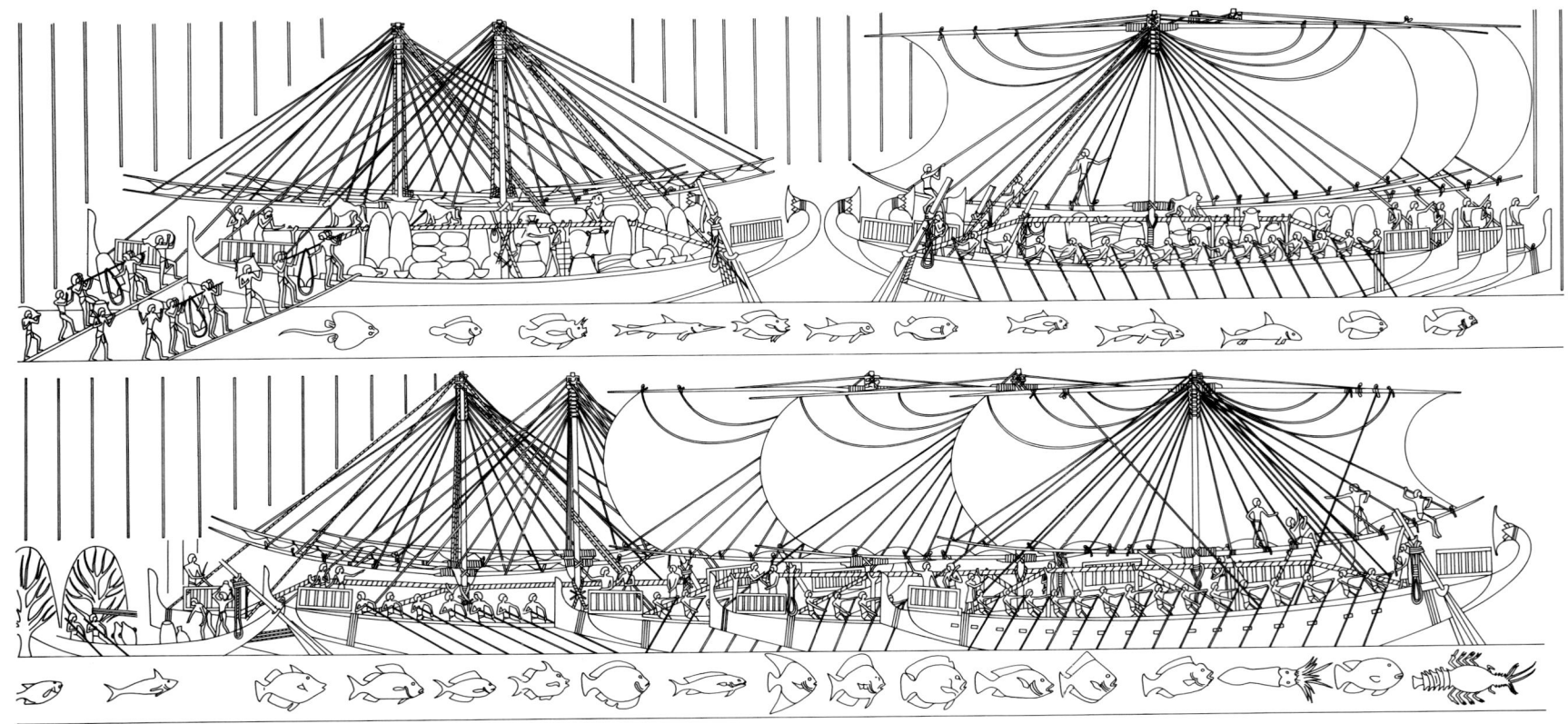

bei denen nur wesentliche Bauteile aus Stein gefertigt waren. Aber auch in anderen Landesteilen wurden im Tempelbau immer Nilschlammziegel als Baumaterial benutzt. Bei Gebäuden aus Ziegeln wurden die Decken und Dächer zumeist aus Palmstämmen, darüber Palmrippen, Matten oder Ried und Nilschlammbewurf, hergestellt. Stützpfeiler oder Holzsäulen baute man ein, wenn bei größeren Räumen die Stützweiten zu groß wurden. Nilschlammziegel forderten den Verputz der Wände durch stark mit organischen Bestandteilen gemagertem Mörtelputz aus Nilschlamm. Vielfach brachte man auf diesen Putz noch eine dünne Schicht Gipsputz auf.

Gebrannte Ziegel treten erst seit dem Neuen Reich auf; im Nildelta sind sie nach neuesten Funden als Plattenpflaster in der Ramsesstadt belegt. In der gleichen Region war es auch Usus, die unteren Teile von großen Beamtengräbern, zum Beispiel des Vizekönigs von Nubien oder des Hori in Bubastis, aus diesem Material zu mauern.

Gebäude aus Nilschlammziegeln hatten selbstverständlich nur eine beschränkte Lebensdauer. Deshalb sind zumeist von den einstigen Siedlungen kaum mehr als Ruinenhügel übriggeblieben. Anders verhält es sich mit Anlagen aus Stein, und so sind es diese, die heute das, war wir als typisch für die altägyptische Kultur ansehen, ausmachen: Pyramiden und Tempel.

Die ältesten Bauteile aus Stein finden sich in den Königsgräbern der Frühzeit, deren eigentlicher Baukörper jedoch aus Nilschlammziegeln besteht. Erst die Anlage der Stufenpyramide des Djoser in Sakkara, erbaut vom später vergöttlichten Imhotep, kann als reine Steinkonstruktion gelten (Abb. S. 47). Die Stufenpyramide, bei der mehrere Bauphasen nachweisbar sind, wurde aus Steinblöcken errichtet, die nicht, wie sonst bei Ziegelmauern üblich,

Der König von Ober- und Unterägypten, Nebmaatre (Amenophis III.) hat es als sein Denkmal für seinen Vater Amun-Re ... gemacht, indem er ihm ein Gotteshaus neu errichtete aus Sandstein an einem herrlichen Ort Thebens, ohne daß man das vorher Gebaute beschädigte, erneuert in Arbeit der Ewigkeit aus den Tributen aller Fremdländer ..., gereinigt (d. h. belegt) mit Elektron in seiner ganzen Länge, seine Tore aus echtem Elektron, geschmückt mit verschiedenen Edelsteinen aus den Abgaben des Südlandes, sein ganzer Fußboden aus Gold, die Tore aus Zedernholz, (beschlagen) mit asiatischem Kupfer.
Dedikationsinschrift Amenophis' III. am Month-Tempel in Karnak

Ich schuf Lehmfelder (Putz), um ihre (der Könige) Gräber zu bestreichen. Es war eine Tat, die man seit den Vorfahren noch nie vollbracht hatte.
Inschrift im Grab des Inni,
Theben Nr. 81

Der Nil bildet die natürliche Hauptverkehrsader Ägyptens, Schiffe waren daher das wichtigste Verkehrsmittel. In vielen Varianten von kleinen Papyrusnachen bis hin zu großen kombinierten Segel- und Ruderschiffen, die auch seegängig waren, wie die Reliefs der Puntflotte im Tempel der Hatschepsut in Der el-Bahari zeigen (oben), dienten dem Transport von Menschen und Waren.
Eine archäologische Sensation war die Auffindung des Cheops-Bootes
(rechts) zu Beginn der fünfziger Jahre. In einer Grube in Schiffsform an der Südseite der Cheops-Pyramide entdeckten die Ausgräber sämtliche Teile eines Bootes, die gekennzeichnet waren und deshalb nach dem Baukastensystem zusammengesetzt werden konnten. Das in einem Schutzbau in Gise aufgestellte Schiff hat eine Länge von 42 m. Es ist niemals wirklich benutzt worden, sondern sollte dem verstorbenen Herrscher die Fahrt über den Himmel ermöglichen.

Er grub seine Fundamente ... versehen mit Sand, wie es richtig ist. Das
Seil war ausgespannt ... Sein Plan wurde vermessen ... Die Winkel
wurden festgelegt ... Seine Länge und seine Breite sind entsprechend
der Notwendigkeit (dem Proportionskanon entsprechend). Seine Höhe
und Tiefe sind richtig.
Aus der Bauinschrift des Tempels von Edfu, Ptolemäerzeit

horizontal, sondern leicht nach innen geneigt gelagert
wurden. Diese schräg liegenden Steinlagen bilden Streb-
mauern, die den Baukörper in einzelne aneinanderge-
lehnte Schalen gliedern und – ähnlich wie beim Stapeln
von Briketts – die Standfestigkeit des Bauwerks erhöhen.
Da außerdem eine ausreichende Fundamentierung erforderlich war, wurden die untersten Steinlagen auf den
gewachsenen Fels aufgesetzt.

Für den Einbau der Steine – die der Pyramiden von Gise
sind mit durchschnittlich 2,5 Tonnen die größten – standen
den Ägyptern nur die aus Schutt und Ziegeln errichteten
Baurampen, auf denen man auf Schlitten die Blöcke zur
Einbaustelle zog, sowie Hebel und Holzbalken zur Verfügung. Hebezeuge mit über Rollen geführten Seilen waren
noch nicht bekannt.

Das Kernmauerwerk der Pyramiden bestand vorzugsweise
aus Trockenmauerwerk. Die Fugen zwischen den nur roh
behauenen Blöcken wurden mit Steinbruch verzwickelt.
Mörtel aus Gips, feinem Sand und Wasser verwandte man
nur für ganz sauber zugeschlagene, möglichst ohne den
geringsten Abstand zu setzende Blöcke der Außenverkleidung sowie solcher der inneren Räume. Für die hier einzubauenden Blöcke benutzte man auch einen wesentlich
besseren Werkstein, vor allem den hellen Kalkstein aus
den Brüchen von Tura östlich Kairos.

Die Baurampen führten senkrecht, entsprechend den örtlichen Gegebenheiten, auf eine der Pyramidenkanten. Sie
wuchsen mit dem Fortgang des Pyramidenbaus. Waren
anfangs auf der noch breiten Rampenkrone Bahnen für
viele Schlittenzüge – entsprechend der großen Zahl der
einzubauenden Blöcke –, so nahm die Kronenbreite beim
Wachsen der Pyramide stetig ab. Immer weniger Blöcke
mußten transportiert werden, dafür aber waren immer
Aufwendig war sicher auch die saubere Glättung der
Außenflächen der Pyramiden und aller Wände in den
Tempeln, die bei den jüngeren Anlagen auch mit Reliefschmuck zu versehen waren. Man kann annehmen, daß
die technische Ausführung bei der Errichtung von Tempel-

anlagen prinzipiell der der Pyramiden glich. Um Höhenunterschiede zu überwinden, mußte man Hilfsrampen bauen, auf denen die zum Teil sehr großen Blöcke zum Ort des Einbaus gebracht wurden.

Am schwierigsten gestaltete sich die Aufstellung großer monolithischer Bauteile, wie Pfeiler, Säulen und Obelisken. Man nimmt an, daß auch hierzu eine Rampe erforderlich war, deren Stirnwand so weit vom vorgesehenen Standort entfernt stand, daß sich zum Beispiel der Obelisk, war er bis in Schwerpunktebene über die Rampenstirnwand gezogen, genau auf den vorbereiteten Sockel senkte. Um das rasche Überkippen des Obelisken zu vermeiden, umbaute man den Sockel mit Ziegelwänden. Den so entstandenen Raum füllte man mit Sand, den man nach und nach entfernte, so daß sich der Monolith langsam und kontinuierlich auf den Sockel absenken ließ.

Vermessungsarbeiten

Vor Beginn der Bauarbeiten und während der Bauausführung waren regelmäßig Vermessungsarbeiten vorzunehmen, denn für wichtige Gebäude wurden genaue Baupläne mit entsprechenden Maßangaben angefertigt. Die Länge der Achse war das Ausgangsmaß, anhand dessen gemäß dem Kanon der »Notwendigkeit« Breite und Höhe festzulegen waren. Dem Plan entsprechend wurden die Fundamentgräben mit dem Knotenseil, einem Meßstrick von 100 Ellen (52,5 Meter), der bei jeder Elle einen Knoten trug, vermessen, nachdem man mit dem Visierstab nachts die Richtung der Achse nach dem Stand der Sterne astronomisch genau fixiert hatte.

Mit der Elle, der Wasserrinne (Wasserwaage), rechtem Winkel, Lot und Visierstab kontrollierte man während des Bauvorgangs die Einhaltung der im Plan festgelegten Abmessungen einschließlich der Böschungswinkel. Am Bauwerk mit Farbe angebrachte Marken, wahrscheinlich auch Pfähle, waren Voraussetzung und Ergebnis dieser Kontrollmessungen.

Die Vermessungs- und Kontrollarbeiten oblagen auf dem Bauplatz immer hochrangigen und gut ausgebildeten Beamten, denn sie setzten Berufserfahrung und gute mathematische Bildung voraus. Die ägyptischen Architekten ließen sich deshalb auch gern mit dem Knotenseil in der Hand darstellen. Dieses universelle Meßinstrument war auch geeignet, mit Hilfe der pythagoreischen Zahlen rechte Winkel im Gelände festzulegen und diente zu allen Zeiten sowohl zur Vermessung von Bauplätzen als auch zur Feldermessung (Abb. S. 148).

Transport

Die natürliche Verkehrsader Ägyptens war der Nil. Schiffe sind daher seit frühester Zeit, wie Felsbilder und Malereien auf Keramikgefäßen zeigen, das bevorzugte Transportmittel gewesen. Einfachster Typ ist das aus Papyrus-

bündeln zusammengebundene Boot, das nur wenige Personen aufnehmen konnte und daher zumeist als Fischerboot oder zum Überqueren des Flusses benutzt wurde (Abb. S. 218). Mit dem Aufkommen von Kupferwerkzeugen waren die Ägypter auch in der Lage, größere Holzschiffe zu bauen. Da der Nil mit seinen vielen Sandbänken und dem oft geringen Wasserstand in den Nilarmen des Delta Schiffe geringen Tiefgangs erforderte, baute man die Nilschiffe kiellos. Sie ließen sich sogar auf Schiffsstraßen streckenweise über Land ziehen. Die Schiffe verfügten zumeist über ein großes Segel, das oft an einem Doppelbaummast befestigt war. Dieser Mast ließ sich umlegen, denn entsprechend der vorherrschenden Windrichtung segelte man flußaufwärts, flußabwärts mußte gerudert werden; dazu dienten in Reihe angeordnete lange Riemen. Gesteuert wurden die Schiffe mit zwei breiten Steuerrudern, die achtern in Seilschlingen aufgehängt waren. Bis Mitte des 2. Jahrtausends v. Chr. besaßen die Schiffe kein durchgehendes Deck; daher legte man um die oberste Plankenlage einen Trossengürtel und mittelschiffs ein Spannseil, um den Schiffen genügend Festigkeit zu geben. Als man im Neuen Reich ein Deck einzog, wurde der Trossengürtel entbehrlich.

Mit Fahrzeugen dieser Art, die entsprechend der Funktion als Personen- oder Lastschiff modifiziert waren, befuhr man den Nil und die küstennahen Gewässer, wobei die seegängigen Schiffe stärker gebaut und hochbordig waren.

Stelle die Handwaage nicht falsch, verfälsche nicht die Gewichte, verringere nicht die Teile des Kornmaßes ... Mache dir keine zu leichten Gewichte; wenn du bemerkst, daß ein anderer fälscht, so gehe in weitem Abstand an ihm vorbei. Hüte dich davor, mit dem Scheffel zu betrügen und seine Teile zu verfälschen. Tue nicht so, als ob der Scheffel überquelle; wenn du findest, daß er in seinem Innern leer ist, so miß mit ihm nach seiner genauen Größe, indem deine Hand ihn richtig abstreicht.

Aus der Lehre des Amenemope
(nach Friedrich Wilhelm Freiherr von Bissing)

Habe man den Aufgang durchschritten, so fände man (an einer Decke) einen goldenen Kreis von 365 Ellen im Umfang und einer Elle Dicke. Daneben geschrieben und bei jeder Elle angegeben seien die Tage des Jahres, wobei die natürlichen Auf- und Untergänge geschrieben seien und die durch sie bewirkten Deutungen der Himmelserscheinungen gemäß den ägyptischen Sterndeutern.

Diodor von Sizilien über eine
»Astronomische Decke« im Ramesseum

Selbst Schleppboote mit mehreren Riemen gab es, welche zum Abschleppen schwerer Lastschiffe eingesetzt wurden, die selbst keine Ruderer aufnehmen konnten.

Wichtigstes Landtransportmittel war der Esel, dem beidseitig in Art von Tragetaschen geflochtene Körbe oder Säcke umgehängt wurden. Obwohl Räder seit dem Alten Reich bekannt waren, benutzte man vierrädrige Karren mit Scheibenrädern erst vom Ende des Mittleren Reiches an. Speichenräder sind nur beim Streitwagen verwendet worden, der zu Beginn des Neuen Reiches in Ägypten Eingang fand und vorderasiatischer Herkunft ist (Abb. S. 193). Er stellte das Kernstück einer besonderen Waffengattung dar. Für schwere Lasten kam als Transportmittel ausschließlich der hölzerne Schlitten in Frage. Er besaß zwei Kufen mit hochgebogenem Vorderteil. Querstreben sorgten für Stabilität. Die Lasten befestigte man mit durch Verdrehen gespannten Seilen auf dem Schlitten. Starke Seile waren vorn an der Holzkonstruktion befestigt, an denen Ochsen oder Menschen zogen. Vor die Kufen des Schlittens goß man Wasser, um die Reibung herabzusetzen.

Ägyptische Fayence und Glas

Im Gegensatz zu echter Fayence, auch als Majolika bekannt, die einen Überzug aus Blei- oder Zinnoxidmassen über tonhaltiger Keramik darstellt, besteht die sogenannte ägyptische Fayence aus einem Kern aus sehr feinem Quarzsand mit einem Überzug aus Glas. Zur Herstellung des Kerns benutzte man feinen, zerriebenen Sand mit hohem Quarzanteil, dem als Flußmittel Natron oder Soda,

*Links oben: Schon in der Vorge-
schichte benötigten die Ägypter unter anderem für ihre Handelsgeschäfte die Waage. So technisch
ausgefeilt wie die Darstellung aus
dem 14. Jahrhundert v. Chr. im
Grab des Nebamun und Ipuki,
Theben Nr. 181, darf man sich die
frühe Form des Geräts allerdings
nicht vorstellen. Es bedurfte einer
längeren Entwicklung, bis eine mit
einer Justierungsvorrichtung versehene Standwaage erfunden war.
Ein Bild der Göttin Maat, die für
die Richtigkeit bürgte, krönt den
Waagebaum.*

*Links unten: Neben ganz einfa-
chen Gewichtssteinen unterschiedlicher Größe gab es auch solche in
Gestalt von Tieren und Tierköpfen,
vorzugsweise aus schwerem Eisen-
stein.*
Hildesheim, Pelizaeus-Museum

*Rechts: Bei der Zeiteinteilung spiel-
te die Sternbeobachtung eine erhebliche Rolle. Besonders zu kultischen Zwecken saßen Nacht für
Nacht zwei Priester, die als »Stun-
dendiener« bezeichnet werden, auf
den Dächern der Tempel und beobachteten die Bewegungen der
Sterne. Seit dem Neuen Reich sind
Sterntafeln häufiger abgebildet
worden. Ausschnitt aus der Decke
im Grab des Senenmut in Der el-
Bahari.*

*Folgende Doppelseite: Wie die Le-
benden brauchten auch die Toten
zur Zeitorientierung Himmelsdar-
stellungen. Durch den langgestreckten Körper der Himmelsgöttin Nut, die abends die Sonne verschlingt, um sie morgens wieder zu
gebären, wandert das Gestirn in
der Nacht. Die einzelnen Stunden
werden durch die als Götter ge-
kennzeichneten Sternbilder und
Leitsterne markiert. Decke der
Sargkammer im Grab Ramses' VI.*

vielleicht auch stark alkalische Pflanzenasche zugesetzt wurde. Einer Temperatur ausgesetzt, die unter dem Schmelzpunkt des Gemenges lag, sinterten diese Bestandteile zu einer festen, grobporigen Masse zusammen.

Die Glasursubstanz bestand im wesentlichen aus den gleichen Bestandteilen. Durch kalkhaltigen Sand und Erhöhung des Flußmittelanteils erreichte man jedoch einen niedrigeren Schmelzpunkt und erzielte durch geringe Zugaben von Metallverbindungen kräftige Farben im erkalteten Schmelzfluß.

Aus ägyptischer Fayence, die seit der vordynastischen Zeit gefertigt wird, stellte man auch die in riesigen Mengen gefundenen Perlen und Röhrenperlen her.

Quarzsand, vermischt mit ungefähr 10 Prozent Kalk, Metalloxiden und etwa 20 Prozent Natron, bildete auch das Ausgangsmaterial für sogenannte Fritten, blaue und grüne Materialien, die durch das im Brennofen zusammengesinterte Gemenge entstanden. Fein zerrieben dienten sie als Farbpigmente, dessen bekanntestes Ägyptischblau ist. Sie wurden auch für schmückende Einlagen, Perlen und Amulette verwendet. Dieselbe Masse, aus der die Fritten gebrannt wurden, wurde bei ungefähr 1100 °C glutflüssig und damit zu Glas. Dieses verstand man seit der Mitte des 2. Jahrtausends v. Chr. zu schmelzen. Ältere Stücke sind wahrscheinlich Importe aus Vorderasien. Ägyptisches Glas ist zumeist farbig, nie klar und durchsichtig, sondern opak. Es wurde zu Gefäßen, Einlagen und Schmuckgegenständen verarbeitet.

Bei der Herstellung von Gefäßen war es üblich, einen Kern, der aus Ton mit erheblichen Sandzusätzen bestand, in die Glasmasse zu tauchen und sofort oder nach erfolgtem Erkalten des Glases wieder herauszuziehen.

Kompakte Glasfiguren formte man, indem große Glasklumpen in Formen gedrückt wurden. Glasperlen zogen die Glashersteller an Drähten aus dem geschmolzenen Glas. Groß war die Fertigkeit der ägyptischen Glasmacher bei der Herstellung von mehrfarbigen Gegenständen. Zumeist benutzte man hierfür Streifen oder Walzen aus farbigen Gläsern, die man in formbarem Zustand aneinanderlegte, walzte, erneut erhitzte und wieder formte, bis das gewünschte Aussehen erreicht war. Zierat konnte auch aufgetropft oder aufgesetzt werden.

Metrologie – Maße – Gewichte

Die Verarbeitung von Erzen, die Herstellung von Legierungen, die Farbenproduktion, Glasfabrikation und nicht zuletzt die Wirtschaft mit ihrem komplizierten System der Abgabeneinziehung und Umverteilung erforderten hinreichend genaue Meß- und Wiegemethoden. Diese waren wiederum ohne ein System von Maßen und Maßeinheiten (Gewichten) undenkbar. Daraus läßt sich ableiten, daß sich mit der Entwicklung wesentlicher Verarbeitungstechniken und der Stabilisierung einer Staatsverwaltung in den ersten Jahrhunderten des 3. Jahrtausends v. Chr. ein solches System herausbildete.

Durch archäologische und inschriftliche Zeugnisse ist deutlich, daß seit dieser Zeit als Längenmaß die Elle (525 mm) mit ihren Unterteilungen Handbreite ($\frac{1}{7}$ Elle) und Fingerbreite ($\frac{1}{28}$ Elle) in Gebrauch war. Sie diente zum

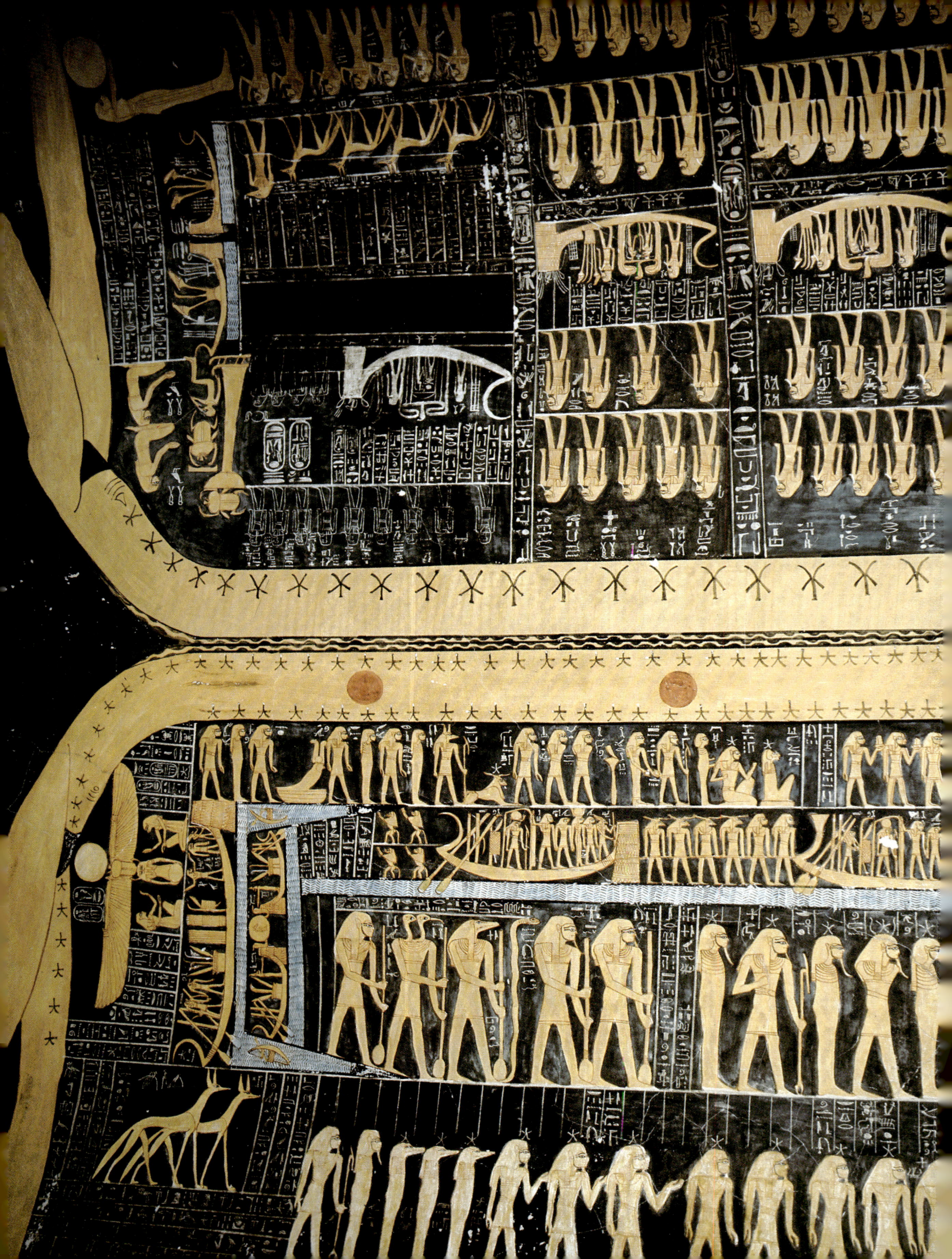

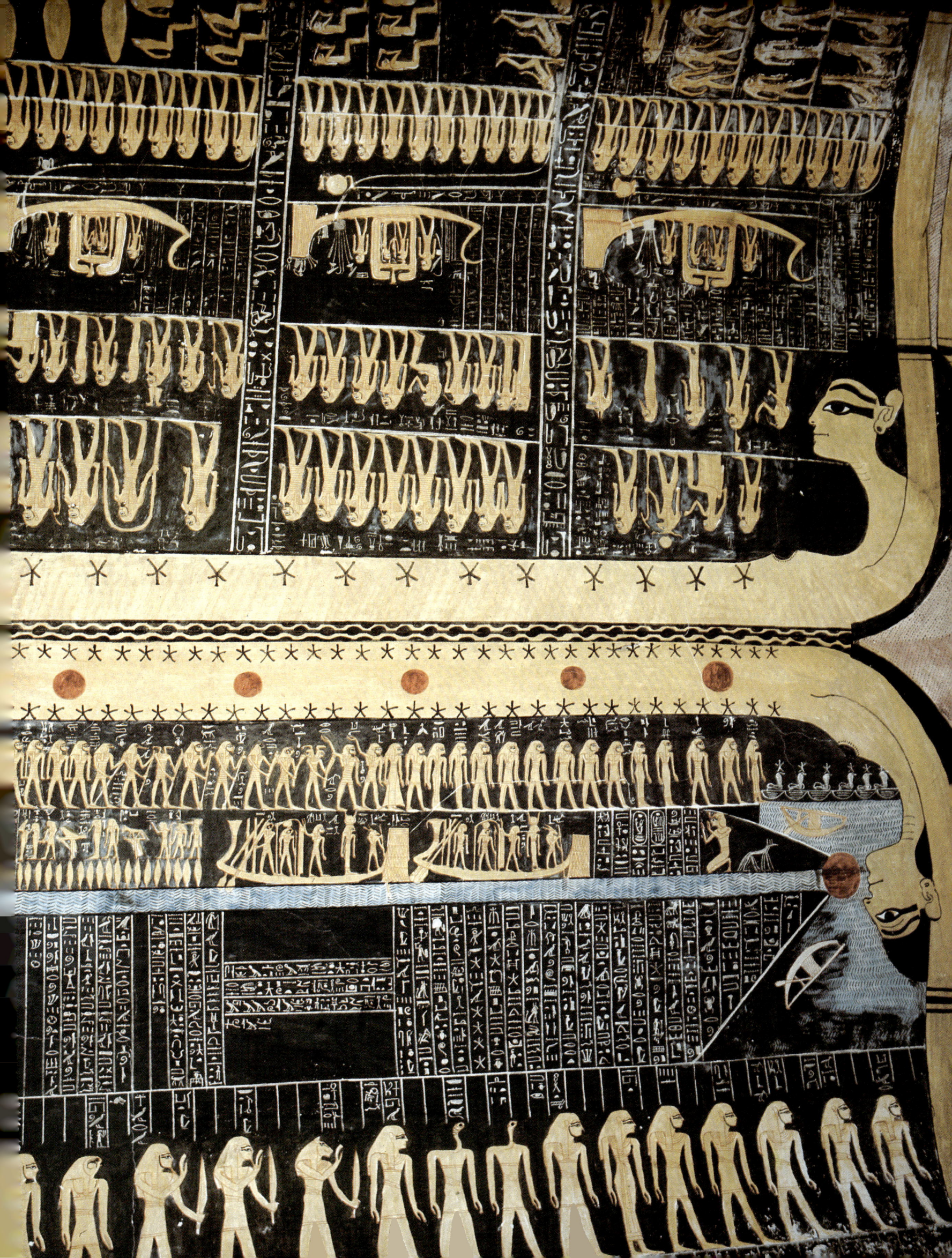

Messen von Holz und Stoffen, wurde aber auch auf Baustellen benutzt. Größere Längen wurden mit dem 100-Ellen-Knotenseil vermessen, dem normalen Maß auch für die Feldvermessung. Das Flächenmaß Arure von 100 × 100 Ellen beruht auf diesem 100-Ellen-Maß.

Für Getreide und Granulate einschließlich der Erze, die man in Körben und Säcken zu transportieren pflegte, war eine Menge von etwa 4,8 Litern das Normalmaß. Von diesem gab es als gängige Maßeinheiten das Doppel- und Vierfachmaß (9,6 und 19,2 Liter). Als größeres Getreidemaß fungierte der Sack von ungefähr 76 Liter Inhalt. Ein noch größeres Kornmaß war auf ⅔ Kubikellen bestimmt, das sind etwa 96 Liter.

Flüssigkeiten wurden, ähnlich wie Getreide, in Hohlmaßen gemessen. Das normale Flüssigkeitsmaß hatte einen Rauminhalt von einem Zehntel des Getreidemaßes, nämlich 0,48 Liter. Daneben verwendete man auch die Transportbehälter von Bier, Wein, Öl und Honig, die traditionsgemäß jeweils dieselbe Form und nahezu den gleichen Inhalt hatten, als Maßgefäße.

Gewogen wurden in Ägypten im allgemeinen nur Metalle. Als Einheit diente in ältester Zeit eine Masse von 13,75 Gramm, der sogenannte Goldstandard; für Kupfer galt die doppelte Masse als Standardeinheit. Seit der Mitte des 2. Jahrtausends kamen neue Maßstandards auf, die für alle Materialien verwendet wurden: 92 Gramm und ein Zehntel dieser Einheit.

Dem König Ptolemaios Gruß von Philotas, Signalwächter, einem von den Kleruchen (Siedlern) in Apollonopolis Magna (Edfu). Nachdem die Nichtbewässerung durch den Nil im Land nun gerade jetzt überaus häufig werden will, will ich Dir, o König, eine Maschine zur Kenntnis bringen, mittels derer das Land, ohne daß Dir in irgendeiner Hinsicht Schaden entstände, gerettet werden wird. Da der Fluß während dreier Jahre nicht sehr gestiegen ist, ist die Hungersnot wieder ausgebrochen ... Ich bitte Dich nun, o König, wenn es Dir gut erscheint, den Strategen Ariston zu veranlassen, mir für dreißig Tage Lebensunterhalt zu geben, um auf dem schnellsten Wege mich gemäß dem Bittgesuch zu Dir zu senden, damit, wenn es Dir, o König, gut erscheint, die Aussaat sofort aufgeht. Dies aber wird, wenn Du willst, in der ganzen Thebais binnen höchstens fünfzig Tagen der Fall sein. Gehab Dich wohl!

(nach J. Hengst, Griechische Papyri aus Ägypten, 1978)

Unten: Seltene, aber heftige Regenfälle lassen zeitweise die Wüstentäler zu reißenden Flußläufen werden. Zum Schutz vor den Fluten im Wadi Geraui, das auf der Höhe von Heluan in das Niltal mündet, errichtete man bereits in der Pyramidenzeit einen Damm, den ältesten Staudamm der Weltgeschichte.

Rechts oben: Erst in der Ptolemäerzeit wurde die Sakije, ein von Tieren getriebenes Schöpfrad, eingeführt. Die angeblich älteste befindet sich in Tuna el-Gebel und diente der Wasserversorgung der Nekropole. Schaduf und Sakije sind noch heute neben der Archimedischen Schraube und der Motorpumpe als Bewässerungshilfen in Gebrauch.

Rechts unten: Der Bewässerung höher liegender Felder diente das Schaduf, ein Schöpfgerät mit Hebebaum und Gegengewicht. Aquarell nach einer inzwischen zerstörten Wandmalerei im Grab des Ipui, Theben Nr. 27.

Ausnutzung von Gesetzen der Mechanik

Wesentliche mechanische Funktionsprinzipien wurden von den Ägyptern ausgenutzt. Beschrieben wurde schon die Ausnutzung der Drehung für die Drehscheibe, die Bohrgeräte und das Rad. Die Rolle als Mittel für den Schwerlasttransport war allerdings unbekannt, ebenso die Ausnutzung von Rolle und Seil als Hebezeug. Durch miteinander verdrehte Seile, Trossengürtel, wurden von den Ägyptern die Schiffsrümpfe zusammengehalten. Mit dem gleichen Mittel verzurrten sie große Lasten beim Transport auf Schiffen und Schlitten. Die Sackpresse beruht auf dem gleichen Prinzip. Auch des Hebelgesetzes waren sich die Ägypter bewußt. So verwendeten sie Hebel für den Steintransport und ganz allgemein zum Anheben schwerer Lasten ebenso wie zum Einbau großer Steinblöcke auf der Baustelle. Die Balkenwaage mit zwei Waagschalen beruht ebenfalls auf einer bewußten Anwendung des Hebelgesetzes. Auch das Schaduf, die Ziehbrunnen-Vorrichtung zum Schöpfen von Wasser als am meisten verbreitete Form der Bewässerung höher liegender Felder, beruht auf dem Hebelprinzip.

Jahr 8 unter der Majestät des Königs von Ober- und Unterägypten, Chaj-kau-Re (Sesostris III.). Es befahl seine Majestät, einen Kanal von neuem anzulegen ... nachdem seine Majestät nach Süden aufgebrochen war, um das elende Nubien zu schlagen. Länge dieses Kanals 150 Ellen, Breite 20 Ellen, Tiefe 15 Ellen.

Inschrift Sesostris' III.
auf der Felseninsel Sehel bei Assuan

Wasserwirtschaftliche Bauten

Ägypten galt den Griechen als Geschenk des Nil. Die jährliche Überschwemmung garantierte gute und zumeist stabile Ernteerträge. Mit künstlicher Bewässerung durch das Schaduf, in den letzten Jahrhunderten vor der Zeitenwende auch durch das Schöpfrad, die sogenannte Sakije, und die Archimedische Schraube, waren sogar mehrere Ernten möglich. Um aber die Nilflut wirklich auszunutzen, war seit dem Ende des 3. Jahrtausends v. Chr. die Eindeichung des Nil und die Aufteilung des Landes in Bewässerungsbassins von einigen Quadratkilometern Größe notwendig, die voneinander durch Dämme getrennt waren. Eine Unzahl kleinerer und größerer Kanäle regelte den Wasserzu- und -abfluß.

Als Baumaterial diente zumeist der Nilschlamm; nur an besonders durch die Strömung des Flusses gefährdeten Stellen baute man Steine ein. Aus Steinen und Holz errichteten die Ägypter auch die Schleusenanlagen, die besonders zur Regelung der Wasserzufuhr des im Mittleren Reich neu erbauten Bewässerungssystems des Fayum durch den Josephskanal (Bahr Jussuf) dienten.

Große Kanalbauten zur Verbesserung der Schiffahrt sind aus dem Alten Ägypten ebenfalls belegt. So wurde im 2. Jahrtausend eine Verbindung zwischen dem östlichen Arm des Nildelta und den Bitterseen durch das Wadi Tumilat gebaut, die den direkten Schiffsverkehr zwischen Rotem Meer und dem Mittelmeer ermöglichte. Dieser besaß eine Breite von 45 Metern und eine Tiefe von 5 Metern. Die Uferböschungen waren mit Stein verkleidet.

Umfangreiche Bauarbeiten waren auch erforderlich, um die zahlreichen Häfen ständig für die Umschlagarbeiten bereitzuhalten. Hafenmauern und Molen aus Stein waren dafür ebenso zu errichten wie Stichkanäle zu bedeutenden Bauplätzen, da man den aufwendigen Landtransport von Baumaterial auf kurze Strecken beschränken wollte.

Schließlich stammt aus Ägypten auch ein bedeutender Staudammbau. Um die Mitte des 3. Jahrtausends v. Chr. errichteten ägyptische Bauleute im Wadi Geraui, etwa 11 Kilometer südöstlich von Heluan einen großen Damm, der das Wüstental abriegeln sollte. Der Stausee hinter diesem Bauwerk sollte wahrscheinlich als Trinkwasserreservoir für die in der Nähe gelegenen Steinbrüche dienen. Außerdem hätte er Transportwege und Arbeitersiedlungen vor den Hochwassern nach starkem Wüstenregen geschützt. Der Damm ist jedoch nie fertiggestellt worden.

Wissenschaft im Alten Ägypten

Die ägyptische Wissenschaft stellt das früheste Stadium der Wissenschaftsentwicklung dar, das durch die Sammlung der Erfahrungen über die Funktion von natürlicher und gesellschaftlicher Umwelt charakterisiert ist. Dieser Erfahrungsschatz, das Wissen, war in Sammelschriften aufgezeichnet, die streng systematisiert sind und zeigen, daß die Ägypter verschiedene Gesetzmäßigkeiten, besonders solche der Mathematik, kannten und wissenschaftliche Theorien besaßen. Wissenschaftliche Sammelschriften besitzen wir nur für die Gebiete Mathematik und Medizin. Für andere Bereiche liegen Listen von Sachbe-

Seltene Pflanzen und Tiere, wie zum Beispiel eine genau charakterisierte Persische Kropfgazelle, ließ Thutmosis III. in den Reliefs des sogenannten »Botanischen Gartens« im Tempelbereich abbilden. Bereits die Reliefs der »Jahreszeitenkammer« im Sonnenheiligtum

des Niuserre (Abb. S. 56) und der Puntexpedition der Hatschepsut (Abb. S. 80) schildern Pflanzen und Tiere geradezu naturgetreu. Knochenfunde exotischer Tiere in der Ramsesstadt lassen vermuten, daß sich die Herrscher mit zoologischen Gärten umgaben.

Alles was existiert, was Ptah geschaffen und was Thot aufgeschrieben hat, die Himmel mit ihren Erscheinungen und die Erde mit dem, was auf ihr ist, was die Berge ausspeien und was der Ozean benetzt, alle Dinge, auf die Re scheint und die, die auf dem Rücken der Erde wachsen.

Titel des Onomastikons des Amenemope, Neues Reich

Kundigen Herzens bei dem, was man (sonst) nicht weiß; hellsichtig, wenn er sich in eine Sache vertiefte; der die Mitte hält beim Handeln; der ... eindringt in die alten Schriften; der geschickt ist beim Lösen des Verknoteten; der wirklich weise ist; den sein eigenes Herz unterwiesen hat ... der nachts wacht, indem er die (richtigen) Wege sucht; der übertrifft, was er gestern gemacht hat; weiser als ein Weiser, einer, der sich selbst zur Weisheit belehrt hat; der um Rat fragt und macht, daß man ihn um Rat fragt.

Inschrift eines Antef, 12. Dynastie
(nach Hellmut Brunner)

griffen vor, sogenannte Onomastika, die ebenfalls eine Systematik verraten und nur auf der Grundlage einer theoretischen Bewältigung der Phänomene von Natur und Gesellschaft – natürlich im Rahmen des damals überhaupt Erkennbaren – entstanden sein können.

Die ägyptische Wissenschaft ging grundsätzlich davon aus, daß die Welt – so, wie die Götter sie geschaffen oder in Gang gesetzt hatten – erkennbar sei. Dargestellt bzw. aufgeschrieben wurde aber nur das, was erkannt worden war. Die Frage nach dem Grund, der Gesetzmäßigkeit, führte nach ägyptischer Vorstellung hin zur Maat, jener durch die Götter gesetzten, »richtigen« Ordnung in Makro- und Mikrokosmos.

Da nun auch die Personen, die sich im Rahmen ihrer letztlich durch den Pharao formulierten Pflichten mit der Wissenschaft, das heißt mit Sammeln, Analysieren, Experimentieren und Systematisieren, befaßten, dieselben waren, die auch als Priester, Heeres- oder Staatsbeamte Dienst taten, gab es in Ägypten keinen Raum für den Widerstreit »Wissen gegen Glauben«. So hat sich nie eine Philosophie entwickeln können, die in Widerspruch zur Religion und zum Herrschaftssystem geriet, obwohl wesentliche Mittel philosophischen Denkens, wie zum Beispiel logische Schlußfolgerungen, Erkennen kausaler Zusammenhänge, selbst ontologische Systeme, durchaus bekannt waren.

Der Ägypter betrieb Wissenschaft letztlich, um die Maat zu erkennen und ihr immer besser gerecht zu werden; dort, wo er an die Grenzen seiner Erkenntnismöglichkeit geriet, trat der Mythos auf den Plan. Dieses mag auch daher rühren,

Berechnungsart für das Eindringen in die Dinge, um zu erfahren alles, was existiert, alles, was dunkel ist, alle Geheimnisse.
Einleitung des mathematischen Papyrus Rhind

Berechnungsart eines Pyramidenstumpfes. Wenn zu dir gesagt wird: ein Pyramidenstumpf von 6 Ellen Höhe, 4 Ellen an der Unterseite und 2 Ellen an der Oberseite, dann sollst du diese 4 quadrieren, es ergibt 16; du sollst diese 4 verdoppeln, es ergibt 8; dann sollst du diese 2 quadrieren, es ergibt 4; du sollst diese 16 und diese 8 und diese 4 summieren, es ergibt 28; du sollst ⅓ von 6 machen, es ergibt 2; du sollst 28 zweimal machen, es ergibt 56. Siehe, zu ihm (dem Pyramidenstumpf) gehören 56 (Kubikellen). Du hast (es) gut gefunden.
Mathematischer Papyrus Moskau, Aufgabe Nr. 14

Oben: Dem Umgang mit Zahlen lag das Dezimalsystem zugrunde: Einer, Zehner, Hunderter, Tausender, Zehntausender und Hunderttausender wurden mit unterschiedlichen Zeichen geschrieben. Ein Strich bezeichnet den Einer, wie er an der Mauer eines Bauwerks Thutmosis' III. in Karnak häufig vorkommt, der Halbbogen den Zehner und der gerollte Strick den Hunderter.

Unten: Seit dem Beginn des 3. Jahrtausends v. Chr. bildete die Elle von 525 mm das Längenmaß.

Ihre Unterteilungen in Handbreite, Fingerbreite und noch kleinere Einheiten sind durch Einritzung und weiße Farbe hervorgehoben. Turin, Ägyptisches Museum

Rechts: Zu den wenigen Quellen zur altägyptischen Mathematik gehört der ins Mittlere Reich zurückgehende, in der Hyksoszeit kopierte Mathematische Papyrus Rhind. Einige Beweisführungen enden mit der Bemerkung: »So verhält es sich« im Sinne von »quod erat demonstrandum«. London, British Museum

daß in Ägypten nur solche Dinge aufgeschrieben und damit tradiert wurden, die offiziell, das heißt letztlich durch den Pharao, anerkannt waren. So wird vieles – Irrwege in der theoretischen Bewältigung gestellter Aufgaben ebenso wie unorthodoxe philosophische Reflexionen über Natur und Gesellschaft, die es sicher auch gegeben hat – für uns nie erkennbar werden.

Universalwissenschaft

Für die Ägypter gab es keine Einzelwissenschaften. Sie kannten nur das komplexe System der richtigen Ordnung in Natur und Gesellschaft, die Maat. Demzufolge verstanden sie als Wissen auch nur die Einheitswissenschaft, die gelehrt wurde. Sie umfaßte den Gesamtbereich dessen, was für die Ägypter überhaupt erkennbar war: die praxisorientierten Kenntnisse in Mathematik, Astronomie und Medizin, Geographie, den technisch-organisatorischen Bereich, das religiöse Wissen einschließlich aller Vorschriften zur Anlage und Ausschmückung von Tempeln und Gräbern sowie die Lebensregeln, wie wir sie aus den Weisheitslehren und Schülerbelehrungen erfahren. Richtiges, der Höflichkeit und der sprachlichen Norm entsprechendes Reden war ebenso Teil der Einheitswissenschaft wie die Kenntnis der schönen Literatur und der historischen Überlieferung. Diese undifferenzierte Universalwissenschaft bewirkte, daß die Ägypter keinen gravierenden Unterschied zwischen technisch-organisatorischer, kultisch-religiöser und wissenschaftlicher Betätigung sahen. Diese Bereiche waren für das Funktionieren der Gesellschaft ebenso unverzichtbar wie die produktive Tätigkeit in Landwirtschaft und Handwerk, setzten aber im Gegensatz zu diesen eine hohe Bildung voraus.
In Ägypten wurden dennoch, wie auch in Vorderasien, im Rahmen dieser Einheitswissenschaft entscheidende Entdeckungen auf Gebieten gemacht, die wir heute als Wissenschaft bzw. Wissenschaftsdisziplinen bezeichnen würden. Sie waren Wegbereiter für den Aufschwung, den die Wissenschaften in der klassischen Antike nahmen, die gerade Ägypten oft als Quelle ihrer Kenntnisse nennt.

Mathematik und Astronomie

In der Mathematik, die wir durch die sogenannten mathematischen Texte in Form von Fallbeschreibungen und Tafeln recht gut kennen, verstand man es, Flächen und komplizierte Körper wie Pyramide und Pyramidenstumpf

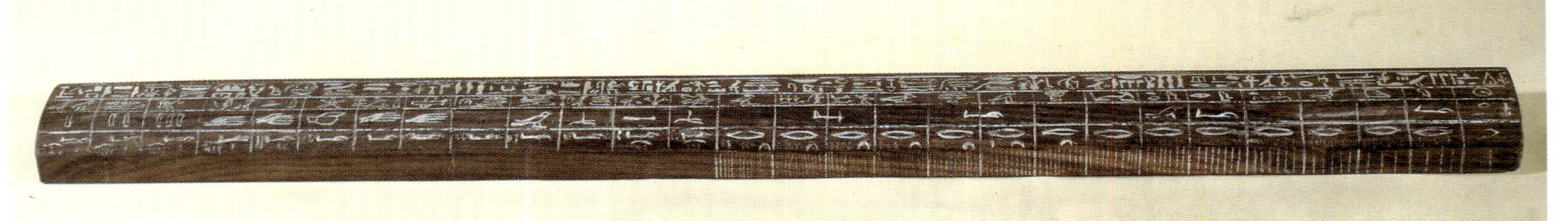

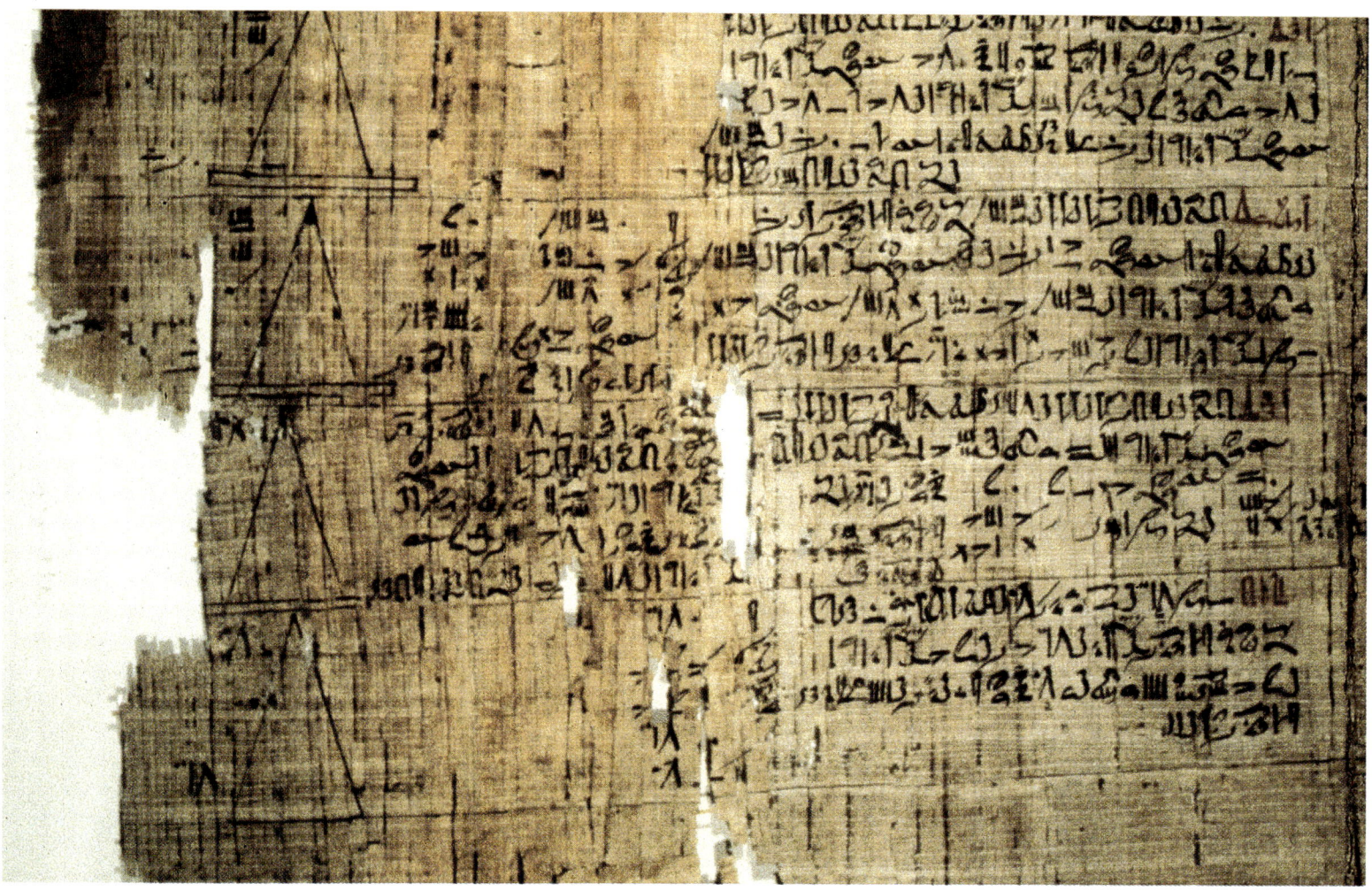

zu berechnen. Ein Näherungswert für π war mit 3,16 bestimmt. Einfache Gleichungen, Verteilungsaufgaben einer Menge auf Einzelposten mit unterschiedlichem Anteil und die Summe arithmetischer Reihen verstanden die Ägypter zu lösen. Einen breiten Raum nehmen in den mathematischen Texten Umrechnungen von Brot und Bier in die zugrundeliegenden Getreidemengen ein, Probleme, deren Bewältigung die Praxis erforderte. Im Bauwesen benutzte man die pythagoreischen Zahlentripel für die Konstruktion rechter Winkel, und der Goldene Schnitt bzw. die Fibonaccischen Zahlen dienten zur harmonischen Gliederung von Bauwerken.

Die Rechentechnik wurde dadurch erschwert, daß man nur Stammbrüche – mit Ausnahme von ⅔ und ¾ – schreiben und benennen konnte. Alle bei Rechnungen entstehenden Brüche lagen also als Ketten von Stammbrüchen mit steigendem Nennerwert vor. Um die erforderliche Rechenarbeit zu erleichtern, benutzte man Tafeln, in denen die Teilung von 2 durch die ungeraden Zahlen von 3 bis 101 sowie die Teilung der Hohlmaße durch ungerade Zahlen verzeichnet waren.

In der Astronomie waren die Kenntnisse der Ägypter relativ gering, zum einen, weil durch das Fehlen astrologischer Praktiken keine Notwendigkeit zur rechnerischen Voraussage von Gestirnskonjugationen bestand, zum anderen, weil die ägyptische Mathematik derartige Vorausberechnungen noch nicht zuließ. Dennoch hatten sie durch Ana-

lyse langer Reihen von Beobachtungsdaten zu Beginn des 3. Jahrtausends einen am Sonnenlauf orientierten Kalender eingeführt, der allerdings ¼ Tag gegenüber dem siderischen Jahr zu kurz war. Dadurch wandelte das »offizielle« ägyptische Jahr in 1460 Jahren einmal durch das natürliche mit seiner Folge von Überschwemmungszeit, Aussaat und Ernte. Bekannt war auch der Unterschied zwischen Planeten und Fixsternen, und der Polarstern wurde zur astronomischen Orientierung im Bauwesen benutzt.

Die Stunden der Nacht pflegten die ägyptischen Priester anhand des Auf- oder Durchgangs bestimmter Sternbilder mit Hilfe des Visierstabes, des Gnomons, festzustellen. Die so zu beobachtenden Sterne waren in Listen zusammengefaßt. Entsprechend der Einteilung des Himmelsäquators in 36 Teile galt jedes Leitsternbild für eine Nachtstunde jeweils zehn Tage; deshalb werden die Leitsterne dieser »Sternenuhren« Dekansterne genannt.

Die Einteilung des Tages und der Nacht in jeweils zwölf Stunden, die man tags mit der Sonnenuhr und nachts mit den »Sternenuhren« messen konnte, forderte die Konstruktion eines Geräts, das in der Lage war, die unterschiedlichen Längen der Tages- und Nachtstunden entsprechend den Jahreszeiten anzugeben. In der 18. Dynastie fand schließlich ein Mann namens Amenemhet die Lösung dieses Problems, indem er eine Wasseruhr konstruierte, die alle diese Parameter besaß; für diese Erfindung wurde er vom Pharao ausdrücklich belobigt.

Seine Majestät hat verordnet, daß verkündet werde:
Der Oberste der Künstler und Sem-Priester, Königssohn Chaemwese,
hat den Namen des Königs von Ober- und Unterägypten dauern lassen,
nachdem dessen Name nicht mehr auf seinem Pyramidengelände
gefunden werden konnte, denn ... Chaemwese wünschte sehr, die
Denkmäler der Könige von Ober- und Unterägypten wiederherzustellen in dem, was jene einst gemacht hatten, und dessen Bestand dem
Verfall nahe war.

Inschrift des Chaemwese
am Grabmal des Schepseskaf

Heilungsart einer Klaffwunde an seinem Kinn. Wenn du untersuchst
einen Mann mit einer Klaffwunde an seinem Kinn, die bis zum Knochen reicht, dann sollst du seine Wunde abtasten. Wenn du seinen
Knochen heil findest, dann sollst du sagen:
Einer mit einer Klaffwunde an seinem Kinn, die bis zum Knochen
reicht, eine Krankheit, die ich behandeln werde. Dann sollst du ihm
zwei Binden auf jene Klaffen legen; du sollst ihn verbinden mit frischem Fleisch am ersten Tage; danach behandle sie mit Fett, Honig,
Fasern an jedem Tage, so daß es ihm besser geht.

Medizinischer Papyrus Edwin Smith, Fall 27, Neues Reich

Links: Die Beschneidung wurde in
Ägypten nicht unmittelbar nach
der Geburt vorgenommen, sondern
stand offenbar im Zusammenhang
mit Mannbarkeitsriten im Puber-
tätsalter. In Texten wird sie mehr-
mals erwähnt, auch zwei Darstel-
lungen der Operation sind be-
kannt.
Grab des Arztes Anchmahor in
Sakkara, 6. Dynastie

Unten links: Pinzette aus Bronze
Kairo, Ägyptisches Museum

Rechts oben: Rekruten beim Bader,
die Wartenden sitzen im Baum-
schatten.
Grab des Userhet, Theben Nr. 56

Rechts unten: Schrank mit medizi-
nischen Instrumenten in einem Vo-
tivrelief Kaiser Trajans an der
Mauer des äußeren Umganges des
Tempels von Kom Ombo.

Medizin

Berühmt war im gesamten Altertum die ägyptische Medizin, deren Charakteristika wir ebenfalls aus Sammelschriften gut kennen. Bei den Fallbeschreibungen werden jeweils das Leiden und seine Symptome dargestellt, und der Arzt macht eine Aussage darüber, ob der Fall mit Erfolg behandelt werden kann oder nicht. Eine große Zahl von Heilmitteln und Drogen wird in den Texten genannt, deren genaue Zusammensetzung und damit auch Wirksamkeit wir nur in wenigen Fällen genau überprüfen können, da die Bedeutung vieler Ausdrücke für die verwendeten Drogen nicht sicher bekannt ist.

Die medizinische Betreuung lag in den Händen von Spezialärzten, die in die Beamtenschaft integriert waren. So kennen wir Wund- und Augenärzte, Ärzte für das Verdauungssystem und innere Krankheiten. Die medizinischen Texte führen neben den von diesen zu behandelnden Leiden auch noch Ohrenkrankheiten und verschiedene Parasitosen auf. Auch Kapitel über die Gynäkologie gehören zum Inhalt der medizinischen Sammelschriften.

Gesellschaftswissenschaften

Im Gegensatz zu den Naturwissenschaften besitzen wir für die gesellschaftswissenschaftlichen Disziplinen keine wissenschaftlichen Texte. Vorhandenes Wissen über die Umwelt der Ägypter läßt sich nur aus bildlichen Darstellungen, Reiseberichten, Biographien und aus den Onomastika ableiten. Hier sind sowohl die Natur, die materielle Umwelt, Tiere und Pflanzen, die geographischen und ethnischen Verhältnisse wie auch die Einteilung der Gesellschaft in Menschengruppen systematisiert dargestellt. Alle Angaben sind jedoch nur die Beschreibung empirischen Wissens; die zugrundeliegende Theorie ist nur aus der Art der Systematisierung erkennbar.

Dennoch lassen sich Ansätze heutiger Gesellschafts-
wissenschaften aus Textzeugnissen erkennen. In Annalen
wurden die wichtigsten Ereignisse eines Jahres, die Herr-
scherfolgen, die Lebens- und Regierungsdaten der Könige
und der Verlauf von Kriegszügen aufgezeichnet. Der Inhalt
dieser Annalen war weitgehend durch eine offizielle
Redaktion bestimmt, die nur das der Maat Entsprechende
als tradierungswürdig bestehen ließ. In diesen Annalen
ließ der Pharao auch nachforschen, ob jemals bereits in der
Vorzeit ein von ihm geplantes Unternehmen durchgeführt
worden war. Solche Annalentexte lagen wohl auch den
erhaltenen Königslisten und dem Geschichtswerk des
Manetho zugrunde, von dem wir die Einteilung der ägyptischen Geschichte in Dynastienfolgen übernommen haben.
Die Annalen stellen demnach einen ersten Versuch der
bewußten schriftlichen Tradierung von Ereignissen der
Vergangenheit dar. In denselben Kontext muß man auch
die Restaurierung älterer Bauwerke in der Ramessidenzeit
stellen, für die Chaemwese Nachforschungen über die
Bauherren von Pyramidenanlagen unternahm.

Wissenschaftliches Interesse brachten die Ägypter auch
ihrer eigenen Sprache entgegen. Da sich im Verlauf der
Geschichte die gesprochene Sprache weiterentwickelte
und sich dadurch immer mehr von der offiziellen Schriftsprache entfernte, bedurfte es der genauen Fixierung älterer Sprachstufen, um Texte in der Sprache längst vergangener Zeiten abfassen zu können, wie es mehrfach belegt
ist. So verstand man es in der Spätzeit sogar, Inschriften in
der Sprache des 3. Jahrtausends zu verfassen.

Für den Unterricht benutzten die Lehrer Paradigmen, von
denen zum Beispiel Konjugationsschemata erhalten sind,
ein Hinweis darauf, daß man auch die eigene Sprache
systematisch gegliedert hat. Schließlich kennen wir auch
Hieroglyphenlisten, in denen sowohl die Hieroglyphen,
ihre kursiven (Schreibschrift-)Formen und ihre Bedeutung, nach Sachgruppen geordnet, aufgezeichnet sind.

Die ägyptische Kunst

ADOLF ERMAN beginnt in seiner 1886 erschienenen berühmten Kulturgeschichte »Ägypten und ägyptisches Leben im Altertum« das 16. Kapitel »Die bildende Kunst« mit dem Satz: »Weitaus das Beste von allem, was die Ägypter uns hinterlassen haben, ist ihre Kunst«. Diese Einschätzung sind gerade wir heute gerne bereit zu unterschreiben, hat sich doch zu keiner Zeit ägyptische Kunst einer so großen Beliebtheit erfreut wie in unseren Tagen. Daß man aber auch entgegengesetzter Meinung gewesen ist, ja, daß das Verhältnis zu ägyptischer Kunst ausgesprochen ablehnend sein konnte, zeigt eine Haltung, wie sie zum Beispiel, auf Winckelmann fußend, A. Riem 1787 in einem Buch »Über die Malerei der Alten« formulierte:

»Egypten, dies ist unleugbar, besaß von undenklichen Zeiten her sehr viele Werkzeuge der Kunst und lieferte damit nichts wirklich Schönes ... Keine Nachahmungen der wirklichen Natur, keine Proportionen, keine Kenntnisse, die sich weit über die linearischen erhüben, keine Nüancierung der Farben, und überhaupt nichts von der Grazie der griechischen Kunst ...«

»... und statt die Kunst durch Censurfreiheit zu ermuntern, und der Einbildungskraft und den Talenten der Künstler freien Lauf zu lassen, fesselten die Priester sie an ein ewiges Einerlei von unveränderlichem Modell, wodurch aller Kunsteifer niedergedrückt, und der Künstler selbst ein elender Pfuscher blieb ...«

»... denn nichts zeigt eine despotischere Thorheit und Mangel an ächtem Geschmacke mehr, denn eine zehn- bis sechstausendjährige Kunst, die sich wenig über die unterste Stufe der Barbarei und Kindheit erhoben hat.«

»... daß wir in der Geschichte dieses Landes auch nicht

Die unter dem Titel »Spaziergang im Garten« bekannt gewordene kolorierte Skizze aus Tell el-Amarna stellt wohl ein Königspaar aus der Echnaton-Nachfolge dar. Lotusblüten und aphrodisierende Mandragrafrüchte in den Händen der Königin vermitteln jene Botschaft, die auch die Liebeslyrik vielfältig in Worte gekleidet hat. Berlin, Ägyptisches Museum.

den geringsten allmähligen Fortgang in der Kunst selbsten bemerken; sondern ... alle Künste, die sie hatten, und alle Art der Anwendung, in den frühesten Zeiten mit den spätesten völlig gleich finden ...«

Riems Kritik basiert auf zum Teil durchaus richtigen Beobachtungen; da er aber wie so viele andere von einem durch Griechenland geprägten Weltbild ausgeht, kann er weder für das spezifisch Ägyptische noch überhaupt für eine andere Möglichkeit, die Welt zu gestalten, Verständnis aufbringen. Indem er sich unter anderem auf eine Stelle in der »Naturgeschichte« des Plinius beruft, demzufolge die Ägypter die Kunst der Malerei schon 6000 Jahre vor den Griechen betrieben und diese auch erfunden hätten, kommt er zu dem auch heute von Nichtägyptologen immer noch vertretenen Vorurteil, daß sich die ägyptische Kunst über die Jahrtausende hinweg nicht gewandelt habe. Dennoch erscheint seine Argumentation differenzierter als die Ägypten in Bausch und Bogen vernichtenden Sätze Voltaires, die wir als wirklich bemerkenswertes Zeugnis für eine Einstellung zitieren, die dem Zeitgeschmack der intellektuellen Welt des 18. und 19. Jahrhunderts nicht nur entgegenkam, sondern mit ihrer Kompromißlosigkeit und Rigorosität einen verbindlich ablehnenden Maßstab setzen wollte:

»Ich habe die Pyramiden gesehen (auf graphischen Abbildungen) und bin nicht im geringsten in Verwunderung geraten. Ich betrachte diese Monumente wie ein Spiel großer Kinder, die etwas Außergewöhnliches werden wollen ohne eine Vorstellung davon, wie sich daraus der geringste Nutzen erzielen ließe. Und ich habe ausschließlich Pfeiler ohne Proportionen gesehen, die ihre monumentalen Steinblöcke tragen; kein Gefühl für Architektur, keinerlei Schönheit; gewaltig ausgedehnt, das ist wahr, aber von roher Gestalt ...«

Daß wir von Goethe, der vielbeachtet ähnlich im Mittelpunkt der europäischen Geisteswelt stand und damit geschmacksprägend wirkte wie Voltaire, zunächst eine

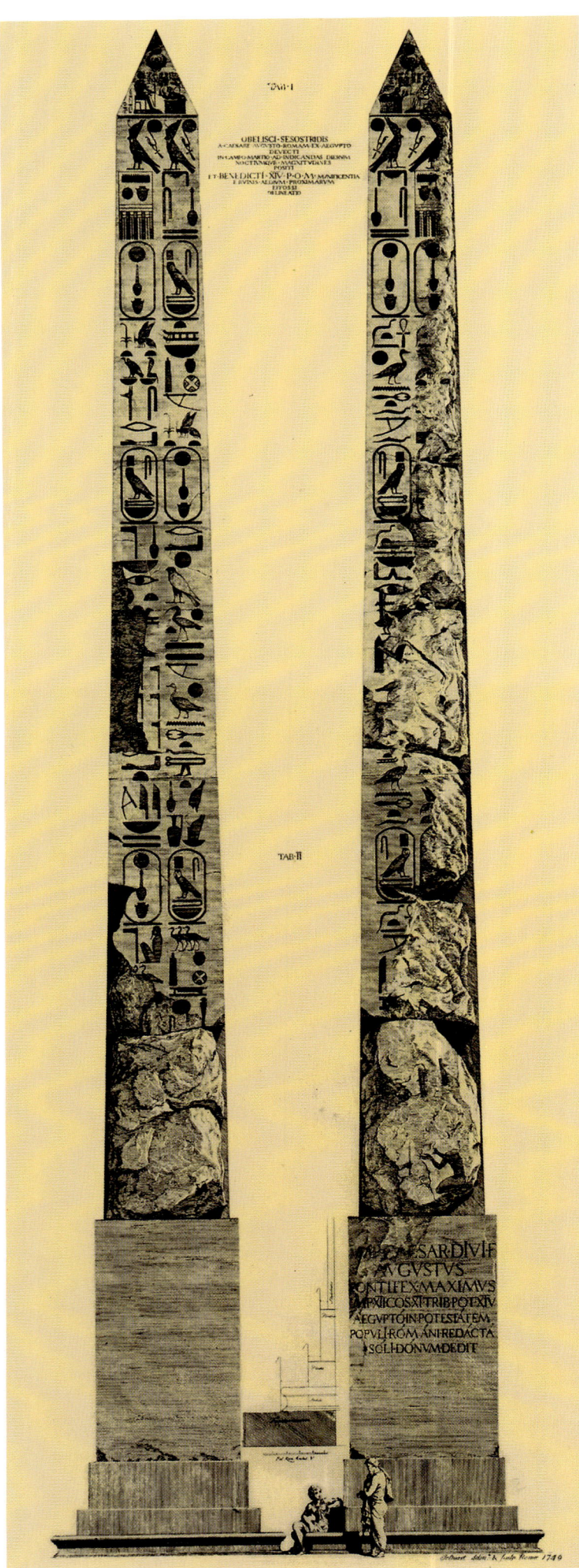

andere Meinung vernehmen, verdient herausgestellt zu werden. Dies insbesondere deshalb, weil ihn sein die wesentlichen Dinge meist richtig erfassendes Urteilsvermögen bei seiner ersten Begegnung mit einem echt ägyptischen Kunstgegenstand zu einer recht begeisterten Beurteilung hinriß. Immerhin hatte er ja mit dem Obelisken, der heute wiederaufgerichtet vor dem Rathaus Roms den Monte Citorio krönt, ein wirklich ägyptisches und kein ägyptisierendes Monument zu Gesicht bekommen; denn ursprünglich von Psammetich II. in der 26. Dynastie, also der letzten Renaissance Ägyptens, in Heliopolis aufgerichtet, entsprach dieser Obelisk in Proportionen, Präzision der Ausführung und Gestalt der Hieroglyphen den Kategorien der klassischen ägyptischen Tradition. Sicher hätte er es als seiner Persönlichkeit gemäß empfunden, daß sich seine Begeisterung fürs Ägyptische ausgerechnet an dem Obelisken entzündete, den Augustus – wie wir heute wissen – als Triumphalsymbol seines Sieges über Antonius und Kleopatra hatte errichten lassen, und zwar als ersten einer ganzen Serie von Obelisken, die von Ägypten nach Europa verschifft wurden. 1787 schrieb Goethe in einem Brief aus Rom:

»Ich bin wieder in die ägyptischen Sachen gekommen. Diese Tage war ich einigemal bei dem großen Obelisken, der noch zerbrochen zwischen Schutt und Kot in einem Hofe liegt. Er war der Obelisk des Sesostris in Rom zu Ehren des Augustus aufgerichtet, und stand als Zeiger der großen Sonnenuhr, die auf dem Campus Martius gezeichnet war. Dieses älteste und herrlichste vieler Monumente liegt nun zerbrochen, einige Seiten wahrscheinlich durchs Feuer verunstaltet. Und doch liegt er noch da, und die unzerstörten Seiten sind noch frisch, wie gestern gemacht und von der schönsten Arbeit. Ich lasse jetzt die eine Sphinx der Spitze und die Gesichter von Menschen, Sphinxen und Vögeln abformen und in Gyps gießen.«

Zehn Jahre später war Goethe ins Lager der Ablehnung übergegangen und rät: »Mit den ägyptischen Altertümern mache man sich aus Reisebeschreibungen mit so wenig Kosten wie möglich bekannt ...« Allerdings sollte die Positionsänderung Goethes angesichts einer Ägyptenmode, die vor allem in den Hieroglyphen mit Zauber und Geheimnis erfüllte Symbole sah – Dinge, die seinem grundsätzlich rationalen Weltverständnis zu Recht suspekt erscheinen mußten –, unsererseits ein gewisses Verständnis finden. Verständlich erscheint aber auch, daß man spätere Äußerungen Goethes zu Ägypten nur ungern zitiert, wie zum Beispiel seinen 1799 verfaßten Ausspruch: »Unser Meinung nach halten sich Liebhaber viel zu lange bei der ägyptischen, ältestgriechischen, altitalienischen besonders aber der altdeutschen Kunst auf, deren Verdienste meist nur ein historisches, selten ein höheres Kunstinteresse haben ...« Und in den »Zahmen Xenien« heißt es: »Nun soll ich mir am Nil gefallen, hundsköpfige Götter heißen groß: O wär ich doch aus meinen Hallen auch Isis und Osiris los.«

Goethes ablehnende Haltung ist wesentlich nicht nur durch die in der Tat sehr dürftigen Beispiele einer spätägyptischen Massenproduktion, die er innerhalb eigener Sammlungsbestände besaß, sondern vor allem auch durch Winckelmanns Haltung zur ägyptischen Kunst und dessen maßloser Griechenlandverehrung mitgeprägt worden. Dieser schreibt in seiner 1764 erschienenen »Geschichte der Kunst des Altertums«:

»Von der Einfalt des Gestalt ging man zur Untersuchung der Verhältnisse, welche Richtigkeit lehrte, und diese machte sicher, sich in das Große zu wagen, wodurch die Kunst zur Großheit und endlich unter den Griechen stufenweise zur höchsten Schönheit gelangte ... Die Ägypter haben sich nicht weit von ihrem ältesten Stil in der Kunst entfernt, und dieselbe konnte unter ihnen nicht leicht in die Höhe steigen, zu welcher sie unter den Griechen gelangt ist; wovon die Ursache teils in der Bildung ihrer Körper, teils in ihrer Art zu denken und nicht weniger in ihren sonderlich gottesdienstlichen Gebräuchen und Gesetzen, auch in der Achtung und in der Wissenschaft der Künstler kann gesucht werden ... Denn diese waren den Handwerkern gleich und dem niedrigsten Stande zugerechnet. Es wählte sich niemand die Kunst aus eingepflanzter Neigung ... folglich kann es keine verschiedenen Schulen, wie unter den Griechen, gegeben haben ...«

Vor dem Hintergrund der damals vorherrschenden Meinung Winckelmanns kann die so ganz andere Haltung des Zeitgenossen Johann Gottfried Herder geistesgeschichtlich nicht anders als »weltverändernd« bezeichnet werden. Herder hat als erster europäischer Denker wirklich die Eigenständigkeit einzelner Völker und ihrer Kulturen erkannt und damit auch Ägypten einen unabhängigen Platz in der Weltgeschichte zugewiesen; so schreibt er, der Ägypten und seine Kunst geistig »befreit« hat, über »Winckelmann, jenen ädlen Griechen unseres Vaterlandes«:

»... sein Auge nach den Griechen gebildet, und sein Geist mit dem Ideal griechischer Schönheit erfüllet, sucht wie bezaubert, dies Bild der Liebe allenthalben, auch wo ers nicht finden kann, und wo ers nicht findet, will er oft das nicht sehen, was er sehen könnte ... Der Geschichtsschreiber der ›Kunst des Altertums‹, der den Ursprung, das Wachstum, die Veränderung und den Fall derselben, es sei dies, wo es wolle, nebst dem verschiedenen Stile der Völker, Zeiten und Künstler lehren will, – muß dieser nicht ... unter den Ägyptern wandeln, als hätte er die Griechen nie gesehen ... Mußte (diese Kunstgeschichte) nicht überall gleich unparteiisch die Verdienste jeder Nation um die Kunst in all ihr Licht stellen und auf der Waage der Gerechtigkeit Vor- und Nachteile abwägen? ... Ich trete unter die Ägypter, um sie nach ihrer Denkart ... zu erkennen ...«

In diesem Sinne hat sich Herder immer wieder mit Ägypten beschäftigt und als erster vom Prinzip her das ganz Andersartige des ägyptischen Kunstanliegens entdeckt, obwohl – und das muß ausdrücklich herausgestellt werden – die

Links: Den Obelisken Psammetichs II. brachte Kaiser Augustus als erstes dieser Siegesmäler nach Rom, wo er heute auf dem Monte Citorio steht. Er diente als Zeiger einer Sonnenuhr. Die Inschrift auf der Basis erinnert an die Unterwerfung Ägyptens.

Oben: Von Bildwerken im Stil des Antinoos-Torso wurde die Vorstellung Europas von ägyptischer Kunst geprägt. Der im Nil ertrunkene Liebling Kaiser Hadrians ist als Osiris dargestellt. München, Staatliche Sammlung Ägyptischer Kunst

Hieroglyphen zu seiner Zeit noch nicht entziffert waren; denn in der Tat war die Unfähigkeit, die Hieroglyphen zu lesen, das Haupthindernis für eine Wiederentdeckung des Alten Ägypten und damit auch seiner Kunst. Als Folge bedeutete dies die völlige Unkenntnis ägyptischer Sprache und somit sämtlicher Originalquellen, verursacht durch eine beispiellose Fehleinschätzung des Wesens der Hieroglyphenschrift. Ihr Charakter als geheimnisvolle Symbole, an die jeder glaubte und geglaubt hatte, bildete über anderthalb Jahrtausende eines der tiefgreifendsten Mißverständnisse in der Tradierung menschlicher Kulturerzeugnisse. Ganz bewußt zur Irreführung in der Endphase der altägyptischen Kultur von deren verschiedenartigsten Vertretern in die Welt gesetzt, hatte es dem einst erstrebten Ziel des Spurenverwischens mit überwältigendem Erfolg entsprochen.

Die vielfältigen Vorbehalte des 18. Jahrhunderts gegen die ägyptische Kunst sind aber außer auf die genannte bedingungslose Präferenz alles Griechischen und die völlige Unkenntnis der Hieroglyphenschrift schließlich auch auf einen weiteren gravierenden Umstand zurückzuführen: Nur ganz wenige Reisende hatten unter abenteuerlichen Umständen Ägypten selbst besuchen können, das Land am Nil mit seinen unermeßlichen Schätzen war damit praktisch unbekannt und dies auch jenen, die darüber öffentlich zu urteilen gewohnt waren.

Was einzelne Kunstwerke anbetrifft, so war aus dem eigentlichen Alten Ägypten, also den Perioden vor der Ptolemäerzeit, in den Städten Europas so gut wie nichts vorhanden, mit Ausnahme einiger weniger Stücke, die durch die Römer über das Mittelmeer gelangt waren. Es waren vor allem die im Stadtbild von Rom sichtbaren Obelisken, die als altägyptische Originale der Urteilsfindung zur Verfügung standen, dann die von Kaiser Hadrian für seine Villa in Tivoli gesammelten und in Auftrag gegebenen Statuen, die vor allem der Ptolemäer- und Römerzeit angehörten, sowie auch jene meist aus der gleichen späten Epoche stammenden Exponate, die in den Sammlungen des Vatikans aufbewahrt wurden.

Was Wunder, daß unter diesen Umständen auch in Sachen Kunst ein wirklicher Durchbruch erst am Ende des Jahrhunderts mit Napoleons spektakulärem Ägyptenfeldzug 1798 einsetzte und durch die damit einhergehende erste große Expedition zur Erkundung Ägyptens, deren Ergebnisse in fünf monumentalen Foliobänden 1809 bis 1822 erschienen und das Wissen um das Land am Nil geradezu revolutionierten. Hatten zuvor schon die Französische Revolution und das Beispiel des Louvre der Idee der Gründung öffentlicher Museen in ganz Europa großen Schwung verliehen, so sollten diese neuen Institutionen auch mit Beispielen ägyptischer Kunst ausgestattet werden, die von nun an in großem Umfang direkt aus Ägypten nach Europa geholt wurden. Mit Champollions Hieroglyphenentzifferung 1822 fiel dann die zweite wirklich gravierende Barriere für ein tieferes Ägyptenverständnis, das nun auch im Bereich der Kunst rasch an Boden gewann.

»Kein Volk der Welt ist uns durch erhaltene Kunstwerke so gut in den verschiedenen Seiten seines Daseins bekannt wie das ägyptische«

Diese 1913 formulierte Aussage des großen klassischen Archäologen Ludwig Curtius basiert auf der in der Tat schon bald vorliegenden, geradezu überwältigenden Fülle an Originalanschauungsmaterial aus Ägypten, vermehrt durch Grabungsobjekte, wie sie nun in schneller Folge vor allem nach Paris, London, Turin und Berlin gelangten. Sie erlaubten, im Sinne Herders ein neues, eigenständiges Bild der altägyptischen Kultur zu entwerfen, wobei der Kunst ein immer gewichtigerer Teil zufiel. Je weiter sich die Kunstwissenschaft emanzipierte, desto eindringlicher wurde wiederum auch die Frage nach der Eigenart gerade der ägyptischen Kunst gestellt. Als einer der prominentesten Sprecher meldete sich Curtius zu Wort, der jenen die ägyptischen Kunstäußerungen wirklich umfassend charakterisierenden Satz niederschrieb: »Wenn Stil die Einheitsform der realisierten Anschauung ist, der ein Künstler die Natur unterwirft, so ist die ägyptische Kunst das größte Beispiel von Kunst überhaupt.«

Von den Ägyptologen sind unter den frühesten, die sich grundsätzlich zur Kunst äußerten, vor allem der eingangs zitierte Adolf Erman zu nennen, allerdings nur im Rahmen eines Kapitels seiner Kulturgeschichte, später dann Heinrich Schäfer mit seinem auch heute noch fundamentalen Werk »Von ägyptischer Kunst«; denn wer immer sich auch noch in unseren Tagen vorwiegend mit dem Thema Kunst

Links: Der Verwendung als Füllmaterial in einem späteren Pylonbau in Karnak verdanken wir die vollständig erhaltene Stationskapelle aus hellem Kalkstein, deshalb auch »Weiße Kapelle« genannt. Von Sesostris I. dem Amun-Re in seinem Fruchtbarkeitsaspekt gestiftet, veranschaulicht das kleine Bauwerk die Forderung nach strenger Tektonik, die im Mittleren Reich am konsequentesten erfüllt wurde. Pfeilerform, Bildschmuck und Inschrift stehen in vollkommener Harmonie zueinander und tragen sich gegenseitig in vollendeter Einheit.

Rechts: Das Felsgrab des Paheri in Elkab stammt aus der frühen 18. Dynastie. Die in Registern übereinander angeordneten Szenen aus dem Tätigkeitsbereich des Bürgermeisters erinnern in ihrer Themenvielfalt an die Erzählfreude der Gauherren im Mittleren Reich. Elkab war Kultort der Kronengöttin von Oberägypten und wurde während der Zweiten Zwischenzeit vorübergehend ein bedeutendes Provinzzentrum. Wegen der ungewöhnlichen Szenen wurde das Grab schon von den ersten Expeditionen im 19. Jahrhundert dokumentiert.

beschäftigt hat — alle bedienen sich der von Schäfer herausgearbeiteten Erkenntnisse, so insbesondere seiner Darlegung bezüglich der Darstellungsgesetze im Bereich des Flachbildes. Sie fußen auf seiner Gegenüberstellung unseres »Kunstempfindens« mit dem der Ägypter, die im Bereich ihrer Darstellungswelt keine Perspektive kannten, eine Eigenart, die Schäfer bei allen »nichtgriechisch« beeinflußten Völkern zu Recht als natürlich nachzuweisen gelang. Diese andersartige, gleichwohl aber »normalere« Darstellungsweise wurde bereits von Platon verteidigt, der die Perspektive als »Gesichtstäuschung« bezeichnet und fordert, ihr mit den Mitteln des »Messens, Zählens und Wägens« zu begegnen; neuerdings nennt man sie auch »aspektivische« Darstellungsweise (Emma Brunner-Traut). Damit wird unsere »Perspektive« der ägyptischen »Aspektive« als bestimmter »Geisteshaltung« gegenübergestellt, deren Eigenart es ist, »das Ganze durch überschaubare, sinnvoll ausgegrenzte und parataktisch (also nebengeordnet) in die Fläche gesetzte Teile zu erfassen«;

das heißt, jeder Gegenstand wird unter scheinbar anorganischer Aneinanderreihung einzelner Teile so dargestellt, daß er sich möglichst eindeutig identifizieren läßt, »der Künstler wählt die charakteristischsten Aspekte« und fügt sie dann nicht »organisch«, sondern als gedachtes Bild zusammen. Raum- und Zeitangaben sind nur in sehr begrenzten Ansätzen realisiert, etwa durch das Mittel der Staffelung oder durch ein Nebeneinander verschiedene Zeitschritte bezeichnender Bilder: In quasi kinematographischer Abfolge wird der Flug einer Räucherkugel von der Hand in die Räucherschale durch Aneinanderreihung von Bildern der Kugel in der Flugbahn dargestellt.

»Wie jede Hieroglyphe Bild ist, so ist auch jedes ägyptische Bild Hieroglyphe«

Die hier zitierte stark abstrahierende Äußerung von Curtius soll auf Versuche anderer Art, dem Wesen ägyptischer Kunst auf die Spur zu kommen, hinweisen, wurde doch

schon früh die enge Verbindung von Schrift und Bild erkannt.

Denn so wie die Schrift erst durch den Akt des Lesens, das heißt, erst in der Abfolge der einzelnen »Buchstaben«, in unserem Fall der »Hieroglyphen«, zu einzelnen Wörtern und damit verständlich wird, müssen der aspektivischen Darstellungsweise entsprechend auch alle ägyptischen Bilder und Bildwerke »gelesen« werden: Erst durch das Aneinanderfügen der einzelnen »Teilbilder«, die wiederum für sich selbst wie die Einzelhieroglyphe in sich abgeschlossene Einheiten bilden, ergibt sich der Sinn jeder übergeordneten Einheit, also des Ganzen.

Nimmt man im Flachbild, als dem wohl sprechendsten Beispiel, nun nicht nur den Einzelgegenstand oder Einzelkörper, sondern Szenen und Szenenfolgen, so sind auch sie nach dem gleichen Prinzip »lesend« zu erfassen. Am augenfälligsten wird dies in der Aneinanderreihung von Registern, die das Auge wie bei der Schrift in einem »Nacheinander« von Seheindrücken aufzunehmen hat und so erst begreifen kann. Mehrere Register wiederum fügen sich zu größeren Einheiten, und diese sind als Teil eines Raumes – sei es Grab oder Tempel – erneut Einzelglieder, die erst durch das »richtige« Miteinander ihren Sinn und ihre Funktion erhalten. Auf diese Weise sind Bild und Schrift im Alten Ägypten in der Tat sehr viel enger als in anderen Kulturen verbunden, zumal da die Schrift in Gestalt der Hierogylphen gleichfalls regelrechte Bilder zu Laut- und Deutungsträgern verwendet. So können beide, Bild und Schrift, sich so weit ergänzen, daß sie zu einer einzigen Komposition verschmelzen.

»Das ägyptische Dasein ist das eines Wanderers«

Dieser Satz Oswald Spenglers spielt auf die Tatsache an, daß ägyptische Kunst erst durch Bewegung und durch ein Nacheinander an Sinneseindrücken erfahren werden kann, im Flachbild vor allem durch die Tätigkeit des Auges, bei Gebäuden zusätzlich auch in der Bewegung auf das Ziel hin. »Die feierlich vorwärtsschreitende Statue, die endlosen, in strenger Folge geordneten Gänge der Pyramidentempel ... die Sphinxalleen, ... die Reliefzyklen der Tempelwände, an denen der Besucher entlangschreiten muß, die immer in bestimmter Richtung begleiten und leiten ...«, lassen Spengler zusammenfassend vom »Symbol des Weges« sprechen. Tatsächlich hat dieser Begriff, der von ihm als gemeinsame Formel für alles Altägyptische eingesetzt wird und das »Weltgefühl« der Ägypter beschreiben soll, vieles für sich, weil er für eine Vielzahl

altägyptischer Kulturäußerungen einen verbindenden Nenner bilden kann. So läßt sich vor allem die Religion Ägyptens als Beispiel heranziehen, wird sie doch von Ritualen beherrscht, die in Einzelszenen »geschehen« und im regelrechten Ablauf ihr jeweiliges Ziel erreichen: Das kultische Spiel ist in Szenen mit ihren jeweiligen Kulissen und dem dazugehörigen Kultgerät gegliedert; es entwickelt seine Magie im Prozeß des Geschehens, wobei die Naturkulisse oder Tempelanlagen im Großen die Bühne bilden. Speziell aber die Gebilde der Kunst lassen sich im Spenglerschen Sinne als Beleg seiner Kennzeichnung anführen, da sie sich, wie oben gesagt, nur in der Bewegung erfahren lassen. Seien es Werke der Architektur, der Plastik oder des Flachbildes, sie alle unterliegen den gleichen Gesetzmäßigkeiten: Nicht nur in der Aufnahme durch die Sinnesorgane, sondern in der Verwirklichung ihres Sinngehaltes als Sitz magischer Kräfte, die durch Rituale und Kulthandlungen »lebendig« werden, sind sie an die Bewegung gebunden. Damit aber wird das Verhältnis ägyptischer Kunst zur Religion angesprochen, da die Kunst wesentlich im Religiösen angesiedelt und als Kulisse und Kultgerät in

Verwendung war. Es ist sicher richtig, wenn in jüngster Zeit formuliert wurde: »Die Religion war der große Auftraggeber der Kunst«, und daraus gefolgert wird: »Will man über eine ästhetisierende Wertung der Kunstdenkmäler hinaus zu einem echten Verstehen kommen, so muß man die religiösen Vorstellungen kennen, die in der Kunst Gestalt annehmen« (Wolfhart Westendorf).

»In Ägypten ist das Bildwerk kein ›Gebilde‹, sondern . . . ein magischer Gebrauchsgegenstand«

In der Tat werden die ästhetischen Kategorien der ägyptischen Kunst im Sinne der Darstellung der »objektiven Wahrheit« erst verständlich, wenn man die Kunstwerke unter dem Gesichtspunkt ihrer Zweckbestimmung betrachtet. Dies meint Walther Wolf, wenn er sie als »magische Gebrauchsgegenstände« bezeichnet. In seinem 1957 erschienenen Buch »Die Kunst Ägyptens« legte er in diesem Zusammenhang dar, daß ägyptische Kunst keine Kunst um ihrer selbst willen ist; denn »in Ägypten ist das Bildwerk kein ›Gebilde‹, sondern ein Gerät, ein magischer

Gebrauchsgegenstand. Er trägt den Sinngehalt nicht in sich, sondern wartet darauf, daß sein Sinn durch den Akt seiner Verwendung erfüllt wird.« So braucht es auch keinen Betrachter – wie zum Beispiel die in der Statuenkammer (Serdab) beigesetzten Figuren, die nach ihrer Aufstellung niemand je wieder zu Gesicht bekam. Dafür aber ist der Typ des Dargestellten im Sinne der hieroglyphischen Eindeutigkeit – ob Stand- oder Sitzbild, Schreiber oder Würfelhocker – ebenso wie der Standort, an dem und durch den er in einem größeren Zusammenhang »funktionieren« soll, zur Entfaltung seiner in ihm enthaltenen magischen Möglichkeiten existentiell bedeutsam. Wird das Bildnis entfernt und aus dem vorgesehenen Zusammenhang genommen, so erlöschen seine durch das Ritual ins Leben gesetzten Zauberkräfte.

Ägyptische Kunst, mittels derer der sterbliche Mensch in den Kosmos einbezogen zu sein und damit gleichzeitig Unsterblichkeit zu erlangen hoffte, war für die Ewigkeit geschaffen. In ihrer äußeren Gestalt geprägt von dem besonderen Charakter des Landes mit seiner gleichbleibenden, vorherrschenden Linearität und der sich daraus im Plastischen ergebenden tektonischen Blockhaftigkeit, dem »stereometrischen Seinsraum« verhaftet, ist sie in ihrer besonderen stilistischen Ausprägung über Jahrtausende hinweg unverwechselbar »ägyptisch« geblieben. Indem man nicht den Schein, sondern das Sein darstellen wollte, die Idee jeden Objektes frei von Zufälligkeiten, führte man es sowohl bewußt wie auch unbewußt hinüber in den Bereich der Zeitlosigkeit. Aus der »Sehnsucht nach Dauer« und »dem Leiden an der Vergänglichkeit ... entspringt hier die aufwendigste Verewigungstechnik, die es jemals gegeben hat« (Jan Assmann).

Werkverfahren, Proportionskanon und »Künstler«
»Das Maß aller Dinge aber ist der Mensch«

Dieser Satz des griechischen Philosophen Protagoras trifft das alles bestimmende Grundprinzip ägyptischer Kunst genauer als jeder Versuch, das komplizierte Regelwerk im Detail zu beschreiben. Dennoch sollen hier einige der wichtigsten Beobachtungen näher erläutert werden.

So sind die Darstellungsprinzipien ägyptischer Kunst grundsätzlich auf die Wiedergabe von Flächenbildern bezogen; denn auch Werke der Plastik werden nur geradansichtig konzipiert, das heißt, jedes rundplastische Werk hat vier Ansichtsseiten, die man von der Fläche ausgehend gestaltet. Ziel jeder ägyptischen Darstellung ist nicht, ein »perspektivisches«, also ein »Scheinbild« zu schaffen, sondern es geht im Gegenteil darum, das »wahre Sein« zu zeigen und damit das im eigentlichen Sinne »Zeitlos-Wesentliche« auszudrücken. Um dies zu erreichen, bedient man sich der »aspektivischen« Darstellungsweise, bei der jedes Bild aus verschiedenen, auf die Wiedergabe des »Typischen« gerichteten Teilaspekten aufgebaut oder, präziser gesagt, »zusammengesetzt« wird.

Da jedes Bild zudem auf einen bestimmten Zweck hin angelegt ist und deshalb als magisch wirksames Gerät verstanden werden muß, das an einem bestimmten, durch seine Plazierung festgelegten Ort in Funktion tritt, muß seine Herstellung zwangsläufig bestimmten Regeln unterworfen sein. Diese sind mit der Reichseinigung in den Kernumrissen festgelegt und wandeln sich im Verlauf der Geschichte nur geringfügig.

Da, wie oben gesagt, der Mensch zum Maß aller Dinge gemacht wird, soll auch von der Wiedergabe seiner Person ausgegangen werden. Als aspektivisch zusammengebautes Wesen erscheint er mit einer im Profil gezeichneten Physiognomie, in die nur das Auge in voller Frontalsicht wie eine Hieroglyphe eingesetzt wird. Im Profil werden auch die wesentlichen übrigen Körperteile bis hinab zu den Füßen abgebildet, nur der Hals und der Schulterbereich sind wiederum frontal in die Fläche gebreitet. Diese Darstellungsprinzipien treffen im Flachbild sowohl auf das stehende wie auf das sitzende Menschenbildnis zu, dessen Mittelachse eine senkrecht von der Standlinie ausgehende Gerade bildet. Diese wiederum ist seit der 1. Dynastie bei Standfiguren in sechs Einzelabschnitte unterteilt, die vom Körpermaß der Faust bestimmt werden. Durch weitere durch die sechs Einzelabschnitte geführte Horizontallinien im Bereich der Knie, des Gesäßes, der Ellenbogen, der Achselhöhlen und schließlich des Schulter- und Haaransatzes sind die Proportionen einer Menschendarstellung

Kult und Ritual bevorzugten in Ägypten die Prozession. Die Verehrungsstätten für Götter und Verstorbene mit ihren hintereinander angeordneten Verehrungsstationen, den Aufwegen, Säulengängen und Pfeilerhallen sind ganz auf dieses Bedürfnis zugeschnitten. Links: Taltempel des Chephren in Gise, Altes Reich. Rechts: Säulengang im Tempel von Luxor, Neues Reich.

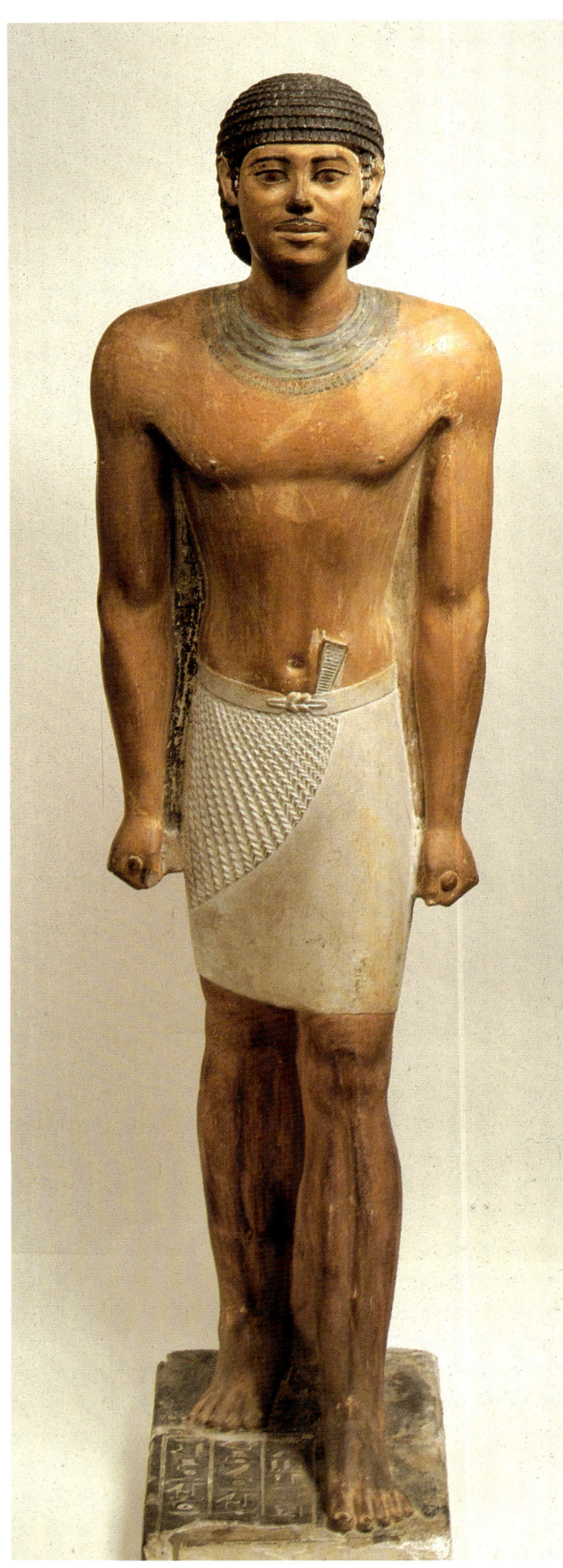

bis in die 25. Dynastie in der Höhe genau festgelegt: Zählen wir im Alten Reich inklusive der Standlinie sieben Horizontale, so wird seit dem Mittleren Reich eine zusätzliche Unterteilung durch horizontal und vertikal geführte Linien verwendet, so daß ein regelrechtes Quadratnetz entsteht.

»Sogar getrennt voneinander führen sie ihre Arbeiten so vollkommen gleichförmig aus, daß man erstaune...«

Ägyptisches Grundmaß in allem ist die »Elle«, die sich in 4 Handbreiten untergliedert, und diese wiederum in 4 Finger. 1⅓ Handbreiten aber ergeben eine »Faust«, mithin die Seitenlänge eines Proportionsquadrates. Erst spät, mit dem Ausgang der 25. Dynastie, wird, auf der Königselle (52,4 Zentimeter) fußend, die Gesamtlänge statt in 18 in 21¼ Quadrate unterteilt, bzw. allein bis zur Nasenwurzel werden bereits 21 Quadrate gezählt. Wie eng sich die frühen griechischen Bildhauer an ägyptischen Vorbildern orientieren, verdeutlicht eine Stelle bei Diodor von Sizilien, der sogar das richtige Maß des Spätzeitkanons zu nennen weiß (Text S. 411). Wiedergaben des sitzenden Menschen übrigens beruhen auf einer Einteilung in 14 Quadrate, gemessen an der lotrechten Achse von der Standlinie bis zum Haaransatz, und dies vom Mittleren Reich an gleichfalls bis in die 25. Dynastie. Doch lassen sich trotz des Proportionskanons in den einzelnen Großepochen Unterschiede aufzeigen. So werden im Neuen Reich bei gleichbleibender Gesamthöhe die Beine der dargestellten Personen im Verhältnis zum Oberkörper länger als im Alten Reich wiedergegeben, was auch für die Spätzeit gilt.

Ein weiteres Grundprinzip ägyptischer Darstellungsweise äußert sich in der normalerweise nach rechts gewandten Ausrichtung der Figuren. Diese Grundausrichtung liegt in der Tatsache begründet, daß alles richtige Handeln naturgemäß von »rechts« her geschieht, einer Anordnung, der auch die Hieroglyphen folgen, die in der Regel gleichfalls nach rechts gerichtet erscheinen, so daß man ihnen beim Lesen gleichsam entgegenschreitet. Bei Standfiguren, auch solchen im Rundbild übrigens, wird stets das linke Bein vorgestellt, eine Haltung, mittels derer die volle Handlungsfähigkeit des Dargestellten zum Ausdruck gebracht wird.

Mit dem auf der Standlinie aufgesetzten lotrechten Achsenkreuz und dem Proportionskanon, der alle Darstellungen nach Maß und Zahl einem genau festgelegten Regel-

Ägyptische Plastik ist entgegen dem ersten Eindruck nicht statisch zu begreifen, sondern gibt verschiedene Bewegungsstadien wieder. Wie wir aus Texten erfahren, wird die im Bild dargestellte Person entweder durch das Licht der Sonne oder das gesprochene Wort aus dem zeitlosen Ewigkeitstraum zu ständig sich erneuerndem Leben erweckt. Basis und Rückplatte sind als Achsenkreuz Bestandteile des immanenten Seinsraumes, aus dem das Individuum herausschreitet (links) oder sich, wie der Würfelhocker, erhebt (rechts). Statue des Adjema, 5. Dynastie, und Würfelhocker des Hetep aus dem frühen Mittleren Reich.
Kairo, Ägyptisches Museum

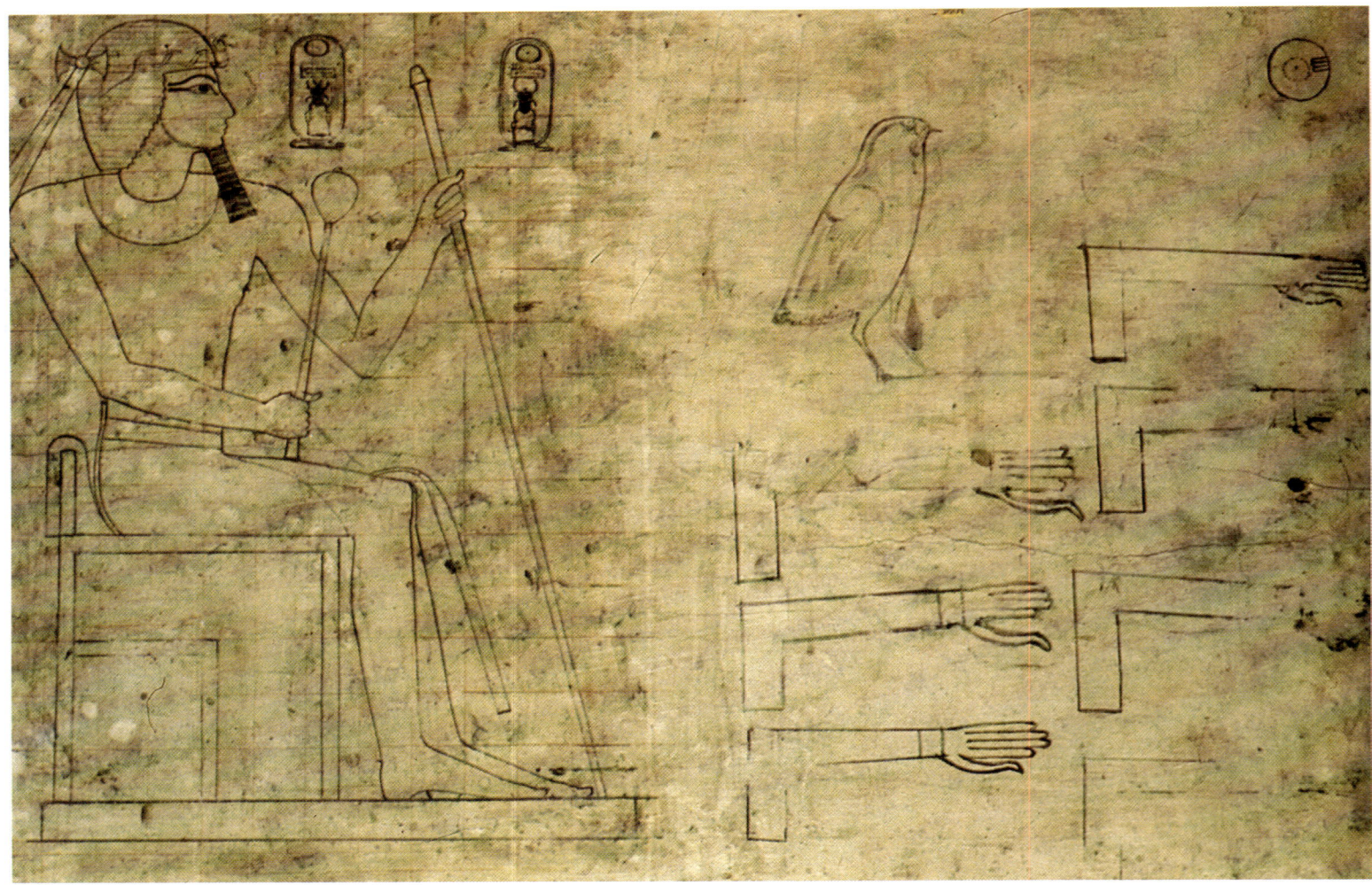

system unterwirft, hatten die Ägypter mindestens seit der Narmerpalette (Abb. S. 44), die bereits dem Kanon entspricht, eine Möglichkeit gefunden, ihrer Bildwelt einen unverrückbaren, den Gesetzen der Maat, also dem immanenten Ordnungsprinzip des Kosmos, entsprechenden Rahmen zu geben. Damit waren die Bildwerke »wahr« und »richtig« und als solche ihrem Zweck entsprechend magisch voll aktionsfähig.

Was nun die Darstellung mehrerer Menschen angeht, so wird je nach Bedeutung in der Größe unterschieden. So wird der König den Feinden gegenüber sehr viel größer wiedergegeben, ähnlich und im gleichen Sinne wie der Grabherr im Flachbild die ihm unterstellten Personen meist erheblich an Größe übertrifft. Oftmals nimmt er sogar die volle Wandhöhe ein, während sich seine Untergebenen in mehreren Registern auf ihn zubewegen. Durch diese Art der Hervorhebung wird im Zusammenhang mit anderen Szenen eine Gliederung erreicht: Mittels der optischen Unterordnung und durch die Richtung und Bezogenheit des Szenenablaufs auf ein bestimmtes Ziel hin, etwa den wiederholt auftretenden Grabherrn, ergibt sich schon auf den ersten Blick ein sinnerklärendes Gegenüber. Im größeren Zusammenhang übrigens orientieren sich derartige Komposit-Szenenfolgen im großen Verbund vor allem an der Lage bestimmter Kultstellen innerhalb der Architektur, wie sie in Gräbern unter anderem durch die Scheintüren gegeben sind.

»Ich kenne die Teile der richtigen Berechnung ... so daß seine Umrisse hervortreten und ein Körper an seine richtige Stelle kommt«

Was das Werkverfahren betrifft, so wurde im Bereich der Flachbilder bei größer angelegten Folgen, wie den Reliefoder Malereizyklen der Gräber, im Team gearbeitet. Handelt es sich um ein Relief, so sind dabei grundsätzlich drei Künstlersparten vertreten: die Vorzeichner, die Bildhauer und die Maler. Nachdem der oder die Vorzeichner auf dem entsprechend präparierten Untergrund zunächst die Hauptproportions- oder andere Hilfslinien (letztere übrigens häufig nicht ganz geradlinig, weil sie meist mit der wippenden Schnur auf die Wand gebracht wurden), gelegentlich auch das Quadratnetz aufgetragen hatten, wurde in roten Umrissen zunächst die Vorzeichnung aufskizziert. Dieser Vorzeichnung folgte, fußend auf dem später gegebenen Gesamteindruck, die Korrektur in Schwarz, die nunmehr die eigentlich verbindliche Kontur darstellt. In diese wurden im Fall reiner Malerei die Farben aufgetragen oder, wenn die Absicht bestand, ein Relief – und zwar ein erhabenes – zu erhalten, von der Kontur ausgehend die sie außen umgebende Fläche abgearbeitet. Zwei Grundarten des Reliefs übrigens hat der Ägypter verwendet. Zum einen seit der späten Negade-II-Phase das erhabene Relief, bei dem der gesamte Untergrund mit Ausnahme der Darstellungen, wie bei den Paletten und

*Links: Seit dem Mittleren Reich
diente zur exakten Proportionsfest-
legung für Statuen, Reliefs und
Malerei das Quadratnetz. Mit seiner Hilfe ließ sich ein Entwurf in
jeder beliebigen Größe übertragen.
Holztafel mit Skizzen, Neues
Reich.
London, British Museum*

*Rechts: Die Herstellung von Wand-
reliefs bedingte folgende Arbeitssta-
dien: Vorzeichnung und Korrektur,
Abarbeiten des Untergrundes um
Figuren und Hieroglyphen herum,
Modellieren der Details, Glätten
und Bemalen. Unvollendete Szene
aus dem Königsgrab des
Haremhab.*

*Rechts unten: Bei der Herstellung
von Werken der Rundplastik wurde gemäß dem Gesetz der Rich-
tungsgradheit von vier Seiten gearbeitet. Die Hilfslinien mußten
während des Arbeitsprozesses ständig erneuert werden. Königskopf
der Ptolemäerzeit.
München, Staatliche Sammlung
Ägyptischer Kunst*

frühen Reliefs, gleichmäßig abgearbeitet wird. Von dieser aufwendigen und arbeitsintensiven Technik wird allerdings im Verlauf des Alten Reiches abgegangen und der Untergrund nur noch in unmittelbarer Umgebung der Bilder abgetragen. Die zweite Grundart bietet das vertiefte Relief, das seit der 4. Dynastie in zunehmendem Maße auftritt und wegen seiner intensiven Schattenzeichnung, verursacht vor allem durch seinen tief eingeschnittenen, hartkantigen Hauptumriß, gern bei Außendarstellungen verwendet wird. Eine zusätzliche Bewegung der Innenoberfläche wird aber auch hier durch in erhabenem Relief ausgeführte Einzelheiten erreicht. Da alles in allem der Aufwand für ein vertieftes Relief wesentlich geringer war, erstaunt es wenig, daß gerade diese Technik vor allem bei den großflächigen und vielfigurigen Bildfolgen der Ramessiden zur Anwendung gelangte.

Auch bei rundplastischen Werken ging man, was das Werkverfahren angeht, im Prinzip ähnlich vor: Auf den zu bearbeitenden Block wurden zunächst das Achsenkreuz bzw. die Hauptführungslinien oder das Quadratnetz dem Proportionskanon entsprechend auf allen vier Seiten aufgetragen. Dann erfolgte, gleichfalls auf allen vier Seiten, das Skizzieren der Umrißlinien, und zwar so, daß jeweils die Hauptansichtsseite der gewünschten Skulptur als Flächenbild entworfen wurde. Erst danach setzte, wiederum an allen vier Seiten, die eigentliche Bildhauerarbeit ein, während derer die Hauptteile wie Kopf oder Körper ihrem

Ich kenne das Geheimnis der Gottesworte und die Ausführungen der Festzeremonien. Jede Zauberkraft habe ich angewendet, ohne daß mir etwas davon entgangen ist; denn ich bin wahrhaftig ein Künstler.
Ich kenne die Teile der Umwandelbarkeit und die Abschätzungen der richtigen Berechnung, das Herausnehmen und das Eindringenlassen, so daß seine Umrisse hervortreten und ein Körper an seine richtige Stelle kommt.
Ich kenne das Gehen einer Männerfigur und das Kommen einer Frauengestalt, die Stellung eines gefangenen Vogels, den Sturmschritt dessen, der einen Einzelgefangenen erschlägt, wobei das Auge auf sein Zweites blickt und das Gesicht des Feindes in Furcht versetzt wird, das Erheben des Armes von dem, der ein Nilpferd erlegt sowie das Kommen des Laufenden.

Stele des Iriirusen aus Abydos, 11. Dynastie

Volumen entsprechend zunächst »blockhaft« gestaltet wurden.

Erst in den letzten Phasen der Arbeit ging man daran, die notwendigen Übergänge zu schaffen, die die Seiten miteinander rundplastisch in Kontakt brachten. Dennoch: ägyptische Plastik ist immer geradansichtig konzipiert; deswegen sind Schrägansichten eigentlich »unerlaubt«.

»Ich beurteilte jedermann nach seiner Farbe ...«

»Wesentlich« zum ägyptischen Bild, gleich ob Plastik oder Relief, gehört die Farbe: Diese ist einmal durch die Farbe des Materials, vor allem also des Gesteins, Granit, Grauwacke usw., gegeben, zum anderen aber durch speziell präparierte, mit Bindemitteln versetzte Farben mineralischer Substanz, wenn man von der Verwendung von Ruß absieht. Während in der Plastik nur Teile der Skulptur mit Farben versehen wurden, bewußt im Zusammenklang mit der Farbe des Steins, waren die Reliefs ganz mit Farben bedeckt – ja, in der 4. Dynastie wurden sogar eingelegte Farbpasten verwendet: »So war er es«, sagt der Erfinder dieser Technik in seinem Grabe, Nefermaat, »der seine Götter in einer Schrift machte, die man nicht wegwischen kann« (Abb. S. 348). Verwendet werden neben Schwarz und Weiß in der Regel nur die vier Grundfarben Rot, Gelb, Grün und Blau sowie Braun und das durch Mischen gewonnene Grau und Rosa. Flächig gleichmäßig aufgetragen bringen nur die späte 18. Dynastie und vor allem die Amarnazeit eine Variante, treten doch in dieser Phase nun auch abgestufte Farbtöne auf.

Da Farben in Ägypten ebenso wie seine Gestalt das Wesen eines Gegenstandes bezeichnen sollen, sind sie vom atmosphärischen Erscheinungsbild unabhängig, orientieren sich aber dennoch meist am Naturvorbild: Kanonische Festlegungen wie die braune Hauttönung des Mannes und die gelbliche der Frau sind auch hier wie beim Proportionskanon schon früh die Regel. Daß übrigens die Farbe tatsächlich einen der entscheidenden Sinngeber jeder Darstellung bildet, offenbart ihre symbolische Bedeutung. So verbindet sich zum Beispiel mit Grün die Vorstellung von »grünen«, »frisch sein« und somit auch der Aspekt der Wiedergeburt: Osiris kann somit »grün«, aber auch schwarz dargestellt sein, der Farbe des fruchtbaren Ackerbodens, der der gleiche Sinn zukommt. Und während Blau vor allem als Farbe der Göttlichkeit gilt, wird Gelb (Gold) oft als Unsterblichkeitssynonym verstanden, Rot dagegen als die Farbe der Wüste und Bestandteil des Feuers als Farbe des Seth und damit des Feindlichen und Bösen. Welche große Bedeutung der Farbe beigemessen wird, zeigen schließlich auch altägyptische Aussagen wie »ich beurteilte jedermann nach seiner Farbe« oder eine Ritualpassage, wo es heißt: »Nicht habe ich eine deiner Farben der eines anderen Gottes gleichgemacht.«

Skizzen und Entwürfe sind uns vor allem auf Ostraka, das sind flache Kalksteinabschläge, erhalten geblieben, die seit dem Alten Reich und wohl auch schon während der Frühzeit verwendet werden, da Papyrus als das »dem Palast gehörige«, wie unser »Papier« wörtlich aus dem Altägyptischen übersetzt bedeutet, als sehr kostbares Gut naturgemäß nicht zur Verfügung stand. Eine Vorstellung von der Vielzahl der Themen, die die Zeichner und Maler bewegten, geben die nach Tausenden zählenden Ostraka des Neuen Reiches, die uns durch einen Glücksumstand vor allem aus Der el-Medine, der Handwerker- und Künstlersiedlung von Theben-West, erhalten blieben. Als Abfall in einem Brunnenschacht dem farbzerstörenden Licht entzogen, sind sie nicht nur Belege dafür, mit welch unglaublicher Sicherheit und Spontaneität der ägyptische Künstler mit der Zeichnung umzugehen verstand, und das auch ohne jeden Proportionskanon, sie sind auch Belege einer außerhalb der Musterbücher vorhandenen Malerphantasie, die auch die Karikatur oder die Pornographie kennt.

»Ich kenne das Geheimnis der Gottesworte ... und jede Zauberkraft habe ich angewendet ... denn ich bin wahrhaftig ein Künstler«

Verbindliche Vorlagen allerdings hatten sie alle zu verwenden, wenn es um öffentliche oder private Aufträge ging. Diese aber fanden sich in den von den Ägyptologen als »Musterbücher« bezeichneten geheimen und seit alters

Links: Sitzendes Paar in dem unvollendeten Grab des Wesirs Ramose (Theben Nr. 55). Die außerordentlich feinen Kalksteinreliefs repräsentieren den Stil Amenophis' III. unmittelbar vor der Amarna-Zeit.

Rechts: Der Oberbildhauer Maja und seine Gemahlin Merit aus ihrem Grab in Sakkara. Er war wesentlich an der Gestaltung der Nach-Amarna-Kunst beteiligt. Leiden, Rijksmuseum van Oudheden

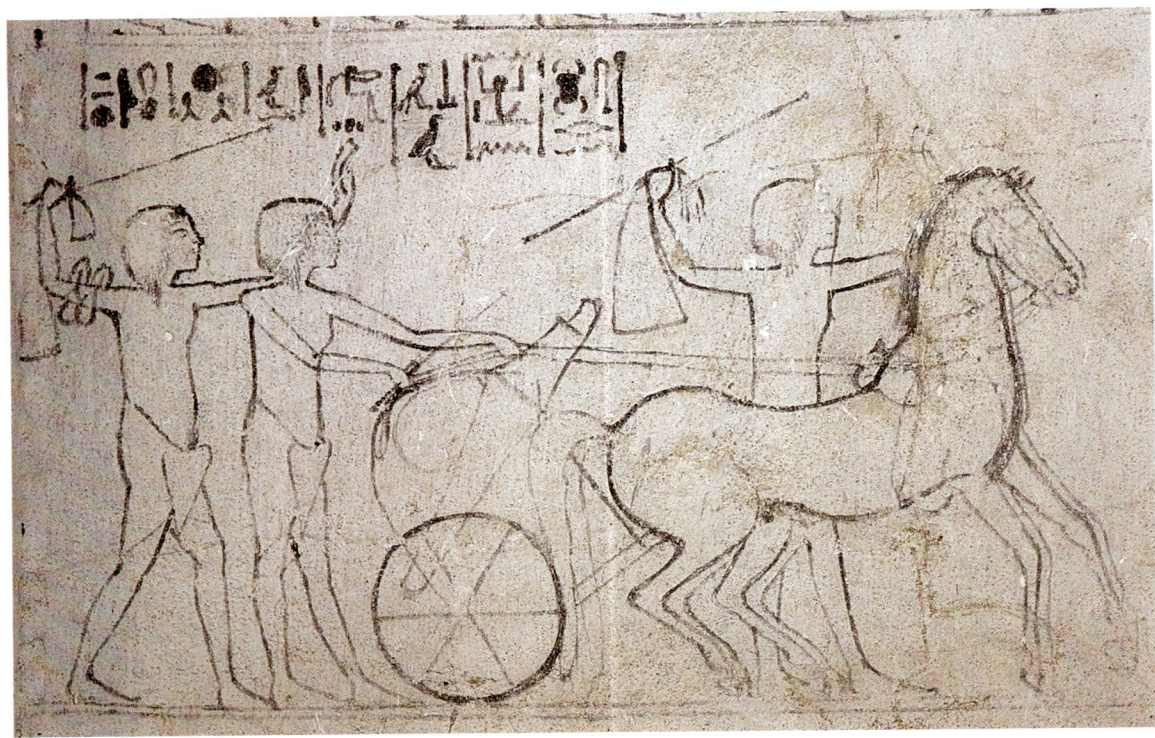

*Links: In schwarzer Farbe auf-
getragene Vorzeichnung eines
Gespanns in einem unvollendeten
Felsgrab in el-Amarna.*

*Rechts: Zwei Nekropolenarbeiter
erstellten sich in der 18. Dynastie
das Grab Nr. 291 in Der el-Medine.
Die sorgfältig konzipierten Malereien blieben unvollendet, die Bin-
nenzeichnung wurde nicht mehr
ausgeführt.*

tradierten Vorlagen, die auf Papyrus aufgetragen im »Lebenshaus« nach alten Vorlagen immer wieder neu geschrieben, zeitgemäß abgewandelt und dort auch häufig verwahrt wurden. Die Ägypter bezeichnen sie als »Gottesbücher«, denn ihr Inhalt war heilig, wie auch die Schreiber der »Gottesbücher« Priester und Künstler zugleich waren, die am Lebenshaus Jüngere in der Kunst unterrichteten und in das Regelwerk einführten. Daß die »Gottesbücher« tatsächlich alle Vorlagen und Vorschriften für die Bildproduktion enthielten, wissen wir aus einer allerdings späten Bücherliste aus Edfu, in der auch ein Gottesbuch mit dem Titel »Die Vorschrift für das Beschreiben der Wand und das Bemalen der Körper« aufgeführt wird. Aber auch schon aus dem Mittleren Reich existiert dafür ein Beleg auf einer Stele im Louvre, die unter anderem vermerkt: »O all ihr Priester, die ihr in die Gottesworte eingedrungen und der Schrift kundig seid, ihr seid es, die im Lebenshaus erhellt wurden ... und in die Schriften des Bücherhauses eingedrungen sind ... ihr, die ihr das Grab dekoriert...« Zu diesen Eingeweihten wird nach eigenen Angaben auch der unter Ägyptologen wohl bekannteste ägyptische Künstler, Iriirusen, vormals als Irtisen bekannt, gehört haben. Von ihm wissen wir, weil sein Sohn seinem bewunderten Vater mit einer Stele ein Denkmal setzen ließ, um damit auf dessen außerordentliche Fähigkeiten sowohl als Künstler wie als Eingeweihter hinzuweisen. Nach neuester Interpretation dieses einzigartigen Textes, der uns ausführlich, wie sonst nie belegt, Einblick in das Schaffen und das Wissen ägyptischer Künstler vermittelt, war Iriirusen wahrscheinlich sogar der Erfinder des Quadratnetzes und damit einer, der zu Recht von sich sagen kann: »Nicht existiert ein mit einer solchen Sache Hervorgetretener vor allen Leuten außer mir.«
Ob allerdings außer Papyri im »Lebenshaus« auch Bild-

hauervorlagen und -entwürfe aufbewahrt wurden, wie wir sie vor allem aus Amarna und der Spätzeit kennen – jenen Epochen, in denen die Kunst sich ganz besonders mittels dieser Art Vorlagen zu erneuern suchte –, ist bislang unklar. Näher liegt wohl, sie dem »praktischen« Bereich zuzuordnen und sie als Vorlagen in der Werkstatt anzunehmen, der Bildhauerwerkstatt oder dem »Goldhaus«, wie der Ägypter sie nannte. Allerdings war auch dies nie ein profaner Ort, da ja hier nach ägyptischer Auffassung im wahrsten Sinn des Wortes neues Leben geschaffen und jeder hier entstandene Gegenstand zum erstenmal auch durch das Ritual der Mundöffnung magisch realisiert wurde. Auch dafür, daß beide Stätten, »Lebenshaus« und »Goldhaus«, diese unterschiedliche Ausrichtung besaßen, läßt sich übrigens eine zu diesem Aspekt seltene ägyptische Aussage heranziehen. Sagt doch ein gewisser Jachmesiu auf seiner Statue im Museum von Kairo: »Ich bin ein Kenner der Geheimnisse im Lebenshaus der Gestaltungen, einer, der Osiris im Goldhaus lebendig macht.«

»Und es gibt keinen Künstler, dessen Fähigkeiten vollkommen sind«

Mit diesem Zitat aus der Weisheitslehre des Ptahhotep sind wir bei der Frage nach dem Künstler im Alten Ägypten: Gab es ihn überhaupt, und wie haben wir seine Leistung als Individuum einzuschätzen? Diese sicher sehr komplexe Problematik läßt sich noch immer schwer beantworten. Einmal nämlich muß davon ausgegangen werden, daß nahezu alle künstlerische Arbeit im Team von verschiedenen Leuten ausgeführt wurde, von denen jeder eine besondere Fertigkeit beherrschte. Damit aber ist eine »Gesamtkünstlerpersönlichkeit« im Sinne der Renaissance nur schwer vorstellbar, lagen doch die verschiedenen

Aegypten haben die bekanntesten unter den alten Bildhauern besucht, Telekles und Theodorus, die Söhne des Rhökus, von denen das Bild des Pythischen Apollo auf Samos herrühre. Die eine Hälfte desselben sey, nach der Sage, auf Samos von Telekles verfertigt, und die andere in Ephesus von seinem Bruder Theodorus. Da man die beiden Stücke zusammengefügt, haben sie so gut aneinander gepaßt, daß man glauben sollte, die ganze Bildsäule wäre das Werk eines Meisters. Diese Gattung der Bildhauerei sey aber bei den Griechen gar nicht üblich, die Aegypter hingegen haben es darin zur höchsten Vollkommenheit gebracht. Diese schätzen nämlich bei den Bildsäulen die Verhältnisse nicht nach dem Augenmaße wie die Griechen, sondern, so bald sie den Stein gebrochen haben, bestimmen sie schon das gehörige Maß für alle einzelnen Theile des Bildes von den kleinsten bis zu den größten. Die Höhe des ganzen Körpers theilte man in 21¼ Theile, und messe darnach die Verhältnisse aller Glieder ab. Wenn sich daher die Künstler nur über die Größe der Bildsäule verabredet haben, so führen sie, getrennt voneinander, ihre Arbeiten so vollkommen gleichförmig aus, daß man erstaune über diese eigenthümliche Geschicklichkeit.

Diodor von Sizilien, um 50 v. Chr.
(nach Julius Friedrich Wurm, 1854)

Arbeitsschritte vom Entwurf bis zur Vollendung in ganz unterschiedlicher Hand. Dennoch ist wohl bei der Durchführung eines jeden Auftrags auch eine künstlerische Oberleitung Voraussetzung. Denn bei aller Gleichförmigkeit der Vorlagen, wie wir sie annehmen, ist jedes Grab und jeder Tempel erwiesenermaßen deutlich unterschiedlich gestaltet, nichts führt in Richtung Uniformität, sondern im Gegenteil, das Besondere, andere, dem Individuum Rechnung Tragende wird verwirklicht. Sowohl im Architektonischen wie besonders in der Auswahl, Gestaltung, Gruppierung der Szenen und ihrer Zusammenfügung zu einem größeren Organismus sind die ägyptischen Kunstäußerungen derart unterschiedlich, daß ein frei planender Umgang mit den vorhandenen Gestaltungsmitteln zwangsläufig angenommen werden muß. Immer wieder lassen sich zudem im Detail wie seltener auch bei der Themenwahl Innovationen beobachten, die nur auf eine besondere individuelle Leistung zurückzuführen sind. Schließlich sind Qualitätsunterschiede – unabhängig von der Tatsache, daß durch die generelle Teamarbeit ganz allgemein ein hohes handwerkliches Können zu beobachten ist – unübersehbar. Meist übrigens sind derartige Qualitätsunterschiede eindeutig mit der speziellen gesellschaftlichen Position des Auftraggebers in Verbindung zu bringen; je wohlhabender und mächtiger er auftreten kann, desto qualitätsvoller wird auch für ihn gearbeitet: Er wußte, zu wem er mit seinem Auftrag gehen mußte, um zufriedengestellt zu werden. Dieser aber kann nur ein im übergeordneten Sinn auch der Zusammenschau besonders befähigter Mann, also dann eigentlich nur ein Künstler gewesen sein. Überzeugend sind derartige Einzelleistungen in erster Linie im Bereich der Rundplastik nachweisbar. So wollen die mächtigsten Männer des Reiches besonders augenfällig das Einmalige und Individuelle, und sie finden auch den, der es ihnen

liefern kann. Nehmen wir im Alten Reich, einmal abgesehen von den sehr unterschiedlichen Königsbildnissen, die »porträthafte« Gestaltung eines Hemiunu, eines Anchaef usw., im Mittleren Reich die Bildnisse der späten Herrscher der 12. Dynastie und ihrer Würdenträger, wie das eines Chertihotep oder eines Sebekemsef, und schließlich auch zahlreiche Beispiele aus dem Neuen Reich und der Spätzeit, so sehen wir, daß man sich durchaus »individuelles« Aussehen »leistet« und auch hinsichtlich der gewünschten Qualität den Künstler findet, den es den vielen, auch in unserem Sinne unsterblichen Werken zufolge gegeben haben muß. Ihm selbst begegnen wir dabei allerdings nur selten, aber wenn er auftritt, wie der »Meister des Ptahhotep-Grabes« Nianchptah in Sakkara oder der Maler Irj in Mer, um zwei Beispiele aus dem Alten Reich zu nennen, handelt es sich bei der Darstellung seines Auftritts immer um eine abweichende, gleichsam Privates ins Bild bringende Szenerie. Dieses intime Verhältnis des Künstlers zu seinem Auftraggeber läßt sich während der ganzen ägyptischen Geschichte immer wieder beobachten; denn schon in den frühzeitlichen Abydos-Gräbern darf in »Gottesnähe« neben den Haremsmitgliedern und Tanzzwergen und anderen zur ausgesprochenen Intimsphäre gehörenden Mitgliedern des königlichen Hofes auch der Künstler seinen ewigen Ruheplatz einnehmen. Und ist es später zu Echnatons Zeit nicht auch der Bildhauer Bak, der von sich sagt, daß er »von Seiner Majestät selbst belehrt worden ist«? Eine Stele in Berlin überliefert das Bildnis des »Obersten der Künstler bei den sehr großen Denkmälern des Aton-Tempels in Achetaton«.

Ägyptische Kunst ist ohne den Künstler nicht denkbar, nur werden wir ihn als individuelle, mit Namen faßbare Persönlichkeit nur in den seltensten Fällen ausmachen können.

In einer Abfallgrube des Hauses P 47,2 – so die Kennzeichnung des Ausgräbers Ludwig Borchardt – in el-Amarna fand sich unter anderem ein Gefäßfragment mit dem Namen eines gewissen Thutmosis. Seither werden alle in einem Raum dieses Hauses gefundenen Stuckbildnisse, darunter auch die berühmte Büste der Nofretete, diesem Thutmosis als Bildhauermeister zugewiesen. Es besteht kein Zweifel, daß die hier abgebildeten Köpfe und Masken nicht als fertige Kunstwerke zu betrachten sind, sondern entweder als Vorlagen für Statuen oder als Abformungen. Es könnte sich sogar teilweise um Masken handeln, die von lebenden Personen abgenommen wurden. Mit außerordentlicher Vorsicht

sind die vorgeschlagenen Zuweisungen an bestimmte Mitglieder der königlichen Familie zu nehmen. So sollen die Köpfe auf der linken Seite und rechts unten Amenophis III. darstellen, der Kopf rechts Mitte Echnaton, oben rechts Semenchkare oder Tutanchamun, das Bildnis daneben könnte den späteren König Eje meinen. Lediglich der Kopf unten links würde als Höfling anzusprechen sein.

Die Herausbildung des ägyptischen Staates und die Entwicklung der Kunst

Obwohl hinsichtlich der Vorgeschichtsentwicklung Ägyptens noch immer viele Fragen offen sind, läßt sich anhand der in den letzten Jahren und Jahrzehnten gewonnenen Forschungsergebnisse folgendes Bild skizzieren: Die entscheidende Phase der Seßhaftwerdung des Menschen, verbunden mit der Domestikation von Pflanze und Tier, vollzieht sich im Bereich des späteren Ägypten in stetig wachsendem Tempo in der Zeit von etwa 12500 bis in die Jahre um 4000 v. Chr. In diesem Zeitraum erfolgt der Übergang von einer zunächst ganz auf das Sammeln und Jagen abgestellten nomadisierenden Lebensweise mit der Zwischenstation einer Spezialisierung und Intensivierung dieser Tätigkeiten bei zeitweiliger Seßhaftigkeit. In der Folge machen gezielter Pflanzenanbau und kontinuierliche Haustierhaltung schließlich die ständige Anwesenheit der Bauern bei Pflanze und Tier erforderlich, so daß nun infolge der Veränderung der ökonomischen Verhältnisse

auch in festen Siedlungen gelebt wird. Dies wiederum führt zu einer immer stärkeren örtlichen Hierarchie, die vor allem dem Clan-, später Stammeshäuptling und seiner Funktionärskaste wachsende Vorrechte und damit Machtpositionen einräumt.

Ab etwa 4000 v. Chr. nutzen die nunmehr seßhaften Bauern zunächst die natürlichen Bewässerungsmöglichkeiten, um ihre Ernteergebnisse zu steigern, das heißt, sie bearbeiten nur den von der Natur zufällig bewässerten Boden; durch gemeinsame, organisierte Arbeitsleistungen und Vervollkommnung des Handwerksgeräts werden aber bereits größere Ernteerträge erzielt. Diese Periode der ausschließlichen Nutzung natürlicher Bewässerungsgegebenheiten dauert bis etwa 3500 v. Chr. und umfaßt in Unterägypten in erster Linie die Kulturzentren von Heluan und Merimde, die nach jüngsten Untersuchungen älter sind als Badari, die früheste in Oberägypten bislang faßbare Kultur. In Merimde, wo besonders Schweine gehalten und das Getreide in großen Silos gehortet wurde, bezeugen Handwerksgerät wie Beilklingen in klarer Formgebung und bereits differenzierte, zudem auch mit Dekor versehene Keramik ein sich entwickelndes Kunstverständnis, das nicht mehr ausschließlich zweckgebunden erscheint. Nur wenig später, und zwar wiederum in Merimde, werden die ältesten bislang nachweisbaren plastischen Bildwerke Ägyptens geschaffen: Aus Knochen geschnitzt, belegt die Figur eines Rindes die Bedeutung, die diesem nun in Herden gehaltenen Tier zukam. Besonderes Aufsehen erregte aber ein erst vor kurzem gemachter Fund eines weiblichen Terrakottakopfes (Abb. S. 37); mit seiner ovalen Grundform und den als einfache Öffnungen gestalteten Augen, Mund und Nase weist er eine geradezu verblüffende Ähnlichkeit mit allerdings früheren Masken aus Jericho auf. Kontakte mit Vorderasien lassen sich auch in anderen Lebensbereichen nachweisen, die mit zu der heute wieder bevorzugt vertretenen Ansicht beigetragen haben, daß die grundlegenden Zivilisationserrungenschaften wie Tier- und Pflanzendomestikation aus den weiterentwickelten Regionen des Fruchtbaren Halbmondes und des Zweistromlandes nach Ägypten gelangten.

»Große Abstraktionsfähigkeit findet sich vor allem im Bereich von Tierdarstellungen«

Hatte der genannte weibliche Kopf sicher magische Funktion, so sind auch die in Gräbern der oberägyptischen Badari- und ihr folgend der Negade-Kultur gefundenen weiblichen Figuren derart einzuordnen. Die dabei immer wieder zu beobachtende große Abstraktionsfähigkeit der frühen Künstler findet sich aber vor allem im Bereich von Tierdarstellungen, so wenn Tiere als plastische Zierelemente, etwa an Kämmen, vorkommen oder auch als Schminkpaletten erscheinen, deren Umriß oftmals Tiergestalt gegeben wurde (Abb. S. 29). Besonders häufig sind

Nilpferd- und Gazellenwiedergaben belegt, also von Tieren, die als das hauptsächliche Jagdwild dieser frühen Zeit auch auf Felsbildern und innerhalb der für die Negade-I- und II-Periode so charakteristischen Gefäßmalerei vorkommen.

Beide Kulturen lassen sich übrigens gerade auf diesem Sektor voneinander unterscheiden. Während der Negade-I-Phase wird die Malerei bei Keramikerzeugnissen in weißer Farbe auf roten Grund aufgetragen, wohingegen die Negade-II-Töpfer eine helle, aus Wüstenton bestehende Keramik als Trägerelement benutzten, auf die Figuren und Dekor nunmehr in dunkler Silhouette mittels rötlichbrauner Farbe aufgebracht wurden. Die Jagdmotive von einst hat nun ein neues Hauptthema abgelöst. Es sind dies Schiffsdarstellungen, die in Kombination mit zusätzlichen Dekorelementen wie Wasserlinien oder Bergketten gelegentlich die Wiedergabe regelrechter Landschaftsausschnitte suggerieren. Ob dieser Eindruck beabsichtigt ist oder nicht, läßt sich heute ebensowenig entscheiden wie die Frage nach der Funktion der auf den Schiffen häufig auftretenden Frauen, die wie in ekstatischem Tanz ihre Arme erhoben haben.

»Somit wird das Schiff zum Symbol der königlichen Herrschermacht«

Neuerdings sind speziell diese Gefäße als Zeugen für eine rasch voranschreitende Großstaatenbildung angeführt worden, denn sie scheinen als Massenprodukt in ein bis maximal zwei oder drei Orten zentral hergestellt worden zu sein, laut Wolfgang Helck bereits in der »königlichen Residenz«. Nun erstmals nicht mehr aus Nilschlamm, sondern aus dem sehr viel kräftigeren Wüstenton bestehend, gab die hohe Brenntemperatur von 1000–1200 Grad Cel-

Die 32 cm hohe Palette im Louvre aus graugrünem Amphibolit (links), auch als Grauwacke oder Grauschiefer bezeichnet, zeigt auf beiden Seiten Reliefdarstellungen. Wohl die Himmelsrichtungen symbolisierend, rahmen vier in gestrecktem Lauf ausgreifende Hunde der Gattung Lykaon pictus das jeweilige Innenfeld. Die Palme mit Jahresschößlingen und Giraffen zur Seite läßt sich nach späteren hieroglyphischen Belegen als das »Künden lieblicher Friedenszeit« deuten. Prunkpaletten dieser Art bildeten Weihgeschenke im Tempel und dienten wohl zum Anreiben der Augenschminke für die

Götterbilder. Als charakteristischste Werke der Reichseinigungszeit sind sie in mehreren Varianten vor allem aus einem frühen Tempel in Hierakonpolis bei Grabungen zutage gekommen. Als das im Ausschnitt abgebildete Fragment (rechts) im vorigen Jahrhundert in den Louvre gelangte, hielt man es, da man die ägyptische Vorgeschichte erst ab 1895 zu erforschen begann, für ein Erzeugnis Vorderasiens und wies es dieser Abteilung des Museums zu. Als »Starker Stier«, wie sich der ägyptische König später nur mehr bezeichnete, zertrampelt er in dem Bärtigen alle sich ihm widersetzenden Feinde.

sius dieser Keramik eine bis dahin unbekannte Härte, so daß sich diese Ware hervorragend transportieren ließ und sich im ganzen Land und sogar bis weit über die Grenze hinaus in Nubien verteilt fand. Daraus und aus den zahlreichen Schiffsdarstellungen wurde geschlossen, daß die Gefäße als kostbare Behälter für Ehrengaben des Königs dienten, die dieser auf seinen Inspektionsreisen zu Schiff in den verschiedenen Provinzen verteilte. Bei den Schiffsdarstellungen soll es sich deshalb auch jeweils um das Königsschiff handeln; denn »im Schiff fährt der König des entstehenden Einheitsreiches durchs Land und übt seine Herrschaftsfunktion aus. Somit wird das Schiff zum Symbol der königlichen Herrschermacht.« Der König selbst wird aus Scheu vor seiner Göttlichkeit allerdings nicht dargestellt. Während der Negade-II-Kultur läßt sich eine starke Bevölkerungszunahme ebenso beobachten wie eine wachsende Vervollkommnung in allen Bereichen der Zivilisation und Technologie. Als wesentliche Neuerung gegenüber allen früheren Kulturen wird während der Negade-II-Zeit zum erstenmal von der natürlichen zur künstlichen, das heißt zunächst zur kontrollierten Bewässerung übergegangen, ein Schritt von ganz entscheidender Bedeutung für den nun einsetzenden raschen Zivilisationsschub. Auslösende Ursache dafür war eine in jenen Jahrhunderten herrschende Trockenphase, die in Verbindung mit dem Schaden, den die weidenden Herden, insbesondere Ziegen und

Schafe, der Savannenvegetation zufügten, einer schnellen und endgültigen Wüstenbildung in unmittelbarer Umgebung des Niltals erheblich Vorschub leistete.
Intensivierte archäologische Untersuchungen der letzten Jahrzehnte, darunter besonders in jüngster Zeit die Münchner Ausgrabungen in Minschat Abu Omar im Ostdelta, haben bewiesen, daß sich die Negade-II-Kultur von ihrem Kernbereich im mittleren Oberägypten weiter nach Süden, vor allem aber nach Norden ausbreitete, bis sie schließlich die gesamten Delta-»Städte« und -Kulturen assimilierend in den dabei entstehenden Einheitsstaat einbezog. Aus Dorf und Stammesverbänden hatten sich immer größere regionale Einheiten gebildet; auf den vorgeschichtlichen Denkmälern, wie zum Beispiel den Schiffsdarstellungen und großen Prunkpaletten, treten diese in Gestalt der verschiedenen Standarten auf und bleiben später in historischer Zeit als Gaue mit ihren Gauzeichen auch weiterhin existent.

»... führte zu mehr Wohlstand ... und differenziertem Geschmack ...«

Der »König« aber, der als stärkster aus dem Verband der Häuptlinge hervorgetreten war und der – auch im Kampf mit Rivalen – eine Teilregion nach der anderen zu einem immer größeren Staatsgebilde zusammenfügte, gewann

ebenso wie die ihn mittragenden Beamten gleichzeitig eine immer größere Machtfülle. Die in der Badari- und Negade-I-Zeit zunächst noch wenig unterschiedlichen Gräber, was auf eine homogene Bevölkerung ohne größere soziale Unterschiede deutet, weichen in Größe, Ausstattung und Beigabenqualität, besonders aber -quantität nunmehr immer deutlicher voneinander ab: Es gibt reichere und ärmere Gräber, also eine immer differenziertere Gesellschaft mit Herrschern und Beherrschten. Durch das schnell zunehmende Sozialprodukt mit entsprechend hohen Überschüssen, die der Staat »abschöpft«, erhält dieser die Möglichkeit, sich zunehmend mit wertvollerem Tauschmaterial auszustatten – mit Metallen also, allen voran Kupfer, Silber und Gold, aber auch mit Vieh, Getreide und Öl, wertvollen Steingefäßen und Produkten des Kunsthandwerks. Als geldähnliche Tauschobjekte, die ihren festen meßbaren Wert besitzen, geben diese dem Staat immer größere Handelschancen, die er im Besitz dieses Monopols auch nutzte, so zum Beispiel im Austausch mit Vorderasien, aber auch zum Machtausbau im Inneren. Die Tatsache, daß man nun nicht mehr nur »von der Hand in den Mund« lebt, also schon länger nicht mehr ausschließlich für die Ernährung zu sorgen hat, daß man insgesamt gesehen mit sich steigerndem Tempo mehr produziert, als man verbraucht, führt zu einer verstärkten Arbeitsteilung, Herausbildung verschiedenster Berufs-

sparten, zu mehr Wohlstand, Ansprüchen und differenziertem Geschmack, so im Bereich der Speisen wie auch in allen übrigen Lebensbereichen, also auch auf den Sektoren Kunst und Kunsthandwerk.

Als eines der Hauptzeugnisse für den soeben angedeuteten Entwicklungstrend gilt neben den nach mehreren Zehntausenden zählenden Bestattungen aus nahezu dem gesamten Niltal nach wie vor das berühmte prähistorische Grab in Hierakonpolis, das nach neueren Untersuchungen früher als bisher, nämlich noch in die fortgeschrittene Negade-II-Phase zu datieren ist. Dieses Grab, schon von der Größe her auffallend, besitzt eine rechteckige Grabkammer mit erstmals aus luftgetrockneten Nilschlammziegeln errichteter Innenwandung; darüber hinaus war mindestens eine Längswand mit einer dünnen Stuckschicht überzogen und dann mit Szenen bemalt worden, die vor allem in der Abbildung der Schiffe deutliche Verbindungen zu ähnlichen Darstellungen auf der hellen Negade-II-

Oben und unten: Menschen- oder tiergestaltige Weihefiguren meist kleineren Formats wurden in frühzeitlichen Tempelbezirken wie Abydos, Hierakonpolis und Elephantine gefunden, in der Regel aus Fayence wie die Paviane und der Frosch unten (München, Staatliche Sammlung Ägyptischer Kunst), gelegentlich auch aus Gestein wie der Kalzit-Kopf oben (Hildesheim, Pelizaeus-Museum). Während die Tierformen bereits in sicherer Abstraktion gestaltet sind, erscheint das Bildnis des Menschen noch archaisch gebunden.

Rechts: Aufgrund der Hieroglypheninschrift »Stadt« auf der Basis wird die 30 cm hohe Statuette als Bildnis eines Stadtgottes angesehen. Die Augen und Brauen waren ähnlich wie bei dem Kalzit-Kopf (oben links) aus anderem Material eingelegt.
Luzern, Sammlung Kofler-Truninger

Ware zeigen. Sicher fortgeschrittener als jene, werden in Streutechnik Einzelszenen ins Bild gebracht, die weit über alles Bisherige hinausgehen und bereits Motive zeigen, die wie die Szenen des Feinderschlagens und der Opferschlachtung in nur wenig abgewandelter Form später zum festen Repertoire der ägyptischen Kunst gehören. Erstmals ist hier bei zwei Einzelszenen die später für alle altägyptischen Darstellungen so wichtige Standlinie belegt, so einmal als Positionsangabe der drei Feinde in der Erschlagungsszene, zum anderen als Basis einer Gruppe von vier Steinböcken, die so bereits nach dem Prinzip späterer Reliefzyklen angeordnet erscheinen. Schließlich muß auf ein wohl aus Vorderasien stammendes Motiv hingewiesen werden, das hier wie später auch auf kunstvoll verzierten Messergriffen und Paletten vorkommt, der sogenannte »Herr der Tiere«.

»Schon damals ist Ägypten nicht isoliert«

Diese Feststellung Helcks bestätigt auch der in erster Linie in der Kunst deutliche Einfluß Vorderasiens, der sich gegen Ende der vorgeschichtlichen Zeit noch verstärkt; er scheint vor allem über Oberägypten ins Land gekommen zu sein. So blieben bisher alle Rollsiegelfunde vorderasiatischer Herkunft auf diese Region beschränkt. Dies wiederum führte zu der Meinung, das Gold der Ostwüste hätte vorderasiatische Händler und vielleicht auch Künstler über das Meer oder die Deltaroute an den aus Kämpfen um das Handelsmonopol hervorgegangenen und hier lokalisierten Königshof geholt: Hierakonpolis ebenso wie Negade liegen am Ausgang derartiger »Goldwadis«, so daß es wohl kein Zufall ist, daß von hier aus am deutlichsten Herrschaft ausgeübt und der Gedanke einer Vergrößerung der Machtsphäre bis letztlich zur »Reichseinigung« in der Ausweitung der Kontrolle der Handelsrouten bis in das Delta hinein seinen sehr vordergründigen Anlaß findet. So erklärt sich vielleicht auch, warum gerade hier bei den großen Ziegelkonstruktionen – zumeist Gräbern – vielleicht vorderasiatische Anregungen aufgenommen wurden, die bis zu den nischengegliederten Strukturen der 1. und 2. Dynastie auch in Sakkara führen. Auch die Anfänge der Schrift mögen von den »Fremden« angeregt worden sein, da die Handelsware ja registriert werden mußte.

Damit aber wird die genannte oberägyptische Region auch zum Zentrum früher Heiligtümer und Friedhöfe, die – allen voran Hierakonpolis und Abydos – wohl auch zeitlich in dieser Abfolge gleichsam als Reichsheiligtümer verehrt und entsprechend mit Kunstwerken allerhöchsten Ranges ausgestattet wurden. Hier finden sich deshalb auch die Gräber der Könige der »Nullten« und 1. Dynastie mit ihrem Hof – so in Abydos belegt durch die sie umgebenden Gräber der Haremsfrauen, Zwerge und Künstler (Abb. S. 42). Die höchsten Beamten dagegen erhalten ihren ewigen Ruheplatz an anderer Stelle zugewiesen, und zwar in Sakkara und damit gleichsam am Kopf der neugewonne-

nen Territorien im Norden, deutlich und weit entfernt von
der angestammten »göttlichen Sphäre«. Prunkvollst bestattet, sollen sie auch in Ewigkeit als Garanten der vor
allem durch sie aufgebauten machtvollen Staatsorganisa-
tion wirken. Die Monumentalität ihrer Ziegelmastabas,
die Luxusausstattung im Inneren, unter anderem mit Ver-
kleidungen aus importierten Hölzern und Goldblechen,
und die Überfülle kostbarster Beigaben, die nach der Qualität ihrer Ausführung – wie insbesondere Steingefäße –
zum großen Teil Kunstwerke genannt werden können,
machen verständlich, warum einige Ägyptologen, und das
sogar bis in die jüngste Zeit hinein, in ihnen die eigentlichen Königsgräber sehen wollten.

»Zeugen einer großen Experimentierfreudigkeit«

Ägyptens Weg von der eigentlichen »Formationsphase« in
der Periode des Negade II bis in die 3. Dynastie muß als ein
einziger sich ständig beschleunigender Aufschwung gesehen werden, der sich in allen Lebens- und Produktions-
bereichen abgespielt und die verbindlichen Grundlagen
geschaffen hat, auf denen der ägyptische Staat in den
folgenden Jahrtausenden existierte: In der Dualität der
Landeshälften, die nur in der Einheit ihren Sinn und ihre
Erfüllung erreicht, findet das auch sonst durch die natürlichen Gegebenheiten vorgebildete Dualitätsdenken der
Ägypter eine als »natürlich« empfundene, ja vom Weltauf-
bau her begründete Entsprechung.

Früherer Ansicht zufolge hat sich die Dualitätsbezogenheit
auch in der Ausbildung zweier grundverschiedener Grab-
typen niedergeschlagen: im oberägyptischen »Hügelgrab«
und im unterägyptischen »Hausgrab«. Ob sich diese ver-
einfachende Gegenüberstellung halten läßt, ist jedoch
durch die angedeuteten neueren Untersuchungen und
Überlegungen fraglich geworden. Allerdings bleibt herauszustellen, daß die Einführung des Bauens mit luftgetrockneten Nilschlammziegeln eine Architekturentwick-
lung in Gang setzt, die in den monumentalen Nischenkon-
struktionen in Oberägypten (Abb. S. 43), vor allem aber
jenen in Sakkara und weiterer Umgebung gipfelnd, bereits
der Großartigkeit ägyptischer Architektur späterer Zeiten
entspricht. Daß zugleich auch, wie vor allem bei Gräbern in
Heluan festgestellt, Teile in Stein ausgeführt werden, zeugt
von einer Experimentierfreudigkeit, die in der 3. Dynastie
in der gigantischen, aus Stein errichteten Grabanlage des
Königs Djoser einen ersten Abschluß findet (Abb. S. 47).

»Unübertroffen sind vor allem Werke des Kunsthandwerks«

Erzeugnisse der Plastik, die aus den verschiedenen Phasen
belegt sind, tragen, je näher die Reichseinigung und die
Frühzeit rücken, parallel zur allgemeinen Entwicklung
immer deutlicher »ägyptische« Züge: Mit dem Beginn der
1. Dynastie sind Blockhaftigkeit und lotrechter, richtungs-
gerader Aufbau ebenso selbstverständlich wie die Anwen-

dung des Proportionskanons. Die Wahl der verschiedensten Materialien, insbesondere aller nur denkbaren Arten von Hartgesteinen sowie von Metallen und Holz, erlaubt wie der Übergang auch zu großformatigen Lösungen eine erhebliche Variationsbreite. Insbesondere fasziniert die so überaus treffende Wiedergabe von Tieren, wohingegen das Bild des Menschen ausgesprochen archaisch befangen erscheint mit zunächst »archetypisch« anmutenden Einzellösungen. Erst mit der 2. Dynastie, besonders überzeugend mit den beiden Statuen des Königs Chasechemui, wird auch hier ein Standard erreicht, der direkt zu den Meisterwerken der Plastik des Alten Reiches überleitet.

In ähnlicher Weise wird beim Flachbild mit dem Ende der Vorgeschichte das typisch ägyptische Bildnis geschaffen, nach dem Gesetz der »Aspektive« und des Proportionskanons angelegt und fußend im buchstäblichen Sinn auf der von nun an unentbehrlichen Standlinie. Allerdings läßt sich auch hier beobachten, daß die Darstellung des Tieres, bei der man ja über einen sehr viel längeren Zeitraum Erfahrungen gesammelt hatte, routinierter von der Hand geht als die Wiedergabe des Menschen. Unübertroffen und

zum Teil nie wieder erreicht, sind aber vor allem die Werke des Kunsthandwerks, die besonders in der 1. Dynastie entstehen. Aus allen nur denkbaren Gesteinen, aber auch aus Metallen, Elfenbein oder Holz gefertigt, werden Gefäße und Luxusgerät, darunter auch Spielsteine (Abb. S. 42) und Kreiselscheiben in Komposit- und Mosaiktechnik hergestellt, die wie auch die Schmuck- und Fayenceproduktion einen Höchststand im Bereich technischer Erfahrungen bezeugen.

Darüber hinaus aber läßt sich bei allem ausgeklügeltem Raffinement und überwältigender Vielfalt jedes Objekt sofort als »ägyptisch« identifizieren und damit als Beleg für ein nunmehr alles durchdringendes gemeinsames Stilempfinden.

Das Alte Reich

»Doch wird bei näherer Betrachtung ständige Veränderung deutlich«

Wir hatten bereits darauf hingewiesen, daß der noch immer zu begegnenden Meinung, ägyptische Kunst sei über die Jahrtausende hinweg weitgehend gleich geblieben, entschiedener denn je widersprochen werden muß. Denn auch in Ägypten hat sich analog zu einem sonst überall anzutreffenden Entwicklungsprinzip die Kunst ebenso kontinuierlich gewandelt wie alle übrigen Kulturäußerungen, bewirkt durch eine sich ständig verändernde Welt und damit des allgemeinen Bewußtseins. Zwar bleibt der Ägypter selbstverständlich dem einmal gefundenen spezifisch ägyptischen »Stil« verhaftet, ist er doch Bestandteil seines natürlichen Lebensrahmens, doch innerhalb dieser Grenzen wird bei näherer Betrachtung ständige Veränderung deutlich.

Entsprechend dem historischen Ablauf, der die gesamtägyptische Geschichte in die drei Hauptepochen des Alten, Mittleren und Neuen Reiches gliedert, an die sich dann die sogenannte Spätzeit anschließt, hat auch das ägyptische Kunstschaffen diese vier sich klar voneinander unterscheidenden Stadien durchlaufen. Dabei erweist es sich in den drei ersten, wiederum den historischen Gegebenheiten entsprechend, als besonders kreativ, wobei nach den gewissermaßen als Zäsuren wirkenden Zwischenzeiten von einem am Anfang des Mittleren und des Neuen Reiches zunächst als Formationsphase anzusprechenden Neubeginn ausgegangen wird. Im Hinblick auf das Alte Reich liegt dagegen eine Sondersituation vor; denn mit seinem Beginn setzt eine Erstentwicklung ein, die sich auf keine Vorbilder stützen kann, sondern am Ende eines direkt aus der Vor- und Frühzeit kommenden Weges steht. Dieser hatte sich dabei immer rascher zurücklegen lassen, da, durch die Dialektik der sich allseitig verändernden Verhältnisse bedingt, eine immer schnellere Gangart möglich war, die wir deshalb als Zivilisationsschub bezeichnen: Dieser sich ständig steigernde, von keinen grundsätzlichen Rückschlägen betroffene Fortschritt mündet mit der

3. Dynastie zunächst in dem gewaltigen Bauvorhaben des Djoser, seiner Grabanlage in Sakkara (Abb. S. 47).

»Gleichzeitig nimmt der Urhügel die kristalline Form der Pyramiden an«

Dieser erste monumentale Steinbau der Welt, der Überlieferung nach auf den Entwurf des genialen Architekten Imhotep zurückzuführen, gibt dem nunmehr durch seine nie zuvor erlebten Leistungen in den Augen der Zeit zum Gottkönig gewordenen Djoser eine gemäße Residenz für die Ewigkeit. Zentrum der gigantischen, die Einheit der beiden so unterschiedlichen Landeshälften beschwörenden Architektur – Sakral- und Verwaltungsgebäude aus Holz und Lehmziegeln werden in Stein nachgeformt – bildet das Königsgrab. In der ersten Phase »nur« eine große Mastaba, wird diese in zwei weiteren Bauabschnitten durch zusätzlich gleichsam darübergelegte Mastaben in eine gewaltige Stufenpyramide verwandelt. In der Silhouette wie eine doppelseitige Treppe mit Plattform erscheinend und damit der Hieroglyphe »hoch« entsprechend, ein Wort, mit dem speziell der Urhügel als Ort der Schöpfung charakterisiert wird, diente sie dem Gott als Himmelsleiter, um zu den Zirkumpolarsternen aufzusteigen.

Diese einzig dastehende Architektur bildet durch Aufnahme von Bauformen der Vergangenheit bei gleichzeitiger Formulierung neuer Aspekte, wie der Stufenpyramide, Ende und Anfang einer Entwicklung. Auch in Miniaturform übrigens werden »Kopien« in massiver Bauweise, und wohl als Herrschaftssymbol gedacht, bis hinauf nach Assuan an verschiedenen Orten des Landes errichtet.

Mit den bald darauf folgenden drei Pyramiden des Snofru, der Pyramide von Medum (Abb. S. 303) und den beiden in Dahschur (Abb. S. 301), von denen die »Rote« die erste »echte« Pyramide darstellt, ersteht dann die größte Bauleistung aller Zeiten, die ein einzelner Herrscher zu verantworten hat. Gleichzeitig nimmt der Urhügel die kristalline Gestalt der Pyramide an. Auch seine Nachfolger, die großen Pyramidenerbauer Cheops, Chephren und Mykeri-

Wie liebt dich doch der Stadtgott, Itiibis Sohn, Cheti! Er hat dich beauftragt, indem er in die Zukunft schaute, seinen Tempel zu erneuern und die Mauern der Ewigkeit und die Böden des ersten Tages aufzurichten, bis zur Tiefe des Erdbodens der Frühzeit. Jenen Tempel mit Namen »Der Himmel dessen, der den Himmel gemacht hat«, den Ptah mit seinen eigenen Fingern erbaut und den Thot für Upuaut, den Herrn von Assiut gegründet hatte ... Wie freuen sich die Großen deiner Zeit. Wie beglückt sind deine Kebsweiber, dein Harem. Deine Denkmäler werden im Tempel gesehen. Der König meint: »Mach, daß der Tempel dauert, wegen dessen gutem Zustand man von weither kommt, und dessen Schönheit den Himmel erreicht hat!« Wie schön ist doch, was zu deiner Zeit entstanden ist. Wie zufrieden ist die Stadt unter dir! Einziger Freund, Großes Oberhaupt des Sykomorengaus, der auf Erden dauert, Cheti.

Aus einem Text im Grab des Cheti in Assiut, Erste Zwischenzeit

Links: Die 47 cm große Rosengranitstatue des hohen Beamten Meten wurde in dessen Grab in Sakkara in der abgeschlossenen, Serdab genannten Statuenkammer gefunden. Die Kultkammer mit ihrem aufwendigen Reliefschmuck brachte Richard Lepsius 1846 nach Berlin.
Am Übergang von der 3. zur 4. Dynastie entstanden, läßt die Figur noch die archaische Befangenheit spüren, während sich zugleich die kommende meisterliche Beherrschung der Formen und des Werkstoffes ankündigt.
Berlin, Ägyptisches Museum

Rechts oben: Ein Königskopf im Brooklyn Museum wird häufig Huni, dem letzten König der 3. Dynastie, zugewiesen.
Speziell die individuell vorgewölbte Mundpartie erinnert an Bildnisse des Djoser.

Rechts unten: Basis einer Königsstatue, die mit Fremdvölkerphysiognomien, die Feinde Ägyptens verkörpernd, gestaltet wurde.
Eine sonst ungewöhnliche rundplastische Formulierung des Triumphalmotivs.
München, Staatliche Sammlung Ägyptischer Kunst

nos, übernehmen diesen Urhügelgedanken (Abb. S. 50/51), während die geometrisch abstrahierende Linienführung ohne jeden Schnörkel – verbunden mit einer ausgesprochenen Betonung von Blockhaftigkeit und Richtungsgeradheit – auch alle übrige Architektur erfaßt bis zu Erzeugnissen des Kunsthandwerks oder magischen Gebrauchsgegenständen, wie zum Beispiel dem Cheopsboot (Abb. S. 379).

»Abbilder des Weltgebäudes«

Mit der durch das Pyramidenprogramm dann allerdings erfahrenen »Überanstrengung«, die als erster fundamentaler Schock erlebt und verstanden wird, ändert sich auch das Bewußtsein der Zeit: Eine neue Ideologie, die im Herausstellen des Sonnengottes und seiner lebenspendenden Kräfte Ausdruck findet, läßt nun den König als »Sohn der Sonne« wieder »menschlicher« erscheinen. Betont klein gehaltene Pyramiden mit ihren Totentempeln, dafür aber sogenannte »Sonnenheiligtümer« als Verehrungsstätten des »neuen« Gottes und zugleich der verstorbenen Könige nach ihrem erneuten Einswerden mit Re, ihrem Vater – als weithin ragendes Symbol dieser veränderten Auffassung steht in ihrem Zentrum ein monumentaler Obelisk, ein auf einen Schaft gesetzter Urhügel –, sind die

Hauptbauvorhaben der Herrscher der 5. Dynastie; ihre gewandelte Weltsicht läßt sich am Architektur- und Bildprogramm ihrer Tempel ablesen, die nun mit ihren Pflanzensäulen, die aus einem schwarzen Basaltboden gen Himmel wachsen – hier ist vor allem die Palmsäule gemeint –, Abbilder des Weltgebäudes darstellen.

Dennoch läßt sich der einmal begonnene Niedergang nicht aufhalten, im Gegenteil, während der 6. Dynastie nimmt der wirtschaftliche Abbau immer rascher zu, so daß auch das Königtum weiter an Macht verliert; in der Architektur eher rückwärts gewandt, zeigen sich die Könige den Göttern gegenüber nunmehr eher als demütig Bittende und damit ohnmächtig, eine Entwicklung aufzuhalten, die schließlich zum Untergang des Alten Reiches führt. Die Angst vor dem Jenseits und die Unsicherheit über die eigenen Möglichkeiten zeigen sich besonders kraß an der Tatsache der in den Pyramiden seit dem Ende der 5. Dynastie aufgezeichneten Pyramidentexte, der Welt erste umfassende Sammlung von Schutzzauber- und Beschwörungsformeln, um den König gegen alle Widerstände »hinaufsteigen zu lassen« (zum Himmel), um ein »unvergänglicher Lichtgeist« zu werden, »denn er ist ja dein Sohn von deinem Leibe in Ewigkeit ... das Bild der Bilder ... noch einmal erschien und gekrönt als Herr des Horizontes«.

Bereits während der 5. Dynastie begann allerdings allmählich der individuelle Spielraum des Menschen größer zu werden, sein Selbstbewußtsein, zugleich aber auch Zweifel an der allseits propagierten Weltordnung nehmen zu, bis sich am Ende der 6. Dynastie alles in Frage stellt. Nur die Flucht in die nun übermächtig hervortretende Gestalt des Jenseitsherrschers Osiris vermag dem einzelnen wenigstens für die andere Welt Trost zu bieten.

»Seine Majestät ließ Bemalung auf sie bringen, und sie wurden mit Lapislazulifarbe gezeichnet«

Wie in der königlichen, so spiegeln sich die historischen Veränderungen auch in der übrigen Architektur sowie im Bereich der Plastik, des Flachbildes und schließlich auch in den Erzeugnissen des Kunstgewerbes. So gewinnt mit der 3. Dynastie allein schon der Größenunterschied zwischen königlichen und »privaten« Grabanlagen erheblich an Dimension. Die wenigen ganz hohen Beamten gehen nun dazu über, zusätzlich zu der seit der 1. Dynastie eingeführten Speisetischszene auch andere Bilder des Toten darstellen zu lassen, wie zum Beispiel im Grab des Hesire; etwa zur gleichen Zeit kommen auch die ersten Folgen sogenannter Szenen des »täglichen Lebens« auf, zu denen unter anderem die berühmten »Gänse von Medum« zählen (Abb. S. 54).

Nach deutlicher Reduzierung des Bildprogramms, insbesondere aber der Beschränkung auf weitestgehend rituelle Aspekte unter Cheops und Chephren, setzten sich mit dem Sonnenaspekt der 5. Dynastie in ständig wachsendem Umfang die Darstellungen des »täglichen Lebens« fort.

Während sich der ursprünglich massive Kern der Mastabas in zunehmend größere Raumfolgen auflöst, beginnt sich auch das Bildprogramm, mit denen diese Kult- und Ritualstätten überzogen werden, zu erweitern. So werden zunächst die alten Themen wie Fisch- oder Vogelfang unter anderem in der Zahl der Personen vergrößert, zugleich aber auch neue Haltungen oder Einzelmotive eingeführt. Schließlich kommen bis dahin nie im Bild dokumentierte Szenen hinzu, wie Darstellungen des Bootsbaus und anderer Handwerksbereiche, der Gartenarbeit und der Weinernte oder auch solche, die wohl sicher direkt auf königliche Vorbilder zurückgehen, wie sich paarende Tiere, letztere wohl Vorlagen im Bereich der Jahreszeitenreliefs in den Sonnenheiligtümern nachgebildet (Abb. S. 56).

»Komm du lieber zu mir, du Hurer!«

Die Welt der Bilder wird nun im Zeichen des Sonnengottes ein das pulsierende Leben spiegelndes Kaleidoskop, dem um der Lebensnähe willen im Sinne der Maat sogar eine neue Dimension, ein neues Medium Erweiterung bringt: Durch den Zusatz des gesprochenen Wortes kann wie in unseren Comics eine Unterhaltung wiedergegeben werden. Hieroglyphen vor oder über den betreffenden Personen lassen wie »Sprechblasen«, dem Redner entsprechend in unterschiedlicher Richtung geordnet, Ausrufe »laut werden«, wie sie tatsächlich die Arbeit begleiten.

Aber auch bei Vergnügungen treffen wir auf sie, wie die oben zitierte deftige Reaktion eines Angegriffenen während eines sportlichen Schau-Schiffskampfes dem Angreifer gegenüber bezeugt. Letzterer hat nämlich versucht, den Sprecher vom sicheren eigenen Schiff zu ziehen, kommentiert mit den Worten: »Komm zu mir – damit dich die Schlagstange nicht erwischt.«

Sind all diese Wiedergaben in der 5. Dynastie oft von hoher künstlerischer und technischer Qualität, so werden in der 6. Dynastie bei nochmaliger Ausweitung auch der »Reden« und »Rufe« die Reliefs weniger akkurat ausgeführt, und die Qualität läßt unter anderem durch den Zwang zur

Links: Eine Sonderentwicklung der Grabstatuen des Alten Reiches bilden die sogenannten »Ersatzköpfe«. Nur in der Zeit des Übergangs von der 4. zur 5. Dynastie gefertigt, waren sie am Eingang zur unterirdischen Grabkammer aufgestellt.
Kairo, Ägyptisches Museum

Rechts: Etwa lebensgroße Statue des Hemiunu, die individuelle Züge erkennen läßt. Die Skulptur, die aus dem Serdab seines Grabes geborgen wurde, war bemalt. Altes Reich, 4. Dynastie.
Hildesheim, Pelizaeus-Museum

Folgende Doppelseite: Einen der interessantesten Funde aus jüngster Zeit bildet das Grab des Nefer und Kahai in Sakkara, beide Hofsänger während der 5. Dynastie. Wegen der guterhaltenen Mumie des Nefer und dem in leuchtenden Farben erhaltenen Reliefschmuck in der Kultkammer wurde es berühmt. Das hohe Relief besticht weniger durch Qualität der Einzelausführung als durch Drastik und Lebendigkeit der Szenen.

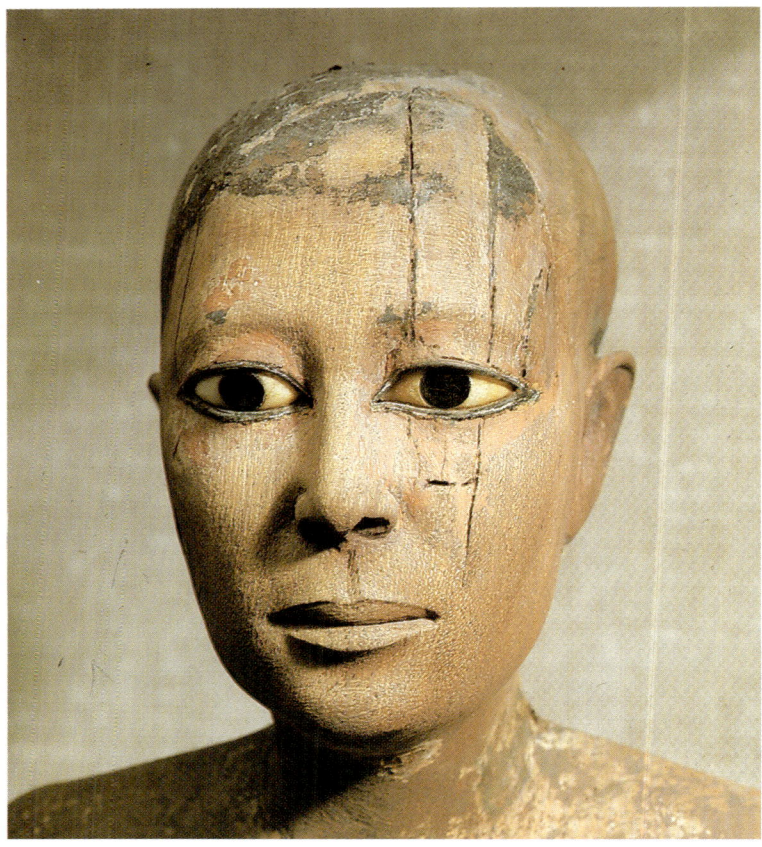

Der Oberarzt Nianchsachmet sagte vor Seiner Majestät: »Möchte dein von Re geliebter Geist befehlen, daß mir eine steinerne Scheintür zu diesem meinem Grabe des Westreiches gebracht wird.« Da ließ Seine Majestät ihm zwei steinerne Scheintüren aus Tura bringen. Sie wurden in die Halle des Palastes namens »Sahures Krone glänzt« gelegt. Die beiden »Großen Leiter der Künstler« und die Grabkünstler wurden an sie gesetzt. Die Arbeit an ihnen wurde neben dem König selbst getan. Die Steinarbeit fand täglich statt, und im Hofe wurde täglich besichtigt, was an ihnen getan war. Seine Majestät ließ Bemalung auf sie bringen, und sie wurden mit Lapislazulifarbe gezeichnet. Seine Majestät sagte zu dem Oberarzt Nianchsachmet: »So wahr diese meine Nase, welche die Götter lieben, gesund ist: mögest du zum Westreich gehen, wenn du sehr alt geworden bist als ein angesehener Mann!«
Inschrift im Grab des Nianchsachmet, 5. Dynastie

Mit allen, die in mein Grab eindringen, werde ich rechten vor dem großen Gott. Ich habe es als meinen Schutz anlegen lassen, ich, der beim König Angesehene, der von ihm einen Sarg erhalten hat.
Inschrift im Grab des Hetepherachet

Quantität deutlich nach, wie es besonders offensichtlich das Grab des Wesirs Mereruka mit seinen nicht enden wollenden Raumfluchten zeigt. Dennoch kommen auch in dieser Phase wiederum neue Themen auf, wie die bekannte Beschneidungsdarstellung im Grab des Anchmahor (Abb. S. 392) oder die Erstürmung einer Festung, belegt in einem Provinzgrab in Deschascheh, und wohl wiederum auf königliche Vorlagen zurückzuführen.

Obwohl in der Tat dem äußeren Eindruck nach zunächst als Szenen des »täglichen Lebens« empfunden, besitzen diese Darstellungen dennoch einen ganz anderen Hintergrund: Hervorgegangen aus der Speisetischszene und in ihrem Kern wieder auf diese zurückzuführen, sollen sie den als ständigen Erneuerungsprozeß verstandenen Lebensablauf so breit und zugleich so »realistisch« wie möglich auf die Wände »zaubern«; denn nur der Gesamtorganismus, wie ihn zum Beispiel die Besitzungen eines vermögenden Grabherrn darstellen, kann seine Versorgung in auf Erden gewohntem Umfang sichern, nur durch die Produktion in allen Bereichen ist die ewige Ernährung gewährleistet; ihre abstrakteste Form hat sie übrigens in der Opferliste gefunden, der die Bilder des »täglichen Lebens« als Kontrastprogramm gleichsam erst ihre ewige und zugleich ungeschmälerte Wirkungseffizienz garantieren. Dieser rein utilitaristische Aspekt, ein sorgloses und zugleich zeitfreies Leben im Jenseits zu ermöglichen, der die Bilder ins Leben rief, ist aber zugleich auch der Grund, warum keine wirklichen Szenen des täglichen Lebens geschildert wurden; so fehlen einmalige historische Vorgänge fast gänzlich, wie zum Beispiel die Wiedergabe der Arbeit an den Pyramiden, spezielle Reiseerlebnisse, Familienbegebnisse und anderes. Alles Einmalige, und damit irdisch Sterbliche, an einen gesetzten Tag gebunden, hat hier keinen Platz. »Mein Vater hatte sich eine Grabkapelle … angelegt, um seinen Namen für die Ewigkeit gedeihen zu lassen und für immer herrlich zu machen. Sein Name sollte … dauern im Munde der Lebenden auf seinem Grabe der Totenstadt in seinem herrlichen Hause der Ewigkeit«, heißt es in einer Grabinschrift.

Links: In der 6. Dynastie werden Holzfiguren immer beliebter. Dem unter dem Re-Glauben verstärkten Streben nach Einfangen der Natur kommt dieses leicht zu bearbeitende Material entgegen, dem durch Einlagen wie bei der Figur des Muthethi im Brooklyn Museum (oben) und farbige Fassung wie bei der Dienerfigur in Kairo (unten) zusätzliche Lebensnähe abgewonnen wurde.

*Rechts: Eine ungewöhnliche Statuengruppe bildet die Familie des Zwerges Seneb aus der 6. Dynastie. Seine körperliche Anomalität wird durch den Schreibersitz weitgehend kaschiert. Die Gruppe stammt aus seinem reichbebilderten Grab in Gise.
Kairo, Ägyptisches Museum*

Oben links und rechts: Die Stilentwicklung des Mittleren Reiches führt von einer »hieroglyphischen« Formationsphase, repräsentiert im Bildnis des Reichseinigers Mentuhotep in Kairo (links), zur Exaktheit der Statue Sesostris' I. aus el-Lischt in Kairo (rechts außen) und gipfelt in den Porträts Sesostris' III. (rechts innen: Brooklyn Museum; vgl. Abb. S. 71).

Unten: Der Verlust des Proportionskanons am Ende des Alten Reiches führte in der Ersten Zwischenzeit zu so unbeholfenen Formulierungen wie der Stele des Mentiui und seiner Frau Hapi aus Achmim. Die Rückgewinnung des Kanons war eines der Hauptanliegen am Beginn des Mittleren Reiches.
Hildesheim, Pelizaeus-Museum

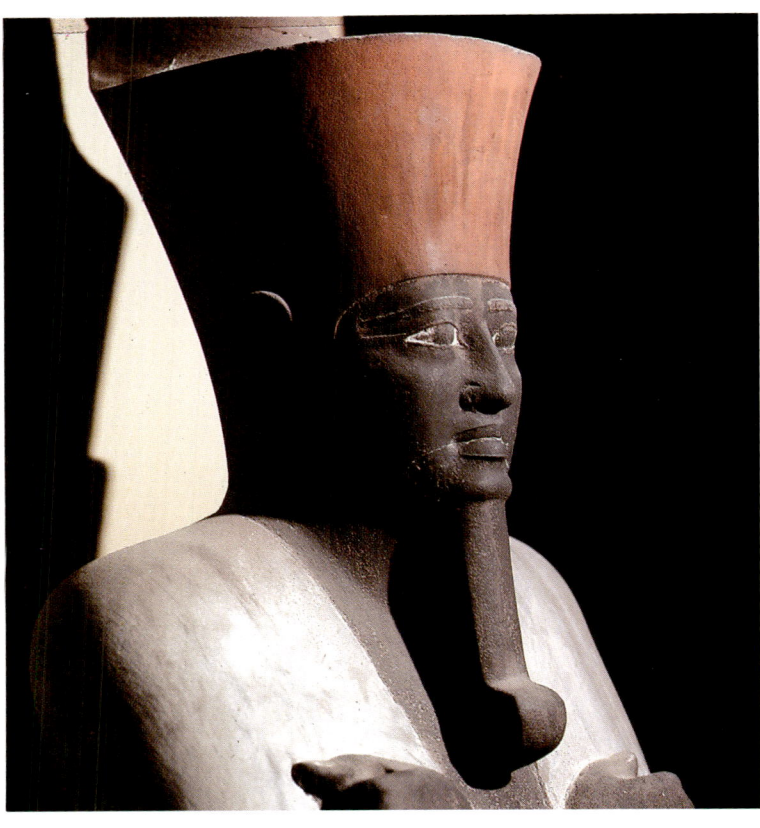

»Alle ... die in mein Grab eindringen werden ... mit denen werde ich rechten vor dem großen Gott«

Analog übrigens der Einführung von Pyramidentexten im Königsgrab werden nun im Verlauf der 6. Dynastie, wie bei Mereruka, aus Sicherheitsgründen auch die Sargkammern der Privatleute mit Darstellungen ausgestattet. Denn schon seit Generationen waren offenbar Grabräuber am Werk: »Die einst Häuser bauten – ihre Stätten sind nicht mehr. Was hat man ihnen getan? Ihre Mauern sind zerstört, als wären sie nie gewesen«, klagt ein Harfnerlied. Durch Verfluchungsformeln suchte man der Gefahr zu wehren. In die gleiche Richtung weist auch eine andere weitreichende Neuerung, der ähnliche Sicherheitsüberlegungen vorausgingen: Handwerker, wie Bäcker und Bierbrauer, werden nun als Figuren dem Toten als ewige Produktionsgarantie mitgegeben. In den Umrissen den »hieroglyphischen« Vorbildern der Reliefs angepaßt – zei-

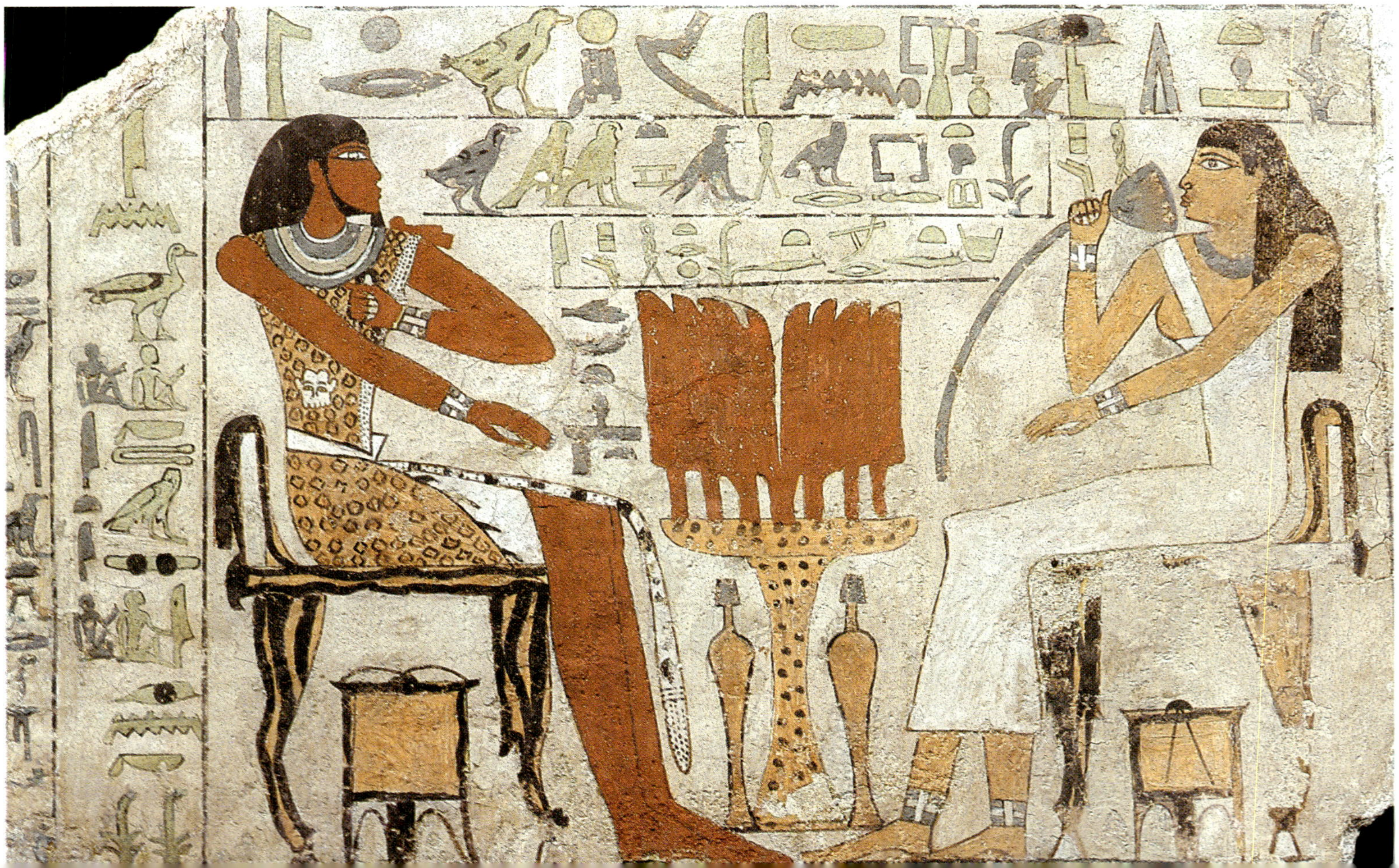

gen sie doch immer den typischen Arbeitsaspekt –, erscheinen sie nun wie eine dreidimensionale Ausfertigung der Wandbilder (Abb. S. 196, 298).

Auch hier setzt in der 6. Dynastie, vor allem bei aus Holz gefertigten Beispielen, eine neue Entwicklung ein: Mit bislang nicht vertretenen Themen, vor allem Trägerstatuetten, aber auch Gruppenbildnissen, versehen mit dem Ambiente des Arbeitsplatzes, wird eine »puppenstubenhafte« Ersatzwelt in Gestalt ewiger Produktionsstätten geschaffen, die eine dauerhafte Versorgung des Grabherrn gewährleisten sollen.

Am Ende des Alten Reiches aber erhalten sie aus Sicherheitsgründen ihren Standort in der Sargkammer und ersetzen damit zum Teil die sowohl teureren wie auch in den Kulträumen leicht zu zerstörenden Zyklen der Wandbilder.

»Eine Statue wurde mir gebracht von mehr als Lebensgröße«

Sind gerade überlebensgroße Statuen von Privatleuten des Alten Reiches bislang nur sehr selten belegt, so daß die Aussage des Debehnj, eines Zeitgenossen des Mykerinos, eine Übertreibung darstellt, so können Bildnisse des Königs, wie es das Beispiel des Kolossalkopfes des Userkaf lehrt, bereits in dieser Epoche durchaus ein »Mehr als Lebensgröße« erreichen. Betrachten wir aber über diesen Aspekt hinaus die Entwicklung der Plastik insgesamt, so ist festzustellen, daß in diesem Bereich ebenso wie im Flachbild die Frühzeit und vor allem das Alte Reich den wesentlichen, für alle späteren Epochen verbindlichen Typenkatalog entwickelt haben.

Hier müssen in erster Linie die Stand- und Sitzfigur genannt werden, die allein oder in Kombination wie Mann und Frau als Ehepaar, oftmals auch vereint mit ihren Kindern, ebenso belegt sind wie Doppelgruppen des Verstorbenen, die ihn zusammen mit seinem »Ka« zeigen. Auch der König wird so in Gruppenbildnissen mit Gottheiten verbunden – übrigens, und das bleibt bis zum Ende Altägyptens die Regel –, während des Umgangs mit Göttern diesen meist an Größe gleich oder nahezu gleich.

Neben Stand- und Sitzfigur, die ja schon früher vorkommen, ist »der Schreiber« als die ureigenste Erfindung des Alten Reiches anzusprechen und damit gleichzeitig dessen überzeugendstes Symbol: Er, der sinnfälligste Repräsentant der alles bewältigenden Organisation, kulminierend in der Errichtung der Pyramiden – so jedenfalls noch in der 4. Dynastie, als die ersten Schreiberbildnisse entstehen –, zeigt sich in dieser Pose als der überlegene Planer, »der in Kenntnis der Gottesworte« handelt und durch das Geleistete sich selbst als Ausweis des Fortschritts und Erfolges darstellen kann.

Neben diesen Grundtypen gibt es zeitweilig auch Sonderformen, die wie die Ersatzköpfe und Büsten Aspekte der Wiederbelebungsvorstellungen und der Wiedergeburt offenbaren; sie finden im Wunsch nach ungehinderter Bewegung ihre Begründung, nach dem »Herein- und Herausgehen«-Können, um so der amorphen Finsternis des Jenseits und damit des Grabes zu entkommen. Die ihnen oftmals eigene auffallende »Porträthaftigkeit« mag auf den Gedanken zurückzuführen sein, der schweifenden Seele bei ihrem Wiedereintritt ins Grab die Identifizierung des dazugehörigen Körpers und damit ihre erneute Vereinigung zu erleichtern.

»Es ruhte aber das Abbild des Chepre, das sehr große, an diesem Platz«

Thutmosis IV. beschreibt mit diesen Worten den großen Sphinx von Gise (Abb. S. 53), in dessen Schatten der König, im Schlaf versunken, vom Sonnengott Re-Harachte, den die Ägypter des Neuen Reiches in diesem Bildnis dargestellt glaubten, die Herrschaft versprochen erhält, wenn er ihn nur vom Sande befreie, also ihn ausgrübe! Schon dieses Kolossalbildnisses wegen, dessen rätselhafter Anblick heute wie einst die Menschen in seinen Bann zieht, muß unter Sonderformen der Typologie der Sphinx genannt werden. Bereits in der Reichseinigungszeit zunächst in Miniaturbildnissen belegt, wird er durch die aus dem natürlichen Fels geschlagene Monumentalskulptur des Königs Chephren zu einem während der gesamten altägyptischen Geschichte wiederkehrenden Bildtopos: Der Triumph des Menschen und Königs, »der aus der Beherrschung und Einverleibung« der gewaltigen Tiermächte der Vorzeit resultiert, klingt in der Verbindung von Menschenhaupt und Tierleib an. Bei Götterbildnissen wird dagegen häufig mit Beginn der historischen Zeit der entgegengesetzte Weg beschritten: Ihr Körper ist nun menschengestaltig, aber der Kopf bleibt der eines Tieres, so daß das unberechenbar Mächtige weiterhin dominiert.

Betrachten wir abschließend die Plastik des Alten Reiches im Überblick, so zeigt sich auch in den verschiedenen Einzellösungen der Eingangsphase ein immer noch spürbares archaisches Befangensein, und dies selbst bei Figuren wie Rahotep und Nofret (Abb. S. 55). Erst mit der

4. Dynastie wird Souveränität in der Gestaltung erreicht, für die die Bildnisse des Königs Chephren oder des Hemiunu Zeugnis ablegen, die ebenso meisterhaft wie als Ausdruck ihrer Zeit gestaltet worden sind. Danach, vor allem in der 5., aber auch der beginnenden 6. Dynastie, werden plastische Werke dem Sonnenaspekt entsprechend in einer Vielfalt hervorgebracht, wie sie in dieser Fülle und Variationsbreite in keiner der späteren Epochen wieder erreicht wird. Doch muß speziell für das Alte Reich vermerkt werden, daß die überwiegende Zahl der plastischen Werke nur für den Gebrauch des Toten bestimmt und damit den Blicken der Lebenden entzogen war. Als Ersatzkörper magisch einsatzbereit, sollten sie mit dazu beitragen, daß, wie ein Spruch des Balsamierungsrituals formuliert, »dein Leib dauern möge, wie der Stein des Gebirges«.

Von der Ersten Zwischenzeit über das Mittlere Reich zum Neuen Reich
»Er gab den Auftrag, indem er in die Zukunft schaute, seinen Tempel zu erneuern«

Das Ende des Alten Reiches, verbunden mit dem Zerfall des Einheitsstaates, führt zu chaotischen Zuständen, die den Einleitungssatz, den Wunsch eines Stadtgottes von Assiut nach Erneuerung seines zerstörten Tempels, verständlich machen. Gauvorsteher, die in den einzelnen Provinzialzentren des Reiches als Vertreter der kaum mehr existierenden Zentralgewalt zu regieren hatten, machten sich weitgehend unabhängig, jeder von ihnen nur interessiert daran, das eigene Gebiet soweit wie möglich unter

Kontrolle zu halten und, wo nötig, mit Waffengewalt gegen Eindringlinge zu verteidigen.

Mit dieser zwangsläufigen »Unabhängigkeit« und dem Erlöschen der memphitischen Zentrale, die bis dahin das gesamte Land auch im Hinblick auf die Kunst gesteuert hatte, wird alles Kunstschaffen provinziell. Im einzelnen hat das zur Folge, daß unter anderem die Kenntnis des bislang verbindlichen Kanons mit seinen nach Maß und Zahl festgelegten Regeln verlorengeht und damit sowohl im Bereich der Plastik wie des Flachbildes ausgesprochen unbeholfene Werke entstehen, die zum Teil sogar wie Karikaturen anmuten können. Aus den großflächigen Schilderungen von einst ist oft nur die Speisetischszene übriggeblieben, um die herum auf engstem Raum in gleichsam »abgekürzter« Form auch Motive von einst – also auch Relikte aus der Fülle der Szenen des »alltäglichen Lebens« – auftreten können. Da natürlich nach wie vor Bildwerke zur Gewinnung eines »sicheren« Jenseits zur Verfügung stehen müssen, wird vor allem im Auftrag der Fürsten auf regionaler Ebene und mit einheimischen Künstlern weiterproduziert und damit an eine Tradition besonders der 6. Dynastie angeknüpft; denn schon damals hatten sich die Provinzoberen der einzelnen Gauzentralen ihre letzte Ruhestätte in lokalen Felsgräbern gesucht und sie, memphitischen Beispielen folgend, mit Bildern ausstatten lassen.

Waren bereits damals die Darstellungen, wie etwa Assuan belegt, je weiter man von der Metropole entfernt war, desto provinzieller ausgefallen, so nimmt dieser Zustand nun in der Ersten Zwischenzeit immer groteskere Formen an. Dennoch werden, wie zum Beispiel in den Felsgräbern von Moalla und Gebelen, in dem nunmehr zwangsläufig vorherrschenden geistigen Freiraum in naiver Unabhängigkeit auch Neuerungen gefunden, die als Zeugnisse einer spontanen Individualkreativität der überlieferten Kunsttradition neue Impulse vermitteln und zum Teil in das Bildprogramm des Mittleren Reiches eingehen.

»Erstmals wird ein Pylon errichtet«

Mit der schließlich erreichten Reichseinigung durch König Mentuhotep Nebhepetre findet die etwa hundert Jahre umfassende Erste Zwischenzeit ihr Ende, und mit dem Neubeginn setzt auch das Bemühen um die Rückgewinnung des memphitischen Kunsterbes ein: Als großartiges Beispiel königlicher Architektur läßt Mentuhotep, dem politischen Gewicht Thebens Rechnung tragend, im Bereich des Talkessels von Der el-Bahari seinen Totentempel errichten (Abb. S. 64), als monumentalen Abschluß der Tradition der sogenannten Saff-Gräber, wie sie seine

Den Unterschied in der Qualität der Ausführung zwischen königlichem und privatem Auftrag verdeutlichen die Stele des Amenemhet in Kairo (links) und die Frag-

mente aus den Prinzessinnengräbern im Mentuhotep-Grabbezirk, heute im Brooklyn Museum (rechts). Höfischer Überfeinerung steht fröhliche Derbheit gegenüber.

unmittelbaren Vorgänger mit ihren zahlreichen Fassadenöffnungen wenige Kilometer nördlich beim heutigen Dorf el-Tarif in den Felsen getrieben hatten.

Läßt schon Mentuhotep seine Künstler wieder an memphitische Vorbilder anknüpfen, so wird das Memphis des Alten Reiches unter den Herrschern der 12. Dynastie, die auch ihre politische Zentrale wieder an die alte Nahtstelle der beiden Länder zurückverlegen, noch deutlicher Lehrmeister ihrer eigenen Kunstanstrengungen: Nicht nur zur Pyramide als Königsgrab wird zurückgekehrt, auch die Beamten lassen sich wieder in Gräbern aus Kalkstein in Sakkara und Dahschur bestatten, deren Kultkammern Reliefs ganz in der Tradition des Alten Reiches erhalten.

Als wesentliche Neuerung in der Architektur aber wurde in dieser Zeit erstmals, und zwar sowohl in Hermopolis wie bei einem Tempel auf der als Thot-Berg bekannten Höhe auf dem thebanischen Westufer, ein Pylon errichtet. Es sind dies die ältesten Vorläufer jener später so eindrucksvollen Tortürme ägyptischer Tempel, die als Abbild der Horizontberge der Sonne wie auch dem Götterbild als Stätte der Wiedergeburt dienen sollen.

Im Mittleren Reich nahm der Kult des Amun von Theben in Karnak seinen Anfang. Von den wenigen Tempelüberresten dieser Epoche ließ sich dort ein nahezu vollständig

erhaltenes Stationsheiligtum Sesostris' I. aus einem der Pylone des Neuen Reiches bergen, dessen Füllmaterial es gebildet hatte: Deutlicher als an anderen Monumenten läßt sich gerade hier die »klassische« Ausgewogenheit von Bild und Schrift belegen, die, zur Einheit verschmolzen, die Wände in kräftigem Relief überziehen.

Hatte man sich, was das Relief angeht, unter Mentuhotep in der Anfangsphase recht »hieroglyphisch« verhalten, das heißt, die Bilder scheinen noch aus den verschiedenen Einzelteilen gleichsam zusammengefügt, so wird bereits in den für seine Haremsdamen geschaffenen Szenen eine routinierte, ja fast manieristische Kunstfertigkeit deutlich.

»Die erste Äußerung meiner Würde war, daß ich ein Felsengrab schön herrichtete«

In der Provinz aber setzte man, solange die »Gaufürsten« noch weitgehend ihre überkommene Macht besaßen, die Tradition der Felsgräber fort. Zwar orientierte man sich auch hier an memphitischen Vorlagen des Alten Reiches, die man nun mittels des neu erfundenen Quadratnetzes kopieren und in jede Größe übertragen konnte. Das neue Hilfsmittel unterstützte darüber hinaus auch die sichere Gestaltung eigener Kompositionen, die sowohl die Tradition des Alten Reiches als auch die der Ersten Zwischenzeit mit den eigenen Vorstellungen verbanden. So treten die Auftraggeber als große Feudalherren in den hallenartigen Kultkammern ausgesprochen repräsentativ und »herrscherlich« in Erscheinung, die Kultkammern sind dabei den Empfangshallen ihrer Gaupaläste nachempfunden. Ihrer Selbstherrlichkeit entspricht auch die Tatsache, daß sie einmalige historische Begebenheiten, wie die Ankunft einer Semitenkarawane (Abb. S. 66) oder den Transport einer Kolossalstatue (Abb. S. 377), darstellen lassen. Auffallend sicher und mit großer Kunstfertigkeit werden im Flachbild, das zumeist aufgrund des unebenen Felsuntergrundes häufig nur als reine Malerei konzipiert wurde, Farben in Szene gesetzt. Die durch die jüngsten Reinigungsmaßnahmen der ägyptischen Antikenverwaltung zum großen Teil in ihrer ursprünglichen Farbigkeit zurückgewonnenen Darstellungen in Beni Hasan zum Beispiel beweisen, daß ähnlich wie die Malereien auf dem vielbewunderten Holzsarg des Djehutihotep in Boston gerade auf diesem Sektor das Mittlere Reich neue Wege einzuschlagen imstande war.

»Ich denke nach über das, was geschieht ... Veränderung überall«

Als das wohl eindrucksvollste Erbe dieser Epoche gilt allerdings zu Recht die Plastik. Auch hier wird zunächst in der »Formationsphase« der 11. Dynastie noch von hieroglyphischen Einzelaspekten ausgegangen, so daß Werke wie das berühmte Sitzbild des Mentuhotep mit unterägyptischer Krone sich als wiederum »archaisch« kennzeichnen lassen. Nach dem Zwischenstadium der frühen 12. Dynastie, die ausgesprochen kühl, unpersönlich, ja fast akademisch wirkende Bildnisse hervorbringt, wie sie zum Beispiel von Sesostris I. überliefert sind, wird dann mit den Skulpturen Amenemhets II., Sesostris' II. und seiner Gemahlin Nofret die eigentlich »klassische« Periode, die einen »mittleren Ausgleich« bringt, erreicht.

Deutlich darüber hinaus gehen jedoch bald die folgenden Bildnisse Sesostris' III. (Abb. S. 71, 127) und Amenemhets III., die mit ihren altersgeprägten, sehr persönlich wirkenden Zügen zu bestätigen scheinen, was ein Mann ihrer Zeit, ein gewisser Chacheperreseneb, in die Worte kleidete: »Ich denke nach über das, was geschieht, über die Dinge, die sich über das ganze Land hin ereignen: Veränderung überall, es ist nicht mehr wie im vergangenen Jahr, jedes Jahr lastet schwerer als das andere.«

Diese Züge, die die Könige äußerlich einerseits »menschlicher« als je zuvor erscheinen lassen, zugleich aber ihre kaum noch »menschlich« zu ertragende Verantwortung ausdrücken sollen, finden sich unverkennbar auch an den berühmten Sphingen aus Tanis, den Fischopferern, die vielleicht aus dem Fayum stammen, und zahlreichen anderen Königsbildnissen jener Epoche. Und sie haben wie zu allen Zeiten ägyptischer Geschichte in der Privatplastik ihren Widerhall gefunden: Die wohl großartigste Privatskulptur des Mittleren Reiches, die Mantelstatue des sitzenden Chertihotep in Berlin, kann als Prototyp dafür gelten; allerdings ist auch er nur über das »klassische« Zwischenspiel, am überzeugendsten vertreten in der in Kerma geborgenen Statue der Sennui, möglich geworden. Das Mittlere Reich hat zu den bereits eingeführten einen grundsätzlich neuen Statuentypus hinzugefügt – vielleicht den »ägyptischsten« von allen –, von uns gemeinhin als »Würfelhocker« bezeichnet. So wie die Mantelstatue (Abb. S. 143) wahrscheinlich den Aspekt der Wiedergeburt, ein »Verpuppen« gleichsam, darstellt, aus dem das entsprechende Individuum verjüngt wie der König aus dem Hebsed-Mantel wieder ins Tageslicht zurückzukehren hofft, bringt der Würfelhocker die gleiche Idee zum Ausdruck. Er, der, wie der »Schreiber« als Leitfigur für das Alte Reich, nun als Symbol für das Mittlere stehen kann – ging es doch diesmal politisch um die Wiedergeburt des Staates –, stellt nach früheren Belegen, wie den Würfelhockern des Hetep und Ihj, den Toten in jenem Moment dar, in dem er, von den Strahlen der Sonne getroffen, sich aus dem Grabhügel zum neuen Leben zu erheben beginnt.

»Als man die Stadt Auaris belagerte ... und zu Wasser auf ihrem Kanal kämpfte«

Sicher zu Recht hat man sich neuerdings angewöhnt, die Zweite Zwischenzeit mit der 13. Dynastie einsetzen zu lassen. Der sich beschleunigende interne Niedergang führte schließlich zu einem erneuten Zusammenbruch des Staates und der Übernahme der Macht durch die fremd-

stämmigen Hyksos. Die Eroberung der Hyksos-Hauptstadt Auaris im Ostdelta durch die Ägypter, von der das Zitat aus der berühmten Lebensgeschichte des Offiziers Ahmose, Sohn des Ebana, berichtet, war ein entscheidender Schritt auf dem Wege Ägyptens zum Weltreich. Selbstverständlich fand die politische Entwicklung ihren Niederschlag im Bereich der Kunst.

So sind uns aus der 13. Dynastie zwar noch einige großformatige Königsstatuen erhalten, aber ihre Aussagekraft hat im Vergleich zu den großen Werken der 12. Dynastie erheblich nachgelassen. Die Hyksosherrscher schließlich begnügen sich mit dem Usurpieren von Statuen und haben sonst wohl eher auf dem Gebiet des Kunsthandwerks Aufträge erteilt, das durch sie allerdings in Technik und Motivik, etwa durch die Einführung des Greifen, neue Impulse erhält. Erst mit dem Aufbruch Thebens und der von hier ausgehenden Befreiung und erneuten Reichseinigung wird dann wieder in größerem Umfang auch die Bautätigkeit in Stein aufgenommen. Wie zu Anfang des Mittleren Reiches greift man wieder auf die einfachen, gleichsam

Links: Die Statuengruppe Amenophis' III. wurde 1967 in einem Schacht beim Krokodilheiligtum von Sumenu gefunden.
Luxor, Museum für Altägyptische Kunst

Unten: Das Sphinxbildnis der Hatschepsut greift mit dem Typus des mähnengerahmten Gesichtes noch eine Sphinxvariante des Mittleren Reiches auf.
Kairo, Ägyptisches Museum

Die Bandbreite der zeichnerischen und malerischen Möglichkeiten im Neuen Reich war außerordentlich groß. Flüchtige und dennoch sichere Charakterisierung kennzeichnen das Fragment mit der Darstellung eines Zimmermanns bei der Arbeit im Ägyptischen Museum, Berlin-DDR (links), und die zum Teil unfertigen Ausschnitte aus dem Grab des Nebamun und Ipuki, Theben Nr. 181 (links unten) und dem Grab des Nebamun, Theben Nr. 78 (rechts unten). Für die Sicherheit der Umrißführung in Verbindung mit einer überreich nuancierten, geradezu impressionistischen Innenzeichnung, etwa im Faltenwurf der Gewänder oder der Gefiedergestaltung der Vögel, stehen die Ausschnitte aus dem Grab des Userhet, Theben Nr. 218 (rechts oben), und die Szene der Vogeljagd aus dem Grab des Nebamun im British Museum, London (rechts). Im Unterschied zum weißen Fond der Malereien der 18. Dynastie bevorzugt die Ramessidenzeit einen ockerfarbenen Untergrund wie im Grab des Amennacht, Theben Nr. 218 (links oben).

»hieroglyphischen« Formen zurück und gewinnt durch überlegtes, mittels des Quadratnetzes »kanonisches« Zusammenfügen schon bald die alte Sicherheit zurück. Aber in einer gewandelten Welt, einer Welt nunmehr internationalen und imperialen Zuschnitts, mußte es auch in der Kunst zu neuen Lösungen kommen.

»Senenmut kam, um die Arbeit an den großen Obelisken von Millionen von Jahren in Gang zu bringen«

Die großen militärischen Erfolge am Anfang des Neuen Reiches machen auch Tempelanlagen in großen Dimensionen möglich, so insbesondere im Bereich des Amun-Tempels von Karnak und auf der Westseite der Hauptstadt in Gestalt der Totentempel für die verstorbenen Herrscher. Dem König der Götter, Amun-Re, hatte man alle Siege zu verdanken, und so wurde sein Haus auch über die Jahrhunderte hinweg zum gewaltigsten Heiligtum der antiken

Welt ausgebaut. In Karnak reihten die einzelnen Herrscher um das Zentrum des Mittleren Reiches je nach Vermögen im Sinne eines reich ausgestatteten Prozessionsweges einen Tempelbezirk an den anderen, immer wieder getrennt durch die den Horizont darstellenden verschiedenen Pylone, die der Gott in Gestalt seines Kultbildes im Rahmen der großen Feste Thebens wie die Sonne passiert: Obelisken, die seinem Sonnenaspekt als Amun-Re besonders entsprechen, wurden mit großem Aufwand zu seinen Ehren, und gleichsam im Wettstreit, von den verschiedenen Pharaonen errichtet, so auch von der Königin Hatschepsut. Wie die oben zitierte Felsinschrift in den Granitbrüchen Assuans belegt, hatte sie die mit diesem Vorhaben verbundenen Arbeiten ihrem obersten Minister Senenmut übertragen. Auf der Westseite, ziemlich genau gegenüber der Haupt- bzw. Ost-West-Achse des Reichsheiligtums von Karnak, ließ sie im Verlauf ihrer Regierung in Anlehnung an den benachbarten Totentempel des Mentuhotep

in Der el-Bahari ihre eigene grandiose Tempelanlage auf-führen, die sich in drei Terrassen an der Stirnseite unmit-telbar vor der Steilwand des Talkessels hinaufzieht (Abb. S. 232/33). Als einer ihrer obersten Bauleiter ist uns wie-derum Senenmut überliefert, der auch Erzieher ihrer Tochter und ihr besonderer Günstling gewesen ist.

»Ich war Leiter auf dem Westufer und er auf dem Ostufer«

Außergewöhnlich qualitätvolle, aber auch vom Thema und von den Motiven her ungewöhnliche Reliefs berichten, auf die verschiedenen Terrassen verteilt, von besonders bedeu-tenden Ereignissen ihrer Regierungszeit, so von einer Expedition in das Weihrauchland Punt (Abb. S. 80, 81) oder dem Obeliskentransport von Assuan nach Karnak. Diesem gleichsam biographischen Ansatz begegnen wir auch bei den übrigen Pharaonen des Neuen Reiches, eine Entwicklung, die in Amenophis III. einen ersten Höhe-punkt erreicht: Von seinem gewaltigen Totentempel auf der Westseite Thebens zeugen noch heute die sogenannten Memnonskolosse (Abb. S. 16), Bildnisse des Königs, die einst vor einem der Pylone standen. Sein oberster Baulei-ter, Amenophis, Sohn des Hapu, der später zum Heiligen avancierte, ließ die Quarzitmonolithe vom »Gebel el-Ahmar«, dem »Roten Berg« in der Nähe von Memphis, herbeibringen.

Amenophis III., der als erster Pharao göttliche Verehrung beanspruchte, gab auch dem so eindrucksvollen Tempel in Luxor mit seinen offenen und geschlossenen Papyrusbün-delbauten sein unverwechselbares Gesicht (Abb. S. 266/67). Hatte sich schon unter seiner Regierung die Sonnenvereh-rung deutlich gesteigert, so kulminiert diese Entwicklung in seinem Sohn Echnaton, der zunächst gleichfalls in Kar-nak, aber auf der Ostseite, der Himmelsrichtung des Son-nenaufgangs, seinem Sonnengott Aton zu Ehren einen großen Tempelkomplex errichtete. Echnaton selbst er-

*Links: Die aus massivem Gold ge-
fertigte Schale mit einem Durch-
messer von 18 cm wurde im Grab
des Generals Djehuti, eines Zeitgenossen Thutmosis' III., gefunden.
Paris, Louvre*

*Rechts: Zeugnisse für den Luxus
des Neuen Reiches sind unter anderem Gefäße mit Genreszenen in der
für die Epoche charakteristischen
Himmelsfarbe Kobaltblau.
New York, Brooklyn Museum*

*Rechts unten: Ein solches Gefäß in
Miniaturform bietet der Diener als
Schminkbehälter an.
Kairo, Ägyptisches Museum*

scheint in mannweiblicher Urgottgestalt: In der Tradition der Osirispfeilerfiguren, die seit dem Mittleren Reich als Fassadenskulpturen Verwendung fanden, mit den verschiedenen Kronen des Landes, empfiehlt er sich von den Seiten des großen offenen Hofes her als Mittler zwischen seinem Gott und den Menschen (Abb. S. 91).

*»Ich lasse die Berge dir große, gewaltige … Denkmäler
hervorbringen«*

Mit Echnaton und seinen Angehörigen im Sinne einer »Heiligen Familie« (Abb. S. 90) gibt sich noch deutlicher der individuelle Anspruch eines einzelnen Herrschers zu erkennen, der dann vor allem in den Bauten seiner neuen Residenz in Tell el-Amarna den eigentlichen Höhepunkt erreicht. Seine Nachfolger, die Ramessiden, insbesondere Ramses II. und in seinem Schatten Ramses III., führen diese Tendenz weiter, allerdings vor allem auf politisch-militärischem Gebiet. Ihre persönlichen Leistungen und ihre Selbsteinschätzung finden in den gewaltigen Tempelanlagen von Abu Simbel (Abb. S. 120/21) bis hin zur Ramsesstadt im Ostdelta (Abb. S. 98) und in Medinet Habu (Abb. S. 269) ebenso Ausdruck wie in der Tatsache, daß auch sie sich Amenophis III. in vielem zum Vorbild nehmen und sich wie dieser göttliche Ehren zuteil werden lassen.

Die Einbindung Ägyptens in das Spektrum einer in wachsendem Maße international verflochtenen Welt hat nicht nur in der Architektur, sondern auch im Bereich des Flachbildes zu neuen, bisher unbekannten Lösungen geführt. Zwar setzt zunächst wieder mit der erneuten Reichseinigung eine Rückbesinnung auf die sicheren Richtlinien der Vergangenheit ein; wieder wird, wie gesagt, deshalb »hieroglyphisch« mit der Zusammenstellung der Einzelformen begonnen, aber schon bald machen sich Lockerungen be-

merkbar, werden auch Stimmungen wie Freude und Leid wiederzugeben versucht; Momentanes tritt ebenso hinzu wie der Sinn für räumliche Wirkungseffekte, für Schönheit, Blumen, Prunk und Festlichkeit in all ihren Erscheinungen.

Mit neuen Mitteln werden einmalige Ereignisse einer Regierung beschrieben, die, wie die Darstellungen der Punt-Expedition, auch ein unverwechselbares Lokalkolorit erhalten; hierher gehören auch die botanischen und zoologischen Darstellungen Thutmosis' III. in Karnak (Abb. S. 388/89). Diese neuen Möglichkeiten werden erst recht von Haremhab, Sethos I. und vor allem Ramses II. genutzt, um bei ihren großflächigen Schilderungen das absolut Einzigartige »ihrer« Ereignisse für immer festzuhalten.

Das plötzliche und zugleich intensive Innewerden der jeweils besonderen Zeitumstände, welches das Neue Reich trotz der Ansätze im Mittleren Reich, etwa in den Expeditionsberichten, deutlich von den vergangenen Epochen unterscheidet, hat auch in die Privatgräber Eingang gefunden. Vor allem in Theben-West, in der Nähe der Königsgräber, bestattet, legen die hohen Beamten und Heerführer, die Hauptstützen der Königsherrschaft, Wert darauf, auch im biographischen Sinn »ihr« Leben zu schildern, die Höhepunkte und das Besondere innerhalb jeder individuellen Laufbahn festzuhalten und prunkvoll herauszustellen. Mit allen optischen Finessen, über die die Maler und Skulpteure der Zeit verfügen, werden diese Schilderungen in Szene gesetzt und zum Teil so überzeugend gestaltet, daß sie auch heute noch den im »ägyptischen« Sehen Ungewohnten unmittelbar erreichen. Es sind wahrlich »lebensnahe« Schilderungen geworden, die dazu auffordern, den »schönen Tag« zu feiern, denn »von dort her ist noch niemand zurückgekommen …«

»Bak, der oberste der Künstler … der von Seiner Majestät selbst belehrt worden ist«

Die genannten Aspekte zeigen sich – und wie könnte es anders sein – auch im Bereich der Plastik. Trotz des grundsätzlichen Festhaltens an den alten Statuentypen wird in vieler Hinsicht den neuen Vorstellungen Rechnung getragen, etwa durch Kompositionselemente wie Götterschreine und Embleme, aber auch in Ausdruck und Beschriftung, zum Beispiel den ausführlichen biographischen Daten auf Würfelhockern. Sogar eine wirkliche Novität, der sich der Gottheit kriechend nähernde König, kommt als Variante der bisherigen Unterwerfungshaltung, des Kniens, mit Beginn der 19. Dynastie hinzu; auch diese allerdings wird auf Echnaton zurückzuführen sein, gehören doch im Flachbild derartige Huldigungsbekundungen zum Charakteristischsten seiner Regierungszeit.

Insgesamt gesehen wird erst unter Echnaton, was bereits vorher im Ansatz vorhanden war, wie die Wiedergabe von Stimmung und Atmosphäre, von Spontaneität, Augenblickszuständen und Gefühlsregungen, wirklich »freigesetzt«, um damit dem kreativen, aber sich ständig ändernden Sonnengeschehen auch optisch soweit wie möglich Rechnung zu tragen. Selbst die Farben werden davon erfaßt und so naturnah wie niemals zuvor und danach eingesetzt. Wie man sich um neue »wahre« Ausdrucksmittel bemühte, zeigen in der Plastik besonders überzeugend die verschiedenen Masken und Porträtstudien, die sich im Atelier des Thutmosis in Tell el-Amarna gefunden haben: Zum Teil von lebenden Modellen abgenommen, sollten sie überarbeitet die Physiognomie des Volkes in seiner Vielfalt abbilden helfen, und zwar so, wie es wirklich aussah.

Echnatons Aufbruch in neue Regionen, wie sie Bak, sein oberster Künstler, preist (siehe Überschrift), zeitigte im Bereich der Kunst tiefgreifende Nachwirkungen. Besonders in den ersten Jahrzehnten nach seiner Regierung, vor allem unter Haremhab, wurden zahlreiche auffallend qualitätvolle Werke im Bereich des Flächenbildes und der Rundplastik geschaffen. Sie wirken ebenso meisterhaft in der Einzelausführung wie in der Gesamtkomposition, wobei die unter Echnaton häufig zu beobachtende Flüchtigkeit der Ausführung wieder durch eine detaillierte und »solide« Arbeitsweise ersetzt wird, zugleich aber gibt man die Errungenschaften nicht auf, sondern integriert sie in das von Amenophis III. hinterlassene Erbe.

Sethos I. schließlich und nach ihm vor allem Ramses II. gewinnen aus der Befreiung nochmals neue Möglichkeiten. Um ihre historischen Taten anschaulich zu verewigen, lassen sie Großszenarien schaffen, die ganze Wände bedecken. Damit aber wird, zumindest im Bereich des öffentlichen Triumphalbildes, die alte Streifengliederung überwunden und für den sich gegenseitig tragenden Gleichklang von Architektur und Bild im Sinne eines »Gesamtkunstwerkes« eine dem Geist der Zeit entsprechende und später nicht übertroffene Lösung erreicht.

Die Zeit der Fremdherrschaft

»… orientierten sie sich an der Formensprache des Neuen Reiches«

Die politischen und wirtschaftlichen Verhältnisse des ausgehenden Neuen Reiches, die direkt überleiten in eine erneute Zeit des Zerfalls der Reichseinheit und der Zerrissenheit des Landes, und das in Verbindung mit Fremdherrschern, haben wiederum in der Kunst ihre Spuren hinterlassen: Nachdem der natürliche Hafen der Ramsesstadt (Abb. S. 98) versandet war, hatte man in der 21. Dynastie die Hauptstadt noch weiter nach Norden, nach Tanis (Abb. S. 106), verlegt, während in Theben der Gottesstaat des Amun eine eigenmächtige Politik verfolgte.

Tanis, das, wie wir heute sicher wissen, aus dem Steinmaterial der Ramsesstadt erbaut wurde, macht mit seinen fast ausschließlich usurpierten Bauteilen, die in geradezu hektischer Eile zu einem zweiten Karnak, einem Pseudokarnak gleichsam, getürmt wurden – dies auch in der Anordnung seiner beiden Hauptachsen –, in der Tat einen »bar-

barischen« Eindruck. Die Zeit reichte nicht einmal aus, um die geraubten Bauelemente in einen technisch einigermaßen sinnvollen Verbund zu bringen. Ab der 22. Dynastie als religiöses Zentralheiligtum in der Hand der Libyer, die ihre Verwaltungshauptstadt nach Bubastis, ihrem Stammsitz seit einigen Generationen, zurückverlegen, dient es nun als Begräbnisstätte der Könige. Nur wenig geplündert, sind deren Gräber in den zwanziger Jahren unseres Jahrhunderts aufgefunden worden und haben die nach dem Grabfund des Tutanchamun reichsten Bestattungen, die in Ägypten je geborgen werden konnten, erbracht. Dennoch können die kostbaren, aus Gold und Silber gefertigten Sarkophage, Masken, Schmuckstücke und Geräte nicht darüber hinwegtäuschen, daß die Kreativität früherer Zeiten nunmehr vorbei ist. Kühl und gleichsam »seelenlos« wirken die meisten Objekte, allzu vereinfachend nachgeahmt und ohne innere Spannung.

Während bei den wenigen damals neu konzipierten plastischen Werken – insbesondere Metallskulpturen wie die der berühmten Karomama, der Gemahlin Takelothis' II., mit ihren vielfältigen Einlagen in Tauschiertechnik – das Neue Reich Vorbild gewesen ist, hält man sich sonst vor allem an Originalen des Mittleren Reiches schadlos, die usurpiert werden, eine Sitte, die allerdings schon seit alters, besonders aber unter den Ramessiden geübt wurde. Begründet in der Überzeugung, daß erst durch die Inschrift Identität hergestellt wird, garantierte diese Praxis des Usurpierens bei nicht ausreichend vorhandenen eigenen Mitteln einen raschen Erfolg.

»Ich habe Oberägypten auf seinen richtigen Gottesweg gebracht«

Einen nochmaligen kurzfristigen Aufschwung erleben wir dann während der 25. und 26. Dynastie, Zeiten einer ausgesprochenen Renaissance, die, vor allem an Werken des Alten und Mittleren Reiches interessiert, teilweise großartige künstlerische Leistungen hervorzubringen imstande war. Die monumentalen Grabpaläste des Statthalters der Kuschiten in Theben, Montemhet, des Harwa oder in der 26. Dynastie des Petamenophis sind noch einmal Zeugnisse des hohen technischen Könnens ägyptischer Künstler. Allerdings machen sie viel stärker auch in Gestalt zahlreicher direkter Kopien, die mittels Quadratnetz übertragen werden, vom Erbe früherer Zeiten Gebrauch. Neben direkten Kopien, wie sie zum Beispiel ein gewisser Ibi nach der Vorlage eines sehr viel früheren Felsgrabes eines Namensvetters in Mittelägypten anfertigen läßt, und ebenso bewußt archaisierenden Tendenzen, die wir an vielen Beispielen beobachten können, werden vor allem in der Plastik, etwa den Bildnissen des Königs Taharka oder des Montemhet (Abb. S. 108), Werke geschaffen, die fern vom Klischee als Ausdruck ihrer Epoche erscheinen und in ihrer individuellen Prägung nochmals eine neue und

bedeutende Variante ägyptischer Porträtkunst vor Augen stellen.

Von hier aus geht der Weg einmal zu den akademisch glatten Lösungen der 26. Dynastie, wie dem Schreiber Nespekaschuti, zum anderen aber auch zu so vortrefflichen Schöpfungen wie den sogenannten »Blasenschädeln«, vertreten im Bildnis des Usirwer in Brooklyn oder, am Ende dieser Entwicklung, dem »Grünen Kopf« in Berlin. Besonders muß in diesem Zusammenhang auf außergewöhnliche Meisterleistungen auf dem Gebiet der Tierplastik hingewiesen werden, die in der 26. Dynastie wie seit alters in Hartgesteinen, vor allem aber in Bronze geschaffen wurden. Die geradezu maßlose Verehrung der Tiere, eine von Späteren, wie dem Griechen Lukian, verspottete Verirrung ägyptischer Glaubensvorstellungen, ist wohl auf den Verlust des Gottkönigs auf Erden zurückzuführen, der Ägyptens Wohlergehen und seine Existenz schlechthin garantiert hatte, aber den es in der Realität schon längst nicht mehr gab. Die deshalb verunsicherte Bevölkerung suchte nach einem Ersatz und wandte sich auf dieser Suche, die sicher von der Priesterschaft kommerziell genutzt wurde, verstärkt den vor allem in Tiergestalten verkörperten Göttern zu, um sie durch Weihgaben geneigt zu machen. Die Folge war, daß einerseits zwar eine Massenfertigung von Devotionalien in Bronze und Fayence einsetzt, andererseits aber auch jetzt noch einige unvergängliche Kunstwerke hervorgebracht wurden.

Links: Als höchster Militärführer unter Tutanchamun hatte sich der nachmalige König Haremhab in Sakkara ein prächtiges Grab anlegen lassen, dessen Reliefs stilistisch eng an die Amarna-Epoche anschließen, obwohl gerade er später die Erinnerung an diese Zeit auf jede Weise zu löschen versuchte. Die Wiedergabe von Augenblicksituationen, wie sie sich in Gesichtsausdruck und Gestik der Personen äußern, haben ihre direkten Vorbilder in el-Amarna, sind hier allerdings handwerklich-künstlerisch ungleich ausgefeilter gestaltet. Die überscharfe Charakterisierung der unterworfenen Schwarzen, im Verhältnis zu den aufwendig gekleideten und mit feinsten Perücken ausgestatteten Ägyptern, wird zur bildlichen Fassung des Gegensatzes von Barbarei und Hochkultur.

Oben: Das nach Tanis verschleppte und sicher aus der Ramsesstadt stammende Oberteil einer Granitstatue Ramses' II. unterscheidet sich von den üblichen Bildnissen dieses Herrschers durch das Private seines Ornats und die dem Betrachter menschlich entgegenkommende Physiognomie. Der neuerdings vertretenen Meinung, die Ramses II. als Friedensfürsten sehen möchte, entspricht dieses Porträt ganz besonders. Kairo, Ägyptisches Museum

Unten: In die restaurative Epoche der 26. Dynastie läßt sich das anonyme Bildnis einer Königin mit dem Herrschaftssymbol der Geierhaube datieren, das in der Form der Perücke und dem Trägergewand an Vorbilder des Mittleren Reiches anknüpft. Baltimore, Walters Art Gallery

Auch im Flachbild gibt es archaisierende Tendenzen vielfältigster Art und ein eklektizistisches Aufgreifen früherer Lösungen. Mit der Ptolemäerherrschaft wird ein neues Kapitel ägyptischer Kunstproduktion aufgeschlagen, vor allem im Bereich des Tempelbaus. Um besonders »ägyptisch« zu erscheinen, werden nun an den altgeheiligten Stätten groß ausgreifende Anlagen geschaffen, die noch heute wegen ihres zum Teil hervorragenden Erhaltungszustands das Ägyptenbild vieler Reisender bestimmen. Allerdings werden, vor allem was das Bildprogramm betrifft, zunehmend Klischees und Hüllen geliefert, die sich nur in Ausnahmefällen, wie zum Beispiel den Reliefs der Krypten in Dendera, mit wirklich neuem Leben füllen. Außergewöhnliche Leistungen allerdings, und darauf verdient hingewiesen zu werden, erzielten die Bildhauer bei den in vielen Varianten vorliegenden Kompositionskapitellen mit Pflanzendekor; einige der schönsten haben sich in den Tempeln von Philae und Esna erhalten.

Mit diesen sicher zum großen Teil propagandistisch motivierten, aber gleichzeitig auch in Bewunderung für das »Alte Ägypten« konzipierten Bauwerken wird insgesamt gesehen eine auch äußerlich leicht zu verfolgende Entfernung vom eigentlich »ägyptischen Stil« zwangsläufig fortgesetzt. Analog bleiben auch in der Plastik die ägyptischen Werke der frühen Ptolemäerzeit zunächst noch der klassischen Tradition der 26. Dynastie verhaftet, aber das folgende, nun unaufhaltsame Eindringen hellenistischer Vorstellungen bewirkt auch in diesem Bereich zunehmend rascher eine weitere Auflösung des ägyptischen Formenkanons. So konnten an dieser Entwicklung, die schon bald das gesamte Leben erfaßte, auch die vielen Bildhauerlehrstücke und -modelle, die gerade aus der frühen Ptolemäerzeit stammen, nichts mehr ändern. Sollten sie, wie vermutet wurde, vor allem als Unterpfand der guten Absicht in die Tempel gestiftet worden sein, um trotz allem an der altgeheiligten Tradition festzuhalten, so sind sie zwar als Zeugnisse des Willens zu nehmen, in der Praxis aber mußte auch dieses Mittel versagen.

Daß der Hellenismus mit seiner »perspektivischen« Weltvorstellung mit dem Kosmos Ägyptens und seiner Aspektive auf die Dauer einfach nicht zu vereinbaren war, zeigt sich im übrigen besonders deutlich an den verschiedenen Darstellungswelten, wie sie im Grab des Petosiris in Tuna el-Gebel dicht nebeneinander belegt sind: Die Mischformen altägyptischer Darstellungsinhalte im Verbund mit einer hellenistischen Formensprache können weder hier noch an anderen Orten Ägyptens einen neuen Weg der Verschmelzung eröffnen. Im Zeichen des Sarapis, der neuen artifiziellen Gottheit, mit der letztlich genauso vergeblich beides miteinander verbunden werden sollte, stoßen hier zwei grundverschiedene Welten aufeinander, von denen die eine der Vergangenheit, die andere aber bereits der Zukunft angehört.

Links: Wie ein Widerhall der Orientierungslosigkeit im politischöffentlichen Leben des letzten Jahrhunderts vor der Zeitenwende wirkt die weit auseinandergehende Meinung der Wissenschaftler hinsichtlich der Datierung des »Grünen Kopfes«. Unbestritten ist sein hoher Rang unter den Meisterwerken der Porträtkunst. Vom 5. bis zum 1. vorchristlichen Jahrhundert lauten die Datierungsvorschläge. Der Kopf aus dunkelgrünem Schist stammt aus Memphis.
Berlin, Ägyptisches Museum

Unten: Die beiden Schreiberfiguren trennen nahezu 2000 Jahre ägyptischer Kunstentwicklung – links ein Schreiber aus der 5. Dynastie, rechts Nespekaschuti aus der 26. Dynastie. Das Nebeneinander verdeutlicht die kraftvolle Zuversicht der frühen Epoche im Unterschied zur zaghaften Zurückgenommenheit der Spätzeit, die alle Perfektion in der Bearbeitung des samtschimmernden, in der Spätzeit so beliebten Amphibolits nicht zu überspielen vermag.
Kairo, Ägyptisches Museum

Ägypten und das Abendland

WIE KAUM EINE andere Hochkultur findet die Kultur des Alten Ägypten das Interesse einer breiten Öffentlichkeit. Millionen besuchten in den letzten Jahren Ausstellungen wie »Echnaton und Nofretete«, »Götter und Pharaonen«, »Ramses le Grand«, »Tutanchamun« oder »Bilder für die Ewigkeit«, und groß ist auch die Zahl der Reisenden, die Ägyptens Kultur, Kunst und Geschichte im Land selbst kennenlernen wollen. Die Faszination, die von dem Land am Nil und seiner kulturellen Hinterlassenschaft in immer noch wachsendem Umfang ausgeht, ist zu einem fast irrationalen Phänomen unserer Zeit geworden, doch läßt sich die Auseinandersetzung mit dem Alten Ägypten bis in den Beginn der abendländischen Geschichte zurückverfolgen.

Seit der Mitte des 3. Jahrtausends v. Chr. sind Beziehungen zwischen Kreta und Ägypten nachweisbar, die rund tausend Jahre später zu einem regen kulturellen und künstlerischen Austausch führten. So wurden Motive wie die Spirale und der »Fliegende Galopp« übernommen. Die detailgetreue Beschreibung modischer Eigenheiten, ja sogar modischer Veränderungen, etwa bei der kretischen Schurztracht, wie sie in den Darstellungen von Minoern in den thebanischen Gräbern der 18. Dynastie nachweisbar ist (Abb. 223), erweist das gegenseitige Interesse der beiden sich begegnenden Kulturen, deren Anderssein akzeptiert und der eigenen Kultur bewußt gegenübergestellt wird.

Während die erfolgreichen Abwehrkämpfe gegen die Seevölker im 14. und 13. Jahrhundert v. Chr. kaum zu einer gegenseitigen Beeinflussung geführt haben, brachte das Ausgreifen der griechischen Kolonisation seit dem 7. Jahrhundert v. Chr., das zur Gründung der Polis Naukratis im Nildelta führte, nicht nur eine erste Blüte abendländischer Selbstdarstellung, sondern seit dieser Zeit begann auch das

Ägyptenbild des Abendlandes bestimmte Konturen anzunehmen, die sich bis heute grundsätzlich kaum mehr verändern sollten.

Die ersten umfangreichen Reiseberichte über Ägypten verdanken wir dem griechischen Geschichtsschreiber Herodot, der in der Mitte des 5. Jahrhunderts v. Chr. Ägypten bereiste und es im 2. Buch seiner Historien ausführlich beschrieb. Aufgrund seiner Eindrücke von der geographischen, vor allem aber historischen Größe dieses Landes, die sich ihm in der Landschaft, den Denkmälern, in der Geschichte und der Weisheit der Priester zeigte, nahm er Abschied von einem graecozentrischen Weltbild.

Der »Vater der Geschichte«, dem das Schlagwort von Ägypten als dem »Geschenk des Nil« zu verdanken ist, fand hier ein erstes ehrfurchtgebietendes Korrektiv der zu allen Zeiten verbreiteten Einschätzung des eigenen Kulturraums als dem Mittelpunkt der Welt.

Ob Platon wie Herodot tatsächlich in Ägypten gewesen ist oder ob ihm eine derartige Reise, wie auch dem Gesetzgeber Solon, in einer bestimmten biographisch-literarischen Tradition angedichtet worden ist, sei dahingestellt. Die Vorbildhaftigkeit der ägyptischen Kultur stand für ihn ohne Einschränkung fest. In seinem Dialog »Timaios«, in dem er von den Erlebnissen Solons in Ägypten erzählt, der die ägyptischen Priester mit einem Bericht über die älteste Geschichte der Hellenen beeindrucken will, legt Platon den Ägyptern folgende Worte in den Mund: »Ach Solon, Solon! Ihr Hellenen bleibt doch immer Kinder, zum Greis aber bringt es kein Hellene! Jung in den Seelen seid ihr alle, denn ihr hegt in ihnen keine alte, auf altertümliche Erzählungen gegründete Meinung noch ein durch die Zeit ergrautes Wissen.«

So waren es die Größe des Landes, das hohe Alter der Geschichte und die eindeutige, unveränderliche Erscheinungsform der ägyptischen Kultur, die von den Griechen als die entscheidenden Merkmale des Alten Ägyptens empfunden wurden.

Das »Nilmosaik« aus dem Tempel der Fortuna Primigenia in Palestrina (Praeneste) südlich von Rom stellt in einer sukzessiven Bilderfolge eine Nilüberschwemmung dar. Zahlreiche griechische Inschriften erläutern die Szenen, Schauplätze und Tierdarstellungen. Die Datierung des Mosaiks schwankt vom 1. Jahrhundert v. Chr. bis um 200 n. Chr.

Oben: Besucherinschriften am Sethos-Tempel in Theben-West.

Unten: Eine Weltsensation war die Entdeckung des Grabes Tutanchamuns 1922 durch Howard Carter. Blick in die Vorkammer mit Möbeln und Streitwagen.

Rechts: Die Vorhalle des Tempels von Dendera. Das Gemälde von David Roberts aus dem Jahre 1841 zeigt, wie hoch die Tempel durch Sand und Abfälle verschüttet waren (vgl. Abb. S. 283).
The City of Bristol Museum and Art Gallery

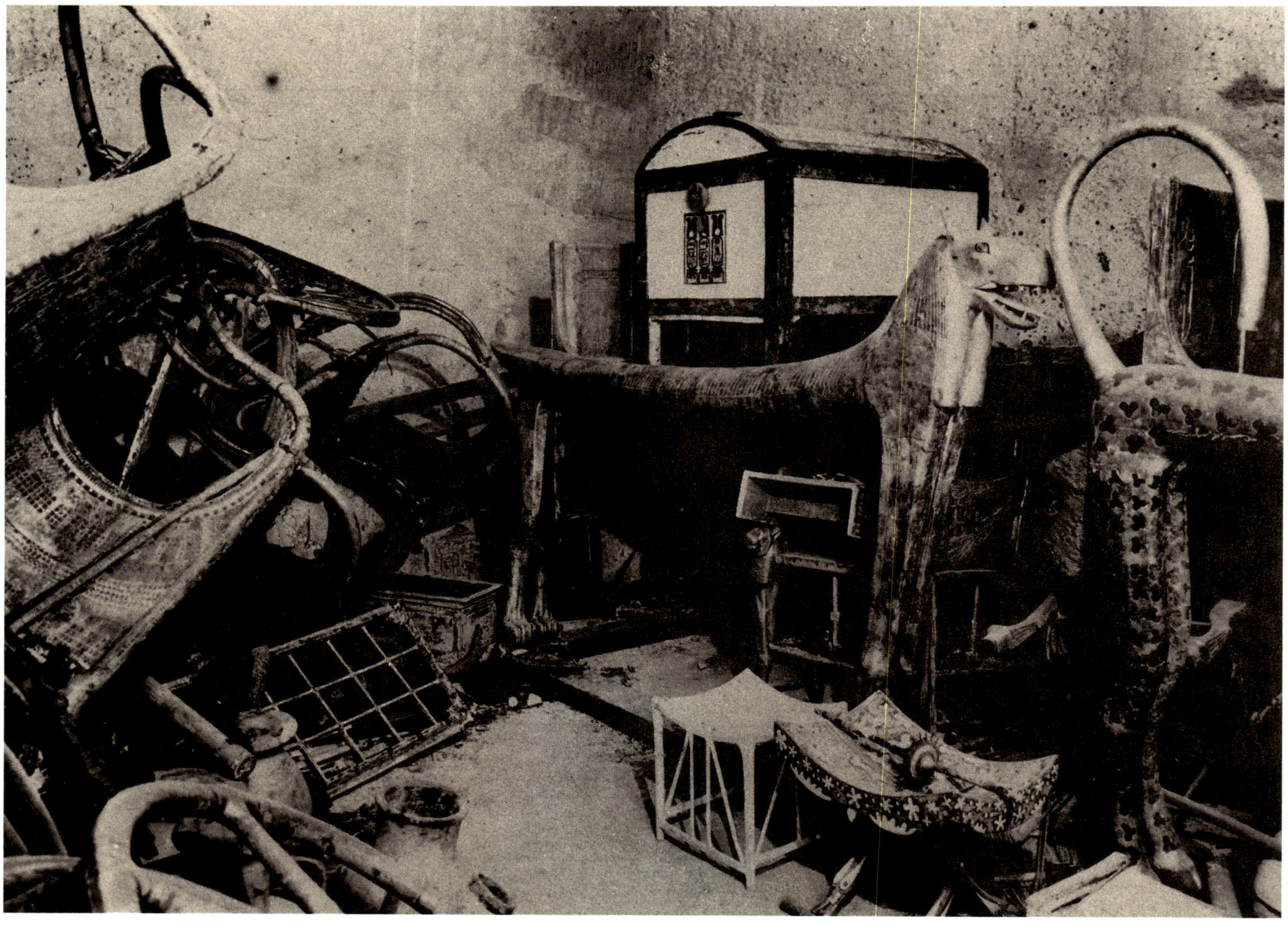

Habe endlich wunderbare Entdeckung im Tal gemacht. Ein Grab mit unbeschädigten Siegeln. Bis zu ihrer Ankunft alles wieder zugeschüttet. Gratuliere.

Telegramm Howard Carters an Lord Carnarvon nach der Entdeckung des Tutanchamun-Grabes am 5. November 1922

Der entscheidende Augenblick war gekommen. Mit zitternden Händen machte ich eine kleine Öffnung in der linken oberen Ecke. Dunkelheit und Leere zeigten, soweit eine hindurchgesteckte Eisenstange reichen konnte, daß das, was auch hinter der Tür lag, leer und nicht wie der eben ausgeräumte Gang ausgefüllt war. Lichtproben wurden aus Vorsicht gegen möglicherweise vorhandene giftige Gase angewandt, dann erweiterte ich das Loch, führte eine Kerze hindurch und spähte hinein ... Zuerst konnte ich nichts sehen, da die aus der Kammer entweichende heiße Luft das Licht der Kerze zum Flackern brachte. Als meine Augen sich aber an das Licht gewöhnten, tauchten bald Einzelheiten im Innern der Kammer aus dem Nebel auf, seltsame Tiere, Statuen und Gold – überall glänzendes, schimmerndes Gold! Für den Augenblick – den andern, die neben mir standen, muß es wie eine Ewigkeit erschienen sein – war ich vor Verwunderung stumm. Als Lord Carnarvon die Ungewißheit nicht länger ertragen konnte und ängstlich fragte: »Können Sie etwas sehen?«, war alles, was ich herausbringen konnte: »Ja, wunderbare Dinge!«

Aus dem Bericht Howard Carters über die Öffnung des Tutanchamun-Grabes am 26. November 1922

Für die hellenistische und römische Zeit Ägyptens war das Nebeneinander einheimischer und importierter Kunsttraditionen ebenso typisch wie das sich gegenseitige Durchdringen unterschiedlicher Darstellungsformen. Das Grab des Priesters Petosiris in Tuna el-Gebel aus dem Beginn der ptolemäischen Zeit gibt dafür ein besonders charakteristisches Beispiel: Während die Vorhalle stilistisch und ikonographisch an hellenistischen Vorbildern orientiert ist, sind die Reliefs des Kultraumes ganz ägyptisch gehalten.

In der römischen Epoche Ägyptens wirkte einerseits die hellenistisch-römische Porträtkunst auf die in Enkaustik (Wachsmalerei) gemalten Mumienporträts des 1. bis 4. Jahrhunderts n. Chr., andererseits wurden zahlreiche ägyptische Kunstwerke nach Italien und darüber hinaus in den gesamten provinzialrömischen Bereich entführt. Neben den in Italien gefertigten mehr oder weniger gelungenen Stilimitationen waren vor allem diese verschleppten Kunstobjekte die ersten Aegyptica, mit denen die gelehrte Welt des europäischen Humanismus der Renaissance- und Barockzeit in Berührung kam, ganz im Sinn eines Goethe-Wortes: »Rom ist der Ort, in dem sich unsere Ansicht des ganzen Altertums in eins zusammenzieht!«

Durch die arabische Eroberung Ägyptens im 7. Jahrhundert und auch während der türkischen Besetzung seit 1517 war der direkte Zugang zu den ägyptischen Altertümern weitgehend abgeschnitten. Das Ägyptenbild des Abendlandes orientierte sich von nun an bis zu den Entdeckungsreisen des 18. Jahrhunderts an der klassischen antiken Überlieferung bzw. an den in Rom befindlichen Denkmä-

lern. Diese notwendigerweise einseitige, mehrfach gebrochene und verfremdete Ägyptenrezeption sollte für Jahrhunderte eine retardierende Wirkung auf das abendländische Verständnis der ägyptischen Kunst und Kultur ausüben. Letzte, zum Teil noch heute wirksame Ausläufer davon sind die auf ein breites Publikum abzielenden Phantastereien der »Pyramidologen«.

Entscheidend für das Ägyptenverständnis war die Auseinandersetzung der Gelehrten des 16. und 17. Jahrhunderts mit der ägyptischen Schrift, die als »Hieroglyphenkunde« einen eigenen Wissenschaftszweig begründete. Die bilderreichen und rätselhaften Hieroglyphen, die »heiligen, in den Stein geschnittenen« Zeichen, die vor allem auf den zahlreichen nach Rom verschleppten Obelisken zu sehen waren, übten eine besondere Faszination aus. Ausgehend von dem bereits in griechischer Zeit feststellbaren Mißverständnis der Hieroglyphenschrift als Bilderschrift, »...in der jeder Begriff nicht durch ein aus Silben zusammengesetztes Wort, sondern durch ein sinnliches Bild ausgedrückt wird, dessen uneigentliche Bedeutung sich dem Gedächtnis eingeprägt haben muß« (Diodor von Sizilien), war für die Gelehrten dieser Zeit der Weg für eine rationale Entzifferung versperrt. Mißverstanden als Symbole, Allegorien, Embleme, Geheimzeichen usw., wurden die Hieroglyphen von nun an zur Darstellung der neuplatonischen Ideenwelt verwendet.

Der in der Renaissance unternommene Versuch, eine historische und geistige Verbindung herzustellen zwischen dem Christentum, der Philosophie Platons und seiner neuplatonischen Nachfolger mit der ägyptischen Weisheit, wie sie in den »Hermetischen Büchern« überliefert ist, verschüttete den Zugang zu einem objektiven Begreifen der ägyptischen Kultur und Kunst. Als bedeutendster Exponent dieser Richtung sei der deutsche Jesuitenpater Athanasius Kirchner (1601–1680) genannt, der in seinem bekanntesten Werk »Obelisci Aegyptiaci interpretatio hieroglyphica« die symbolische Verbindung zwischen Hieroglyphen und der von ihm »erschlossenen« ägyptischen Philosophie und Weisheit herzustellen versuchte.

Die im 18. Jahrhundert einsetzende Kritik an der bis dahin unvoreingenommenen Bewunderung der ägyptisch-neuplatonischen Ideenwelt sollte nicht zuletzt auch die Wertung der ägyptischen Kultur entscheidend beeinflussen. In der ersten umfassenden Darstellung antiker Denkmäler durch Bernard de Montfaucon 1719–1724 wurden die ägyptischen Altertümer laut Auskunft des Autors nur mit großem Widerwillen aufgenommen, nicht aus ästhetischen, sondern rein aus chronologischen Gründen. Eine für lange Zeit ausschlaggebende Abwertung, wenn auch keine direkte Verurteilung, sollte Ägypten schließlich durch Johann Joachim Winckelmann (1717–1768) erfahren. So schreibt er in seiner 1764 erschienen »Geschichte der Kunst des Altertums«: »Die Ägypter haben sich nicht weit von ihrem ältesten Stil in der Kunst entfernt und dieselbe konnte unter ihnen nicht leicht zu der Höhe aufsteigen, zu welcher sie unter den Griechen gelangt ist…
Die Geschichte der Kunst der Ägypter ist, nach der Art des Landes derselben, wie eine große verödete Ebene, welche man aber von zwei oder drei hohen Türmen übersehen kann…«

Immerhin weist er der ägyptischen Kunst bereits einen kunstgeschichtlich begründeten Platz in der antiken Vierheit aus Hellas, Rom, Etrurien und eben Ägypten zu. Während Johann Gottfried Herder als erster ein eigenbegriffliches Verstehen der ägyptischen Kunst forderte und dazu aufrief, sie nicht ausschließlich in ihrer chronologischen Stellung zur griechischen Kunst zu sehen, hatte Goethe ein eher zwiespältiges, bisweilen sogar negatives Verhältnis zu Ägypten, von dem in der Einleitung des Kapitels »Die ägyptische Kunst« berichtet wird.

Die Anfänge der Ägyptologie

Doch während Goethe sich noch seinen Unmut über Ägypten von der Seele schrieb, war ein Ereignis eingetreten, das die weitere Entwicklung des abendländischen Ägyptenverständnisses entscheidend beeinflussen sollte: die Expedition Napoleons nach Ägypten 1798–1801.

Das aus 325 Schiffen und 38000 Mann bestehende Expeditionsheer, das den Einfluß Frankreichs im Ostmittelmeer und darüber hinaus sichern sollte, umfaßte auch eine aus 167 Gelehrten zusammengesetzte Kommission für Wissenschaft und Kunst. Ausgerüstet mit allen bis dahin erschienenen Büchern über Ägypten, schritten sie zu einer Bestandsaufnahme des gesamten Landes. Alle kulturellen, landschaftlichen, zoologischen und technischen Besonderheiten Ägyptens wurden zeichnerisch aufgenommen und in der 1809–1828 erschienenen »Description de L'Égypte« veröffentlicht, nachdem die Franzosen von den Engländern aus Ägypten längst wieder verdrängt worden waren. Elf Foliobände, ein Atlas und zehn gewaltige Textbände gaben der europäischen Öffentlichkeit erstmals die Möglichkeit, sich anhand der sehr sorgfältigen, fast photographisch getreuen Zeichnungen über Ägypten, seine Denkmäler und seine Menschen zu informieren. Die in direkter und indirekter Folge der Expedition nach Europa verbrachten ägyptischen Antiquitäten – praktisch die ersten seit römischer Zeit – bildeten den Grundstock der heutigen großen ägyptischen Museen. Nun war es einer breiteren Öffentlichkeit möglich, ägyptische Kunst in eigener Anschauung kennenzulernen.

Zu den folgenreichsten Entdeckungen der französischen Expedition jedoch gehörte der 1799 bei Schanzarbeiten in der Nähe von Rosetta gemachte Fund eines in drei Schriften und in zwei Sprachen abgefaßten Dekrets aus der Zeit des Königs Ptolemaios V. Epiphanes. Der in das Jahr 196 v. Chr. zu datierende »Stein von Rosetta« (Abb. S. 351) gab den Schlüssel für die Entzifferung der ägyptischen Schrift, die François Champollion 1822 in seinem berühmten Brief an den Sekretär der Königlichen Akademie der Wissenschaften, M. Dacier, bekanntgab.

Links: Die 1982 in Achmim entdeckte Kolossalstatue einer Königin mit Geierhaube aus der Zeit Ramses' II.

Rechts: Blick vom 1. Pylon in Karnak über die Säulenhalle des 1. Hofes und den Tempel Ramses' III. auf das Areal eines Lapidariums. Das Gerüst steht am Platz des 9. Pylons, in dem Haremhab Talatats vom Aton-Tempel Echnatons verbauen ließ.

Damit war der Weg frei geworden für eine nach wissenschaftlichen Gesichtspunkten ausgerichtete Beschäftigung mit der kulturellen Hinterlassenschaft des pharaonischen Ägypten. Die allmählich sich offenbarenden Texte gewährten einen Einblick in das Denken und in die religiösen Vorstellungen der Alten Ägypter, die ihren künstlerischen Schöpfungen zugrunde lagen. Die erst durch die Entzifferung der Schrift möglich gewordene Entmystifizierung der ägyptischen Kultur war der Beginn einer neuen fruchtbaren Begegnung des Abendlandes mit Ägypten, die in vielfältiger Weise zum Ausdruck kam.

Die Entzifferung der Hieroglyphen durch François Champollion war auch die Geburtsstunde einer neuen Wissenschaft: der Ägyptologie, deren Grundlagen der bereits zehn

Jahre nach seiner Pionierleistung verstorbene Gelehrte mit seinen Werken »Précis du système hieroglyphique«, 1824, »Notices descriptives«, 1827, und »Monuments de l'Égypte et de la Nubie«, 1835–1845, legte.

Der Engländer John Gardiner Wilkinson (1797–1875) gab in dem dreibändigen Werk »The Manners and Customs of the Ancient Egyptians« 1837 eine erste Zusammenfassung des gesamten Wissens, das die damalige Zeit über das Alte Ägypten hatte. Außerdem müssen hier die meist in diplomatischen Diensten stehenden Sammler und Gelehrten wie d'Anastasi, Salt, Drovetti, Harris usw. erwähnt werden, aus deren nach Europa verbrachten Sammlungen sich wesentliche Teile der heutigen Museumsbestände zusammensetzten. Von besonderer Bedeutung für die Entwick-

Das Polnische Archäologische Institut, das seit Beginn der sechziger Jahre in Der el-Bahari arbeitet, fand dort zwischen den Totentempeln des Mentuhotep und der Hatschepsut Reste eines Amun-Tempels Thutmosis' III. Das unter Echnaton beschädigte und von Haremhab (?) restaurierte Heiligtum wurde 1120 v. Chr. durch einen Felssturz verschüttet. Die jüngst geborgenen Blöcke zeigen in ursprünglicher Farbigkeit den König als Sphinx über einem Neger und einem Asiaten (links oben), einen Geierkopf (links), den Ausschnitt eines Opfertisches mit Trauben, Lattichbündel und Broten (links unten), den Transport des königlichen Sargschreines über den Nil im

Ruderboot (oben) und die Hand des Königs mit Keule und Zepter (unten).

Rechts: Neuentdeckte Fragmente dekorativer Malerei aus dem Palast, den sich Amenophis III. in Malkata südlich von Medinet Habu in Theben-West errichten ließ und der »Haus des Jubels« genannt wurde. Die Malereien verkleideten Wände aus ungebrannten Ziegeln. In flüchtig-lockerer Pinselführung sind Lebenszeichen und Isisknoten sowie Rosetten und Spiralmotive auf gekalkten Häckselputz aufgetragen.

lung der Ägyptologie sollte Richard Lepsius (1810–1884) werden, der 1842 als erster Professor für Ägyptologie an die Universität Berlin berufen wurde. Eine auf Veranlassung von König Friedrich Wilhelm IV. 1842–1845 nach Ägypten entsandte Expedition wurde von ihm geleitet. Die auf dieser Expedition gesammelten Funde bilden zusammen mit der Privatsammlung von Giuseppe Passalacqua den Grundstock des Berliner Ägyptischen Museums, dem Lepsius als zweiter Direktor vorstand. Von besonderer Bedeutung ist die von ihm 1849–1850 unter dem Titel »Denkmäler aus Ägypten und Äthiopien« herausgegebene Veröffentlichung der Expeditionsergebnisse, die zwölf Tafelbände mit insgesamt 894 ganzseitigen Kupferstichen umfaßt. Der in diesen Jahren einsetzende Run auf ägyptische Altertümer, die zu erwerben sich jedes Museum in Europa bemühte, führte zu gewaltigen Plünderungen und Zerstörungen im Denkmälerbestand Ägyptens, gegen die es vorerst keine offiziellen Gegenmaßnahmen gab.

Die großen Ausgräber

Das Verdienst, die Ausgrabungstätigkeit auf eine wissenschaftliche Basis gestellt zu haben, gebührt Auguste Mariette (1821–1881), der seit 1850 in Ägypten wirkte. Unter anderem entdeckte er 1851 das memphitische Serapeum, in dem er eine ungeplünderte Grabstätte des Apisstieres aus der Zeit Ramses' II. fand. Der Grabschatz zählt heute zu den wichtigsten ägyptischen Sehenswürdigkeiten des Louvre in Paris. Nach weiteren glücklichen Funden erhielt Mariette auf Empfehlung von Ferdinand Lesseps, der 1859 den Bau des Suezkanals in Angriff nahm, 1858 die Oberaufsicht über sämtliche Grabungsunternehmungen in Ägypten. Unter seiner Leitung wurden das Grab des Ti, die Statuen des Dorfschulzen Kaaper und des Hohenpriesters Ranofer, die Königsstatuen des Chephren und viele andere berühmte Kunstwerke freigelegt. Trotz seiner rastlosen Grabungstätigkeit, die bisweilen an fast vierzig

Orten gleichzeitig durchgeführt wurde, galt Mariettes Bemühen der Erhaltung der Denkmäler und ihrem Schutz vor Zerstörung durch Plünderer und Touristen. So verdankt die Ägyptologie Mariette die Schaffung eines funktionierenden Altertümerdienstes und das Ägyptische Museum in Kairo, das 1857 im Vorort Bulak gegründet wurde. Auch das Libretto für die anläßlich der Eröffnung des Suezkanals von Giuseppe Verdi komponierte Oper »Aida« geht auf Mariette zurück. Sein Sarkophag steht heute im Vorgarten des Ägyptischen Museums in Kairo.

Nachfolger Mariettes wurde der junge Ägyptologe Gaston Maspero, ebenfalls ein Franzose. Zusammen mit Lord Cromer baute er die Altertümerverwaltung weiter aus, die als »Service des Antiquités«, dessen Generaldirektor Maspero bis 1914 war, noch heute besteht. Er kann als Initiator jener Gesetzgebung angesehen werden, die den Schutz der Altertümer und die Rechte der wissenschaftlichen Ausgräber regelt. Auf ihn gehen auch die Errichtung des neuen Museums in Kairo zurück, das 1902 vollendet wurde, sowie die Herausgabe des Generalkatalogs dieses Museums, der weit über hundert Bände umfaßt. Auch die Entdeckung der Pyramidentexte und die Bergung der Königsmumien ist mit seinem Namen verbunden.

Nicht unerwähnt bleiben darf in diesem Zusammenhang der Engländer Sir Flinders Petrie (1853–1942), der seit 1884 im gesamten Land in systematischer Weise zahlreiche Grabungen durchführte und die Ergebnisse in kürze-

ster Zeit veröffentlichte. Vor allem wurden durch seine Arbeiten in Nakada (Negade) und in Abydos die vorgeschichtlichen und prädynastischen Perioden Ägyptens einer wissenschaftlichen Bearbeitung zugeführt.

Von den Leistungen der Ägyptologie im 20. Jahrhundert können hier nur einige genannt werden. Eine Sensation war die Entdeckung des Grabschatzes des Königs Tutanchamun 1922 durch Howard Carter, die das Ägypten-Interesse zu einer wahren Ägypten-Begeisterung steigerte. Wie nach der Expedition Napoleons wurde es Mode, ägyptische Motive in Architektur, Kleidung, Ornament und Schmuck nachzuahmen. Wichtige Ausgrabungen erfolgten auch in Gise, wo Georges Reisner 1925 das Grab der Hetepheres entdeckte, und im Stadtareal von Tell el-Amarna, wo unter anderem 1912 die Berliner Büste der Nofretete gefunden wurde. Umfangreiche Restaurationsarbeiten wurden an den Tempeln von Karnak und am Djoser-Bezirk von Sakkara durchgeführt. Auch die Aufnahme der Tempelinschriften der Ptolemäer- und Römerzeit durch das Französische Archäologische Institut, das auf eine Gründung von Maspero im Jahre 1880 zurückgeht, sowie die epigraphische und architektonische Aufnahme des Totentempels Ramses' III. von Medinet Habu durch das Oriental Institute der Universität Chicago müssen erwähnt werden. Das von Ludwig Borchardt 1905 gegründete Deutsche Archäologische Institut und das »Deutsche Haus« in Theben waren ebenfalls Ausgangs-

*Links: Der Isis-Tempel von Phi-
lae während des 1972 begonne-
nen Abbaus. Links ist der Koffer-
damm zu sehen, der das Wasser
des Stausees zurückhielt.*

*Unten: Die Nordgruppe der
Pyramiden von Meroë, das im
6. Jahrhundert v. Chr. anstelle
von Napata Hauptstadt und im
3. Jahrhundert v. Chr. auch
Begräbnisstätte der kuschitischen
Könige wurde. Die meroitischen
Pyramiden sind steiler als die
ägyptischen.*

*Rechts: Armband der
Königin Amani-Schaheto,
um 25–10 v. Chr., aus ihrer
Pyramide bei Meroë, die der Arzt
Giuseppe Ferlini 1834 bei seiner
Schatzsuche abtragen ließ.
München, Staatliche Sammlung
Ägyptischer Kunst*

*Folgende Doppelseite: Die Tem-
pelanlage von Philae nach dem
Wiederaufbau auf der Insel Agilkia. Rund 50 000 Blöcke waren
bei der Versetzung des Baukom-
plexes in den Jahren 1972–1978
zu bewegen. Links die Säulenhallen des Vorhofes, rechts der
Kiosk des Kaisers Trajan.*

In dem Tempel (der Göttin Ipet in Karnak) nahm ich sofort die notwendigen Einrichtungen vor. Der erste, breiteste Raum, eine von zwei
Säulen gestützte Vorhalle, diente als Küche und Viehstall, das zweite
Zimmer mit zwei Seitenkammern als Speise- und Empfangssaal, das
letzte Zimmer zur Schlaf- und Arbeitsstätte – früher war's das Sanctis-
simum ... und ich dankte im Geiste Champollion des Jüngern Sorgfalt,
der vor mehr als zwanzig Jahren diesen Tempel, wo er auch geweilt,
zuerst wohnlich gemacht hatte ... In der Nacht hatte ich zum erstenmal
den Genuß einer Nachtmusik in einem Tempel zu Karnak. Eine Zahl
von Schakalen hatte sich aus ihren Löchern herausbegeben und
begann ihr schauerliches Geheul. Meine Unruhe wurde durch ein
luftiges, geisterhaftes Rauschen und mäuseartiges Pfeifen vermehrt,
welches eine Schar von Fledermäusen veranlaßte, die sich bei Tage in
den Spalten meiner Zimmer verborgen gehalten hatten. Doch die

Arbeit des Tages ließ mich den Schlaf bald schmecken und ich
erwachte, als schon längst die goldene Morgensonne die Gipfel schlan-
ker Palmengruppen im Dorfe gerötet hatte. Der heutige Tag war für
mich ein feierlicher und erhebender, es war ja der 15. Oktober, der
Geburtstag meines allerteuersten Landesherrn ... Mit den Gefühlen
innigster Verehrung und Dankbarkeit, mit dem stolzen Bewußtsein
eines preußischen Landeskindes, begrüßte ich ihn durch Flintensalven
und durch Aufziehen der preußischen Flagge auf dem Dache meines
Tempels. Ich feierte ihn durch ein Mahl, welches ich den Armen von
Karnak gab, wobei fromme Wünsche für das Wohlergehen meines
Sultans fortwährend in arabischer Zunge ertönten.

Heinrich Brugsch in »Mein Leben und mein Wandern«
über den Beginn seiner wissenschaftlichen Tätigkeit
in Karnak im Jahre 1853

punkt bedeutender archäologischer Unternehmungen. Gegenwärtig zählen dazu vor allem die Grabungen auf der Insel Elephantine und die Neuuntersuchung des Königsfriedhofes von Abydos.

Die Rettung der nubischen Tempel

Die Errichtung des Hochdammes bei Assuan löste insgesamt drei internationale Aktionen aus, in denen das nubische Gebiet zwischen dem 1. und 2. Katarakt vor seiner Überschwemmung archäologisch erforscht wurde. In einer beispielhaften internationalen Zusammenarbeit wurden seit 1960 zahlreiche gefährdete Tempel, von denen einige zu den schönsten und größten des Alten Ägypten gehören, vor dem Untergang gerettet, so die Tempel von Kalabscha, Kertassi und Bet el-Wali, die auf eine Insel in der Nähe des Hochdammes versetzt wurden, die Tempel von ed-Dakka, el-Maharraka und Wadi es-Sebua, die jetzt in Neu-Sebua stehen, sowie die Tempel von Amada und ed-Derr.
Den größten Aufwand erforderte jedoch die Versetzung der beiden Felsentempel von Abu Simbel, die 64 Meter höher und etwa 180 Meter landeinwärts am Ufer des Stausees wiedererrichtet und so der ganzen Weltöffentlichkeit ins Bewußtsein gerückt wurden. Kaum weniger aufwendig waren Zerlegung, Abtransport und Wiederaufbau der Tempelgruppe von Philae, die auf der Insel Agilkia einen neuen Standort gefunden hat.

Als wir den Gipfel des Berges erreichten, ließ ich meinen Führer bei den Kamelen zurück und stieg in eine fast senkrecht abstürzende, mit Sand gefüllte Felskluft hinab, um den Tempel von Abu Simbel anzusehen, den ich aus großartigen Beschreibungen kannte. Der Tempel (gemeint ist das kleinere Heiligtum, das Ramses II. zu Ehren der Göttin Hathor und seiner Gemahlin Nefertari errichten ließ) steht unmittelbar am Flußufer, einen Weg dorthin gibt es nicht. Er erhebt sich etwa zwanzig Fuß über die Wasseroberfläche, ist gänzlich aus der senkrecht aufsteigenden Felswand gehauen und vollständig erhalten. Die Vorderseite bilden sechs aufrecht stehende Figuren ... Der Tempel dient den Bewohnern von Ballana und den benachbarten Arabern als Zufluchtstätte gegen einen Beduinenstamm, der jedes Jahr in dieses Gebiet einbricht ... Als ich nun in dem Glauben, sämtliche Antiken von Abu Simbel gesehen zu haben, auf den sandigen Hügel hinaufzusteigen begann, wandte ich mich glücklicherweise ein wenig weiter nach Süden und so fiel mein Blick plötzlich auf vier gewaltige Kolossalstatuen ... in eine tiefe Nische zurückgesetzt, aber bedauerlicherweise fast vollständig unter dem Sand begraben, der sich hier lawinenartig herabwälzt ... Es ist nicht einmal mit Sicherheit auszumachen, ob die Statuen sitzend oder stehend wiedergegeben sind ...
Aus dem Bericht Johann Ludwig Burkhardts über seinen Aufenthalt in Abu Simbel am 22. März 1813

Oben: Der Hathor-Tempel Ramses' II. in Abu Simbel nach der Versetzung 1966–1968. Die 12 m hohe Fassade zeigt Standbilder des Königs, seiner Gemahlin Nefertari mit den Attributen der Göttin Hathor und ihrer Kinder.

Rechts: Die beiden Felsentempel von Abu Simbel nach der Versetzung. Der Große Tempel (Abb. S. 120/121) wurde in Blöcke mit einem Gesamtgewicht von 15 000 Tonnen zerlegt, bei dem Kleinen waren es 3500 Tonnen.

Ein rekonstruiertes Tempeltor von Kalabscha kam in das Ägyptische Museum in Berlin, die Tempel von Dendur, Debod und Taffeh gelangten nach New York, Madrid und Leiden. Wenn auch durch die technische Meisterleistung der Verlagerung der Denkmälerbestand für die Nachwelt gesichert werden konnte, die ursprüngliche Einbettung in die nubische Landschaft ist für immer verlorengegangen.

Die in den gemeinsamen Rettungsaktionen für die nubischen Denkmäler vereinten Staaten Europas und Amerikas, deren Zusammenwirken durch die UNESCO gefördert wurde, aber auch die Besucher der Ägypten-Ausstellungen, deren Erlös unter anderem der Umsetzung von Philae zugute kam, haben einen Teil ihrer Schuld gegenüber der pharaonischen Hochkultur abgetragen. Zu den vielen Dingen, die wir dem Alten Ägypten verdanken, gehören nicht zuletzt zwei Hauptmerkmale unserer Zivilisation: Schrift und Kalender. Durch die verschiedensten Völker und Kulturen, die sie übernommen und weitergegeben haben, verändert und verbessert, sind diese beiden Errungenschaften, deren erstes Auftreten gleichsam den Beginn der altägyptischen Hochkultur markiert, auch zur Grundlage der abendländischen Kultur geworden.

Darüber hinaus lassen sich auf fast allen Gebieten der abendländischen Kunst und Kultur in vielfältigen Verästelungen von der pharaonischen Hochkultur ausgehende geistige Strömungen, Weiterentwicklungen innovatorischer Anstöße und Erkenntnisse, formale und motivische Übernahmen aufspüren. Es gibt kaum eine Gattung, kaum einen Lebensbereich europäischer Kultur, der nicht, und sei es in noch so unauffälliger Weise, das Ende eines Fadens in sich bergen würde, dessen Anfang im »tiefen Brunnen der Vergangenheit« – also in der Tiefe ägyptischer Kultur – zu finden wäre.

Die in den letzten Jahrzehnten sich vollziehende allmähliche Abkehr von dem ausschließlich an der klassischen Antike orientierten abendländischen Bildungsideal, aber auch die als Reaktion auf eine übertechnisierte, inhumane und verunsicherte Welt zu verstehende Hinwendung zu den immer noch von romantischen Vorstellungen nicht gänzlich befreiten Zeugnissen längst vergangener und ferner Kulturen, können zu den Ursachen der heutigen Ägypten-Begeisterung gezählt werden. Die Äußerungen der altägyptischen Kultur mit ihrer Einheit von formaler Gestaltung und zugrundeliegender Denkstruktur spiegeln darüber hinaus die auch uns eigene Sehnsucht nach einem geschlossenen, in sich ruhenden Weltbild wider. In einzigartiger Prägnanz und beispielhaft verkörpern sie die Möglichkeiten menschlicher Lebensformung und Daseinsgestaltung. Trotz ihres großen zeitlichen und geographischen Abstandes ist die Kultur des Alten Ägypten damit in der Lage, auch unserem so oft vergebens erscheinenden Streben nach Selbstverwirklichung Mut und neue Hoffnung zu verleihen.

ANHANG

Archäologische Stätten

Abka Fundort einer vorgeschichtlichen Kultur in Nubien (Abkan), keramikführend, Wirtschaftsbasis noch unbekannt.

Abu Gurob Dorf nördlich von Sakkara, Sonnenheiligtum des Königs Niuserre (5. Dynastie).

Abukir Landspitze nordöstlich von Alexandria. In der Nähe lag *Kanopus*, die Stätte eines berühmten Serapeums, Vorbild für das Kanopetal im Garten der Villa Hadriana in Tivoli bei Rom.

Abu Roasch etwa 8 km nördlich von Gise, Reste der Pyramidenanlage des Djedefre (4. Dynastie), Kleinkunstfunde der Frühzeit.

Abu Simbel bedeutendstes Heiligtum Unternubiens. Felstempel Ramses' II. für Re-Harachte, Amun, Ptah und Ramses II. selbst sowie ein weiterer für Hathor und Ramses' Gemahlin Nefertari. Die Tempel wurden 1966–68 durch Höherversetzung vor den steigenden Fluten des Stausees gerettet.

Abusir zwischen Gise und Sakkara, Pyramidenanlagen der Könige Sahure, Niuserre, Neferirkare und Nefere, etwas nördlich davon das Sonnenheiligtum des Userkaf (alle 5. Dynastie), aus der gleichen Zeit Mastabagräber hoher Beamter. Bedeutend ist die ausgedehnte Anlage des Ptahschepses, Schwiegersohn des Niuserre.

Abusir (griech. *Taposiris Magna*) etwa 45 km westlich von Alexandria am Mittelmeer, Stadt der Ptolemäerzeit mit unvollendetem, inschriftlosem Tempel in einer Umfassungsmauer aus Kalkstein

Abusir el-Melek reich ausgestattetes Gräberfeld am Fayum-Eingang. Über 800 Gräber wurden untersucht und anthropologisch bearbeitet. Sie gehören vorwiegend der Stufe Negade II an und reichen bis in frühdynastische Zeit.

Abydos (altäg. *Abdju*, arab. *Araba el-Madfuna*), etwa 10 km westlich von el-Balyana. Das ausgedehnte Areal diente seit prähistorischer Zeit dem Totenkult und war königliche Begräbnisstätte der 1. Dynastie (*Umm el-Kaab*, »Mutter der Krüge«). Der Hauptgott der Nekropole Chontamenti (Der Erste der Westlichen) wurde seit dem Mittleren Reich von Osiris verdrängt, dem Sethos I. und Ramses II. ihre großen Totentempel erbauten. Die Stätte blieb Zentrum des Osiris-Kultes und barg Funde von Weihstelen und Devotionalien über einen Zeitraum von über 3000 Jahren. Ummauerte Bezirke wie *Schunet es-Sebib* dienten wohl Begräbniszeremonien der Frühzeit.

Achmim (altäg. *Chent-Min*, griech. *Chemmis oder Panopolis*) gegenüber Sohag auf dem Ostufer des Nil. Von der einst blühenden Hauptstadt des 9. oberägyptischen Gaues sind nur kümmerliche Reste erhalten, die Nekropole ist noch nicht erforscht. Etwas nördlich von Achmim eine Felskapelle der 18. Dynastie für den Hauptgott Min.

Agilkia (auch *Eglikia, Angelika*) Granitinsel beim 1. Katarakt zwischen den beiden Staudämmen. Dorthin wurden die Tempel von Philae versetzt.

Alexandria (arab. *el-Iskandarija*) Haupt- und Residenzstadt der Ptolemäerkönige, 331 v. Chr. von Alexander d. Gr. gegründet. Am Hafeneingang stand der berühmte Leuchtturm Pharos. Das zentrale Heiligtum des Serapis im Stadtviertel *Rhakotis* ist zerstört. Nicht weit davon die Katakomben von *Kom es-Schukafa* aus dem 1. und 2. Jahrhundert n. Chr.

Amada nubischer Tempel der Könige Thutmosis III. und Amenophis II. für Amun-Re und Re-Harachte, 1964–75 vor dem Stausee gerettet und etwa 4 km entfernt wiedererrichtet.

Amara befestigte Stadt, die Ramses II. in Obernubien südlich des 3. Katarakts beiderseits des Nil anlegen ließ.

Amarna (*Tell el-Amarna*) südöstlich von Mallaui auf dem Ostufer des Nil, ausgedehnter Grabungsbezirk der ehemaligen Hauptstadt Echnatons Achetaton (Horizont des Aton). Von den Tempeln und Palästen sind nur die Grundmauern erhalten und diese meist versandet. Zu den wichtigsten Funden gehören die Modelle und Werkstücke aus dem Atelier des Bildhauers Thutmosis, u. a. die Büste der Nofretete in Berlin. In den Steilwänden der umgebenden Wüstenberge wurden die Felsgräber der hohen Beamten angelegt. Besonders bedeutende Reliefs bei Huje, Merire II., dem Hohenpriester des Aton Merire I., dem Polizeichef Mahu und dem späteren König Eje. Die meisten Gräber sind unvollendet, viele im Verfall begriffen.

el-Amra zwei prähistorische Gräberfelder bei Abydos. Die etwa 600 Bestattungen reichen von der Stufe Negade I bis in die frühdynastische Zeit.

Aniba (*Miam*) Stadt und Festung in Unternubien mit einem Horustempel. Gegründet im Mittleren Reich, wurde im Neuen Reich Verwaltungszentrum von Unternubien zwischen 1. und 2. Katarakt. Auf einem kleinen spätvorgeschichtlichen Gräberfeld der nubischen A-Gruppe fand man auch oberägyptische Importe.

Antaiopolis (altäg. *Tjebu*) etwa 8 km südöstlich von el-Badari, große Nekropole mit Gräbern vom Mittleren Reich bis zur Spätzeit, schlimm zerstört und teilweise abgetragen. Ein ptolemäisch-römischer Tempel am Flußufer wurde 1821 weggeschwemmt. Nach Diodor hat hier der Entscheidungskampf zwischen Horus und Seth stattgefunden.

Antinoupolis (Antinoë, arab. *el-Schech Abada*) nördlich von Mallaui. Durch Kaiser Hadrian 122 n. Chr. an der Stelle gegründet, wo sich sein Liebling Antinoos ertränkt haben soll. Von der reichen Stadt mit Theater, Hippodrom und Prachtstraßen sind kaum Reste erhalten, die spätantiken Gräber sind geplündert, Funde weltweit in Museen verstreut. Nördlich des Dorfes Schech Abada stehen noch Teile eines Tempels Ramses' II.

Areika spätmeroitische Nekropole in Unternubien. Die 1907 entdeckten Inschriften auf Stelen und Altären ermöglichten F. L. Griffith erste Übersetzungen meroitischer Texte.

Askut Festung des Mittleren Reichs auf einer Insel des 2. Katarakts.

Assiut (altäg. *Sauti*, griech. *Lykopolis*) Hauptstadt des 13. Gaues und Heimatkultort des Upuaut. Die antiken Reste beschränken sich auf die Nekropole westlich der Stadt mit Gräbern der 9. und 10. sowie der 12. und 19. Dynastie.

Assuan (altäg. *Swenet*, griech. *Syene*) Stadt am Ostufer des Nil ausgangs des 1. Katarakts. Die eigentliche Hauptstadt des 1. oberägyptischen Gaues lag auf der gegenüberliegenden Insel Elephantine. Dort wurden auch die Kataraktgötter Chnum und Satet verehrt. Auf dem Westufer wurden im Sandstein die Felsgräber der bedeutenden Gaufürsten der 6. bis 12. Dynastie angelegt (Mechu, Sabni, Hekaib, Chunes, Herchuf, Sarenput I. und II.). Im gesamten Granitgebiet von Assuan findet man die Spuren antiker Steinbrüche. Berühmt sind der unfertige riesige Obelisk und eine unvollendete Statue des Osiris (?). Die Felsen tragen häufig Inschriften von Leitern der Nubienexpeditionen. Äußerst aufschlußreich ist die Grabung am Satet-Tempel und der Siedlung auf Elephantine. Funde im Museum der Insel.

Athribis (*Tell Atrib*, altäg. *Huttaheriib*) nördlich von Benha im Delta. Von der alten Hauptstadt des 10. oberägyptischen Gaues sind fast nur Reste der Spätzeit erhalten.

Athribis (arab. *Wannina*, altäg. *Hutrepit*) südlich von Sohag, Reste von zwei ptolemäischen Tempeln sowie Gräber der Römerzeit.

Auaris noch nicht ganz sicher identifiziert mit *Tell ed-Daba* im Ostdelta, wo eine Hyksosfestung ergraben wurde.

Ausim (altäg. *Chem*, griech. *Letopolis*) etwa 15 km nordwestlich von Kairo, Hauptstadt des 2. unterägyptischen Gaues. Obwohl schon im Alten Reich erwähnt, beschränken sich die Funde bislang auf die Spätzeit.

Babylon (altäg. *Cheriaha*, »Ort des Kampfes« zwischen Horus und Seth, Alt-Kairo) Anstelle der alten Siedlung am Ostufer errichteten die Römer ein Castrum, von dem Reste erhalten sind.

Badari südlich von Assiut, Siedlung und Gräberfelder der jungsteinzeitlichen Badari-Kultur.

Bahan südlich Assuan. Prähistorisches Gräberfeld der nubischen A-Gruppe mit oberägyptischen Importstücken der Stufe Negade I.

Bahrija Oase in der westlichen Wüste auf der Höhe von Maghagha. Die noch kaum erschlossenen Kapellen und Gräber stammen überwiegend aus der 26. Dynastie und der griechisch-römischen Zeit, z. B. ein Tempel Alexanders d. Gr.

Behbet el-Hagar (griech. *Iseion*) südwestlich von el-Mansura im Delta. Uraltes Isis-Heiligtum,

Mittelmeer

Marsa Matruh
Oase Siwa
Bir Fuka
ed-Daba
Kanopus
Rosetta
Alexandria
Abusir
Buto
Damietta
Port Said
el-Arisch
Gasa
Jerusalem
Mansura
Sais
Tanta
Tanis
Kantir
Pelusion
Tell Abu Sefa
Mendes
Bubastis
Schibin el-Kom
Ismailija
Suez-kanal
Bitterseen
SINAI

KATTARA-SENKE

Heliopolis
Gise
Kairo
Memphis
Sakkara
Heluan
Suez
Ain Musa

Wadi Natrun

Birket el-Karun
Medum
Medinet el-Fayum
Fayum
el-Wasta
Beni Suef
Ain Suchna
Wadi el-Arisch
Akaba

Medinet Madi

Safarana
Abu Senjma
Wadi Maghara

Oase el-Bahrija
Kasr el-Bauiti

Behnesa
Ras Gharib
Katharinenkloster
Tor

LIBYSCHE WÜSTE

el-Hais

Minia
Hermopolis Magna
Mellaui
Beni Hasan
Ras Gemsa
Ras Mohammed

el-Amarna
Mer
Der el-Gebraui
Mons Porphyrites

ARABISCHE WÜSTE

el-Hurghada
Rotes Meer

Oase el-Farafra
Kasr el-Farafra

Assiut
Kau el-Kebir
Safaga
Mons Claudianus

Achmim
Sohag

Kena-Straße

el-Kasr

Oase ed-Dachle

Girga
Baljana
Abydos
Kasr es-Saijad
Nag Hammadi
Dendera
Kena
Koser
Steinbrüche
Nakada
Kuft
Wadi Hammamat
Theben
Armant
Karnak
Luxor
Tod

el-Wadi el-Gedid

el-Charge

Marsa Umbarak

Oase el-Charge
Bulak

Esna
Hierakonpolis
Edfu
Elkab
Marsa el-Alam

Beris

Gebel Silsila
Kom Ombo

Assuan
1. Katarakt
Philae
Berenike

Gerf Husen
ed-Dakka
es-Sebua
ed-Derr
el-Amada
Wadi es-Sebua

Abu Simbel

NUBIEN

2. Katarakt
Wadi Halfa

0   200km

das schon im Alten Reich erwähnt wird. Das Trümmergebirge aus Granit stammt von einem Tempel der 30. Dynastie und der frühen Ptolemäerzeit.

Beni Hasan Nekropole der Gaufürsten des 16. oberägyptischen Gaues (Oryx-, Antilopengau), etwa gegenüber von el-Fikriya auf dem Ostufer. Neben unbedeutenden Felsgräbern des Alten Reiches und der Spätzeit gehören die imposanten Anlagen der 11. und 12. Dynastie zu den schönsten und interessantesten Kunstwerken Ägyptens. Die 1982–84 gereinigten Malereien zeigen außer den berühmten Ringerszenen aufschlußreiche Alltagsschilderungen. Südöstlich des Friedhofs am Wadi-Ausgang der Speos Artemidos genannte Felstempel aus der 18. Dynastie für die Löwengöttin Pachet. Daneben ein kleiner, unfertiger Speos von Alexander II.

Berenike Handelsstadt am Roten Meer, etwa in der Höhe von Assuan, gegründet 275 v. Chr. von der Ptolemäerkönigin Berenike. Die Ruinen der Stadt und das römische Serapis-Heiligtum sind stark versandet.

el-Bersche *(Der el-Bersche)* gegenüber Mallaui auf dem Ostufer, Felsgräber der Fürsten des 15. oberägyptischen Gaues (Hasengau), überwiegend aus der 12. Dynastie und in schlechtem Zustand. Im Grab des Djehutihotep die bekannte Darstellung vom Transport einer riesigen Alabasterstatue aus dem Steinbruch von *Hatnub*.

Bet Challaf etwa gegenüber von Girga. Nekropole der 3. Dynastie mit großen Ziegelmastabas der Verwalter von *Thinis*, das beim Ort el-Birba vermutet wird.

Bet el-Wali etwa 60 km südlich Assuan. Die Stätte ist heute vom Stausee überflutet, der kleine Felstempel Ramses' II. wurde nach Neu-Kalabscha versetzt. Die Reliefs der Vorhalle stellen interessante Details von Feldzügen dar.

Biahmu Dorf etwa 7 km nördlich von Medinet el-Fayum. Zwei erhaltene riesige Sandsteinsockel trugen einst Kolossalfiguren Amenemhets III.

Bigga Felsinsel im 1. Katarakt südlich von Agilkia. Hier war nach dem Mythos das linke Bein des Osiris bestattet, aus dem der Nil entsprang. Von den Kultanlagen der »reinen Stätte« erhielt sich nur ein ptolemäischer Tempelrest.

Birket Karun arab. Name des Fayumsees, an dessen Ufer sich neben einigen jungsteinzeitlichen Tellsiedlungen auch die Reste einer epipaläolithischen Kultur, des Quarunien, erhielten.

Bubastis *(Tell Basta, altäg. Per Bastet, »Haus der Bastet«)* südöstlich von Sagasig im Delta. Hauptstadt des 18. unterägyptischen Gaues und Kultstätte der Katzengöttin Bastet, Heimat der 22. Dynastie (Bubastiden). Tempelreste aus der 6. Dynastie (Teti, Pepi I.), der 18. Dynastie und der Spätzeit. Beamtengräber des Neuen Reiches und ausgedehnte Katzenfriedhöfe der Spätzeit.

Buhen ehemalige Stadt und Grenzfestung am 2. Katarakt bei Wadi Halfa. Die starke Burg der 12. Dynastie hatte Türme, Wehrgänge und Schießscharten. Die Tempel für Isis und Min von Amenophis II. sowie für Horus von Buhen von Hatschepsut und Thutmosis III. wurden vor dem Stausee gerettet und nach Chartum verbracht.

Busiris *(altäg. Per Usir, arab. Abusir)* südlich von Samannud am Damiette-Arm im Delta. Von der alten Gauhauptstadt Djedu und dem Osiris-Heiligtum ist noch nichts gefunden worden.

Buto *(Tell el-Farain, »Pharaonenhügel«, altäg. Per-Wadjit)* nordöstlich von Disuk im Delta. Die Ausgrabung der ehrwürdigen heiligen Stadt der grünen Schlangengöttin Uto und Schützerin der unterägyptischen Krone ist noch kaum in die

frühen Schichten vorgedrungen. Baureste der 19. Dynastie und der Spätzeit beweisen die anhaltende Pflege der Kultstätte.

Charge Oase in der westlichen (libyschen) Wüste, etwa auf der Höhe von Luxor. Der Amun-Tempel von *Hibis*, den Darius I. erbauen ließ, ist der einzige bedeutende Tempel der Perserzeit. Nordwestlich liegt die spätantik-frühchristliche Nekropole *el-Bagawat*. Nördlich davon in *Gebel et-Ter* spätzeitliche Felsinschriften. Südöstlich der Stadt der Tempel von *Nadura* aus der Zeit Hadrians und des Antoninus Pius. Jungsteinzeitliche Oberflächenfunde beweisen die frühe Besiedlung der Oase, genauere Untersuchungen stehen noch aus. An der Straße nach Süden liegen drei befestigte Orte: *Kasr el-Ghuita* mit einem ptolemäischen Tempel für die Trias von Karnak, *Kasr Saijan* mit dem ptolemäisch-römischen Tempel und *Kasr Dusch (Kysis)* mit einem Heiligtum für Serapis und Isis aus der Kaiserzeit.

Dabnarti Insel am 2. Katarakt mit einer Festung des Mittleren Reichs.

Dachle Oase in der westlichen (libyschen) Wüste, etwa auf der Höhe von Luxor, 200 km westlich von Charge. Neben Tempelruinen der römischen Zeit (Thot-Tempel in *el-Kasr*, Amun-Tempel in *Der el-Hagar*) fand man an verschiedenen Orten der Oase Friedhöfe vom Alten Reich bis zum frühen Christentum. Zahlreiche Oberflächenfunde aus der Jungsteinzeit.

Dahschur Pyramidenbezirk südlich von Sakkara mit Anlagen der frühen 4. und der 12. Dynastie. Von König Snofru stammen die »Knick-Pyramide« und die »Rote Pyramide«. Amenemhet II. errichtete die sehr verfallene »Weiße Pyramide«, die Pyramiden Amenemhets III. und Sesostris' III. sind aus Schlammziegeln erbaut. In den benachbarten Gräbern der Prinzessinnen fand man die schönsten Schmuckarbeiten der Zeit. Die wichtigsten Untersuchungen wurden von Jacques Jean de Morgan 1894–95 und Ahmed Fakhry 1951–55 durchgeführt. Neuerdings gräbt das Deutsche Archäologische Institut.

Dakka *(griech. Pselkis)* etwa 100 km südlich von Assuan. Im ältesten Teil noch von dem Meroiten-König Argamani (Ergamenes) aus dem 3. Jahrhundert v. Chr. stammend, wurde der Thot-Tempel in ptolemäischer und römischer Zeit umgebaut und erweitert. 1962–68 versetzte man den Tempel nach Neu-Sebua (50 km südwestlich). Dabei wurden wiederverwendete Blöcke von Hatschepsut und Thutmosis III. gefunden, die zu einem Heiligtum des Horus von Baki gehörten, das Dakka gegenüber auf dem Ostufer lag *(Kuban, Contra-Pselkis).*

Debera Nekropole beiderseits des Nil zwischen Abu Simbel und Wadi Halfa, heute überschwemmt. Die Felskapelle des Djehutihotep aus der 18. Dynastie wurde nach Chartum ins Museum verbracht.

Dendera *(altäg. Iunet oder Tantere, griech. Tentyra)* Hauptstadt des 6. oberägyptischen Gaues, die sich später auf das Ostufer nach Kena verlagerte. Gräber wie Quellentexte belegen schon im Alten Reich die Bedeutung des Hauptkultortes der Hathor, ihr guterhaltener Tempel ist allerdings ein Neubau der ptolemäischen und römischen Zeit. Die enorme Temenosmauer umschließt außer dem Hathor-Tempel ein kleines Isis-Heiligtum, den Heiligen See, ein Sanatorium, zwei Mammisi sowie eine frühchristliche Kirche. Einzigartig sind die Kapellenanlagen für das Neujahrsfest und für Osiris auf dem Tempeldach.

Dendur etwa 80 km südlich von Assuan, der Ort

heute versunken. Für das vergöttlichte Brüderpaar Padiese und Pahor erbaute Augustus einen kleinen Tempel, der 1963 gerettet und von Ägypten an das Metropolitan Museum in New York geschenkt wurde.

Der Durunka Nekropole südlich von Assiut mit Gräbern des Neuen Reichs. Fundort guter Statuen aus Kalkstein oder Holz.

Der el-Gebraui große Nekropole vom Ende des Alten Reichs nördlich von Assiut. Von den etwa 120 Felsgräbern sind nur 16 ausgestattet und teilweise sehr ruiniert. Darstellungen aus dem Grab des Ibi nahm etwa 1500 Jahre später der Gutsverwalter Ibi zum Vorbild für sein Grab (Nr. 36) in el-Asasif in Theben.

ed-Derr etwa 100 km nordöstlich von Abu Simbel auf dem Ostufer. Der Felstempel Ramses' II. hat die gleiche Thematik wie Abu Simbel und leuchtend erhaltene Farben. Er wurde 1964 nach Amada versetzt.

Deschascha Nekropole westlich des Bahr Jusuf etwa in der Höhe von Biba. Die reliefierten Felsgräber von Beamten der 5. und 6. Dynastie gehören zu den frühesten in der Entwicklung des Gaufürstentums.

Dime *(griech. Soknupaiu Nesos, »Insel des Sobek«)* nördlich des Birket Karun im Fayum, Ptolemäerstadt zur Sicherung der Karawanenstraße zu den westlichen Oasen. Reste einer Tempelanlage für den Krokodilgott.

Edfu *(altäg. Behdet oder Mesen, griech. Apollinopolis Magna)* alte Hauptstadt des 2. oberägyptischen Gaues (Horusthrongau). Der besterhaltene große Tempel Ägyptens wurde 237 v. Chr. von Ptolemaios III. Euergetes begonnen und 57 v. Chr. vollendet. Der Baumeister beruft sich ideell auf Pläne des Imhotep. Siedlungsreste und Gräber aus dem Alten Reich bestätigen das hohe Alter der Kultstätte des Horus. Die geschlossene und blockhafte Wirkung der Anlage ist dem einheitlichen Konzept und der einzigartigen Vollständigkeit zu verdanken. Der polierte Granitschrein im Sanktuar stammt noch von Nektanebos II. Schräg gegenüber dem Pylon – dem größten je vollendeten – das Mammisi mit teilweise noch farbigen Reliefs.

Elkab *(altäg. Necheb, griech. Eileithyiaspolis)* Von prähistorischer Zeit bis zur byzantinischen Epoche bewahrte die Hauptstadt des 2. oberägyptischen Gaues ihre hohe und vor allem religiöse Bedeutung als Kultort der Geier- und Kronengöttin Nechbet. Der heutige Zustand des Tempelbezirkes, an dem nahezu alle Dynastien gebaut haben, läßt freilich den einstigen Glanz kaum noch ahnen. Wesentlich besser erhalten sind die Felsgräber, die überwiegend der 18. Dynastie angehören und mit guten Reliefs sowie wichtigen historischen Berichten (z. B. über die Hyksoskriege) ausgestattet sind. Nach Osten zum Wadi-Eingang hin liegt ein ptolemäischer Felstempel, in dem Nechbet als Löwin verehrt wurde, und daneben eine Thot-Kapelle von Setau, der unter Ramses II. Vizekönig von Kusch war. Hinter den graffitibedeckten Geierfelsen im Wadi nochmals ein Nechbet-Löwin-Tempelchen Amenophis' III.

Esna *(altäg. Iunit oder Tasenet, griech. Latopolis)* Einziges ansehnliches Relikt der einst tempelreichen Stadt ist die ptolemäisch-römische Vorhalle eines Chnum-Tempels, die heute 9 m unter dem Siedlungsniveau liegt. Von weiteren vier Tempeln standen im 19. Jahrhundert noch eindrucksvolle Ruinen. Bedeutend sind die religiösen Inschriften des Chnum-Tempels. Auch Reste der Anlegestelle der Heiligen Barke sind am Nilufer noch sichtbar.

Fayum (altäg. *Merwer*, griech. *Moëris*) Die große Oase südwestlich von Kairo wird vom Bahr Jusuf (Josephsfluß) gepeist, liegt etwa 40 m unter dem Meeresspiegel und war daher ursprünglich ein riesiger See. Von altäg. »pajom« (Meer) leitet sich der Name *Fayum* ab. Zur üppig-fruchtbaren Landschaft wurde die Oase erst durch die Zuflußregulierungen der 12. Dynastie und der Ptolemäer, der See (Birket Karun) nimmt heute nur einen Bruchteil der ehemaligen Fläche ein.

Fayum Kom K Tellsiedlung des Fayum-A-Neolithikums mit einem ausgedehnten Areal von in den Boden eingelassenen Körben, die als Feldfruchtsilos dienten.

Fayum Kom W Tell am Nordufer des Birket Karun, wichtigster Fundort der Fayum-A-Kultur mit zahlreichen Funden der fortgeschrittenen Jungsteinzeit.

Gebel el-Arak bei Nag Hamadi, Fundort von Objekten der Negade-II-Kultur. Berühmt ist ein Feuersteinmesser mit reliefiertem Elfenbeingriff (Paris, Louvre).

Gebel Barkal (*Napata*) unterhalb des 4. Katarakts. In der 18. Dynastie als Verwaltungszentrum gegründet, von Thutmosis III. stammt der erste Tempel des »Amun von Napata, zu Gast am Heiligen Berg«. Als *Napata* Residenz der Kuschiten wurde, entstanden Neubauten durch Pije und Taharka. Mit der Verlagerung der Hauptstadt nach Meroë seit dem 6. Jahrhundert v. Chr. blieb Napata Ort der königlichen Bestattung und Kultzentrum, verlor aber allmählich an Bedeutung. Hauptheiligtum des Reiches von Kusch war der sog. Tempel B 500, ein Amun-Heiligtum, dessen Kern auf das Neue Reich zurückgeht.

Gebel es-Silsila (altäg. *Chenu*) Sandsteinbrüche auf beiden Flußufern etwa 65 km nördlich von Assuan. Die Steinbrüche wurden die gesamte historische Zeit über genutzt. Abgesehen von den Werkspuren der verschiedenen Abbaumethoden finden sich im zerklüfteten Gelände unfertige Skulpturen, Verladerampen und Arbeitersiedlungen. Viele Könige verewigten sich auch durch Stelen, Inschriften und Kapellen. Haremhab ließ auf dem Westufer einen Tempel aus dem Felsen meißeln.

Gebel Suhan nördlich von Theben, Fundort mittelpaläolithischer Silex-Klingen.

Gebel Uweinat Bergregion im Dreiländereck Libyen–Ägypten–Sudan mit Fundstellen verschiedener jungsteinzeitlicher Kulturphasen und Felsbildern.

Gebelen (altäg. *Per-Hathor*, »Haus der Hathor«, griech. *Pathyris oder Aphroditopolis*) Die »beiden Berge« liegen etwa 40 km südlich von Theben auf dem Westufer. Der vorgeschichtliche Friedhof ist Fundort zahlreicher Objekte der Negade-I-Kultur. Weitere Gräber stammen aus der Ersten Zwischenzeit. Auf dem Osthügel stand ein Tempel der Hathor, der vermutlich schon zur 3. Dynastie gegründet wurde und bis zur Römerzeit eine wichtige Kultstätte blieb.

Gerf Hussein etwa 90 km südlich von Assuan, Felstempel Ramses' II. für Ptah, Ramses, Ptah-Tatenen und Hathor. Der Tempel wurde nicht versetzt und ist im Stausee versunken. Ebenso verloren sind die Gräberfelder der nubischen A-Gruppe.

Gerse prähistorischer Friedhof südlich von Kairo. Die Funde gehören der Negade-II-Kultur an und gaben der Epoche den Namen Gerzéen.

Gilf Kebir Bergregion in der ägyptischen Südwestwüste, zahlreiche jungsteinzeitliche Fundstellen verschiedener Kulturphasen und von Felsbildern.

Gise Teil der Nekropole von Memphis, westlich von Kairo. Das weiträumige Wüstenplateau diente, wie Funde beweisen, schon zu Beginn der geschichtlichen Zeit als Friedhof. Sein markantes Bild gewann es jedoch mit den großen Königsgräbern der 4. Dynastie. Die enormen Pyramiden des Cheops und des Chephren und die kleinere des Mykerinos sowie der Große Sphinx bestimmen seit fast 4500 Jahren wahrzeichenartig die Vorstellung von Ägypten. Nicht minder eindrucksvoll sind jedoch die Nebenanlagen wie Taltempel, Aufweg und Totentempel (soweit erhalten) oder aber das 1954 entdeckte Sonnenboot des Cheops, dessen Größe, technische Perfektion und unerhörte Eleganz den »Weltwundern« ebenbürtig ist. Um die Pyramiden gruppieren sich hofstaatartig die Mastabagräber der hohen Würdenträger, Fundort einer Fülle von Statuen und Statuetten sowie der ausdrucksstarken Ersatzköpfe. Einige davon sind darüber hinaus mit vorzüglichen Reliefs ausgestattet. An mehreren Stellen, z. B. südöstlich der Mykerinos-Pyramide, wurden auch Felsgräber angelegt, die freilich zumeist arg ruiniert sind. Mit dem Ende der 4. Dynastie büßte Gise seine Bedeutung ein, die Königsgräber legte man anderswo an, doch blieb der Bezirk eine heilige Stätte und genoß zeitweise regelrechten Pilgerbetrieb. Obwohl die Erforschung der Nekropole schon früh begann und sich mit großen Namen der Ägyptologie verbindet (Belzoni, Perring, Lepsius, Mariette, Petrie), ist die wissenschaftliche Arbeit ebensowenig abgeschlossen wie der Hang zu mystifizierender Spekulation über die Pyramiden.

el-Harageh zwei Gräberfelder am Fayum-Eingang, vorwiegend aus der Stufe Negade II.

Hatnub Alabasterbrüche im Wüstengebirge östlich von Dariut mit Felsinschriften überwiegend aus dem Alten und Mittleren Reich.

Hawara Pyramide Amenemhets III. südöstlich von Medinet el-Fayum. Der Schlammziegelbau von 106 m Seitenlänge war mit Kalksteinplatten verkleidet. Seit diese geraubt sind, verfällt die Pyramide. Völlig zerstört ist der zugehörige Tempel, das berühmte »Labyrinth«. In der Nähe liegen das Grab der Prinzessin Nofruptah sowie die schlecht erhaltenen Gräber der Prominenz von Krokodilopolis seit dem Mittleren Reich.

Heliopolis (altäg. *Iunu*, biblisch *On*) beim Dorf el-Matarija nordöstlich von Kairo. Eindrucksvollstes Relikt des einst so bedeutenden religiösen Zentrums ist ein Obelisk Sesostris' I. Soweit das Heiligtum, an dem spätestens seit der 3. Dynastie gebaut worden ist, nicht von Steinräubern abgetragen wurde, liegen die Mauern unter dem Fruchtland. 1972 fand man das Fragment eines Obelisken, den König Teti gestiftet hat.

Heluan südlich von Kairo, mehrere Fundplätze nahe den ehemaligen Quellen im Ort, präkeramisch-neolithische Feuersteingeräte, Kulturbeziehungen zum syrisch-palästinensischen Raum.

Hemamije südlich von Assiut, einzige stratifizierte Siedlung der Badari-Kultur und der Stufen Negade I und Negade II, Nachweis von Rundbauten.

Herakleopolis Magna (altäg. *Henen-Nesut*, arab. *Ehnasja el-Medina*) etwa 15 km westlich von Beni Suef am Bahr Jusuf. Die Blütezeit der Hauptstadt des 10. oberägyptischen Gaues war die Erste Zwischenzeit, als sie Residenz der 9. und 10. Dynastie (Heraklepoliten) war. Aus dieser Epoche fand man bislang nur Beamtengräber. Der Tempel des Lokalgottes Herischef (Der über seinem See, griech. Harsaphes, mit Herakles identifiziert) geht in seinen ältesten Teilen auf die 12. und 18. Dynastie zurück und wurde von Ramses II. weitgehend erneuert.

Hermonthis (altäg. *Iunu-Month*, arab. *Armant*) etwa 20 km südlich von Luxor auf dem Westufer, Hauptkultort des Month und bis zur 18. Dynastie Gauhauptstadt des 4. oberägyptischen »thebanischen« Gaues. Von dem Month-Tempel sind nur noch Reste vorhanden, ein Mammisi von Kleopatra VII. und Ptolemaios XV. Caesarion fiel im 19. Jahrhundert einer Zuckerfabrik zum Opfer. Die Begräbnisstätte der Buchisstiere, die dem Month heilig waren, liegen nördlich in der Wüste. Ein prähistorisches Gräberfeld barg etwa 170 Grablegen, deren Bedeutung in einer ungestörten Horizontalstratigraphie liegt. Sie ermöglichte eine Gliederung der Negade-Kultur in ihre verschiedenen Stufen.

Hermopolis Magna (altäg. *Schmunu oder Chmun*, arab. *Aschmunein*) etwa 40 km südlich von el-Minia, Hauptstadt des 15. oberägyptischen Gaues und wichtigster Kultort des Thot, den die Griechen mit Hermes identifizierten. Stark zerstörte Überbleibsel der alten Stadt und ihrer Tempel, aber eindrucksvolle Reste der Spätantike und des frühen Christentums. Westlich in der Wüste die Nekropole *Tuna el-Gebel* mit dem Grab des Priesters Petosiris, Ende 4. Jahrhundert v. Chr., der wohl ältesten erhaltenen Sakije, Ibis- und Pavian-Katakombe sowie der besterhaltenen Grenzstele von *Achetaton*, dessen Bereich auch auf das Westufer übergriff.

Hermopolis Parva (altäg. *Bah*, arab. *el-Baklija*) südlich von el-Mansura im Delta. Der Tell der Hauptstadt des 15. unterägyptischen Gaues ist noch nicht gründlich untersucht. Bislang ältester Fund ist ein Würfelhocker der 19. Dynastie. Ein Schrein und Reliefblöcke vom Tempel des Thot stammen aus der Spätzeit.

el-Hiba (altäg. *Tendjoi*, griech. *Ankyronpolis*) gegenüber el-Faschn auf dem Ostufer. Reste einer Stadt, die als nördlicher Grenzort der Thebais vor der 21. bis 25. Dynastie bedeutend gewesen sein dürfte. Ein Tempel Scheschonks I. ist nachgewiesen.

Hierakonpolis (altäg. *Nechen*, arab. *Kom el-Ahmar*) etwa 20 km nördlich von Edfu am Westufer. Die Stadt dürfte die älteste Residenz oberägyptischer Herrscher gewesen sein, die Funde reichen vor die 1. Dynastie zurück. Innerhalb der Stadtumwallung legte J. E. Quibell 1897–99 einen Tempel frei, dessen Kern ein ummauerter Sandhügel bildete. Er war dem Falkengott Necheni geweiht, der bald mit Horus verschmolz. Im Tempelbezirk fand man auch Weihgaben aus der Frühzeit, wie die Narmer-Palette, Köpfe von Prunkkeulen und Elfenbeinstatuetten. Aus der 6. Dynastie stammt der Goldfalke mit Federkrone und die Kupferstatue Pepis I. (alle Funde in Kairo). Die politische Bedeutung von Nechen verlagerte sich spätestens im Neuen Reich auf das gegenüberliegende Nilufer nach Necheb (Elkab).

Hu (altäg. *Hut-Sechem*, griech.-röm. *Diospolis Parva*) Ausgangs der großen Nilschleife hatte Sesostris I. ein königliches Gut gegründet, das sich zu einer Stadt entwickelte. Von den in Quellen erwähnten Kultanlagen der Kuhgöttin Bat (mit Hathor identifiziert) konnte noch nichts gefunden werden. Reste zweier Tempel stammen aus der Ptolemäer- und Römerzeit. Mehrere Gräberfelder mit insgesamt über 1000 Bestattungen reichen von der Stufe Negade I bis in die frühdynastische Zeit.

Ikkur Festung des Mittleren Reiches in Unternubien etwa 100 km südlich von Assuan, im Stausee versunken.

Illahun *(griech. Ptolemais Hormos)* an der Straße von Beni Suef nach Medinet el-Fayum. Die Schlammziegelpyramide Sesostris' III. läßt durch ihren ruinösen Zustand das stabilisierende Kerngerüst aus Kalksteinblöcken erkennen. Südlich davon fand man im Schachtgrab der Prinzessin Sit-Hathor-Iunet herrlichen Goldschmuck. Neben dem Taltempel ergrub Petrie die zugehörige Siedlung *(Kahun)*, die das Königsgrab betreute. Die ummauerte Anlage ist streng regelmäßig geplant und besteht aus drei getrennten Sektoren: einer Palastanlage (?), großen Anwesen mit Hof und der Weststadt mit zeilig angeordneten Häusern. Aufschlußreich sind auch die dort entdeckten Papyri mit Dokumenten der Wissenschaft und der Verwaltung.

Kadero Fundort im Sudan. Die keramisch-neolithische Siedlung und ihr Gräberfeld sind mit es-Shaheinab vergleichbar.

Kalabscha *(griech. Talmis)* etwa 60 km südlich von Assuan. Der größte freistehende Tempel Nubiens, den Kaiser Augustus für Mandulis, Osiris und Isis errichten ließ, blieb unvollendet. Nur drei Räume sind fertig reliefiert. Bevor das Heiligtum endgültig in den Fluten des Stausees versank, wurde es von einem deutschen Unternehmen auf eine Insel nahe dem Hochdamm versetzt *(Neu-Kalabscha)*. Diese Pionierleistung wurde Vorbild für ähnliche Aktionen. Beim Abbau des Tempels fand man die wiederverwendeten Blöcke eines nur wenig älteren Torbaues. Sie gingen als Geschenk Ägyptens nach Berlin und wurden dort als »Kalabscha-Tor« wieder aufgebaut.

el-Kanajis im Wadi Mija 50 km östlich von Edfu. An dem »schwierigen Weg, der kein Wasser hat«, errichtete Sethos I. einen Hemispeos für Amun, Re-Harachte und sich selbst nahe einem Brunnen, den er angeblich selbst gefunden hat.

Kantir *(altäg. Pi-Ramesse, »Ramsesstadt«)* nordöstlich von Fakus. Nachdem schon der Fund von Wandkacheln aus Fayence die Vermutung genährt hatte, bestätigten österreichische und deutsche Grabungen inzwischen, daß bei Kantir die Residenz Ramses' II. gelegen hat. Daß die zweifellos große und prächtige Hauptstadt so gründlich vergessen werden konnte, verdankt sie den Herrschern der 21. Dynastie, die ihre Residenz Tanis mit den Denkmälern der Ramsesstadt schmückten. Umfängliche Grundmauerzüge, beschriftete Architekturfragmente, Teile von Streitwagen sowie Formen zur Herstellung von Schilden gehören zu den Funden dieser Grabung, die auf Jahrzehnte angelegt ist.

Karanis *(arab. Kom Auschim)* am Nordostrand des Fayum an der Straße nach Gise. Die ptolemäische Gründung stand unter griechischem Stadtrecht und wurde ausschließlich von Griechen bewohnt. Die Bauweise von Wohnhäusern und Tempeln verrät jedoch ebenso deutlich ägyptischen Einfluß wie die Stadtgötter Pneferos (Luftspender), Petesuchos (Soviel wie Sobek) sowie Zeus-Ammon und Serapis.

Karanog 65 km nordöstlich von Abu Simbel, spätmeroitische Nekropole, 1909–11 untersucht, im Stausee versunken.

Karnak nördlich von Luxor. Die drei in sich geschlossenen, aber miteinander verbundenen Heiligtümer ergeben zusammen den weitaus größten Tempelbezirk Ägyptens. Amun, Mut und Month geweiht, enthalten sie ihrerseits eine Vielzahl von kleinen Tempeln verschiedener »Gastgötter« wie Ptah, Maat, Osiris und Ipet, Stationstempel und Barkenheiligtümer sowie im Amun-Bezirk einen ansehnlichen Pylontempel des Sohngottes Chons. Die Baugeschichte der Anlage reicht über 2000 Jahre vom Mittleren Reich bis in die Ptolemäerzeit. Um-, An- und Neubauten sowie Abtragungen haben ein außerordentlich verwirrendes Bild hinterlassen, das seit Beginn der Erforschung Generationen von Gelehrten beschäftigt. Allein die Bergung und Ordnung verbauter Blöcke älterer Architektur füllt ein großes Kapitel Wissenschaftsgeschichte. Überwiegend aus Pylonfüllungen konnten die Stationstempel Sesostris' I. und Amenophis' I. wiedererrichtet werden, die Quarzitblöcke von Hatschepsuts »Roter Kapelle« liegen magaziniert, die Talatat des Aton-Tempels versucht man mit Hilfe des Computers in ihren ursprünglichen Zusammenhang zu bringen. Auf ausgedehnten Arealen lagern auch reliefierte Blöcke, die keine sichere Rekonstruktion zulassen. Neben der laufenden Erforschung der Anlagen des Mittleren Reiches sollte jedoch aktueller Vorrang der Sanierung eingeräumt werden. Wie viele andere Kultstätten Ägyptens ist auch Karnak durch aufsteigende Nässe und Versalzung sowie andere Umwelteinflüsse schwer gefährdet.

Kasr Karun *(griech. Dionysias)* im Südwesten des Birket Karun im Fayum. Zu den Ruinen der ptolemäischen Stadt gehört eine mächtige Festung aus gebrannten Ziegeln und ein kleiner, gut erhaltener Sobek-Tempel.

Kasr es-Sagha nördlich des Birket Karun im Fayum. Auf einer Hangterrasse liegt ein Tempelbau (?) des Mittleren Reiches mit zwei Querhallen und sieben Kammern. Da Inschriften und Reliefs fehlen, ist die Bestimmung fraglich. In der Umgebung fand man altsteinzeitliche Werkzeuge. Eine neue Grabung erforscht Siedlungsreste der Fayum-A-Kultur.

Kawa *(kuschitisch Gem-Iten)* Tempelstadt zwischen 3. und 4. Katarakt auf dem Ostufer. Herausragendes Heiligtum ist der sog. Tempel T, den Taharka dem Amun erbaute und der sich strikt an ägyptische Vorbilder anlehnt.

Kerma oberhalb des 3. Katarakts, kuschitische Residenzstadt, deren Blüte in der Zweiten Zwischenzeit lag, als Ägypten seine Machtposition im Süden nicht halten konnte. Mit dem erneuten Ausgreifen der 18. Dynastie wurde Kerma systematisch zerstört. Die Erforschung der teilweise riesigen Hügelgräber des 17. und 16. Jahrhunderts v. Chr. förderte neben Erzeugnissen der einheimischen Kultur eine Fülle ägyptischer Stelen und Figuren des Mittleren Reiches zutage, die von den Kuschiten übernommen worden waren.

Kertassi *(griech. Tzitzis)* etwa 50 km südlich von Assuan, spätptolemäischer oder römischer Tempelkiosk mit Hathorsäulen, vor der Überflutung in Neu-Kalabscha wieder aufgebaut

Khormus nahe Buhen am zweiten Katarakt, Fundort der frühesten spätpaläolithischen Kulturgruppe (Khormusan).

Kom Abu Billu *(altäg. Tarrana oder Mefket, griech. Terenuthis)* am Delta-Westrand etwa 60 km nordwestlich von Kairo. Der Name weist auf die Schlangengöttin Renenutet (Thermuthis) hin, die Reste eines Tempels Ptolemaios' I. waren jedoch Hathor geweiht. Die ausgedehnte Nekropole wurde von der 6. Dynastie bis in christliche Zeit benutzt und barg reiche Funde.

Kom el-Hisn *(altäg. Imu)* nordwestlich von Kom Hamada im West-Delta. Reste eines Tempels für Sachmet-Hathor aus dem Mittleren Reich und große Nekropolen des Mittleren und Neuen Reiches.

Kom Medinet Ghurab Ruinengelände am Südosteingang zum Fayum. Die meisten Funde und Architekturreste stammen aus der 18. Dynastie. Hier soll auch der kleine Eibenholz-Kopf der Teje (Berlin) gefunden worden sein.

Kom Ombo *(altäg. Nubt, griech. Ombos)* 45 km nördlich von Assuan. Der berühmte Doppeltempel der Ptolemäer- und Römerzeit ist zwei Gottheiten und ihren »Familien« gewidmet: die Südhälfte Sobek, der Hathor zur Gemahlin und Chons als Sohn zugeordnet bekam, die Nordhälfte dem Haroëris mit Tasenetnefret (»Gute Schwester«, Gemahlin) und Panebtaui (»Herr der Beiden Länder«). Die einzigartige Doppelung ergibt eine seltsame architektonische Lösung: Zwei Portale führen zu zwei parallelen Tempelachsen und Sanktuarien. Von den Nebenanlagen ist nur noch die Brunnenkonstruktion gut erhalten, Eingangstor und Mammisi wurden teilweise vom Nil weggerissen. In einer unfertigen Hathor-Kapelle bewahrt man Mumien der heiligen Krokodile.

Koptos *(altäg. Gebtu, arab. Kift)* 23 km südlich von Kena am Ausgangspunkt der Straße zum Wadi Hamamat. Trotz der handelspolitisch bedeutsamen Lage und der früh bezeugten Verehrung des Min sind die Relikte von Stadt und Heiligtümern bescheiden, reichen allerdings bis ins Mittlere Reich zurück. Der Lokalgott beherrschte die östlichen Wüsten und beeinflußte deutlich das Bild Amuns von Theben.

Kor Festung des Mittleren und Neuen Reiches am 2. Katarakt südwestlich von Wadi Halfa, im Stausee versunken.

Krokodilopolis *(Arsinoë)* am nördlichen Stadtrand von Medinet el-Fayum. Die schlimm zerstörte und ausgeraubte ehemalige Hauptstadt der Oase wurde im Mittleren Reich gegründet. Aus dieser Zeit stammen auch die ältesten Teile des Sobek-Tempels sowie u. a. eine Statue Amenemhets III. (Kairo). Der große Aufschwung, den das Fayum erneut unter Ptolemaios II. nahm, verband sich wesentlich mit dessen Gemahlin Arsinoë, die zur Schutzgöttin der Oase wurde.

Kuban *(Contra Pselchis)* auf dem Ostufer gegenüber el-Dakka, Festung der 12. Dynastie, im Stausee versunken.

el-Kubanija Gräberfeld bei Assuan mit über hundert Bestattungen der nubischen A-Gruppe.

el-Kula zwischen Esna und Edfu auf dem Westufer, Stumpf einer kleinen, gestuften Pyramide, wohl 3. Dynastie, Besitzer unbekannt.

Kumma *(Semna Ost)* Festung des Mittleren Reiches südwestlich von Wadi Halfa, im Stausee versunken. Der Chnum-Tempel wurde gerettet und nach Chartum verbracht.

el-Kurru unterhalb des 4. Katarakts, Nekropole kuschitischer Könige der 25. Dynastie mit Pyramidenanlagen.

Kus *(altäg. Gesa, griech. Apollinopolis Parva)* etwa 30 km südlich von Kena. Obwohl nur Tempelreste für Haroëris und Heket festgestellt sind, muß die Stadt schon früh bedeutend gewesen sein, sofern man ihr die Nekropole Nakada zuordnet.

Kynopolis *(Hundsstadt)* Gauhauptstadt der Ptolemäerzeit 5 km südlich von Beni Mazar.

Laketa Wasserstelle an der Straße des Wadi Hamamat östlich von Kift, Fundstätte spätpaläolithischer Artefakte.

el-Lesija etwa 60 km nordöstlich von Abu Simbel, heute im Stausee versunken. Die kleine Felskapelle Thutmosis' III. für den Ortsgott Dedun wurde gerettet und an das Ägyptische Museum in Turin geschenkt.

el-Lischt auf der Höhe von el-Saff am Westufer. Nekropole der noch nicht gefundenen Residenz Ittaui der 12. Dynastie. Die beiden verfallenen Pyramiden Amenemhets I. und Sesostris' I. wurden teilweise mit älterem Baumaterial aus Gräbern des Alten Reiches errichtet. Berühmt sind die Funde, u. a. die Sitzfiguren Sesostris' I. (Kairo). Reich ausgestattet waren auch die Mastabagräber der Beamten (Antefoker, Oberaufseher der Pyramidenstadt) und der Pinzessinnen.

Luxor *(von arab. el-Kusur, »die beiden Burgen«; altäg. Nut, »Stadt«, oder Weset, biblisch No, griech. Thebai oder Diospolis Magna, »Zeusstadt«)* Die einzigen Zeugnisse der seit dem Mittleren Reich bedeutenden Stadt finden sich im Bereich des sog. Luxortempels, und sie reichen nicht in die Ursprungszeit zurück. Der Tempel selbst stammt erst aus der 18. und 19. Dynastie, um ihn als Zentrum legte sich die römische Garnison. Das prachtvolle Heiligtum selbst war seit dem Neuen Reich eine Art Außenstelle von Karnak und wurde als »Harem Amuns« bezeichnet. Seit der Plünderung durch die Assyrer sank die alte Hauptstadt zum Provinznest herab, leerstehende Gebäude trug man ab oder brannte sie zu Kalk. Unter Theben versteht man heute die riesige Nekropole auf der gegenüberliegenden Westseite des Nil.

Maadi südlich von Kairo, spätvorgeschichtliche große Siedlung und Handelszentrum mit Metallverarbeitung. Man fand Importstücke aus Oberägypten der Stufen Negade I und II sowie aus dem syrisch-palästinensischen Küstenraum.

el-Maharraka *(griech. Hierasykaminos, »Heilige Sykomore«)* etwa 120 km südwestlich von Assuan. Der kleine unvollendete Serapis-Tempel der Römerzeit wurde gerettet und in Neu-Sebua 40 km südwestlich wiedererrichtet.

el-Mahasna etwa 13 km nordwestlich von Abydos, Siedlung und Friedhof aus prähistorischer Zeit. Die bislang untersuchten etwa 300 Gräber stammen aus der Negade-Zeit und waren sehr reich ausgestattet.

Masghuna etwa 45 km südlich von Kairo. Reste zweier Pyramiden von Königen der späten 12. oder der 13. Dynastie.

Natmar Siedlungen und Gräberfelder bei Assiut. Sie reichen von der Badari-Kultur bis in die Negade-II-Zeit. Es erhielten sich auch Reste neolithischer Bauten.

el-Medamud *(altäg. Madu)* 9 km nördlich von Luxor. Von dem Month-Tempel der 11./12. und 18. Dynastie haben sich nur Fragmente erhalten, die größtenteils nach Paris und Kairo gebracht wurden. Aufrecht stehen jedoch ansehnliche Teile des ptolemäischen Tempels mit Tor, Sphinxallee, Kiosken und Bündelsäulen. Eine Besonderheit ist der große Hof hinter dem Heiligtum, in dem Buchis, der heilige Stier des Month, Orakel erteilte.

Medinet Madi *(griech. Narmonthis)* am Südwestrand des Fayum. Die kleine Tempelanlage für Sobek, Horus und Renenutet stammt im Kern von Amenemhet III. und wurde von den Ptolemäern erweitert, jedoch nicht vollendet. Aus der nahen Siedlung wie auch der benachbarten Stadt Tebtynis stammen zahlreiche aufschlußreiche Papyri aus griechisch-römischer Zeit.

Medum nordwestlich von el-Wasta. Die Nekropole der späten 3. und 4. Dynastie überragt der gewaltige, turmartige Kern einer Pyramide, die vermutlich für Huni errichtet und von Snofru weitergebaut wurde. Die Abfolge der Bauphasen und ihr wohl plötzliches Ende sind noch nicht abschließend geklärt, wie auch das Gelände noch einer systematischen Erforschung harrt. Zu den bekanntesten Funden aus den Beamtengräbern zählen die Sitzfiguren des Rahotep und seiner Frau Nofret, die intarsienartigen Bilder des Bau-

leiters Nefermaat sowie die gemalten »Gänse von Medum«.

Memphis *(altäg. Auch Taui, seit dem Mittleren Reich Mennofer, arab. Mitrahina)* Besser als an den idyllisch in den Palmengärten von *Mitrahina* verstreuten Resten läßt sich die Bedeutung des alten Memphis an seiner enormen Nekropole ablesen, die von *Abu Roasch* bis *Dahschur* reicht. Systematische Steinräuberei und steigendes Grundwasser haben eine vollständige Erforschung der Stadt von vornherein unmöglich gemacht. Völlig verloren sind insbesondere Denkmäler aus ihrer Hauptstadt-Zeit im Alten Reich. Abgesehen von einzelnen Blöcken des Mittleren Reiches ist z. B. die Anlage des Ptah-Tempels erst mit dem Alabastersphinx (Amenophis II.?), dem Ramses-Koloß und den Balsamierungsstätten für die Apisstiere (Scheschonk I.) sichtbar dokumentiert. Bescheidene Überbleibsel von Palästen des Merenptah und des Apries verdeutlichen immerhin, daß die »Waage der Länder« über die gesamte altägyptische Geschichte hinweg eine zentrale Stellung eingenommen hat. In der Hauptsache aber basiert unsere Kenntnis der Weltstadt auf Textdokumenten und Beschreibungen griechischer Reisender.

Mendes *(altäg. Per-Banebdjedet, arab. Tell el-Roba)* südöstlich von el-Mansura. Nachdem ursprünglich die Fischgöttin Hamehit als Lokalgöttin dominierte, wurde wohl schon im Alten Reich der Widder (oder Bock) Ba zum Herrn von Mendes. Obwohl neuere amerikanische Grabungen Mastabas vom Ende des Alten Reiches freilegten, fehlen noch die Tempelanlagen früher Zeit. Erst von Amasis stammt der fast 8 m hohe Granitschrein, der weithin sichtbar den riesigen Siedlungshügel beherrscht. Etwa gleichzeitig wurden die aufwendigen Widdersarkophage südlich davon gemeißelt. Den Rang einer Hauptstadt des 16. unterägyptischen Gaues übernahm in griechisch-römischer Zeit *Thmuis*, der südlich benachbarte *Tell el-Tmai*, der allerdings weitgehend den Sebachgräbern zum Opfer fiel.

Mer Nekropole von *Kis (Cusae)*, der alten Hauptstadt des 14. oberägyptischen Gaues, westlich von el-Kusija. Die Felsgräber der Gaufürsten der 6. und 12. Dynastie sind mit vorzüglichen und teilweise ungewöhnlichen Reliefs ausgestattet. So sind bei Pepianch Hunderte von Ahnen als Sitzfiguren dargestellt, bei Senbi und zwei Fürsten des Namens Uchhotep Jagd- und Landwirtschaftsszenen.

Merimde Prähistorische Fundstelle am Westrand des Deltas. Mehrschichtige jungsteinzeitliche Siedlung mit zugehörigem Gräberfeld der Merimde-Kultur sowie kleines spätvorgeschichtliches Gräberfeld der Maadi-Kultur.

Meroë Hauptstadt der Kuschitenkönige seit dem 6. Jahrhundert v. Chr. zwischen 5. und 6. Katarakt nordöstlich von Chartum bei Begrawija. Trotz der Grabungen von J. Garstang 1909–14 und G. A. Reisner 1922–25 ist das weiträumige Siedlungs- und Nekropolengebiet nur unzureichend erforscht. Den großen Eindruck von Meroë bestimmen die Pyramidenfelder, in denen Angehörige des Herrscherhauses schon früh, die Könige selbst erst seit dem 3. Jahrhundert v. Chr. bestattet wurden. Obwohl die formale Anlehnung an die ägyptische Kunst immer deutlich blieb, entstand in Meroë doch eine eigene Kultur, die bis ins 3. Jahrhundert n. Chr. blühte.

Minshat Abu Omar großes Gräberfeld im Ostdelta, von der Stufe Negade II bis in die frühdynastische Zeit belegt, zahlreiche oberägyptische Importstücke.

Mirgissa Festung des Mittleren Reiches am 2. Katarakt mit Nekropolen und kleinem Hathor-Tempel aus dem Neuen Reich.

el-Moalla etwa 35 km südlich von Luxor. Zwei Felsgräber vom Ende der Ersten Zwischenzeit. Bedeutend sind vor allem die Inschriften und die unkonventionellen Darstellungen im Grab des Fürsten Anchtifi.

Mohammerija oberägyptische Gräbergruppe der frühen Negade-Kultur, Idole in Tänzerinnenform als Grabbeigaben.

Mons Claudianus *(Gebel Fatira)* 1355 m hoch, etwa 50 km westlich von Safaga, hauptsächlich zur Römerzeit genutzter Quarzdioritsteinbruch mit großem Lager, Wasserstelle und Serapis-Tempel sowie vielen unfertigen Werkstücken.

Mons Porphyrites *(arab. Gebel Abu Dukhan)* 1661 m hoch, etwa 80 km nordwestlich von Safaga, römischer Porphyrbruch mit befestigtem Lager und zwei Isis-Tempeln, bis in byzantinische Zeit genutzt.

Mostagedda Siedlungen und Gräberfelder bei Assiut. Jungsteinzeitliche Siedlung mit Bauresten. Nahe dem Ort *Der Tasa* kleines Gräberfeld der neolithischen Tasa-Kultur. Außerdem Gräberfelder der Badari-Kultur mit etwa 300 untersuchten Bestattungen.

Musawwarat el-Sufra nordöstlich von Chartum. Das altmeroitische Pilgerheiligtum wurde seit dem 5. Jahrhundert v. Chr. vielfach verändert und zeigt kräftige Eigenleistung gegenüber ägyptischen Vorbildern. Mehr dem frühptolemäischen Stil verpflichtet, ist der Tempel für den Kriegsgott Apedemak, den König Arnekhamani um 225 v. Chr. errichten ließ.

Nabta Playa ehemalige Seenregion in der nubischen Westwüste mit zahlreichen epipaläolithischen und neolithischen Siedlungen im einstigen Uferbereich.

Nag el-Marmarija etwa 30 km südöstlich von Esna, vorgeschichtlicher Friedhof nahe Hierakonpolis.

Naga meroitische Stadt östlich des 6. Katarakts. Die beiden Tempel für Amun und Apedemak des 1. Jahrhunderts n. Chr. und ein sog. römischer Kiosk des 3. Jahrhunderts n. Chr. liegen inmitten von unerforschten Ruinenhügeln. Architektur wie Reliefs sind ägyptisch geprägt und meroitisch variiert.

Naga ed-Der gegenüber von Girga auf dem Ostufer, mehrere Nekropolen aus der Vorgeschichte und der Frühzeit, vermutlich zu *Thinis* gehörig.

Nakada (Negade) prähistorische Gräberfelder bei Achmim, mehrere Gräbergruppen mit etwa 3000 untersuchten Bestattungen der Stufen Negade I bis III sowie einem frühdynastischen Königsgrab.

Naukratis etwa 25 km südöstlich von Damanhur im Delta, Ruinen der griechischen Handelsstadt am ehemaligen kanopischen Nilarm, im 6. Jahrhundert v. Chr. von Milet aus gegründet. In den dürftigen Resten wurden verschiedene griechische Heiligtümer, u. a. für Apoll, Hera, Athena und Aphrodite, sowie ein »Hellenion« festgestellt. Im Süden der Stadt außerdem ein Tempel für Amun und Thot (?).

Nauri Felsstele Sethos' I. aus seinem 4. Regierungsjahr, etwa 40 km südlich des 3. Katarakts.

Nazlet Khater Fundort südlich von Assiut, paläolithischer Bergbau, unterirdischer Abbau von Feuerstein, auf ca. 30000 v. Chr. datiert.

Nuri östlich von Gebel Barkal, Nekropole und Pyramidenfeld kuschitischer Könige der spätnapatanischen Zeit.

el-Omari Fundstelle bei Heluan, spätjungsteinzeitliche Siedlung mit zahlreichen Bauresten (el-Omari A), in der Nähe Gräberfeld der Maadi-Kultur (el-Omari B).

Ombos *(altäg. Nubt)* etwa 25 km südlich von Kena auf der Westseite. Der Kultort des Seth dürfte schon in frühgeschichtlicher Zeit bedeutend gewesen sein. Bislang wurde nur ein Tempel der 18. und 19. Dynastie festgestellt.

Oxyrhynchos *(altäg. Per-Medjed, arab. el-Bahnasa)* westlich von Beni Masar. Der Kultort des gleichnamigen Fischgottes (Nilhecht) dürfte erst ab der Spätzeit bedeutend gewesen sein. Fundort Tausender Papyri in griechischer, koptischer und arabischer Sprache.

Pelusion *(Pelusium, arab. Tell el-Farama)* etwa 20 km östlich des Suezkanals am Mittelmeer, Ruinen der Handelsstadt an der Mündung des einst östlichsten (Pelusinischen) Nilarmes, als Einfallpforte nach Ägypten mehrfach hart umkämpft.

Pharos ehemalige Insel vor Alexandria, auf der der berühmteste Leuchtturm der Antike stand, heute mit dem Festland verbunden.

Philae Hauptheiligtum der Isis im Kataraktgebiet südlich von Assuan. Da bei der Versetzung der Tempelanlage auf die Insel Agilkia die Fundamente nicht berücksichtigt wurden, bleibt seine ältere Geschichte im dunkeln. Immerhin wurden verbaute Blöcke der 18., 25. und 26. Dynastie gefunden. Die sichtbaren Bauten gehen auf Nektanebos I. und weit überwiegend auf die Ptolemäer- und Römerzeit zurück. In dieser späten Phase gehörte Philae zu den wichtigsten Kultstätten Ägyptens und Nubiens, dem »heidnischen« Gottesdienst konnte erst im 6. Jahrhundert n. Chr. ein Ende gesetzt werden. Von dem Tempelchen des Nektanebos an der Anlegestelle führt der Weg über einen langgestreckten, von stoaähnlichen Kolonnaden eingefaßten Hof durch zwei Pylonen zum Tempelinneren. Zwischen den Pylonen bilden ebenfalls Kolonnaden einen geschlossenen Bezirk, dessen Nordseite das Mammisi begrenzt. Die zahlreichen Nebenanlagen, wie das Hathor-Tempelchen, der Kiosk des Trajan oder das Augustus-Tor, stammen zumeist erst aus der Kaiserzeit. Trotz ihrer späten Entstehung sind die Reliefs von guter Qualität, die Säulenkapitelle von bezauberndem Einfallsreichtum. Besonders wichtig sind die hymnischen Texte, die offenkundig ihre Nachfolge in den christlichen Marienlitaneien fanden.

Saft el-Hima *(altäg. Per-Sopdu, »Haus des Sopdu«, des »Herrn des Ostens«)* etwa 15 km südöstlich von Sagasig. Von der einstigen Hauptstadt des 20. unterägyptischen Gaues *(biblisch Gosen)* förderten die Grabungen von E. Naville 1885 Reste eines Tempels zutage. Erhalten blieb ein Granitschrein des Sopdu, den Nektanebos I. gestiftet hat.

Sai Insel im Bereich des 3. Katarakts, ehemals Stadt und Festung mit einem Tempel der 18. Dynastie, auch meroitische Funde.

Sais *(altäg. San, arab. Sa el-Hagar)* etwa 30 km nordöstlich von Tanta im Delta am Rosetta-Arm des Nil. Der Hauptkultort der Neith wird schon seit Beginn des Alten Reiches vielfach genannt, die bislang bekannten Denkmäler der Stadt reichen jedoch nur in die Dritte Zwischenzeit zurück, die meisten Beamtenstatuen in die 26. Dynastie, deren Residenz Sais war. Sebachgrabungen vernichteten inzwischen die beachtlichen Mauern, die Lepsius' Zeichner noch um 1850 festgehalten haben.

Sajala prähistorischer Fundort in Unternubien,

reich ausgestattete Gräberfelder, Siedlungen und Felsbilder der nubischen A-Gruppe.

Samannud *(altäg. Tjebnutjer, griech. Sebennytos)* etwa 7 km östlich von el-Mahalla im Delta am ehemaligen Sebennytischen (Damietta-)Nilarm. Geringe Reste und Blöcke eines Tempels des Onuris-Schu stammen aus der 30. Dynastie und aus der Ptolemäerzeit. Aus Sebennytos kommt der Chronist Manetho.

Sanam unterhalb des 4. Katarakts nahe Gebel Barkal. Ein Amun-Tempel des Taharka, Reste von Verwaltungsbauten und eines Palastes sowie Friedhöfe lassen vermuten, daß Sanam zeitweise Kuschitenresidenz war.

Sakkara Das Kerngebiet der ausgedehnten Nekropole von *Memphis,* die von *Abu Roasch* bis *Dahschur* reicht, ist der etwa 9 km² umfassende Bezirk von *Sakkara,* Herrschaftsgebiet des Totengottes Sokaris. Obwohl Einzelfunde schon in die 1. Dynastie weisen, die Könige der 2. Dynastie ihre großen Mastabagräber hier anlegten, gilt als Herz und Zentrum von Sakkara die Stufenpyramide des Djoser, der erste monumentale Steinbau in der Geschichte der Menschheit. Die Genieleistung des Wesirs Imhotep beschränkt sich jedoch nicht auf die Inkunabel der Pyramidenidee: Ebenso bedeutsam sind die steinerne Verewigung der königlichen Residenz und die unterirdische Grabausstattung, die eine Fülle geistigreligiöser, künstlerischer und handwerklicher Neuerungen verbinden. Seit Jahrzehnten forscht und restauriert Jean-Philippe Lauer an dieser Anlage, deren Bedeutung gar nicht überschätzt werden kann und die auch im Altertum immer gewürdigt worden ist. Zwar wurde die Pyramidenidee in Medum und Dahschur weiterentwickelt und in Gise perfektioniert, von den Sonnenheiligtümern in Abusir schließlich überlagert, doch kehrte sie seit dem Ende der 5. Dynastie in bescheidener Form nach Sakkara zurück. Die äußerlich unansehnlich gewordene Pyramide des Unas überrascht in ihrem Innern durch ihre schlicht-schönen Kammern mit den ersten Pyramidentexten. Bis zum Ende des Alten Reichs entstanden in Sakkara die Pyramidengräber der Könige, ein Abglanz freilich nur mehr der Großbauten von Gise. Um so aufwendiger entwickelten sich dafür im Verlauf schon der 5. Dynastie die Mastabas der hohen Beamten. Große Herren wie Ti oder Ptahhotep engagierten für ihre Ausstattung die Elite der Künstlergilde von Memphis. Auch die jüngst entdeckten Gräber zweitrangiger Höflinge bestechen durch Ideenreichtum in den Darstellungen und – leider oft rasch hinfällige – Farbfrische. Hatten Theben und andere Residenzstädte seit dem Mittleren Reich Memphis auch den Rang abgelaufen, so gab es für Sakkara doch noch kurze Blütezeiten, z. B. mit dem Grab, das sich General Haremhab anlegte, bevor er König wurde. Raubgrabungen schon im 19. Jahrhundert Fragmente davon in verschiedene Museen wandern, bevor 1975 auch den Archäologen die Auffindung gelang. Imposant sind auch die enormen Grabschächte der Spätzeit und schließlich die hochverehrten Bestattungsgalerien der Apisstiere, um die sich noch in griechischer Zeit ein reger Kult- und Orakelbetrieb entwickelte.

Sarnich etwa 10 km südöstlich von Esna auf dem Ostufer, zwei Felsstelen Amenophis' IV. mit historisch aufschlußreichen Inschriften.

Sauijet al-Amwat *(auch Kom el-Ahmar, altäg. Hebenu)* südlich von Minia am Ostufer. Am Fuß der großen, noch wenig erforschten Nekropole liegt ein Pyramidenstumpf der 3. (?) Dyna-

stie, der sicher kein Grabaufbau war. An dem von Mauerresten und Scherbenhaufen bedeckten Hang liegen Gräber des späten Alten Reiches und des ramessidischen Gauverwalters Nefersecheru. Nach Norden zu erstrecken sich unabsehbar Tausende von Kuppeln des arabischen Friedhofs.

Schalfak Festung des Mittleren Reiches im Gebiet oberhalb des 2. Katarakts, im Stausee versunken.

es-Schech Said gegenüber von Mallaui auf der Ostseite, Gaufürstengräber der 6. Dynastie.

Schellal im Kataraktgebiet südlich von Assuan, Gräberfeld der nubischen A-Gruppe mit oberägyptischen Importen.

Sebil prähistorische Fundstelle in Oberägypten mit endpaläolithischen Siedlungsplätzen des sog. Sebilien.

es-Sebua etwa 150 km südlich von Assuan am Westufer, ein Hemispeos Ramses' II., der etwa 4 km nach Westen *(Neu-Sebua)* versetzt wurde. Der Re-Harachte und Amun sowie Ramses geweihte Pylontempel ist in seinen hinteren Teilen aus dem Felsen gemeißelt und besitzt trotz späterer Verwendung als Kirche noch gute und teilweise farbige Reliefs. Ein zweiter Tempel, den Amenophis III. Amun und einem nubischen Falkengott errichtet hat, ist nicht versetzt worden und mittlerweile versunken.

Sedeinga oberhalb des 3. Katarakts auf dem Westufer, Tempelanlage Amenophis' III. und Nekropole aus meroitischer Zeit.

Sehel Felsinsel im Kataraktgebiet südlich von Assuan. An dem Kultort der Satet wurde schließlich die Trias von Elephantine verehrt. Zahlreiche Expeditionsleiter unterstellten in Felsinschriften ihr Unternehmen dem Schutz dieser Götter. Auf einem Berggipfel von Sehel ist ein großer beschrifteter Block als »Hungersnotstele« bekannt geworden.

Seila kleine Stufenpyramide der 3. (?) Dynastie am Ostrand des Fayum.

Semna Festung des Mittleren Reiches oberhalb des 2. Katarakts. Die beiden Tempel des Thutmosis III. und des Taharka wurden gerettet und nach Chartum gebracht.

Serabit el-Chadim etwa 160 km südöstlich von Suez im Bergland des Sinai. Bei den wichtigen Kupfer-, Türkis- und Malachitbergwerken wurde schon zu Beginn der 12. Dynastie ein Tempel der Hathor, »Herrin des Türkislandes«, in den Felsen geschlagen, den Hatschepsut und Thutmosis III. erweiterten. Auch Thot, Sopdu und der vergöttlichte Snofru wurden dort verehrt. Wichtige Quellen sind die Inschriften der Expeditionsleiter zu den Gruben.

Serra zwischen dem 2. und 3. Katarakt, Festung des Mittleren Reiches am Ostufer, versunken. Der Tempel Ramses' II. von Serra-West *(Akascha)* wurde nach Chartum verpflanzt, während die Siedlung und einige Kapellen untergingen.

Sesebi etwa 30 km südlich des 3. Katarakts, von Echnaton gegründete, befestigte Stadt von planmäßigem Grundriß mit zwei sich kreuzenden Hauptstraßen und umfänglichen Magazinanlagen. Der Aton-Tempel wurde von Sethos I. verändert und der thebanischen Trias geweiht.

es-Shaheinab nördlich von Chartum, keramisch-neolithische Siedlung in der Nachfolge der Chartum-Kultur.

Shamarki prähistorischer Fundort nahe Wadi Halfa am zweiten Katarakt, endpaläolithische Kultur (Shamarkien), möglicherweise schon keramikführend.

Siwa die westlichste der ägyptischen Oasen, etwa 600 km von Alexandria entfernt nahe der libyischen Grenze. Die alte Hauptstadt lag an der Stelle des heutigen *Aghurmi*, dort stehen auch Reste des Amun-Tempels von Amasis, zu dem vermutlich 331 v. Chr. Alexander d. Gr. gezogen ist. Nördlich davon liegen die Felsgräber von *Karet el-Musabberin* aus der 26. bis 30. Dynastie. Der Tempel des Nektanebos II. von *Umm el-Ebeida* ist fast völlig abgetragen. Jungsteinzeitliche Oberflächenfunde beweisen die frühe Besiedlung der Oase.

Soleb südlich des 3. Katarakts. Anläßlich seines Regierungsjubiläums gründete Amenophis III. einen großen Amun-Tempel, der auch seiner eigenen Verehrung diente. Die Nekropole wurde das ganze Neue Reich über belegt.

Tafa (griech. *Taphis*) etwa 50 km südlich von Assuan. Von den beiden kleinen römischen Tempeln wurde einer abgetragen und nach Leiden geschenkt, der andere versank im Stausee.

Tanis (altäg. *Djanet*, arab. *San el-Hagar*, biblisch *Zoan*) etwa 20 km südwestlich von el-Manzala im Ostdelta. An dem riesigen Siedlungshügel gruben prominente Ägyptologen: Mariette, Flinders Petrie und Pierre Montet. Aufgrund der vielen Ramses-Beschriftungen an Obelisken und Architekturteilen glaubte man lange, die Ramses-Residenz gefunden zu haben. Nachdem jedoch auch Tempelfundamente und Grundsteinbeigaben nicht vor die 21. Dynastie zurückreichen und zudem die Ramsesstadt in Kantir festgestellt wurde, weiß man, daß die Könige der 21. und 22. Dynastie lediglich ihre Hauptstadt mit fremden Denkmälern geschmückt haben. Im Bereich des großen Amun-Tempels fand Montet 1939 auch die reichen Gräber von Psusennes I., Amenemope, Osorkon III. und Scheschonk III., die einzigen ungestörten Königsgräber außer dem Tutanchamuns. Reparaturen und Nebenanlagen gehen noch auf die 26. und 30. Dynastie sowie auf die Ptolemäerzeit zurück.

Tehna (griech. *Akoris*) nördlich von Minia am Ostufer. Großer Siedlungshügel mit Felstempeln und Kapellen aus griechisch-römischer Zeit und entsprechend späten Oberflächenfunden. Eine Grabung hat erst 1972 begonnen. Südlich der Stadt im steilen Felsen Gräber der 6. Dynastie, überwiegend als sog. Felsmastabas aus dem Gestein geschlagen.

Tell Abu Sefa (Sile) östlich des Suezkanals zwischen Timsahsee und Port Said, Reste der alten Grenzfestung gegen Asien.

Tell el-Jahudija (»Judenhügel«, altäg. *Naitahut*, griech. *Leontopolis*) etwa 25 km nordöstlich von Kairo bei Sibin el-Kanatir. Die noch sichtbare massive Umwallung von 519 × 490 m wird ohne sehr stichhaltige Gründe als »Hyksoslager« bezeichnet. Reste von Tempeln Ramses' II. und III. sowie des Heiligtums, das der jüdische Priester Onias im 2. Jahrhundert v. Chr. gründete.

Tell el-Mashkuta etwa 15 km westlich von Ismailija im Wadi Tumilat. Die Identifizierung mit dem alten *Tjeken*, biblisch *Pithom* (von *Per-Atum*, »Haus des Atum«), ist nicht gesichert. Statuen, Stelen und Fragmente, die beim Bau des Ismailkanals gefunden wurden und die aus der 19. Dynastie stammen, sind im »Garten der Stelen« in Ismailija aufgestellt.

Tell el-Mokdam (griech. *Leontopolis*) 10 km südöstlich von Mit Ghamr im Delta. Das wirkliche Alter des riesigen Siedlungshügels ist unsicher, da die meisten Funde irregulär ergraben und zudem usurpiert sind. Umgekehrt sind die Blöcke des Mahes-Tempels anderorts wiederverwendet worden.

Tell Nabascha (altäg. *Imet*) östlich von Hus-

seinija im Ostdelta. Vom großen Tempel der »östlichen Wadjit« (Uto), den ramessidische Könige erbauten, ist noch die Umfassungsmauer erkennbar, einen kleineren Tempel gründete Amasis. Die Stadt und ihre Nekropole gaben bislang nur spätzeitliche und griechisch-römische Funde frei.

Theben Weset, das die Griechen Thebai nannten, bezeichnete ursprünglich sowohl die Stadt-, Residenz- und Tempelbezirke auf der Ostseite wie auch die Gräberstadt gegenüber am Westufer des Nil. Erst zur Ramessidenzeit wurde eine verwaltungstechnische Trennung vorgenommen, und heute versteht man unter Theben gemeinhin den riesigen Bereich, den die Nekropole im Laufe von etwa 3500 Jahren beanspruchte. Das ausgedehnte Gelände wurde zu archäologischen Ordnungszwecken in einzelne Bezirke aufgeteilt, deren arabische Namen zumeist mit den darauf angesiedelten Dörfern oder Flurbezeichnungen übereinstimmen.

Theben/el-Assassif nahe Der el-Bahari, überwiegend Gräber der 19. und vor allem der 26. Dynastie, deren hohe Würdenträger sich ausgedehnte Bezirke anlegten. Besonders hervorzuheben sind Montemhet, Wesir von Oberägypten unter Taharka und Psammetich I. (Nr. 34), Ibi, Gutsverwalter der Gottesgemahlin Nitokris, mit thematischen Anleihen aus dem Grab des Ibi in Der el-Gebraui aus der 6. Dynastie (Nr. 36), Pabasa, Kollege von Ibi, mit besonders schönen Reliefs (Nr. 279). Noch aus der 18. Dynastie stammt das Grab des Cheriuf, genannt Senaa, der Haushofmeister der Teje war (Nr. 192). Die Reliefs zeigen u. a. Amenophis IV. Echnaton noch vor verschiedenen Göttern betend.

Theben/Biban el-Harim (Tal der Königinnen) überwiegend Begräbnisstätte von Königinnen und Prinzen der 19. und 20. Dynastie. Das schönste der Gräber ist das der Nefertari (Nr. 66), Gemahlin Ramses' II., wegen Bergrutsch schwer gefährdet und teilweise ruiniert. Außer der Königin Titi (Nr. 52) und einer weiteren anonymen Königin (Nr. 40) wurden Söhne Ramses' III. aufwendig bestattet: Setherchepeschef (Nr. 43), Chaemweset (Nr. 44) und Amunherchepeschef (Nr. 55), der als Neugeborener starb und dennoch als königlicher Sproß in einem gewaltigen Granitsarg beigesetzt wurde.

Theben/Biban el-Moluk (Tal der Könige) Von Thutmosis I. bis zum Ende der 20. Dynastie wurden in dem unwirtlichen Wadi 64 (bisher bekannte) Gräber angelegt. Außer Königen wurden ausnahmsweise auch einige bevorzugte Höflinge sowie Königin Teje hier bestattet. Da die meisten Gräber schon seit Beginn der Dritten Zwischenzeit geplündert und offen waren, sind sie bereits in der Antike ein Anziehungspunkt für Touristen gewesen. Auch die ägyptologische Forschung hat sich ihrer bereits in den Anfängen bemächtigt. Außer Abenteurern waren auch Männer darunter, denen aufrichtige Aufzeichnungen und Kopien wir die Kenntnis vieler verlorengegangener Wandpartien verdanken. In der Reihe spektakulärer Entdeckungen nimmt der Fund des Tutanchamungrabes 1922 eine Sonderstellung ein. Da jeder König mit seiner Grabanlage eine Neuschöpfung anstrebte, blieb niemals ein entwickelter Typus verbindlich, zumindest wurde er in Form und Art der Darstellung variiert. So folgen den geknickten Zugängen der 18. Dynastie in der 19. Dynastie lange gerade Korridore, den papyrusähnlich aufgezeichneten Unterweltsbeschreibungen farbstarke Reliefs. Typische Vertreter der ersten Gruppe sind die Gräber Thutmosis' III. (Nr. 34)

und Amenophis' II. (Nr. 35), der jüngeren Lösung die Anlagen Sethos' I. (Nr. 17), Ramses' III. (Nr. 11) oder Ramses' VI. (Nr. 9). Trotz akribischer (wenn auch nicht abgeschlossener) wissenschaftlicher Untersuchung und einer Fülle gesicherter Erkenntnisse ist das Tal der Könige – nächst Gise – der ergiebigste Tummelplatz ebenso unsinniger wie vielfach schon ehrwürdiger Spekulationen.

Theben/el-Chocha südöstlich von Der el-Bahari. Die Gräber stammen überwiegend aus der 18. und 19. Dynastie. Besonders schöne Reliefs bei Pujemre, zweiter Prophet des Amun (Nr. 39), feine Malerei bei Neferhotep, oberster Schreiber und Viehaufseher des Amun (Nr. 49). Einflüsse des sog. Amarnastils zeigen die Reliefs des Haushofmeisters Parennofer (Nr. 188). Für sich selbst arbeiteten zweifellos die Hofbildhauer Nebamun und Ipuki (Nr. 181). Hochrangige Malereien der Zeit Ramses' II. im Grab des Schatzmeisters Amuns, Neferronpet, genannt Kenro (Nr. 178).

Theben/Der el-Bahari Älteste Anlage im großen Talkessel ist das Grab des Königs Mentuhotep, der Tempelbau war terrassenartig aufgebaut und besaß eine umlaufend mehrschichtige Pfeilerhalle. Zwischen seiner Ruine und dem Totentempel der Hatschepsut entdeckten die polnischen Archäologen 1964 zufällig die Reste eines Heiligtums Thutmosis' III., das schon um 1000 v. Chr. verschüttet und danach als Steinbruch benutzt wurde. Trotz der Zerstörung sind die Bruchstücke von höchster Qualität und Farbfrische. Im Bezirk des Mentuhotep liegen auch einige Beamtengräber der 11. Dynastie, darunter das des Kanzlers Mektire (Nr. 280), in dem dreißig szenische Holzmodelle gefunden wurden. Teilweise unter dem Hof des Hatschepsut-Tempels das unfertige Grab ihres Kanzlers Senenmut (Nr. 353). Das Grab des Inhapi (Nr. 320) südlich des Mentuhotep-Tempels diente in der 21. Dynastie als Versteck für Königsmumien, bis die »Cachette« 1875 von Räubern und 1881 von Archäologen wiederentdeckt wurde.

Theben/Der el-Medine Die planmäßig angelegte, ummauerte Stadt der Nekropolenarbeiter, Steinmetze und Maler liegt mit ihren guterhaltenen Gebäudegrundrissen in der Senke zwischen zwei Bergzügen. Am Nordhang oberhalb der Stadt schufen sich die Handwerker selbst ihre eigenen Gräber. Zu den bekanntesten zählt das Grab des Sennodjem (Nr. 1), dessen mobile Ausstattung nach Kairo gebracht wurde. Zu erwähnen auch Inherchaui (Nr. 359), Paschedu (Nr. 3), Ipui (Nr. 217). Über dem nordöstlichen Stadtrand erbauten Ptolemäer ein Tempelchen für die Nekropolengöttin Hathor und für Maat.

Theben/Dra Abu el-Naga In dem nordöstlichen Teil der thebanischen Nekropole liegen weit am Hang verstreut Gräber der 18. bis 20. Dynastie. Obwohl ihre Besitzer nicht den höchsten Rängen angehörten, sondern nachgeordnete Priester und Verwaltungsleute waren (Setaui, Vizekönig von Kusch, Nr. 289, ragt heraus), sind die Gräber teilweise recht aufwendig und gut ausgestattet, einige waren von ansehnlichen Ziegelpyramiden überragt. Sehr zerstört sind die Gräber der Herrscher der 17. Dynastie und ihrer Familien, doch fand Mariette darin Schmuck und herrliche Prunkwaffen wie die Ahmose-Axt (Kairo).

Theben/Kurnet Murai In dem Hügel südöstlich von Der el-Medina legten sich Priester und Beamte der 19. Dynastie ihre Gräber an. Etwas älter ist das Grab des Amenophis Hui (Nr. 40), der unter Tutanchamun Vizekönig von Kusch war.

Die lebhaften Schilderungen aus seinem Amtsbereich zeigen Nachwirkungen des Amarnastils.

Theben/Malkata Südwestlich von Medinet Habu erbaute sich Amenophis III. einen Palast, von dessen Pracht kaum noch etwas zu ahnen ist.

Theben/Schech abd el-Kurna Über 150 Privatgräber drängen sich auf dem Gebiet des alten Grabräuberdorfes, die wichtigsten gehören der 18. Dynastie an. Zu ihnen zählen die bescheidenen, aber erfrischend lebhaft ausgemalten Anlagen des Tempelastronomen Nacht (Nr. 52) und des Vermessungsbeamten Menena (Nr. 69). Steif und zeremoniell sind dagegen die elitär überfeinerten Reliefs des Wesirs Ramose (Nr. 55), in denen die stilistischen Veränderungen von Amenophis III. zu Amenophis IV. Echnaton besonders deutlich werden. Ausführliche Schilderungen von Handwerk und Industrie sowie Amtsbereich im Grab des Wesirs Rechmire (Nr. 100). Die Schwierigkeiten mit dem brüchigen Felsen werden im Grab des Sennefer (Nr. 96) augenfällig: Da die Decke teilweise abgestürzt war, kaschierten die Künstler die Unregelmäßigkeit durch eine aufgemalte Weinlaube. Insgesamt dokumentieren die »Noblen-Gräber« für die 18. Dynastie eine große Typenvielfalt, Variationsbreite der Darstellungen und den in Ägypten so seltenen Ansatz kleiner künstlerischer Freiheit.

Theben/el-Tarif Der Friedhof im äußersten Nordosten gehört überwiegend der frühen 11. Dynastie an. Da auch drei Herrscher des Namens Antef dort ihre Gräber anlegten, spricht man oft einfach vom *Antef-Friedhof.* Die Gräber des Mittleren Reichs überlagern teilweise eine neolithische Siedlung.

Theben/Die Totentempel Während im Alten und Mittleren Reich der Totentempel, der der Versorgung des verstorbenen Königs diente, direkt neben dem Grab lag, so fand mit Beginn des Neuen Reichs eine deutliche geographische Trennung statt. Die Bestattung erfolgte im schwer zugänglichen Wüstental, der Tempelkult jedoch wurde dem Bereich der Lebenden am Rande des Fruchtlandes zugeordnet. Er galt freilich nun nicht mehr vorrangig dem König, sondern Amun und seiner Familie, Re-Harachte und

anderen. Über fast 7 km bilden diese Heiligtümer »von Millionen Jahren« eine regelrechte Kette. Von Nordosten nach Südwesten blieben erhalten:

1. Die unvollendete Anlage Sethos' I. von einst fast 160 m Länge.
2. Ein kapellenartiger Bau des Nebwenef, Königssohn der 17. Dynastie.
3. Ein kleiner Tempel Amenophis' I. und seiner Mutter Ahmes Nofretiri, die als Nekropolengottheiten verehrt wurden.
4. Die gewaltige Anlage der Hatschepsut reiht sich in die Kette nur mit dem Taltempel ein, dessen Reste inmitten von Gräbern des Mittleren Reiches liegen. Von hier führt eine schnurgerade Prozessionsstraße zum Terrassentempel am Fuß des senkrechten Felsabbruchs. Die Kultkammern sind in den Stein geschlagen und nähern sich so dem Grab der Königin, das ihnen von der anderen Bergseite her entgegenkommt. Neben Amun wurden in Seitentempeln auch die Nekropolengötter Hathor und Anubis verehrt. An der Wiederherstellung des Tempels arbeiten seit Jahrzehnten polnische Archäologen.
5. Die Reste des Tempels Ramses' VI.
6. Die Ruine des Tempels Thutmosis' III.
7. Eine kleine Anlage des Siptah.
8. Grundmauern des Tempels Amenophis' II.
9. Das »Ramesseum« genannte Heiligtum Ramses' II., einer der größten Totentempel und teilweise gut erhalten. Mit seinen enormen Magazinen und Werkstätten war es zeitweise auch Verwaltungszentrum.
10. Die Ruine des Tempels Thutmosis' IV.
11. Eine Kapelle der Königin Tewosret aus der 20. Dynastie.
12. Die Ruine des Tempels von Merenptah, überwiegend aus dem Material des Tempels Amenophis' III. errichtet.
13. Die sog. Memnonskolosse und die Widmungsstele vom Tempel Amenophis' III.
14. Der Tempel des Wesirs Amenophis, Sohn des Hapu.
15. Der kleine Tempel Thutmosis' II.
16. Die Anlage für Eje und Haramhab.
17. Medinet Habu, der Tempel Ramses' III. stellt mit seinen Nebenanlagen eine Stadt für sich dar.

Hier saß jahrhundertelang die Verwaltung von Theben. In den Bezirk ist ein älterer Ahnentempel des Amun aufgenommen, später erbauten sich zwischen Tor und Pylon auch die Gottesgemahlinnen der 25. und 26. Dynastie ihre Grabkapellen.

Tod (*altäg. Djerty, griech. Tuphium*) Vom großen Month-Tempel erheben sich nur noch die Ruinen aus griechisch-römischer Zeit. Nachgewiesen sind jedoch eine Kapelle der 5. Dynastie und Neubauten des Mittleren Reiches. In den Fundamenten fand man einen Schatz Amenemhets II., der großenteils aus mesopotamischen Geschenken besteht (Kairo und Paris).

Tumbos etwa 50 km südlich des 3. Katarakts. Unter einer ganzen Anzahl von Felsstelen sind die Thutmosis' I. und die Setau, Vizekönig von Kusch unter Ramses II., besonders interessant.

Tura Gräberfeld bei Heluan. Die etwa 600 untersuchten Bestattungen reichen von der späten Vorgeschichte bis in frühdynastische Zeit.

Wadi Alaki südlich des 2. Katarakts, Bergwerksanlagen, in denen seit der 19. Dynastie reiche Goldvorkommen ausgebeutet wurden.

Wadi Ban Naga unterhalb des 6. Katarakts auf dem Ostufer, Palast und Tempelruinen aus meroitischer Zeit.

Wadi Charit etwa 160 km südöstlich von Suez im Bergland des Sinai, Türkisminen des Alten und Mittleren Reichs, in der Nähe Felsinschriften und Stelen, ebenso im östlich gelegenen Wadi Nasb.

Wadi Digla Gräberfeld südlich von Kairo, der spätvorgeschichtlichen Maadi-Kultur zugehörig.

Wadi Geraui Reste eines Schutzdammes der 3. Dynastie, der die verheerenden Sturzfluten aus dem Wadi abhalten sollte.

Wadi Hamamat Teilstück der wichtigen Verbindungsstraße zum Roten Meer. Etwa 110 km östlich von Kena liegen die Grauwacke-Steinbrüche, die vom Alten Reich bis in die Römerzeit genutzt wurden. Außer verworfenen Werkstücken interessieren besonders die vielen Felsinschriften, die über Bitte und Dank an die Götter (meist Min und Hathor) hinaus oft aufschlußreiche Berichte von den Expeditionen enthalten.

Theben mit Luxor und Karnak

1 Karnak, Amun-Tempel
2 Karnak, Mut-Tempel
3 Karnak, Month-Tempel
4 Luxortempel
5 Tempel Sethos' I.
6 Tempel Ramses' IV.
7 Der el-Bahari, Tempel der Hatschepsut und des Mentuhotep
8 Tempel Thutmosis' III.
9 Tempel Ramses' II. (Ramesseum)
10 Tempel Thutmosis' IV.
11 Tempel des Merenptah
12 Tempelstätte Amenophis' III. (Memnonskolosse)
13 Tempel Haremhabs
14 Medinet Habu, Tempel Ramses' III.
15 Malkata, Palast Amenophis' III.
16 Der el-Schelwit, Isis-Tempel
17 Tal der Königinnen
18 Der el-Medine, Siedlung der Nekropolenarbeiter
19 Schech abd el-Kurna
20 Tal der Könige

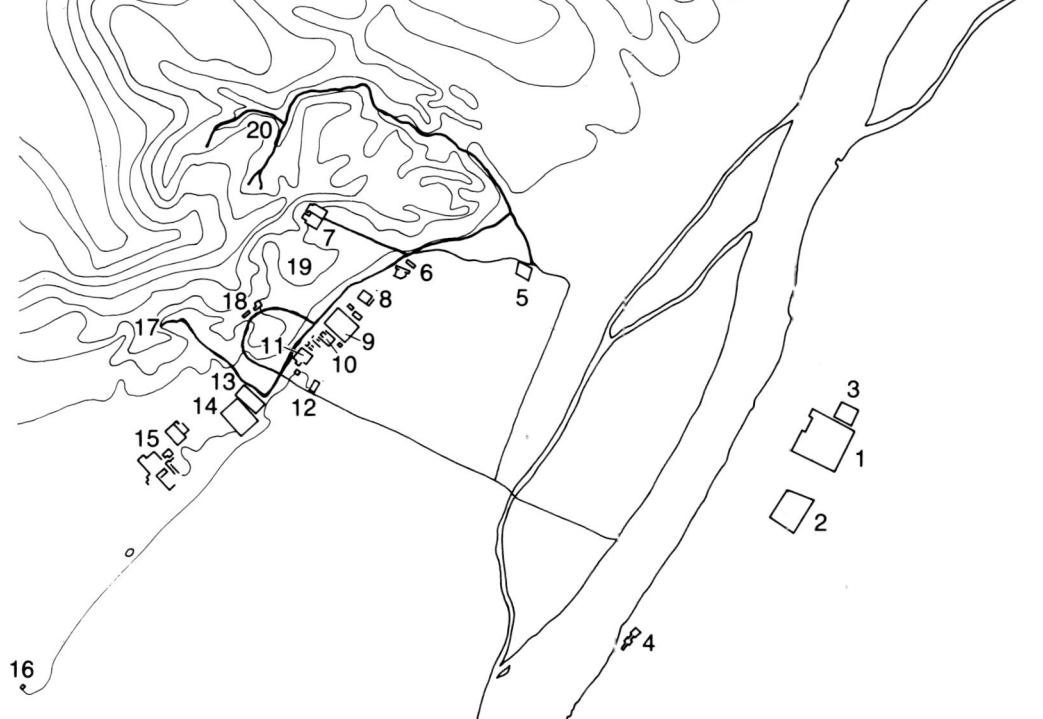

Sammlungen ägyptischer Kunst

Ägypten
ALEXANDRIA Griechisch-Römisches Museum
ASSUAN Museum auf der Insel Elephantine
(neues Museum in Planung)
KAIRO Ägyptisches Museum
(neues Museum in Planung)
LUXOR Museum für Altägyptische Kunst
MALLAUI Mallaui Museum
MINIA Minia Museum
(neues Echnaton-Museum in Planung)

Australien
MELBOURNE National Gallery of Victoria
SYDNEY Australien Museum,
Nicholson Museum of Antiquities

Belgien
ANTWERPEN Museum Vleeshuis
BRÜSSEL Musées Royaux d'Art et d'Histoire
LÜTTICH Musée Curtius

Dänemark
KOPENHAGEN Ny Carlsberg Glyptotek

Bundesrepublik Deutschland
BERLIN Staatliche Museen Preußischer Kultur-
besitz, Ägyptisches Museum
ESSEN Museum Folkwang
FRANKFURT AM MAIN Liebieghaus
HAMBURG Museum für Kunst und Gewerbe,
Museum für Völkerkunde
HANNOVER Kestner-Museum
HEIDELBERG Ägyptologisches Institut der
Universität
HILDESHEIM Roemer-Pelizaeus-Museum
KARLSRUHE Badisches Landesmuseum
MÜNCHEN Staatliche Sammlung Ägyptischer
Kunst
TÜBINGEN Ägyptologisches Institut der
Universität
WÜRZBURG Martin-von-Wagner-Museum der
Universität

Deutsche Demokratische Republik
BERLIN Staatliche Museen, Ägyptisches
Museum
DRESDEN Albertinum
LEIPZIG Ägyptisches Museum

England
BRISTOL City Museum
CAMBRIDGE Fitzwilliam Museum
DUNDEE Museum and Art Gallery
DURHAM Gulbenkian Museum of Oriental Art
and Archeology
EDINBURGH Royal Scottish Museum
GLASGOW Burrell Collections,
Hunterian Museum
LEICESTER Museum and Art Gallery
LIVERPOOL Merseyside Country Museum

LONDON British Museum,
Horniman Museum, Petrie Collection
(University College),
Victoria and Albert Museum
MANCHESTER University Museum
NORWICH Castle Museum
OXFORD Ashmolean Museum,
Pitt Rivers Museum

Frankreich
LIMOGES Musée Municipal
LYON Musée des Beaux Arts, Musée Guimet
MARSEILLE Musée d'Archéologie
PARIS Louvre
Musée du Petit Palais,
Institut d'Egyptologie

Griechenland
ATHEN National Museum

Holland
AMSTERDAM Allard Pierson Museum
LEIDEN Rijksmuseum van Oudheden
OTTERLO Rijksmuseum Kröller-Müller

Irland
DUBLIN National Museum of Ireland

Italien
BOLOGNA Museo Civico
FLORENZ Museo Archeologico
MAILAND Museo Archeologico
MANTUA Museo del Palazzo Ducale
NEAPEL Museo Nazionale
PALERMO Museo Nazionale
ROM Museo Capitolino,
Museo Nazionale Romano delle
Terme Diocleziane
TRIEST Civico Museo di Storia ed Arte
TURIN Museo Egizio
VATIKANSTADT Museo Gregoriano Egizio
VENEDIG Museo Archeologico

Japan
KYOTO University Archaeological Museum

Kanada
MONTREAL McGill University,
Ethnological Museum, Museum of Fine Arts
TORONTO Royal Ontario Museum

Österreich
WIEN Kunsthistorisches Museum

Polen
KRAKAU Muzeum Narodowe
WARSCHAU Muzeum Narodowe

Portugal
LISSABON Fundačao Calouste Gulbenkian

Schweiz
BASEL Museum für Völkerkunde
GENF Musée d'Art et d'Histoire
LAUSANNE Musée Cantonal d'Archéologie
et d'Histoire
NEUCHÂTEL Musée d'Ethnographie
RIGGISBERG Abegg-Stiftung

Schweden
LUND Kulturhistoriska Museet
STOCKHOLM Medelhavsmuseet
UPPSALA Victoriamuseum

Spanien
MADRID Museo Arqueológico Nacional

Sudan
CHARTUM Sudan Museum

Tschechoslowakei
PRAG Náprstkovo Muzeum

Ungarn
BUDAPEST Szépmüvészeti Múseum

USA
BALTIMORE (Md.) Walters Art Gallery
BERKELEY (CAL.) Robert H. Lowie Museum of
Anthropology
BOSTON (MASS.) Museum of Fine Arts
CAMBRIDGE (MASS.) Fogg Art Museum, Harvard
University;
CHICAGO (Ill.) Oriental Institute Museum
CINCINNATI (OHIO) Art Museum
CLEVELAND (OHIO) Museum of Art
DENVER (COL.) Art Museum
DETROIT (MICH.) Detroit Institute of Arts
KANSAS CITY (MISS.) William Rockhill Nelson
Gallery of Art
LOS ANGELES (CAL.) County Museum of Art
MINNEAPOLIS (MINN.) Institute of Arts Museum
NEW HAVEN (CONN.) Yale University Art Gallery
NEW YORK Metropolitan Museum of Art,
Brooklyn Museum
PALO ALTO (CAL.) Stanford University Museum
PHILADELPHIA (PA.) Pennsylvania University
Museum
PITTSBURGH (PA.) Museum of Art
PRINCETON (N.J.) University Art Museum
PROVIDENCE (R.I.) Rhode Island
RICHMOND (VA.) Museum of Fine Arts
ST. LOUIS (MISS.) Art Museum
SAN DIEGO (CAL.) Museum of Man
SAN FRANCISCO (CAL.) M.H. de Young Memorial
Museum
SAN JOSÉ (CAL.) Rosicrucian Museum
SEATTLE (WASH.) Art Museum
TOLEDO (OHIO) Museum of Art
WASHINGTON Smithsonian Institution
WORCESTER (MASS.) Art Museum

Glossar

Abakus Deckplatte des Säulenkapitells.

Ach Teilaspekt der Seele, der dem himmlischen Bereich angehört. Hieroglyphisch mit dem Bild des Schopfibis wiedergegeben.

Achet Jahreszeit der Nilüberschwemmung.

Achtheit Gruppierung von vier Urgötter-Paaren der Kosmogonie von Hermopolis.

Alabastron schlankes, hohes Salbgefäß, das nicht aus Alabaster sein muß.

Amduat das Buch »von dem, was in der Unterwelt ist«, eine Beschreibung der Nachtfahrt der Sonnenbarke und der Gefahren, die ihr drohen. In den Königsgräbern der 18. Dynastie erstmals in der Art des beschrifteten Papyrus an den Wänden des Sargraumes aufgezeichnet.

Amratien Bezeichnung für die erste Phase der Negade-Kultur, abgeleitet vom Fundort el-Amrah bei Abydos.

Amulett schützender Talisman in Form von Heilzeichen oder kleinen Götterfiguren. An Schnüren aufgefädelt trug man spezielle Amulette für einen guten Verlauf der Schwangerschaft (Bes, Thoëris), gegen Schlangenbiß und Skorpionstich (Harpokrates) oder ganz allgemein wirksame Schutzzeichen wie das Heilsauge Udjat und Skarabäen. Aus Stein, Edelstein, Bein oder Elfenbein geschnitten oder in Fayence geformt, konnten Amulette zu ganzen Schmuckarrangements verbunden werden. Besonders sorgfältig wurden Mumien mit Amuletten geschützt, manchmal regelrecht überzogen.

Anch die Hieroglyphe »Leben«, auch Henkelkreuz genannt. Attribut der Götter, die dem Menschen Leben verleihen.

Apotropaion Unheil- und Dämonen abwehrende Schutzzeichen oder Gesten.

Architrav waagrecht über Stützen gelegter Steinbalken.

Aspektive Bezeichnung für die Eigenart der ägyptischen Kunst, im Gegensatz zur perspektivischen Darstellungsweise Gegenstände gleichzeitig in verschiedenen Ansichten wiederzugeben, z. B. das Gesicht im Profil, das Auge jedoch frontal.

Aufweg korridorartiger, gedeckter Gang vom Taltempel zum Totentempel der Pyramide. Der Aufweg war Bestandteil des königlichen Bestattungszeremoniells und diente dem Weg der Mumie zum Grab.

Ba Teilaspekt der menschlichen Seele, Träger der Individualität. Der Ba (Mehrzahl Bau) wird als Vogel mit Menschenkopf dargestellt, kann sich frei bewegen und labt sich gern im Schatten der Sykomore an frischem Wasser.

Benben Heiliger Stein von Heliopolis, der die Strahlen der aufgehenden Sonne empfing und als Erscheinungsform des Urgottes Atum galt. Aus ihm entwickelt sich im Alten Reich der Obelisk.

Cheker Hieroglyphe »Schmuck«, bildet zu einem Fries gereiht den oberen Wandabschluß

unter der Decke. Der Bildwert des Zeichens ist ungeklärt. Im Hof des Südens des Djoser-Bezirks in Sakkara hat es die Form einer Lanzenspitze, in den Königsgräbern seit der 18. Dynastie eher Bündelgestalt.

Djed Symbolzeichen für Beständigkeit. Das pfeilerförmige Schilfbündel (?) ist schon im Südgrab des Djoser in Fayence nachgeformt und gehört später zu den Insignien des Osiris. Beliebt auch als Amulett.

Dromos griech. Bezeichnung für den korridorartigen Zugang bei Gräbern und für die ins Tempelinnere führende Prozessionsstraße.

Dualität im ägyptischen Denken die Existenzweise alles Seienden, die in sich ergänzenden Begriffspaaren ausgedrückt wird: »Männlich-weiblich« ist der Begriff für Mensch, »Ober- und Unterägypten«, »Fruchtland und Wüste«, »die beiden Ufer« sind die Bezeichnungen für Ägypten usw. Kennzeichen der chaotischen Urzeit war, daß »noch nicht zwei Dinge existierten«.

Epagomenen griech. Begriff für die fünf Schalttage, die das Sonnenjahr länger ist als die 12 × 30 = 360 Tage des Mondjahres.

Ersatzkopf Bezeichnung für rundplastische Kalksteinköpfe, die in den Mastabagräbern des Westfriedhofs von Gise gefunden wurden. Man vermutet, daß König Cheops private Grabstatuen verbot und die hohen Beamten bis zur Zeit des Chephren sich mit diesem Ersatz behalfen.

Fallstein Granitblöcke, die häufig über dem Korridor zur Grabkammer hochgebockt wurden; nach erfolgter Bestattung ließ man sie ab und blockierte damit den Zugang. Grabräuber haben sich dennoch durch die massive Barriere gearbeitet.

Fayence im Alten Ägypten eine Glasfritte aus körnigem Material mit blauer oder grünlicher Glasur (die »echte« Fayence besitzt eine Zinnglasur).

Flügelsonne Symbolkombination des himmelbeherrschenden Falken und der Sonnenscheibe seit der 5. Dynastie. Seit dem Mittleren Reich als bekrönendes Schutzzeichen über Tempeltüren oder als oberer Abschluß von Stelen geläufig.

Gaue Verwaltungsbezirke Ägyptens (altäg. »Sepat«, griech. »Nomos«), die sich aus den Territorien vorzeitlicher Stämme entwickelt haben und daher wappenartige Standarten führen. Im Alten Reich gab es 38 oder 39 Gaue, ihre Zahl erweiterte sich später auf 42 (22 ober- und 20 unterägyptische), den 42 Unterweltsdämonen entsprechend. Die Gaulisten haben also mehr fiktiven als realen Ordnungscharakter und sind für Erkenntnisse der historischen Geographie nur bedingt verwendbar.

Gaufürst höchster Beamter in einem Gau. Gegen Ende des Alten Reichs entwickelten sich mit dem Verfall königlicher Zentralmacht aus abhängigen Verwaltungsbeamten selbständige

Herren erblicher Ämter, die »ihre« Gaue freilich auch über die Nöte der Ersten Zwischenzeit retteten. Im Mittleren Reich wurde das Gaufürstentum entmachtet und schließlich abgeschafft.

Hathorsäule architektonische Form eines uralten Fetischs. Aus dem würfelförmigen Kapitell blickt meist nach allen vier Seiten ein Frauengesicht mit Kuhohren. In dieser Form sind oft auch die Griffe der Sistren gestaltet.

Hemispeos (griech. »Halbhöhle«) Tempelanlage, deren hinterer Teil in den Felsen geschlagen wurde, während die vorderen Räume gebaut sind.

Hohlkehle konkav gebogenes Abschlußsims von Mauern, Türrahmen und Stelen. Feine Riefen mit Bogenabschluß und bunte Bemalung lassen darauf schließen, daß ursprünglich Blätter oder Federn (?) auf die Mauerkrone gesteckt wurden und sich nach außen neigten.

Ischeru (Ascheru) Sonderform des Heiligen Sees in Hufeisenform, diente wohl dem Schutz vor Göttinnen mit Löwenaspekt. Erhalten ist allein die Anlage des Mut-Tempels in Karnak.

Isisknoten (altäg. »Tet«) auch Isisblut genanntes Heilszeichen unbekannter Herleitung, dem Anch nicht unähnlich, jedoch in seiner weichen Form eher einer Gewandschleife zu vergleichen. Häufig als Amulett und Schutzsymbol für die Toten verwendet.

Ka schwer definierbarer Aspekt der menschlichen Person. Hieroglyphisch als zwei erhobene Arme dargestellt, bedeutet der Ka ein »zweites Ich« von menschlicher Gestalt und verkörpert die Lebenskraft.

Kanopen Bezeichnung für die Krüge, in denen man die Eingeweide des Verstorbenen beisetzte. Diese wurden vor der Mumifizierung entfernt und gesondert behandelt. Bis zum Neuen Reich blieben die vier Krüge undifferenziert, ab Ende der 18. Dynastie wurden sie vier Gottheiten, den »Horussöhnen«, anvertraut, die jeweils den Krugdeckel kennzeichnen: Der menschenköpfige Amset schützt Magen und Gedärme, der schakalköpfige Duamutef Herz und Lunge, der falkenköpfige Kebehsenuf Leber und Galle und der affenköpfige Hapi kleinere Organe.

Kartusche (franz. »Zierrahmen«) seit François Champollion die Bezeichnung für die Einfassung des königlichen Thron- und Geburtsnamens. Möglicherweise leitet sich die Kartusche von der verknoteten Seilschleife, des Schen-Rings her, der ein Ewigkeitssymbol war und zur Aufnahme des Königsnamens vom Kreis zum Oval gedehnt wurde.

Kenotaph (griech. »leeres Grab«) symbolisches Grab für einen an anderer Stelle bestatteten Toten.

Kiosk wenig glücklicher Begriff für Stationsheiligtümer am Prozessionsweg, bevorzugt für Bauten der Spät- und Ptolemäerzeit verwendet, deren

Säulenstellungen durch halbhohe Schranken geschlossen sind.

Kohel Augenschminke auf Bleiglanzbasis, die jedoch nicht nur kosmetischen Zwecken diente, sondern die Augen auch vor Krankheit schützen sollte.

Krummstab (altäg. »Heka«) alte Zepterform, die sich wohl vom Hirtenstab herleitet; ursprünglich allgemeines Herrschaftssymbol, später vor allem Attribut des Osiris; wohl das Vorbild des Bischofsstabes.

Krypta verborgener Gang, der seit der Spätzeit aus den Mauern des Tempelfundaments ausgespart wurde und wahrscheinlich die Unterwelt symbolisierte, aus der die Sonne am Morgen wieder auftaucht.

Mammisi seit der 30. Dynastie als Geburtshaus des Götterkindes im Heiligen Bezirk errichteter freistehender kleiner Tempelbau. In der Tradition des Mythos von der göttlichen Zeugung und Geburt, wie er in der sog. Geburtshalle der Hatschepsut in Der el-Bahari dargestellt ist, wurde im Mammisi das heilige Geschehen alljährlich kultisch nachvollzogen.

Mastaba (arab. »Bank«) von Auguste Mariette eingeführte Bezeichnung für jene Form von Beamtengräbern der frühdynastischen Zeit und des Alten Reiches, deren Grabschacht von einem tafelartigen Oberbau mit geböschten Wänden überdeckt ist.

Menit (Menat) symbolkräftiges Schmuckstück, das nach den Darstellungen teilweise aus Perlschnurbündeln bestand; als Gegengewicht des Halskragens auf dem Rücken getragen und auch als Rasselinstrument verwendet; bevorzugt der Hathor zugeordnet.

Naophor Figurentypus des knienden Schreinträgers.

Naos (griech. »Wohnung«) Schrein für das Götterbild im Tempelinnersten. Die wenigen erhaltenen Exemplare sind monolithische Granithäuschen mit Tür. Imlaufender Eckrundstab, Hohlkehle und geflügelte Sonnenscheibe kennzeichnen den Naos als Tempel.

Nekropole (griech. »Totenstadt«) Bezeichnung für ausgedehnte, meist über einen längeren Zeitraum hinweg benutzte Friedhöfe.

Neunheit eine Gruppe von neun Gottheiten (9 = 3 × 3, d. h. der Plural des Plurals) in Heliopolis und anderen Kultzentren. Die »Neunheiten« waren in ihrer Zusammensetzung und auch der Zahl nach variabel.

Nilometer Wasserstandsmesser in der Form schräger Schächte oder in zylindrischer Brunnengestalt. Zur Überschwemmungszeit wurden die Hochwasserstände abgelesen und danach die fälligen Abgaben berechnet.

Obelisk (griech. »Bratspieß«) hoher, rechteckiger, nach oben sich verjüngender Steinpfeiler (Monolith), dessen Spitze ein Pyramidion bildet. Als Sonnensymbol, dessen Ursprung wohl der Benben-Stein von Heliopolis war, stand ein Obelisk im Hof der Sonnenheiligtümer der 5. Dynastie. Später wurden Obeliskenpaare vor den Tempelpylonen aufgestellt.

Opfertisch steinerne Platte in Form der Hieroglyphe für »Opfer«, die auch »zufrieden« bedeutet. Sie leitet sich von einer Opfermatte ab, auf der ein Brot lag. In die Platte sind oft kleine Schüsselmulden für Getränke eingearbeitet. Brot, Geflügel, Früchte usw. sind in Relief dargestellt.

Osirispfeiler Pfeiler mit einer Königsstatue, die meist mumiengestaltig dargestellt ist.

Ostrakon (griech. »Topfscherbe«) Scherbe aus Ton oder ein flacher Kalksteinsplitter, vielfach als »Notizzettel« und von Künstlern für Skizzen verwendet.

Papyrus (griech. »Papyros«, altäg. »das [Monopol] des Pharaos«) Beschreibstoff aus dünnen Streifen des Marks der Papyrusstaude, die in zwei Lagen horizontal und vertikal übereinandergelegt wurden und dann durch Pressen und Schlagen durch die enthaltene Stärke verklebten. Einzelne Bögen wurden oft zu langen Rollen zusammengeklebt.

Pektorale tafelförmiger Brustschmuck aus kostbarem Material, primär vom König getragen und mit entsprechenden Symboldarstellungen versehen.

Peripteros Tempel mit Säulen- oder Pfeilerumgang. Schon in der 18. Dynastie gelegentlich verwendeter Bautypus, in dem seit der Ptolemäerzeit bevorzugt die Mammisi errichtet wurden.

Pronaos Kultraum vor dem Allerheiligsten (Naos).

Pylon (griech. »Tor«) monumentales Tempeltor mit flankierenden geböschten Türmen, vermutlich aus der repräsentativen Festungsarchitektur entwickelt, in seiner Form jedoch der Horizont-Hieroglyphe »Ach« angenähert. An der Fassade waren spitze Flaggenmasten mit wimpelartigen Tüchern eingelassen. Nach Vorstufen im Mittleren Reich kommt die ausgeprägte Form des Pylons mit der 18. Dynastie auf und entwickelt sich allmählich zu gigantischer Massigkeit.

Pyramidentexte rituelle und magische Sprüche und Hymnen, die die königliche Herrschaft im Jenseits sichern sollen; erstmals in der Sargkammer des Unas, Ende 5. Dynastie.

Pyramidion Bezeichnung für die pyramidenförmige Spitze des Obelisken, den entsprechend gestalteten Aufsatz von Götterbildschreinen oder über Grabeingängen, auch für die der gesondert gearbeiteten Spitzen von Ziegelpyramiden.

Rundstab an allen Mauerkanten ägyptischer Architektur umlaufender zylindrischer Wulst. Seine Reliefierung kennzeichnet ihn als Bündel aus Schilf (?), das mit Bändern umwunden ist. Das Motiv leitet sich von frühzeitlichen Schlammziegelbauten her, deren empfindliche Kanten durch solche Bündel geschützt wurden.

Sargtexte magische Sprüche und Beschwörungen auf den Innenseiten von Särgen zum Schutz des Verstorbenen und im Sinn seiner Osiris-Werdung. Die Sargtexte wurden in der Ersten Zwischenzeit und im Mittleren Reich aus den Pyramidentexten entwickelt und bilden ihrerseits die Grundlage der Totenbücher des Neuen Reiches.

Schaduf einfaches Schöpfwerk zur Felderbewässerung nach dem System des Ziehbrunnens; seit der 18. Dynastie belegt und noch heute gebräuchlich.

Scheintür reliefierte oder gemalte Türdarstellung in den Opferräumen der Gräber, meist nach Westen gerichtet. Durch sie konnte der Ka des Verstorbenen aus und ein gehen und seinen Opfertisch aufsuchen.

Sebach arab. Bezeichnung für die nährstoffreichen Nilschlammziegel der alten Siedlungen, die bis in die jüngste Vergangenheit von den Bauern abgetragen, zerklopft und als Dünger auf die Felder gestreut wurden. Aus vielen archäologisch wichtigen Orten verschwanden auf diese Weise ganze Stadtteile und riesige Einfriedungsmauern.

Sedfest Regierungsjubiläum des Königs, das ursprünglich nach dreißig Jahren, später in kürzeren Abständen gefeiert wurde. Die Zeremonie war mit einem alten Regenerationsritus verbunden, es wurde ein eigener kioskartiger Bau dafür errichtet, und der König trug dazu ein besonderes, mantelähnliches Gewand.

Serdab (arab. »Keller«) von Auguste Mariettes Grabungsarbeitern geprägter Begriff für die geschlossenen Statuenkammern in Gräbern des Alten Reiches. Die meist lebensgroßen Figuren der Verstorbenen standen durch schmale Wandschlitze mit der Kultkammer in Verbindung.

Serech stilisierte Darstellung der Palastfassade, bekrönt von einem Rechteck mit dem Horusnamen des Königs und einem Bild des Königs als Falke.

Sichelschwert mißverständliche Bezeichnung für eine gebogene Waffe, deren Schneide sich an der äußeren Krümmung befindet. Die Form stammt aus Vorderasien. Das Sichelschwert wird seit dem Neuen Reich oft als Herrschaftssymbol dargestellt, einige Exemplare, die als Prunkwaffe dienten, sind erhalten.

Sistrum Rasselinstrument aus Metall, das besonders im Hathor-Kult gebraucht wurde.

Situla (lat. »Eimer«) kleines Weihwassergefäß mit Bügelgriff und ohne Standfläche, bevorzugt im Isis-Kult verwendet.

Skarabäus der heilige Mistkäfer (Pillendreher), der unter dem Namen Chepre (»Werden«) mit der aufgehenden Sonne identifiziert und zum beliebtesten Amulett wurde.

Sothis das Gestirn Sirius, bei dessen sichtbarem Morgenaufgang die Nilschwelle einsetzte.

Speos (griech. »Höhle«) Tempel oder Kapelle, die vollständig aus dem Felsen gearbeitet wurden.

Sphinx Mischwesen aus Löwenkörper und dem Menschenkopf des Königs. Später konnte der Sphinx auch widderköpfig (Amun zugeordnet), falken- oder gar krokodilköpfig auftreten. Die Ähnlichkeit mit der griechischen Sphinx ist rein formal.

Talatat (von arab. »drei«) drei Handspannen breite Blöcke (ca. 55 × 24 × 20 cm), wie sie Echnaton für seine Tempelbauten verwenden ließ.

Temenos (griech. »Ausschnitt« aus dem Boden des Gemeinwesens) Bezeichnung für den Heiligen Bezirk innerhalb der Tempelumwallung.

Totenbuch illustrierte Spruchsammlung auf Papyrus, die dem Verstorbenen seit dem Neuen Reich mitgegeben wurde und die Fährnisse des Jenseits überwinden helfen sollte.

Trias (Triade) Götterdreiheit, meist im familiären Sinn als Vater, Mutter und Sohn verstanden. Sie stellt jedoch selten eine »gewachsene« Verbindung dar, sondern wurde oft konstruiert, um die Idealzahl des ägyptischen Plurals zu erreichen.

Udjat stilisiertes Falkenauge von unheilabwehrender Kraft, häufig als Amulett getragen.

Uräus (griech. »Uraios«, altäg. »Javet«, »Die sich Aufbäumende) als Stirnschlange Symbol der Königs- und Göttermacht. Die feuerspeiende Tochter des Sonnengottes Re vernichtet mit ihrem Gluthauch die Feinde des Königs und wurde als Schutzgöttin der unterägyptischen Krone unter dem Namen Uto in der Deltastadt Buto verehrt.

Uschebti (altäg. »Antwortende«) kleine Figuren aus Fayence oder Holz, die dem Verstorbenen ins Grab mitgegeben wurden. Mit Feldhacken ausgerüstet, sollten sie den Toten vertreten, wenn im Jenseits zur Arbeit aufgerufen wurde.

Vignetten Bezeichnung für die Einleitungsillustrationen zu den Sprüchen des Totenbuchs.

Würfelhocker blockhaft geschlossene Darstellung eines Hockenden, der der aufgehenden Sonne entgegenblickt und von ihr Belebung und neue Beweglichkeit erwartet.

Zeittafel

Urgeschichte

Aegyptopithecus (um 30 000 000) Urahn des Homo sapiens
Vorpaläolithikum (um 2 000 000) Spuren in der thebanischen Wüste
Altpaläolithikum (um 500 000)
Mittelpaläolithikum (um 200 000)
Jungpaläolithikum (um 40 000)
Endpaläolithikum (um 20 000)

Vorgeschichte

Mesolithikum (um 7500) Klimawechsel im Niltal
Neolithikum (um 5500/4500) Seßhaftigkeit, Ackerbau, Viehzucht, erste Keramik; älteste Kulturen des Fayum, Besiedlung Unterägyptens, Kulturen von el-Omari und Merimde
Chalkolithikum (um 3500) Auftauchen von Metallgegenständen; oberägyptische Kulturen von Badari (Paletten, Keramik), Negade I (Tierpaletten, Keramik mit weißer Bemalung auf rotem Grund), Negade II (Keramik mit brauner Bemalung auf ockerfarbenem Grund, Kupfergeräte); erste oberägyptische Könige (SKORPION, NARMER), deren Gräber in Abydos gefunden wurden, Beginn der Reichseinigung, Entwicklung der Schrift

Thinitenzeit (um 3000–2635)

1. DYNASTIE
HORUS AHA (2955–2925) Abschluß der Reichseinigung, Entwicklung des Kalenders und Gründung von Memphis, Königsfriedhof in Abydos, Nekropole der Königsfamilie in Sakkara bei Memphis
HORUS DJER (2925–2880) Kämpfe in Nubien
HORUS WADJI (2880–2870) Stele aus Abydos
HORUS DEWEN (2870–2820) Konsolidierung des Staates, Beginn des Aufbaus einer Verwaltung, Kriegszüge gegen Nomadenstämme
HORUS ADJIB, HORUS SEMERCHET, HORUS KAA (2820–2870) Innenpolitische Wirren, Bürgerkrieg der beiden Landesteile, Niedergang der Dynastie

2. DYNASTIE
HETEPSECHEMUI, NEBRE, NINETJER (2780–2695) Verlagerung des politischen Schwergewichts nach Unterägypten, Königsgräber jetzt bei Sakkara. Innenpolitische Auseinandersetzungen führen zum Zerfall des Reiches.
HORUS SECHEMIB, HORUS-SETH PERIBSEN (2695–2663) erneute Reichseinigung durch PERIBSEN, der den Titel HORUS-SETH annimmt.
CHASECHEMUI (2665–2635) nach der Niederwerfung von Gegenkönigen endgültige Reichseinigung, Aufbau einer zentralistischen Verwaltung, Beginn der »inneren Kolonisation«, Handel mit Vorderasien

Altes Reich (2635–2154)

3. DYNASTIE
NEBKA (2635–2620) Residenz jetzt endgültig bei Memphis
DJOSER (2620–2600) Bau der Stufenpyramide von Sakkara, der später dem Weisen Imhotep zugeschrieben wurde. Starker Ausbau der Staatsverwaltung, Organisation der Landwirtschaft in Königsgütern und Domänen; Institutionalisierung der Religion, zunehmender Einfluß des Kultes des Sonnengottes Re von Heliopolis.
NACHFOLGER DES DJOSER (2600–2570) Pyramide von Sauijet el-Arijan; König Huni erbaut die Pyramide von Medum.

4. DYNASTIE
SNOFRU (2570–2545) Kriegszüge nach Libyen, Expeditionen zum Sinai; zwei Pyramiden bei Dahschur; erste große, reich geschmückte Privatgräber

in Medum (Prinz Rahotep und Prinzessinnen Nofret, Nefermaat und Itet); Beginn der Privatisierung von Land
CHEOPS (2545–2520) größte Pyramide bei Gise, Höhepunkt des Staates im Alten Reich, langsame Durchsetzung des Re-Glaubens, Anlage des großen Friedhofs von Gise
DJEDEFRE, RADJEDEF (2520–2510) Einführung des Königstitels »Sohn des Re«, Pyramide in Abu Roasch
CHEPHREN (2510–2485) 2. Pyramide in Gise, Dioritstatuen des Königs aus dem Taltempel
MYKERINOS (2485–2457) 3. Pyramide in Gise, innenpolitische Auseinandersetzungen. Auftreten von Statuengruppen, die Privatgräber werden mit Inschriften und Reliefs versehen.
SCHEPSESKAF (2457–2450) Thronwirren, in deren Verlauf die Königin CHENTKAUS zur Alleinherrscherin aufsteigt. Auseinandersetzungen um den Re-Kult

5. DYNASTIE
USERKAF (2450–2442) Sieg des Re-Kultes von Heliopolis, erstes Sonnenheiligtum mit freistehendem Obelisken
SAHURE (2552–2430) Siege gegen Libyer, intensiver Handel mit Vorderasien
NEFERIRKARE (2430–2410) erhebliche Privatisierung des Bodens, Beginn einer Dezentralisierung der Verwaltung, erste Provinznekropolen bei den Gaumetropolen
NIUSERRE (2390–2360) kam nach etwa zwanzigjährigen Thronwirren an die Macht. Höhepunkt der 5. Dynastie, Errichtung des größten Sonnenheiligtums bei Abu Gurob
MENKAUHOR (2360–2350)
ASOSI (2350–2310) Das starke Anwachsen der Privat- und Tempelgüter führt zur Schwächung der Königsmacht. Als Gegengewicht gegen die separatistische Politik der Gauverwalter wird das Amt eines »Vorstehers von Oberägypten« geschaffen. Der Wesir Ptahhotep gilt als Verfasser einer bedeutenden Weisheitslehre. Der Kult des Unterweltgottes Osiris, dessen Bedeutung stark anwächst, wird in Abydos etabliert.
UNAS (2310–2290) Seine Pyramide in Sakkara enthält erstmals Inschriften, die Pyramidentexte.

6. DYNASTIE
TETI (2290–2268) Schwiegersohn des Unas, wurde wahrscheinlich ermordet und in einer kleineren Pyramide in Sakkara bestattet.
PEPI I. (2268–2228) Beginn der Auflösung der Zentralgewalt und eines starken Machtzuwachses der Gauverwalter. Übergang von der zweijährigen zur einjährigen Besteuerung. Feldzüge gegen Nomaden und Nubier, intensiver Außenhandel mit Nubien, Punt und Vorderasien
MERENRE (2228–2221) Expeditionen nach Nubien
PEPI II. (2221–2157) Aufstände in Nubien und Niederlage der Ägypter in Palästina, Zusammenbruch des Alten Reichs. Die Auflösung der bestehenden Ordnung führt zum Zusammenbruch der Verwaltung und Wirtschaft, Plünderungen der Gräber und Pyramiden von Gise und Sakkara.

Erste Zwischenzeit (2154–2040)

7. UND 8. DYNASTIE
Eine Vielzahl ephemerer Herrscher

9. UND 10. DYNASTIE
HERAKLEOPOLITEN (2134 bis um 2040) Residenz Herakleopolis im Delta Blüte der altägyptischen Literatur (Mahnworte des Weisen Ipuwer, Lehre für Merikare, Streitgespräch des Lebensmüden mit seiner Seele, Die Klagen des Bauern). Osiris ist nicht mehr nur Totengott des verstorbenen Königs,

sondern aller Toten (»Demokratisierung«). Vereinigung der oberägyptischen Gaue unter der Führung von INTEF II. und MENTUHOTEP II.

Mittleres Reich (2040–1785)

11. DYNASTIE
Thebanische Gaufürsten mit Namen INTEF und MENTUHOTEP suchen das Reich neu zu einigen.
MENTUHOTEP II. (2061–2010) Begründer des Mittleren Reiches durch Ausschaltung der Herakleopoliten
MENTUHOTEP III. (2010–1918) Widerstände gegen seinen Versuch, einen Zentralismus in der Verwaltung wiederherzustellen, führen nach seinem Tod zu einem erneuten Bürgerkrieg.

12. DYNASTIE
AMENEMHET I. (1991–1962) Usurpierte als Wesir den Thron, erste Maßnahmen zur Beseitigung der unabhängigen Gauverwalter, Aufbau einer neuen Beamtenschicht, fällt 1962 einem Attentat zum Opfer. Sein Sohn SESOSTRIS ist seit 1971 Mitregent.
SESOSTRIS I. (1971/62–1926) Feldzüge nach Nubien und Palästina, Anlage von Festungen im Süden, Konsolidierung der Herrschaft durch weitgehende Ausschaltung der Opposition, wichtige Literaturwerke (Sinuhe, Der Schiffbrüchige)
AMENEMHET II. (1926–1891) Handel mit Vorderasien (Schatzfund von el-Tod, Silbergefäße der Ur-III-Zeit)
SESOSTRIS II. (1892–1878) Trockenlegung des Fayum, erneute Straffung der Verwaltung
SESOSTRIS III. (1878–1840) Endgültige Beseitigung der unabhängigen Gauverwalter, erfolgreiche Kämpfe in Nubien führen zur Sicherung der Südgrenze bei Semna. Feldzüge nach Palästina (bis Sichem) sichern ägyptische Außenhandelsinteressen in dieser Region. Vermehrte Einwanderung von Asiaten nach Unterägypten. Byblos wird Hauptstützpunkt Ägyptens in Vorderasien.
AMENEMHET III. (1840–1795) Abschluß der Kolonisierung des Fayum, Bau des »Labyrinths«. Handelsbeziehungen zu Kreta, Schmuckfunde von Prinzessinnen in Dahschur und Hawara
AMENEMHET IV. (1795–1785) Die Königsfamilie bleibt ohne männlichen Nachkommen, so daß seit 1789 die Königin NEFERUSOBEK für einige Jahre als Alleinherrscherin amtiert. Mit ihr endet das Mittlere Reich.

Zweite Zwischenzeit (1783–1551)

13. UND 14. DYNASTIE
Zahlreiche ephemere Könige mit Namen SOBEKHOTEP, AMENEMHET und NEFERHOTEP. Zerfall des Reiches in viele Kleinkönigtümer. Friedliche Einwanderung von Asiaten in das Delta

15. UND 16. DYNASTIE
HYKSOS (1650–1653/51) Der asiatische Söldnerführer SALITIS besetzt Memphis und läßt sich zum Pharao krönen. Auaris im Ostdelta wird Residenz der Hyksoskönige. Einführung von Pferd und Wagen aus Asien. Verehrung des Lokalgottes Seth, der mit dem semitischen Baal und dem hurritischen Teschub gleichgesetzt wird. Die Hyksosherrschaft bleibt auf Unterägypten beschränkt, in Oberägypten herrschen Kleinkönige, letzte Anhänger der 13. Dynastie.
APOPHIS (1594/91–1553/51) Höhepunkt der Hyksoszeit

17. DYNASTIE
Einheimische Dynastie in Theben
TAA I. und TAA II. (1575–1558/55) Beginn der Erhebung gegen die Hyksosherrschaft, bei den ausbrechenden Kämpfen fällt TAA II.
KAMOSE (1558/55–1554/51) Stößt von Theben aus nach Norden vor und besiegt die Hyksos-Vasallen in Mittelägypten. Ein Versuch der Hyksos, sich mit Kusch zu verbünden, scheitert, da KAMOSE sofort nach Kusch vorstößt und einen entscheidenden Sieg erringt.

Neues Reich (1554/51–1080)

18. DYNASTIE
AHMOSE (1554/51–1529/26) Vernichtung der Hyksos, 1544/41 Eroberung von Auaris, Kämpfe in Nubien, Handelsbeziehungen mit Vorderasien und Kreta. Neuorganisation der Verwaltung, Erhebung des Amun zum Reichsgott, Theben wird Hauptstadt Ägyptens und Zentrum der Amun-Verehrung.
AMENOPHIS I. (1529/26–1508/5) Konsolidierung der Herrschaft, Zerstö-

rung des Reiches von Kusch. Bauten im Tempel von Karnak, Erfindung der Wasseruhr.
THUTMOSIS I. (1508/5–1493) Kämpfe im Süden, Vorstoß an den Euphrat und erste Berührung mit dem Reich von Mitanni. Memphis wird als zweite Hauptstadt Zentrum der militärischen Macht Ägyptens. Erstes Grab im Tal der Könige, erster Totentempel in Theben-West, Gründung der Arbeitersiedlung von Der el-Medine und Erweiterung des Karnaktempels.
THUTMOSIS II. (1493–1490) endgültige Eroberung von Nubien bis zum 4. Katarakt
HATSCHEPSUT (1490–1468) Führte zuerst die Regentschaft für den minderjährigen THUTMOSIS III., übernahm aber 1488 die Alleinherrschaft. Ausbau des Handels nach Syrien und Palästina, 1482 große Expedition nach Punt. Anlage des Terassentempels von Der el-Bahari
THUTMOSIS III. (1490–1439) seit 1468 Alleinherrscher nach Beseitigung der Hatschepsut. In 17 Kriegszügen wird Syrien bis zum Euphrat erobert (1468 Schlacht von Megiddo). Die syrischen Stadtkönige werden ägyptische Vasallen, Ägypten steigt zur Weltmacht auf. Riesige Kriegsbeute schenkt THUTMOSIS III. dem Amun-Tempel von Karnak, der prachtvoll erweitert wird. Rege Bautätigkeit im ganzen Land, Aufblühen von Handwerk und Kunst
AMENOPHIS II. (1439–1413) Aufstände in Syrien gegen die ägyptische Herrschaft, Teile von Nordsyrien gehen verloren doch verbleiben Ugarit und Kadesch vorerst unter ägyptischer Herrschaft.
THUTMOSIS IV. (1413–1403) Erneute Kämpfe in Syrien. Der Friedensvertrag mit Mitanni wird mit der Aufnahme einer Mitanniprinzessin in den Harem THUTMOSIS IV. besiegelt.
AMENOPHIS III. (1403–1365) Höhepunkt der 18. Dynastie mit größter Prachtentfaltung. Gewaltige Bauten im ganzen Land: Totentempel in Theben-West mit den Memnonskolossen, Tempel von Luxor, Erweiterungen in Karnak, riesige Palastanlage in Malkata. Gleichzeitig außenpolitische Abstinenz, Erneuerung des Mitannivertrages und Heirat mit Mitanniprinzessinnen
AMENOPHIS IV. ECHNATON (1365–1347) religiöse Neuerungen, Aton wird zum Hauptgott. Verlegung der Residenz von Theben nach Amarna, expressiver Kunststil. Verlust syrischer Provinzen an die Hethiter
SEMENCHKARE (1348–1347) Schwiegersohn Echnatons
TUTANCHAMUN (1347–1336) Sohn(?) Echnatons. Aufgabe von Amarna, Rückkehr nach Theben und Wiedereinrichtung des Amun-Kultes in Karnak, Abkehr vom Aton-Glauben. Der Kunststil kehrt zu traditionellen Formen zurück. Die fast unberührte Bestattung des Königs wurde 1922 im Tal der Könige aufgefunden.
EJE (1336–1332) endgültige Überwindung der Amarnazeit. Erste, erfolgreiche Kämpfe gegen die Hethiter zur Sicherung der letzten ägyptischen Bastionen in Palästina
HAREMHAB (1332–1305) Tilgung aller Spuren der Amarnazeit, Reorganisation des Staates, erfolgreiche Außenpolitik in Syrien. Memphis wird aus strategischen Gründen wieder zur Residenz.

19. DYNASTIE
RAMSES I. (1305–1303) General unter Haremhab, der kinderlos verstarb und seinen Militärführer als Nachfolger bestimmte.
SETHOS I. (1303–1290) Beginn einer aggressiven Außenpolitik, Zurückeroberung von Kadesch, Siege gegen die Libyer. Größtes Grab im Tal der Könige, Tempel in Theben-West, Tempel in Abydos, Großer Säulensaal in Karnak
RAMSES II. (1290–1224) Kämpfe gegen die in Syrien vordringenden Hethiter. Die Schlacht bei Kadesch 1285 endet mit einer ägyptischen Niederlage, dennoch kann Ägypten seine Einflußzonen in Syrien weitgehend behaupten. 1269 Friedensvertrag mit den Hethitern, der 1257 durch eine dynastische Heirat mit einer Hethiterprinzessin besiegelt wird. Gewaltige Bautätigkeit u. a. Tempel von Abu Simbel, Ramesseum, Erweiterungen im Karnaktempel, Ausbau des Luxortempels, Gründung der »Ramsesstadt« im Ostdelta als neue Hauptstadt des Reiches. Das Grab der Königin NEFERTARI im Tal der Königinnen gehört zu den schönsten Gräbern Ägyptens.
MERENPTAH (1224–1214) Residenz jetzt endgültig in der Ramsesstadt. Erfolgreiche Kämpfe gegen Libyer und Seevölker, die im Delta vernichtend geschlagen werden. Trotz massiver ägyptischer Unterstützung wird das Hethiterreich von den Seevölkern vernichtet, bevor sie in Ägypten einfallen.
AMENMESSE, SETHOS II., SIPTAH, TAUSRET (1214–1196) Niedergang der 19. Dynastie, innenpolitische Auseinandersetzungen, die mit dem Sieg Sethnachts enden.

20. DYNASTIE
SETHNACHT (1196–1193) Begründer der 20. Dynastie
RAMSES III. (1193–1162) Kämpfe gegen die Libyer, entscheidender Sieg über die Seevölker. Gegen Ende der Regierung wirtschaftliche Probleme,

die zu den ersten Streiks der Arbeiter führten. Ramses III. fällt einer Haremsverschwörung zum Opfer.

RAMSES IV. bis RAMSES XI. (1162–1080) Die Königsmacht wird durch innenpolitische Unruhen und Erstarken der Amun-Priesterschaft entscheidend geschwächt. In der Zeit RAMSES IX. (1137–1119) werden die thebanischen Gräber in großem Stil geplündert. Unter RAMSES XI. herrscht offener Bürgerkrieg, an dem die Dynastie zerbricht.

Dritte Zwischenzeit (1080–714)

21. DYNASTIE

SMENDES (1080–1054) Tanis wird neue Residenz. Nominell herrscht Smendes auch über den »Gottesstaat des Amun« in Theben, dessen Hoherpriester HERIHOR zeitweilig den Königstitel führt.

PSUSENNES I. (1054–1004) Bedeutendster Herrscher dieser Zeit. Sein unberaubtes Grab wurde in Tanis entdeckt.

SIAMUN (979–960) freundschaftliche Beziehungen zu König Salomo von Israel, Siege über die Philister; Sicherung der alten Königsmumien durch geheime Neubestattung in der Cachette von Der el-Bahari

22. BIS 24. DYNASTIE

SCHESCHONK I. (945–926) Libysche Fürsten beherrschen das Delta. Residenz dieser Dynastie wird Bubastis (»Bubastiden«). Feldzug nach Palästina, Plünderung von Juda und Israel.

OSORKON I. bis SCHESCHONK V. (926–22) Niedergang der Libyerherrschaft in Ägypten. Parallel regiert die 23. Dynastie (PEDUBASTIS, 792–767), Teilung des Landes. 745 besetzt der nubische König KASCHTA Theben, sein Nachfolger PIJE besiegt in einem Feldzug den König TEFNACHTE (24. Dynastie).

Spätzeit (713–332)

25. DYNASTIE

SCHABAKO (713–698) Bruder des Pije, errichtet die kuschitische Herrschaft über Ägypten. Prinzessinnen des Königshauses leiten als »Gottesgemahlin« den Gottesstaat des Amun in Theben.

SCHEBITKO (698–690) Abwehr eines Angriffs des assyrischen Königs Sanherib auf Ägypten

TAHARKA (690–664) Assahardon von Assur dringt in Ägypten ein und erobert 671 Memphis. TAHARKA kann die Assyrer zurückdrängen, auch eine zweite assyrische Invasion (667/76) bleibt erfolglos.

TANUATAMUN (664–659) Der Nachfolger TAHARKAS ist ein Sohn SCHEBITKOS, er erobert Memphis zurück, wird aber zurückgeschlagen. Die Assyrer erobern Theben und überlassen es ihrem Statthalter Montemhet. TANUATAMUN zieht sich nach Napata zurück. In Memphis kommt der saitische Fürst PSAMMETICH als assyrischer Vasall an die Macht.

26. DYNASTIE

PSAMMETICH I. (664–610) Loslösung von der assyrischen Oberhoheit

NECHO II. (610–595) Feldzüge bis zum Euphrat, wird 605 vom babylonischen Kronprinzen Nebukadnezar besiegt und verliert ganz Syrien an die Babylonier. Erste Umseglung Afrikas durch eine ägyptische Flotte, Baubeginn am Vorläufer des Suezkanals

PSAMMETICH II. (595–589) Feldzug gegen Kusch und Plünderung der Hauptstadt Napata

APRIES (589–570) Starker griechischer Einfluß, innenpolitische Kämpfe gegen Usurpatoren

AMASIS (570–526) Besiegt mit griechischer Hilfe APRIES, Gründung von Naukratis als relativ unabhängiger griechischer Polis im Delta. Eroberung von Zypern

PSAMMETICH III. (526–525) Verliert in der Schlacht von Pelusion Ägypten an den Perserkönig KAMBYSES.

27. DYNASTIE

PERSERHERRSCHAFT (525–404) Ägypten wird persische Satrapie, die Großkönige gelten als Pharaonen. Um 450 bereist der griechische Geschichtsschreiber Herodot Ägypten. Unter DARIUS II. (423–403) kommt es zu Aufständen, die mit der kampflosen Räumung Ägyptens durch die Perser enden.

28. DYNASTIE

AMYRTAIOS (404–399) Anführer des antipersischen Aufstandes

29. DYNASTIE

HAKORIS (393–380) Kämpfe gegen Perser

30. DYNASTIE

NEKTANEBOS I. (380–362) erfolglose militärische Interventionen in Vorderasien

NEKTANEBOS II. (360–342) erneute Eroberung Ägyptens durch den Perserkönig ARTAXERXES III. (358–337). NEKTANEBOS gelingt die Flucht nach Nubien.

31. DYNASTIE

2. PERSERHERRSCHAFT (342–332) DARIUS III. verliert in der Schlacht bei Issos (333) die Herrschaft über Ägypten an ALEXANDER DEN GROSSEN von Makedonien, der das Land kampflos in Besitz nimmt.

Ptolemäerzeit (332–30 v. Chr.)

ALEXANDER DER GROSSE (332–323) Gründung der Stadt Alexandria, Krönung in Memphis zum Pharao, Bestattung in Ägypten. Der General PTOLEMAIOS verwaltet nach dem Tod ALEXANDERS Ägypten für die makedonischen Könige.

PTOLEMAIOS I. SOTER (305–282) 305 nimmt PTOLEMAIOS den Königstitel an und begründet die Ptolemäerherrschaft über Ägypten. Hauptstadt ist Alexandria. Völlige Durchorganisation des Landes, Verbindung altägyptischer und griechischer Elemente. Respektierung der altägyptischen Traditionen, besonders der Religion

PTOLEMAIOS II. PHILADELPHOS (282–246) Schwesterheirat wird im ptolemäischen Königshaus üblich. Bau des großen Isis-Tempels von Philae. Der Priester Manetho verfaßt seine Geschichte Ägyptens.

PTOLEMAIOS III. EUERGETES I. (246–221) Höhepunkt der Ptolemäerherrschaft, erfolgreiche Kämpfe in Vorderasien, aber erste innere Unruhen, Baubeginn des Horus-Tempels von Edfu

PTOLEMAIOS IV. PHILOPATOR (221–205) Antiochos III. erobert Syrien und Palästina und kann nur unter Aufbietung aller Kräfte in der Schlacht von Raphia (217) zurückgeschlagen werden. Innenpolitische und wirtschaftliche Krisen erschüttern Ägypten und die Ptolemäerherrschaft.

PTOLEMAIOS V. EPIPHANES (205–180) Verlust der kleinasiatischen Besitzungen, Hilferuf an Rom, das dadurch Einfluß auf Ägypten erlangt. Weitere Schwächung der Herrschaft durch Aufstände in Ägypten. Durch Verzicht auf alle aisatischen Besitzungen und Heirat mit KLEOPATRA, der Tochter ANTIOCHOS' III., kann der Frieden erkauft werden.

PTOLEMAIOS VI. PHILOMETOR (180–145) Kämpfe gegen Antiochos IV., massiver Einfluß Roms. PTOLEMAIOS VIII. muß als Mitregent akzeptiert werden und wird später König von Kyrene. Auch der Sohn PTOLEMAIOS' VI. wird als PTOLEMAIOS VII. zum Mitregenten erhoben, ohne daß er später zur Herrschaft gelangt.

PTOLEMAIOS VIII. EUERGETES II. (145–116) Bürgerkrieg gegen seine Gemahlin KLEOPATRA II., 124 Versöhnung der kämpfenden Partien, ohne daß die Aufstände in Ägypten erfolgreich beendet werden können.

PTOLEMAIOS IX. UND X. (116–80) Thronkämpfe, Gegenkönig in Theben. PTOLEMAIOS IX. wird König auf Zypern und kann schließlich seinen Bruder, PTOLEMAIOS X., entscheidend besiegen. 96 Verlust von Kyrene an Rom.

PTOLEMAIOS XI. UND XII. (80–51) Ptolemaios XI. regiert nur wenige Wochen, ihm folgt PTOLEMAIOS XIII. NEOS DIONYSOS, dem bis 59 Rom die Anerkennung verweigert. Endlich gelangt er mit römischer Hilfe doch noch zur Herrschaft, nachdem er schon aus Ägypten geflohen war.

KLEOPATRA VII. (51–30) Thronkämpfe gegen ihren Bruder PTOLEMAIOS XIII., der Pompeius erschlagen ließ. 47 sucht Cäsar bei den Kämpfen zu vermitteln und ergreift Partei für KLEOPATRA. Bei den anschließenden Kämpfen unterliegt PTOLEMAIOS XIII. Die weltberühmte Bibliothek von Alexandria geht in Flammen auf. Nach Cäsars Tod verbündet sich KLEOPATRA mit Marcus Antonius, der 31 in der Schlacht von Actium unterliegt, nach Ägypten flieht und zusammen mit KLEOPATRA Selbstmord begeht. OCTAVIAN, der spätere KAISER AUGUSTUS, tritt die Herrschaft in Ägypten an, das zum Privateigentum der römischen Kaiser erklärt wird.

Literaturhinweise

ARKELL, A. J., The Prehistory fo the Nile Valley, Handbuch der Orientalistik, Abt. VII., Bd. 1, Leiden 1975

ASSMANN, J., Ägyptische Hymnen und Gebete, Zürich 1975

AUBERT, J.-F. und L., Statuettes égyptiennes, chouabtis, ouchebtis, Paris 1974

BADAWAY, A., A History of Egyptian Architecture. Giza 1954, Berkeley (Cal.) 1966–68

BAINES, J. und MÁLEK, J., Weltatlas der alten Kulturen, Ägypten, München 1980

BECKERATH, J. VON, Abriß der Geschichte des alten Ägypten, München 1971

BISSING, FR. W. FREIHERR VON, Altägyptische Lebensweisheit, Zürich 1955

BONNET, H., Reallexikon der ägyptischen Religionsgeschichte, 2. Aufl., Berlin–New York 1971

BOTHMER, B. V., Egyptian Sculpture of the Late Period, 700 B. C. to A. D. 100, New York 1960

British Museum, An Introduction to Ancient Egypt, London 1979

BRUNNER, H., Altägyptische Erziehung, Wiesbaden 1957

– Grundzüge einer Geschichte der altägyptischen Literatur, Darmstadt 1966

– Grundzüge der altägyptischen Religion, Darmstadt 1983

BRUNNER-TRAUT, E., Die Alten Ägypter. Verborgenes Leben unter den Pharaonen, 3. Aufl., Stuttgart 1981

– Altägyptische Märchen, 6. Aufl., Köln 1983

BUTZER, K. W., Studien zum vor- und frühgeschichtlichen Landschaftswandel in der Sahara. Akad. Wiss. u. Lit. Mainz, Abh. Math. Natw. Klasse, Wiesbaden 1959

– Early Hydraulic Civilization in Egypt, Chicago–London 1976

CARTER, H. und MACE, A. C., The Tomb of Tutankhamen, London 1923–33

CENIVAL, J.-L. DE, Égypte. Époque pharaonique, Fribourg 1964

CURTIUS, L., Die antike Kunst I, Ägypten und Vorderasien (Handbuch der Kunstwissenschaft), 2. Aufl., Berlin–Neubabelsberg 1923

DAUMAS, F., La Civilisation de l'Égypte pharaonique, Paris 1965

DAWSON, W. R. und GRAY, P. H. K., Mummies and Human Remains, London 1968

DESROCHES-NOBLECOURT, C. und KUENTZ, C., Le Petit Temple d'Abou Simbel, Kario 1968

DIBNER, B., Moving the Obelisks, Cambridge (Mass.) 1970

DONADONI ROVERI, A. M., I sarcophagi egizi dalle origini alle fine dell'Antico Regno, Rom 1969

EDEL E. und WENIG, S., Die Jahreszeitenreliefs aus dem Sonnenheiligtum des Königs Ne-user-Re, Berlin 1974

EDWARDS, I. E. S., Die ägyptischen Pyramiden, Wiesbaden 1967

EMERY, W. B., Ägypten, Geschichte und Kultur der Frühzeit 3200–2800 v. Chr., München 1964

ERMAN, A., Die Literatur der Ägypter, Berlin 1923

– Die Religion der Ägypter, Berlin 1934, Repr. 1968

ERMAN, A. und RANKE, H., Ägypten und ägyptisches Leben im Altertum, 2. Aufl., Tübingen 1923

EVERS, H. G., Staat aus dem Stein, Denkmäler, Geschichte und Bedeutung der ägyptischen Plastik während des Mittleren Reichs, 2 Bde., München 1929

FAKHRY, A., The Pyramids, Chicago–London 1969

FECHHEIMER, H., Die Plastik der Ägypter, Berlin 1920

FECHT, G., Vom Wandel des Menschenbildes in der ägyptischen Rundplastik, Hildesheim 1965

FRANKFORT, H., Ancient Egyptian Religion, New York 1948

FUCHS, R., Gedanken zur Herstellung von Farben und der Überlieferung von Farbrezepten in der Antike am Beispiel der in Ägypten verwendeten Blaupigmente, in: Festschrift für Heinz Roosen-Runge, Wiesbaden 1982

GARDINER, A. H., Geschichte des Alten Ägypten, Stuttgart 1965

GERMER, R., Flora des pharaonischen Ägypten, Mainz 1984

GILLAIN, O., La science Égyptienne – L'arithmetique au Moyen Empire, Brüssel 1927

GILLINGS, R. J., Mathematics in the Time of the Pharaohs, Cambridge (Mass.)–London 1974

GRAPOW, H., DEINES, H. VON, WESTENDORF, W., Grundriß der Medizin der Alten Ägypter, 9 Bde., Berlin 1954–73

GREENER, L., The Discovery of Egypt, London 1966

GRIFFITHS, J. F. (Hrsg.), World Survey of Climatology, Bd. 10, Climates of Africa, New York 1972

HABACHI, L., Die unsterblichen Obelisken Ägyptens, Mainz 1982

HAMILTON-PATERSON, J. und ANDREWS, C., Mummies: Death and Life in Ancient Egypt, London 1978

HELCK, W. (Hrsg.), Lexikon der Ägyptologie, 6 Bde., Wiesbaden 1972ff.

– Kleine ägyptische Texte, Wiesbaden 1970

– Die altägyptischen Gaue, Wiesbaden 1974

– Wirtschaftsgeschichte des Alten Ägypten, Wiesbaden 1975

– Die Beziehungen Ägyptens und Vorderasiens zur Ägäis bis ins 7. Jahrhundert v. Chr., Darmstadt 1979

– GESCHICHTE DES ALTEN ÄGYPTEN (HANDBUCH DER ORIENTALISTIK, 1. Abt., Bd. 1), 2. Aufl., Leiden 1981

HELCK, W. und OTTO, E., Kleines Wörterbuch der Ägyptologie, 2. Aufl., Wiesbaden 1970

HOFFMAN, M. A., Egypt before the Pharaos, New York 1979

HORNUNG, E., Einführung in die Ägyptologie, Darmstadt 1967

– Ägyptische Unterweltsbücher, Zürich 1972

– Der Eine und die Vielen, 2. Aufl., Darmstadt 1973

– Grundzüge ägyptischer Geschichte, 2. Aufl., Darmstadt 1978

– Meisterwerke altägyptischer Dichtung, Zürich 1978

– Das Totenbuch der Ägypter, Zürich 1979

– Tal der Könige. Die Ruhestätte der Pharaonen, Zürich 1982

HORNUNG, E. und TEICHMANN, F., Das Grab des Haremhab im Tal der Könige, Bern 1971

IVERSEN, E., Canon and Proportions in Egyptian Art, 2. Aufl., Warminster 1975

JENKINS, N., Das Schiff in der Wüste, Frankfurt a. M. 1980

JOUKHEERE, J., Les médicins de l'Égypte pharaonique, Brüssel 1958

JUNKER, H., Die gesellschaftliche Stellung der ägyptischen Künstler im Alten Reich, Wien 1959

KAYSER, M., Die Tempelstatuen ägyptischer Privatleute im Mittleren und Neuen Reich, Heidelberg 1936

– Ägyptisches Kunsthandwerk, 1969

KEES, H., Studien zur ägyptischen Provinzialkunst, Leipzig 1921

– Das alte Ägypten, eine kleine Landeskunde, 2. Aufl., Berlin 1958

– Der Götterglaube im alten Ägypten, 5. Aufl., Berlin 1983

– Totenglauben und Jenseitsvorstellungen der alten Ägypter, 5. Aufl., 1983

KEIMER, L., Die Gartenpflanzen im Alten Ägypten, Bd. 1, Hamburg–Berlin 1924, Bd. 2 (hrsg. von R. Germer), Mainz 1984

KIENITZ, F. K., Die politische Geschichte Ägyptens vom 7. bis zum 4. Jahrhundert vor der Zeitwende, Berlin 1953

LANDSTRÖM, B., Ships of the Pharaohs. 4000 Years of Egyptian Shipbuilding, London 1970

LANGE, K. und HIRMER, M., Ägypten, 4. Aufl., München 1967

LAUER, J.-P., La médicine Égyptienne au temps des pharaons, Paris 1971

– Le Mystère des pyramides, Paris 1974

– Saqqara. The Royal Cemetry of Memphis, London 1976

LECLANT, J. (Hrsg.), Ägypten, Bd. 1, Das Alte und das Mittlere Reich, München 1979, Bd. 2, Das Großreich, München 1980, Bd. 3, Spätzeit und Hellenismus, München 1981

LUCAS, A. und HARRIS, J. R., Ancient Egyptian Materials and Industries, 4. Aufl., London 1962

MACQUITTY, W., Abu Simbel, London 1965

MEKHITARIAN, A., Ägyptische Malerei (Die großen Jahrhunderte der Malerei), Genf 1954

MICHALOWSKI, K., Ägypten, 4. Aufl., Freiburg 1974

MONTET, P., Les Énigmes de Tanis, Paris 1952
– Géographie de L'Égypte ancienne, Paris 1957–61
– Ägypten. Leben und Kultur in der Ramses-Zeit, Stuttgart 1978

MORENZ, S., Gott und Mensch im alten Ägypten, Leipzig 1964
– Die Begegnung Europas mit Ägypten, Zürich 1969
– Ägyptische Religion, 2. Aufl., Stuttgart 1977

MOSCATI, S. (Hrsg.), L'alba della civiltà, Turin 1976

MÜLLER, H. W., Altägyptische Malerei, Berlin 1959
– Ägyptische Kunst (Monumente alter Kulturen), Frankfurt a. M. 1970

Museum of Fine Arts, Boston (Mass.), Egypt's Golden Age: The Art of Living in the New Kingdom 1558–1085 B. C., Boston (Mass.) 1982

NIMS, C. F., Thebes of the Pharaohs, London 1965

NOLL, W., Material und Herstellungstechnik der bemalten Keramik Altägyptens, in: Meisterwerke Altägyptischer Keramik, Höhr-Grenzhausen, 1978

NOUR, M. Z., u. a., The Cheops Boats, Kairo 1960

OMLIN, J. A., Der Papyrus 55001 und seine satirisch-erotischen Zeichnungen und Inschriften, Turin 1971

OTTO, E., Ägypten. Der Weg des Pharaonenreiches, Stuttgart 1953
– Osiris und Amun. Kult und heilige Stätten, München 1966
– Wesen und Wandel der ägyptischen Kultur, Berlin 1969

OTTO, E. und HIRMER, M., Ägyptische Kunst, München 1976

PECK, W. H. und ROSS, J. G., Ägyptische Zeichnungen aus drei Jahrtausenden, Bergisch Gladbach 1979

PESTMANN, P. W., Marriage and Matrimonial Property in Ancient Egypt, Leiden 1961

POSENER, G., u. a., Lexikon der ägyptischen Kultur, München 1960

RICKE, H., u. a., Das Sonnenheiligtum des Königs Userkaf, Kairo 1965, Wiesbaden 1969

ROEDER, G., Die ägyptische Götterwelt, Zürich 1959
– Mythen und Legenden um ägyptische Gottheiten und Pharaonen, Zürich 1960
– Kulte, Orakel und Naturverehrung im alten Ägypten, Zürich 1960
– Ausklang der ägyptischen Religion mit Reformation, Zauberei und Jenseitsglauben, Zürich 1961

RZOSKA, J., The Nile. Biology of an Ancient River, Den Haag 1976

SAID, R., The geology of Egypt, Elsevier–Amsterdam–New York 1962
– The geological evolution of the River Nile in Egypt, New York–Heidelberg–Berlin 1981

SAUNERON, S. und STIERLIN, H., Die letzten Tempel Ägyptens. Edfu und Philae, Zürich 1978

SCHÄFER, H., Das Bildnis im Alten Ägypten (Bibliothek der Kunstgeschichte, Bd. 2), Leipzig 1921

– Von ägyptischer Kunst, 4. Aufl. (hrsg. von E. Brunner-Traut), Wiesbaden 1963

SCHAMP, H. (Hrsg.), Ägypten – Das alte Kulturland am Nil auf dem Weg in die Zukunft. Raum – Gesellschaft – Geschichte – Kultur – Wirtschaft (Ländermonographien, Bd. 9), Tübingen 1977

SCHIFFERS, H. S. (Hrsg.), Die Sahara und ihre Randgebiete, Bd. 1, München 1971

SCHOTT, S., Altägyptische Liebeslieder, Zürich 1950

SCHULMAN, A. R., Military Rank, Title and Organization in the Egyptian New Kingdom, Berlin 1964

SEIDL, E., Kultur und Denken der Alten Ägypter (Ägyptologische Forschungen 10), Glückstadt–Hamburg–New York 1957

SIEGLER, K. G., Kalabsha. Architektur und Baugeschichte des Tempels, Berlin 1970

SMITH, W. S., A history of Egyptian Sculpture and Painting in the Old Kingdom, 2. Aufl., Oxford 1949
– The Art and Architecture of Ancient Egypt, 2. Aufl., Harmondsworth 1965

STEINDORFF, G., Die Kunst der Ägypter. Bauten, Plastik, Kunstgewerbe, Leipzig 1928

STEINDORFF, G. und WOLF, W., Die thebanische Gräberwelt, Leipziger Ägyptologische Studien, Heft 4, 1936

TÄCKHOLM, V., Students' Flora of Egypt, 2. Aufl., Beirut 1974

TÄCKHOLM, V. und G., Flora of Egypt, 4 Bde., Kairo 1941, 1950, 1954, 1965

THAUSING, G. und GOEDICKE, H., Nofretari. Eine Dokumentation der Wandgemälde ihres Grabes, Graz 1971

TRIGGER, B., Nubia under the Pharaohs, London 1976

VANDERSLEYEN, C., Das Alte Ägypten (Propyläen-Kunstgeschichte Bd. 15), Berlin 1975

VANDIER, J., Manuel d'archéologie égyptienne, 5 Bde., Paris 1952–69

WENDORF, F. und SCHILD, R., Prehistory of the Nile Valley, New York 1976

WENIG, S., Die Frau im alten Ägypten, Leipzig 1967

WESTENDORF, W., Das Alte Ägypten, Baden-Baden 1968

WILLIAMS, M. A. J. und FAURE, H. (Hrsg.), The Sahara and the Nile. Quaternary environments and prehistoric occupation in northern Africa, Rotterdam 1980

WILSON, J. A., The Burden of Egypt. The Culture of Ancient Egypt, Chicago 1951
– Ägypten (Propyläen Weltgeschichte, Bd. 1), Berlin 1961

WOLF, W., Die Bewaffnung des altägyptischen Heeres, Leipzig 1926
– Die Kunst Ägyptens, Stuttgart 1957
– Die Welt der Ägypter, 5. Aufl., Stuttgart 1962
– Funde in Ägypten, Berlin 1966
– Kulturgeschichte des Alten Ägypten, 2. Aufl., Stuttgart 1977
– Das Alte Ägypten, dtv Bd. 3201, 2. Aufl., München 1978

WOLDERING, I., Ägypten. Die Kunst der Pharaonen (Kunst der Welt), 2. Aufl., Baden-Baden 1964

ZAUZICH, K.-T., Hieroglyphen ohne Geheimnis, Mainz 1980

Quellennachweis für die Zitate

ASSMANN, J., Ägyptische Hymnen und Gebete, Die Bibliothek der Alten Welt, Zürich 1975

BISSING, F. W. FREIHERR VON, Altägyptische Lebensweisheit, Die Bibliothek der Alten Welt, Zürich 1955

BRUNNER, H., Altägyptische Erziehung, Wiesbaden 1957
– Die Geburt des Gottkönigs, Studien zur Überlieferung eines altägyptischen Mythos, Ägyptologische Abhandlungen 10, Wiesbaden 1964

CURTIUS RUFUS, Geschichte Alexanders des Großen, Übersetzung von J. Siebelius, München 1961

ERMAN, A., Die Literatur der Ägypter, Leipzig 1923

GARDINER, A. H., Geschichte des Alten Ägypten, Übersetzung von E. Kißling, Stuttgart 1965

HELCK, W., Urkunden der 18. Dynastie, Übersetzung zu den Heften 17–22, Urkunden des ägyptischen Altertums, Berlin 1961

HENGSTL, J. u. a., Griechische Papyri aus Ägypten, München 1978

HERODOT, Historien, Übersetzung von A. Horneffer, hrsg. von H. W. Haussig, Stuttgart 1971

HORNUNG, E., Meisterwerke altägyptischer Dichtung, Lebendige Antike, Zürich 1970
– Ägyptische Unterweltsbücher, Die Bibliothek der Alten Welt, Zürich 1972

KEES, H., Totenglauben und Jenseitsvorstellungen der Alten Ägypter, 2. Aufl., Berlin 1956

KNUDTZON, J. A., Die El-Amarna-Tafeln, Leipzig 1915

OTTO, E., Die biographischen Inschriften der ägyptischen Spätzeit, Leiden 1954

PLANTIKOW-MÜNSTER, M., in: Zeitschrift für ägyptische Sprache und Altertumskunde, 95, Berlin und Leipzig 1959

ROEDER, G., Die ägyptische Religion in Texten und Bildern, Bd. 1 Die ägyptische Götterwelt, Die Bibliothek der Alten Welt, Zürich 1959

SCHENKEL, W., Memphis, Herakliepolis, Theben, Ägyptologische Abhandlungen 12, Wiesbaden 1965

SCHOTT, S., Altägyptische Liebeslieder, Die Bibliothek der Alten Welt, Zürich 1975

SMITH, H. S. und A., in: Zeitschrift für ägyptische Sprache und Altertumskunde, 103, Leipzig und Berlin 1976

WOLF, W., Das Alte Ägypten, dtv Monographien zur Weltgeschichte, München 1971

Register

Kursive Seitenzahlen verweisen auf Abbildungen bzw. Bildlegenden.
Der Artikel el- bleibt bei der alphabetischen Einordnung unberücksichtigt.
Bei der Schreibweise der ägyptischen Namen und der arabischen Ortsbezeichnungen wurde eine vereinfachte, dem deutschen Lautgebrauch entsprechende Version gewählt (also k für q, s für z).

Abbildungsnachweis